Handbook of
Developmental
and Clinical
Psychology in
Adulthood

成人発達臨床心理学ハンドブック

岡本祐子 編著
Okamoto Yuko

個と関係性からライフサイクルを見る

ナカニシヤ出版

まえがき

　本書は，人間が大人として人生を生き抜くことのさまざまな心の局面をとらえ，その光と影について考察した専門書である。換言すれば，ライフサイクルの中で最も長い時間を占め，人生の最盛期と考えられる成人期の心の発達・変容と，成人期に体験されやすい臨床的問題の発達臨床的理解と援助について論じたものである。近年，ライフサイクル全体を視野にいれて心の発達をとらえる生涯発達の視点は，広く受け入れられるようになった。一方今日，急激な社会の変容に伴い，心理臨床的援助が必要とされる問題・課題は激増している。心理学の歩みにおいてこれまで，発達心理学と臨床心理学は必ずしも十分な研究交流が行われてきたとは言えない。しかしながら，健康な一般の人々を対象とした発達心理学と，心理臨床的理解と援助を主眼とする臨床心理学の重なり合う分野はきわめて多く，発達臨床心理学という複眼的，統合的な視点から人間を理解することは重要である。

　米国ではすでに1990年代より，ネミロフとコラルッソ（Nemiroff, & Colarusso, 1990），マックアダムスとアウビン（McAdams, & Aubin, 1998），ラックマン（Lachman, 2001），デミックとアンドレオレッティ（Demick, & Andreoletti, 2002）をはじめとして，発達臨床心理学の視点から成人期を展望したハンドブック的な著書が出版されている。これらはいずれも，500ページを超える大著である。わが国においては，現在のところ，これらに相当する文献は見られない。わが国の臨床心理学の研究と実践は，ここ10年余の間に質・量ともかなり発展してきた。成人発達心理学は未だ開拓途上にあるが，数々の個別の課題に関する実証的研究の蓄積は進みつつある。本書は，このような社会的，学術的必要性に鑑み，わが国の成人期の発達臨床心理学における研究実績をまとめ，その枠組みと方向性を示そうとするものである。

　本書は次のような点をねらいとしている。第一は，発達研究と臨床研究・実践のコラボレーションのあり方を示すことである。成人期に体験される心理臨床的問題を，臨床的視点のみでなく，発達的視点から理解することの重要性・有効性を，具体的に考察してみたい。

　第二は，成人発達臨床心理学の基礎として，最近の成人発達心理学研究の知見を提示することである。今日わが国においても，成人期の発達に関する個々のテーマについて注目すべき実証的研究が蓄積されてきている。エリクソン（Erikson, 1950）の精神分析的個体発達分化の図式，レヴィンソン（Levinson, 1978）の男性のライフサイクル論以来，約半世紀の間，私たちは外国の発達モデルをもとに学び研究してきたが，今日，わが国独自の成人発達心理学が生まれようとしている。その研究実績をまとめることも重要な柱とした本書が，成人発達臨床心理学の体系化の布石となれば幸いである。

　本書の構成は，以下のとおりである。まず第1章第1節では，成人期の発達臨床心理学にとって重要な視点を述べた。特に，成人期の発達と臨床的問題を，「個」としての発達・変容および自己と他者の「関係性」の発達・変容の2軸でとらえることは，ライフサイクルを通じての人間発達をとらえる不可欠の視点であると編者は考えている。つづく第2節 – 第4節では，発達臨床心理学の理論的基盤を理解できるように古典的理論と最近の成人発達に関する主だった理論を紹介し論評した。

　第2章では，「個」としての発達・変容，第3章では「関係性」の発達・変容の諸相について，中心となるテーマについて論じた。第2章以降の各章は，各領域における今日までの研究の流れを展

望するとともに，最新の研究成果を紹介している。特に，成人期の具体的な生き方の次元として多くの人々が関わる「職業・キャリア」と「家族」に関しては，第4章，第5章で特に重点的にとりあげ，それぞれの発達臨床的諸問題について論じた。

　第6章では成人期の発達的危機について，そして第7章では，予期せぬ危機の発達臨床的理解と援助についてとりあげた。最後の第8章では，発達臨床心理学の研究法について最近注目されている方法と視点について述べた。特に，質問紙法については，「個」と「関係性」の視点からアイデンティティ発達をとらえる最近の研究法の実際を紹介した。

　本書の28名の執筆者のうち，17名は臨床心理士・臨床心理学研究者であり，11名は発達心理学の研究者である。発達心理学の研究から得られた知見は，第1章第1節で述べるように，心理臨床的援助を求める人々の理解の土台になるものである。

　本書が，発達心理学と臨床心理学　相互の理解に寄与し，今日までその必要性と重要性を指摘されながらも蓄積の乏しかった成人期の発達臨床心理学の発展の基盤になれば幸いである。

目　次

まえがき（岡本祐子）　i

第1章　成人期の発達臨床心理学の理論的枠組　1

第1節　成人発達臨床心理学の視点（岡本祐子）　1
1　発達臨床心理学の基本的な見方　1
2　ライフサイクルをとらえる視点　3
3　成人期の発達をとらえる2つの軸：「個」としての発達と「関係性」の成熟　5
4　「危機」から心の発達を見る　8
5　成長期の未解決の葛藤や危機が成人期に及ぼす影響　9

第2節　成人期の発達・臨床の理論　10
1　成人期の発達臨床心理学の系譜（岡本祐子）　10
2　「人生の正午」と個性化の過程：ユング（Jung, C. G.）（松下姫歌）　14
3　アイデンティティ論とライフサイクル論：エリクソン（Erikson, E. H.）（岡本祐子）　18
4　生活構造の変化から見た成人期の発達段階：レヴィンソン（Levinson, D. J.）（岡本祐子）　22
　　コラム　自我機能の生涯発達：ヴァイラント（Vaillant, G. E.）（岡本祐子）　24
5　エリクソン理論を応用した生涯発達に関する複線モデル：フランツとホワイト（Franz, C. E., & White, K. M.）（熊野みき）　25
6　転換期から見た女性のライフプロセス：マーサー，ニコルス，ドイル（Mercer, R. T., Nichols, E. G., & Doyle, G. C.）（宇都宮博）　27
7　女性のアイデンティティ研究と関係性の生涯発達モデル：ジョセルソン（Josselson, R.）（宗田直子）　29

第3節　伝記分析から見た成人期の人格的成熟（西平直喜）　30
1　成人期の人格的成熟：Generativity　30
2　XYZ三次元論の展開としてのGenerativity　33
3　XYZの一事優先型と統合調和型　36
4　結論：Generativityをめぐる統合的 nearly equal 説　38

第4節　発達的危機から見たアイデンティティの生涯発達（岡本祐子）　39
1　発達的危機の概念　39
2　中年期の危機とアイデンティティの発達変容　40
3　アイデンティティはラセン式に発達する　43
4　女性のアイデンティティ発達プロセス　47

第2章　「個」としての発達・変容の諸相 ……………………… 51

第1節　自己意識・自己感・パーソナリティ（中間玲子）　51
1　身体の発達と自己の発達　51
2　自己評価的意識の発達的変化　52
3　各年代における自己意識の特徴および個人差について　55
4　生涯を通しての自己の発達　59

第2節　アイデンティティ・親密性・世代性：青年期から成人期へ（大野　久）　61
1　アイデンティティとは何か　61
2　親密性とは何か　65
3　アイデンティティから親密性への移行　68
4　世代性とは何か　70

第3節　時間的展望　72
1　時間的展望の生涯発達（白井利明）　72
2　中年期の時間的展望とメンタルヘルス（日潟淳子）　77

第3章　「関係性」の発達・変容の諸相 ……………………… 85

第1節　関係性から見たアイデンティティの発達：青年期から成人期へ（杉村和美）　85
1　アイデンティティ発達研究における関係性の重視　85
2　関係性をとらえる視点　88
3　関係性から見たアイデンティティ発達のプロセス　90
4　まとめ　95

第2節　「重要な他者」との関係性の発達・変容：「関係性」の危機から（永田彰子）　96
1　関係性発達の基盤としての「重要な他者」との関係　96
2　アイデンティティ・ステイタス・パラダイム　96
3　アイデンティティ論から見た「重要な他者」との関係の中での発達　97
4　重要な他者との関係の中で構築される関係性発達研究の意義と今後の課題　103

第3節　成人期の喪失経験と心の発達（飯牟礼悦子）　103
1　喪失経験による心理的発達　103
2　多様な喪失経験によるポジティブな心理的発達：普遍的な発達変容　108
3　慢性疾患をもつことによるポジティブな心理的発達：個別性の理解　111
4　まとめと今後の展望　114

第4章　職業・キャリアの発達と危機 117

第1節　キャリアの発達と危機への援助：企業人を中心として〈奥村幸治〉 117
1. キャリアのとらえ方と理論　117
2. 企業内における従業員のキャリア開発支援　121

第2節　職場のメンタルヘルス〈大塚泰正〉 128
1. 労働者をとりまく状況　128
2. わが国における職場のメンタルヘルス対策　130
3. 職業性ストレスの理論　132
4. 心理臨床的援助の実際　135

第3節　キャリアの転機の実相と支援〈廣川　進〉 137
1. 転機の理論　137
2. 危機・転機としての失業　141
3. 転機の語りとカウンセリング　142
4. 事　例　143
5. 転機のカウンセリングに対する統合的アプローチ　146

第4節　教師のキャリア危機とその援助〈伊藤美奈子〉 147
1. 教師のキャリア危機：バーンアウト　147
2. 教師としてのライフステージごとに見られる危機の特徴　151
3. 教師としての"山"を築く　152

第5節　女性のキャリア・パスとキャリアの発達〈德永英子〉 156
1. 就業形態の変遷から見た女性のキャリア・パス　156
2. 女性のキャリア・パスを分岐する要因　158
3. 転職における「年齢の壁」はなぜ立ちはだかるのか　161
4. まとめと今後の課題　163
   コラム　生涯を展望したキャリア・アイデンティティの形成と支援―妊娠・出産期のアイデンティティの揺れをキャリアの継続につなぐために―〈岡本祐子〉163

第6節　家庭役割と職業役割〈永久ひさ子〉 164
1. 女性をとりまく社会的状況の変化と家族の変化　165
2. 女性における家庭役割と職業役割　167
3. 成人期女性における適性の自己評価　169
4. 社会経済的変動と家族の関係性の変化　170
5. ま と め　171

第5章　家族の発達と危機　173

第1節　家族の生涯発達：社会学的視点から見た課題（岡村清子）　173
1. 家族の生涯発達と社会学的視点　173
2. 家族変動と家族の発達課題　175
3. 現代家族のライフサイクルと発達課題　177
4. ライフコースの多様化と発達課題　179
5. 中高年期における家族ライフサイクルと発達課題　181
6. 高年期家族と個人の発達課題　183
7. 高齢期の社会的孤立と地域の発達課題　184

第2節　夫婦関係の発達・変容：結婚生活の継続と配偶者との関係性の発達（宇都宮博）　187
1. 永続性を前提とした関係の特異性とその揺らぎ　187
2. 結婚生活の持続と配偶者との関係性の個人差：コミットメントの観点から　187
3. 配偶者との関係性の深化・成熟と相互性　191
4. 夫妻双方の関係性と相互発達をめぐる今日的課題：成人発達臨床心理学への示唆を求めて　194

第3節　親子関係の発達・変容（1）：妊娠・出産・子育て期の親から見た子どもとの関係（徳田治子）　195
1. 育児ストレス・育児不安　195
2. 妊娠・出産をめぐる研究　197
3. 成人発達・生涯発達心理学からの親になる経験へのアプローチ　198

第4節　親子関係の発達・変容（2）：子どもの巣立ち期の親から見た子どもとの関係（村本邦子）　204
1. 子どもの巣立ちに伴う母親のアイデンティティ変容と危機　204
2. 子どもの巣立ちを感じ始めた母親たちの面接調査　204
3. まとめ　212

第5節　老親・配偶者の介護と看取り（渡邉照美）　212
1. 介護と看取りに関する心理学的研究の動向と展望　213
2. 死を看取る経験からの創造　216
3. 介護と看取りのケアをすることの意味　223

第6章　成人期の心理臨床的問題の理解と援助　227

第1節　成人期に生じやすい心の問題（岡本祐子）　227
1. 現代人のストレス　227
2. うつ病　227

3　自　　　殺　228
　　4　神　経　症　229
　　5　心　身　症　230
　　6　更 年 期 障 害　230

第 2 節　「母親になることの難しさ」の理解と援助（松下姫歌）　231
　　1　母親における母性　232
　　2　母親における葛藤と心的危機の諸相　235
　　3　「理想の母親」か「自己実現」かの対立項を越えて　241

第 3 節　「人生の峠」を越える：「中年期危機」の心理臨床的理解と援助（岡本祐子）　242
　　1　ライフサイクルにおける中年期の発達的意味と臨床的意味　242
　　2　心理療法事例に見られる中年期危機　243
　　3　成長期の葛藤の深さに応じた中年期危機の理解と心理療法　244
　　4　葛藤の根の深さに応じた問題の理解と心理療法の視点　252

第 7 章　予期せぬ人生の危機の理解と心理臨床的援助　255

第 1 節　子どもに恵まれないこと（安田裕子）　255
　　1　子どもをもつ選択のなかで　255
　　2　子どもをもつ方法としての不妊治療，その選択　256
　　3　子どもを産むことができなかった夫婦の，その次の選択　257
　　4　子どもに恵まれない現実，そこからの歩み：共通性と個別性からとらえられる発達　265
　　5　子どもをもつ選択の多様性，そこでの発達と支援に向けて　267

第 2 節　障害をもった子どもを育てることと「関係性」の成熟（前盛ひとみ）　267
　　1　「障害受容」の概念と親の障害受容　267
　　2　障害児の親の障害受容過程　268
　　3　障害の性質による親の障害受容過程の差異　269
　　4　重症心身障害者の母親の障害受容過程と「関係性」の変容　270
　　5　障害児の母親のアイデンティティ発達　275
　　6　障害児の親に対する心理臨床的援助　278

第 3 節　愛する人に死なれること（山本　力）　278
　　1　喪失論の基礎　279
　　2　死 別 の 対 象　282
　　3　喪失から獲得へ　286

第 4 節　人生半ばで障害を負うこと（小嶋由香）　289
　　1　障害を負うことによる心理的危機　289

2　脊髄損傷者の障害受容過程　290
　　3　脊髄損傷者への心理臨床的援助　294

第5節　人生半ばで大病に罹ること（小池眞規子）　298
　　1　最新がん統計　298
　　2　求められる患者の自律　300
　　3　がんの臨床経過と患者の心理　301
　　4　家族の心理　304
　　5　がんの治療と緩和ケア　305

第8章　発達臨床心理学の研究法の実際　307

第1節　質問紙法：「個」と「関係系」の視点によるアイデンティティ尺度の作成　307
　　1　フランツとホワイト理論にもとづいたアイデンティティ尺度の作成（熊野みき）　307
　　2　ジョセルソンの視点を応用したアイデンティティ尺度の作成（宗田直子）　314

第2節　面接法による質的研究：「語り」の聴き方・語り手への向き合い方（岡本祐子）　317
　　1　臨床心理学研究における面接法の2つの視点　317
　　2　事例研究を中心とした質的研究の3つのステップ　319
　　3　「語り」の聴き方　322
　　4　よい「聴き手」になるために　324

第3節　伝記分析法を用いた質的研究法（大野　久）　325
　　1　伝記研究法とは　325
　　2　伝記研究の具体的手順　326
　　3　伝記研究の方法論的吟味　327
　　4　伝記研究から得られた知見　329

あとがき（岡本祐子）　331
引用文献　335
事項索引　367
人名索引　374

成人期の発達臨床心理学の理論的枠組

第1節　成人発達臨床心理学の視点

1　発達臨床心理学の基本的な見方

　臨床心理学は，心理学の一分野でありながら，認知心理学，社会心理学など他の心理学とは，大きく異なる特徴をもっている。それは，他の心理学全般が，知的な問題意識をもとに研究し，学問体系を作り上げているのに対して，臨床心理学は，心の問題を抱えた人々に対する心理的援助を第一に考え，その経験をもとに体系化された学問であることである。今日，心理的援助を必要とする分野や対象は増大し多岐にわたっている。臨床心理学は，個人の問題に限らず，家族，職場，地域など，心の問題であればすべてを対象とする。しかしながら，臨床心理学のどのような領域でも，対象となるのは個人である場合が多い。

　その個人の基本的なとらえ方の1つが，精神病理水準である。これは，その個人の心の健康さのレベルを示すもので，心理的に普通の日常生活を送ることのできる適応圏から，統合失調症などの精神病圏まで，いくつかのレベルがある（表1-1）。これらの人々を援助するための理論と技法が心理療法論であり，これらは，実際の膨大な心理的援助の経験の蓄積から体系化されたものである。具体的には，心理療法の源流である精神分析・力動的心理療法，人間性心理学の流れから生まれたクライエント中心療法，学習心理学の知見にもとづく介入技法である行動療法など，多岐にわたっている。

　心理臨床的援助を行う際には，その心の問題がどのように生じ，変化してきたかを理解することは非常に重要である。上に述べた精神病理水準も，その個人がどのような人間的，社会的環境に生まれ，どのような親にどのように育てられ，成長の各時期にどのような心理的体験を重ねてきたのかという問題が，深く関わっている。中でも精神分析学・力動的臨床心理学は，精神病理を発達的視点でとらえ理解するための重要な知見を蓄積し理論化してきた。その主要なものが，フロイト（Freud, S.）の心理–性的発達論，アンナ・フロイト（Freud, A.）の幼児期の自我発達論，クライン（Klein, M.）の対象関係論，ウィニコット（Winnicott, D. W.）の発達促進的環境論，サリバン（Sullivan, H. S.）の対人関係論，コフート（Kohut, H.）の自己心理

表1-1　精神病理の状態（鑪・川畑, 2009）

適応圏：	普通の日常生活。
不適応圏：	外的なストレスによって生活が困難になっている。うつ状態などが代表的な症状。
神経症圏：	不安によって生活が困難になっている。神経症には強迫・不安・ヒステリーなどさまざまがある。心理的援助が有効な問題群。
人格障害圏：	生活の偏りが長い間続き，簡単に修正がきかない困難な状態になっている。他人を食い物にする行動，他人を支配する行動，もの・薬物に依存する行動（アルコール依存など），犯罪行動の繰り返し，性的な迷惑行動の繰り返しなど。心理的援助でも簡単には変わらない。
精神病圏：	統合失調症，そううつ病など。

表 1-2 自我の発達と病理・治療（前田, 1985）

年齢	Freud, S.	Erikson	Mahler	自我発達	防衛	危機	形成	Freud, A.	病理	治療
（変動あり）	口愛性	信頼感 ↔ 不信感	自閉期	心-身、自-他未分化	とり入れ	破滅不安 被害感 憤 基本的不信		母-子 生物学的一体性	・幼児共生精神病 ・ある種の統合失調症	平静化（保護） [抱っこ] 環境、共感、身体接触（欲求充足的）安全感、信頼感、保護感の保証 確固とした関係づくり
2-3月			共生期 (5月)	自己-対象	投射 分裂 合体					
6-8月			移行期 (7月)	理想部分対象 わるい対象 （自我理想の核） よい母 万能的誇大自己 超自我先駆体 禁止的な親	分裂中心 否認、投影 回避 理想化 価値切り下げ	分離不安 抑うつ感 怒り 罪悪感 無気力 空虚感		欲求充足的 依存関係 対象恒常性の達成 対象へのアンビバレンス	・そううつ病 ・（反社会的性格） ・境界例 ・病的依存傾向 ・パラノイア ・自己愛パーソナリティ障害	一体化（融合-依存） 共感 受容、是認（移行対象）情緒的エネルギーの補給 肯定的態度のとり入れ 万能感の満足、熟達の喜び 自律を楽しむ方向へ
			練習期 (18月)							
1.5歳	肛門性	自律性 ↔ 疑惑・恥	再接近期 (24月)	わるい父-母 理想化父-母	とり入れ 同一化 抑圧、反動					脱錯覚（現実直視）言語による接触、受容、理解 空観化 明確化、現実吟味
2-3歳	男根性	主体性 ↔ 罪悪感	個体化期	男根的誇大自己 わるい自己 対象	置きかえ	去勢不安 劣等感 恥、失敗不安		異性親の所有 同性親への競争		
5-6歳	（潜伏期）	勤勉性 ↔ 劣等感	自我確立期（超自我）	三分論 エス 自我 超自我	抑圧中心	去勢不安 あるべき自己 現実の自己		集団、リーダー 理想像へ同一化	・神経症的性格 ・神経症	解釈 直面、明確化、洞察、徹底操作
11-12歳	性器性	アイデンティティ ↔ アイデンティティ拡散	同一性確立期	対象 同一性	昇華 諦観	現実不安 現実ストレス		早期の原初的対象関係への退行 幼児期対象結合から脱皮	・アイデンティティ危機（男（女）として、親としての責任がとれない）	内省

（編著者注）Freud, S. 以後の自我発達論のエッセンスをまとめたもの。乳幼児期から思春期までの自我の発達。各発達段階における心理-性的特質（Freud, S.）、心理-社会的課題（Erikson, E. H.）、分離-個体化プロセス（Mahler, M. S.）、対象関係の発達、各発達段階の主たる防衛機制、およびその段階に根ざした病理とその治療様式をまとめた前田（1985）による非常にわかりやすい理論展望である。

学，スターン（Stern, D. N.）の乳児の自己感の発達論などである。本書では，これらの理論についての解説は行わないが，これらの理論はいずれも乳幼児期という発達早期の体験の重要性を指摘している。

表1-2は，精神分析学の中で自我発達論における主要な理論のエッセンスをまとめたものである。ここに示したように，乳幼児期の各々の年齢段階に，自己および自己と他者の関係は質的に変容し，それぞれの段階での躓きが固有の精神病理を引き起こす。心理療法は，その躓きのレベルを見極め，その発達段階において欠落したり不十分である心理的体験を充足することが基本となる。したがって，健康な自我・自己がどのように発達していくのか，そこには母親をはじめ，重要な他者とのどのような「かかわりの質」が大切なのか，各々の年齢段階にどのような心理的体験が必要なのか，などの視点は，心の問題がどのようなしくみで生じてくるのかをとらえるうえで非常に重要である。

発達臨床心理学は，このような視点にもとづいた臨床実践と研究の分野である。乳幼児期から青年期までの成長期の心理臨床的問題は，子どもの心身の発達と密接に関連して生じる。また，いろいろな臨床的問題も，問題の発現までの親との関係や家族の状況から理解することができる。そのため，乳幼児期から青年期までの成長期においては，発達的視点は必須であり，その視点に立った臨床実践と研究はかなりの蓄積が見られる。しかしながら，成人期の心理臨床的問題は，相対的にそういう成長期の問題と関連させて理解されることが少ない。成人期に生じる心理臨床的問題もまた，その根っこは成長期にある場合は少なくない。また第6章で具体的に論じるように，成人期の心理臨床的問題は，現在その人が，ライフサイクルのどの時期，どの位置にいるかという視点で理解すると，より問題の本質が見えてきやすいことも多い。

本書は，このような成人発達臨床心理学の視点を具体的に考察しようとするものである。次の第2項以降では，ライフサイクルを通じての心の発達・成熟をとらえる視点について概説する。

■ 2 ライフサイクルをとらえる視点

ここでは，ライフサイクルを通じての心の発達をとらえるいくつかの視点を紹介しておきたい。それは，私たちがどのような＜問い＞をもって人生を観るのかという問題に深く関わっている。それらの＜問い＞は，次のようなものである。

1. ライフサイクルの各時期には，心の各側面についてどのような特徴があるのだろうか。年齢を加えるにつれて，それらはどのように変化するのだろうか。

この＜問い＞は，発達心理学の出発点となる本質的＜問い＞である。誕生から老衰・死までの一生を通じた個体の発達的変化を記述し，各時期の特徴を見出そうとする視点である。スタンレー・ホール（Hall, G. S.）の大著『青年期』（Hall, 1905）や『老年期』（Hall, 1922）をはじめ，発達心理学は，幼児期，児童期，青年期，老年期など，特定のライフステージの発達的特徴を記述し，分析することから始まり発展してきた。今日，この＜問い＞は，従来「発達期」としてはとらえられていなかった，つまり一般の人々に共通した発達プロセスは見られないとされてきた成人期へも拡大され，生涯発達心理学という分野を形成している。

2. ライフサイクルの各時期において，人間は，身体的・生物学的な影響と，社会・文化的な影響をどの程度，またどのように受けて発達・変化しているのだろうか。

この＜問い＞に対する研究も長い歴史をもっている。一般的には，発達に及ぼす生物学的影

響は加齢とともに減少し，社会・文化的な影響は年齢を加えるに従って増大していく，つまり個人差が増大するとされているが，そのプロセスは複雑で多様である。

　3. ライフサイクルは，獲得と喪失の両行的プロセスとして，また，両者の力の及ぼしあいとしてとらえられないだろうか。

　人生は，「獲得」という上向きの変化ばかりではなく，喪失・衰退のプロセスでもある。また，乳幼児期から青年期までの成長期は「獲得」期，老年期は「喪失・衰退」期とのみとらえることはできない。ライフサイクルのいずれの時期も，獲得しつつ失う，失いつつ得るという両行的営みとして理解することが重要な意味をもつ。

　また，心の「成熟性」の意味するところも人生の各時期で異なっていると思われる。社会的にはまだ自立していない青年期特有の成熟性，体力的には陰りの見え始める中年期ならではの成熟性も存在する。例えば，青年が自ら関心のある本質的な問題や主体的に選び取った世界へ純粋にコミットしていく力—エリクソンはこれを「忠誠心」と呼んだ—は，青年期に最もあざやかに見られる成熟性である。一方，自己の有限性を見極め受け入れることができる，つまり，自己をあきらめる（諦め，明らめる）力は，中年期に至ってはじめて見られる成熟性であろう。このように，私たちの人生の中で失いつつ得るものは限りなく多い。

　4. 人生の前段階までに獲得された発達的な特質は，後の人生の中でどの程度，変化する可能性があるのだろうか。つまり，いったん獲得された心理的特質は，どの程度柔軟性をもつのだろうか。あるいはどのくらい可塑的なのだろうか。

　この問いは，発達臨床心理学にとって重要な問題である。例えば，乳幼児期に十分な安定した母性的ケアが受けられなかった子どもが，成長過程においてさまざまな心理的問題を生じさせることがある。また，パーソナリティや人間関係のもち方にも問題が見られることも少なくない。このような人々は，その後，どのような「心理的経験」を経て適応していくのだろうか。臨床心理学は，この＜問い＞に対する果敢な粘り強い挑戦である。

　最後に，人間をトータルな視点で理解することの重要性について述べておきたい。人間は，その人固有の歴史的，社会的，家族的，生物学的文脈の中で生きている。それらが複雑に影響を及ぼしあって，その時点での個人の特質・あり方を形成しているのである。この視点は，その人と問題を，個人のおかれたさまざまな視点と次元から全体として理解することの必要性を意味している。特に，成人期の発達は，身体機能，知能，社会性，人間関係，職業，家族など，個別にとらえるのではなく，その人全体をトータルに理解する視点が重要である。「人間を理解する」ことは，その人が時間（個人・家族・世界の歴史）と空間（物理的・社会的環境）の中でどう生きているかをとらえることである。そして，心理臨床的援助には，その人にとってより受け入れやすい生き方・あり方はどういうものなのだろうかという視点を忘れてはならない。

　これまで述べてきたことは，発達臨床心理学とライフサイクル論の基本的な視点である。筆者は，これらを土台にしながら，よりあざやかに成人期の心の発達・変容と臨床的問題を理解する視点として，次の3つの問題が重要であると考えている。

　1. 心の発達を，「個」としての発達と他者との関係性の発達，および両者のバランスに注目して見ていくこと。

　2. 人生の中で遭遇する危機—これには，発達的な危機と予期せぬ危機が存在する—の体験の仕方から，心の発達・成熟をとらえること。

3. 成長期の未解決な葛藤や危機が成人期に及ぼす影響の重要性に注目すること。

次項では，これらの3つの視点について，もう少し詳しく見ていきたい。

■3 成人期の発達をとらえる2つの軸：「個」としての発達と「関係性」の成熟

近年，西欧の男性的自我の発達を念頭においた分離-個体化，自立性を発達の指標とする従来の人間発達観のみでなく，人とのつながりや相互協調性，配慮やケアといった関係性の視点から心の発達をとらえようとする発達観が注目されている。例えば，最近のアイデンティティ研究においても，アイデンティティの発達を，これまで強調されてきた個体化の次元のみでなく，関係性の文脈からとらえ直そうとする試みが増加している。

第4節で紹介するように，筆者はこれまで，成人期のアイデンティティ発達と危機について研究してきた（岡本，1985，1994，1997，1999，2002，2007）。これらの実証的研究を通して筆者は，成人期の発達は，個々人の力を伸ばし発揮し自己実現を達成していく「個」の発達と，自分のかかわりのある人々を支え育てていく「関係性」の成熟の2つの軸，および両者のバランスのあり方でとらえることによって，非常にうまく理解できることに気づいてきた。成人期に体験される危機は，「個としての自分」，あるいは「他者との関係性」の揺らぎやそれらのバランスの崩れによるものが多い。「個としての自分」と「他者との関係性」は，人生の中で入れ子のようなもので，明確な区分は難しいかもしれない。しかし，それでもなお，この「個」と「関係性」の二分法で見えてくる発達の側面は多い。

アイデンティティ発達の枠組で見るならば，この2つの軸は，「個としてのアイデンティティ」と「関係性にもとづくアイデンティティ」である（表1-3）。第1の軸は，個としてのアイデンティティの発達である。これは，「自分とは何者であるか」「自分は何になっていくのか」という個の自立・確立が中心的テーマである。個としてのアイデンティティの発達は，積極的な自己実現の達成へ向けて方向づけられる。もう1つの軸は，関係性にもとづくアイデンティティの発達である。この中心的テーマは，「自分は誰のために存在するのか」「自分は他者を支えることができるのか」という問題である。関係性にもとづくアイデンティティは，他者の成

表1-3 成人期のアイデンティティをとらえる2つの軸 （岡本, 1997）

	個としてのアイデンティティ	関係性にもとづくアイデンティティ
中心的テーマ	自分は何者であるか 自分は何になるのか	自分は誰のために存在するのか 自分は他者の役に立つのか
発達の方向性	積極的な自己実現の達成	他者の成長・自己実現への援助
特徴（山本，1989による）	1. 分離-個体化の発達 2. 他者の反応や外的統制によらない自律的行動（力の発揮） 3. 他者は自己と同等の不可侵の権利をもった存在	1. 愛着と共感の発達 2. 他者の欲求・願望を感じとり，その満足をめざす反応的行動（世話・思いやり） 3. 自己と他者は互いの具体的な関係の中に埋没し，拘束され，責任を負う
相互の関連性・影響	①個としてのアイデンティティ⇒関係性にもとづくアイデンティティ ・他者の成長や自己実現への援助ができるためには，個としてのアイデンティティが達成されていることが前提となる。 ・他者の成長や自己実現への援助ができるためには，常に個としてのアイデンティティも成長・発達しつづけていることが重要である。 ②関係性にもとづくアイデンティティ⇒個としてのアイデンティティ ・他者の役に立つことにもとづく自己確信と自信。 ・関係性にもとづくアイデンティティの達成により，生活や人生のさまざまな局面に対応できる力，危機対応力，自我の柔軟性，しなやかさが獲得される。	

長や自己実現への援助へ向けて方向づけられる。両者の特質としては，山本（1989）が指摘した「分離した自己」と「関係的自己」の特質が適用できるであろう。成人期のアイデンティティの発達には，この両者が等しく重みをもち，両者が統合された状態が本当に成熟したアイデ

表1-4 「個」と「関係性」から見たアイデンティティ生涯発達の試論（岡本, 2007）

発達段階	Erikson (1950)	Franz & White (1985)		Josselson (1992)	岡本（1997, 1999, 2002, 2007）	
		個体化経路	愛着経路		「個」の発達	「関係性」の発達
乳児期	基本的信頼 対 不信	信頼 対 不信	信頼 対 不信	抱え (holding) 愛着 (attachment)	自己信頼 対 自己不信	＜個体内関係性＞ 他者信頼 対 他者不信 （内在化された他者像の形成）
幼児前期	自律性 対 恥・疑惑	自律性 対 恥・疑惑	対象および自己の恒常性 対 孤独・無力感			
幼児後期	自主性 対 罪悪感	自主性 対 罪悪感	遊戯性 対 受身性または攻撃性	情熱的な経験 (passionate experience) 性衝動的な結合 (libidinal connection) 目と目による確認 (eye to eye validation)	自他の分離/個体化の達成（最初のアイデンティティの感覚の獲得） ↓ 同一化（具体的な他者の属性のとり入れ）	対象恒常性の獲得 ＜社会的関係性＞ ・具体的な関係性の中での居場所の獲得 ・母，父，家族，友人，先生，近隣などとの，具体的な関係の形成
児童期	勤勉性 対 劣等感	勤勉性 対 劣等感	共感と協力 対 過度の警戒/権力	同一化 (identification)	↓	
思春期・青年期	アイデンティティ 対 アイデンティティ拡散	アイデンティティ 対 アイデンティティ拡散	相互性・相互依存 対 疎外	相互性 (mutuality) 埋め込み (embeddedness)	同一化したさまざまな自己の吟味・取捨選択 →主体的とり入れ・統合	・具体的な他者との関係性の吟味・主体的とり入れ ・内在化された他者像の修正
					「個としてのアイデンティティ」の確立	「関係性」のあり方の安定
						社会的役割の拡大「関係性にもとづくアイデンティティ」の拡大・分化・統合
成人初期	親密性 対 孤立	職業およびライフスタイルの模索 対 漂流	親密性 対 孤立	慈しみ・ケア (tending, care)	個と関係性の葛藤/バランスの危機	
					アイデンティティの再体制化（「個」のあり方，「関係性」のあり方，バランスの見直しと統合）	
中年期	世代性 対 停滞・自己陶酔	ライフスタイルの確立 対 空虚	世代性 対 停滞・自己陶酔			・内在化された他者像の修正
					個と関係性の葛藤/バランスの危機	
老年期	自我の統合 対 絶望	統合性 対 絶望	統合性 対 絶望		アイデンティティの再体制化（「個」のあり方，「関係性」のあり方，バランスの見直しと統合）	

ンティティである。

　アイデンティティの発達にとって，この「個としてのアイデンティティ」と「関係性にもとづくアイデンティティ」がはっきりとした2つの軸として意味をもつのは，成人期になってからのことである。それでは，青年期以前には，「個」と「関係性」はどのように発達していくのであろうか。表1-4の右欄は，筆者のイメージする，ライフサイクルを通しての「個」と「関係性」の発達プロセスを示したものである。「個としてのアイデンティティ」の発達や，その基盤となる自我の発達については，表1-2に示したような自我心理学の先行研究の知見に従ったものである。

　アイデンティティの生涯発達に関わる「関係性」については，筆者は，「個体内関係性」と「社会的関係性」という質の異なる2つの関係性が，生涯にわたって並行して発達していくと考えている。第一の「個体内関係性」は，誕生直後から母親との相互のかかわりの中で形成されていく「内在化された他者像」である。内在化とは，知覚された外界の対象や，外界の対象関係が，その人の心的構成要素となることを意味する。この「個体内関係性」は，自他の分離が達成される3歳頃に消滅するのではなく，成長した後も，心の中に内在化された他者像として，生き続ける。

　第二の「社会的関係性」とは，3歳頃に自他が分離し，個体化が達成された後に獲得される「自己と他者との関係性」である。「社会的関係性」は，人生の中で出会うさまざまな他者との具体的な関係，およびその「質」を示すものである。筆者が，成人期のアイデンティティの成熟性の第2の軸（表1-3）としたのは，この「社会的関係性」である。これは，例えば，「母親としてのアイデンティティ」，「夫・妻としてのアイデンティティ」等，具体的な関係の中で生じるアイデンティティ意識や，ソーシャル・サポート等，具体的な人間関係を示すものである。

　ボウルビィ（Bowlby, 1969, 1973, 1980）をはじめとする愛着研究の視点から見ると，「個体内関係性」は，内的ワーキング・モデルに近い概念かもしれない。ボウルビィによると，内的ワーキング・モデルは発達早期に形成され，その後の人生における個々人の人間関係のあり方を規定する。しかしながら筆者は，「個体内関係性」，つまり心の中に内在化された他者像は，後の発達過程において，「重要な他者」とのかかわりの中で修正され続けていくと考えている。特に，思春期・青年期や中年期という発達的危機期には，具体的な他者との関係のあり方が吟味され，主体的に取捨選択される。また，内在化された他者像も修正されて，個々人の「関係性」のあり方が再体制化される。心の中に，温かで安定した他者像をもち続けることは，生涯を通じて大きな意味をもっている。さらに成人期には，社会との関わりが増加し，さまざまな役割を担うことによって，「関係性にもとづくアイデンティティ」は拡大・分化していく。これら，複数の「関係性にもとづくアイデンティティ」のバランスがうまくとれることもまた，成人期の重要な課題である。その土台となるのが，ポジティブで安定した内在化された他者像であろう。

　成人期の人生は，このような複数の「関係性にもとづくアイデンティティ」のバランスと統合ばかりでなく，「個としてのアイデンティティ」と「関係性にもとづくアイデンティティ」のバランスと統合も重要な問題である。成人期における「個としてのアイデンティティ」と「関係性にもとづくアイデンティティ」の葛藤や，中年期や現役引退期という発達的危機期に見られるアイデンティティの再体制化については，第4節で論じる。

　上に述べたように，成人期における「個」と「関係性」は，入れ子のような関係にあると思

われる．自分がかかわっている「関係」に呑み込まれないだけの「個」の確立が求められると同時に，「個」が「関係性」を壊してしまわないだけの成熟した関係性の達成が必要である．成熟した関係性とは，他者を受け入れてなお，自己を失わない力であると，筆者は考えている．

■ 4 「危機」から心の発達を見る
4-1 「危機」とは何か

次に，人生の中で遭遇する「危機」体験から発達をとらえる視点について考えてみたい．私たちは，日常生活の中で「危機」という言葉を比較的よく耳にする．身近なところでは，「トラブルがあり○○さんとの関係は危機的だ」「この企画に関してはピンチで，危機的状況だ」「今は会社存亡の危機である」「A国とB国は戦争勃発の危機に瀕している」などなど．このように私たちは，危機という言葉を，とてつもない重大な事態や取り返しのつかない破局的な状況という意味合いで用いることが多い．しかし，医学では危機という言葉は本来，よくなるか，悪くなるかの峠，あれかこれかの決定的転換の時期を意味している．重篤な患者に対して，医師が「今夜が山です．今夜を乗り切れば回復するでしょう」と言う．このように危機とは，本来，回復するか，死の側へいってしまうかの「峠」を意味している．これをエリクソンは，心の発達や自我の健康性に応用して，「発達的危機」という概念を提出した．これは，心の光と影の2面性を意味している．発達は，それまでの心理学では，ただ前向きのものとしてとらえられていたが，エリクソンはそれを，退行的要素や病理的方向への動きを含めてとらえられることを示して，「危機」と呼んだのである．

心の世界において，危機はどのように生じ，どのように体験されるのであろうか．自分が危機にあると感じる率直な気持ちは，これまでの自分の生き方，あり方，人間関係のもち方，ものごとへの取り組み方など，引っくるめて「これまでの自分では，もはややっていけない」という感覚であろう．あるいは，重大な病気にかかっていることがわかったときなどは，自分の身体や命そのもの存在が危ぶまれる．このように，これまでの自分はもはや維持できない．今までの自分では生きていけないという感覚が，「危機」を表現するにふさわしい．

人生の中で体験される「できごと」としての次元では，「危機」はすでに数多くの分類が行われている．その最もわかりやすいものの1つが，標準的な予期される危機（normative life crisis）と，突発的に起こる特別な，予測不能の危機（non-normative life crisis）である．

標準的な危機とは，学校入学，卒業，就職，結婚，子どもの誕生や巣立ち，定年退職など，多くの人々が人生の中で経験し，また経験することが予測される出来事である．一般的にこれらの出来事は，心にポジティブな影響も，ネガティブな影響ももたらす．入学や就職，結婚など，肯定的，獲得的な意味合いをもつ自己内外の変化も，私たちの心にストレスを与え，心に両価的な変容をもたらすという意味で，危機ととらえられるのである．また，現役としての職業人生を終える定年退職の体験などは，あらかじめ定年退職のときがわかっているとはいえ，心にネガティブな影響を与えることの多い喪失体験である．しかし，定年退職を機に，これまでやれなかった自分らしい生き方を始めるなど，肯定的な変身をとげる人もある．その意味では，人生の中で体験される出来事はいずれも，まさに両価的な意味と方向性をもつ「危機」と言えるかもしれない．

それに対して，非標準的な危機とは，予測不能の出来事である．事故や災害でけがをする，財産を失う，病気になる，大切な人が亡くなる，リストラされて職を失うなど，このような出来

事は，予期せぬものであっただけに，心に与えるインパクトは強く，その影響が長く残ることも少なくない。

　ライフサイクルのさまざまな時期に遭遇する危機体験が私たちの心に与えるインパクトの強さは，①その変化が獲得的なものか，喪失的なものか，②その感情はネガティブなものか，ポジティブなものか，③主体的な意志による変化か，外的に強制されたものか，④予測可能なものか，などによってさまざまに異なる。また，危機の体験は，単なる一過性の出来事ではなく，その後の私たちの生き方や生活を変容させていく。その変化に適応できるかどうかも，上記の①～④の特質が大きく関連しているであろう。さらに第3章第3節および第7章で述べるように，危機を経験した人々の心の変化のプロセスは，心理学研究の重要な関心事の1つである。なぜなら，大病や大切な人々との死別など，ネガティブな意味合いの強い危機体験も，長い時間の経過から見ると，100％マイナスの体験ではなく，その体験によって，さまざまな意味ある心の変化も生じることが示唆されているからである。この問題については，上記の各章・節の他に，第5章第4節でも論じている。

4-2　アイデンティティの断層としての「危機」：危機期に体験される「外圧」と「内圧」

　この危機の体験を，もう少し心理力動的に考えてみたい。ライフサイクルの中には，青年期，中年期，現役引退期のように，身体的，心理的，社会的，さまざまな次元で本質的な変化の起こる構造的危機期がある。私たちの人生は，常に，①自分の内部からの変化，つまり身体そのもの，身体機能，知的機能，自我の発達などの変化と，②自分の外側からの変化，つまり自分をとりまく人々，家族，所属集団，社会からの要求・要請・期待，の両者に対応する形で展開している。この内圧と外圧が一時期に集中して体験されるとき，それは大きなインパクトを心に与える。

　危機期には自分をとりまく社会的，物理的世界の変化による「外圧」と，身体的成長や衰退，心理的発達・分化による内面からの変化による「内圧」のいずれか，または両方によって，心が揺さぶられる。それらの外圧・内圧が，自分を揺さぶり，自己の生き方や意識の連続性が断たれるとき，それはアイデンティティの危機となる。

　成人期に体験される危機は，中年期や現役引退期という発達的危機期だけでなく，上述の予期せぬ人生の危機など，数多く存在する。このような大きな危機を体験した人々が，そこから回復していくプロセスの中で見られる自己の変容や世界の見え方の変容は，「心の発達」と呼ぶにふさわしいものである。この具体については，第3章第3節，第6章，第7章において論じる。

■5　成長期の未解決の葛藤や危機が成人期に及ぼす影響

　成人期の発達臨床にとって，もう1つの重要な視点と課題は，成人期に発現する心理臨床的問題と，それ以前の自我の健康性の関連性である。発達の基盤である乳幼児期の自我，そして青年期の自我は，その後の人生の中でどのように変容し，どの程度，後の発達を規定するのであろうか。乳幼児期・児童期・青年期に未解決の葛藤を残していた場合，成人期の危機はより深いものになるのであろうか。

　中年期に体験される内圧と外圧によるアイデンティティの揺れ，つまり中年期危機の深さと大きさは，自我の健康性と深い関連性をもっていることは言うまでもない。青年期のアイデン

ティティ形成には，乳幼児期以来の自我の発達と深い関連性が見られることは，すでに数多くの研究によって実証されている。しかしながら，中年期危機の病理性と乳幼児期以来の自我形成や，中年期までの自我の健康性との関連性について考察された研究は，筆者の臨床事例にもとづく考察のほかはあまり見られない。この問題については，第6章第3節で述べることにしたい。

第2節　成人期の発達・臨床の理論

■ 1　成人期の発達臨床心理学の系譜

本節では，成人期を対象とした発達臨床心理学の発展の系譜を簡単にたどり，この領域の土台となる理論について紹介する。ライフサイクルの概念と成人期の発達・臨床に関する研究の系譜は，フロイト（Freud, S.: 1856-1939）をはじめとする精神分析学とアメリカ合衆国を中心とする発達心理学者らによる生涯発達心理学の2つの流れをたどることができる。

1-1　精神分析学派による成人発達研究

精神分析学の創始者であるS. フロイトは，今日広く知られているように，意識だけでなく無意識をも包含した人間発達理論を提唱し，幼児期の心理−性的発達が，後の成人期にも大きな影響を及ぼすことを明らかにした。フロイトのこの漸成説の基盤には，人間が適切な発達をとげるためには，適切な時期に適切な順序で，各々の発達段階における特定の重要な課題に遭遇し，それを越えねばならないという考えがある。フロイトの発生論的漸成説は，以後，力動的人格発達論における主要な基礎理論となり，エリクソンの人間生涯における心理−社会的発達論をはじめ，多くの後継者に受け継がれ，さらに発展していった。しかし，フロイトは，成人期以降の心理的葛藤は，幼児期以来抑圧されてきた無意識的な葛藤の再現と考え，成人期をさらなる発達の時期とは見なしてはいなかった。

それに対して，初期にはフロイトと親密な交流をもちながら，1913年，38歳の年に彼のもとを去ったユング（Jung, C. G.: 1875-1961）は，今日の成人発達研究の祖と考えられる人物である。ユングは人間生涯の後半における成人の発達に特に注意を注ぎ，全生涯にわたった発達の概念を提出した。彼は，中年の人々の心理療法も数多く行っており，しかも彼のもとを訪れる患者はよく適応している人々であったという。ユングは，人生の後半期の発達に注目し，中年期に始まり，ライフサイクルの後半期にわたって進む発達のプロセスは，個人に内在する可能性を発見し，その自我を高次の全体性へと志向せしめる努力の過程であるという。ユングは，これを「個性化の過程」（individuation process），あるいは「自己実現（self realization）の過程」と呼び，人生の究極の目的と考えた（Jung, 1916a, 1933, 1951）。

フロイトは，精神分析のモットーを「イドあるところに自我をあらしめよ」と述べ，無意識的衝動を自我の領域に組み入れることをもって，治療の目標とした。したがって，フロイトの目標としたものは，自我という理性による自分の内にある非合理性の克服であり，意識の無意識に対する優位性の確立でもあった。それに対して，ユングのめざした人間の成長とは，こうした個としての自我の確立にとどまらず，さらにそれを越え，心のもつより大きな全体性へ向かうことであった。

成人発達研究の理論的基礎を構築した第3の重要な人物は，改めて述べるまでもなく，エ

リクソン（Erikson, E. H.: 1902-1994）である。彼の提唱した精神分析的人格発達分化の図式 Epigenetic Scheme (1950) が後の成人期研究に与えた影響は、はかり知れないものがある。エリクソンは、正統フロイト派の流れを受け継ぎ、誕生から死に至るまでの人間生涯全体を見通した人格発達のプロセスを8つの段階で表した。彼は、心の発達は青年期までにとどまらず、生涯を通じて達成されていくものであることを強調している。

1-2 アメリカの発達心理学における成人期研究

成人期の発達に関する第2の系譜は、アメリカ合衆国を中心とする発達心理学者らによるものである。スタンフォード（Stanford, 1902）によって発表された「精神の成長と衰退」("Mental growth and decay") という論文が、生涯全般にわたる発達の特徴を検討した世界最初の心理学研究である。しかし、それ以降1920年代までは、成人期を対象とした発達的研究は行われていない。1920年代をむかえてようやく、古典的名著と言われているホール（Hall, 1922）の老年期研究や、ホーリングワース（Hollingworth, 1927）の研究、1930年代には、カリフォルニア大学バークレー分校において行われたブリュンスヴィク（Frenkel-Brünswik, 1931, 1936, 1937）やビューラー（Bühler, 1933）の伝記研究が見られる。しかし、これらはそれぞれ単発的に行われ、引用された文献を見る限り、研究者相互の知見の交換や討論はなされていないようである。

これらの成人発達に関する先駆的研究の中で、ビューラーの業績は注目に値するものである。ビューラーは、人間の生涯を展望し、成長、頂点、プラトー、衰退という生物学的曲線に対応した心理-社会的発達モデルを提唱している。彼女は、400人以上のさまざまな階層の人々の伝記と自伝をもとにして人間の生涯を5段階に分類した。思春期（14-25歳）と成人前期（25-45歳）では、創造的発展と自己決定が目標とされる。これらの年代における主な関心は職業、結婚、家族内での自己実現である。成人前期では、人は安定した適応をするために、安定した創造的発展と最高の自己決定が中心的目標となる。成人後期（45-65歳）になると、過去の目標の自己査定、再評価が目標となる。そして老年期（65歳-死）の目標は、自己の制約を行うことであるとされている。これは、低下するエネルギーの現実を認識し、そのうえで可能な範囲で目標や興味に集中することを意味する。またこの時期は、自分の人生をふりかえり、内省や展望が行われる時期でもある。

またハヴィガースト（Havighurst, 1953）の提唱した発達課題論は、心理学や教育学に広く影響を及ぼしている。

1950-1960年代にかけて行われたこれらの研究は、1970年代以降の成人発達研究に直接的な影響を与えるものとなった。特にそれまでの研究が、成人期をも含む人生の各時期における単なるデータの収集であったものが、1960年代を境に、発達のプロセスやそのメカニズムの変化への探求に関心が変化していったことは注目すべきであろう。

1-3 1970年代以降の成人発達研究

このような成人発達に関する2つの系譜は、1970年代以降、互いに影響を及ぼしあい、今日の成人発達研究の隆盛をもたらしている。中でもエリクソン（1950）の精神分析的人格発達分化の図式は、成人期の発達に関する理論的基礎を与えるものとなった。1970年代以降、レヴィンソン（Levinson, 1978）、グルド（Gould, 1978）、ヴァイラント（Vaillant, 1977）、シーヒィ（Sheehy, 1974）らによって、それぞれの実証的研究にもとづく独自の発達段階説が発表され、

人間生涯全体を発達的視点から見る視座が確立された。これらの研究によって，成人期においてもパーソナリティや個々人の意識や目標のあり方などさまざまな次元で，一般の人々に共通して見られる変化のプロセスが存在することが明らかにされた。

　これらの研究成果は，それぞれの発達段階で達成されるべき条件や「発達課題」（Havighurst, R. J., 1953）とは異なって，成人期の各発達期には，生活構造の発展（Levinson, D. J.），人格の「変容」（transformation; Gould, R. L.），自我機能の成熟（Vaillant, G. E.）などが見られるという，より全人格的な変化のプロセスを見出した点で評価することができる。フロイトが，人生後半期は人格的発達や変化の可能性は乏しいと考えたのに対して，1970年代以降の成人発達研究は，人生後半期においても積極的な創造や人格の成熟の可能性を示唆している。

1-4　アイデンティティ論にもとづく成人期研究

　アイデンティティの概念は，人間の発達・成熟を理解するうえで，きわめて魅力的なものである。アイデンティティ論の視点からライフサイクルを読み解くことによって，私たちは，人間の発達の連続性と非連続性，発達的危機のあらわれ方，発達の岐路に立ったとき，さらなる成長・発達の方向へ進むための手がかり，さらに成人としての成熟性など，人間の一生を理解するうえで有益な数多くの視点と知見を得ることができる。

1）アイデンティティ危機の概念の萌芽と研究の発展

　アイデンティティ危機（identity crisis）という言葉は，第2次世界大戦中，エリクソンがマウントシオン退役軍人リハビリテーション病院で仕事をしていたとき，精神的な問題をかかえた青年たちについての議論の中で初めて用いたものである（Erikson, 1968）。このときすでに，アイデンティティ危機という言葉には，病理的意味と発達的意味が示唆されている。そしてエリクソンの最初の著書『幼児期と社会』（1950）において，アイデンティティの概念は，明確な心理学的な概念としての形をなしていった。この中でエリクソンは，アイデンティティを臨床的な問題とライフサイクルを通じての発達的な問題として論じている。ここからアイデンティティの研究は，臨床的な研究と発達心理学的研究に大きく分化し，発展してきた。

　しかしながら，エリクソンが『幼児期と社会』の中に示した2つのヴィジョン，つまりライフサイクルにわたる発達のヴィジョンと，心理臨床的なヴィジョンのうち，アイデンティティ研究の主流は，その後，臨床心理学的研究よりも，健康な青年を対象とした発達心理学的研究となっていった。それは，臨床心理学の領域においては，アイデンティティの概念自体がすでに常識化していて，改めて研究課題としてとりあげるだけの関心が薄れているからであろう。

　後述するように最近のアイデンティティ研究は，今日もなお，青年期の発達心理学的研究を中心としながらも，それにとどまらず，成人期・老年期の発達的研究へ，青年期・成人期の女性特有の発達的問題に関する研究へ，そして，分離－個体化，あるいは自立といった「個体発達」から，「関係性の中での発達」をも包含した理論的見直しへと，その研究領域は広がりつつある。

2）エリクソンのアイデンティティ発達論の理論的再検討と発展

　エリクソンのアイデンティティ理論を発展させ，特に青年期のアイデンティティ形成の研究にすぐれた視点と研究法を提供したものとして，マーシャ（Marcia, 1964）のアイデンティ

ティ・ステイタス論があげられる。アイデンティティ・ステイタス論は，今日わが国でもよく知られているように，青年期のアイデンティティ達成の様態を，危機（crisis）と積極的関与（commitment）の有無によって，アイデンティティ達成（identity achiever），モラトリアム（moratorium），早期完了（foreclosure），アイデンティティ拡散（identity diffusion）の4つのステイタスでとらえたものである。この早期完了という概念を導入することによって，青年期のアイデンティティ達成の質をとらえることが可能となり，以後，アイデンティティ・ステイタス・パラダイムを用いた研究は，アイデンティティ研究の重要な一領域を占めるようになった。

マーシャは，一連の研究の中で，青年期のアイデンティティ・ステイタスは固定的なものではなく，流動的な発達プロセスの中に位置づけられるという考え方に移行していった。彼のこの考え方は，ウォーターマン（Waterman, 1982）やウィットボーンとウェインストック（Whitbourne, & Weinstock, 1979）に受け継がれ，アイデンティティ・ステイタスの発達パターンのモデルへと発展した。特に，ウィットボーンら（1979）の「成人期におけるアイデンティティ危機解決のステップ・モデル」は，アイデンティティは，成人期において固定的に持続していくものではなく，人生の危機に直面するごとに，モラトリアムからアイデンティティ達成へのフェイズを繰り返しながら発達していくものであることを示唆し，後のグロテヴァント（Glotevant, 1986）のMAMAプロセス・モデルや，岡本（1994）の「成人期におけるアイデンティティのラセン式発達モデル（図1-8, p.46）」へ発展していった。

3）「関係性」の視点からアイデンティティをとらえるパラダイムの導入

アイデンティティは，個としての自己の存在証明であると同時に，他者とのつながりの中での自己，社会における自己の位置づけによっても，一層あざやかにとらえられる。エリクソン自身も，アイデンティティ形成における他者との関係性の重要性を強調したが，後のアイデンティティ研究においては，ともすれば「個」の発達や病理の側面に多くの光が当てられてきた。つまり，1980年代までのアイデンティティ研究の多くは，分離−個体化に裏づけられた「個」の確立に関心や重点がおかれ過ぎていたきらいがある。それは，西洋的な男性優位の個人主義の中で，自立や他者からの分離−個体化が人間の発達にとって最も重要な課題であり，指標であるとされてきたからであろう。これに異議を唱えたのが，女性の研究者たちであった。中でもギリガン（Gilligan, 1982）の提唱した道徳性発達における男女の相違は大きな反響を呼び，他者をケアし責任をもつという関係性は，自立や達成と同様に発達にとって価値があることを認識させた。

アイデンティティ研究においても，エリクソンの「内的空間説」（1964, 1968）に大きな刺激を受けて，女性のアイデンティティ発達と「関係性」との関連が検討されて始めた。1970年代から1980年代にかけて，女性をとりまく社会的状況が大きく変化した。女性も男性と同様に職業をもつことが一般的になり，社会においても家庭においても両者が同じ役割を担うようになったのである。このような流れの中で，関係性の問題は女性のみでなく，男性にとっても重要な，いわばアイデンティティの基本的な要素であるという考え方が注目されるようになってきた。その代表的な研究が，本節の5.と7.で紹介するフランツとホワイト（Franz, & White, 1985）とジョセルソン（Josselson, 1992, 1994）である。

以上のような諸研究は，成人期の発達を理解する重要な手がかりを提出した。中でも，成人期の発達をプロセスとしてとらえること，および分離−個体化のみならず，関係性からもアイ

デンティティの発達を理解することは，きわめて本質的な視点であろう。

本節では，以上のような成人期の発達臨床心理学の研究の系譜の中で，必ずおさえておく必要のある理論を精選して紹介する。ここで特筆すべきことは，次項以降で述べるユング，エリクソン，ヴァイラント，フランツとホワイト，ジョセルソンなど，成人発達臨床心理学の理論的基礎を築いた人々は，皆すぐれた心理臨床家であったことである。

■2 「人生の正午」と個性化の過程：ユング（Jung, C. G.）
2-1 人生の正午と中年期における心的危機

ユング（Jung, 1916b）は，それまで人生の円熟期と位置づけられてきた「中年期」の心的危機について早くから指摘している。この指摘は彼の思想と深く関わっていると考えられる。

ユングは精神分析を提唱したフロイト（Freud, S.）と互いに影響を及ぼしつつ，独自の「分析心理学」と心理療法理論を探究した。彼の思想の中核は，心すなわち自己を無意識と意識からなるものとしてとらえ，自己は自己自身になること，すなわち「個性化」を求めるというものである。

つまり，自己とは，意識面のみをさすのでも，自分として獲得されてきた面だけをさすのでもない。そのような，私たちが普段「自分」と感じている意識面の中心は「自我」と呼ばれる。自我は自己から生まれる。自己は自我に訴えかけることで，自己が実現されるのを推進する。自己は，自我がこれまでの自我を超えて，未知の自己を見出すべく方向づけていく力である。いわば，自分でありながら自分を超えていく力である。つまり，自己は，未知の自己を含めた自己全体のありようをとらえ，自己自身を動かす力であると言える。

自我の形成は，意識されていなかったものが意識化され，未知が知となるという面であり，何かを「自分」として選び取るという自己観の形成であり，自分にとって何が望ましく何が望ましくないかという価値観や世界観の形成である。こうした自我の確立と拡大は必要なことであるが，この路線の先には，自分が選んできたものを超えて「自分が選ばず避けてきたこと」や「自分にとって望ましくないこと」と向き合うことを余儀なくされ，自己を見失うということが生じうる。また，「避けてきたもの」との対峙において，それらを自分の中に取り込んでいくというだけだと，自己実現とはすべてを獲得することをめざすものとなり，「これ以上分割できない単位としての個（individual）」を見出すことではなくなってしまう。

このような，「自分」として獲得されてきたあり方で突き進むうちに，壁にぶちあたり，自分を見失うことを，ユングは，意識的自我の見方に囚われ，自己という心全体が体験しているものを自我が避けたり無視してしまうことで生じる，心の分裂状態であると指摘する。そして，自己は，自我が何を無視しているか知らせようと，自我のあり方の「裏返し」のイメージを生み出す。それによって心の全体性を回復しようとする自己調節機能を「補償」と呼んでいる。こうした，自我の姿勢を補償するイメージの代表格が「影」や「アニマ」のイメージである。例えば，自分の中に認めてこなかった面が「影」のイメージとして迫ってくる。社会的地位を確立した男性的で論理的な人が，感情に弱かったり，女性的な包容力に惹かれたりする。こうした，自我として確立してきた，物事を切り分ける男性性・論理性に対する，ものごとを結びつけ包み込む女性性・感情性といった補償的イメージが「アニマ」イメージと呼ばれる。こうしたイメージは自己という名の「他者」イメージである。自我にとって自己は，自らを動かすおおもとでありつつ，「自らを超えていく」力であるため「他者性」としてイメージされる。

そのことによって初めて，自己という力を「対象化」し，個でありつつ個を超える力と向き合い，関係を結び，体験していくことが可能になる。そこに何が見出され，どんな関係を結び，どんなプロセスを生きていくかは，個人によって異なる。つまり，「私」を動かす普遍的な力を，「私」としての一回性のindividualな自己として生きるという意味において，その関係性や体験のプロセスは異なる。

このように，ユングの心理学でめざされる「個性化」においては，どんな自我を形成するかが重要なのではなく，常に，無意識的自己と自我が呼応的に関係を紡ぎ，その関係を生きていくことこそが重要なのである。

ユングの指摘する中年期の問題は，こうした自己と自我の関係および個性化過程における危機を端的に示している。彼は人生を太陽の動きにたとえ，午前中は太陽の輝きも熱も徐々に増し，その「絶頂」である「正午」が中年期にあたるが，その瞬間から逆転現象が起き，人生の午後が始まると述べている。つまり，自我が確立され，分別もあり，自分の生き方を築いてきた中年期に，「それまでの対応態度が突然役に立たなくなってしまう瞬間が訪れる」という危機的状況を呈すると指摘している。今では一般にも知られるようになったが，中年期のうつは，仕事や家庭や対人関係でつまずいたときだけでなく，仕事で昇進したり，子どもが巣立ったりといった，人生の中心であった大切なものとのかかわり方に変化が訪れるときに生じやすい。こうした「午前から午後への移行」は，「以前に価値ありと考えられていたものの値踏みの仕直し」を必然的に要求する。ユングは，人生の午後である中年期以降の意味と意図は，人生の午前である青年期までのそれとは異なるとし，中年期の課題として「若い頃の諸々の理想の反対物の価値を悟るということがぜひとも必要になってくる」と述べている。

けれども，半生をかけて成し得てきたもの，信じてきたもの，大切にしてきたものの価値を根底から見直すのは生易しいことではない。自分にとって大切なものが失われようとするとき，それでもそれまでの生き方にしがみつくか，逆に，仕事を変える，離婚する，といったように，それまでの生き方を捨てて逆方向に活路を求めることが多いと，ユングは指摘する。ただし，両者ともこれまでの生き方が絶たれるという闇のような事実から目を背けるという点で共通しており，底なしの不安に陥ることになりうるわけである。ユングは「肝腎なのは，反対物への転化ではない。その反対物を承認しながら，以前の諸価値を保持すること」であり，「若い人間が外部に見出してきたものを，人生の午後にある人間は，自己の内部に見出さねばならぬのである」と述べている。換言すれば，それまでの半生で「価値」を見出していなかったもの，すなわち，自らの「影」と向き合い内面化していくという課題でもある。

それは自らにとって価値あるものと無価値なものとの対立という，引き裂かれるような葛藤を心に抱えることになる。だからこそ，過去へのしがみつきや過去からの逆走といった抑圧行動が生じやすいと言える。こうした点から，ユングは中年期を「第二の疾風怒濤期」と位置づけ，その影の深さと意味深さについて述べているのである。

2-2　自我と自己の関係性の変容：古い価値体系から新しい価値体系への模索

中年期における，自らの価値観を見直し，「影」との戦いを内面化する作業とは，いかにして可能になるのだろうか。ユングは「無意識を抑圧するのではなく，無意識をはっきりと，彼とは区別されるべきあるものとして自己の前に据える」ことが重要であると述べている。抑圧するのでは，常に無意識に背後から動かされることになってしまう。そうではなく「前に据え

る」すなわち「視野に入れ」「自らと区別し」「対象化」していくことが必要なのである。そもそも，視野に入れることが難しく葛藤として体験されやすいのは，その人の従来の価値観では価値あるものと無価値なものとが「相反する対立項」として見えているからである。

　ユングは，こうした心的価値観の成立に関し，有名なタイプ論を提唱している。その根幹には，同じものを見ても人によって体験が異なるのは，どこに心の目を向けるかによるとする考え方がある。代表的な観点として，主体から見るか－客体に目が向くかという「内向－外向」がある。ちなみにこの観点はロールシャッハ（Rorschach, H.）によってロールシャッハ・テストの基本軸として取り入れられている。ユングは，タイプ論をフロイト（Freud, S.）とアドラー（Adler, A.）の理論を例にあげて説明し，両者はポジとネガが裏返しで相容れないと思われがちだが，同じことを別の角度から見ているだけであり，両者とも心の現象について一定の説明をしうる点で価値があるとしている。むしろ，心の現象は両理論がそれぞれ光を当てている二面をあわせもつものと理解すべきだと述べている。つまり，「相反する」のは対象の性質でなく対象への光の当て方の問題なのである。言い換えれば，対象は同じなのだから「相反する」ように見える2つの光の当て方はそもそも両立しうるのである。むしろ，アプローチが多角的である方が対象もより立体的に見えてくる。中年期に必要となってくるのは，以前のものの見方を捨てて新しいものの見方を取り入れるというような「どちらか」ではなく，「どちらも」を可能にするような，両方の視点を相対化し止揚する視座を獲得することと言える。さらに言えば，中年期に，従来の価値観が役に立たなくなる事態に陥り，無価値の価値を見出す必要に迫られること自体が，「相反する」と見えていた対立項の「止揚可能性」を示唆する自然な動きとも考えられる。

　従来の価値観の見直しとは，「相反する」と見えていた価値と無価値の線引きを見直すということであり，それは必然的に，価値と無価値に仕分けていたそれぞれの中身を，あらためて目の前に据えてよく吟味し，あらたな共通点と相違点を仕分ける線引きを見出すことになる。それによって，古い価値体系から新しい価値体系への再編を成し得るのだと考えられる。言い換えれば，それは，意識的自我と無意識的自己との関係のもち方の再編でもある。

2-3　心の全体性の回復と個性化

　実際の臨床でも，ユングの言うような，自分の価値観を確立し頑張ってきた人が中年期にうつに陥るという場合によく出会う。例えば，現場でバリバリ働くことに生きがいを感じていた人が管理職になり，従業員への不満や怒りを押し殺してうつになる場合，自分なりの仕事の極意を見出しており，部下の働きぶりに「そんなことではダメ」「もっとこうでないと」という思いがわく。しかし，それを相手に伝えて指導することができず，結局，自分が引き受けたりミスをフォローしたりと負担を抱え込んでしまう。＜相手に伝えるのは難しいですか＞と尋ねると「難しいですねぇ」とわが意を得たりという表情をされ，＜どのあたりで難しいですか＞と訊くと「相手に言っても伝わらないと思う」と答えられることがしばしばある。もう少し訊くと「中でも苦手な人がいて，自分を馬鹿にしている」「相手に要求を伝えること自体が，相手にケチをつけているみたいで嫌なんです」などと言われることも多い。

　つまり，その人がつきあいづらくて困っているのは「自分の感情」なのである。「相手が苦手で嫌いな自分の感情」をどうしてよいかわからず，中立的にかかわれない。その感情を抱えたまま指導すると「相手を否定する」ことになってしまい，自分の中にある嫌な認めがたい気持

ちを具現化することになってしまう。そしてその攻撃に対する反撃を恐れるのである。

　ユングは，その人が生きる中で培ってきた優越した心的機能と，自分のものにしてこなかった劣等機能があるとし，後者は自分とは「異質」なイメージとして，実際の人間関係の中で誰かに投影されることを通じて初めて体験されることが多いとしている。それがこれまで自分のものとして認めてこなかった「影」イメージであったり，それまで社会との間で確立してきた自分の顔であるペルソナを補償する「アニマ」イメージであったりする。ユングは，アニマは「感情」として現れることが多いと述べている。先に述べた例はまさしく，ペルソナに同化している人であり，その人の心に「苦手な人」がペルソナに反するものを担って登場し，そこには必ず「感情」というアニマを連れているのである。そして興味深いのは，その人は「感情」に苦しんでいるわけだが，その「感情」によって，のっぴきならない形で，これまで避けてきたものと「正面から」取り組まざるをえなくなっているのである。

　先に述べたように，ユングは，無意識を抑圧するのでなく，無意識を前に据えて，自我と区別していくことの必要性を常に説いている。河合俊雄（1998）は，アニマからも自我を区別する必要があり，感情として現れるアニマを，「自分の気分」としてとらえて自分と混同してしまうのではなく，感情をイメージとしてとらえることによって対象化していくことが必要であると述べている。つまり，感情というアニマを，いわば人格と自律性をもった客観的存在として認めていくことで，感情と対話し，関係をもっていくことができるとしている。

　言い方を換えれば，それまで苦手で自分の中には見出してこなかったものを「他人」に投影しているという機制を利用して，自分とは切り離された「他」のものとしてならコミットしやすく，よく吟味することで今まで見えなかった面も見えてくる，という風にも言える。＜あまり出会ったことのないタイプの人ですか＞と訊くと，「ないですねー，若い頃なら絶対一緒にいないタイプです」と俄然生き生きと話されたりする。苦しくとも新鮮な，今まさに体験していることなのである。どういう点が嫌で許せないかなど，ひっかかりを事細かに見ていくうちに，苦手なものの像が徐々に明確になり，苦手さの輪郭が見えてくるにつれて，苦手さが心に広がってしまわずに少し余裕ができて抱えやすくなり，実際に相手とかかわりやすくなったりする。輪郭がつかめ，かかわれるようになることで，「苦手な人」の側の意図が視野に入り，「自分と相手は違う。でも，意欲があるのは同じ。意欲が別の形をとったり，力点が違ったりするのだ」と，違いを通して逆に接点が見えてきたりするのである。その過程で，「苦手」イメージをめぐって自分の生き方が想起され，自我の確立過程で自分と「区別」し避けてきたこと自体は必要であった一方で，実は「区別」していたつもりで常にその「苦手」な感情に足をひっぱられていたことが，さまざまなエピソードを通じて見直されていくことが多い。そして，例えば「自ら無視し忘れ去っていた内なる子ども」を救い出し，過去と現在と未来に向けての自分をひとつながりのものとしてとらえ直すことにつながったりする。

　こうした自己変容は，形としては過去と現在の統合と言えるかもしれない。しかし，ユングは自己の変容や実現について「個性化」という語を用いている。これ以上分割できない単位としての自己へと向かうという意味である。これがゴールというようなものがあるのではないし，そのような外にあるゴールに向かうのでは自己ではなくなってしまう。上の例で見てきたように，「これが自分」と信じてきたものの中にひそかに含まれている「他性」や，「自分を脅かす他者」と見えていたものの中に含まれる「自分」を自分の心眼で選り分けていくことで，自と他を生きたものとして区別しとらえていくことを絶えず進めていく。そのような自我と自

己の対話，自我と無意識との対話を続けていくという，「自己との動的な関係」を得ていくことが「個性化」であり，「心の全体性の回復」なのだと考えられる。

3　アイデンティティ論とライフサイクル論：エリクソン（Erikson, E. H.）

3-1　エリクソンのアイデンティティ論と精神分析的個体発達分化の図式

　エリクソンのアイデンティティ論やライフサイクル論は，わが国においても広く知られている。最初の著書『幼児期と社会』（1950）において，エリクソンは，「人間の8つの発達段階」と題する人間生涯全般にわたる発達論を展開している。図1-1は，その中で論じられている個体発達分化の図式（Epigenetic Scheme）である。そして表1-5は，ライフサイクルを通しての個体発達分化に関わる全領域の特質を8つの段階別に示したものである。この2つの図表は，後のライフサイクル研究，特に成人期の発達的研究に理論的基礎を与えるものとなっている。

　このエピジェネティク（epigenetic）という言葉は，個体が生まれてゆっくりと成長していくという意味である。この図式の中には，エリクソン独自の考え方が，数多く反映されている。まず第一は，エリクソンは，心理−社会的な自我という観点から，人間の発達をとらえようとしたことである。フロイトが，リビドーと呼ばれる性的エネルギーに対応させて，個体の発達を理論化したのに対して，エリクソンはそれを発展させて，社会との関わりの側面を重視して，心の発達をとらえようとした。さらにフロイトが，心の発達は青年期で完了し，その後は特に目立った発達的変化は起こらないと考えたのに対して，エリクソンは，人間の心は生涯を通じて発達・成長していくものであるという展望を示した。

		1	2	3	4	5	6	7	8
Ⅷ	老年期								自我の統合 対 絶望
Ⅶ	中年期							世代性 対 自己陶酔	
Ⅵ	成人初期						親密性 対 孤立		
Ⅴ	思春期 青年期					アイデンティティ 対 アイデンティティ拡散			
Ⅳ	児童期				勤勉性 対 劣等感				
Ⅲ	幼児後期			自主性 対 罪悪感					
Ⅱ	幼児前期		自律性 対 恥・疑惑						
Ⅰ	乳児期	基本的信頼感 対 不信感							

図1-1　精神分析的個体発達分化の図式（Erikson, 1950）

表1-5 心理－社会的個体発達分化の諸領域 (Erikson, 1950)

段階	心理－社会的危機状況	人格的活力(徳)	重要な対人関係の範囲	社会価値,秩序に関係した要素	心理－社会的行動様式	儀式化の個体発生	心理－性的段階
I	信頼：不信	望み	母および母性的人間	宇宙的秩序	得る，見返りに与える	相互的認知	口唇期
II	自律性：恥・疑惑	意思	両親的人間	"法と秩序"	つかまえ，はなす	善悪の区別	肛門期
III	自主性：罪悪感	目的感	核家族的人間	理想的原型	ものにする（まねる），らしく振る舞う（遊ぶ）	演劇的	エディプス期
IV	勤勉性：劣等感	有能感	近隣，学校内の人間	技術的要素	ものを造る（完成する），ものを組み合わせ組み立てる	遂行のルール	潜伏期
V	アイデンティティ：アイデンティティ拡散	忠誠心	仲間グループ，グループ対グループ，リーダーシップのモデル	知的，思想的な将来の展望	自分になり切る（あるいはなれない），他人が自分になり切ることを認め合う	信念の共同一致	性器期
VI	親密性：孤立	愛情	友情における相手意識，異性，競争・協力の相手	いろいろな型の協力と競争	他人の中に自己を見出す，見失う	世代継承的認可	
VII	世代性：停滞・自己陶酔	世話	分業ともち前を生かす家族	教育と伝統の種々相	存在を生む，世話をする		
VIII	自我の統合：絶望	知恵	"人類" "私のようなもの"（自分らしさ）	知恵	一貫した存在を通して得られる実存，非存在への直面		

　第二は，図1-1に示されている8つのステージの心理－社会的危機の考え方である。発達はそれまで，ただ前向きのものとしてとらえられてきたが，エリクソンは，退行的方向や病理的な方向をも含めて考えられることを示唆して，これを危機と呼んだ。したがって，発達的危機とは，成長・成熟の方向と退行的，病理的方向への分かれ目・岐路を意味するのである。エリクソンは，ライフサイクルにおける8つのステージに，それぞれ固有の心理－社会的危機が存在するととらえている。

　その中でもエリクソンが特に注目したのが，青年期にあたる第5段階の心理－社会的課題であるアイデンティティの獲得である。エリクソンのアイデンティティ理論は，青年期研究のみならず，今日，人間生涯全体をとらえるための重要な視座を提供するものとなっている。アイデンティティとは，「自分とは何者か」，本当の，正真正銘の自分とは何かを意味する。児童期までは，両親や学校の先生など，他者の考えや行動を受け入れ，そのように振る舞っていた子どもたちは，思春期・青年期に達して，他者の影響から少しずつ離れ，自分で自分をつくっていこうとし始める。このプロセスの中で，幼児期から今日までの自分，さらにこれから先の自分の間に，一貫性があるかどうか，また自分の仲間関係や他者との交わりの中で，あるいは社会との関係の中で，しっかりとした自分の位置と調和が保てるかどうかが重大な問題とされる。エリクソンは，このようなアイデンティティの獲得を青年後期の重要な心理－社会的課題としたのである。

　以後，この半世紀余の間に，アイデンティティ研究は，増加の一途をたどり，心理学研究の重要な一領域を形成している。

　なぜアイデンティティの概念は，今日の社会においてなお，これほどまでに魅力的なのであろうか。1つには，アイデンティティ論は，人間のありよう，特に心の発達を全体的，統合的なトータルな視点から包括してとらえる視座を提供するものであるからであろう。第2に，多くの現代人にとって，「自分とは何か」「正真正銘の，本当の自分とは何か」というアイデンテ

ィティの探求は，青年期のみの課題ではなく，いくつになっても主要なテーマになっているからであると思われる。

3-2　エリクソンの人生

　アイデンティティの概念と理論は，エリクソン自身の出自をはじめとして，彼自身の経験そのものがアイデンティティのテーマに深く結びついていたところから生まれた。つまり，20世紀とともに出生し，ユダヤ人として生まれ，実の父親の顔を知らずに生涯を送り，祖国を離れてアメリカを主要な活躍の場とし……，このようなさまざまな面で「境界」に生きたエリクソン自身の人生そのものから生み出されたものである。さらにギムナジウムを卒業後に画家をめざしてヨーロッパを放浪，フロイトとの出会いなど，エリクソン自身のアイデンティティ形成については，彼の青年期のアイデンティティ理論とともに早くから知られていた。しかし，歴史学者 フリードマン（Friedman, L. J.）の労作であるエリクソンの伝記 "Identity's Architect"（1999）の出版は，アイデンティティ研究者の間で，少なからぬ興奮を伴って話題となった。この伝記は，私たちがよく知っている（と考えていた）エリクソンの人生を，輪郭ばかりでなくその表情や息づかいまで，虫めがねで拡大するようにあざやかに描き出してくれたからである。

　精神分析的個体発達分化の図式のアイディアがどのように生まれたのか。この図式は，エリクソンのそれまでの臨床経験の蓄積の中で，人間の生涯発達のコア（中核）に関するイメージが，直感的にひらめいて生み出されたものではなく，それは，エリクソンの妻 ジョアン（Joan M. Erikson）との共同作業であった。特に乳幼児期から児童期までの発達については，日々，子育てにたずさわったジョアンのアイディアに負うところが大きかったと，フリードマンは，関係者への綿密な聞き取り調査によって述べている。

　この伝記が刊行されることによって，エリクソンの中年期の実像もより正確に理解できるようになった。上に述べたように，精神分析家になるまでのエリクソンの来歴はよく知られていたのに対して，精神分析家となり，アメリカへ渡った後のエリクソンの中年期の体験については，成功した心理臨床家，文筆家といった光の部分のまぶしさに消されて，つい最近まであまり知られていなかったように思われる。フリードマンの伝記を読むと，エリクソンの中年期もまた，大きな家族の危機を抱えていたことがわかる。

　40歳を過ぎて恵まれたエリクソンの4番目の子ども ニールはダウン症であった。生まれたばかりのニールは，障害児施設に送られ，その後，父親であるエリクソンとの交わりはほとんどないままに亡くなった。しかし伝記の中には，エリクソン夫妻がニールのことで絶望し，悩み，苦しんだことが詳しく綴られている。ニールのことが，エリクソンとジョアン夫人—エリクソンの業績は，そのほとんどがジョアン夫人との共同作業から生まれた—を，再び「個体発達分化」の理論に関心を向けさせたのである。ライフサイクルを通じての心の発達は，人間の弱さ—エリクソンはこれを「危機」，「対」概念で示している—の側面もしっかり見なければ理解できないということを，改めて考えさせられる。筆者を圧倒したのは，これまでまったく知らなかったエリクソンの4番目の子どもニールの存在と，このダウン症の子どもの誕生がエリクソンの人生と仕事に，少なからぬ影響を及ぼしていたことである。ニールに対するエリクソンの父親としての対応は，少なくとも行動レベルで見ると，慈しみ深い父親とは言い難く，日本人である筆者から見ると，冷たい対応とも感じられる。しかし，この家族の危機はエリクソンに，人間の発達についての以前の取り組みを再開させ，ついにフロイトの心理-性的モデル

を越える理論を生み出す活力を与えたのだと，フリードマンは言う。個体発達分化の図式の「対概念」や，生きていくうえで直面する影や弱さを解決していくこと，つまり危機対応力こそ「発達」なのだというヴィジョンは，エリクソンのごく個人的な「危機」から醸成されたものであった。

エリクソンの研究のスタイルは，あくまで臨床経験にもとづいて，一人ひとりのクライエント，人間の内的世界をていねいに見ていくというものである。その中でエリクソンは，「欠損」・「欠陥」よりも，人間の強さや健康な部分に注目して，人間の心の世界を見ようとした。さらに，「垂直軸」のみでなく，「水平軸」に注目して，つまり心の内界のみでなく，社会との関わり，外的世界との連関において，人間，特に青年の心の問題をとらえようとした。これらは，人間を理解するうえで，きわめて妥当かつ不可欠な視点であることは，今日の心理臨床家や発達心理学者なら誰でも首肯することであろう。

しかしながら，このような理論的視点をめぐってのアンナ・フロイト（Freud, A.）との「確執」は息詰まるものを感じる。今日，アイデンティティ研究の主流は，健康な人間を対象とした発達心理学的研究であり，本家である精神分析学においては，アイデンティティ論はしだいに影が薄くなり，注目されることは少ないのが現状である。これはなぜなのか。1つには，フロイト（Freud, S.）の後継者であり，エリクソンが精神分析家になるための訓練分析家でもあったアンナ・フロイトが，このようなエリクソンの考えを「異端」として認めようとしなかったことも背景にあると言われている。

3-3 エリクソンの人生から学ぶもの，そして今世紀に継承されるもの

上に紹介したフリードマンによるエリクソンの伝記の冒頭には，「前世紀を支配したのが父と子の関係であったとすると，今世紀が関心をもつのは，自分自身をどのように作り上げるべきかと自問する自己制作の人間である」という1964年のエリクソンの言葉が掲げられている。20世紀後半，アイデンティティ論がこれほど隆盛を見た背景には，彼が指摘するように，個の確立と人間としての自由が時代の精神であったことと合致している。それでは，21世紀を迎えた現代に，エリクソンの遺したものは，どのような意味をもち，どのように継承されるべきであろうか。

1つは，個の確立にとどまらず，これを土台とした「関係性」の成熟をも視野に入れた人間発達観の構築であろう。20世紀のアイデンティティ研究は，ともすれば個としてのアイデンティティの確立，自立，分離－個体化という側面を強調し，人と人との関係の中から生み出されるアイデンティティの感覚をしばしば見落としてきた。しかし，この「関係性」の側面が，個としての達成と同等に重要であることは，ようやく1990年代になって認識されるようになった。これをさらに深化し，再構築していくことは重要な課題であろう。

もう1つは，研究のスタンスの再確認である。今日なお，アイデンティティ研究は増加の一途をたどり，心理学の主要な一領域を形成するに至っている。しかし，それらの研究のほとんどは，一般の健康な人々を対象とした研究であり（この点は，一応よいとしても），数量的測定論的な研究である。かつてエリクソンが試みたような，生身の人間を深く見るところから発達・臨床的な普遍性を導き出そうとするような研究が少ないことは残念なことである。この研究法の問題については，本書の第8章 第2節，第3節において再考してみたい。

■ 4 生活構造の変化から見た成人期の発達段階：レヴィンソン（Levinson, D. J.）

4-1 面接調査にもとづく男性のライフサイクル論

1）生活構造の変化から見た成人期のライフプロセス

　レヴィンソンは，アメリカ合衆国エール大学の心理学教授であり，彼の主著『人生の四季』（Levinson, 1978）は，成人期の発達プロセスを実証的に示した研究として高く評価されている。

　レヴィンソン（1978）は，労働者，管理職，大学の生物学者，小説家という4つの職業群に属する40人の中年男性に対して，それぞれ約20時間にわたる綿密な面接調査を行い，その個人史を分析して，図1-2に示したような成人期の発達段階論を提唱した。彼は，この発達的変化の基本を，個人の「生活構造」（life structure,「ある時期におけるその人の生活の基本的パターンないし設計」）の変化であるとしている。レヴィンソンは，この生活構造の概念を用いて，個人と外界の相互関係を分析し，①各人の生活構造は，成人期に比較的順序正しい段階を経て発達していくこと，②成人期の生活構造の発達は，安定期（生活構造が築かれる時期）と，過渡期（生活構造が変わる時期）が交互に現れて進んでいくことを見出した。

　レヴィンソンによれば，成人に達しても自己のあらゆる面を生かした生活を送ることは不可能である。したがって，どの面を重要視し，優先させるかによって，成人期の各発達期の生活構造が決定されるのである。この基本的概念をもとに綿密な面接調査を行った結果，レヴィンソンは，成人期には40-45歳の人生中間の移行期と60-65歳の成人期後期移行期という2つの大きな転換期が存在することを見出した（図1-2）。彼によれば，成人期においても，おのおの

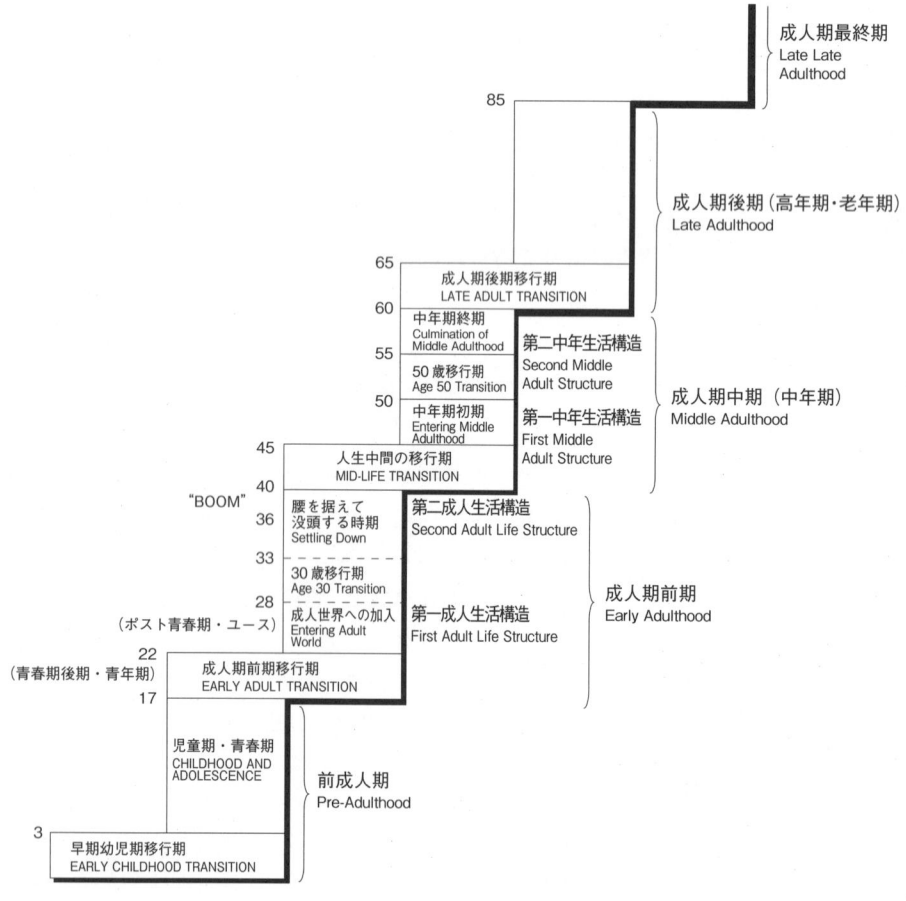

図1-2　男性のライフサイクル（Levinson, 1978）

表1-6 レヴィンソンによる男性のライフサイクルの各段階の特徴

青年期	成人期前期移行期（成人への過渡期）（17-22歳）：未成年時代の自分の位置・自分にとっての重要な人物・集団・制度などとの関係の修正，成人としての可能性の模索・暫定的選択，成人としての最初のアイデンティティの確立．
成人初期	大人の世界への加入（22-28歳）：自分と大人の社会をつなぐ仮の生活構造を作る，職業・異性・仲間関係・価値観・生活様式などの初めて選択したものへの試験的な関与，人生の「夢」への展望．
	30歳の移行期（28-33歳）：現実に即した生活構造の修正，新しい生活構造の設計，重要な転換点（30歳代の危機），ストレス大．
	腰を据えて没頭する時期（33-40歳）：安定期，仕事における自己拡大，昇進，活力大，生産性大，自分にとって最も重要なもの（仕事・家族など）に全力を注ぐ，指導者との関係の限界．
成人中期	人生中間の移行期（40-45歳）：重要な転換点，人生の目標・夢の再吟味，対人関係の再評価，体力の衰えの直面，これまで潜在していた面を発揮する形で生活の修正．
	中年期移行期（45-50歳）：安定感の増大，成熟・生産性，生活への満足感．
	50歳の移行期（50-55歳）：現実の生活構造の修正，転換期．
	中年期終期（55-60歳）：中年期第2の生活構造を築き上げる，中年期の完結・目標の成就，安定性．
成人後期	成人期後期移行期（老年期への過渡期）（60-65歳）：老年期へ向けての生活設計．

注 1. Levinson（1978）にもとづいて岡本が作表した．
   2. ▆▆ の段階は，生活構造が変化する過渡期を示す．

の年齢段階に特有の発達的特徴が見られ，その年齢差は，4つの職業群を比較しても 2,3 歳程度のものであったという．各年齢の発達的特徴は，表 1-6 にまとめたようなものである．

2）人生半ばの移行期の課題

その中でレヴィンソンは，中年期の発達的変化に注目した．彼は，中年期は成人期の重要な転換期であるとし，中年期に顕在化しやすい「若さと老い」「破壊と創造」「男らしさと女らしさ」「愛着と分離」という基本的対立を，自分にふさわしい形で解決すること，すなわちこれらを認め，自己の内部に統合していくことが中年期の課題であると述べている．

4-2 成人期の発達プロセスの性差

レヴィンソンをはじめとする実証的な成人発達研究によって，「中年期危機」や成人期の発達プロセスは広く注目を集めるようになった．その中で残された課題の1つが，成人期の発達プロセスにおける性差の問題であった．『女性の人生の四季』（Levinson, 1996）は，女性を対象に，前著（Levinson, 1978）と同じ枠組で行った研究成果をまとめたものである．調査対象者となったのは，3群の中年女性，つまり企業で働く女性，大学の研究者，専業主婦，それぞれ15名，合計45名であり，幼児期から現在までの人生について，15～20時間にわたる集中的な面接調査が行われた．その結果，男性のライフサイクルとほぼ同様の発達プロセスが見出された．上記のライフスタイルの相違に関しては，有職女性は，専業主婦よりも幸福観が高く，全体的により良い心理的状態を示していた．これは，有職女性は，職業と家庭の両立の困難さに直面してはいるが，仕事，家庭，母親役割というバランスが，このような良い状態をもたらしていると考察されている．

4-3 レヴィンソンによって示された発達の新たな視点

レヴィンソンの開拓した成人発達に関する新たな地平は，次の2つの点である．

第一は，成人期における心理−社会的変化の規則性に注目し，成人期においても，外的状況の相違をこえて一般の人々に共通した発達プロセスがあることを実証したことである。それまで，フロイト（Freud, S.），ユング（Jung, C. G.），エリクソン（Erikson, E. H.）などの心理臨床家が自らの中年期体験を分析して，中年期が「危機期」であることを示唆したのに対して，レヴィンソンは，一般の人々にも共通した発達のプロセスを具体的，実証的に示した。

第二は，成人期の発達プロセスの中には，「移行期」と呼ばれる急激に心理的変化の起こりやすい時期が存在するという指摘である。それは，ほぼ30代後半から40代半ばの中年期と，60歳前後の老年期への移行期であることを示した。

これまでの成人観では，成人期は安定期，もしくは停滞の時期と見なされることが多かったが，レヴィンソンをはじめ，次のコラムで紹介するヴァイラント（Vaillant, 1977）や，グルド（Gould, 1978），シーヒィ（Sheehy, 1974）らによる1970年代以降の成人発達研究では，この時期をさらなる発達や更新の時期ととらえているのである。

●コラム　自我機能の生涯発達：ヴァイラント（Vaillant, G. E.）

　ヴァイラント（Vaillant, 1971, 1976, 1977, 1980）は，ハーバード大学において1937年から始められた「成人発達に関するグラント研究」の中心的研究者として，ライフサイクルを通して見られる人間の発達をさまざまな側面から研究している。この研究は，ハーバード大学の卒業生95名の男性を対象として30年以上にわたってデータを収集し，縦断的に検討された壮大な研究である。

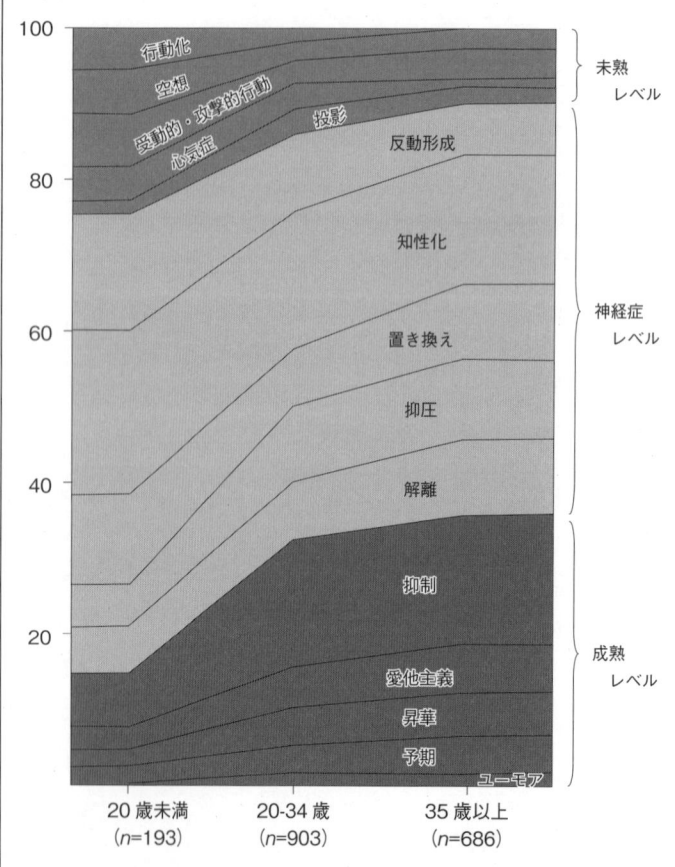

　ヴァイラントはその中でも，自我機能の発達的変化を精力的に分析している。彼の一連の研究は，自我の防衛機制の概念をもとに，自我機能を未熟から成熟に至る階層の中に位置づけ，発達的な視点から精神的健康について論じたものである。ヴァイラントは，発達ラインにそった防衛機制として，①自己愛的防衛：妄想的投影，否認，歪曲，②未熟な防衛：投影，分裂質性空想，心気症，受動的−攻撃的行動，行動化，退行，自己への反転，③神経症的防衛：知性化，抑圧，置き換え，反動形成，解離など，④成熟した防衛：愛他主義，ユーモア，抑制，予期，昇華など，に分けている。これらの分類に従って，防衛機制の発達的変化を分析したところ，図1-3に示したように，20歳から35歳の間に自我の防衛機制は，未熟なものの割合が減少し，成熟したものの割合が増加している。

　ヴァイラントはまた，この研究の調査対象者の幼児期から中年期に至るまでの生育歴をもとに，アメリカ社会における成人

図1-3　自我の防衛機制の発達的変化（Vaillant, 1977）

男性のライフサイクルについても言及している。20代は，結婚や対人関係が活力の源であり，親密性が中核的な関心事である。30代は，仕事における地固めの時期であり，職業的な成功や昇進，自己の向上が基本的な関心となる。この時期には良き指導者や相談できる人との関係が重要な意味をもつ。40代は抑うつ感が増大する人が多く，中年期の危機期である。この時期になると家族への関心が再び増加する。この変化のプロセスの中でヴァイラントは，40代に注目し，この時期を再びアイデンティティの危機が訪れる「第二の青年期」であると述べている。

■ 5 エリクソン理論を応用した生涯発達に関する複線モデル：フランツとホワイト（Franz, C. E., & White, K. M.）

5-1 アイデンティティ発達における「関係性」の重要性

アイデンティティは，個人としての存在証明であるが，その発達のプロセスにおいて，他者の存在は欠かせない。アイデンティティの特性の1つである"自己の斉一性"とは，他者とのつながりの中での自己や，社会における自己の位置づけを意味する（岡本，2002）。エリクソン自身も，アイデンティティ形成における他者との関係性の重要性を述べているが，後のアイデンティティ研究の多くは，自立をめざした「個」の確立のみを強調してきた。1980年代頃より，女性の研究者たちを中心にこうした流れに異議が唱えられ，「個」のみではなく「関係性」の重要性が指摘されるようになってきた。その先駆け的存在である，ギリガン（Gilligan, 1982）は，道徳性発達における性差を考察し，女性においてより顕著に見られる，他者を世話・ケアし，他者に対して責任をもつという関係性は，自律などの男性的な側面と同様に価値があることを示した。こうした流れを汲み，「個」と「関係性」の両方を重視した研究の代表的なものの1つが，ここで紹介するフランツとホワイト（Franz, & White, 1985）である。

5-2 「個」と「関係性」からアイデンティティ発達をとらえる：個体化経路とアタッチメント経路

フランツとホワイト（1985）は，アイデンティティ発達における「関係性」の重要性を指摘し，人間の生涯発達を，「個体化」の発達と「アタッチメント」の発達という2つの経路で理解することを試みた。図1-4に示した「Erikson理論を応用した生涯発達に関する複線（two-path）モデル」では，もともとの発達課題のうち，親密性（第Ⅵ段階 成人前期）と世代性（第Ⅶ段階 成人中期）が「アタッチメント経路」に組み込まれ，「アタッチメント経路」の幼児前期から青年期と，「個体化経路」の成人前期，成人中期の発達課題が新たに設けられている。彼女らは，この2つの経路を「より糸」とたとえ，両経路が，同等の価値をもち，相互に影響を及ぼしな

	乳児期	幼児前期	幼児後期	児童期	青年期	成人前期	成人中期	老年期
個体化経路	信頼対不信	自律性対恥と疑惑	自主性対罪悪感	勤勉性対劣等感	アイデンティティ対アイデンティティ拡散	職業及びライフスタイルの模索対漂流	ライフスタイルの確立対空虚	自我の統合対絶望
アタッチメント経路	信頼対不信	対象及び自己の恒常性対孤独と無力感	遊戯性対受身性または攻撃性	共感と協力対過度の警戒または圧力	相互性相互依存対疎外	親密性対孤立	世代性対自己陶酔	自我の統合対絶望

図1-4　Erikson理論を応用した生涯発達に関する複線（two-path）モデル
（鑪・宮下・岡本, 1998, p.109, 図3-2 より改変）

がら発達していくことを強調している。

「個体化経路」では，青年期までは，基本的信頼から始まる従来のアイデンティティ発達のプロセスを経て，成人前期と成人中期では，職業を含めたより具体的なライフスタイルの模索・確立が課題とされている。アイデンティティを確立し，そのうえで，具体的で実際的な生活を送ることができるという，独立した個人としてのあり方を確立するプロセスが描かれている。

一方，「アタッチメント経路」では，幼児後期までに，他者が自分とは独立した恒常的な存在

心理-社会的危機の標準的な年代	1	2	3	4	5	6	7	8
1 乳児期	信頼 対 不信				一極性 対 早熟な自己分化		（世代性を発揮する親に対する）受容と原始的同一化 対 拒否	
2 幼児前期		自律性 対 恥・疑惑			両極性 対 自閉		安全なアタッチメント 対 ナルシシズム	
3 幼児後期			自主性 対 罪悪感		遊戯的同一化 対 （エディパルな）空想アイデンティティ		想像的遊戯性と同一化 対 制止	
4 児童期				勤勉性 対 劣等感	労働同一化 対 予定アイデンティティ		自己の発展可能性の確信と僚友関係 対 義務への依存	
5 青年期	時間的展望 対 時間的拡散	自己確信 対 アイデンティティ混乱	役割実験 対 否定的アイデンティティ	達成の期待 対 労働麻痺	アイデンティティ 対 アイデンティティ拡散	性的アイデンティティ 対 両性的拡散	指導性の分極化 対 権威の拡散	イデオロギーの分極化 対 理想の拡散
6 成人前期					連帯 対 社会的孤立	親密性 対 孤立	社会的ネットワークへの位置づけ 対 孤独	
7 成人中期	共生または相互依存 対 引きこもり	社会的関係における満足 対 自己執着	価値平等性の感覚及びコンパニオンシップ 対 嫉妬及び憤怒	共同性及び世界共有感覚 対 自己抑制	相互依存と寛容 対 全体主義（過剰なまたは過小な同一化）	公共性 対 偽りの親密性	世代性 対 自己陶酔（停滞）	人間的結びつき 対 人間性の拒絶
8 老年期							自我の統合 対 絶望	

図1-5 世代性の発達経路および他の発達段階での世代性感覚の顕在化を説明するためにEriksonの個体発達分化理論を応用した図式（鑪・宮下・岡本, 1998, p.104, 図3-1）

であり，さらに自分とは異なる思いをもつ心理的に別個の存在であるという認識をもつようになるプロセスが描かれている。そして，児童期と青年期では，そのような他者と相互的な関係を結べるようになることが課題とされている。こうした他者への認識とかかわりが可能な状態の上に，親密性と世代性というより成熟した関係性のあり方が成り立つのである。

なお，図 1-4 のモデルを作成するのにあたり，彼女らは，成人期の発達課題である親密性と世代性に注目し，考察を深めている。親密性と世代性の発達にとって本質的であると思われるアタッチメントの先駆的プロセスについては，これまでほとんど注目されてこなかったことを指摘し，成人期のアイデンティティにとってきわめて重要な人格発達の側面であるアタッチメントについての精緻化が必要であると主張した。そして，図 1-5 に示したように，Erikson の個体発達分化の図式では空欄になっている第 7 行と第 7 列に，世代性の他の段階での顕在化，および世代性危機の先駆を加えた発達図式を考案した。

彼女らの関係性への着目は，成人期の発達への考察を深めただけではなく，関係性がより重視される傾向にある女性の人格発達の理解にも寄与した。さらに，親密性，世代性と他の発達段階との関連を描くことにより，アイデンティティ発達における関係性の位置づけを明確にし，性差によらない，より普遍的なアイデンティティ発達のモデルを示したことで，アイデンティティ研究や成人発達研究の発展に大きく貢献した。

■6 転換期から見た女性のライフプロセス：マーサー，ニコルス，ドイル（Mercer, R. T., Nichols, E. G., & Doyle, G. C.）

マーサーら（Mercer, Nichols, & Doyle, 1989）による，『女性の人生における転換期：発達的文脈における主要なライフイベント』は，「転換期（transition）」という視点から，成人女性の生涯発達プロセスを分析したものである。「転換期」とは，ライフコースに適応もしくは変化を要する新たな方向性を生じさせる転機（turning point）を意味する。彼女らによれば，「転換期」は成人の発達の主要な媒体であり，これまでの人生を振り返り，これから先の生き方を展望する時であり，新しい状況や役割，責任に適応するために，さまざまな面で不安定感が体験される時期である。

マーサーらは，女性のライフサイクルにおける転換期の存在，「母親であること」による女性の生涯発達の軌道（trajectory）への影響，そして女性のライフサイクルに転換期を生じさせる要因に関心をもっていた。そこで，アメリカ合衆国の 60 歳から 95 歳までの白人女性 80 名を対象にライフヒストリー法による綿密なインタビュー調査を実施した。対象者のうち，50 名は母親役割を経験していた。また母親役割経験者の半数は，調査時には夫を亡くしていた。また母親役割経験のない女性の半数は，未婚者であった。

調査では，各発達段階で記憶しているエピソードや，当時の地域や世界で起きた出来事，自分にとって重要であった人々との関係性，そして人生の転機に関する回想が尋ねられた。そして，葛藤を含む母親との関係性や，役割モデルとしての父親の存在，原家族を越えた対人関係の質，居住地の移動などによる女性の生涯発達への影響，喪失体験を通してのアイデンティティ危機などについて，精力的な分析が行われた。特に，①女性のライフサイクルにも，男性と同じような年齢に対応した普遍的な転換期があるのか，②母親であることは，ライフサイクルを通じての女性の発達に影響を及ぼしているのか，もしそうであるなら，どのような影響を及ぼしているのか，③女性のライフサイクルの中で，上記のような転換期と認識される体験には，

どのような要因や出来事が先行しているのか，という視点は，分析・考察の重要な柱であった。
　分析を通して，年齢標準的要因，歴史標準的要因，非標準的要因（Baltes, Reese, & Lipsitt, 1980）の生涯発達への影響力や，個々人の生得的な性質と社会環境との間で展開されるダイナミックな相互作用の問題が，非常に興味深く考察されている。特に注目すべきは，対象者たちの語りから，女性の生涯発達には次のような5つの主要な転換期があることを見出した点であろう。

1. 16-25歳：成人期への門出とその終結
　　16-20歳：初期の門出とその終結
　　21-25歳：後期の門出とその終結
2. 26-30歳：30歳の地ならし・安定化——若さ 対 老いの葛藤・テーマ
3. 36-40歳：40歳の解放——愛着 対 分離の葛藤・テーマ
4. 61-65歳：再生・再方向づけの時期
5. 76-80歳：80歳の創造性 対 破壊の時期

　16-25歳の「成人期への門出の時期」は，進学，結婚，仕事などへの参入のため，親元を離れることが典型的なライフイベントであり，活動的で不安定な時期である。マーサーらによれば，この時期によく見られる原家族からの物理的な巣立ちは，必ずしも心理的な分離や個体化を伴ったものではない。26-30歳の「30歳―地ならしの時期」では，多くの女性が男性と同様に，以前に構築した生活構造を変えていた。30歳頃は，それまで体験してきたさまざまな転換期的な出来事，活動性が安定化していく時期である。
　「40歳―解放の時期」になると，それまで重視していた妻役割や母親役割といった自己の関係的側面よりも，より満足のいく人生，人生の夢を探し求めるようになっていた。60歳前半の「再生・再方向づけの時期」は，現役引退後に恵まれた時間を再び充足感の得られる創造的な活動へ向ける時期である。その一方で，老親の世話役割の遂行も主体的に行われていた。そして，「80歳―創造性・破壊性の時期」は，自分自身や愛する者たちの病気や不健康という破壊的な要因に見舞われる。同時に創造的な活動による充足感が，この時期には大きな満足感と統合性の感覚をもたらしていた。
　本研究は，調査対象者から報告されたあらゆる「転換期」的体験を，大恐慌や第2次世界大戦といった歴史的事象，年齢，個人内的あるいは対人的・社会的動機づけ，事故や病気といった非規則的なライフイベントというさまざまな次元で分類し，女性のライフコースの中で，それらが女性の発達に及ぼす影響について考察している。そこから導き出された女性の発達プロセスは，非常に興味深いものである。マーサーらは，結論において，年をとることは身体的には衰退であっても，心理-社会的な意味では必ずしもそうではないことを指摘し，また継続的な学習と発達は高齢期においても確かに認められる要素であることも示唆している。さらに，分離-個体化が生涯にわたり継続していること，そして過去の心理的な諸問題を解決するタイミングに遅すぎることはないということも，研究から導き出されたとしている。この研究は，女性の生涯発達に共通的なプロセスがあることを示す一方で，社会的文脈によって発達経路が多岐にわたる可能性も示唆している。また生涯発達研究の中で，個人差に着目したナラティブの視点の有用性を示す研究として注目に値する。

7 女性のアイデンティティ研究と関係性の生涯発達モデル：ジョセルソン（Josselson, R.）

　ジョセルソンは，彼女の博士論文をはじめとして，青年期・成人期の女性のアイデンティティ発達について精力的に研究を重ねている女性心理学者である。心理臨床家でもある彼女の研究手法は一貫して，調査対象者に綿密な面接調査を行い，対象者一人一人の精密な個人史を描きあげ，その事例分析をもとに，共通の発達プロセスやタイプを見出していることである。1973 年の論文では，エリクソン（Erikson, 1950）の提唱した精神分析的個体発達分化の図式 Epigenetic Scheme の第Ⅴ段階，第Ⅵ段階の発達プロセスを，女性を対象に検討し，男性の場合は，アイデンティティの確立後に親密性のテーマが問題となるのに対して，女性の場合は，両者が並行して進行する。つまり，女性は親密な関係をもつことでアイデンティティがより確かなものとなることを実証的に示した。この研究は，女性のアイデンティティ形成には，男性とは異なる特質が見られるという，女性のアイディティティ発達の研究の先駆けとなったものである。

　その後もジョセルソンは，成人女性のアイデンティティ発達プロセスを，縦断的研究によって探求している。彼女は，大学生時代にマーシャ（Marcia, 1964）のアイデンティティ・ステイタス面接を行った女性を，その後も 40 代前半までフォローし，青年期以降のアイデンティティ・ステイタスの変化プロセスを分析している。彼女の 2 冊の著 "Finding Herself"（1987）と "Revising Herself"（1996）は，その精力的な研究の成果をまとめたものである。最近，ジョセルソンはまた，アイデンティティの発達を関係性の文脈からとらえ直した興味深い考察を行っている。

　さらにジョセルソン（1992, 1994）は，アイデンティティ発達の関係的側面を 8 次元の関係性発達モデルとして理論化した。この関係性の次元は，人間相互の間に存在する空間を埋め合わせる 8 つの方法であり，アイデンティティ理論を拡張したものである。それらは，①抱きかかえ（holding），②愛着（attachment），③熱情的体験（passionate experience），④目と目による確認（eye-to-eye validation），⑤理想化と同一化（idealization and identification），⑥相互性（mutuality），⑦埋め込み（embeddedness），⑧慈しみ・ケア（tending and care）である。最初の 4 つの次元—抱きかかえ，愛着，熱情的な経験，目と目による確認—は，基本的なものである。生まれたときから，抱きかかえられる欲求や満足感に対する欲求が，そして，生まれてすぐ後から，愛着や目と目による反応の気づきが，存在する。次の 4 つの次元は，認知的な成熟を必要とするものであり，発達的に後からあらわれる。同一化と埋め込みは，どのように他者に配慮して自分を位置づけるかを考える能力を必要とする。相互性と慈しみ・ケアもまた，他者への敏感さと多分に関係しており，自己中心性から脱却し，他者の世界に入っていくという発達を必要とする（Josselson, 1992）。

　ジョセルソン（1994）によると，アイデンティティの理論は，他者との関係性が発達するというヴィジョンを伴わなければならないものである。「アイデンティティの関係的な結びつけられた感覚は，心理学が長く取り組んできた自律性と分離した自己を包含し，これにとって代わる概念である。抱きかかえ，愛着，そして埋め込みは，アイデンティティのための枠組み，そして，人々が自分自身について考え，感じ，理解する中での輪郭と基盤を与える。目と目による確認は，人々が，他者による認識と自分自身の感覚を一致させるプロセスである。理想化と同一化は，自分自身になっていくための編み上げ紐の役割を果たしている。そして熱情的体験の

中に含まれるリビドー的欲求は自己表現をするためのエネルギーを備給する。最後に，相互性と慈しみ・ケアはアイデンティティの表現であり，他者とともに存在すること，分け合うことである。これは，自己と他者の間にある空間の中で，自己を最も感じることである（Josselson, 1994）」。

ジョセルソンはこのように，アイデンティティは関係の中であらわれ，確立され，発達していくと述べている。岡本（2002）によると，このような関係性に対する見方は，次のような重要な視座を与えることになった。第一は，「個と関係性の2つの側面は，生涯にわたって同等の価値をもち，両者の相互作用の中でアイデンティティは発達していくという視点（岡本, 2002）」である。さらに岡本（2007）は「個」と「関係性」から見たアイデンティティ生涯発達の試論の中で，ジョセルソンと「関係性にもとづくアイデンティティ」との対応について述べている。それによると，岡本（2007）の言う「関係性」の発達には，自我や自己感が形成される以前，誕生直後から存在する「個体内関係性」と，幼児の自我が一応のところ確立した後の時期にみられる「社会的関係性」の時期がある。そして，ジョセルソンの言う①抱きかかえと②愛着は「個体内関係性」の発達段階と，③熱情的体験，④目と目による確認，⑤理想化と同一化，⑥相互性，⑦埋め込み，⑧慈しみ・ケアは「社会的関係性」の発達段階と対応している。このように，ジョセルソンの関係性発達の理論は，その後，「個」と「関係性」の相互作用を研究する際の非常に重要な視点となっている。

第二に，関係性をアイデンティティの重要な指標であると考えることにより，男性と女性のアイデンティティ発達の違いは，領域の問題ではなくなる。それは，男性にとっては「個人内領域」，女性にとっては「対人関係領域」というように男女を領域で区別して扱うのではなく，両者を関係性という共通の見地から理解しようとするからである。したがって性差は，アイデンティティ発達における関係性の程度や質の問題（杉村, 1999）ととらえられるようになったことである（岡本, 2002）。

以上のように，関係性の発達からアイデンティティ発達を理解する視点として，ジョセルソンの理論はきわめて有用である。

第3節　伝記分析から見た成人期の人格的成熟

1　成人期の人格的成熟：Generativity

1-1　Generativity という語のもつ豊かさ

成人期の人格的成熟について，心理学的に追求した学説は，マスロー（Maslow, A. H.）の「自己実現した人間」，ロジャース（Rogers, C. R.）の「十分に機能する人間」，ビューラー（Bühler, Ch.）の「成熟した人間」，オルポート（Allport, G. W.）の「成熟した人格の特質」，ユング（Jung, C. G.）の「統合的自己（self）」など多数あり，それぞれ捨て難い特質をもっている。中でも，発達臨床心理学にとっては，全人生のライフサイクルの展望の中で成人期独自の人格的成熟をとりあげた，エリクソン（Erikson, 1950）の漸成理論図（epi=genetic chart，精神分析的個体発達分化の図式）にもとづく成人期の記述が，もっとも卓越していると思われる。

周知のようにこの図表で，エリクソンは成人期の人間的成熟の特性を煮詰めて，豊かな生産をイメージする generativity という言葉に納めたが，その選択の確かさに感嘆する。ただこ

語はこれも周知のように，生物学的な generative を頭において生殖性と訳したり，社会学的に generation の派生語として世代継承性と訳されたりする。そのうえ，生殖性という訳は妊娠・出産をイメージしやすいが，エリクソンの使用法ではより広く，文化的な作品の創造，個人の人生における業績，その結果としての地位，名声，権力の獲得までも含み込んでおり，この場合は生産性と訳すほうがより妥当だとも思われる。一方，世代継承性も，親から子どもの世代への保育・教育に限定されず，その底には文化の伝達・保存を含み，広く地球環境の維持などすべての「世話」「ケア」という，ひとつの生き方の姿勢，倫理的な規範までが内包されていることに気づく。「成熟した人間は，必要とされることを必要とする」という語からも推測されるように，ケアは一方的でなく，相互的な交流であり，generativity という語は生産と伝達という両面を含むことによって，幸福感と生きがい感の2つのファクターを個人と社会に与える。

このように実に多義的に使われ，あいまいであるという批判を受けるのもやむをえない。しかし人間科学の述語は，一義的な精密さを求める操作的（operational）な概念よりも，豊かな内容を含む注意喚起的（evocative）な概念であることが，しばしば適切であると意識すれば，その語のあいまいさはそのまま豊かな多義性と見なすことも可能である。

さらに，ここで成人期 adult という語は，図表の第Ⅵ期 young adult と第Ⅶ期 adult の両時期を含んでおり，したがって，generativity には intimacy（親密性）が前提として含まれ，性愛的な交互活性化（mutuality）が自然に統合されている。「ルターの人生においては，親密性と generativity が混じり合っていた」（Erikson, 1958）とは，この統合が不調和だったことを示している。なお，エリクソン理論を受け継いだコトレー（Kotre, 1984）は，generativity 成熟の通路を，過去を語り，ダメージを清算し，自分自身の声を聞き，他者と自己の思い（声）を混ぜ合わせ，創造し，選択し，手放し，最後にその総合として人格全体に反応させるという8つのステップを見出した。マックアダムス（McAdams, 2006）は，同じく generativity の語りが，貧しさから富裕に，病気から健康へといった前向きの姿勢と深く関わっているとし，この向上的な姿勢が幸福感と一定の相関を示すことを確かめ，このようなパーソナリティを向上的自己（redemptive self）と呼んで，成人期における人格の成熟の指標とした。また，レヴィンソン（Levinson, 1978）は人生半ばの個性化の発達課題として，若さと老い，破壊と創造，男らしさと女らしさ，愛着と分離という4つの両極性を指摘した。いずれも今後の研究に示唆を与えるものであろう。

1-2 Generativity 論におけるエリクソンの「個」と「関係性」

しばしばエリクソンは「個」の立場に立ってものを見，「関係性」を軽視したと批判される。フロイト（Freud, S.）を第二の父として敬愛の情をもち続けた彼は，男性中心の人間観を明確に払拭したとは言えず，この批判はまったく的はずれとは言えない。しかし，著書には至るところに「関係性」に関わる記述があり「関係性」という語そのものも散見される。発達心理学者の多くは，関係性のモデルを「新生児・乳幼児にとって重要なかかわりを持つ人物」に限定するが，エリクソンは，青年の「関係性」を対象とし，父母・恋人・教師・先輩など，生き方の手本としての指導者になり，「青年期の選択性はしばしば挫折，失望，絶交というマイナスの形をとって終了する」，しかし「これさえも，自分の『個』を防衛するための選択であり，誠実に終結する個が彼らの心理的離乳をもたらし自立を促す」と言う。

問題は，「個」と「関係性」のそれぞれを，対立的に見て特質を強調するのではなく，「人間

の中にあって最も個的なものでありながら，同時に我々（We）という共同体感覚に最も重要な基盤となっているあるもの，つまり私（I）という感覚……」（論文「我と我々」）と書いたように，常に両者の内的な相互浸透性として把握している点である。

　ここで，generativity が十分に展開できなかったときの否定的状態，つまり generativity の危機状態を，具体例こそ記述していないが，2つの微妙に違った語，stagnation（停滞），別の箇所では absorption（自己吸収）と表現していることに注目してみよう。エリクソンが，あえてこの2つの異なった用語を使用したのは，直観的にとらえていた微妙な「個」と「関係性」の違いを無意識に表現したものと思われる。

　生殖性は人格的な統合力によって産み出すものであるから，もしそれが発揮できない場合は，個の発展が「停滞 stagnation する」と言える。一方，世代継承性は，すべての人間関係，交流に網羅しているので，もしそれが十分に発揮できなければ，他者との活き活きとした関係が展開できず，その意味で関係性の挫折，「自己吸収 absorption の状態に陥る」。

　このことを，もう少し積極的に言い換えてみよう。親−子関係を両親の側から見たとき，「自己を失って没入する能力」「自我の関心を徐々に拡大させ，産み出されてくるものにリビドーを賦与する」という記述には，generativity に含まれるケアの本質，手放す献身するという特質が暗示されていると言える。つまり，ケアの要因が働かず，generativity がもたらした生産物を，自己の手元にだけ留め置いたとすれば，創造性そのものさえ不健康な破壊的な機能を果たし始める事実を，明確に把握し，generativity の危機として位置づけていたのである。晩年のエリクソンの著作には，手放す，解き放つ，譲り渡すといった思想が目立つが，生産しそれを自己が享受する，そしてその生産物を他者に贈るという両側面がスムーズに交流しあって，初めて安定した幸福感も人間的な成長も約束される。generativity という語には，アイデンティティの確立と共に他者へのケア「関係性」の成熟が，成人期成熟の様相には「個」と「関係性」の両側面の統合が，前提とされていたと読み取れるはずである。

1-3　Generativity の伝記資料による研究

　成人期の人間的成熟というようなマクロなテーマに関する研究には，格別，伝記資料が有効であると考えるが，それは次のような長所をもつからである。

　① 伝記資料は経験的事実にもとづいた人間の記録であり，ある心理・行動が個人の生活にとってどのような意味をもつかの解釈が伴っている。

　② ライフサイクルの視座にたち，先ず生涯の全体像を把握し，その視野から以前の発達期を探ることができる。エリクソン（1986）の『老年期』が人格発達の機序を，老年期から始め，逆に成人期，青年期とさかのぼって行く手法は，この特質を生かした適切な例である。

　③ 研究の土台として常に，エリクソンの漸成理論図を置き，時に諸ヒューマニスティック心理学（マスロー，ロジャースなど）やオルポートの人格心理学を併用する。

　④ 伝記は自伝を含め，一般には心理学研究者以外の著者によって書かれる。つまり書かれるのは，日常性言語（第1種の言葉）であって，心理学的な構成概念（第2種の言葉）ではない。筆者（西平）は，発達心理学では独自の構成概念が日常性の言葉と深く関わっていなければならない考え，伝記という第1種の言葉による記録に，第2種の言葉を「流し込む」，時には逆に，第2種の言葉に第1種の言葉を流し込む，一種の「布置」を行う。これは研究者の多くが無意識に行っている思考過程であるが，意識的，自覚的に研究方法として実践するところに，

意味があると強調しておきたい。この技法によって，伝記を書いた著者自身にも漠然としていた心理現象がより明晰になる。まさに「流し込み」は，解釈学の祖ディルタイ（Dilthey, W.）が言う「ある文章を，その著者自身よりもより明確な記述にする」という思想の実践をめざすものである。

ここでは，特定の心理学的学術用語を理解するために，多くの具体的な伝記資料を「流し込む」技法として一例だけ，negative identity（否定的アイデンティティ）という用語に，エリクソン自身の伝記資料を「流し込む」記録を，箇条書きで示す。

1. 父親が誰かわからないという出自：「私は何者でもない」アイデンティティの脆弱さ
2. 芸術（絵画）を志し挫折：「自分には画家としての才能（competence）がない」
3. アメリカへの亡命を余儀なくされる：「ドイツ系頭脳でアメリカ系頭脳ではない」
4. ダウン症である長男を施設に入れ十分な愛情を注がず：「私は良い父親ではない」

など，いずれも negative identity としてエリクソンの心の傷となっていたことが明らかになる。このような心理学理論と伝記資料との「流し込み」相互交流によって，人格発達の機序をより深く理解し，より明らかにし，理論の妥当性もより明確にしうるものと考える。

■ 2 XYZ 三次元論の展開としての Generativity

2-1 生育史心理学（伝記分析法）による XYZ 次元説の研究手続き

まずこの XYZ 三次元の仮説が，始めから終わりまで伝記研究から生まれ，伝記資料の内に具体例を求めたという点を再確認しておきたい。つまり，抽象的な理念型（Idealtypus）ではなく，人間の体験を記録した生活史の集積から生み出された，心理学的用語である。伝記資料を数十冊読んだ最初の段階で，確かに天才・卓越者・歴史に残る業績を示す人物ではあるが，その日常生活は，身体的不健康，心情の偏狭さや歪み，自閉的な頑固さ，殊に過度の自己中心的態度など，どうみてもマイナスの人格的要因が強く，その生涯を孤独，焦燥，不安，と否定的な感情に苛（さいな）まれ続け，健全性を欠いた stability（安定性）の悪い人物と，偉大であると共に（相対的ではあるが）調和の取れた安定性のある人物を見出す。

芥川龍之介，青木繁，野口英世，秋山真之，南方熊楠，坂口安吾，荻野吟子，種田正一（山頭火），内村鑑三，ゴッホ，ドストエフスキー，リンカーン，シモーヌ・ヴェイユ，T. E. ロレンス，ムンク，ガロア，ヒトラー，アラン・ポー，サド，トルストイ，ルソー，ヘミングウェー，ドビュッシーなど。このリストはあげようと思えば，何十人でも続けられる。

対照的に，偉大であると共に調和し健全である人物は，福沢諭吉，渋沢栄一，鈴木大拙，牧野富太郎，緒方洪庵，加納治五郎，二宮尊徳，周恩来，高群逸枝，秋山好古，シュバイツァー，ネール，ベンジャミン・フランクリン，メンデルスゾーン，ルノワール，ヒルティ，エレノア・ルーズベルト，ハイドン，カント，カーネギー，ホイットマンなど，ごく僅かな人に限られる。

ここでゲーテの「人格のピラミッド」という故知にならって，偉大さと健全さを，三角錐の高さ Y と底辺 X で描いてみる。なお後述するように，XY を否定ないしは超越する形で，もう1つ別の人格的価値を追求する Z 次元が考えられ，深さとして図示される（図 1-6）。

①健全性 X の次元（底辺）：安定性 - 不安定性　　周囲の人と調和し，日常性を大事にし，家庭的な喜びを味わい，感覚的な刺激を求め，妥協的で平凡な幸福追う傾向で，快適な生活そのものを人生の目的とする諸要因である。

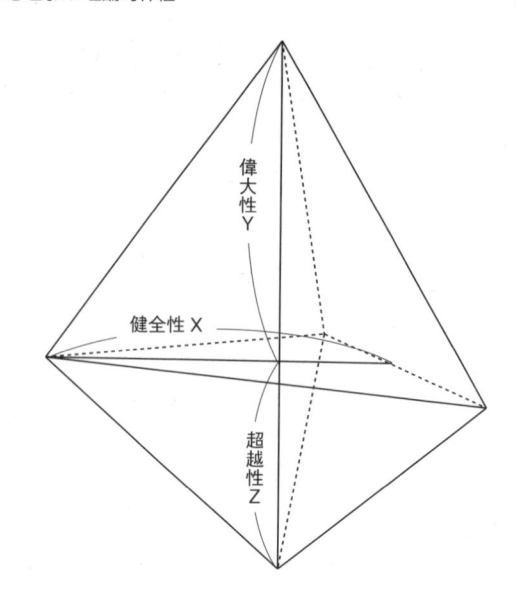

図1-6 人格のピラミッド・モデル（西平，1996）

②偉大性Yの次元（高さ）：偉大性-凡庸性　　大望を抱き野心的に，目標に集中的に専心し，個性的，自己中心的，自律的に行動し，業績を残し，人望，権力，影響力をもつ。

③超越性Zの次元（深さ）：超越性-日常性　　謙虚さ，無欲，素朴さ，気品などXもYも超越して生きるという意味で，超越性Zと名づける。全体的な個人のもち味，漂わせる雰囲気，慎み深さなどによって感じられ，行動として前面に現れず，表面的な観察調査や量的な測定では届きえない深みをもつ。良寛，西行，芭蕉，宮沢賢治，鈴木大拙，山岡鉄舟，秋山好古，真宗の妙好人たち，イエス，聖フランシスコ，ソクラテス，ミルトン，ウェスレー，ガンジー，タゴール，ペスタロッチ，コルベ神父，マザー・テレサ，ソロー，ギッシング，ヘッセなど。

成人の人格的成熟 generativity がとらえにくいのも，ケアという側面でこの超越性Zと重なっているためと考えられる。この難解な超越性Zを，最も簡潔に解説したものとして，宮沢賢治の詩「雨にも負けず」の，「でくの坊」と呼ばれ，「そういうものに私はなりたい」と理想像とされた生き方を想い起こす。豊かな飽食の社会にあっても，無心，無欲，簡素，単純，自然，を旨とする「清貧」と呼ばれ，心ある人の奥深くで，なお尊重されている生活原理であり，同時にごく日常的な，謙虚さ，慎み深さ，優しさ，奉仕の心情である。賢治の詩に飽き足らぬ方には，ヘルマン・ヘッセの『シッダールタ』をお薦めしたい。

2-2　典型的なZ性の生き方の人物の一例

1）良寛の徹底したZ的生き方

良寛は，大きな寺院の住職になったわけでもなければ，深い仏教哲学書を著したのでもない。独自の風格をもつ墨跡（書）だけは別として，先の偉大性Yの定義からはまったくかけ離れた生涯である。それでいて，同時代に書かれた『北越奇談』にも「五合庵に住す人　皆その無欲清塵……この奇を賞ずるところなり」とあり，現代も，日本人にとって心を温め，清めてくれる，独特の風格をもつ国民的偉人であり続ける。

良寛が生活した，今も日本海の海辺に残る「五合庵」と呼ばれる家は，数本の柱に板を張りつけ，草屋根を乗せた，透き間だらけの家で，これでよく耐えたと思われるほどの廃屋である。

これに象徴される生活は、衣食住すべてが簡素そのものであり、まして子どもや孫に囲まれた家庭的な団欒などからは最も遠い存在だった。伝記によって彼の子どもらと手まりつく姿を想像し、晩年の唯一の喜び、貞心尼との愛情の交換を読むとき、ほっとするほど現世的な幸福X次元からも遠い生活だった。つまり健全性Xとも偉大性Yとも縁のない、素朴淡泊な生涯と言える。

ほとんど意識的に現世的な幸福を避けて、自分から自発的にこの天涯孤独の生活を選択するところに、Z性の特色があるのだが、良寛の生活を知り、彼の残した詩歌を読み、道元の正法眼蔵への造詣の深さを学ぶ者には、その宗教性の深さに心を打たれ、この生き方の中に一種の理想的な価値追求の姿を感じ取る。まさに超越性Zの典型である。

2）超越性Zを学んだある障害児

良寛のような例をあげると、超越性Zは「崇高な」という形容詞がつく縁遠いものに思われる恐れがあるので、ここでもう一例、対照的に異なった形のZ性の人物を紹介しておく。瀬戸内海にある国立ハンセン病療養所長島愛生園に連ちゃんと呼ばれる青年がいた。十数年前に、役所を通じて一人の幼児が園に連れ込まれた。この子は父母に捨てられた知的障害のある、しかもハンセン病と結核に侵され、そのうえ聴覚障害とそれから生じることばの遅れのある、まさに運命の女神ラケシスから見放されたような哀れな子どもだった。名前もわからず、大野という人が連れてきたので、大野連太郎と名づけられた。ひねくれていたこの子も、施設の人々の暖かい労りの中で、次第に明るい無邪気な子に育ってゆく。彼の生活は、海辺で流れ着いた物を拾い集める収集癖、クレヨンで塗りたくり描く喜びなどだった。こうしてまさにX次元にだけ生きる自然児の生活が続く。

ある日、溲瓶を求めて焦っている老患者を見て、走って取りに行き彼に渡してやったとき、老患者から涙を流さんばかりに喜び感謝されたことがあった。この日からこの子は「十年一日のごとく黙々と自分で自分に課した役割を果たす」ことに喜びを見出し、嬉々としてこの仕事に当たり、短い人生を生きがいをもって送った（神谷, 1980）。

つまり超越性Zは、年齢や知能と無関係に、自己を越える何者かに価値を見出した結果、ごく自然に自己の欲望を越えて、より大きな自己の意志に従って行動するものである。

2-3　ケアのもち方と性格構造：比較伝記的方法と面接法

1）夏目漱石と西田幾多郎の比較伝記法

なお、Z性ケアは個人の性格構造によって、行動様式は微妙な異同を表す。この事実を同時代の碩学、夏目漱石と西田幾多郎との伝記資料からたどってみる。

この2人は、ともに非常に多くの弟子から尊敬され、人材を育てた。しかし、夏目が、弟子や後輩のために助言をし、多くの書簡を書き、推薦状を与え、講義もわかりやすく話すことに配慮し、有志者を集めては自宅で雑談したりと、実に細やかな配慮をしているのに対し、西田は、聴講者の理解など歯牙にもかけず、自分の思索を坦々と語る講義に終始し、例外を除き弟子の面倒などはほとんどみず、書簡を与えるなどめったになく、長時間の座談さえ好まなかった。しかし、弟子たちは哲学に打ち込む真摯な姿勢に打たれ、師を慕い人間的暖かさを感じ、その難解な講義に聞き入ったと言われる。漱石の「人懐っこい」性格と、西田の「自己沈潜的」性格とが、まったく異なった弟子への応対となって現れ、漱石は「ケア的」、西田は「非ケア

的」ケアを取らせたものと考えられる。

2）面接技法によるB・D二種のケア実践

　同じケアのもち方について，伝記資料によって追求するとともに，面接技法によりアプローチする。1つのテーマをこのように多様な技法で追求する多面的アプローチこそ，人間科学のもつ弱点をカバーする重要な研究法だと思う。

　ごく少数の対象者であるが，筆者の行った面接結果においても，ケアにはBケアとDケアの2つのレベルがあることが明らかになった。これは行動領域の差ではなく行動原理としての構えについての差異，つまり利己的か愛他的か，二分法的か統合的か，自発的・自立的か－防衛的・逃避的かという，ケアを実践する構えの心理的機能に関わる差異である。

　これはマスローのB動機とD動機に当てはまる。つまり，同じケア的行動もBケアの場合は，自我関与（ego-involvement）をもっており，相手のかけがえのなさ，独自性の尊重，相手の未来への信頼感を抱き，誠実性，一貫性，細やかな感受性，使命感をもって相手にコミットする。Bケアに含まれる関係性はmutuality（相互活性化）に近づき，献身が自己肯定に通じ，そのまま自己成熟をもたらし，自己実現に近づいていく。

　一方，Dケアの場合は，世話そのものが，実は自己のコンプレックスの投射だったり支配欲だったりし，そのため，世話そのものに感謝しても，「迷惑に感ずる」「命令されている感じ」と受け取られ，喜びや満足感とは程遠く，自己成熟など期待できないことが浮かび上がってくる。

　この，パーソナリティはケアという行為を行うことによって成熟するという，複雑な心のダイナミックスを「ケアによって諸価値が新しい序列に並べ変えられる」（Allport, G. W.），「ケアが全生活空間に秩序性を与える」（Mayeroff, M.）などの卓説を考察のヒントとして，さらに考察を進めたい。なお，この心理学的事実を解きほぐすに当たって，ego-syntonic（自我－親和的）対 ego-dystonic（自我－違和的），ego-ideal（自我理想的）対 super-ego（超自我）など，自我心理学の概念が有効であると思われる。

■ 3　XYZの一事優先型と統合調和型

　以上のように，generativityは個人の生活史として，XYZ三次元の形で描き出され，抽象的な第2種の言葉が，伝記という現実的な第1種の言葉によって，理解の厚さを増す。しかし，筆者はこの研究を続けるうちに，個人の生き方はXYZの現れ方以外に，そのバランスが微妙に異なることに気づき始めた。つまり，XYZの1つを優先し，集中し，没頭し，時には他を無視する。そのため優れた業績は示すが，他の価値は犠牲になり，生活全体は調子を崩し挫折しやすい，一事優先型—P型（priority）の人間と，すべて可能な限り調和しつつ，しかも自己のもつエネルギーを最高度に効率よく使い，願望をつらぬき通し，どの次元をも生かそうとする協同統合型—S型（synergy）である。

　例えば，世界的な教育者J. H. ペスタロッチの80年の生涯は，試みた農業経営，貧民救済事業，学校運営のいずれも失敗の連続で，失意の内に過ごすことになる。その挫折の原因は主として，彼の「愛他的精神への没頭によって，経済的，権力的，功利的配慮が完全に欠如していた」，つまり，Z性という一方向への優先に偏っていた典型的なP型だったことにあると言ってまず間違いないであろう。一事優先型（P型）の人物は，高群逸枝，青木繁，津田梅子，イサ

ドラ・ダンカン，ドストエフスキー，レイチェル・カーソン，ベートーヴェンなどがあげられる。

一方，協同統合型（S型）は，クララ・シューマン，エレノア・ルーズベルト，フランクル，与謝野晶子，神谷美恵子などであり，ここでは，典型的な二人の人物を紹介する。

神谷美恵子は，究極的に文学志向の情熱を燃やし続け，しかも精神医学者としてハンセン病救済に心魂を傾け，ラテン語・英語からの文学的翻訳をなしとげ，ベストセラー『生きがいについて』を刊行，Y次元での最高峰を極めた。同時にそれをすべての環境条件や自分の諸要求と調和させ，その仕事はすべて他者の悩みを癒すことに向けられたZ次元志向の姿勢が顕著であった。しかも，家庭的配慮と，近隣知友への心温まる奉仕を心から楽しむことのできた，まさに協同統合型としての生きざまを生き抜いた女性と言える。具体的には，彼女の人生には，次のような体験がみられる。

①医学志望に父の猛反対をうけ，20歳より43歳まで忍耐強く待ち，この間もハンセン病への関心をもち続けた。父もついには折れて「ハンセン病以外の医学をやるならば」と条件つきで許した。

②東大医学部医局に入り研究意欲に燃えたとき，父の通訳翻訳に従う。

③夫の任地関西に在住した時期，津田塾より大学教授就任を乞われ，「津田塾奨学金の恩返しのつもりで」就任，遠路を往復する。

④精神医学，ハンセン病者への奉仕，家庭生活，育児，交友を調和させる。

彼女は家族の食事も，交友もおろそかにせず，誠心誠意もてなした。その間に膨大な書を読み，執筆活動もこなした。1939年7月26日，25歳の日記にはこういう記録がある（神谷，2002，p. 19）。「本を読むことは極めて稀。おさんどんに子どもの世話。奥さん生活に没頭してみて一向不自然さを感じない。これが私の人生だったかもしれないと思うと一種の懐かしさがある」。

⑤哲学，心理学，文学，精神医学，詩作，知的活動においても，調和的に発展させる。

⑥多忙のため「書きたい衝動」を抑制し，晩年の病床生活で初めて文筆欲求を充足でき，この時期に，英文学の翻訳書，人生への深い省察など，最も多くの著作を残す。

⑦「粘り強く」与えられた運命，環境条件との調和を図（はか）る。

「私はうつわよ／愛を受けるための／私はただのうつわ／いつもうけるだけ」（1936年12月記，神谷，1989）という語に，絶対者への感謝（存在論的受動性）を言い尽くしている。この驚異的な生産性の秘密は，伝記資料によって，生育史環境，天分（語学の天才的才能），Z性（ケア的構え，相対的弱者へのケアリング）にもとづくものであり，彼女の好きな言葉「粘りづよく」が表すように，すべてを耐え忍び調和する，まさにシナジー型性格であると結論しえる。

もう一人，あらゆる領域でXYZ三次元を統合的に生きた人物として，ヴィクトル・フランクル（Frankl, V.）をあげる。同じS型でも，神谷美恵子のように堪え忍ぶのではなく，積極的に乗り越えていくといった印象が強い。フランクルは周知のように，3年に及ぶ強制収容所体験を挟（はさ）んで，92年の生涯の中でロゴテラピーを確立し，全世界の何千万人に新たな生きる希望を与えるという，奇跡的な学問的業績を達成し，Y次元での偉大さを発揮した。

同時にX次元でも，若い頃から登山・ロッククライミングを愛好し，67歳で飛行機操縦免許証を獲得，好伴侶と再婚し，80歳を越した老年期にも，家庭的幸福，孫との団欒（だんらん）を楽しみ，経済的にも著書と講演によって富裕な生活を約束され，可能な限り人生を堪能し，日常生活でも幸福を満喫した。Z次元に関しても，フランクルほど生涯を悩める者の救済に向け，献身的な

姿勢をもち続けた人物は多くはないはずである。『回想録』（Frankl, 1995, p.179）には午前3時にかかってきた自殺願望患者の電話に誠実に応答し，翌日彼女から「私の自殺願望は消えました。それは（先生の心理療法によるのではなく）あの時間に30分も辛抱強く話を聞いてくれる人がいることへの感動が，人生に生きる意味を取り戻してくれたからです」と感謝された話が述べられている。このエピソードは，彼のZ性の象徴であろう。フランクルのZ性は明るいもので目立たないが，すべての行為が強く「救済」を志向していたことは疑いえない。

彼はすばらしい両親に恵まれ，頑健な身体をもち，天才的な早熟ぶりを発揮し，92歳まで心身ともに健康に過ごす。すでに15-6歳の青年期に，人間は「問う存在」以前に「問われる存在」であるという思想を，権威ある哲学の集会で講演しており，同じころ，精神分析学会の会誌に学術論文を載せており，その早熟ぶりが推測される。XYZのあらゆる次元を，実に見事に調和し統合しており，その原因となり結果でもあったのが，独特の「ユーモア」であったことは，伝記資料の中で特別に輝いている。

以上のように，個人の人生を幸−不幸という視点にしぼって評価するなら，XYZ三次元の一事優先型と全体調和型という要因によって，人格的成熟性の姿がかなり左右されることが明らかになる。

■ 4　結論：Generativityをめぐる統合的 nearly equal 説

本論考は成人期の人格的成熟というマクロな問題を，エリクソンに倣って generativity として煮詰め，この語（理論）を現実的な伝記資料によって生活の中に具体化した。

①このため生育史心理学の方法である「流し込み」を用い，generativity に伝記資料を，逆に伝記資料に XYZ 人格三次元論を，という二方向の流し込みを行い，generativity がどのように実生活の中で展開しているかにアプローチした。

②この追求の過程で，個人個人が XYZ それぞれの展開の仕方をもつと共に，この三次元のどれか１つを優先し他を犠牲にするか，すべてを大事にしバランスをとるかという，価値の選択法の個人差が，人生にとって大きな岐れ路になっていることを確認した。

③健やかな老人期を迎えるための準備としての generativity。

generativity と XYZ 次元の関わりを深めるほど，創造性，ケア，解き放つという generativity の主要な3ファクターは，次第に超越性Zと重なっていくことが見出され，面接技法によって，次の老年期に近づくに従って，ケア・Z性の実践を重視するようになり，そのことが，自己を内省的にさせ，豊かにし，英知を成熟させることを予感させられた。

そこで，老年期の友人・知己に，現在の身体的健康さ，生活の満足度・幸福感・人生への充実感を聞き，それが40-60代の生き方，generativity とどのような関わりをもつか尋ねた。なおパイロット・スタディの域を出ないが，成人期の generativity こそ，老年期の安定・幸福の源泉であるという仮説が，徐々に説得力を増しつつある。

④他者への配慮と献身を特質とする Z 性は，一度「個」の立場を否定し，他者とのかかわりのなかに身を置いて行為すること，その意味で他者との「関係性」そのものであり，「関係性」の実践がそのまま自覚や幸福感という「個」の問題であこることが示唆される。

⑤以上の結論を，誤解を恐れずに表現すれば，次の等式によって表現される。

　　人格的成熟＝generativity＝ケア＝Z性＝「関係性」

もちろん，これらの概念が導き出された文脈が異なる以上，完全に等しいとは考えられない。したがって，ここでの等号記号＝は，ほぼ同意義，その典型，その一部をなす，という意味で使われており，より正確には≒（nearly equal）と表現すべきものであろう。

　⑥伝記資料による人間性ないしその発達を研究する生育史心理学は，それが単に数量化の技法を用いないという消極的な意味でなく，現実生活の記録という具体的資料から，人間の本質や人格発達の機序を探究しようとする人間科学の方法論という意味で，「質的研究」の一領域と考えている。それは現象学的心理学を主要な方法論とし，「流し込み」（布置する）操作と全体的意味づけ（解釈）をその主たる技法とする発達心理学の一領域でもある。

＜付記＞
　本節で名前をあげた人物の伝記は数十冊に及ぶので，特別のもの以外は引用文献として掲載をせず，主要な参考文献だけをあげるにとどめる。なお，伝記分析的方法についての詳細は，本書の第8章第3節を，XYZ（人格の三次元）論は西平（1983, 1996, 1997）の諸論文を参照されたい。

第4節　発達的危機から見たアイデンティティの生涯発達

　アイデンティティは，人間のライフサイクルを包括的，統合的にとらえるきわめて魅力的な概念である。エリクソン（Erikson, 1950）が初めての著書『幼児期と社会』を刊行して以来，アイデンティティとライフサイクルの理論は，心理学のみならず，社会学，教育学，文化人類学等にも広く影響を及ぼしてきた。しかしながら，エリクソン自身の関心の多くは，青年期のアイデンティティ発達と病理に注がれ，成人期のアイデンティティについては，あまり多くを述べていない。彼自身の実証的研究としても，晩年に，夫人のジョアン・エリクソン（Erikson, J. M.）と若い女性研究者 キヴニック（Kivnick, H. Q.）との共同で，精緻な面接調査を行い，老年期の視点から精神分析的個体発達分化の図式 Epigenetic Scheme を見直した実証的研究が見られるのみである（Erikson, Erikson, & Kivnick, 1986）。

　第2節7. で紹介したジョセルソン（Josselson, 1973, 1987, 1992, 1996）は，女性のアイデンティティ発達をライフワーク・テーマとして探求した心理臨床家である。彼女は，常に綿密な面接調査にもとづく事例分析を行い，青年期から中年期までの女性の発達を実証的に明らかにしている。第2節5. で紹介したフランツとホワイト（Franz, & White, 1985）の「エリクソン理論を応用した生涯発達に関する複線モデル」も魅力的な理論であるが，彼女たちは，これについての実証的な研究は行っていない。ライフサイクル全体を展望したアイデンティティの生涯発達に関する研究が行われていないことは，考えてみれば不思議なことである。

　このような動向の中で，この問題に正面から光をあてた岡本の一連の研究がある（岡本, 1985, 1994a, 1994b, 1997, 1999, 2002, 2007）。ここでは，発達的危機の視点から青年期以降のアイデンティティ発達プロセスを理論的，実証的にとらえた岡本のアイデンティティ生涯発達論について紹介する。

■ 1　発達的危機の概念

　今日，「危機」あるいは「クライシス」という言葉は，どうすることもできない破局的な意味合いで用いられることが多い。しかし本来，「危機」とは，あれかこれかの分かれ目，決定的転

換の時期という意味である。心の発達においてみれば、心がさらに成長、発達していくか、逆に後戻り、退行していくかの岐路ということを示している。この「発達的危機」の概念を初めて理論化したのが、エリクソンである（第2節3.を参照のこと）。エリクソンは、ライフサイクルを8つの段階に分けて説明し、それぞれの段階に固有の心理−社会的課題と発達的危機があるとした。エリクソンは、アイデンティティは青年後期に獲得され、生涯にわたって発達していくものであると述べているが、以後の成人期・老年期においては、親密性、世代性・生成継承性、自我の統合性が中核的な課題であり、危機であると言う。

　それに対して岡本は、青年期以降の人生にも、多くの人々が共通に体験する、生物的−心理的−社会的な転換期があり、これはアイデンティティそのものの危機であると述べる。ライフサイクルにおける発達的危機期は、幼児期、青年期、中年期、現役引退期である。後述するように、これらの時期には、自我の態勢や対象との関係のあり方に本質的な変化が見られ、この時期をどのように通過するかによって、後の発達の様相は大きく異なる。

■2　中年期の危機とアイデンティティの発達変容

　成人期の発達的危機の中でも重要な意味をもつ、中年期について見ていきたい。

2-1　中年期に体験される心の世界：「構造的危機」としての中年期危機

　40代を中心とする中年期には、体力の衰え、もうそれほど若くはないという時間的展望のせばまり、自らの老いや死への直面、さまざまな限界感の認識など、30代とは相当異なる心の世界が体験される。図1-7は、中年の人々が体験しやすい自己内外の変化と臨床的問題をまとめたものである。中年期は、生物的、心理的、社会的、いずれの次元でも大きな変化が体験される。その多くが、喪失や下降・衰退といったネガティブな変化である。中年期の変化やそこから生じる臨床的問題は、個々人の存在全体が揺り動かされる「構造的危機」「構造的葛藤」ととらえることができるであろう。身体的には、体力の衰えや老化の自覚、家族においては、子どもの親離れや自立、夫婦関係の見直し、職業人としては、職業上の限界感の認識など、さまざまな変化が体験される。その中核となる心理は、「自己の有限性の自覚」である（岡本，1994，1997）。

2-2　中年期のアイデンティティ再体制化

　このような自己内外の変化によって、人々は、自分の生き方、あり方を問い直す。これは、今までの自分—アイデンティティ—ではもはや生きていけないというアイデンティティそのものの問い直しであり、危機である。図1-7に示したようなさまざまな変化を契機に揺らいだアイデンティティは、その変化や揺らぎを否認したり、逃げたりせずに、主体的にとらえ、これからの生き方を主体的に模索するなら、人生後半期へ向けて、より納得できる自分の生き方が見えてくる。このような中年期の入り口に体験される内的変容のプロセスは、表1-7のように表すことができる。この内的変化は、中年期の人々の多くに共通して見られる事象である。このプロセスを岡本（1985，1994a）は、「中年期のアイデンティティ再体制化のプロセス」と呼んでいる。

2-3　中年期の生きざまの多様性—中年期のアイデンティティ・ステイタス—

　これまで多くの人々は、青年期に職業や人生観が確立し、自分なりの生き方の方向づけができれば、つまりアイデンティティが達成されれば、その後の成人期はそれを基盤にして、安定した歳月

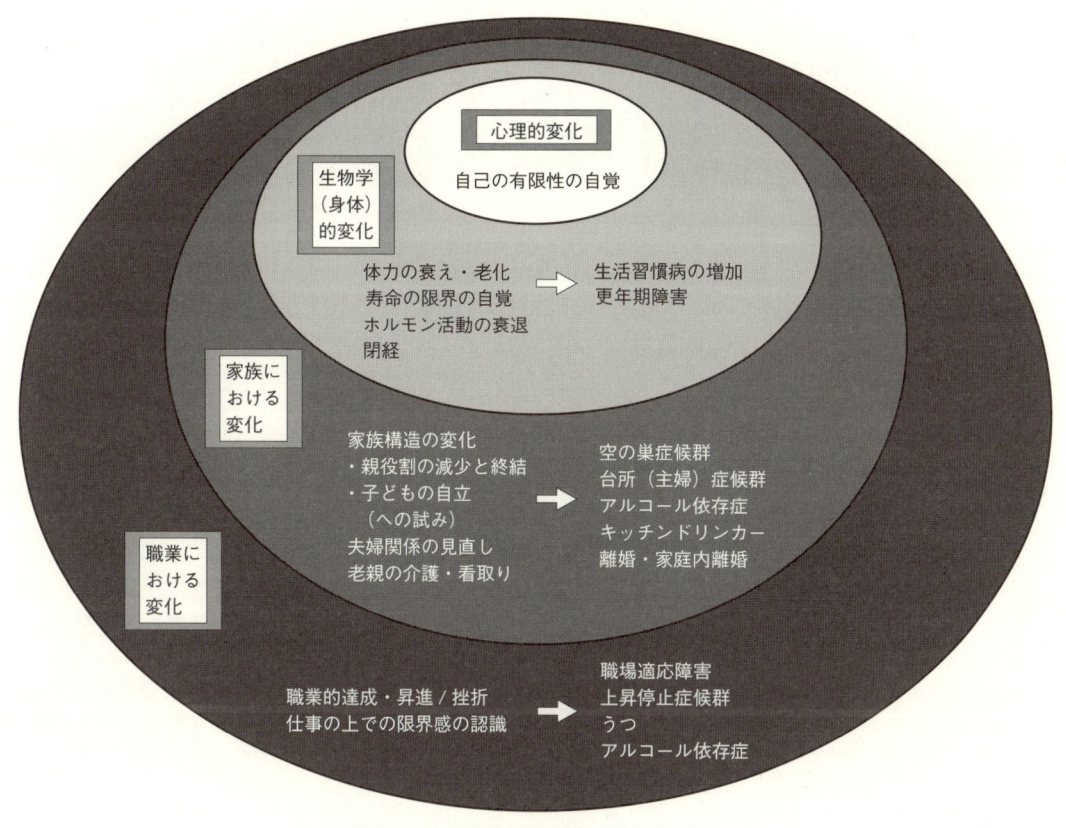

図1-7 中年期危機の構造（岡本, 2002）

表1-7 中年期のアイデンティティ再体制化のプロセス（岡本, 1985）

段階	内容
I	身体感覚の変化の認識に伴う危機期 ・体力の衰え，体調の変化への気づき ・バイタリティの衰えの認識
II	自分の再吟味と再方向づけへの模索期 ・自分の半生への問い直し ・将来への再方向づけの試み
III	軌道修正・軌道転換期 ・将来へむけての生活，価値観などの修正 ・自分と対象との関係の変化
IV	アイデンティティ再確立期 ・自己安定感　・肯定感の増大

が続くものと考えてきた。多くの健康な人々は，一定の職業と家庭をもち，少なくとも外から見る限り，社会人としての責任は果たしているように思われる。しかし，人生の最盛期を生きる中年の人々は，本当に皆，アイデンティティを達成しているのであろうか。内的な心の世界を見た場合，中年の人々は，本当に自分の役割や仕事に主体的に関わり，自分らしい生き方と

表 1-8 中年期のアイデンティティ・ステイタスとその状態像 (岡本, 1985)

アイデンティティ・ステイタス	中年期のアイデンティティ再体制化プロセス				タイプ	人数	状態像
	I 危機の体験	II 自分の再吟味と再方向づけへの模索	III 危機の解決（軌道修正・転換）	IV 危機後の安定（積極的関与）			
アイデンティティ達成	すでに体験した	すでに体験した	すでにしている	している	A. 再生アイデンティティ達成型	3	中年期に急激な否定的変化を体験し、それを契機に本当の自分の生き方を問い直し、新しいアイデンティティを獲得したタイプ。新しいアイデンティティの獲得によって生活様式や社会的役割に大きな変化が見られ、中年期以前に比べてより深い自己安定感・肯定感が得られた。
アイデンティティ達成	すでに体験した	すでに体験した	すでにしている	している	B. 積極的自己受容型	3	否定的変化は体験されているが、中年期に精神的安定感が増したことが顕著に自覚され、肯定的側面での変化が著しいタイプ。生活様式や社会的役割での変化はないが、中年期に価値観や自分に対する見方の転換がみられ、内的には、再生アイデンティティ達成型と類似型と見られる。
モラトリアム	すでに体験した	現在体験中	しようとしている	していない	C. 安定マイペース型	5	否定的変化による危機と、それに伴う自分の問い直しや将来の再方向づけの時期を経験しているが、青年期に獲得されたアイデンティティが、そのまま中年期のアイデンティティとして受け入れられている。上記の2タイプほど大きな変化は見られない。
モラトリアム	すでに体験した	現在体験中	しようとしている	していない	D. 模索最中型	2	自分の再吟味と再方向づけへの模索期の現象が、強く現われているタイプ。子どもの独立などによる「つとめを終えた」感じや空虚感が強く、人生後半期の生き方を模索しつつも、未だはっきりとした方向づけが得られていない。
早期完了	あいまいである	あいまいである	あいまいである	している	E. 軌道内安定志向型	4	否定的変化はさまざまな面で感じてはいるが、受動的に受けとめており、自分の問い直しや内的には安定している。現在の生活へもコミットしているが、将来の方向づけは妥協的であるか、あいまいにすまされている。
危機後アイデンティティ拡散	すでに体験した	できない/しようとしていない	できない	していない	F. 停滞・妥協型	2	否定的変化は意識しているが、中年期に入って、「もうこのままでいい」という気持ちが強く、消極的・停滞感が特徴的であるタイプ。したがって、自分の問い直しはあいまいであり、将来の方向づけも消極的である。
危機後アイデンティティ拡散	すでに体験した	できない/しようとしていない	できない	していない	G. 不安防衛型（青年期のアイデンティティ未確立型）	2	青年期の課題を未達成をかかえている。中年期に入り、否定的変化の認識とともに、精神的動揺や不安・空虚感が大きいタイプ。内的な危機が強く、社会的な適応は、一応できているが防衛的である。外的圧迫感や無力感が強く、社会的な適応は、一応できているが防衛的である。
危機前アイデンティティ拡散	あいまいである	できない/しようとしていない	できない	していない	H. 現実逃避型（永遠の青年型）	1	中年期の否定的変化に対して無関心や否認が目立ち、これが、自分の問い直しにすびついていない。現在の自分の状況把握にも歪曲が見られ、現実逃避的である。

して納得しているのであろうか。

実際に，中年の人々に面接調査を行ってみると，中年期のさまざまな心身の変化を体験して，不安定な状態にとどまっている人や，これまでの自分の生き方やこれから人生後半期の将来展望について納得できないまま，その自己探求を放棄してしまった人々も少なからず見られた（岡本, 1985, 1994a）。このような中年の人々のさまざまなアイデンティティの様態は，どのように理解できるのであろうか。それは，これまで心理学において長い間，さも当然のように考えられてきた個人差，つまり大人の人生コースや生活状況の多様さからくる個人差として片づけられる問題ではない。中年の人々に見られるこのようなさまざまな状態像の違いは，アイデンティティの発達や達成レベルの相違として見ると，ここに新しい中年像が生まれてくる。

第2節1.においても述べたように，マーシャ（Marcia, 1964, 1966）は，青年がどの程度しっかりとした，つまり少々の危機的状況にも揺らぐことのないアイデンティティを獲得しているかどうかの基準として，危機（主体的な模索体験・意思決定期間）と積極的関与の有無をとりあげ，アイデンティティ達成，モラトリアム，早期完了，アイデンティティ拡散という4つのアイデンティティ・ステイタスを設定した。この4つのステイタスを設けたことによって，アイデンティティ達成のレベルが問題にできるようになったのである。つまり，青年後期にすべての青年が，必ずしもしっかりと自分の育ちを見直し，将来の自分のあり方を熟考して，自分の生き方を確立しているわけではないこと，換言すれば，本来の意味でアイデンティティを達成しているわけではないことを具体的にとらえることが容易になったわけである。

中年期の人々のアイデンティティ様態は，マーシャの青年期のアイデンティティ・ステイタス論を応用した，中年期のアイデンティティ・ステイタス論によって分析してみると，その特徴を明確に理解することができる。表1-8は，筆者が定義した中年期のアイデンティティ・ステイタスである（岡本, 1985, 1994a）。表1-8に示した「Ⅰ危機の体験」はマーシャの「危機・意思決定期間」に，「Ⅳ危機後の安定」はマーシャの「積極的関与」に対応する。このような視点から中年期のアイデンティティの様態を見てみると，中年期にも青年期と同様の特質をもつアイデンティティ・ステイタスが存在することがわかる。ここまで述べてきた中年期のアイデンティティ再体制化プロセスやそれぞれのステイタスの事例とその発達的な理解については，岡本（1994a, 1997）をご覧いただければ幸いである。

■ 3　アイデンティティはラセン式に発達する
3-1　ライフサイクルのテーマは繰り返される

ライフサイクルの中で，中年期の次に訪れる転換期は，定年退職・現役引退期である。この時期もまた，退職に伴って生活構造が大きく変化し，アイデンティティが揺らぎ，問い直される時期である。岡本・山本（1985），岡本（1994b）によると，定年退職期は人生後期の重要な発達的危機期であり，ここでも中年期の入り口で見られたようなアイデンティティの再体制化が行われることが示唆された。

中年期や現役引退期に見られるアイデンティティ再体制化のプロセスの心理的特質は，マーラーら（Mahler et al., 1975）が提唱した「分離−個体化のプロセス」，つまり乳幼児が母親から身体的，心理的に分離していくプロセスと非常に類似している。表1-9は，この乳幼児期，青年期，中年期，現役引退期というライフサイクルにおける発達的危機期の特質をまとめたものである。

表1-9 ライフサイクルにおける4つの発達的危機期のプロセス（岡本，2002）

ライフステージ／プロセス／研究者	乳・幼児期 Mahler, M.S. ら （1975）	青年期 Brandt, D.E. （1977）	中年期 岡本 （1985, 1994a）	現役引退期 岡本 （1994b）
I	■分化期 （differentiation） ・自分でないもの（not me）の認識 ・自分の身体への気づき	■身体の変化の認識 ・第1次・第2次性徴の発現 （子どもの身体から大人の身体への変化）	■身体感覚の変化の認識 ・体力の衰え・体調の変化の認識 ・閉経 ・バイタリティの衰えの認識	■自己内外の変化の認識 ・退職による生活環境の変化 （社会的地位の喪失・低下，収入・経済的基盤の喪失・低下，社会的交流の減少，無為）
II	■練習期（practicing） ・母親を情緒的ホームベースとして母子の物理的分離 ・自律感の増大	■モラトリアム ・自分の役割の試み ・社会の中への自分の位置づけの試み ・将来展望の確立の試み	■自分の再吟味と再方向づけへの模索 ・自分の半生への問い直し ・将来への再方向づけの試み	■自分の再吟味と再方向づけへの模索 ・自分の人生の見直し ・退職生活への方向づけの試み
III	■再接近期 （rapprochement） ・分離不安の増加 ・母親との親密さの欲求 ⇩ ・母親との最適距離をつかむことによって解決	■自分と対象との関係の変化 ・親からの自立 ・社会への位置づけと社会からの承認の獲得 ・能動的な活動が可能な適切な対象関係の獲得	■軌道修正・軌道転換（自分と対象との関係の変化） ・子どもの独立による親の自立 ・社会との関係，親や友人の死，役割喪失や対象喪失などの変化に対して，適応的な関係の再獲得	■軌道修正・軌道転換（自己と対象との関係の変化） ・退職後へ向けての生活，価値観などの修正 ・社会・家族との関係の変化
IV	■個体化（Individuation）の確立期 ・最初のアイデンティティの感覚を獲得	■アイデンティティの確立	■アイデンティティの再確立	■アイデンティティの再確立

3-2 成人期におけるアイデンティティのラセン式発達モデル

　これまで紹介してきた研究を総合してみると，人生の中には，何度か同じテーマが繰り返される時期があることがわかる。青年期，中年期の入り口，そして定年退職期には，いずれもアイデンティティの獲得，再獲得という共通のテーマが存在している。「私とは何か」「自分らしい生き方とは何か」というアイデンティティに対する問いは，成人期においても人生の岐路に遭遇するごとに繰り返され，アイデンティティはラセン式に発達していくと考えられる。

　すでに述べたように中年期および現役引退期のアイデンティティの危機と再体制化のプロセスは，非常によく似ている。そしてブロス（Blos, 1967）やブラント（Brandt, 1977）が指摘したように，青年期のアイデンティティ形成のプロセスは，乳幼児期の分離－個体化のプロセスとも非常によく似た特質をもっている。このように見ると，アイデンティティは，人生の節目，節目で組み換えられ，再統合されていくのではないであろうか。この考え方は，各々のライフステージにそれぞれ固有の心理的課題や特質が見られ，それらを達成することによって，次の段階に発達していくという，これまでの発達段階論とは異なる発達観である。

　図1-8は，岡本の一連の研究成果を総合して生まれてきた「成人期のアイデンティティのラセン式発達モデル」である。この図式に示されている成人期のアイデンティティ発達に関する考え方は，次のようなものである。まず，成人期のライフコースには，安定期と転換期（危機

期)が交互に訪れるということである。転換期・危機期は,それまでのアイデンティティではうまく自分を支えられない,あるいはこれから生きていけないということが自覚され,アイデンティティの揺らぎが体験される。そして,それをきっかけにアイデンティティの組み換え,つまり再体制化が行われる時期である。安定期は,その再獲得されたアイデンティティでもって,自己の内的外的世界が安定し充実していく時期である。

　第二にこの図式は,成人期の「アイデンティティ達成」についての新たな知見を提供している。これまでのアイデンティティ論によれば,青年後期に多くの人々は,アイデンティティを「達成」し,成人期は,その達成されたアイデンティティが維持されていくものととらえられてきた。しかしながら,現実には,外見は大人としてのライフスタイルやアイデンティティを獲得しているように見えても,内面的にはそうでない人もかなり存在する。このモデルは,成人期の各時期においても,モラトリアム,早期完了,アイデンティティ拡散状態も見られること,そしてそのアイデンティティ・ステイタスの変化,つまりアイデンティティ変容は,アイデンティティの再体制化が行われる発達的危機期に起こることを示している。

　第三に,アイデンティティ・ステイタスは,必ずしもより成熟した「達成」の方向へ移行するわけではなく,発達的により低い方向へ変動する可能性もあるということである。

　成人期の心の発達は,人生の岐路に遭遇するごとにこれまでの自己のあり方や生活構造の破綻や破れに直面し,一時的な混乱を経て,再び安定した自己のあり方が形成されていくという「危機→再体制化→再生」の繰り返しのプロセスとして理解されるのではないであろうか。このような視点で心の一生を見ると,人生の中で体験されるそれぞれの発達的危機という点と点が線でつながれ,1つの方向性をもって理解できるように思われる。

3-3　危機を認知する力・危機に対応する力

　この「アイデンティティのラセン式発達モデル」をもとに,大人として真にアイデンティティを達成するとはどういうことなのか,もう少し掘り下げて考えてみたい。アイデンティティ達成のレベルは,まず,アイデンティティの危機にいかに深く気づき,体験し,そしていかにしっかりと主体的に再体制化できたかどうかでとらえることができるのではないであろうか。大人の人生には,いくつかの発達的危機期が存在する。その危機期とは,今までの自分のあり方や生き方,つまりアイデンティティではもはや自分を支えきれない,これから自分らしく生きていけないということが自覚される時期である。この認識からアイデンティティの見直しと組み換え,つまり再体制化が始まるわけである。この危機の自覚によって,新しい状況に応じた自分のあり方を模索し,これまでの自己の中に再統合していく。この「危機の認知→主体的模索→再体制化(再統合)」のプロセスの中で,アイデンティティはより高いレベルに発達していく。

　しかしながら,自己内外のさまざまな変化にもかかわらず,このアイデンティティの危機が認知されない人もある。このような人にとっては,体力の衰えや子どもの巣立ちなどのさまざまな出来事が自己を問い直す契機にならず,自己のあり方とは切り離されてやりすごされてしまう。このような人にとっては,自己探求は行われないか,ごく浅いレベルで終わってしまう。こうして見ると,いかに深く自己の内的危機を認知するかということが,心の発達にとって重要なポイントであると思われる。

　第2に,その自己の内的危機を契機に,アイデンティティを問い直し,再統合していく力が

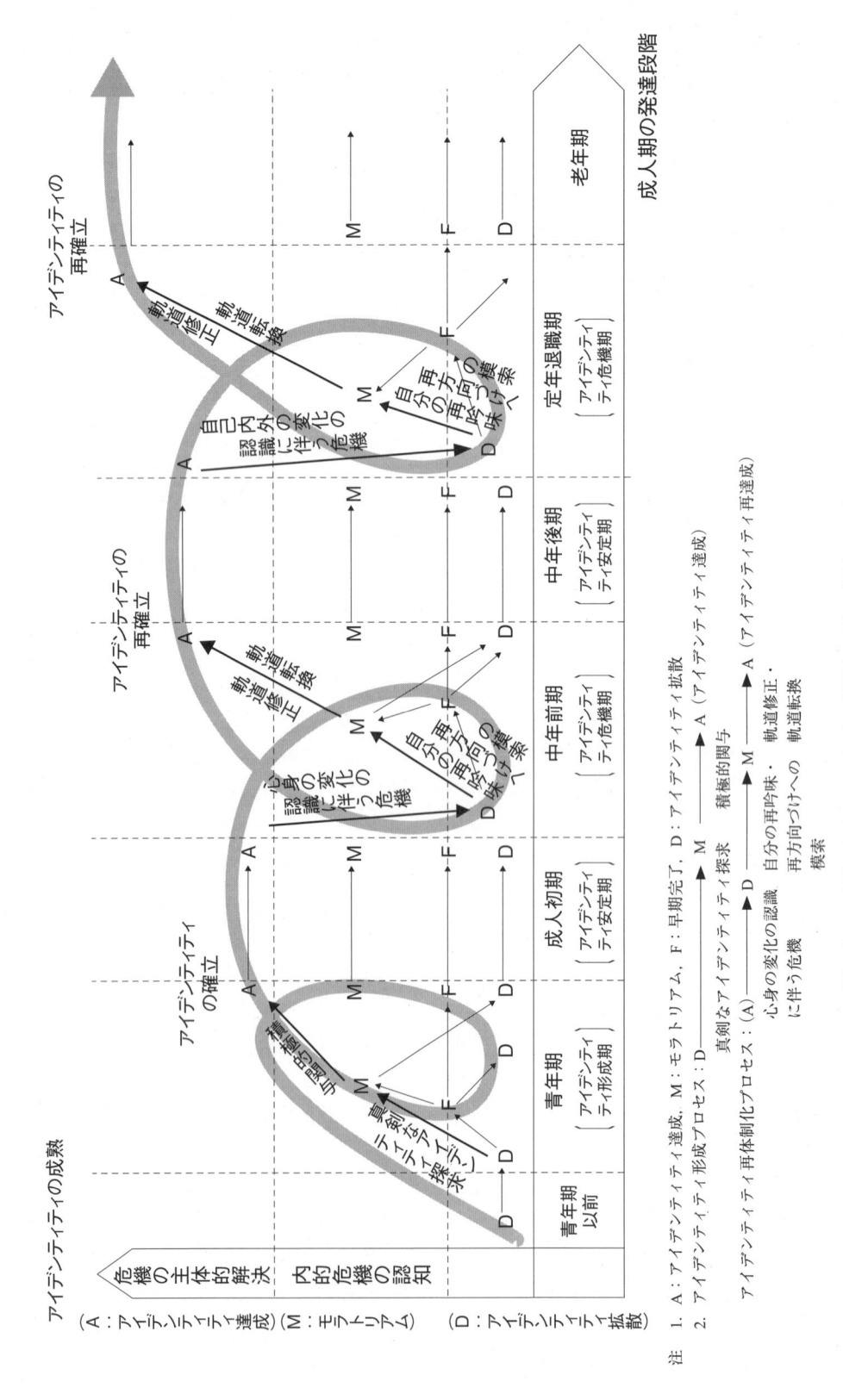

図1-8 アイデンティティのラセン式発達モデル（岡本, 1994a）

注：1. A：アイデンティティ達成, M：モラトリアム, F：早期完了, D：アイデンティティ拡散
2. アイデンティティ形成プロセス：D → M → A（アイデンティティ達成）
   真剣なアイデンティティ探求　積極的関与
   アイデンティティ再体制化プロセス：(A) → D → M → A（アイデンティティ再達成）
   心身の変化の認識　自分の再吟味・　軌道修正・
   に伴う危機　再方向づけへの　軌道転換
   　　　　　模索

重要であろう。その問い直しの作業の中で，自分の影になっていた部分や欠落していた部分，つまり過去においてやり残した課題や納得できないところ，さらには生きられなかったもう一人の自分，もう1つの生き方が再吟味されていく。そして，それが現在の自分とこれからの生き方の中で補填され統合されていくわけである。

このアイデンティティの危機を認知する力とその危機に主体的に対応する力は，自我の強さや柔軟性が基盤にあることは言うまでもない。人生の岐路に立ったとき，いかに深く自分の内的変化に気づき，主体的に自分の生き方を考えることができるか，これが真にアイデンティティを達成していくための要であると思われる。

■ 4　女性のアイデンティティ発達プロセス

最後に，成人女性のアイデンティティ発達について，簡単に述べておきたい。

4-1　成人女性のアイデンティティ発達プロセスの複雑さ

成人期のアイデンティティ発達プロセスを見ると，女性は男性に比べてはるかに複雑な特質を有している（岡本, 1999）。それは次のような要因によるのであろう。

第一は，生き方の多様性である。女性のライフコースはさまざまであり，男性に比べて，アイデンティティに関わる重要な意思決定は，青年期以降に次々に訪れる。しかも今日，自分の生き方は主体的に選択できるようになったが，必ずしもすべての人がそれを実行できているわけではない。

第二は，アイデンティティに関わる意思決定のし方の複雑さである。女性は，必ずしも自分の都合や意思を優先して生き方を選択・決定しているわけではない。青年期のアイデンティティ形成や成人初期の家庭建設の途上で，「重要な他者」へアイデンティティの基盤をシフトする女性は少なくない。

第三は，ケアに関わる問題である。現代社会においてなお，育児や老親の介護などのケア役割の大部分は，女性が担っている。家庭内のケア役割の主責任者であることのプレッシャー・圧力や第一義的責任，つまり子どもや親のめんどうを見る最もふさわしい人間は自分であるという感覚も相当，重いことは事実である。

十数年前，筆者は，青年期以降の女性のライフサイクルを1本の木に見立てて，「現代女性のライフサイクルの木」として表した（図 1-9，岡本, 1994c）。この図の示唆するものは，女性のライフスタイルの多様性と，どのライフスタイルを選択しても光と影があることである。21世紀を迎えた今日の女性に対しても，この図は，かなり適合できるように思われる。男性の場合は，学校を卒業すると，職業を太い軸とした人生が展開していく人が多いのに対して，女性の場合は，結婚，出産・子育て，職業との両立等，ライフコースはいくつにも枝分かれしていく。その方向選択の岐路は，常にアイデンティティに直接関わる問題をはらんでいる。その人生の節目節目で，「自分らしい生き方」とは何かと思い悩む女性は少なくない。

4-2　成人期のアイデンティティを決定する「個」と「関係性」のあり方

アイデンティティの形成・達成というと，個としての自己実現や自立というイメージでとらえる人も多いかもしれない。しかしながら，アイデンティティは，「個」としての主体的なあり方と，「他者との関係性」が，いわば入れ子のように影響を及ぼし合いながら達成されていくも

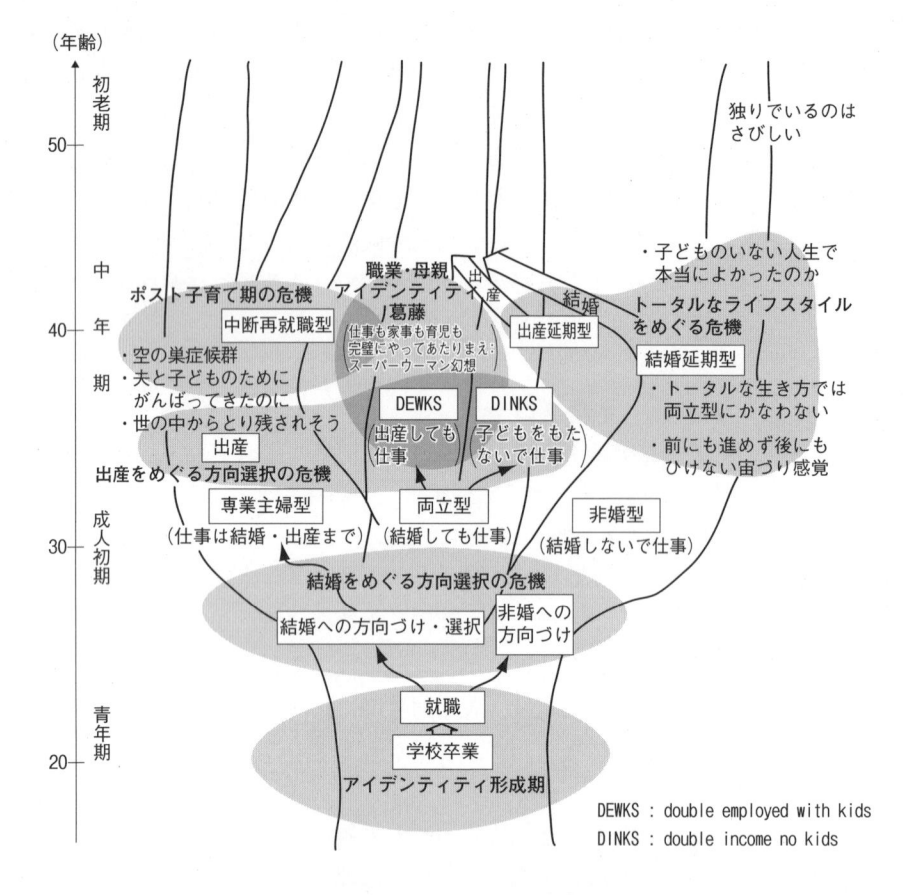

図1-9 現代女性のライフサイクルの木（岡本, 1994c）

のである。成人期の人生は，職業，家族，その他それぞれの世界に深くコミットし，責任をもち，複数の役割をこなしていくことが求められる。第1節で述べた表1-3 (p.5) は，この2つの軸の特徴を具体的に示したものである。それぞれのバランスのとり方は，個々人によってさまざまであろうが，「個」としての主体的なあり方と「他者を支える関係性」の2つの軸は，成人期のアイデンティティが成熟し深化していくための不可欠の要素であると，筆者は考えている。女性の場合は特に，上の4-1で述べた要因によって，ともすればこの2つの軸は対立し，アイデンティティを揺るがすことも少なくない。

4-3 中年期女性のアイデンティティの問い直し

　生き方の志向性によって異なる中年期危機の中身　　図1-7に示したように，中年期には，体力の低下や自分自身の限界感，子どもの親離れなど，さまざまな心身の否定的な変化が体験される。男女を問わず，そして，どのようなライフコースを選択しても，中年期には，それまでの自分のあり方・生き方の問い直しというアイデンティティの危機が訪れる（岡本, 1997）。ところが，その自分の生き方・あり方の見直しのし方は，男性と女性とでは相当，異なっている。

　岡本（2002）は，40-50代の中年女性を対象に，ライフスタイルやケア役割を担うことが，女性のアイデンティティ発達や成熟にどのような影響を及ぼしているかについて検討した。その結果，①青年期のアイデンティティ形成は，職業的自立など，個としてのアイデンティティ確立に重点をおいたAタイプと，配偶者選択など関係性にもとづいたアイデンティティ形成を行

ったBタイプに分かれること，②青年期以降中年期の入り口までのライフプロセスは，この2つのタイプでは，かなり異なった特徴が見られること，③中年期のアイデンティティ危機は，ライフスタイルの相違にかかわらず，すべての対象者に体験されているが，その内容は，AタイプとBタイプとではかなり異なっていることなどがわかってきた。

Aタイプは，青年期に強い自立志向性をもち，はっきりとした職業的自立をめざした人々である。一方，Bタイプは，自立志向性は弱いか，学生時代の早い時期に職業的自立を断念し，生き方の基盤を「重要な他者」にシフトした人々である。前者を「A. 個の確立志向型」，後者を「B. 関係性志向型」と呼ぶことにしよう。

中年期は，これまで半生の生き方をふりかえる中で，担ってきたさまざまな役割，達成してきたこと，やり残していること，人生の中で本当にやってみたいことなどが再吟味される。そして，これからの人生後半期を展望して，どのような生き方が最も納得できる自分らしい生き方であるかが，心の中で検討される。この心の作業が，「アイデンティティの再体制化」，つまりアイデンティティの組み換えである。

多くの男性は，「個としての自分」，つまり職業における業績など，自分がこれまでやってきたことを自分なりに評価し，その意味を問う形で，中年期まで半生の生き方をふりかえる。それに対して女性の場合は，中核的なアイデンティティ，つまり自分が関与・達成してきたもののみにとどまらず，トータルな生き方・あり方の見直しが行われる。職業や社会的活動だけでなく，家族に対する母親，妻としての自分はこれでよいのか，全体として見た自分の人生・生き方はこれでよいのか，などなど。個としての関与・達成のみでなく，トータルな自分の生き方という2つの次元でアイデンティティの問い直しが起こるわけである。

中年女性のアイデンティティ危機の特徴は，「A. 個の確立志向型」と「B. 関係性志向型」では，かなり異なっている。「個の確立志向型」の生き方をしてきた女性にとって，①「中核的アイデンティティの問い直し」とは，自分の仕事への関与のあり方や職業の中で達成してきたものの意味の再吟味である。自分が打ち込んできたものは，納得できるものなのか，納得できる成果をあげているか，という自己に対する問いである。さらに，②「トータルな生き方」もまた，真剣に問い直される。自分の生活全体を見たとき，私の生き方はこれでよいのか。夫や子どもとのかかわり，仕事とその他の生活のバランスは，これでよいのか。シングルとして生きてきた女性は，家庭をもたない人生で本当によいのか，などなど。仕事と家庭を両立させてきた女性は，職業役割，家庭役割など多くの役割を抱えているため，これらの複数の役割のバランスの崩れが，中年期のアイデンティティの危機を引き起こすことも少なくない。

それに対して，「関係性志向型」の生き方で中年期を迎えた女性にとって，①「中核的アイデンティティの問い直し」は，自分の家庭や子育ては満足できるものだったかという問いとなる。そして，深く関与してきた家庭や子育てはうまくやれていると思えても，②「トータルな自分の生き方」を見直した場合，「自分」といえるキャリアをもちたい，家族のために棚上げにしてきた，本当にやりたかったこと，やり残してきたことをやりたいという，「自分＝個」を確立したいという声が，たくさんの女性から聞こえてくる。「関係性志向型」の女性にとって，これが中年期のアイデンティティ危機の中核をなしている場合が多い。中年期女性のアイデンティティは，この2つの次元で問い直されるのである。

このような中年期の危機を契機に自分の生き方をふりかえり，新しい自分の生き方のスタイルを見つけた人々は，岡本（2002）の中に数多く報告されている。「これまでは，仕事にエネル

ギーを注ぎ過ぎだった。もっと家族や他者を大切にし，交わりを深めたい」として，心血を注いで来た事業を後進に譲って退職した女性，50歳間近での大病と子どもの巣立ちを機に，「20代からずっと30年間，家族のために尽くして来た。これからは，もっと自分のやりたかった勉強をしたい」と大学院へ入学した女性など。いずれにしても，中年期に多くの女性は，自分の望む「個」としての生き方と重要な他者とのかかわりのはざまでの葛藤を解決して，新たな納得できる生き方を見つけ出している。中年期のアイデンティティの成熟性にとって，「個としての自分」と，「他者をケアし支える自分」のバランスがとれていることは，非常に大切であると思われる。

　本節では，中年期を中心とした成人期のアイデンティティ危機と発達について述べた。中年期は，臨床的援助の必要な問題も発現しやすい発達的危機期である。そのような中年期の危機に対する臨床的理解と援助については，第6章第3節でとりあげることにしたい。

「個」としての発達・変容の諸相 2

第1節 自己意識・自己感・パーソナリティ

■ 1 身体の発達と自己の発達

　身体というものは，私たちが自分をとらえる際の基盤となるものである。生後，私たちは身体というものを通して，自分自身の存在に気づいていく（Harter, 1983）。そして私たちは，身体というものを通して，ごく初期の段階から「自己」を形成していく（浜田, 1992）。

　人間の身体が最もめざましい発育を示すのは，生後の2年間である。それに続くめざましい発育をみせるのが，思春期である。この時期，私たちの身体は身長や体重の著しい増加と共に，第2次性徴と呼ばれる質的変化も体験する。そして，青年期を終える頃，それらの変化を体験した私たちの身体は，ほぼ完成されたものになっている（e.g., 文部科学省学校保健統計調査, 2008など）。また，総合的な体力の向上もこの頃ピークを迎えることが知られている。「平成19年度体力・運動能力調査」（文部科学省体力・運動能力調査, 2008）によると，6歳から加齢に伴い体力水準は向上し，男子では17歳頃に，女子では14歳頃にピークに達し，その後数年間その水準を保持する傾向を示すこと，その後，男女とも20歳以降は体力水準が加齢に伴い低下する傾向を示すことが報告されている。

　このような推移，すなわち，青年期までに，発達・充実の過程をたどる上昇の時期を迎え，その後，身体能力や身体機能の衰えを自覚し，老いの過程に直面しく下降の時期をたどるという推移を，私たちは確かに，生涯における身体変化の過程として経験する。

　ところが，私たちの自己意識の様相，例えば，どのような自分としてどのように生きようとしているのか，自分にどの程度満足し，受け入れることができているのかといった事柄は，必ずしもこの身体発達の上昇・下降に対応した，肯定・否定の推移を示すわけではない。身体面や能力面での発達においては恵まれた時期にあるとされる青年期において，自己意識のありようが非常に否定的となることは，ホール（Hall, 1904）をはじめ，多くの青年心理学者たちが古くから指摘してきたところである。そして，身体面や能力面において衰退の時期にあるとされる成人中期以降において，非常に適応的な自己が保たれるということも，多く報告されている（e.g., Mroczek, & Kolarz, 1998）。

　本節では，青年期以降の発達過程において，自己意識の様相がいかなる変遷をたどるのかを概観することとする。まず，年齢との関係における自己意識の変化について，自尊感情をはじめとする自己評価的意識に焦点を当て，その様相を概観する。それをふまえながら，各時期における自己意識の様相について，どのような特徴を指摘することができるか，検討することとする。

■ 2　自己評価的意識の発達的変化

　自分自身に対する態度や感情のあり方は，個人の内的適応を考えるうえで重要な指標とされてきた。例えばロジャース（Rogers, 1951a）は，個人が自分自身をあるがままに受け入れることができるかという「自己受容」（self-acceptance）の問題を，治療過程における重要な適応指標の1つとした。また，「自己に対する評価感情で，自分自身を基本的に価値あるものとする感覚」（遠藤，1999, p.343）である自尊感情は，個人の認知や対人態度を含めた経験過程に大きく影響を与えるものであることが知られており，精神的健康や適応の基盤をなすと考えられている。ここでは，それら自己に対する肯定的あるいは否定的感情や評価を，自己評価的意識（梶田，1988）という上位概念によって総合的に理解することとし，その年齢による変化についての議論を概観する[1]。

2-1　青　年　期

　自己評価的意識が発達過程において重要な問題となってくるのは，主に青年期においてであった。青年期においては，身体変化後の身体満足度の低下（向井，1996; 斎藤，1994）や，その時期に起こる社会的出来事との組み合わせによる抑うつや攻撃性の増加（Brooks-Gunn, & Warren, 1988）などが見受けられる。さらに認知能力の発達によって自己をとらえる能力が高まるため，自己に対する見方は否定的になる（Harter, & Monsour, 1992）。それら身体や認知能力における発達的変化とが相まって，自己全体に対する感情や態度が否定的になることが指摘されている。

　青年期の自己の問題は，アイデンティティ形成のプロセスによっても理解することができる。青年期に入ると，児童期までの親や大人に同一化することによって形成されていたアイデンティティが問い直され，今後の人生を生きるための新たなアイデンティティが模索される。このプロセスにおいて，青年は自己の不明瞭感や自己に否定性に向き合うことを余儀なくされ，自己意識の様相はいきおい，否定的なものとなる。そのプロセスの中で，自己についてのさまざまな気づきの内容や感情状態が統合されていき，アイデンティティが確立される。それによって，自己意識の内容も，また自己全体に対する感情も，肯定的な状態へと変化していくと理解される。

　しかしながら実際のデータにおいては，この見解は一様に支持されているわけではない。たしかに，児童期から青年期前半までの自己評価的意識の低下過程を支持する研究は少なくない。例えば，自己の価値基準による自己受容および自己批判の指数の値における中学生・高校生・大学生の差を検討した加藤（1977）によると，女子では学年が上がるにつれて自己受容指数が低下し自己批判指数が上昇し，男子では両指数共に低下していた。自信と自己受容の尺度を用いて小学5年生・中学2年生・高校2年生の比較を行った梶田（1988）では，男女ともに小学5年生から中学2年生にかけて急激にその値が低下すること，その後，男子では高校2年生においてやや上昇するが，女子ではさらにやや低下することが報告されている。

　しかし，例えばピアーズとハリス（Piers, & Harris, 1964）は自己尊重の程度を3年生・6年生・10年生との間で比較し，男女ともに中間の年齢段階で自己尊重が低くその前後が高いこと

---

[1]　もちろん，自尊感情，自己受容，自己評価など，その概念は厳密には区別されるべきであるが（水間，2001），ここでは，自己態度の肯定あるいは否定の程度に関する発達的変化をとらえるという目的を優先し，このような措置をとっている。

を報告している。中1・中3・高2・大学の女子を対象に自尊感情の調査を行った伊藤（2001）の結果では，中1から中3にかけてその値は大きく低下し，その後，緩やかに上昇するというU字型が示されている。

また，第10学年以降の8年間において（Bachman, & O'Malley, 1977），第12学年以降の2年間において（O' Malley, & Bachman, 1983），第7学年以降の6年間において（McCarthy, & Hoge, 1982），その他（Marsh, 1989; Mullis, Mullis, & Normandin, 1992），青年期において継続的に自尊感情が上昇することを報告するものもある。また，発達以外の要因を指摘する研究もある（Block, & Robins, 1993; Chubb, Fertman, & Ross, 1997; Zimmerman et al., 1997）。

2-2 成人期の全体的傾向

成人期以降についてはどうだろうか。成人期の自己は，青年期の否定的様相を脱し，安定した肯定的状態へ入っていくという見解を支持する研究が少なくない。生涯発達的観点においては，おおむね，成人中期は経験知と機能的発達，心理的資源の豊かさによって，最も適応的な時期であるとされている（Lachman, & Baltes, 1994; Staudinger, & Bluck, 2001）。

高校生から86歳までの広範な年齢層を対象に，自尊感情の値の変化をほぼ10歳ごとの群によって検討した松岡（2006）の結果によると，自尊感情は，高校，大学，20代にかけて有意な得点の上昇を見せた後，一定の高い水準で保たれていた。ヘスとブラッドショー（Hess, & Bradshaw, 1970）は，高校3年生，大学1・2年生，35-50歳，55-65歳の4つの年齢群について自己概念の評定を求めたところ，高校生から大学生にかけてその値は低下し，その後，2つの年齢群を通して上昇を示していたこと，そして，4群のうち，55-65歳において最も得点が高くなっていたことを報告している。20代から50代の成人の自己受容について，身体的自己（8項目），精神的自己（15項目），社会的自己（7項目），役割的自己（5項目），全体的自己（2項目）の5側面から検討した沢崎（1995）によると，年齢が上がるつれ「精神的自己」と「社会的自己」の側面で自己受容的になる傾向があったこと，とりわけ30代から40代にかけて自己受容得点が上がっていたこと，40代から50代にかけてはその上昇率がやや鈍る傾向があったことが報告されている。ここから沢崎は，自己受容は40歳前後に大きく変化する可能性があると指摘している。30歳から65歳までの成人期の男女1006名をプレ中年期（30代），中年前期（40代），中年後期（50-65歳）の3群に分け，自己に対する関心とその評価の発達的変化を検討した若本・無藤（2004）においては，自尊感情得点，および，「社会的自己」「内的自己」「身体的自己」「生活的自己」の4側面の自己への評価において，いずれも年代差が有意であったことが報告されている。特に，中年後期は他の群と比べて自尊感情や自己評価が高いことが示された。

2-3 成人中期の危機をめぐる議論

ただし，成人中期にあたる中年期においては，再び自己は否定的な様相を呈するという，いわゆる中年期危機（midlife crisis）説も指摘される。早くからこれを指摘したユング（Jung, 1933）によると，中年期は人生の正午にあたる。正午を境に，頭上を照らす太陽の位置が変わり影の向きは逆になる。その結果，それまで光に向かって立っていた者は影に向き合うことになるという。この時期，人は，身体的・心理的老化をむかえ始め（Whitbourne, 2002），自己の不完全さや有限性を受容し（Jacques, 1965），残された時間の限界を認識する。そして，人生の目

標の再吟味に迫られ（Gould, 1978; Sheehy, 1976），新しい生き方の模索（Vaillant, 1977; Levinson et al., 1978）を始める。つまり中年期において，私たちは，自分の人生が発達的に増大・成長する方向から，衰退・下降する方向へと転換することを自覚するのであり，その自覚が，再び人を自己へと向き合わせることになるのである。これは，第1章第4節で紹介されているように，青年期以降のアイデンティティを問い直し，人生の後半に向けて自身のアイデンティティを再構成するプロセスと理解される（岡本, 2007）。

だが，そのような現象は誰にでも起こるわけではないとする見方もある。中年の危機についての自己評価を求めても顕著な結果は見られなかったこと（Costa, & McCrae, 1980），中年期に危機がある前提をもっても，他の時期と比べて特別に危機的であると言えないこと（Rosenberg et al., 1999）などが報告されている。

2-4 成人後期

成人後期にあたる老年期については，その身体発達の低下とともに，自尊感情も低下すると考える見方が多い。例えば，自尊感情が年齢経過とともに低下の傾向にあるとする研究（Ranzijn et al., 1998）もある。これは，容貌の衰え，慢性疾患，認知症などが連想される老人像や，暗い，悲しい，退屈などの老いに関する一般的な否定的イメージによる影響も大きいだろう（佐藤, 2008）。だが一方で，老年期における自尊感情が上昇するとする研究あるいは変わらないとする研究もある（Erdwins et al., 1981; Gove et al., 1989）。

2-5 結果の不統一をめぐって

ロビンスら（Robins et al., 2002）は，これらの研究における結果の不一致について，サンプルの少なさと年齢区分の粗雑さを問題とし，9-90歳の326,641人の男女を対象に，最大でも10年区切りで，自尊感情の加齢変化について横断的に検討した。その結果，次のような推移を得た。児童期（9-12歳）に高く保たれている自尊感情は，青年期初期から中期（13-17歳）において急激に低下し，後期（18-22歳）においても低い状態におかれる。最低値に達した後，後期青年期および早期成人期（23-29歳）の時期に若干の上昇を見せるが，30代から40代にかけてはそのままの値で一定している。そして，40代から50代にかけての間に，再び上昇を始め，60代まで上昇が続き，60代でピークを迎える。そこから低下が見られ始め，特に70代から80代にかけて，急激に自尊感情は低下する。また，生涯を通して，男性は女性に比べて相対的に高い自尊感情を有していた。ロビンスらはその推移を，「児童期を通して高かった自尊感情は，青年期において低下する。そして成人期には徐々に上昇し，成人後期において自尊感情はピークを迎える。そして老年期には，急激な低下を見せる」とまとめている。

しかしながら，これまでに見られた研究結果の不一致は，単にサンプル数や年齢区分といった研究手法上の問題だったのだろうか。自己評価的意識は，主体としての自己が客体としての自己（James, 1890）に対して抱くものである。そこには，客体としての自己がどのような状態にあるかということ，主体としての自己がそれをどのような認知プロセスによってとらえるかということの双方に大きく依存する。それは年齢という要因にのみ還元されるものではないだろう。

また，このように，自己評価的意識を発達段階ごとにとらえることによって，発達段階に伴って変化する自己意識の様相を大まかにとらえることができる。だがそれは，結果として，ど

の年齢層にも存在する自己意識の個人差を無視してしまうことにもつながる。

そこで次項では，ここで述べた自己意識の変遷をふまえながら，各時期における自己意識の様相について検討し，各年代における自己意識の特徴と個人差を考えることとする。

■ 3　各年代における自己意識の特徴および個人差について

前項では，自己評価や自尊感情の程度など，いずれも，自己に対する適応の程度の量的推移の特徴をとらえることを念頭においた。だが，そこでも若干触れたように，各時期の適応の様相には，それを規定すると思われるさまざまな自己意識の変容が指摘されている。ここでは，適応を支える自己意識の特徴や，各時期における適応のメカニズムを概説する。

3-1　青年期（1）：発達がもたらす自己意識の否定性

まず，青年期における自尊感情の変化についてである。多くの研究において，児童期から青年期にかけて自尊感情が低下することが指摘されている。直接的な要因としてあげられるのは，この時期に，認知能力の発達によって，現実自己を理想自己と分化させてとらえる能力が形成されるということである。

例えばニコルス（Nicholls, 1978）は，1年生から6年生について，自分の学業成績の自己評価と実際の成績（教師の評価）との関係を調べ，低年齢ほど，自己評価が実際の成績を上回り，年長になるに従ってそれが現実の成績と一致したものになり，教師の評価との相関が高くなることを報告している。3年生と6年生において，性格や学力についての自己評価を友人評価および他者評価との相関を検討したフィリップス（Phillips, 1963）においても，3年生で無相関だったものが6年生では有意な相関が見受けられるようになっていた。この変化は，自分への評価における肯定的な偏りが低下することによることが示されており，この時期に，現実に即した自己認知が可能になることが示されている。さらに，5年生，8年生，11年生を対象として，理想自己と現実自己について検討したカッツとツィグラー（Katz, & Zigler, 1967）においては，学年が上がるにつれて，両者のズレの値が大きくなること，また，IQレベルとも関係しており，年少の5年生を除いては高いIQ群の方でズレの値が大きくなることが示されている。なお，このズレの値の増加は，理想自己の値の上昇によるのではなく，現実自己の値の低下によるものであった。これらからは，成長とともに，子どもが現実自己をきびしく見る視点を獲得していくようになることが見てとれる。

青年期になると，さらに自己を異なった視点から分化してとらえることができるようになる。加えてこの時期には，それらを比較検討することもできるようになっているため，自己内の矛盾に気づかされることになる（Harter, & Monsour, 1992）。結果として，明確な自己像や自己への肯定的感情を保つことが難しくなると考えられるのである。だが，認知能力の発達は，それを解決する方略について考える力（Siegler, 1988），少なくとも自分自身に関する問題についてはより高度なレベルで思考することができる力（Keating, 1990; Ward, & Overton, 1990）も青年に与えることが知られている。この時期，青年は矛盾した自己像に向き合い，それらを比較検討しながら，抽象的なレベルで総合的にとらえ直すことができるようにもなっている（Harter, & Monsour, 1992）。それによって，全体としての自己が組織化され，統合されていくのである（Harter, 1990; Marsh, 1989）。

ただし，この過程はスムーズに達成されるわけではない。自分の思考過程についても検討す

ることができる認知能力とこの時期の自己意識の高さは，この問題への対処を困難にする。青年期において，自己に対する意識の高まりが見受けられることについては，ほとんど疑う余地がないとされている（Coleman, & Hendry, 1999）。この時期，身体的変化による身体的自己への意識の高まりが強い自意識を引き起こし，それと発達した認知能力とが相まって，自他の比較や他者からの評価への気づきを高めるのである。そこに青年期の自己中心性（Elkind, 1967, 1981/2001）という認知様式[2]も重なり，他の時期に比べて自己についての内省的傾向が高まっていくのである。青年期は他の時期と比べて著しく内省的になることは，エリクソン（Erikson, 1968）やローゼンバーグ（Rosenberg, 1979）が十分に述べてきたところでもある。これらが，青年期における自尊感情の低下を招くと考えられている。

3-2 青年期（2）：青年期における自己意識の個人差

しかしながら，青年期の自尊感情の変化には複数のパターン，すなわち個人差が想定されることが指摘されるようになった。コンパスら（Compas, Hinden, & Gerhardt, 1995）はこれまでの研究を概観し，前青年期から青年後期までの適応状態の推移パターンを次のようにまとめている。非行や反社会的行動，情緒的問題が見られない，あるいは自己肯定感を高く保つことのできる，危機の少ない状況にある青年の一貫して適応的なパターン1，生育歴に問題や逸脱行動があり，慢性的なストレスや不遇にさらされた状況のまま青年期を迎える，一貫して不適応的なパターン2，児童期や成人期の様相とは無関係に，青年期においてのみ一時的に攻撃的になったり非行をしたりするパターン3，青年期において大きな環境の変化（例えば親の離婚・再婚など）や生物学的変化に直面し，適応的だった児童期から一気に不適応状態へと陥ってしまうパターン4，そして，青年期に重要なライフイベントを経験する（例えば軍隊に入るなど）ことによってそれまでの否定的な様相が好転していくパターン5である。

ツィンメルマンら（Zimmerman et al., 1997）は，実際に1,160名を対象に，6年生から10年生までの4年間にわたる縦断的調査を行い，自尊感情の変化についての4つのパターンを抽出した。対象者全体（$n=1,103$）で見ると学年とともに自尊感情が低下していたが，クラスター分析の結果，一貫して高い群（$n=533$），漸次低下する群（$n=223$），中程度から上昇する群（$n=204$），一貫して低い群（$n=143$），の4つの異なる変化の軌跡を描く群が抽出された。ツィンメルマンらは各群の様相について，漸次低下する群は，青年期を嵐の時期とする疾風怒濤モデル（Offer, & Offer, 1977）に，一貫して低い群は，青年期はさまざまな問題行動を呈するという問題行動モデル（Jessor, & Jessor, 1977）に，一貫して高い群および中程度から上昇する群は，青年期においては，そこで経験するストレスへの対処に必要な能力やスキルも発達していくとするレジリエンス・モデル（Rutter, 1987; Zimmerman, & Arunkumar, 1994）に，それぞれ該当するとしている。また，一貫して高い群および中程度から上昇する群は，他の

---

[2] エルカインド（Elkind, 1967, 1981/2001）は，青年は，形式的推論の達成によって児童期の自己中心性から解放されるが，同時に，逆説的ではあるが，そのために新たな自己中心性に囚われるようになることを指摘し，「青年期の自己中心性」と呼んだ。そこには，自分が気にしていること（例えば自分の容姿）は他者も同じように気にしているだろうと推論する「想像上の観客（imaginary audience）」と，自分に関する事柄（例えば有能さやトラウマ）は非常に特殊で独自なものとして推論する「個人的神話（personal fables）」の2側面が指摘されている。その後の研究において，この認知特性が青年期特有のものであるか否かについては疑問視されている。

群と比べて他者からの圧力を感じる程度が低いこと，学業成績が高いこと，飲酒行動の頻度が低いことなども報告されている。

　ここからは，青年期という共通した発達の時期にあっても，適応の様相については，個人差が大きいことをとらえることができる。

3-3　成人期（1）：理想自己との関係の変化

　先に述べたように，成人期においては，中年期における危機の有無や，老年期の様相をめぐっていくつかの議論が見られるところではあるが，これまでの研究を見てみると，少なくとも中年期までの時期には比較的安定した適応的状態を示すことが広く支持されていると考えてよいだろう。

　これは何によるのだろうか。まず，自己評価的意識や自己への適応を考えるうえで，直接的に影響していると考えられるのは，理想自己の問題である。松岡（2006）は，理想自己と現実自己のズレと自尊感情との関連を，高校生から86歳までの広範な年齢層を対象に検討し，どの群においても両者には有意な負の関係が示され，理想自己と現実自己のズレが生涯にわたって自尊感情に関わることを明らかにしている。だが同時に，バイビーとウェリス（Bybee, & Welis, 2002）は理想自己イメージの高い人は社会的適応がよく，人生の危機に際しても回復が早いことを示しており，理想自己イメージを高くもちながらも現実自己との関係を良好に保つことが適応的な状態につながると推測される。

　では，理想自己や，理想自己と現実自己との関係は，成人期においてどのように変化するのだろうか。バイビーとウェリス（Bybee, & Welis, 2002）は，一生涯にわたって理想自己イメージは大きく変化していくこと，理想自己イメージは青年期から成人前期にかけて一番高く，この傾向は文化を超えて共通していること，ところが，理想と現実の自己イメージのズレは，青年期において最も大きく，年を重ねるにつれ小さくなっていたことを報告している。

　リフ（Ryff, 1991）は，対象者を成人期前期（平均年齢19.3歳），中期（平均年齢46.0歳），後期（平均年齢73.4歳）の群に分け，well-beingの項目についての現実と理想の評定をそれぞれ検討した。自己受容，他者との関係，自律性，環境制御力，人生の目的，人格的成長の次元による違いは見られるが，おおむね，中期においては現実自己の上昇と理想自己の低下の双方によって，後期においては主に理想自己の低下によって，理想自己と現実自己のズレの値が小さくなることが明らかにされた。松岡（2006）の研究においても，理想自己と現実自己のズレは，高校，大学群において他の群より有意に大きく，65-86歳群では有意に小さいことが報告されている。

　では，なぜ理想自己と現実自己のズレは小さくなるのか。クロスとマーカス（Cross, & Markus, 1991）は，18-24歳（$n=69$），25-39歳（$n=43$），40-59歳（$n=30$），60-86歳（$n=31$）の4群において，理想自己の種類や内容，実現可能性の程度に違いがあるか否かを検討した。その結果，18-24歳ではより水準が高く極端なほどに肯定的な自己が望まれること，25-39歳では現在をより良くしていくことに焦点が注がれ，より具体的な目標となるような自己イメージが抱かれること，40-59歳では大きな変化を望まずに，今の役割や責任を楽しんで遂行していきたいという願う傾向があること，そして60歳以降では，現在の自己の維持がより一層望まれることが明らかにされた。また，それぞれの理想自己を自分が達成できる程度と，実際にそうなりそうな程度を尋ねたところ，18-24歳の群が，25-29歳および60歳以降の群よりも有意に高い

得点を示していたが，そうなりそうな程度については，群間差は見られなかった。ここから，成人期以降においては，自分が達成すると強く思わずともそうなることが見込まれるような理想自己を楽しむようになり，そのように理想自己をつくり変えていくことで，人は自己に対する肯定的態度を維持できると考えられた。同様に理想自己と現実自己のズレおよび実現可能性について検討した松岡（2006）の研究においては，青年期と老年期とでは理想自己と現実自己のズレの大きさは著しく異なるのに，実現可能性の値に差がなかった。このことから，青年期においては，現実に対する批判は厳しいながらも将来像が明るいため，これまでの自分を大きく超えて成長することを望むような理想自己が抱かれるのに対し，老年期においては，将来の獲得ではなくありのままの現実を受容することを理想自己として抱くのではないかと考えられている。

　また，25歳から65歳までの心理的well-beingの程度を検討した西田（2000）によると，25歳から34歳では人格的成長の感覚が強いが，55歳から65歳ではその感覚が弱くなる一方で，自律性の感覚が強まる傾向があったことを報告している。ここからも，同様の心理が見てとれる。

3-4　成人期（2）：well-beingの逆説

　成人期，特に，老年期において，客観的機能の衰えなどが経験されるにもかかわらず，主観的心理的側面においては肯定的状態が保持されることは「well-beingの逆説（The paradox of well-being）」（Mroczek, & Kolarz, 1998）と呼ばれる。若本・無藤（2006）をはじめ，わが国でもこの現象は確認されている。これを説明するものとして考えられているものに，「補償を伴う選択的最適化（selective optimization with compensation）」（Baltes, & Baltes, 1990）があげられる。これは，加齢に伴い衰えた領域に対して関与を停止したり，より優勢な領域やスキルによって代行するなどの補償的な対処によってwell-beingが維持されることをさす。これを支持するものに，例えば，成人後期以降の者を対象に，客観的機能側面と主観的心理側面の年齢差を検討した権藤ら（2005）の研究がある。そこでは，対象者が前期高齢者（65-74歳），後期高齢者（75-84歳），超高齢者（85歳以上）に分けられ，上記2側面についての年齢段階間の比較がなされた。その結果，客観的機能側面では加齢に伴った明確な低下が確認されたが，主観的心理側面では加齢の影響は弱いことが示された。超高齢者群においては，客観的機能側面が主観的心理側面に与える影響は減弱しており，超高齢期には，日常生活機能や身体機能の低下が顕著になるがその一方で，それらの低下に対する補償が十分に機能することによって心理的適応が進むことが示唆されている。

　また，先の理想自己の問題に関するところであるが，ブランドステッターとレンナー（Brandstädter, & Renner, 1990）は，理想自己と現実自己のズレを縮める方略として，理想を変えずにそれを追求しようとする対処（理想追求型の対処：accommodative coping; TGP: Tenacious Goal Pursuit）と，現実の自己を肯定的にとらえ直し，実現可能なものへと理想自己を調節しようとする対処（理想調節型の対処：assimilative coping; FGA: Flexible Goal Adjustment）とを区別し，それぞれの対処がとられる程度と年齢との関連を検討した。その結果，前者は年齢と有意な負の，後者は年齢と有意な正の相関関係を見出した。なお，いずれの対処も，抑うつとは有意な負の相関，人生満足度とは有意な正の相関が見られた。ここから，年齢が上がるにつれて，理想追求型の対処が減少し，理想調節型の対処へと移行し，その過程はより現実肯定的なもの

となっていくことが明らかにされた。また，ブランドステッターとロサームンド（Brandstädter, & Rothermund, 2002）では，理想調節型の対処が喪失による心理的衝撃を和らげ，well-being の低下を防ぐことが指摘されている。

このように，年齢が上がるにつれて，現実自己を肯定する方向へと自己認知の様相が変化しているようであることがわかる。そこには，若い頃にはあきらめきれなかった理想に対して折り合いをつけることができるようになることが関わっているようである。

さらに，認知的対処が進むことも指摘されている。私たちは，年齢の増加とともに老いを自覚するようになるが，それでも，通常，自分の感じる年齢感覚は実際の暦年齢と一致しない。佐藤ら（1997）はこのような主観的な年齢感覚を主観年齢（subjective age）と呼び，8 歳から 94 歳まで約 1,500 名を対象に実際の暦年齢とのズレを測定した。主観年齢と暦年齢を比較した結果，いずれの群でも主観的年齢は実年齢よりも若く，30 歳代では男性で 2-3 歳，女性で 3-4 歳程度，さらに 40 歳代では 4-5 歳，50，60 歳代では 6 歳，70，80 歳代では 6-7 歳と徐々に主観年齢と暦年齢の差は大きくなる傾向にあった。このような自己若年視（younger identification）はカトラー（Cutler, 1982）などによって古くから指摘されていた。これは，「老化」や「老人」に対する否定的なステレオタイプに自分を同一視することは自己否定につながるのに対し，若い年齢への同一視を維持しているということは，社会から否定的に見なされる年齢を自分とは切り離して考えることを可能にするためである（Markides, & Boldt, 1983; Terpstra, Terpstra, Plawecki, & Streeter, 1989; Ward, 1977）と理解されている（佐藤ら, 1997）。つまり，老いによる自尊心の低下からの防衛として，私たちは若年層に同一視するという認知的対処を行っていると解釈されるのである。

また，黒田（2005）は，主観的年齢においても他者から評価される年齢においても明らかに若いと思われる高齢者が少なからず存在することを指摘したうえで，彼らが何らかの形で社会に貢献したいという意欲をもつことを報告している。

4　生涯を通しての自己の発達

前項では，成人期以降の自己の様相について，個人の主観的側面，すなわち，認知的作用によってそれを肯定的に維持できるメカニズムが説明された。だがそれは，その時期の肯定性が，認知的作用によってしか説明できないということを意味するわけでは決してない。実際に，成人期以降も私たちの自己やパーソナリティは，肯定的あるいは発展的な方向への変化を示すことが知られている。

4-1　知的能力の生涯発達

知的能力に関する側面からも，この考え方は支持される。知能を，経験や教育といった文化的要因とは相対的に独立に，神経生理学的な要因に影響を受けて形成される「流動性知能」と，経験や教育といった文化の影響によって形成される知能である「結晶性知能」とに分けたホーンとキャッテル（Horn, & Cattell, 1966, 1967）は，前者が 25 歳頃をピークとして，その後年齢とともに徐々に下降していくのに対して，後者については成人期・老年期を通じて緩やかな上昇傾向を持続すると報告している。さらに，シャイエ（Schaie, 1994）は，これまでの知能に関する調査について，年齢段階による効果とコホートによる効果とが交絡していたことを問題視し，複数の知的能力（言語的意味・数・語の流暢性・空間的定位・帰納的推理など）の加齢変

化について，42年間にわたる縦断調査を行った結果，各能力によって加齢変化パターンは異なること，おおむね30代後半または40代前半まで上昇し続け，急激な低下が見られるようになるのは60代または70代以降であることを明らかにしている。加えて，知的能力が教育歴，健康度，環境，パーソナリティおよびそれに関連する要因によって異なることも指摘している。

4-2 ライフイベントが自己に与える影響：パーソナリティの成熟

前項までに述べてきたような自己の様相は，個人の生活世界と密接に関わる。とりわけ，人生においてどのような経験をするのかといったライフイベントの問題は，成人期の自己に大きく影響を与えるとされる（Neugarten, 1985）。

バルテス（Baltes, 1983）は，自己の発達に影響を及ぼすライフイベントを，暦年齢もしくは生活年齢と深く関係した生物学的要因・環境的要因によって，ある年齢の人に共通して起こる標準年齢的ライフイベント，ある時代の人が経験を共有する標準歴史的ライフイベント，移住，結婚，家族の死，解雇など，ある特定の人にのみ重要な意味をもつ出来事である非標準的ライフイベントの3つに分類する。そして，青年期までは標準年齢的あるいは標準歴史的ライフイベントが自己に大きな影響を与えるのに対し，成人期になるとむしろ非標準的ライフイベントが自己に与える影響が多くなると述べ，そのライフイベントとの関連で自己をとらえる必要があるとする（Baltes, 1983, 1987; Hultsch, & Plemons, 1979）。非標準的ライフイベントはいつ起きるのかという予想ができず，統制可能性の低いものである場合が多い。成人期においては，変わりゆくある自己，迫りくる老いをどう受容するかという問題に加え，予測し得ないライフイベントにも対処していくことが求められるのである。

予想もしなかったライフイベントの体験は，心理的に悪影響を及ぼすというのが一般的な見方である（Cohen, 1988）。予期しなかっただけに，心に与えるインパクトは強く，その影響が長く残ることも少なくない。時に，それに応じて，アイデンティティを大きく組み換えなければならないこともある。これが中年期危機説の本質である。

しかしながら，そうしたライフイベントに遭遇したときに，自己は鍛えられ成長するとも考えられている。トイツ（Thoits, 1983）は，多くの研究の結果において，そのようなライフイベントと心理的動揺や混乱との関連それ自体は低いことを指摘し，ライフイベントが直接的に悪影響を与えるものではないとする。むしろ，成人期における数多くの予期せぬライフイベントをいかに上手に乗り越えていくかが，自己をさらに肯定的な方向へと変化させ，成人期の心理的な幸福感を高めることにつながると指摘する研究もある。フィリップ（Filipp, 1992）は，がんや身近な人の死などの危機的なライフイベントに直面した際，人はそれに効果的に対処しようとするのであり，その向き合い方がその後の人格的成長に大きく影響することを明らかにしている。岡本（1997, 2002）は，成人中期において危機に向き合い，アイデンティティ再体制化のプロセスが進む中で，自分の欲求が精神的なものに変化し，それが精神生活に大きな位置を占めるようになる「精神化」，自分の体験を自分や家族内のみにとどまらせず，より広く社会に向かって還元したいという意志や行為をもつ「社会化」，自分の中の最も重要な価値を中核として他を潔く捨て，アイデンティティを再構築する「純化」という観点から，「自己の変容」や「世界の見え方の変容」の様相を記述している。

ライフイベントは，その内容の善し悪しにかかわらず，私たちの自己に変容を迫ることがある。もはや，それ以前の状態のままでは生きられなくなっている場合である。私たちの自己概

念は変化に大きく抵抗することが広く知られているが（Rogers, 1951b），しかし，もとのままでは自分が生きる物語を得られないのである（森岡, 2002）。

　それまでの自分のあり方を大きく変えねばならないような出来事に遭遇した際，私たちは，自己と向きあい，それまで見ていなかった自分の姿に対することになると思われる。中年期の危機をいち早く指摘したユング（Jung, C. G.）は，それまで向きあっていなかった自分の姿を「影」とし，それをも統合する形でパーソナリティ全体が成熟に向かうと考えた。ただし，この過程では，外界との接触を失うことなく，しかも内界に対しても窓を開き，それまで暗い心の部分ともつながりをもとうとすることが求められる。多くの経験を重ね，自ら自己を適応的に保つことができる成人期において，この過程がより可能になるのだろう（中間, 2007）。

　これら多くの経験に直面しながら，それでも自身の資源を一定程度保持あるいは有効に用いて，私たちは，自己を，生涯を通して，変化，形成させ続けていく。そして，生涯を通してパーソナリティ全体が成熟へ向かうとする考え方が，現在では一般的になっている。さらに言うと，このような，自己変容についての生涯発達的変化に関する知見が，老いや加齢についてのイメージを肯定的なものへと変化させ，より充実した自己の生涯発達過程が導かれることも大いに期待されると考えられている（佐藤, 2008 など）。

第2節　アイデンティティ・親密性・世代性：青年期から成人期へ

■ 1　アイデンティティとは何か

1-1　アイデンティティの一般的なとらえられ方とその誤解

　最近，アイデンティティをテーマとした講義において，学生がリアクションペーパーに記載する「高校の時にアイデンティティについて少し習いましたが，内容がよくわかりませんでした」という意見が少なくない。学生の理解は単に「アイデンティティは青年期に見つけるもの」であり，その内容は「将来，自分のしたいこと」「自分らしさ」であったり，キャリア教育との関連で「将来の職業」であったりする。さらに，「高校生時代に，『自分らしさを見つけろ』なんてさんざん言われましたが，見つけることなどできませんでした。アイデンティティという言葉はもうこりごりです」という意見さえある。

　ちなみに，この理論の提唱者エリクソン（Erikson, 1950）が示した本来の意味について講義を終えたあとの学生からの感想では，「高校で習ったこととはずいぶん違います。奥深い概念であることがわかりました」というものが多い。

　このことから，高校までの教育でのアイデンティティに対する十分でない理解が，若者たちを混乱させているだけでなく，自らの人格発達を考えるうえで本来有効であるはずのアイデンティティ概念に対して，否定的な構えさえつくってしまっていることが散見され，実に残念なことである。

1-2　アイデンティティの感覚の定義

　では，本来，アイデンティティとは何を示す概念であるのかを見てみよう。エリクソンは，アイデンティティそのものを定義していない。その著書の多くでは，アイデンティティの感覚（a sense of identity）を定義している。つまり，アイデンティティをもっていると感じる感覚，

感じである。その代表的なものは、「内的な不変性と連続性を維持する各個人の能力（心理学的意味での自我）が他者に対する自己の意味の不変性と連続性に合致する経験から生まれた自信」（Erikson, 1959）である。エリクソンはネイティブの英語話者ではなかったため、英文が難解であることは有名である。この定義も一見すると意味をとりにくい。ていねいにこの文章を見ると、「内的な不変性と連続性を維持する各個人の能力（心理学的意味での自我）」が主語であり、それが「他者に対する自己の意味の不変性と連続性」と「合致する経験」があり、その経験が「自信」を生むと述べている。ちなみに、エリクソンは「内的な不変性と連続性を維持する各個人の能力」が「心理学的意味での自我」であると、注釈をつけながら、わざわざ主語を「内的な不変性と連続性を維持する各個人の能力」と述べている。このことにも大きな意味がある。

　アイデンティティの原語は identity である。かつては、自我同一性、主体性、存在証明などと訳されたが、最近ではアイデンティティとカタカナ表記されることが多い。

1-3　「不変性」と「連続性」

　まず、この定義の中の「不変性」と「連続性」という概念について考えよう。「不変性」の原語は sameness であり、「斉一性」と訳す方がより原意に近いという議論もある。不変性とは「自分はまとまりをもった一個の人間であり、自分は一人で他に同じ人間は存在しない」という認識である。この認識は、健常な人間であればだれでも自明にもっており、疑うことはない。ちなみに犯罪捜査における「アリバイ」の概念はこの認識に基づいている。ある人物が特定の時間にある場所にいたことが証明できれば、そのほかの場所には存在しえないことの証明になる。これは不変性を前提とした論理である。しかし、病理的には、この不変性が崩れる現象も存在する。例えば、解離性同一性障害（多重人格障害）は、「私はまとまりをもった一人の人間」という不変性の感覚が崩れた例である。

　「連続性」の原語は continuity である。「過去の私も、現在の私も、未来の私も同じ私である」という認識である。この認識も「不変性」と同様、健常者にとっては自明である。しかし他者との関係で考えた場合、十年ぶりの同窓会でかつての同級生に会って、相手がだれかがわからず、しばらく話したあと「あっ！○○さんか」と気づくような現象を考えてみると、自他共に認める連続性はそれほど確実ではないと言える。さらに、病理において記憶喪失は本人の認識においてさえ、連続性が崩れてしまった例と言える。

1-4　「内的な」と「他者に対する自己の意味」

　さらに定義の中の鍵概念となるのは、この2つの概念である。定義の中で、合致するものは前半の「不変性と連続性を維持する各個人の能力」と後半の「不変性と連続性」なのであるが、前半を修飾する言葉は「内的な」であり、後半を修飾する言葉は「他者に対する自己の意味」である。

　「内的な」とは、「主観的な」と同義であり、話さなければ他者には伝わらない個人的認識である。例えば「私は教師として生きている」とか、「私は将来、小説家として生きていこうと思っている」などである。これに対して「他者に対する自己の意味」とは、その人物が生きている意味の世界である全生活空間における「他者」に対する自己の存在の意味である。ここでいう他者とは具体的に、「教師としての私」に対しては、学生・生徒、上司、同僚、保護者たちな

どがそれに当たるであろう。また,「家庭人としての私」に対しては,配偶者,子ども,親戚などがそれに当たるであろう。さらに,「小説家としての私」にとっては,仲間(ライバルも含め),出版社やいわゆる業界,さらには不特定多数の読者もそれに当たるであろう。したがって,ここでいう他者とは,時として日常的具体的な人間関係を超え,業界,学界,社会,世界のような観念的な対象をも含み込んだ他者である。

　それらの他者に対する自己の意味とは,「教師」であり「父親」であり「小説家」と自明のようであるが,例えば,生徒たちから「俺たちはあなたを先生なんて認めない」とか,家庭不和の中で子どもから「あなたをお父さんなんて呼べません」などと言われた場合を考えると,自明であるはずの認識が大きく揺らぐことが予想される。また,「小説家」となると,さらにこの認識は不確かなものになり,自分では「私は将来,小説家として生きていこうと思って」いても,他者からは誰にも認めてもらえないという状況は,容易に想定できる。

1-5　「内的な不変性と連続性を維持する各個人の能力(心理学的意味での自我)」と「他者に対する自己の意味の不変性と連続性」との合致とそれにもとづく自信

　ここまで述べてきたことを総合して,教師を例にとってアイデンティティの感覚を考えてみよう。「自分で自分のことを教師だと考え,教師である自分は一人で,他に存在せず,さらに,過去の私も現在の私も将来の私も教師として生きていくその私が,生徒たちにとっても,あの先生は他にはいないたった一人の先生で,これまでも現在も今後も先生として認めていてくれることと合致している」ことに対する「自信」がアイデンティティの感覚である。

1-6　日常的な現れ

　上記の説明は,定義に対して正確ではあるが,一般的日常的には理解しにくい。アイデンティティの感覚は日常的にどのように感じられるのだろうか。上記の例では,例えば,教師として勤務を始めた3-5年,それまでは自分の授業や生徒指導に自信がもてない状況が続いたあと,生徒たちから「先生のおかげで力がついた。先生のクラスでよかった」と言われ,「ああやっと,生徒たちから教師として認められたな」という実感がそれに当たるように思われる。すなわち,○○として「人に認められた」「一目置かれるようになった」といった表現がアイデンティティの感覚と言えるであろう。つまり,自分が教師として生きているつもりであることを,他者も認めてくれる,例えば「あなたは私たちの先生です。頼りにしています」などと思われていることへの自信である。

　さらに,大野(1995)はその内容について詳細に検討し,アイデンティティの感覚が日本語で表現される場合は「自覚,自信,自尊心,責任感,使命感,生きがい感」の6つの言葉の内容の総称であると考察した。具体的には,「教師としてきちんと役割を果たさなければならないという自覚がある」「少しは教師として仕事に自信が持てるようになった」「一応教師としてのプライドを感じる」「教師として生徒たちに責任を感じる」「当然ながら,少しでもよい授業をしなければならないという使命感を感じる」「『先生ありがとう,先生のおかげです』などと言われると,教師としての生きがいを感じる」といった内容になる。

　しかし,逆に,他者に対する自己の意味は自明であるはずなのに,アイデンティティの感覚が得られにくい状況も存在する。例えば,父親としての自覚はあるが,『お父さんのようになってはダメよ』というセリフに象徴されるように,家族から感謝,尊敬されずに,父親としての

自信，自尊心をもつことができず，家族のために収入を得なければいけないという責任は感じるし，子どもが成人するまでは頑張らなければならないと使命感を感じるが，なかなか父親として生きがい感を感じることができないといった状況である。この6つの次元から接近，分析することは，さまざまなアイデンティティの感覚を理解するうえで有効である。

　ここで重要なことは，○○としての「自覚，自信，自尊心，責任感，使命感，生きがい感」という言葉が示すとおり，どのようなアイデンティティの現れにおいても必ず，「内的な」認識とそれを裏打ちする「他者に対する自己の意味」が存在する。これは，表裏の関係であり，単独では存在し得ない不可分のアイデンティティの2つの側面である。

1-7　アイデンティティの重要な機能

　あらためて考えてみると，アイデンティティがなぜ重要なのか，アイデンティティ研究がなぜ興味深いのか，語られる機会はあまり多くない。アイデンティティが重要であり，興味深い理由は，アイデンティティがその人の行動，考え方，生き方にさえ影響をもつからである。

　例えば，ブラジルのF1レーサーだったアイルトン・セナは，レース中の事故でこの世を去った。この場合，セナに，事故に際してスピードを出していたことを責めることは，意味のないことであろう。なぜなら，セナは「命がけで限界までアクセルを踏んでいた」わけであり，安全を心掛けてスピードを犠牲にすることなど考えられなかったであろう。その理由は「私はF1レーサーである」というプライド，つまり，F1レーサーとしてのアイデンティティだからである。その意味で時として人はアイデンティティのために命さえ賭ける。

　このような現象は，セナのような著名人ばかりでなく，日常生活でも頻繁に起こり得ることである。例えば，収入の良い仕事の選択肢があってもそれは選ばずに，かたくなに芸術制作を続ける人物もいる。その理由を尋ねた場合，「お金のためには仕事をしない，なぜなら私は芸術家（をめざしているの）だから」という（芸術家としての）自覚，（そう言わしめる）自信，（自分こそできるはずという）自尊心，（場合によっては人の反対を押し切ったことに対する）責任感，（他の人にはできないだろう，自分こそやらねばならぬという）使命感，（成功した場合の）生きがい感を答えることは，容易に想像できるだろう。この場合の選択の根拠は，彼，彼女の芸術家としてのアイデンティティである。また，自分の子どもが生命に係わるような病気や事故に遭遇した場合，親が「自分の命にかえても子どもを救いたい」と考えることがある（ここで述べていることは，「～すべき」という道徳や倫理ではなく，多くの人がそう考える一般的な心の動きについてである）。その根拠は，「私はあの子の親ですから」という（親としての）自覚，（この子の親ですという）自信，（今まで親をやってきた）自尊心，（この子の将来の幸せに対する）責任感，（何が何でもこの子を救わねばという）使命感，（それらが報われたときに感じるであろう）生きがい感，つまり，親としてのアイデンティティである。

　したがって，ある人物の行動，考え方，生き方を理解するためには，その人物が「○○として」生きているかというアイデンティティを理解することが非常に有効であり，ここにアイデンティティ概念の重要性とアイデンティティ研究のおもしろさがある。

1-8　生涯発達の中のアイデンティティ

　「アイデンティティ 対 アイデンティティ拡散」は，エリクソン（Erikson, 1959）が提唱した人格の生涯発達モデルである漸成発達理論（精神分析的個体発達分化の図式とも訳される）の

青年期の主題（theme）である（図 1-1, p.18 参照）。

　漸成発達理論とは，フロイトの人格の心理－生物学的発達理論を発展させ，心理－社会的発達を強調したものである。人生を 8 段階に分け，それぞれの発達の主題を示した理論である。縦横それぞれ心理－社会的 8 段階と心理－生物学的 8 段階の 8 × 8 = 64 セルからなる図の対角線上のセルにそれぞれの発達主題が示されている。主題は幼児期の「信頼 対 不信」から始まり，老年期の「統合性 対 絶望」までの 8 つであり，青年期の主題が「アイデンティティ 対 アイデンティティ拡散」である。漸成発達とは，次々に次の主題が積み重なっていくことを意味しており，前の段階の主題の獲得が，次の段階の主題の獲得に肯定的に働くとされている。さらに，一見逆の内容をもつ 2 つの概念をつなぐ「対」（versus）という語には，以下のような意味がある。例えば「信頼 対 不信」では，信頼が発達に肯定的で，不信は否定的ととられやすいが，エリクソンはその両方の獲得が必要であり，相対的に不信より信頼が多いことが必要であるとしている。例えば，遠慮という感覚は「自分はこの場に受け入れられていないのではないか」という不信の感覚に基づいており，不信を獲得していない場合，形成され得ない。その結果，遠慮知らずの人格が形成されてしまうことを考えてみると，エリクソンの不信も必要という指摘も理解できる。

　さらに，エリクソンが発達課題（task）という語を使わずに，主題（theme）と言ったことにも注目すべきである。各段階の主題は，その時期に解決しなければ次の段階に進めないという課題ではなく，人格発達の中でその時期に最も顕著に現れる主題である。したがって，青年たちが「青年期にアイデンティティを統合することなどできません」と主張することは当を得ている。青年期にアイデンティティを統合しなければ先の段階に進めないのではなく，このことは青年期にアイデンティティを選択することにまつわる主題が最も顕著に現れるということを意味している。上述の説明のように，アイデンティティそのものが自他共に認める自信だとすると，そうした自信を身につけることができるのは，社会に出てから 3-5 年もかかろう。青年期には，今後，自分がどのように生きていくかということを考え，「よし，これで行くぞ」と人生のキャリアのスタートラインに立つことを決定していくこと，つまり，アイデンティティの統合を終わらせることではなく，アイデンティティの方向性を選び取ることが主題なのである。

■ 2　親密性とは何か
2-1　親密性の定義

　青年期に続く初期成人期の主題は親密性（intimacy）である。エリクソンは，親密性を「自分の何かを失いつつあるのではないかという恐れなしに，自分のアイデンティティとほかのだれかのアイデンティティとを融合する能力のこと」（Evans, 1967）と定義している。自分のアイデンティティさえ定かでない青年にとって，「自分のアイデンティティとほかのだれかのアイデンティティとを融合する」とは想像しにくいことであるが，実生活の中では，しばしば起こり得ることである。例えば，夫婦で子どもの学校の面談に出席するとき，事前に子どもに対する教育方針，例えば「うちでは子どもを〜という方針で教育しようと思っています」といった内容についてコンセンサスを得ておく必要がある。ここで夫婦は，教育方針を通して子どもに対する親としての自覚，自信，自尊心，責任感，使命感，生きがい感，つまり，親としてのアイデンティティを共有している。エリクソンは，こうした人間関係，つまり，人格のすべてでは

ないが，他者に対する自己の意味として，共通部分を他のだれかと共有する能力を親密性と呼んでいる。したがって，初期成人期の主題，親密性とは一生の伴侶を見つけることではなく，一般的には人生のパートナーとのこうした人間関係をもてる能力を身につけることである。ちなみに，こうした真に親密な人間関係についてエリクソンは"true twoness"という表現を用いている。

2-2 初期成人期の活力：愛

　エリクソンは漸成発達理論の中で，各段階の主題を示すと共に，各段階の活力（virtue，徳と訳されることもある）を示している。活力とは，内在的な固有の強さ，人格的強さ，健康であるために必要な力（Erikson, 1964）であり，「強さ，統制力，勇気といったものの統合された性質」（Erikson, 1964）をさしている。つまり，活力をもつことが主題の獲得を助け，結果として主題を獲得している人物は活力ももち合わせていることになる。活力の具体的なイメージとしては，元気，病気，人気の「気」に当たるものと考えるとよい。

　初期成人期の活力は愛（love）である。愛についてエリクソンは「異なった機能の中にある，対立したものを永久におさえていく，お互いの尽力である」（Erikson, 1964）と述べている。この説明は true twoness を得るための尽力の必要性を述べている。また，愛についてシュプランガーは，「自己のすべてを相手に与え，相手の喜びや成長や幸福そのものが，そのまま自己の喜びや成長や幸福につらなっている『無所有の原理』」（Spranger, 1924）と述べた。この定義には「喜び，成長，幸福」を鍵概念として愛の心理力動が説明されている。さらに，フロムは，愛を次の4つの要素から説明した（Fromm, 1956）。その要素とは，配慮「愛とは，愛する者の生命と成長を積極的に気にかけることである」，責任「『責任がある』ということは，他人の要求に応じられる，応じる用意がある，という意味である」，尊敬「尊敬とは，（略）人間のありのままの姿をみて，その人が唯一無二の存在であることを知る能力のことである。尊敬とは，他人がその人らしく成長発展していくように気づかうことである」，知「自分自身に対する関心を超越して，相手の立場にたってその人を見ることができたときにはじめて，その人を知ることができる」の4つである。このようにいずれの説明においても，愛は単なる「好き嫌い」ではないこと，受動ではなく能動的行為であることが述べられている。

2-3　愛の定義

　交際中の女性が妊娠したとき，結婚を望まない男性が「そんなことは知らない」と言った状況を考えてみよう。多くの人はこの男性はこの女性を愛していないと判断する。さらにその根拠として，相手の女性，さらには将来生まれてくるであろう子どもの将来の幸福を考えていないことをあげる。このように多くの人間は，暗黙に「相手の幸せを考えること」を愛の条件として考えている。まずこのことを愛の暫定的な定義としよう（大野, 2001）。

　次に，愛と「好き」の違いについて考察すると，「緑色が好き」と「ある人を愛する」を比較するとわかるように，「好き」は単に好みであり，「愛する」は好みを超えている心理状態であることがわかる（大野, 1999）。

　さらに，「恋」と「愛」を比較すると，恋の典型である初恋やファン心理では，人間関係なしに恋は成立する，時間がかからない，比較的条件を追求する，どちらかというと自分の幸せを考える，「ドキドキ」するなど身体現象を伴うことに対して，愛の典型である母性愛や老年期の

夫婦愛では，人間関係なしに愛が成立しない，時間がかかる，条件を追求しない（無条件性），どちらかというと相手の幸せを考える（相互性），「ドキドキ」しないなどの特徴が見て取れる（大野, 1999）。

こうしたことの前提として，大野（2001）は，愛の本質的特徴を無条件性と相互性の2つに整理し，愛を「相互性という特徴をもつ無条件性の上に立つ人間間の配慮」と再定義した。

2-4 愛の本質（1）：無条件性

その中で，まず無条件性について考えてみよう。無条件性とは，愛では相手に条件を求めない現象である。例えば，出産時の親たちが子どもに望むことは「五体満足でさえあれば」と言い，さらに，障害児が生まれたとしても，その子を多くの場合は受け入れて愛する。母性愛には「五体満足でさえあれば」という条件さえないのである。また，老年期の夫婦愛では，相手に美的条件を求めない。なぜ，相手を大切に思うかというと「長年連れ添ってきた相手なので，他に代わりはきかない」のである。ここには，もっと良いことを望むという条件性は存在しない。比較を超えたところに愛の本質がある。

こうした現象はマザー・テレサにおける対象への態度にも散見される（沖守, 1984）。また，心理学的には，心理療法における「受容」の考え方，フロム（Fromm, 1977）の所有に価値を見出す"to have"の価値との比較における存在そのものに価値を見出す"to be"の認識，さらにはマスロー（Maslow, 1962）の至高経験時における"be"認識に通じている。

2-5 愛の本質（2）：相互性

もう1つの愛の本質的特徴である相互性とは，自分の行為によって相手が幸福になり，それが自分にとっても幸福と感じることである。例えば，3-6時間おきに3ヶ月以上も続く新生児への授乳について考えてみよう。親たちにとって睡眠時間が大幅に削られる授乳は大きな負担である。しかし，大部分の親たちはこの期間，投げ出さずにやり遂げることができる。その理由は，やっと寝てくれた子の満足そうな寝顔のかわいさや，早くも生後2ヶ月くらいから起こる笑顔に「子育ての苦労が吹き飛ぶ」からである。逆に子育ての苦労ばかりを感じてしまう育児ノイローゼでは，この子どもの笑顔に喜びを感じるというプロセスが欠落している。この相互作用の中に相互性の本質が示されている。親の子育ての行為が子どもを幸福にし，そのことが親を幸福にする。人が人を愛することが可能なのは，この「愛する喜び」があるからである。

この作用は，恋人，夫婦，子ども，職業上の対象，ボランティアの対象等にすべて当てはまる。恋人同士のプレゼントでも，一般的な労働でも，収入を得て家族を支えることでも「お陰様で，ありがとうございます」と感謝されることで苦労が報われるように，いずれの場合でも愛する相手に対する行為が，相手を幸せにし，そのことで人は喜びを感じる。マザー・テレサの「この仕事（貧しい子どもたちへの支援活動）は，子どもたちの笑顔を糧に続けることができるのです」（沖守, 1984）という表現が典型的な表現である。

エリクソンはこの相互性（mutuality）について「母子間の相互調整作用」（Erikson, 1964）「くつろぎの相互性」（Erikson, 1950）という表現で説明し，鑪は「他人に与えると同じ量を受け取る『give and take』の意味を持っている」（鑪, 2002）と説明している。

2-6 生涯発達の中の親密性

親密性が青年期に引き続く初期成人期の主題であることはすでに述べた。青年期の主題であるアイデンティティと親密性の関係について，エリクソンは「他人たちと本ものの『かかわりあい』を結ぶことは，確固たる自己確立の結果であると同時に，自己確立の試練でもある」（Erikson, 1959）と述べている。つまり，エリクソンの考え方では，青年期から初期成人期において親密性を獲得する条件は，それぞれがアイデンティティを獲得・確立することであり，それぞれある程度しっかりしたアイデンティティの上に初めて親密性という橋が架けられるというものであった。つまり，青年期ではアイデンティティという形の自己確立が大きな課題であり，その解決後に，親密性という形で一生の伴侶との人間関係を維持する能力を身につけ，成人期に青年期に選び取ったアイデンティティにもとづいた生き方を実践し，愛の能力と共に，世代性（生殖性）という形で，次の世代の育成を実行していくという図式を示した。

3 アイデンティティから親密性への移行
3-1 アイデンティティのための恋愛

理論的には上述のように，アイデンティティの確立から親密性へというプロセスをたどるとされているが，現実の青年たちの間ではどのような発達プロセスが起きているのであろうか。大野（1995, 1999）は，長年にわたり，学生のアイデンティティおよび恋愛に関する自己分析のレポートを収集し，その結果，大学生年齢になると，多くの青年たちが実際に異性交際を開始するが，多くの場合，交際の初期の段階では，①相手からの賛美，賞賛を求めたい（「好きだ，素敵だ」と言って欲しい），②相手からの評価が気になる（「私のことをどう思う」という），③しばらくすると，呑み込まれる不安を感じる，④相手の挙動に目が離せなくなる（「相手が自分のことを嫌いになったのではないか」と気になる）などの特徴が顕著で，⑤結果として交際が長続きしないことが多いことを示した。

これらの現象について，大野（1999）は，エリクソンの「青年期の恋愛は，その大部分が，自分の拡散した自我像を他人に投射することにより，それが反射され，徐々に明確化されるのを見て，自己の同一性を定義づけようとする努力である」（Erikson, 1950）という記述や，「少年と少女の間には一種の青年期的な愛着があり，しばしばそれは，単なる性的な魅力や愛情と間違えられるが，異性愛的行動が求められる場合を除いて，この種の愛着は，しばしば際限のないおしゃべりや，自分がどう感じるか，他人がどのように見えるかを告白したり，計画や願望や期待を話し合うことによって自分自身の同一性の定義を得ようとする試みに専念してしまう」（Erikson, 1959）といった記述を参考に，以下のように考察した。

まず青年は，自分のアイデンティティに自信をもつことができない。そうした状況でたまたま異性交際をする機会に恵まれた場合，相手からの賞賛，賛美は，自分にとって大きな自信につながる。つまり，「自分では自分に自信がないが，自分のことを『好きだ』と言ってくれる相手がいるのだから，今の自分に自信をもってよいのだろう」と考える。そのため，①相手からの賛美，賞賛を求めたい，②相手からの評価が気になるという現象が発生する。しかし，確固たるアイデンティティが不明確な段階で，他者と密接な人間関係をもつと，どこまでが自分の意志，嗜好，感性であるのか，相手のものであるのかよくわからなくなるように，自我境界が侵されるような不安をもつ。それが③「呑み込まれる不安」である。具体的には「話題がなくなる」「彼に会うたびに自分がなくなっていくような気がする」といった表現として現れる。さ

らに，相手の存在が自分のアイデンティティの自信を得るためのよりどころであるため，たえず自分に関心を向け，称賛し続けてもらわなければならない。そのため，④相手の挙動に目が離せなくなる。さらに，相手の幸福に配慮するという「愛」の感覚はまだ未成熟のため，相手に配慮することなく，自分には配慮してほしいという状況に陥る。このような状況で，「相手とのつきあいが重くなった」という表現が多い。お互いがそうした心理状況になると，自分は称賛されたいのに，相手から称賛されることはなく，相手を称賛し続けなければならない事態に至る。このような状況では，交際は義務的なものか，互いに相手を傷つけ合うものとなってしまう。その結果，交際が長続きしないことが多い。

　こうした親密性が成熟していない状態で，かつ，アイデンティティの確立の過程で，自己のアイデンティティを他者からの評価によって定義づけようとする，または，補強しようとする恋愛的行動を，大野（1995）は「アイデンティティのための恋愛」と呼んだ。

　こうした現象について1993年と1994年に女子短大生から収集された恋愛を扱ったレポート388例のうち「アイデンティティのための恋愛」と考えられる心理力動が記述されたものが160例（47.3%）あった。このように，青年期の恋愛では，約半数の青年がこうした心理力動を経験している（大野ほか, 2001）。

3-2　アイデンティティのための恋愛から愛の方向へ

　しかし，青年期の恋愛においてもすべてが「アイデンティティのための恋愛」で終わるわけではない。上述のデータにおいて52例（15.4%）で相互性，防衛の消失，親和的，相互理解，時間的展望，ドキドキしない，無条件性，真剣さなど，「愛への移行（親密性の発達）」と考えられる記述があった（大野ほか, 2001）。さらに，変化の方向は「アイデンティティのための恋愛」から愛への方向であり逆方向のものはない。したがって，この方向性が人格発達のプロセスであると言える。

　典型的な記述を紹介する。「（それまではアイデンティティのための恋愛であったが，あるきっかけの後）今度は私も彼もお互い同じだけ相手のことを思うようになったので，その後もずっと交際は続いています。私が実習で悩んでいる時には，彼は常に自分のことのように真剣に相談にのってくれました。彼は○大生なので部活が厳しく，体力的精神的に不安定になっている時には私が支えになっています。彼と一緒にいてもちっともドキドキしないけれど，心から好きだといえます。愛しているかどうかはまだわからないけど，彼が父親になって子どもを肩車して公園を歩く姿を鮮明に思い浮かべることができるので，これからも末長く仲良くつきあっていけると思います」。

　この心の動きを次のように仮定すると，合理的に理解できる。まず，人が一時期に使える精神的エネルギーを一定と仮定する。青年期にはまだ獲得されていないアイデンティティの課題を解決するために，例えば10のエネルギーのうち9までを自分のために使っている。したがって相手には1のエネルギーしか使えない。互いにこうした状況にあると，自分のために9のエネルギーを使っているので，相手からも9のエネルギーを私のために使って欲しい。しかし，相手からは1のエネルギーしかもらえない。この結果，「相手は私のことを少しも考えてくれない」と感じるようになり，また相手に対して1しかエネルギーを使えない自分に対する罪悪感から「君にさみしいを思いをさせているなら，（私も辛いので）別れよう」という論理に行き着くのである。

これに対して，論理的には成人はアイデンティティの問題を比較的に解決できているので，自分に対して，多くのエネルギーを使う必要がない。したがって，青年期よりも多くのエネルギーを相手に対して使うことができる。学生たちが「同級生よりも，年上の異性の方がはるかにやさしい」と感じるのは，このことで説明できる。

3-3 親密性の発達と性差

ホドソンとフィッシャーは，男性の場合，アイデンティティの統合が親密さの獲得の前提になるが，女性の場合，その両方が並行して進むという傾向の性差が存在することを示した（Hodgson, & Fisher, 1979）。学生のアイデンティティと恋愛の関連についてのレポート分析を通じても，こうした傾向が読み取れる。女性の典型的な表現は，「私の彼は，自分中心でわがままです。自分のことを優先して，私のことを考えてくれません」というものであり，男性は「自分のことで頭がいっぱいで，相手のことを考える余裕がありません」というものである。これまでのレポートに長年現れてきたケースでは，男女が同じ大学生という立場で同年齢のとき，多くは，女性の方が相手との二人の関係に配慮することができ，男性は相手のことよりも自分の生活や将来のことを優先して考えてしまう傾向が高かった。こうした現象は上述のエネルギーの使い方を女性は相手5，自分5であるのに対して，男性は相手1，自分9の配分であると考えると合理的な説明が可能になる。

しかし，近年，「彼は早く結婚したいといいますが，私にはまだしたいことがたくさんあって，とても結婚なんて考えることはできません」といったこれまで多くの男性が記述してきた表現をする女性が増加してきており，男性経路のアイデンティティ発達をする女性の増加が推測される。

さらに，このエネルギーの使い方の考え方について，筆者は生涯発達的には以下のような仮説をもっている。青年期におけるアイデンティティ危機に直面し強い混乱を経験しても，それをうまく解決できると，その後のアイデンティティについては迷いをもつ必要性が少なくなり，いわば，相手9，自分1の状態に移行でき，家族や仕事に集中的にエネルギーを使えるようになる。一方で，何らかの事情で青年期におけるアイデンティティ危機に直面せず，先送りした場合，いつまでもアイデンティティの課題をもち越してしまう。いわば相手5，自分5の状態をもち越してしまうのではないか。具体的には，青年期の恋愛から結婚のプロセスで，自分のアイデンティティの問題よりも，幸せな結婚，子育てを優先し，外からは何も問題のない幸せな家庭生活をしてきた女性が，子どもから手が離れる40代になって，相手5，自分5のまま先送りしたアイデンティティの問題が再燃し，「これまで家族のために尽くすことを生きがい（妻，母というアイデンティティ）にして生きてきたのに，これから先の人生，私は何を生きがいに生きていってよいのでしょう」という，いわば空の巣症候群と呼ばれるような状況に陥るのではないかと考えている。この現象は，ここまで述べてきたエネルギーの使い方という仮説を導入して考えると合理的に説明できる。

■ 4 世代性とは何か

4-1 世代性の定義

成人期の主題である世代性（generativity）は，「生殖性」とも訳されている。エリクソンによると，成熟した「伴侶たちは自分たちのパーソナリティとエネルギーを共通の子孫を生み出

し，育てることに結合したいと考えるように」なり，この願望を基盤に広がっていく「次の世代の確立と指導に対する興味・関心」(Erikson, 1959) と説明されている。

つまり，人は青年期に自分の生き方について悩み，選択することでアイデンティティの主題を解決し，初期成人期に愛の能力を発達させることで，人と本当に仲良くなる能力，親密性を獲得し，成人期になって，次の世代を生みはぐくむことに関心を向けていくことが述べられている。したがって，世代性とは，直接的には子どもを生み育てることであるが，「次の世代の確立と指導に対する興味・関心」には，次の世代のために残していくものを作り上げるという意味も含まれている。

4-2　日常的な現れとアイデンティティとの関係

世代性の現れ方として，親が子を産み育てること，師匠が弟子を育てること，教師が学生・生徒を育成することなど，実際に人が人を育てることの他にも，建築家が建築物を残すことや芸術家が作品を作ることなど，専門家がその分野で形あるものを作り上げていくことも，次の世代に残すものを作り上げているという意味で，世代性の表現である。子どもをもたない芸術家が「この作品は私にとって子どものようなものです」と表現するのは，まさに世代性の表現と言ってよい。

このことをアイデンティティとの関わりで考えると，青年期に選択したアイデンティティを世代性という形で実践しているということもできる。例えば，青年期に教師になろうと人生を選択した青年が，成人期に入り，選び取った教師という生き方を実際に子どもたちを教育するという実践を通して実現しているということになる。さらに，時間の経過と社会の中に自分の存在の意味を位置づけるという「歴史的アイデンティティ」(西平, 1983) の実践という表現もできる。「働き盛り」という表現は世代性を十分に発揮している様子を，「ライフ・ワーク」や「生きた証」は，世代性の発揮の結果，歴史的アイデンティティを確認できる生産物を意味している。また，功成り名遂げた野球選手の多くが少年野球教室を開き，野球に関して次世代の育成に興味関心を示すことは，アイデンティティと世代性の関係を示すよい例であろう。

4-3　成人期の活力：ケア

成人期の活力はケア (care) である。エリクソンはケアについて「人間のみが，家族やその地域に結びついている沢山の子孫に心づかいを与えることができ，心づかいをおし拡げることができる」(Erikson, 1964) と述べている。つまり，日本語の表現としては，「心づかい」「気配り」「配慮」などの表現がこれに当たる。オルポート (Allport, 1961) が成熟した人格の基準の1つとして「自己感覚の拡大」をあげていることも，エリクソンの考えと同じ意味あいをもっている。この「自己感覚の拡大」とは，「人ごととは思えない」という自我関与のあり方を示している。例えば「アフリカの飢餓問題は，人ごとと思えない」と表現される。

ケアとすでに述べた初期成人期の活力である「愛」との関係を考察しよう。ケアを他者に対する「心づかい」とすると，他者の何に対して心をつかうのか，それは他者の「幸福」に対してである。これは，愛の本質である相互性である。愛の能力の高い人はケアの能力を十分に発揮できる。近い概念ではあるがあえてケアと愛の違いを考えると，初期成人期の愛の段階では，「相手の幸福を考え，願う能力」であるのに対して，ケアでは，「相手の幸福のためにより具体的な行動をして実践する」というニュアンスが強いと言える。相手の幸福を願う（だけの）こ

とは愛と呼ぶことはできるであろうが，ケアと呼ぶことはできない。したがってケアは「愛の実践」と言える。

第3節　時間的展望

■ 1　時間的展望の生涯発達

1-1　時間的展望とは何か

　時間的展望（time perspective）とは，ある一定の時点における個人の心理学的過去および未来についての見解の総体を意味する（Lewin, 1951, p.75）。ここでの過去や未来とは，1分や1時間といった短い時間ではなく，複数のステップによって目標が実現したり人生に係わったりするような長期の広がりがある場合を言う。例えば，50代に入って老後のことも考えて行動することは長い未来展望をもっていることになる。未来展望とは時間的展望の未来の方向の側面を示す。

　時間的展望は，未来だけではなく，過去にも延びている。現在・過去・未来の相互の関係を問うとき，時間的展望の視点が重要になる（都筑, 2007b; 都筑・白井, 2007）。例えば，岡本（2007, p.194）は，50歳を目前にして予期せぬ大病を経験したが，その体験をふりかえってアイデンティティの再体制化を確認し，今後は他者を育み支える仕事に尽力したいと述べている。このことを時間的展望の視点（白井, 2001）から見ると，自分の過去をふりかえり，未来に新しい目標を立て，現在の自分のあり方を再定義した，とまとめられる。

1-2　時間的展望とアイデンティティ

　アイデンティティ（identity）とは，自分が時間的に連続しているという自覚（連続性）と，自分は他のだれかではない自分自身であるという自覚（斉一性）とが自分にあり，他人からもそのように見られているという感覚に統合されたものである（Erikson, 1959）。

　時間的展望はアイデンティティとどのように関係するのであろうか。都筑（1999）によれば，図2-1に示されるように，アイデンティティとは，過去の自分や経験・出来事をふりかえりつつ，それらを再解釈したり再定義し，同時に，未来の自分や目標・出来事を思い浮かべ，その実現を期待したり希望することを通じて，過去・現在・未来の自分を統合的にとらえることと

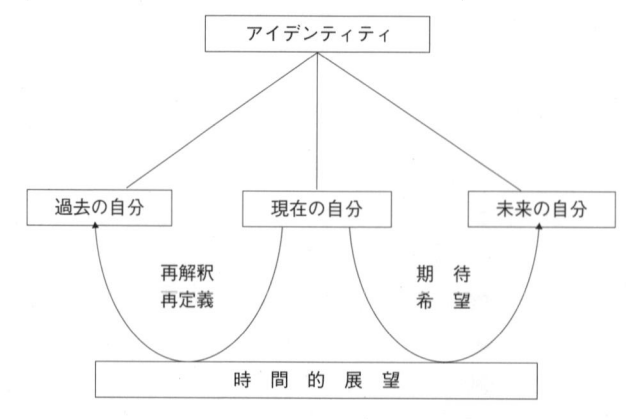

図2-1　青年の時間的展望とアイデンティティ（自我同一性）との関連（都筑, 1999）

される。

　まず，アイデンティティは，これまでの生活で経験した出来事に関する記憶，つまり自伝的記憶（autobiographical memory）によって支えられている。例えば，「図書館に行ったら休館日だったとき"小学生の頃に調べものをしようと図書館に行ったら休館日だったこと"を思い出し，"おっちょこちょいなところは昔から変わっていないと思った"」といった記憶の想起で自己の一貫性の認識がもたらされる（神谷, 2007, p. 263）。ただし，過去の想起は未来の目標に合うものが選ばれやすい。そのため，例えば，子ども時代に良い教師の思い出をもつ学生ほど教職を志望するが，教職を志望する学生ほど子ども時代の教師の良い思い出を想起するとも言える（佐藤, 2008）。

　ところで，いつも一貫性の認識と合致するような出来事を想起するとはかぎらない。なぜなら自己は絶えず変化しているからである。それでは，どのようにして自己の変化は自己の一貫性に組み込まれるのであろうか。それこそが，変化するものがどうして同一でありえるのかという同一性（identity）の本質的な問題である。

　この問いに対する答えは，自己概念に反する新奇な経験は，未来の視点から転機（turning point）として意味づけられることで連続性の感覚を生み出すということである（Pasupathi, Mansour, & Brubaker, 2007; 杉浦, 2004）。例えば，ゲームに負けそうになった負けず嫌いの女性を夫が助けようとしたことに腹をたてて，彼女はどなった。そのことに周囲の者のみならず自分自身もショックを受けた。このことを後日，夫婦で話しあうが，そのことを通して彼女は夫との結びつきが強まったと感じた。この事例（Pasupathi, Mansour, & Brubaker, 2007）は，自分を語り他者に受け止められることが重要であることを示す。

　アイデンティティは過去に支えられるだけでなく，未来からも支えられている。未来は実際にはどうなるかわからない未定（open-ended）の世界である。この世界に相対していくことは幾分かは賭けであり，それは期待できるという意味でも，期待できないかもしれないという意味でも，未来にはさまざまな可能性がある。こうした未来に立ち向かっていくところに主体性が立ち現れてくる（白井, 2008c）。

1-3　時間的展望の発達のすじみち

1）青　年　期

　青年期はこれまで親の影響下でつくられた自分を自立に向けて再編成しなおそうとする時期である。過去の自分をふりかえったり将来の自分を考えたりするというように時間的展望が拡大する。「変えたい自分」と「変えられない自分」が分裂するが，他人の目を気にするため，それを自他に説明するべく時間的展望の視点が求められる（白井, 2008a）。例えば，「こうなりたい自分に将来なるために，今，こんな努力をしているのだ」と今の自分を未来と関係づけたり，「昔にこんなことがあったから，今の自分があるのだ」と過去と関係づけたりする。こうして青年期になると時間的な広がりにおける豊かさをもって自己を物語るようになる。

　青年期は不安をかかえる時期である（都筑, 2008a, b）。それは，青年期の移行は受験競争など社会的な矛盾を反映するが，時間的展望の拡大により現実が見えてくることに自己の発達が対応できていないためでもある。未来を志向することは高校生では心理的不安を伴うが，大学生になると精神的健康を高めるようになる（日潟, 2008b; 日潟・齊藤, 2007）。青年期の時間的展望が次世代育成力を高めていく（菱谷・落合・池田・高木, 2009）。

2）成人期前期

大学を卒業すると時間的展望が広がり（都筑, 2007a），就職して3年くらい経って仕事に慣れてくると周囲の人たちを観察し職場での未来展望が開けてくる（白井, 2000）。

社会への移行過程では，発達課題に合致した個人的な目標をもつことが，その後の心理的幸福感（well-being）につながる（Nurmi, 2004）。例えば，仕事に入るときには仕事に関係する目標に焦点化すること，結婚し子どもをもつときには家族に関係する目標に焦点化することが心理的幸福感を高める。このことから，結果として，「子どもが何歳になったら，何々をする」というような子ども中心の時間的展望となったり，あるいは仕事中心の時間的展望になったりするのであろう。

キャリア発達は時間的展望と関係がある。キャリア（career）とは，個人の一連の過去と一連の未来をつないで人生にひとつのまとまりを生み出し，何らかの個人的および社会的な価値の実現をもたらすような経歴をいう。23歳から39歳までのフリーター（主婦のパートも含む）が正社員に移行するための探索行動と時間的展望の関連を分析した研究（川﨑, 2009）からすると，希望のなさが「このままではいけない」という思いとなって自己のあり方の修正を考えるきっかけとなるが，それなりの希望がなければ行動に移せない。20代ホワイトカラーを対象にした研究では希望や充実感はキャリア焦燥感（自分のやりたい仕事がわからず，早く何とかしなければ，といった気持ち）を抑制することが示唆されている（尾野・湯川, 2008）。

3）中年期（成人期後期）

時間的展望は中年期まで拡大するが，中年期は人生の終点から時間的展望を考えるという時間的展望の逆転が起きる（日潟, 2008a; 日潟・岡本, 2008; 岡本, 2007）。レンズら（Lens, & Gailly, 1980）によると，未来展望の広がりは年齢とともに一貫して減少した。それは残された

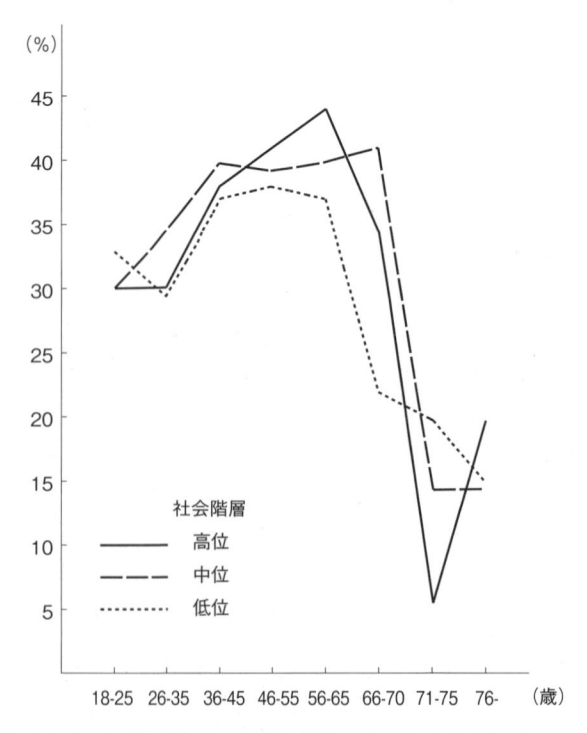

図 2-2 将来展望の広がりがそれぞれの年齢群の平均余命に占める割合（Lens, & Gailly, 1980）

時間が少なくなるためでもある。そこで，余命で時間的距離の平均を除した指標で見たところ，図2-2に示したように，中年期は時間的展望が拡大から縮小へと向かう転換点であることが示唆された。しかも，中年期には身体の変化も起こるが，中年期は，青年期や老年期よりも時間的展望が身体の不調と密接に関わっていた（三宅，2005）。

　中年期になると，時間的指向性の意味も変わってくる。時間的指向性とは，過去・現在・未来のうちでどの時間を重視するかという価値観を言う。白井（1997）は，青年期は目標の実現をめざすポジティブな未来指向がアイデンティティの達成をもたらすが，中年期では，今を大切にすることが未来や過去を良くすると考えるポジティブな現在指向がアイデンティティの再編成をもたらすとした。これは中年期ではそれ以前の時期とは違って自分の努力だけではどうしようもできないことが増えてくるからである。

　中年期は過去の意味づけが活発になる。成人期前期の終わりに安定した自己が生み出されるが，中年期の危機に直面すると自伝的推論が多く行われ，現在の自己が過去の出来事と関連づけられる（Pasupathi, & Mansour, 2006; Pasupathi, Mansour, & Brubaker, 2007）。自伝的推論（autobiographical reasoning）とは，自己を経験に関係づける能力を意味する。

　時間的展望は他者と共有されるものでもある。白井（2004）は，大学生や専門学校生を成員にもつ家族をとりあげ，父親・母親・青年の関連を検証した。親子ではほとんど関連が見られなかったが，時間的展望は夫婦の一方が肯定的であればあるほど他方もそうであり，またアイデンティティの達成も夫婦で関連していた。さらに，白井（2008d）は，父親・母親・娘の3者が過去と未来の出来事をどのくらい共有しているのかを分析した。娘は自分の未来に自分の就職・結婚・出産をあげたが，父親と母親も自分の未来に娘の就職・結婚・出産をあげた。これは親子で未来展望を共有しており，しかもそれが世代継承的な意味をもっていることを示唆している。青年は親の期待を内面化し親をロールモデルとして未来展望をつくり，親は子どもの自立に期待すると同時に，子どもが自立し家を出て行くことは，夫婦が向き合うことや自分たちの老いを引き受けていくことを予期させる。

4）老　年　期

　老年期は未来展望が狭まっていくが，一般に考えられているような過去指向（過去を重視し，未来が重要でなくなること）になるわけではない。現代社会では人間はいつまでも未来に希望や目標をもって生きていくことが必要だからである。実際に，高齢者も希望や目標をもっているほうが精神的に健康であり，そこには人間関係が重要な役割を果たす（柏尾，2007）。

　バンプ現象は40代以降の自伝的記憶で現れ，高齢者で明確になる（Birren, & Schroots, 2006）。記憶は新近性効果により最近の出来事が多く想起されるが，図2-3に示されるように，バンプ（隆起）として10歳から30歳での年齢の出来事の記憶がもう1つの峰を示す。バンプ現象の原因にはさまざまな説明が考えられているが，高齢者のバンプがエリクソンの言うアイデンティティの課題とも重なることから（Conway, & Holmes, 2004），現在の自分のルーツまたは出発点としての認識が，その時期の記憶を想起しやすくしているとも考えられている。

　老年期ではライフレヴュー（life review）により人生の統合が行われる。ライフレヴューとは過去の人生の再吟味や批判的な分析をいう（野村，2008）。高齢者は過去を肯定的に見るが未来は否定的に見るとされ，青年期がその逆であることと対照的であると言われている（Birren, & Schroots, 2006）。

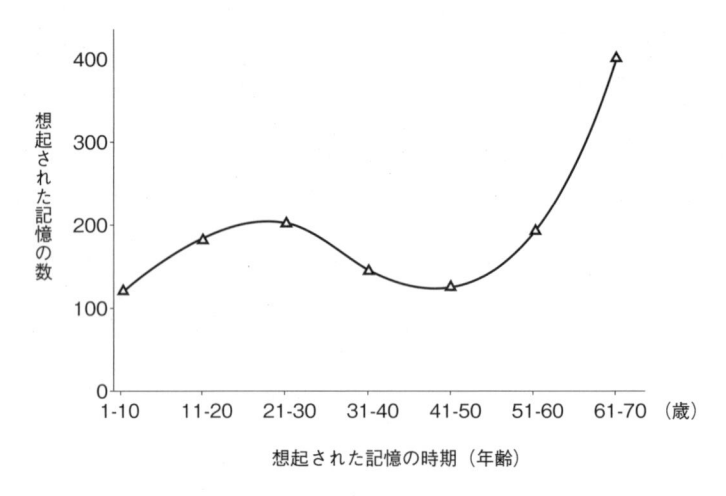

図 2-3　70歳の人が想起した自伝的記憶の年齢分布（Rubin, Wetzler, & Nebes, 1986）

1-4　成人期発達臨床における時間的展望

1）自立支援

時間的展望に働きかけることは自分の生き方を見直す機会をつくりだす（白井, 2007a; 園田, 2007）。ここでは，若者のキャリア支援と育児期女性の自立支援を紹介する。

キャリア形成には時間的展望の統合が必要である（川﨑, 2005）。例えば，今やっていることが将来に役立つとは思えなかったり，これからやりたいと思うことがこれまでしてきたこととかけ離れていたりすると，キャリアを形成することができない。過去と現在と未来をつなげていく支援の試みとして，回想展望法がある。これは，過去に「大きくなったら，なりたかったもの」を回想するように求め，そこに一貫性を読み取ることで進路選択を促す技法である（白井, 2007a）。

園田（2007）は育児期女性の過去・現在の意味づけと未来展望の形成をねらった実践を紹介している。例えば，展望地図法では，「私はどこから来てどこへ行くのか」をテーマに言語化し，それぞれの断片の関係づけを空間的に配置するよう求めた。その結果，首尾一貫感覚（sense of coherence：非常にストレスフルな経験をしながらも健康に生きる人々が保有する力）が上昇した。

2）臨床的介入

時間的展望は臨床的な介入に利用されている（Konefal, Duncan, Meub, & Winfield, 2006; 黒沢, 2008; 大橋, 2007）。ここでは自殺への介入と回想法を紹介する。

ラピエールら（Lapierre, Dubé, Bouffard, & Alain, 2007）は退職5年未満で50歳から65歳までの自殺願望をもつ人たちに対する個人的目標マネージメント・プログラムを開発し，抑うつを低減させるのに有効であることを確かめている。このプログラムでは，目標を立てて，実現の計画を立て，それを遂行する過程について，集団で討論する。

回想法とは，高齢者が過去の出来事を思い出し，その内容を他者が共有したり傾聴したりすることによって，高齢者の心理的安定や聴き手の学び，あるいは世代間交流を促す活動である（志村, 2006）。高齢者が頻繁に回想を行うことは精神的健康にマイナスの影響を与えることもあるが，回想法ではプラスの効果が実証されている。このことは聴き手が確かな存在であるこ

とが重要であることを示している（野村, 2008）。例えば, 黒川（2008）によれば, 認知症の患者の場合, 語られる内容に理解できないことが多いが, 患者の言葉そのものを味わい反復しつつ, 背後の歴史や情動を理解しようとすると, 成熟した大人の凜とした姿勢が現れてくると言う。

3）時間的展望の視点から見た心理臨床

心理臨床は時間的展望と密接に関わっている。面接には時間の制限があるが, それを守らないことは精神分析の立場からは治療への抵抗とされる。メイスナー（Meissner, 2007）は, 遅刻や欠席はセラピストをコントロールしようとする全能感の現れであり, 時間の不安の背後には死の不安があるとしている。

心理臨床の過程では時間的展望の再編成が行われる。河野（2003a, b）は, 非行と不登校の面接事例の分析から, クライエントが過去をふりかえって統合し, 次に未来を構想して, 過去・現在・未来の時間的連続性が生み出されるとしている。山本（2008）も不登校事例を分析している。

心理臨床実践は時間的展望の視点から解明することもできる。森岡（2008a, b）によると, 心理臨床は, 思わぬ出来事が意外なつながりを生み出し, 新しい意味を付与することをめざす。セラピストがクライエントの語りを「なぞる」ことで, クライエントはセラピストのなぞる場所へと身を「うつす」。語られた出来事は過去のものでありながら, 今ここで新たに体験されるように語られる。こうして未来の時間が宿り, 過去の決定論から脱出する。クライエントとセラピスト, 過去と未来と現在とが交叉しながら二重写しで進む心理臨床の過程が描かれている。

■ 2　中年期の時間的展望とメンタルヘルス

本項では, 特に中年期における時間的展望の特質とメンタルヘルスの関連について考察する。

2-1　中年期の時間的展望の特質と精神的健康の関連

中年期の時間的展望に注目すると, 中年期まで時間的展望は拡大するが, 中年期を境に人生の終点から時間的展望を考えるという逆転が生じ（Neugarten, 1968; 岡本, 1985）, 中年期は時間的展望の転換期と位置づけられる（白井, 2007b）。中年期の臨床的な問題には, 身体的な衰えや自己の有限性の自覚などの負の要因に直面したり, 社会的役割の変化が生じることで, 過去と未来の自分が連続してとらえられず, 現在に空虚感を感じ, 未来の志向性がもてない, 一時的に時間的展望が希薄になる状態が見られる。このような喪失感と未来展望の狭まりは, うつ症状の発生要因ともなる。時間的展望の転換期であり, その時期に危機が生じやすいとされる中年期にはどのような時間的展望の特質が見られるのかについて, 先行研究をもとに概観してみたい。

1）未来展望と精神的健康

フォーケン（Fooken, 1982）は中年期の健康の問題と未来の時間的展望の関連を検討し, 未来に対して否定的な態度を示しているものは健康に対する満足度も低く, ストレスを感じ, うつ反応を示すが, 肯定的に前向きに過ごしている者は自分は健康だと感じており, うつ反応と関

連しないことを見出している。またそれには，未来に対する柔軟な思考をもちえているかが重要な点であることを指摘している。

　中年期の未来展望について，ヌルミ（Nurmi, 1992），ヌルミら（Nurmi, Pulliainen, & Salmela-Aro, 1992），や五十嵐・氏家（1999）は，中年期の目標や希望についての具体的な調査を実施した。その結果，未来展望の特質として，期待や希望が家族メンバーの将来として意識されることが多くなることがあげられる。この変化について，ラングとカルステンセン（Lang, & Carstensen, 2002）は，以下のように述べている。年をとるにつれて，彼らは情報的な目標を満たすこと（例えば，物質的で社会的な世界について学ぶこと）から，感情的な目標を満たすこと（例えば，人と喜びを分かち合うなど，人生から感情的な意味を得ること）に重きを置くようになり，その感情的な目標を満たしてくれるものが，家族であり，社会的ネットワークとなる。また，レベッカとオリバー（Rebecca, & Oliver, 2007）は，中年期の未来展望の構造をとらえ，時間の限界の意識は上昇するが，未来には好機があるとする肯定的な志向性は保たれていることを示し，その要因として，社会的パートナーや社会的ネットワークの大きさが関連するとしている。つまり，感情的な体験としての目標に出会える社会的ネットワークが維持・拡大されることで，未来に対する肯定的な態度が生じるとされる。未来の時間的な長さは狭まるが，空間的な広がりを感じ，目標の質を変化させることで，未来に対する肯定的な態度が維持されると言えるだろう。

2)「喪-解放」の時間感覚

　このような未来の展望に質的な変化が生じる要因について，コラルッソ（Colarusso, 1999）は，中年期の中心的な課題とされる時間の有限性や死を受け入れることが関連し，それにより目標が再定義され，自己を喜ばせてくれる人や物にエネルギーや資源を導くことが可能となると述べている。時間が無くなってしまう資源であると認識することにより，新しいことを始める可能性について考え始めるのである（Karp, 1988）。そして，その変化の過程に，中年期には"喪-解放（the mourning - liberation）"という時間感覚が生じるとされる（Colarusso, 1999; Karp, 1988; Pollock, 1980 など）。コラルッソ（1999）は中年期の時間感覚をとらえる中で，中年期の閉経をとりあげ，そこには2つのパラドキシカルな影響があることを述べている。閉経は新しい命を創造することを通した時間の創造の能力の喪失でもある。それは自分がコントロールできないものであり，喪の作業を必要とするかもしれない。しかし，閉経に関連する喪の作業が完了したとき，主観的な時間に重要な変化が生じ，もはや月の周期によるタイムテーブルや妊娠の可能性からも解放され，新しい自己中心性で時間を自由に使うことができるという時間感覚を得る。

　同様に，ポロック（Pollock, 1980）も，変わってしまった自己，失った他者，達成できない望みや野望に対しての感情を受け入れ，喪の作業を行うことで，なりうる現実に直面する能力が増し，過去や達成できないことからの"解放"が生じ，その結果，新しい理想，興味，行動が生じるとしている。このような喪失を伴う葛藤から自己を解放する能力も，中年期の重要な発達課題であると言えよう。喪-解放のプロセスから新しく得られた時間の自由性と，それに達成したという爽快な時間感覚を得ることにより，世代性の意識やケアすることに新たな意味づけが生まれ，自己の未来をそれらと融合させることで，未来の展望に空間的な広がりが生まれると考えられる（Pollock, 1980）。またそれが，さらに時間の有限性と人間の死の気づきに立ち

向かうことを可能とする（Colarusso, 1999）。

　そして，喪−解放の時間感覚を生じさせるものとして，過去展望が重要な役割を果たすと考えられる。中年期にはふりかえることができる十分な過去が存在し，臨床的な場面で回想法やライフレビュー法が効果をあげていることからも，過去への意識は現在を安定して過ごすためには不可欠なことである。しかし，常に過去を志向することは精神的健康を維持させるものにはならないようである。適応的に過ごしている高齢者が必ずしも過去の回想を頻繁にするわけではないこと（長田・長田, 1994）や，過去の志向性が高い高齢者は喪失への思いを強く抱いているという結果も示されている（Rakowski, 1979）。

　カステンバウム（Kastenbaum, 1987）は，高齢者を対象とした心理療法において，過去の没頭を軽減し，現在の問題へ関心を向け，未来に対する興味を再び生じさせることが重要であると述べている。その過程で，今までの人生において自分にとって重要であり，自分を最も特徴づけるものが，現在と未来にも十分な価値があると実感することにより，自己の連続性が回復されるとしている。過去の事象を過ぎ去ったものとして表象化することで，過去は過去化され，過去と未来の間に生きられる現在が立ち上がってくる（白井, 2008b）。したがって，過去をどのように過去化し，自己に意味づけていくかは，現在に時間の解放感を得ることや，新たな未来への志向性をもつことに大きく影響すると思われる。

　このように，未来の時間が広がっている青年期や成人前期とは異なり，また，未来の時間がかなり狭まる老年期とも違い，ある程度の人生を過ごしてきたが，まだ活動できる未来の時間がある中年期にとって，主体的な意味づけを伴う時間的展望をもつことは，現在を生きるうえで重要な意味をもつと言える。そこで次に，筆者らが中年期を対象に行った面接調査の結果（日潟・岡本, 2008）をもとに，中年期の時間的展望の特質をより具体的にとらえていくことにする。

2-2　中年期の時間的展望とメンタルヘルスに関する研究

　筆者らは，比較的精神的健康度の高い40歳代（男性2名，女性8名），50歳代（男性1名，女性5名），60歳代（男性4名，女性6名）の者を対象に，過去，現在，未来に対する態度と変化が生じた要因についての面接調査を実施した（日潟・岡本, 2008）。その結果，図2-4〜図2-6のような年代別の特質が得られた。以下に各年代における対象者の具体的な語り（「　」内）を示しながら，その特質について述べる。

1）年代別による時間的展望と精神的健康との関連

　①過去に対する態度　40歳代では「過去があるから今の自分がある」「過去は土台」のような基礎や土台とする意識が見られた。50歳代では，それに加えて，「必然的なもの」「自分を形成したもの」とする語りがあった。その一方で，「がんばってきた」と過去を評価し，過去に対して距離を置いてとらえる発言も見られた。60歳代では「過去は思い出，とらわれない」「会社を出れば過去の人，一線を退いたらすっきりと」など区切りをつける語りや評価する語りが多く見られた。過去の意味づけとして「土台」「必然的なもの」「評価」の対象など，年代による違いが特徴として見出された。このように意味づけることで，それぞれに過去の統制がなされているとも考えられる。各年代に共通したものは，過去の否定的な体験をとらえ直す発言（「良いことも悪いことも含めて大事にしたい」）や，「過去の経験から学んだ」という語りであ

った。本調査で，精神的健康度が一番低かった40歳代の対象者は，「学生時代にもう少し自分をつくることができれば」という土台感のなさを語り，60歳代の者は，「過去が一番幸せ，輝いていた」と過去にひたる様子が見られた。中年期において，歩んできた過去を認めながら，意味づけることは重要な意味をもつと言えるだろう。また，周りが過去を評価し認めることも，精神的健康を支えるうえで必要なことであると考えられる。

②現在に対する態度　40歳代は，子育ても一段落し，自分の人生としての展望を考え始める「自分探しをしている」「なんとなくやりたいことがわかってきた」など，自己理解や方向性を求める発言や気づきの発言があった。その一方で，「今にベストを尽くしたら未来もいいような気がする」とする語りも見られた。50歳代には，自己理解・方向性の気づきや確信の語りが見られた。その特徴として，「子育てによって自分が育てられると感じ，それが人生に影響してきたので子どもにかかわる仕事をしたい」「人に奉仕して，人からいろんなことを得た。奉仕して感謝してというのが私の生きがいなのかもしれない」のように今まで過ごしてきた中から自分のライフワークを感じとっている様子が見られた。60歳代の特徴としては「自分の置かれた立場，すべきことをしっかり果たす」という現在の自己を時間的，空間的に定位する態度が見られた。また，「無事にここまで生きてきた」などの到達感も語られた。60歳代ではより時間の流れを感じていることがうかがえる。各年代に共通したものは，「今を一生懸命過ごせば，未来も良くなる」という現在の行動が未来につながるという態度で，このよう信念を白井（1995）は"ポジティブな現在指向"とし，中年期の特徴であると述べている。50歳代の精神的健康度が高い者は「過去に生じたことは今の自分にとって必然的なことであった。だから，今起こっていることも未来の自分に必然的なことだと思い，一生懸命取り組んでいる」と語った。現在の行動によって未来が生み出されると感じることにより，未来の時間の狭まりからの解放が生じるのかもしれない。

③未来に対する態度　40歳代では目標を希求する発言や未来に対しての期待が多く語られた（「できるところまでやってみたい」「年齢とともに世界は広がっているイメージ」）。また，「一生懸命やって自分がそれで充実しているのをとるのもいいし」といった目標の達成よりも感情面の充実への移行を語る者もいた。その一方で，未来の不安（経済的，健康，孤独感など）を語る割合も高かった。このような2面性は，未来に時間的な長さがある40歳代の特徴であると考えられる。50歳代では「ライフワークを深く広く知識を持って進める」といった目標や期待を示す発言や「自分を磨く」などの内面的な志向性が語られた。カープ（Karp, 1988）は，50歳代に人生の意味のより大きなテーマを探し始めるが，若い頃ほど日常的な細部にとらわれない態度が見られると述べており，本調査でも，同様の傾向が得られた。60歳代では，「できる範囲で目標を作る」とする態度や「いらないものを処分する」といった死を意識した発言，「自分のためにも生きようという思いが出てきた」とする発言があった。60歳代には人生の新しい機会を提供するものとして未来の時間をとらえる姿が見られた。

2）年代別による身体的心理的変化と時間的展望との関連

中年期に体験する身体的な衰えや，家庭内や社会的な役割への対応は，中年期特有の課題であり，その体験は人生の時間の流れを意識させ，中年期の人々がいだく時間的展望とは切り離すことができないものである。日潟・岡本（2008）の面接調査においても，図2-4～図2-6に示したような各年代の身体的心理的特質と時間の展望の関連が見られた。

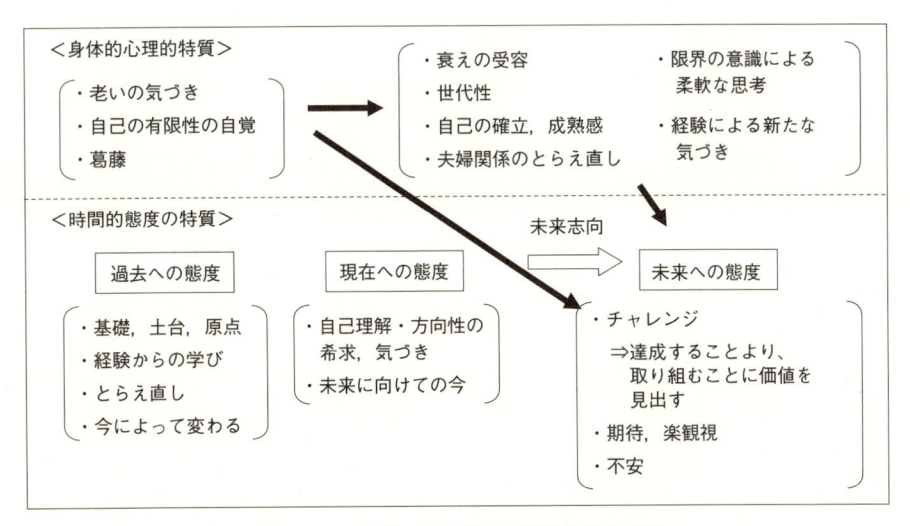

図2-4 40歳代の適応的な時間的展望の様相

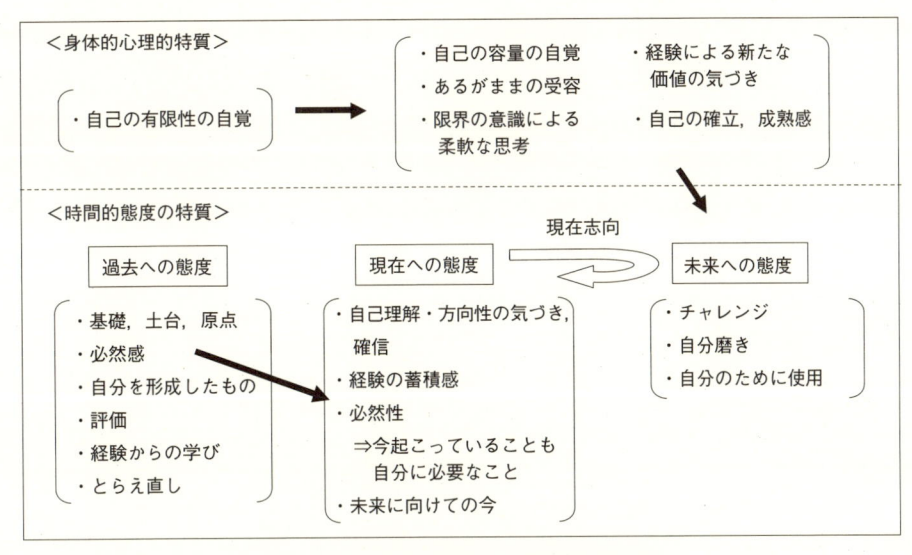

<身体的心理的特質>
- 老いの気づき
- 自己の有限性の自覚
- 葛藤

→

- 衰えの受容
- 世代性
- 自己の確立，成熟感
- 夫婦関係のとらえ直し

- 限界の意識による柔軟な思考
- 経験による新たな気づき

<時間的態度の特質>

過去への態度
- 基礎，土台，原点
- 経験からの学び
- とらえ直し
- 今によって変わる

現在への態度
- 自己理解・方向性の希求，気づき
- 未来に向けての今

未来志向 ⇒

未来への態度
- チャレンジ
  ⇒達成することより、取り組むことに価値を見出す
- 期待，楽観視
- 不安

図2-5 50歳代の適応的な時間的展望の様相

<身体的心理的特質>
- 自己の有限性の自覚

→

- 自己の容量の自覚
- あるがままの受容
- 限界の意識による柔軟な思考

- 経験による新たな価値の気づき
- 自己の確立，成熟感

<時間的態度の特質>

過去への態度
- 基礎，土台，原点
- 必然感
- 自分を形成したもの
- 評価
- 経験からの学び
- とらえ直し

現在への態度
- 自己理解・方向性の気づき，確信
- 経験の蓄積感
- 必然性
  ⇒今起こっていることも自分に必要なこと
- 未来に向けての今

現在志向 ↩

未来への態度
- チャレンジ
- 自分磨き
- 自分のために使用

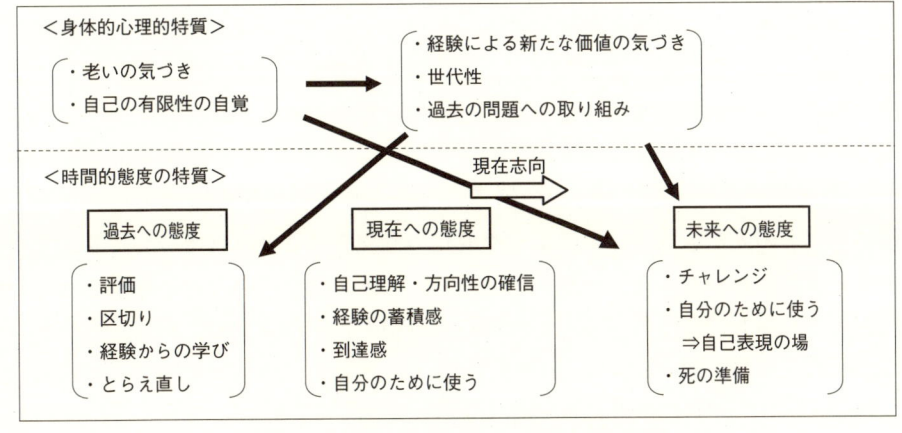

図2-6 60歳代の適応的な時間的展望の様相

<身体的心理的特質>
- 老いの気づき
- 自己の有限性の自覚

→

- 経験による新たな価値の気づき
- 世代性
- 過去の問題への取り組み

<時間的態度の特質>

過去への態度
- 評価
- 区切り
- 経験からの学び
- とらえ直し

現在への態度
- 自己理解・方向性の確信
- 経験の蓄積感
- 到達感
- 自分のために使う

現在志向 ⇒

未来への態度
- チャレンジ
- 自分のために使う
  ⇒自己表現の場
- 死の準備

40歳代では，未来の目標の変化のきっかけとして，中年期の身体的心理的変化への気づきが語られた。例えば，「体力の衰えとともに，健康などもっと大事なものを大切にしたいという気持ちが芽生えた」「自分の容量を知って，自分の気持ちが楽であることがいいと思うようになった」とする者や，目標として「次世代の子どもたちを育てる」と語った者には，その要因として，「体力の限界を感じ，指導者としての役割に新たな価値を見出した」ことや「自分の子ども以外への視野の広がり」をあげている。40歳代では身体的な衰えを感じはじめるが，まだ現実味を帯びていないことが考えられ，これらの気づきが，未来への志向を保ちながら，未来に対する態度の質的な変化を生じさせると思われる。

　50歳代では，目標に対するきっかけとして，衰えの気づきやそれらに対する葛藤の発言は見られず，「自分を知ることの大切さ」や，「人との出会いが大切」「自分の存在で周りが成長するのもその人の成長」など，社会や人とのかかわりを大切とする語りが見られた。そして，社会とのかかわりの中で，未来に対して「自分磨き」といった内面の充実を志向する語りがあった。50歳代には，身体の衰えの気づき，世代性の気づき，年齢的な気づき，死すべき運命にあることの気づきがより顕著に生じ，50歳代前半では，精神面と身体面に大きなギャップを抱える時期であるとされる（Karp, 1988）。しかし，その一方で，これらを否定的にのみ体験するのではなく，それにより時間の解放の意識が生じ，若い頃よりも広く全体的に人生を見ることができるようになることも報告されている（Karp, 1988）。また，50歳代の半ばで"余裕と成熟"の感覚が上昇し，比較的安定している時期であるとも言われる（Helson, & Wink, 1992；若本・無藤，2006など）。50歳代は時間的展望のまさに分岐点となり，身体の変化を受け入れ，精神面での充実との折り合いをつけながら，過去と未来を展望していくことが必要な時期であると言える。

　60歳代では，未来への態度を尋ねる中で，身体的な衰えの気づきが再び語られた。それをきっかけとして，未来に対して「死の準備」をしなければという意識が生じている者もいた。40歳代では身体的な衰えを感じることにより，新たな未来への志向性が生じていたが，60歳代では身体的な衰えがより実感したものとなり，未来の長さが狭まって意識されていることがうかがえた。その中で，過去のふりかえりや，過去に対して区切りをつける意識がより強く現れ，過去や未来の展望から，現在の自己の状態を把握したうえで，自分のために使ってよい時間として未来への肯定的な態度が生じている者も見られた。また，今までの自己を表現する場として未来をとらえている者もいた。筆者らが行った数量的調査において，60歳代では未来の肯定的な態度と精神的健康との間に正の関連が見られており（日潟・岡本，2008），60歳代には身体的な衰えや人間の有限性の受け入れとともに，終点までの残された未来の時間をどのような場として意味づけていくかが精神的健康を支えるものとなるだろう。

　以上のような年代別の中年期の時間的展望の特質が筆者らの研究では見られたが，もちろん，一概にすべての人が各年代にこのような変化の過程を通るとは言えない。しかし，中年期を適応的に過ごしている者には，各年代を通して，人生を過ごす中で自己理解を進めながら，自分の過去を必要なものだったと受容し，その連続線上にある未来のために今を生きようとする主体的な時間的展望が働いていた。中年期を通してみると，中年期の前半は，家族や社会における役割が多様化し，自己中心的な主体性をもって過ごすことができにくく，そのため，時間的展望がもちにくい時期であると言え，中年期の後半には，それらの役割から徐々に解放さ

れ，新たな自己中心性を抱きながら時間的展望をもつことが求められる時期となる。中年期は，個人がそれぞれの状況に合わせ，時間の流れと体面しながら，主体的に過去，現在，未来を意味づけていくことが必要となる時期である。

「関係性」の発達・変容の諸相　3

　本章では，成人期の心の発達・変容を，「関係性」の視点から考察してみたい。私たちがこの世に生を受け，成長し，自立するまでには，さまざまな人々とのかかわりと支えがあることは言うまでもない。成人期においても，心の世界が拡大・変容・深化していくために，他者とのかかわりは大きな意味をもっている。また成人期の道行きの中で，自分にとって大切な人との関係性そのものの質も変化していく。ここでは，このような成人期における「関係性」の発達・変容に関わる3つの問題について，実証的研究の知見をもとに論じる。

　第1節では，第2章で述べたアイデンティティの発達を，「関係性」の視点から再考する。第2節では，私たちの人生の中で大きな影響を受け，大切な意味をもっている「重要な他者」との「関係性」そのものの変容プロセスとそこに関わる要因について考える。第3節では，自分にとって大切なものや人を喪失することが，自分のあり方の質をどのように変えていくのかという問題について論じる。

第1節　関係性から見たアイデンティティの発達：青年期から成人期へ

　本節では，近年のアイデンティティ発達研究の多くが重視する「関係性」の観点を紹介し，この観点から見たアイデンティティの発達について述べる。その際，生涯にわたるアイデンティティ発達の起点であり，筆者がこれまで手がけてきた発達期である，青年期から成人期前期までに焦点を合わせる。ここでの関係性の観点とは，最も広い意味で言えば，アイデンティティは，個人の自我と他者，社会，文化といった文脈の相互作用の中で現れ，発達するという考え方である（杉村，2008）。以下ではまず，アイデンティティ発達研究における関係性の観点の理論的背景と実証的研究の動向を概観する。それを受けて，関係性をとらえる視点の1つとして筆者の概念化を紹介する。最後に，筆者の研究で明らかになったアイデンティティ発達のプロセスについて述べる。

■ 1　アイデンティティ発達研究における関係性の重視
1-1　エリクソン理論における関係性

　アイデンティティ概念を含むエリクソンの発達理論（Erikson, 1959, 1963, 1968）は，個別的で主体的な自己のあり方のみを強調し，他者との関係の中での人格発達を理解するには不十分であると批判されてきた（Franz, & White, 1985; Gilligan, 1982）。アイデンティティが他者との関係の中で定義されるという考え方は，当初は女性の側から見た発達観として提起され，その後は性別にかかわらず人格発達の重要な視点として認識されるようになった。しかし，エリクソンの著作を読むほどに，彼がその初期から一貫して，精神分析学の中に発達における個人と社会の相互作用の問題を位置づけようと，強く意図していたことが見えてくる。ただ，多義性

を帯びた記述や一見矛盾するような記述が少なくないのである。「エリクソン理論を読むことは聖書を読むようなものだ。そこには多くの知恵と曖昧さがある」（Côté, 2002, p. 277）という指摘のとおりである。この曖昧さの一因は，伝統的な精神分析学の根に，自身が提唱する新たな幹をつなごうとした苦闘にあるのではないかと思われる。

2002年のIdentity誌で，「エリクソン理論に対するフェミニストの視点」（Sorell, & Montgomery, 2001）と題する特集号が組まれ，エリクソンが関係性の問題をどのようにとらえていたのか，改めて検討された。そこでの議論を筆者なりに整理すれば，心理－社会的発達段階の危機のいくつかは，他者とは違う個としての自律した自己の感覚を強調して定義されている（第Ⅱ段階から第Ⅴ段階）。しかし，その感覚がどのように発達するのかということになると，エリクソンはアイデンティティも含めたすべての危機の根底に，個人と他者をはじめとする文脈との相互作用の問題があることを重視している，というものであった。こうした議論は，アイデンティティは，発達する個人と変化する環境が相互に関係をもちながら一致に向かって動く過程としてのみ概念化され，個人内のパーソナリティ特性や静的な「成果」として「達成」されるものではないという，エリクソンの見解と合致する（Erikson, 1968／岩瀬（訳），1973, pp. 16-17 参照）。

この特集号でKroger (2002) が行ったように，アイデンティティ概念に含まれる個人と文脈，とりわけ他者との関係性についてのエリクソンの見解がよく表れた記述をあげるなら，次のようなものがある（［　］内は筆者による補足）。

　　この［アイデンティティの］過程はつねに変化し，発達しつつある。最善の場合，それは分化が増大する過程であり，しかもそれは，自分にとり重要な人間の輪が母親から「人類」へと広がっていくのを個人が意識するにつれて，ますますより包括的になってくるものである。この過程は，母親と赤子が，互いに触れ合い認めあうことのできる二つの人格として，はじめて真に「出会う」ところから「開始」され，互いに確認しあうことができなくなったときに「終了」する（Erikson, 1968／岩瀬（訳），1973, pp.15-16）。
　　自我アイデンティティとは，その主観的局面では次のような自覚である。つまり第一に，自我の綜合方法にそれ自体の斉一性と持続性があるという自覚である。この自我の綜合方法は自分の個性的な存在のスタイルでもある。第二に，このスタイルが，自分が直接接触する共同体の重要な他者に対する自己の意味の斉一性と持続性とに合致しているという事実の自覚である（Erikson, 1968／岩瀬（訳），1973, pp.55-56）。
　　青年は，様々な「認証」の中で自分自身の輪郭を見出すときに，また芽生え始めた友情や愛や協力関係やイデオロギー的結社への傾倒を徐々に深めていく中で自分自身の輪郭を見出すときに，はじめて心理－社会的同一性に到達しうる（Erikson, 1982／村瀬・近藤（訳），1989, p.144）。

エリクソンの心理－社会的発達理論は，個人と文脈の結びつき方の発達を論じた理論である（杉村，2004）。アイデンティティ発達のプロセスやしくみを解明しようとすれば，この意味での関係性は，不可欠な観点なのである。

1-2　アイデンティティ発達研究における関係性

関係性の問題は，アイデンティティ研究においては近年になるまで十分に扱われてこなかっ

た。アイデンティティ研究者たちは，この理由が研究者の暗黙の発達観にあったと認めている。他者からの分離や自律こそが重要であるという西洋的な男性優位の発達観のために，欧米の研究者たちがエリクソン理論における関係性の側面を見逃してきたという（Marcia, 1993）。

アイデンティティ発達研究においては，1990年頃からようやく関係性への注目が始まった（Bosma et al., 1994; Kroger, 1993）。その背景には，アイデンティティ発達の性差に関する研究の積み重ねや，発達の社会的文脈への関心の高まりがあったと考えられる（杉村，1998）。1996年と2008年には，多くのアイデンティティ研究を掲載してきた Journal of Adolescence において，文脈の中でのアイデンティティ発達に関する特集が行れている（Phinney, & Goossens, 1996; Beyers, & Çok, 2008）。これら2回の特集から見えてくるのは，この10年あまりで文脈の問題を組み入れた研究が増大し，いよいよ人と文脈のリアルタイムの相互作用のプロセスという，発達的に最も重要な問題を検討する段階に入ったということである（Bosma, & Kunnen, 2008）。

現在，関係性の観点には大きく3つの立場がある（杉村，2008）。1つ目は，重要な他者などとの関係に関するアイデンティティの領域や側面を提起する立場である（e. g., Grotevant, Thorbecke, & Meyer, 1982; 岡本，1997）。アイデンティティは当初，職業，政治，宗教といった社会と関連するイデオロギー領域あるいは個人内領域で測定されていた（Marcia, 1966）。しかし，女性のアイデンティティをとらえるにはそれだけでは不十分であるとして，婚前性交への態度，家庭とキャリアの葛藤など親密な関係に関する領域が設定されるようになった（e.g., Archer, 1989; Marcia, & Friedman, 1970）。グロテヴァント（Grotevant et al., 1982）は，対人関係領域は女性のみならず男性にとっても重要であることを明確に打ち出した。わが国では，岡本（1997）が「個としてのアイデンティティ」と「関係性にもとづくアイデンティティ」の概念を提唱している。これらは，職業や性役割といった個別のアイデンティティの領域を越えた包括的で本質的なアイデンティティの2側面と言える。

2つ目は，従来のアイデンティティ・ステイタスなどの概念をそのまま用いつつも，それは個人内にあるのではなく，個人と文脈の相互作用の中で成立すると見る立場である（e. g., Bosma, & Kunnen, 2001; Kroger, 2004）。この立場はさらに，相互作用のプロセスをより精密にとらえるために，個人をステイタスに類型化することから離れ，アイデンティティの探求とコミットメントの連続的変化を測定する方向へと展開している（Luyckx, Goossens, & Soenens, 2006）。また，相互作用のあり方それ自体に注目したアイデンティティ・スタイルの概念も（Berzonsky, 1989），この立場に位置づけられるだろう。

最後は，アイデンティティそのものを，個人と他者などの文脈の結びつきのあり方として再概念化する立場である（e. g., Josselson, 1994; Schachter, 2004）。このうち女性のアイデンティティ発達を研究してきたジョセルソン（Josselson, R.）は，1970年代から研究の中心に関係性をすえている先駆者である。アイデンティティは他者との関係に根ざし，他者との関係を維持しながら自己を明確化することであると主張している。より大きな社会・文化的文脈を重視するシャクター（Schachter, E. P.）は，アイデンティティは文脈との関係でその都度さまざまな形態（configuration）をとりながら発達すると概念化している。第三の立場の研究者は，ナラティブ・アプローチをとることが多い。

以上のように，アイデンティティ発達研究における関係性の観点は多様であるが，いずれもエリクソン理論にもとづき，より詳細に個人と文脈の相互作用の中でのアイデンティティ発達をとらえることをめざしている。

■ 2　関係性をとらえる視点

2-1　アイデンティティ発達の新たな概念化

　筆者は，関係性の観点の中でも3つ目の立場，すなわちアイデンティティを個人と文脈の結びつきのあり方として再概念化する立場に立つ。アイデンティティにイデオロギーや対人関係に関わるさまざまな領域があることは認めつつも，いずれの領域にも，その根底には自己と他者の相互調整を通して自分を明確化するプロセスがあると考えている。アーチャー（Archer, 1993）による次のような主張は，この考えの1つの基盤となる（[　]内は筆者による補足）。

　　　［エリクソンのアイデンティティの定義を引用して］これらのエリクソンの定義を採用するならば，健康なアイデンティティは，人が自分を定義したり再定義したりする上で他者を考慮することを必要とすると思われる。しかし，それはまた自己を内省することも要求するだろう。つまり，エリクソンにとって2つのタイプの領域［個人内領域・対人関係領域］を区別することは意味がないのである。歴史的には，しかし，エリクソンが一貫して重要な他者の大切さや，アイデンティティが人をとりまく文化の文脈の中で現れることについて話しているのに，（中略）アイデンティティ研究者はこの歴史的な二分法をどう扱ってきたのか（Archer, 1993, pp.81-82）。

　　　いったい職業の選択は個人内で行われるものなのか。どれだけの青年が，個人的な表現としてではなく，重要な他者が彼らに望んだり期待することに照らして最初の職業の決定を行っていることか。「父親が○○の分野には仕事があると力説するから，自分は○○を専攻することにしました」という同じような物語を何度聞いてきたことか。こうした意思決定には関係性が強く関わっている。そうすると個人内領域なのか対人関係領域なのか（Archer, 1993, p.84）。

　文脈の中でも，重要な他者は青年の日常的なアイデンティティ形成にとりわけ強い意味をもつと考えられる。筆者は重要な他者に注目し，職業をはじめとするアイデンティティの領域のそれぞれにおいて，青年が自分の欲求や関心（自己の視点）と他者の要求や意見，期待（他者の視点）を結びつけて1つの結論を導き出すプロセスを，アイデンティティ形成であると概念化した（杉村，2005b）。その途上では，自己の視点と他者の視点が食い違い，相互調整によって解決しなければならないこともある。

　この立場では，アイデンティティの発達とは，自己の視点と他者の視点の結びつけ方の発達であると考えられている（杉村，2005a）。ただし，アイデンティティ発達において何が発達するのかという問題には別の見解もある。例えば，コミットメントの程度や質（Bosma, & Kunnen, 2001），それぞれのアイデンティティの課題について個人が有する基準（Kerpelman, Pittman, & Lamke, 1997）といった考え方である。アイデンティティを探求した成果として，コミットメントやアイデンティティの基準に変化が見られるのは納得がいく。他方で，とりわけ関係性の観点では，個人が他者をはじめとする文脈と関わる方法の洗練に注目することも重要ではないだろうか。

2-2　関係性のレベル

　ここでは，筆者の関係性の概念化にもとづいて設定された関係性のレベルを紹介する。これ

らのレベルは，面接調査のデータと理論を統合して設定された（杉村，2005b）。データは，約 30 名の大学生女子に対する関係性に関する面接調査から得た。この面接調査は，アイデンティティ面接（Grotevant, & Cooper, 1981）を拡張したもので，アイデンティティ探求において誰がどのような役割で関与したのか，その他者と自分の間でアイデンティティの課題をめぐる相互調整があったのか，それはどのようなものであったのかを問うものである。アイデンティティの領域としては，日本の青年に重要と考えられる職業，友情，デート，性役割の4つの領域がとりあげられた。理論としては，関係性を重視するアイデンティティ理論（e. g., Josselson, 1992; Kroger, 2004）の他に，社会的認知発達理論，とりわけ自己と他者の関係性の理解に関する発達理論（e. g., Fischer, 1980; Selman, 1980）を援用した。

面接データと理論を行き来して設定されたのが，表 3-1 の関係性のレベルである。相対的に低いレベルの青年は（レベル 1-3），重要な人生の選択・決定のプロセスにおいて自己と他者の視点を認識しない，あるいは他者の視点を単に取り入れている。高いレベルの青年は（レベル 4-6）は，重要な人生の選択・決定のプロセスにおいて自己と他者の視点を認識し，このうち一部の青年は（レベル 5 と 6），両者の視点の食い違いを経験し，それを相互調整によって解決する。

また，これらの関係性のレベルの発達をより一般的に記述するために，新ピアジェ派の発達研究者であるフィッシャー（Fischer, 1980）が提唱するダイナミック・スキル・セオリーにおける青年期（抽象段階）の4つの発達レベルと対応づけたものが，図 3-1 である。このモデルは，青年が自己の視点と他者の視点というアイデンティティの要素をどのように結びつけるのかという問題に注目しており，結びつけ方の変化，すなわちレベル間の移行を検討するための基盤となる。

表 3-1　アイデンティティ探求における関係性のレベルの定義（杉村，2005b）

レベル	定　義
レベル 1	重要な人生の選択・決定のプロセスにおいて，関係性をまったくもたない。自己と他者の視点を認識することができず，両者の間の関係の表象をもたない。探求のプロセスにどのような他者が関与しており，彼らがどのような機能を果たしているのか理解することができない。
レベル 2	重要な人生の選択・決定のプロセスにおいて，関係性が乏しい。自己と他者の視点をあいまいにしか認識しておらず，状況によって容易に変化する"今ここで"の関係の表象しかもたない。探求のプロセスにどのような他者が関与しているかをある程度認識しているが，彼らが選択・決定にどのような影響を与えているかについてはほとんど理解していない。
レベル 3	重要な人生の選択・決定のプロセスにおいて，他者の影響によって選択・決定を行うという関係性をもつ。他者の視点を単にコピーしており，関係の表象は理想化，同一化された，あるいはモデルとしての特定の他者を含む。他者に強く影響を受けていることを理解している場合も理解できない場合もある。
レベル 4	重要な人生の選択・決定のプロセスにおいて，自己と他者の視点の両方を認識することができるという関係性をもつ。自己と他者の視点の間の食い違いや，それを解決するための自己と他者の間の相互調整は見られない。幅広い他者を含む複数の関係の表象をもつ。探求のプロセスにどのような他者が関与しており，彼らがどのような機能を果たしているのか理解することができる。
レベル 5	重要な人生の選択・決定のプロセスにおいて，自己と他者の視点の間の食い違いを体験するという関係性をもつ。この食い違いはまだ解決されていないにもかかわらず，自己と他者の間の相互調整を行っていない。複雑な関係の表象をもち，ある表象を他の表象と関係づけることができる。ある表象を他の表象と比較検討するので，自己と他者の視点の間に食い違いが生じる。
レベル 6	重要な人生の選択・決定のプロセスにおいて，自己と他者の視点の間の食い違いを体験し，両者の間の相互調整を通してそれを解決している。具体的には，両方の視点を統合したり，どちらか一方を選択する。複雑な関係の表象をもち，ある表象を他の表象と比較検討したうえで，結びつけることができる。

| レベル1 | 自己　他者 | 自己／他者の抽象（表象システムのシステム）：
関係性をもたない。自己と他者の視点を認識しない。 |

| レベル2 | 自己—他者 | 自己・他者の抽象マッピング①：
関係性が乏しい。自己と他者の視点をあいまいにしか認識しない。 |

| レベル3 | 自己←他者 | 自己・他者の抽象マッピング②：
他者の影響によって選択・決定を行うという関係性。他者の視点をコピーしている。 |

| レベル4 | 自己↔他者 | 自己・他者の抽象システム（関係の表象）：
自己と他者の視点の両方を認識することができるという関係性。自己と他者の視点を結びつけた関係の表象をもつ。 |

| レベル5 | 自己↔他者／自己↔他者 | 複数の自己・他者の抽象システム：
自己と他者の視点の食い違いを体験するという関係性。この食い違いは解決されていない。ある関係の表象を他の表象と関係づけている。 |

| レベル6 | 自己↔他者／↕／自己↔他者 | 自己・他者の抽象システムのシステム（関係の表象システム）：
自己と他者の視点の食い違いを体験し、両者の間の相互調整を通してそれを解決している。 |

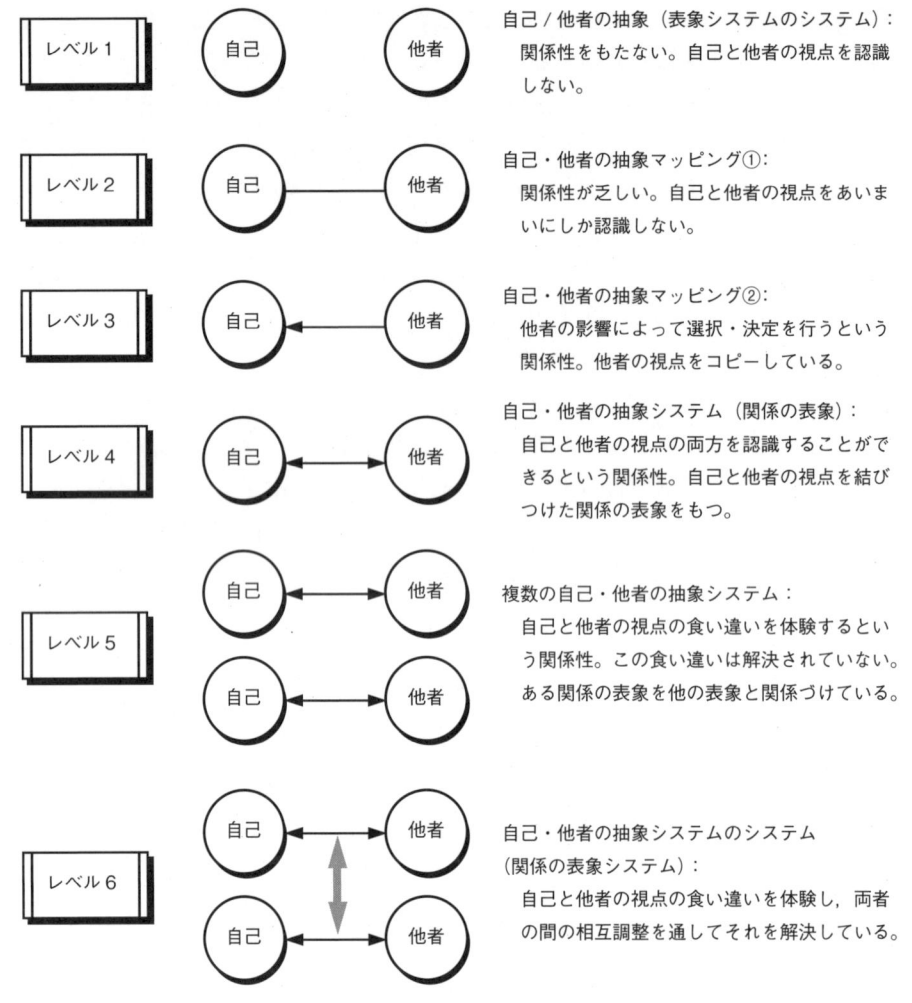

図 3-1　関係性の 6 つのレベル（杉村, 2003）

■ 3　関係性から見たアイデンティティ発達のプロセス

3-1　青年期におけるアイデンティティ形成

　ここでは，前節の概念化にもとづいて明らかにされた青年期のアイデンティティ形成のプロセスについて概観する。筆者は，女子青年 31 名を大学 3 年生から卒業までの 2 年間にわたって追跡し，関係性のレベルの変化を検討した。前節で述べた関係性に関する面接調査を，就職活動前の 3 年生前期（Time 1），就職活動中の 4 年生前期（Time 2），就職活動が終了した 4 年生後期（Time 3）の 3 時点で実施し，各時点の関係性のレベルの変化とその要因を検討した。この研究から見出されたアイデンティティ発達のプロセスを，集団の変化と個人内の変化に分けて述べる（杉村, 2005b）。

1）集団の変化

　3 時点にわたる調査では，いずれの時点でもレベル 2 と 4 が多く，レベル 1, 3, 5, 6 は少なかった。そこで，レベル 1-3 を「低レベル」，レベル 4-6 を「高レベル」と大きく 2 つのレベルにまとめて変化を分析することにした。変化の顕著性に関する検定（二項検定）の結果，職業，友情，デートの 3 領域において顕著な変化が示され，いずれも高レベルへの移行が低レベ

表 3-2 領域ごとの関係性のレベルの変化 (N=31)（杉村, 2005b）

領域 時点	Time 1 から Time 2			Time 2 から Time 3			Time 1 から Time 3		
レベル 前\後	低レベル	高レベル	p^a	低レベル	高レベル	p	低レベル	高レベル	p
職業									
低レベル	7	8	.020*	6	2	n.s.	9	6	n.s.
高レベル	1	15		5	18		2	14	
友情									
低レベル	13	7	.035*	13	1	n.s.	15	5	.031*
高レベル	1	10		2	15		0	11	
デート									
低レベル	17	6	n.s.	16	3	n.s.	15	8	.020*
高レベル	2	6		0	12		1	7	
性役割									
低レベル	14	3	n.s.	17	1	n.s.	16	1	n.s.
高レベル	4	10		3	10		4	10	

注) 2つの時点のうち，前の時点におけるレベルは縦に，後の時点におけるレベルは横に示した。数字は人数を示す。
^{a} 二項検定による検定結果。
* $p < .05$

ルへの移行より有意に多く見られた（表3-2）。領域ごとに見ると，職業ではTime 1からTime 2においてのみ顕著な変化が示された。職業におけるアイデンティティ探求が，他の領域よりも限定された期間に行われる課題であることがわかる。一方，友情とデートはTime 1からTime 3までの約1年半にわたる期間で顕著な変化が示された。対人関係領域のアイデンティティ探求は，職業に比べると差し迫っておらず，社会的な圧力も小さいと思われる。そのため，対象者は比較的長い時間をかけて，自己と他者の視点を認識していったと考えられる。

関係性のレベルの変化に関わる要因にはさまざまなものがあったが，多くを占めたのは「就職活動・職業決定」と「友人・恋人との関係の変化」であった（表3-3）。とりわけ，「就職活動・職業決定」は，高レベルへの移行と低レベルへの移行の両方に共通に報告された。同じ要因が，視点が明確になる場合にもあいまいになる場合にも意味をもっていたのである。また，この要因は職業以外の領域の変化にも関わっていた。就職活動は，職業を得ることのみならず，大学生のアイデンティティ形成の幅広い領域で意義をもつことを示唆する結果である。

以上から，集団レベルで見た場合，関係性のレベルは大学時代を通して洗練されること，その際には大学生活に密着した出来事が契機となることが明らかになった。

2) 個人内の変化

個人レベルで見た場合，2年間にわたる関係性のレベルの変化には大きく3つの経路があった。安定して高い関係性のレベルを維持する経路，安定して低いレベルを維持する経路，低いレベルから高いレベルへ移行する経路である。これら3つの経路に分類された個人の特徴を質的に分析したところ，次のようなことがわかった。

まず，安定して高い関係性のレベルを示す個人と低いレベルを示す個人は，アイデンティティ形成のプロセスのどの段階で相違が見られるのかという点である。アイデンティティ形成の出発点で自己の視点が出現する契機は，両者ともほぼ共通して両親，友人，恋人といった他者

表 3-3　領域ごとの特徴的な変化の要因と反応例（杉村, 2005b）

領域	高レベルへの移行	低レベルへの移行
職業	【就職活動・職業決定】 ・[決まった就職先について] そんなに親に喜んでもらえないとは思わなかった....今まで反対されたりすることはなかったので....親が保守的なことを望んでいるのは前から分かっていたが，こんなに...違うんだと...確認[した]。(事例 15, Time 3) ・自分で[職業の選択肢が] 絞れてきたところで，漠然としていないというか，ちゃんとした形になってきたから人に聞いた。(事例 32, Time 2)	【職業決定】 ・就職活動している時点では[同じように活動している友達の影響が] あったけど，[就職を] 決める時や決まっちゃった時にはあまり[友達の] 影響はない。(事例 7, Time 3) ・将来の道が決まったので，もう[母親からの] 圧力はない。(事例 31, Time 3)
友情	【友人との関係の変化】 ・いろんな子[友達] に最近...会って[友人関係のことを] 考えたり，思い出した。(事例 17, Time 2) 【就職活動・職業決定】 ・就職活動で自己分析をして，今までの[友人関係の] ことを振り返った。(事例 35, Time 2)	
デート	【恋人との関係の変化】 ・[恋人と] 別れると，その人との付き合いの中に何か反省というのが常にある。(事例 6, Time 2) ・[恋人と] 1 年付き合って...以前と比べて相手の悪い部分が見えるようになった分，相手も私の悪いところを言うようになっ[た]。(事例 3, Time 2)	
性役割	【就職活動・職業決定】 ・[理由は] 就職活動です....母親が働いてきた後で家事をやっているのを見ると，自分に置き換えたら，すごい大変なことをやっているんだなと思って...自分にはそんなことできるのかなとも思うし，でもそれが母親なのかなという気もしますし。(事例 35, Time 2)	【就職活動】 ・就職活動していて，そう簡単に育児休暇はもらえないものなんだと[分かり]...一般論が分からなくなってき[た]。(事例 4, Time 2)

注）特徴が明白ではない場合は，空白とした。反応例の中の「...」(ピリオド 3 つ) は文中の部分省略，「....」(ピリオド 4 つ) は文全体を 1 つ以上省略．[　] 内は筆者による補足を示す。

との関係の中にあった。しかし，その後のプロセスに相違が見られた。安定して高い関係性のレベルを示す個人が，出現した自己の視点を深化し拡張するために両親以外の他者を積極的に利用していたのに対し，低い関係性のレベルを示す個人は，両親から新しい他者へと関係性を再構築するプロセスが展開しなかったのである。

また，青年期後期までの重要な他者，とりわけ両親との関係のあり方にも相違が見られた。安定して高い関係性のレベルを示す個人は，中学・高校時代に両親との日常的な葛藤とその解決を経験したことを報告した。これに対して，安定して低い関係性のレベルを示す個人は，葛藤を経験していないか，経験しても解決していないと報告した。低いレベルから高いレベルへの移行を示した個人の結果は，興味深いものであった。彼女らは，安定して低いレベルを示す個人と同様に，葛藤を経験していないか，経験しても解決していなかった。

しかし，低いレベルから高いレベルへの移行を示した個人では，葛藤を経験してない場合でも，両親の期待を認識し，あらかじめそれを考慮しながらアイデンティティ探求を行っていた。そのため葛藤が起こらなかったのである。葛藤を体験しても解決できなかった場合には，対象者は両親の意見や期待を認識していたものの，両親との相互作用が物別れに終わるなどの理由で葛藤を解決に導くことができなかった。いずれにしても，低いレベルから高いレベルへの移行を示した個人は，両親の視点を認識することができ，この力が，大学 3 年生から卒業にかけてのアイデンティティ探求の際に発揮されたと考えられる。

さらに，低いレベルから高いレベルへの移行を示した個人を対象にして，移行の途上で何が起こっているのかを詳細に分析した（Sugimura, 2007）。その結果，移行の際には，それまで客観視できなかった両親などの他者の視点から抜け出て，それを外側から意味づけるようになることがわかった。また，意味づけが可能になるまでには，自己の視点と他者の視点の間を行ったり来たりする，焦点の定まらない不安定な時期のあることも見出された。

以上のように，個人レベルで見た場合には，関係性のレベルの変化には複数の経路があることや，移行のプロセスは行ったり来たりの小さなステップから成り立つことが明らかになっている。

3-2 青年期から成人期前期への移行

青年期に形成されたアイデンティティは，その後も生涯にわたって何度も見直され，発達し続ける。最初の節目は，学校（大学）から社会への移行である。これまでの縦断研究から，初期成人期はアイデンティティ発達にとって比較的安定した時期であるが，この時期に変化する場合には，さらなる探求とアイデンティティの確立に向かうことが見出されている（Fadjukoff, Pulkkinen, & Kokko, 2005; 白井, 2003）。また，この時期のアイデンティティは，職場との交渉を通じて変化しうるものであることも明らかにされている（亀井, 2006）。ここでは，前項で紹介した研究に参加した女性たちの成人期前期への移行をとりあげ，大学から社会への移行に伴い，彼女らが社会や他者とどのように出会い，関係性を結び直したのかを示したい。

大学時代に筆者の調査に参加した31名中22名の女性が，卒業から5年後に行われた追跡調査（Time 4）に参加した。女性たちは26-28歳になっており，11名が既婚で，うち1名は出産を経験していた。15名がフルタイム，4名がパートタイムの職に就いており，1名は退職，2名は大学院生であった。就職した人のうち9名が転職を経験していた。こうしたプロフィールから，彼女らが家庭や仕事という成人期らしい問題に取り組んでいることがわかる。転職経験者が少なくないことも特徴的である。後に述べるように，何人かの対象者にとって，転職の経験は関係性のレベルの変化と深く関わっていた。調査は，大学時代と同様に関係性に関する面接調査を中心に行われた。アイデンティティの領域については，この時期に重要なものを加えるなどして，職業，友情，結婚，性役割，子どもをもつこと・子育て，家庭とキャリアの優先の6領域を設定した。以下では，大学時代の結果と比較できる職業，友情，性役割の3領域に関する結果を述べる（Sugimura, 2003）。対象者が少ないので，集団の変化と個人内の変化を分けずに概説したい。

大学時代と同様に，レベル1-3を「低レベル」，レベル4-6を「高レベル」と2つのレベルにまとめ，職業，友情，性役割の領域についてTime 3（4年生後期）からTime 4にかけての変化を検討した。その結果，いずれの領域においても顕著な変化は見られなかった。しかし，関係性の6つのレベルのそれぞれについて，「そのレベルから他のレベルへ移行した頻度」と「他のレベルからそのレベルに移行した頻度」を対象に二項検定を行ったところ，職業と性役割で興味深い結果が得られた。

職業では，レベル4から他のレベルへ移行した人（12名）が，他のレベルからレベル4へ移行した人（1名）より有意に多かった。レベル4を離れた12名のうち6名は，レベル6へと移行していた。そして，この6名を含む，他のレベルからレベル6へ移行した人（7名）は，レベル6から他のレベルへ移行した人（0名）より有意に多かった。この結果は，卒業後の5年間にレベル4からレベル6へと移行するという変化の経路があることを意味する。この経路を示した6名のうち3名は転職を経験し（うち1名はその後退職），1名は面接調査の後に退職を予定していた。彼女らの語りからは，実社会に直面し，職業領域の自分のあり方を問い直さざるを得なくなった様子が浮かび上がってきた。

大学時代には想像しなかった職場の実態，例えば「やりがいのない毎日」（事例3），「周りの

人があまり生き生きと働いていない部署の様子」(事例12) などが，探求の契機として認識されていた。このような状況に直面し，自分の仕事への関わり方を見直すためにいったん職場から撤退することを決意したのである。そのプロセスで，新たな他者と関係を結んだり，大学時代の重要な他者との関係を見つめ直すことを通して，再び自己を明確化しようとしていた。

例えば，ある対象者は自分が学生時代に描いていた夢を実現することが難しい職場を思い切って退職し，実家に戻って再出発をはかった。しかし，いざ戻ってみると，以前は自分の視点を明確にするうえで大切だった家族や友達とは，何かが違ってしまったように感じてなじめなかった（[　]内は筆者による補足。「……」は中略）。

　「自分が自分らしくする場所が，友達関係の中でもそれ［ずれ］を感じているし，家族とも一回別居して同居しているから，何となく居心地が悪くて，っていうふうになってるし，仕事でも自分を主張する場は全くないので，全然影が薄い。結局自分を出すところがどこにもないと思う……でも解決策がわからないっていうまま突っ走ってたというのが何ヶ月も続いた」(事例29)。

落ち込みながらも彼女は，自分の夢に関係するさまざまな人に会うことを続けた。すると，次第に新たな友人との関係の中で，夢が再び具体的になるのを感じるようになった。

　「とにかく駄目でも人に会うっていうことだけはしていて，で，変な相談ばっかりするので迷惑かけたと思うんですが，新しい友人とかもできはじめて。……そういう新しい人間関係で風穴が開いた……。……結局……一番やりたかった夢に挫折している自分がいたわけですね。で，そういう夢に刺激を与えてくれるような職業の人も勉強する場所もないっていうのもまた大きなショックだったんだけど，それを見つけたっていうので俄然勇気が出て来た。で，夢に向けて具体的になってきたんですよ」(事例29)。

このようにレベル4からレベル6への移行は，大学時代に形成したアイデンティティを突き崩され，新たな関係性を結び直す苦闘の道筋であった。

性役割では，レベル2から他のレベルへ移行した人（9名）が，他のレベルからレベル2へ移行した人（0名）より有意に多かった。ここで目立っていたのは，9名のうち4名がレベル3へ移行したことであった。この4名を含む，他のレベルからレベル3へ移行した人（7名）は，レベル3から他のレベルへ移行した人（0名）より有意に多かった。大学時代の調査では，性役割における顕著な変化は見出されなかったが，レベルの低下する対象者がやや目立つという特徴があった。将来の職業生活を展望したときに，自己の視点があいまいになっていたのである。その理由は，社会に出たら自分の理想や考えだけでは性役割のイデオロギーを決定できないだろうというものであった。そして実際，卒業後5年目になると，社会の現実に直面して両親と同じ伝統的な性役割観を最も適応的なものとして受け入れるプロセスが，少数ではあるがまとまった人数の対象者において見出されたと言える。

例えば，卒業してからの性役割に対する考え方の変化の理由について，対象者は次のように述べていた。「現実的に，その仕事を続けながら女性も仕事と家庭をバリバリと両立していくってことが，十分できるってなかなか思えなくなった」(事例5)，「就職して，自分が仕事をして，自分が家のことをやろうと思っていることに対して，以前思っていたよりももっと大変だっていう……考えが出てきましたね」(事例10)。それゆえ彼女たちは，大学時代よりストレー

トに両親の影響を表明するようになった。

　ある対象者は，性役割に関する両親との関係性が大学時代と現在とでどのように変化したのかを次のように述べている。彼女は，就職後に売り上げを重視する会社の方針についていけず体を壊して退職した。その過程で，大学時代には反発していた両親のやり方を現実的であると感じるようになり，モデルとして受け入れるようになったと言う。

　　「大学4年生だと本当に社会のことが知りたいだとか，社会と関わっていたいっていう気持ちがすごく強かったと思うんですね。なので，[母親のように]家庭にこもってしまうことは，すごく社会から取り残される感じがして，そういう否定的な意見を親に言っていたと思います」。
　　「[今は両親を]見ていてうまくいっているなあと思うので……モデルとして見ていると思います。……大学時代の考えが変わって来て，やはりちゃんと役割を分担した方が，より効率的だし……やっぱり伝統的なのに沿っておいても，決して間違いではないなあと思えるようになりました」（事例16）。

　職業と性役割で見出された特徴的な変化の経路は，大学から社会への移行に伴い，これらの女性たちが社会の厳しい一面と出会い，もう一度，重要な他者の視点との関係を結び直さなければならなかったことを示唆する。この時点の彼女たちには，実社会は大学時代に思い描いたより制約の多い場所として見えたかもしれない。しかし，その現実と向き合って，自分はどうあるべきなのか，自分にふさわしい場所はどこであるのかを明確にしようとする作業こそ，アイデンティティのさらなる発達のための探求であると言えるだろう。

■ 4　ま　と　め

　関係性の観点から見たアイデンティティ発達のプロセスを明らかにするためには，個人と他者などの文脈との相互作用をとらえることが重要である。現在，多くの研究者がこの認識を共有しているが，筆者も含めてその多くは，個人（青年）が知覚する関係性を頼りに相互作用を理解しようとしている。今後は，他者の側の視点や，彼らとの実際の相互作用の中からアイデンティティが現れる様子をリアルタイムでとらえる必要があると考える。そのことによって，どのような条件のもとで，どのようにしてアイデンティティが形成されるのかが，より明確になるだろう。例えば，シャクターとベンチュラ（Schachter, & Ventura, 2008）は，青年のアイデンティティ形成に関与する他者を identity agent と呼び，彼ら（この研究では両親）の視点を分析している。また，マーシャルら（Marshall et al., 2008）は，子どもの将来について母親と子どもが交わす会話を縦断的に検討して，そこから将来の可能性が姿を現す様子を記述することを試みている。こうした最近の研究は，今後の有力な方向性として注目される。関係性の観点は，エリクソンのアイデンティティ理論を基盤としながら，アイデンティティ発達の詳細なプロセスを明らかにするための重要な切り口である。従来のアイデンティティ研究にとらわれないさまざまな方法論を取り入れながら，研究が積み上げられることが期待される。

<付記>
　調査に協力してくださった女性の皆さん，追跡調査のアシスタントを務めてくださった高橋彩さん，北川喜子さん，本田直美さんに深く感謝いたします。

第 2 節　「重要な他者」との関係性の発達・変容：「関係性」の危機から

　今日，家族や社会をとりまくさまざまな状況が急速に変化する中，他者との関係のもつ意味が改めて問い直されている。関係性の視点から人格発達をとらえ直そうとする試みが注目されるようになったことは，このような社会的問題意識の高揚と深いつながりをもつだろう。他者との関係の中でどのように人が発達していくのかの方向性を提示していくことは現代社会において意義あることである。

　特に成人期を対象とした研究では，子どもの巣立ちや両親，配偶者の老いや死など，対象との関係のとらえ方の変化や危機的事態の中での人格発達について，近年，重要な示唆が得られている。第 2 節ではアイデンティティ発達における関係性の側面に着目し，特に「重要な他者」との関係に焦点を当て，関係性の発達について考えてみたい。

■ 1　関係性発達の基盤としての「重要な他者」との関係

　生涯発達学の研究領域において，心理 – 社会的な側面からライフサイクル論を展開したエリクソンは，彼の最初の著書『幼児期と社会』において精神分析的個体発達分化の図式を提出し，心理 – 社会的発達論としてのアイデンティティ論を展開した（Erikson, 1950）。

　エリクソンの述べる「社会」とは，国家や文化といった大規模なものから，「重要な他者」という小規模なものまで幅広い内容を含む（杉村，1998）。これらの中でも，本節では「重要な他者」との関係に着目したい。その理由は，「重要な他者」との関係は，人間生活の生物学的，情緒的な側面において個人に与える影響が直接的かつ重要であると考えられるからである。

　これまで「重要な他者」をとりあげた研究領域においては，母子関係や親子関係など，ある特定の関係に焦点を当て検討される傾向にあった。しかし実際には，人は子どもから大人になるまでにさまざまな対人関係を経験する。発達初期に重要な他者との関係の中で形成された，他者との関係の中での自分自身のあり方は，家族内での対人経験のみで形成されるものではなく，それ以降の家族外での対人経験からも影響を受けたり，修正されることもあるだろう。このような観点から，本節では，家族内・家族外での対人経験である複数の「重要な他者」をとりあげることとする。

■ 2　アイデンティティ・ステイタス・パラダイム

　アイデンティティ・ステイタス・パラダイムは，アイデンティティ論における鍵となる概念である。以下で紹介する実証的研究においても，アイデンティティ・ステイタス・パラダイムにもとづいたものが多く見られるため，ここで簡単に説明しておきたい。

　マーシャ（Marcia, 1964）は，人生の危機的場面での対処のあり方に関するエリクソンの示唆を十分に考察したうえで，アイデンティティ達成の測定には，危機（crisis）と積極的関与（commitment）の 2 つの基準が重要であるとした。これら 2 つの組み合わせにより，アイデンティティ達成，モラトリアム，早期完了，アイデンティティ拡散の 4 つのアイデンティティ・ステイタスを提案している。アイデンティティ達成型とは，危機の時期をすでに経験し，ある一定の職業やイデオロギーを自分の意思で選択して，それに積極的に関与している人達である。これらの人達は最終的な選択や意思決定が，両親の希望と同じであるように思われる場合

でも，その問題について真剣に取り組み，意思決定の時期における危機を経験し，解決に達している。モラトリアム型とは，現在，危機期，すなわち意思決定をしようと模索している時期にある。積極的関与の程度はあいまいで焦点化されていない。しかし，自己選択にあたって一生懸命努力，奮闘していることが特徴的である。早期完了型とは，意思決定の時間を経験していないにもかかわらず，特定の職業やイデオロギーに積極的に関与しているタイプである。自分の目標と両親の目標との間に違和感がなく，親の価値観を引き受けて，予定された道を自分の道として歩んでいるタイプである。拡散型には，これまで危機を経験したことがないため，自分で考え，自分の選択で何かを選択しなければならない事態になると，どうしたらよいかわからず，混乱状態になってしまうタイプ（危機前拡散型），危機を経験したが，積極的な関与を拒否しているタイプ（危機後拡散型）の2タイプがある。危機前，危機後であっても，両者ともに積極的関与を行っていないという共通の特徴がある。

マーシャは，これらのアイデンティティ・ステイタスを評定する独自の面接法をあみ出した（Marcia, 1964）。以下，この面接法を，マーシャ法と記す。

■3 アイデンティティ論から見た「重要な他者」との関係の中での発達

近年のアイデンティティ研究では，関係性の側面からアイデンティティの発達をとらえる研究が注目を浴びている（Franz, & White, 1985; Josselson, 1992; 岡本, 1997, 2002, 2007; 杉村, 1999, 2001）。さらに，「関係性」側面において「重要な他者」との関係が果たす役割の重要性は多く指摘されている（岡本, 2002, 2007; 杉村, 1998, 2001, 2005）。

3-1 愛着との関連

「重要な他者」との関係の研究は愛着研究として展開されてきたものが多い。したがって，アイデンティティ研究においても愛着との関連から検討した研究が多く見られる。

1）青年期を対象とした研究

青年期を対象とした研究では，古くから親子関係の文脈でその影響が論じられてきている。最近の研究では，ベンソンら（Benson, Harris, & Rogers, 1992）は，マーシャ（Marcia, 1964）のアイデンティティ・ステイタス・パラダイムの視点から大学生を対象にした研究を行い，その結果，性別に関係なくアイデンティティ達成型の青年は母親との愛着が強く，モラトリアム型，拡散型は母親との愛着が低いことを見出した。また，親との愛着やアイデンティティの状態が生活満足度に影響を与えることを示唆している。他の研究でも，青年期において親との間で安定した愛着を構築している場合，アイデンティティを探求する際に不安を感じることが少ないとの一致した見解が得られている（Faber, Edwards, Bauer, & Wetchler, 2003; Johnson, Buboltz, & Seemann, 2003; Kroger, 2000）。

わが国においては，青年期および成人期初期の発達段階に焦点を当て，愛着が個人の心理的健康に及ぼす影響について検討した高橋（1993）の研究があげられる。心理的健康とは，アイデンティティの感覚を基盤とし，人間として望ましいあり方の探求をさしている。この研究では，青年期後期にある青年の心理的健康にとって，親との情緒的絆の保持が一義的に重要であり，副次的に自律性が欠かせないものであることが指摘された。この結果は，マーシャ（Marcia, 1983）がアイデンティティ形成において，親からの揺るぎない支持，励ましへの信頼

がアイデンティティ感覚をより確かなものへと導くという結果と一致する。

2）早期記憶との関連

アイデンティティの形成において発達初期の対人経験のもつ意味は大きい。このような観点から，アイデンティティ・ステイタスと発達初期の経験との関連性を検討するものがいくつか見られる。この問題に関する研究は，ジョセルソン（Josselson, 1982）以来試みられており，大学生の早期記憶には，各ステイタスに特徴的な相違が見られることが示唆されている（Josselson, 1982; Orlofsky, & Frank, 1986 など）。

さらにクローガー（Kroger, 1990）は，大学生の早期記憶の分析によって，各アイデンティティ・ステイタスの特徴が早期記憶のテーマに強く反映されていることを見出し，各ステイタスの特徴を，幼児期の分離‐個体化期（Mahler, Pine, & Bergman , 1975）の自我の構造と関連させて説明している。

ブッシュ（Bush, 1993）は，メインら（Main, Kaplan, & Cassidy, 1985）が開発した成人愛着面接（Adult Attachment Interview，以下 AAI と記す）を使用し，青年の発達初期における家族体験の記憶と現在の意味づけ，および現在のアイデンティティとの関連性について検討している。その結果，発達初期の否定的な愛着体験を回想した青年や，その問題が未解決である，あるいは愛着体験の記憶を喪失した青年は，アイデンティティの探求や仕事や恋愛，友人関係への関与が低く，アイデンティティ拡散の状態であることが示された。これに対し，発達初期の愛着体験が統合されている青年は，一貫したアイデンティティを保持していく傾向が見られた。つまり，現在においてアイデンティティの探求がうまくすすむためには，過去の愛着体験をうまく解決，統合できているかどうかが重要であると結論づけている。

以上をまとめると，アイデンティティ形成において，発達初期の愛着に関わる経験や家族関係が非常に重要であることが実証的に示されてきたと言えるだろう。

一方で，これまでの研究では，親子関係や，友人関係，夫婦関係という単一の重要な他者との関係をとりあげた研究が多く，ライフサイクルを通した複数の重要な他者との関係を視野に入れた研究はクローガーとグリーン（Kroger, & Green, 1996），岡本（2002, 2007），杉村（1998, 2001, 2005）を除いて見当たらない。クローガーとグリーン（Kroger, & Green, 1996）は，中年期男女にマーシャ法を用いて15歳から現在までのアイデンティティ・ステイタスの変化を分析し，変化が起こった際に最も影響を与えた要因について検討した。その結果，他者との関係の変化はステイタスの変化に影響を与える要因であることが見出された。ここで重要なことは，単なる変化ではなく，対人関係を含めた環境的変化を自分自身がどのようにとらえるかという，自己自身のあり方であり，このような観点は発達をとらえるうえで有益な示唆を与えるだろう。

3-2 関係性の発達プロセス

1）発達プロセスの考え方

発達をとらえるうえで，そのプロセスを明らかにすることは重要である。第1章第2節1.で述べたように，この視点は，マーシャ（Marcia, 1976）によってアイデンティティ・ステイタスは流動的なものであることが示され，その変化経路を検討することの重要性が認識されたことにさかのぼる。この提言をもとに，ウィットボーンとウェインストック（Whitbourne, &

Weinstock, 1979) や，ウォーターマン (Waterman, 1982) は，青年期から成人期への移行期におけるアイデンティティ・ステイタスの発達経路に関するモデルを提示した。つまり，青年期にアイデンティティ達成というステイタスを獲得した場合，それが成人期にそのまま維持されていくとは限らないこと，さらに，アイデンティティ・ステイタスは，必ずしもより成熟した達成の方向へ移行するわけではなく，より下位のステイタスへ変動する可能性もあることが指摘されたのである。両者の研究は，アイデンティティ発達プロセスを検討する有益な手がかりを提供することになった（岡本, 1997）。

　岡本（1985）は，中年期のアイデンティティ発達として，再体制化プロセスを提出している。つまり，中年期という発達的危機に遭遇するなかで，Ⅰ身体感覚の変化の認識に伴う危機期 → Ⅱ自分の再吟味と再方向づけへの模索期 → Ⅲ軌道修正・軌道転換期 → Ⅳアイデンティティの再確立期という段階を経てアイデンティティを再確立することを明らかにし，アイデンティティ再体制化プロセスを示唆している。この知見は，ライフサイクルにおける発達的危機期に繰り返し訪れるテーマであるという大きな示唆を与えた（岡本, 1994, 1997, 第1章第4節 参照）。

2)「重要な他者」との関係における関係性の発達プロセス

　岡本（1994, 1997）の指摘した，中年期の発達的危機期における心身の諸変化は，個人内の次元にとどまらず，重要な他者との関係そのものや，それらの関係の中での個人の他者へのあり方に何らかの影響を与えていることが予想される。このような問題意識から，成人期を対象とした「重要な他者」との関係における関係性の発達を検討した研究を紹介したい。

　宇都宮（2004）は先述したウィットボーンとウェインストック（Whitbourne, & Weinstock, 1979）や，ウォーターマン（Waterman, 1982）らのステイタス論を，配偶者との関係に応用した。彼は，配偶者との関係性の発達経路の多様性を，アイデンティティ・ステイタス論を取り入れた「関係性ステイタス」として分析している。この研究では，夫婦人生の転機における関係性発達として，Ⅰ個人の内的危機を認知する段階 → Ⅱ個人の内的危機を夫婦関係の問題として位置づける段階 → Ⅲこれまでの夫婦関係を見つめ直す段階 → Ⅳ夫婦関係を修正・向上させる段階 → Ⅴ人格的関係としての安定とそれにもとづく積極的関与，の5段階からなる発達プロセスが報告されている。

　永田・岡本（2005）は成人中期を対象として，重要な他者との関係に関する研究を行った。この研究では，「関係性」を「重要な他者との関係を通して構築される他者との関係の中での個人のあり方」と定義した。そして「関係性」を，①重要な他者との肯定的な関係，否定的な関係というさまざまなかかわりを，自己に与えられた意味あることとして位置づけているかという「自己への主体的位置づけ」の有無と，②深い積極的関与（commitment, 以下コミットメントと表記する）が特定の重要な他者との関係の構築にとどまらず，他者一般に普遍化されていくという「コミットメントの普遍化」の有無の，2つの基準によってとらえている（表3-4 参照）。この2つの基準の有無の組み合わせからⅠ再体制化完了型，Ⅱ現状満足型，Ⅲ否認・軽視型の3タイプが見出されており，それぞれのタイプの発達プロセスの違いを明らかにしている。具体的な事例で詳述しよう。

＜事例＞ 再体制化完了型（女性，51歳，非常勤講師）
　夫婦共に教員をしていたものの，「あまりの忙しさで子どもが可哀想」に思い，夫婦で話し合って最終

表 3-4 関係性様態の概念構成，反応内容例，概要，人数分布

関係性様態	自己への主体的位置づけ	コミットメントの普遍化	概要	男性 (n=13)	女性 (n=14)
Ⅰ 再体制化完了型	有り（「夫や息子との葛藤」を通して「自分の視野の狭さ」や「思いを理解してやることができない自分を知った」）	有り（自分の生きがいは「人とのかかわりの中で自分の世界が広がっていくこと」）	重要な他者が自己自身に大きな影響を与えた存在として意識されている，もしくは重要な他者との葛藤経験を通した内在化の作業を経て，重要な他者との関係が自分の人生に意味あることとして主体的に位置づけられている。また，重要な他者を含めた他者とのかかわりの中で自分自身への影響が意識されており，さまざまなかかわりの中で，自分自身をしっかりと知り，重要な他者との関係に深くコミットしている。また特定の重要な他者との関係で経験したことを他の人間関係にも普遍化していこうとする特徴をもつ。	6	4
Ⅱ 現状満足型	有り（「子どもに対して画一的な見方しかできなかったが，（息子の非行を通して）いろんな見方ができるようになった」）	無し（「（他者との関係の中で）何か自分がしていきたいとか，変わっていきたいというのはない」）	重要な他者が自己自身に大きな影響を与えた存在として意識されている，もしくは重要な他者との葛藤経験を通した内在化の作業を経て，重要な他者との関係が自分の人生に意味あることとして主体的に位置づけられている。一方で，重要な他者との特定の文脈での葛藤経験をきっかけになされた主体的位置づけの作業が，他の人間関係に普遍化されるまでには至っていない。他者との関係においては，自己自身が他者から変化を求められることを拒み，余生は楽しく安泰に過ごすことを希望している。	4	10
Ⅲ 否認・軽視型	無し（「50過ぎて自分の性格が丸くなった。…（中略）…年齢的なものだと思う」）	無し（「（人とのかかわりについて）そういうことは疎い方。普通だと思う」）	重要な他者との関係からの自分自身の人格への影響は意識されたことがない。また，他者とのかかわりにおける葛藤経験はほとんど意識されない，もしくは意識されていても防衛的に排除する傾向が強い。他者との関係は，自分自身の身体的健康，精神的健康を維持するためのものとの見方が強い。	3	0

注：「」内は，対象者の言葉をそのまま掲載している。（ ）内は，筆者が対象者に対して不明瞭な点を尋ね確認できた内容を補足的に追加したものである。永田・岡本（2005）にもとづき筆者作成。

的には妻である自分が退職。その後，子育て，介護に専念し，10年程前から非常勤講師を始める。地域でのPTA活動等を通して人間関係が広がり，自分自身も女性大学で受講しながら地域活動に関わっている。

　この事例では子どもの不登校が大きな危機としてとりあげられた。本事例に見られた関係性再体制化のプロセスは以下のとおりである。

　子育てにおいて大きな危機を体験していた。「小学校に行き出していじめにあった頃があって，親としては（そのような苦境の中でも）頑張って欲しいという歯がゆい思いがあった」。しかし，そのような親子関係における苦労を経験する中で，「子どもも子どもなりに大変だったと思う。親の方が介護で大変な思いをしている頃だったし…（中略）…（夫婦共に教員だったということで）過剰に学校教育に期待していたところがあった。でも，そのうち，学校にすべてを期待してもしようがない，私が

できることを（子どもに対して）やっていこう，でもあんた（息子）も頑張るのよ，と何度も話し合いをしてお互いの思いを伝え合う」。人生の中で「自分も自分なりに頑張ってきた，頑張れば」必ず良い結果が得られるという価値観が自分にはあった。だから「子どもにも今よりももっと」頑張ることを期待した。そういうことを「お互いが分かっていく過程だったのだと思う」。「我が子と関わっていく中で，そうではない人間がいる」ことを知り，「全く違った見方がある」ことを知り，「そういう意味で人間観が広がった」。

この事例のプロセスについては，次のように考察できる。小学生の子どもがいじめにあった［Ⅰ．危機として認知する段階］ことをきっかけに，子どもの抱えている問題解決に向けた親子関係の再構築への模索がはじまる。子どもの直面した危機を通して，「子どもも子どもなりに傷ついていた」［Ⅱ．重要な他者との相互作用が意識化される段階］と回想され，「自分は自分なりに頑張ってきた。頑張ればできると考えてしまう自分の性格から，子どもに対して今よりももっと頑張ることを要求・期待してきた。そういうことを自分自身がわかっていく過程だったのだと思う」と，これまでの自己自身の対象へのあり方が問い直された［Ⅲ．主体的位置づけの段階］。そして，「（子どもに対して）私ができることをやっていこう，でもあなた（子ども）も頑張るのよと話し合う」［Ⅳ．重要な他者との関係に反映される段階］に至った。さらに，子どもとの関係を通して問い直された関係性は，子どもとの親子関係という特定の重要な他者との関係にとどまらず，「（自分とは）違う感じ方をして生きようとしている人間がいることを知り，…（中略）…出会う人にもそのような接し方が大事」と「人間観が広がった」［Ⅴ．コミットメントの普遍化の段階］と他者一般へと普遍化されていった。

つまり，重要な他者との関係において危機を経験し自分自身のあり方が問い直されるプロセスについて時間軸に沿って整理すると，Ⅰ危機として認知する段階 → Ⅱ．重要な他者との相互作用が意識化される段階 → Ⅲ．主体的位置づけの段階（対象に対するこれまでの自分自身のあり方が問い直され，危機を通した重要な他者との関係を自分自身の人生に主体的に位置づけようとする）→ Ⅳ．重要な他者との関係に反映される段階（主体的位置づけを行った結果，新たに構築された自分自身のあり方がコミットメントとして重要な他者との関係に反映される）→ Ⅴ．コミットメントの普遍化の段階（コミットメントが特定の重要な他者との関係にとどまらず，他者一般へのコミットメントへと方向づけられる）の5つの特徴的な段階が見られた。

さらに他のタイプとのプロセスの差異を見ると，次のようなことが見出されている。Ⅱ現状満足型とのプロセスの差異については，第Ⅲ段階の重要な他者との関係の中での自分自身のあり方が問い直されるという主体的位置づけが非常に重要であること，再体制化完了型と現状満足型の様態像の違いは主体的位置づけの作業の有無・成否にあること，さらに否認・軽視型の場合，第Ⅰ段階の危機としての認知の次元にとどまっており，危機として認知しない，もしくは危機を回避するという特徴が見られた。

「再体制化プロセス」については，個としてのアイデンティティ研究において岡本（1985）により，Ⅰ身体感覚の変化の認識に伴う危機期 → Ⅱ自分の再吟味と再方向づけへの模索期 → Ⅲ軌道修正・軌道転換期 → Ⅳアイデンティティ再確定期，という中年期のアイデンティティ再体制化プロセスが報告されている（表1-7, p.41）。先に提示した関係性の発達プロセスは，この「再体制化」の知見が関係性の領域においても応用可能であることを示唆している。一方で，「再び組み直される」にとどまらず，さらに「組み直されたものが他者へのコミットメント

として対人関係に普遍化される」という結果は，関係性をとりあげた場合の独自の結果であり興味深い。

3-3 関係性発達とアイデンティティ発達との関連

先述したように，近年のアイデンティティ研究では，個体化の次元のみでなく，関係性の側面からアイデンティティの発達をとらえる研究が注目を浴びている。岡本（2002, 2007）は，成人中期女性のアイデンティティ危機の契機として，自分や家族，重要な他者の大病や障害，死という喪失体験などがあり，これらの危機体験の中での自己の見直し，アイデンティティの再構築が行われることを示唆している。さらに，成人中期女性のアイデンティティの危機と発達には他者との関係がとりわけ重要であり，トータルなアイデンティティの見直しにおいては「個」と「関係性」の統合が不可欠であると指摘している。このような観点から，「個」と「関係性」から見たアイデンティティ理論の構築に向けて，概念の整理が行われ実証的証拠が示されつつある（e.g., 宗田・岡本, 2005, 2006; 山田・岡本, 2007, 2008）。

重要な他者との関係の文脈に焦点化した「関係性」とアイデンティティとの関連を検討した研究では次のような結果が得られている（永田・岡本, 2005, 2008）。まず，エリクソン心理－社会的段階目録検査（Erikson psychosocial stage inventory, 中西・佐方, 1993）を用いてアイデンティティとの関連を検討した研究（永田・岡本, 2005）では，自主性を除くすべての項目において，関係性発達と心理－社会的発達課題の達成度との間に有意な関連が認められている。特に関係性が発達している再体制化完了型が他の2様態に比べて有意に高いという結果は，関係性発達は，アイデンティティ感覚の全体性に大いに関係していることを示唆しているだろう。つまり，重要な他者との関係が社会的文脈の中でのアイデンティティ形成の最も基本的な単位であると同時に，全体的問題にもつながる重要な役割をもっていることを示している。さらにアイデンティティ・ステイタス論から見たアイデンティティ（加藤, 1983）との関連では，次のような結果が得られている（永田・岡本, 2008）。「過去の危機」「現在の自己投入」「将来の自己投入」のすべての下位項目において，Ⅰ再体制化完了型はⅢ否認・軽視型に比べて有意に

表3-5 アイデンティティ・ステイタスと関係性様態の類型パターン（永田・岡本, 2008）

アイデンティティ・ステイタス ＼ 関係性様態	Ⅰ再体制化完了型	Ⅱ現状満足型	Ⅲ否認・軽視型
アイデンティティ達成（n=18）	9　(6.2%)	6　(4.1%)	3　(2.1%)
	2.273*	-0.174	-1.929
A-F中間（n=25）	5　(3.4%)	13　(9.0%)	7　(4.8%)
	-0.932	1.936	-1.050
権威受容（n=28）	12　(8.3%)	8　(5.5%)	8　(5.5%)
	2.012*	-0.814	-1.056
積極的モラトリアム（n=3）	1　(0.7%)	1　(0.7%)	1　(0.7%)
	0.225	-0.067	-0.141
D-M中間（n=54）	11　(7.6%)	19　(13.1%)	24　(16.6%)
	-1.497	0.002	1.382
アイデンティティ拡散（n=17）	2　(1.4%)	4　(2.8%)	11　(7.6%)
	-1.553	-1.070	2.493*

注： 上段：人数，（ ）内は％。下段：残差。*p<.05

得点が高いという結果が示された。さらに関係性様態とアイデンティティ・ステイタスとの関連では，現状満足型においては関連が認められなかったものの，再体制化完了型と否認・軽視型でアイデンティティ・ステイタスとの関連が認められている（表3-5）。つまり，両者の間に有意な対応関係があることが見出され，関係性発達とアイデンティティ発達との関連が示唆されている。

■ 4　重要な他者との関係の中で構築される関係性発達研究の意義と今後の課題

本節では，アイデンティティ発達における関係性の側面に着目し，特に「重要な他者」との関係に焦点を当てた。

核家族化，離婚率や老人世帯，ひとり親家庭の増加，そして家族の範囲や父親・母親役割に対する意識の多様化といった変化が見られることをふまえると（井上・江原，1991；上野・NHK取材班，1991），ある特定の文脈の対象がどの人にとっても同じ心理的機能をもつという仮定は慎重に吟味される必要がある（井上・高橋，2000）。このような問題をふまえ，ライフサイクルを通した重要な他者との関係をとらえる際には，親子関係といったある特定の関係のみに焦点を当てるのではなく，当事者にとっての重要な他者をとりあげていくことは不可欠であろう。

これまでも，重要な他者との関係がアイデンティティ発達に深い関わりをもつことが実証されている（e. g., Kroger, 1990; Kroger, & Green, 1996）。これらの研究では，対人関係を含めたさまざまな環境的変化を個人がどのようにとらえるかが重要な要素であるとしている（Kroger, & Green, 1996）。つまり，重要な他者との関係において同じ危機を経験しても，そのことが自分自身の人生にとって意味あることと主体的にとらえることができる人，できない人とがあり，意味あることととらえることができるかどうかが，関係性の発達において本質的に重要であると言えよう。さらに，重要な他者との関係における危機の解決という特定の閉じられた「帰属集団」のみへの反映ではなく，そこを乗り越えて普遍化されるという異なるパラダイムへの展開が存在するとの示唆が得られている。このような他者に開かれた視点をもつに至るという発達の方向性の示唆は非常に興味深く，このような方向性を提示していくことは現代社会において意義あることだろう。

人生で直面する重要な他者との関係における発達的危機の現れ方は，発達段階により異なる。このようなときには，成熟した関係性をもってきた人も発達が後戻りしてしまうことも少なくない。このような退行の問題を含め，発達段階ごとの関係性再体制化のていねいな分析を行うことは不可欠であろう。さらに異なるライフステージを視野に入れた関係性発達のモデルを提起していくことも今後の重要な課題である。

第3節　成人期の喪失経験と心の発達

■ 1　喪失経験による心理的発達

1-1　喪失経験とは何か

喪失経験とは文字どおり「何かを失う」経験であり，歴史的に見ても，原始の時代から人間という存在の一部であり，基礎的かつ普遍的な経験のひとつである。心理学においても，古くは精神分析学の領域において，愛情や依存の対象をその死によって，あるいは生き別れによっ

て失う体験を「対象喪失」（小此木, 1979）と呼び，さまざまな対象の喪失が扱われてきた。

死別経験をはじめとした多様な喪失を伴う経験に関する研究を行ってきたハーヴェイ（Harvey, 1998）によると，喪失経験とは「個人が生活のなかで感情的に投資している象徴的，物理的な資源の減少を伴う経験」であると定義されている。具体的には，喪失を伴う経験の種類は，①死別経験，②対人関係の破綻（例；離婚，離別），③慣れ親しんだ物や環境の喪失（例；引越し，地位や役割の喪失），④病気・障害（例；慢性疾患，肢体不自由），⑤目標や自分の描くイメージの喪失の5つに大別される（e.g., 池内ら, 2001）。上記のように，「何を失うのか」といった喪失する対象の違いだけを見ても，実に多種多様なものであり，さらに誰もが経験しうる"普遍的な"現象であると言える。また，長い一生涯を視野に入れると，喪失という経験は，ひとつの喪失だけにはとどまらないことが少なくない。例えば，時期を選ばず形を変えて何度も起こりうるケースや，同時に複数の喪失を抱えるケース，病気などの一次的な喪失を経験した後に，社会的な地位をも奪われるなど二次的な喪失となる可能性もある。

以上のことから，喪失は日常的に誰もが経験しうる普遍的な経験であると同時に，その喪失対象は多岐にわたること，また喪失の周期性や累積的な喪失の存在などその発現の仕方はさまざまであると言えよう。

1-2　喪失経験による心理的発達（変化）に関する研究動向

1）喪失経験によるネガティブな心理的発達（変化）に関する研究動向

心理学の領域においては20世紀になり，心理力動論，愛着理論，社会的学習理論，認知・行動理論，構成主義などさまざまな理論的立場から，喪失への普遍的な適応プロセスについて体系的な説明や記述が試みられてきた（Murray, 2001）。しかし，喪失経験後の心理的発達（変化）に関する研究の多くは，「悲嘆反応」をはじめとしたネガティブなものに焦点が置かれていることが多くの研究者によって指摘されている（e.g., Tedeschi et al., 1998）。ここではまず，喪失経験後のネガティブな心理的発達（変化）を「心理面」「行動面」「身体面」の3つの側面に分けて整理していこう。

テデスキーとキャルホーン（Tedeschi, & Calhoun, 1995）によると感情に与えるネガティブな影響としては，「ショック」「混乱」「無力感」「不安」「恐れ」「罪悪感」「怒り」「抑うつ」などがあげられる。また，喪失経験は意識に入り込むことによって，夢や自分に起きた出来事への理解，警戒心，自尊心などにネガティブな影響を及ぼす。さらに，行動面においては，薬物に依存するようになったり，他者から距離をおくようになる，攻撃行動が増えるなどのネガティブな変化が生じることもある。さらに，食欲低下，疲労感，頭痛，消化障害といった身体面への悪影響や，PTSDのような重篤な精神症状がもたらされる可能性も高い。これらのネガティブな影響について彼らは，喪失が突発的かつ思いがけず発生すること，また，その出来事が統制不可能であること，例外的な出来事であること，慢性的であること，他者から非難されることなどの条件が重なることによって，より心理的問題を引き起こしやすくなることを指摘している。

このように自己が傷つけられ，ネガティブにとらえられることによって，人々は上記のようなあらゆる側面においてネガティブな影響を受ける可能性があると言えよう。

2）喪失経験によるポジティブな心理的発達（変化）に関する研究動向（1）：PTG 理論を中心に

しかしながら，喪失経験の多くは，決してその当事者にネガティブな影響だけを与えるわけではない。守屋（2006）は，生涯発達の過程において問題となるのは，喪失と獲得の「バランスの喪失」が起きることであり，喪失そのものが問題となるわけではないことを指摘している。例えば，獲得に目が向けられがちな乳児期であっても原始反射の喪失があるし，逆に主に身体機能の低下など衰退や喪失の時期であるとされる老年期であっても，人格的な成熟や英知を獲得することなどによって，そのバランスは回復されるのである。

ここでは，このような喪失経験後のポジティブな心理的発達（変化）について，代表的な研究者であるテデスキーとキャルホーンが行った一連の理論的・実証的研究を中心に整理していきたい。まず，彼らは，個人が重大な喪失あるいはトラウマと苦闘した結果，得ることができるポジティブな変化を「トラウマ経験後の成長（posttraumatic growth，以下 PTG と略す）」と呼び，そのような成長が発生する一般的なモデル（e.g., Calhoun, & Tedeschi, 1998；2006）を考案した。具体的には，まず個人の根本を激しく揺さぶるような出来事が起こり，多大な感情的苦痛が発生していく。そこで人は高次の目標や信念に挑んだり，苦痛を制御するなどの取り組みを行うものの，この段階では失敗することも多い。その後，繰り返し思い出してしまう自動的な反芻（rumination）を経験するものの，さまざまな社会的援助を受けたり自己開示していくことを通して，次第に無理な目標設定や理不尽な信念から解放され，感情的な苦痛が軽減されるようになってくる。そして，意図的に反芻したり，経験を語り直すことを通して，あらたな認知的スキーマを形成していく。この反芻と認知的スキーマの再構築の作業が，PTG の発生において非常に重要視されている。最終的にはいくらか残り続ける苦痛を抱えながらも，人生の英知や語りと相互作用しながら，PTG が生み出されるというプロセスが想定されている。

次に，喪失経験後のポジティブな心理的発達（変化）にはどのようなものがあるのかについて，紹介していこう。キャルホーンら（Calhoun, & Tedeschi, 2006）の質的なデータにもとづいた分析によると，次の 3 点に集約されている。すなわち，自己信頼感や自己効力感の増加，自

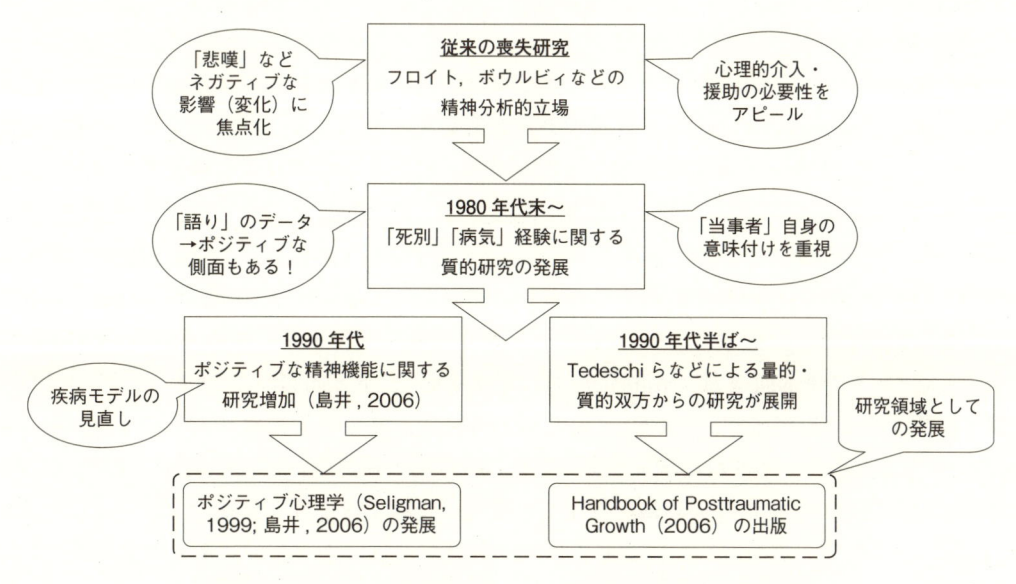

図 3-2 欧米における喪失経験による心理的発達に関する研究動向

己の強さへの気づきといった「自己に対する認識の変化（changes in the perception of self）」，家族や周囲との関係がより親密になる，傷ついた人々に対して共感的，同情的になるなどの「他者との関係性における変化（changes in the experience of relationships with others）」，人生における優先順位の変化や，日々を大切にし，自分が存在していることに対して感謝するなどの「人生哲学の変化（changes in one's general philosophy of life）」の3つである。その後，テデスキーら（1996）は，PTGを定量的に測定するツール（The Posttraumatic Growth Inventory：PTGI）の開発を目的として，先行研究からトラウマ経験後の成長に関連した34項目を選出し，過去5年間に重大な外傷的出来事を経験した心理学専攻の大学生604名を対象に，調査を実施した。その結果，①他者とのかかわり（relating to others），②新たな可能性（new possibilities），③人間的な強さ（personal strength），④精神的な変化（spiritual change），⑤人生の再認識（appreciation of life）の5つの因子（21項目）が抽出されている。

さらに，ポジティブな発達（変化）の経験率については，シェイファーとムース（Schaefer, & Moos, 1992）が，何らかの喪失を経験した人々を対象にしたいくつかの研究（e.g., Ebersole, & Flores, 1989）を概観したところ，50％以上というかなり高い割合でポジティブな発達（変化）を報告したと述べている。しかしながら，キャルホーンら（Calhoun, & Tedeschi, 2001）は，喪失をはじめとした苦痛を伴う経験をした人々の間でPTGが生じる人，生じない人がいる点について，いくつかの留意事項をあげている。第一に，すべての喪失経験者がポジティブな発達（変化）を経験するわけではないし，先にあげたPTGの3つの領域すべての側面を経験するわけでもない。第二に，ポジティブな発達（変化）を経験していることが，すなわち苦しみや痛みの「欠如」を意味しているわけではない。なぜならば，心理的適応を示す指標とポジティブな発達（変化）の指標との関連について一貫した結果が得られていないからである。このことは，キャルホーンら（Calhoun, & Tedeschi, 2001）がPTGの発生プロセスを説明するにあたり，「PTGの発生には，普段は意識していないが時折痛みを感じその存在に気づく"靴のつま先にある小石"程度の痛みが必要である」という指摘に通ずるだろう。

3）喪失経験によるポジティブな心理的発達（変化）に関する研究動向（2）：日本における取り組みを中心に

近年，日本において人間心理のポジティブな側面に注目するポジティブ心理学（鈴木・島井, 2004）に関心が高まってきている。看護学や社会学領域においても，身体的な喪失経験の影響を多角的に検討しようとする傾向が見られるものの，現状としてそれらの研究の焦点は「末期がん」や「慢性疾患」などのある特定の疾患に限定され，その知見が広く一般化されるには至っていない。また現状として，喪失経験に関する心理学研究は，ネガティブな影響に対する臨床的援助という観点から行われているものが多いのに対して，ポジティブな心理的発達（変化）に焦点化した研究（e.g., 飯牟礼, 2005）はごくわずかであると言える。

現状として，「精神的回復力（resiliency）」に関する研究（e.g., 小塩ら, 2002）や，「トラウマ経験」に関する研究（余語ら, 2003），「いじめ」経験による心理的影響に関する研究（e.g., 坂西, 1995）などでポジティブな心理的発達（変化）の存在が周辺的に確認できる。また，ポジティブな心理的発達（変化）の検証に焦点化した研究は，欧米のような体系的な研究はほとんど見られず，ある特定の喪失経験に限定した研究が散見されるにすぎない。例えば，「死別」に関する研究（e.g., 東村ら, 2001）や航空事故の遺族を対象にした研究（安藤, 2002），「ストレス体

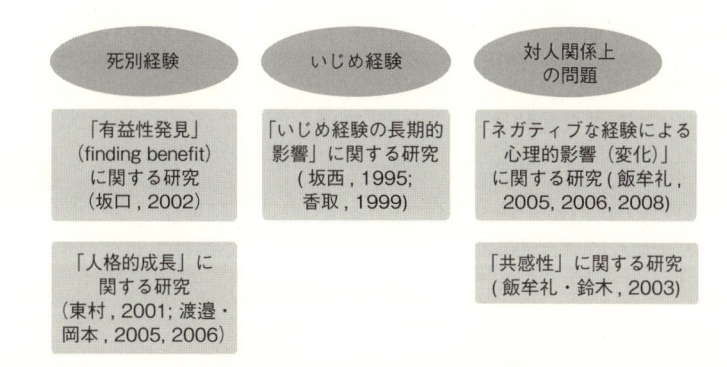

図3-3 わが国における喪失後のポジティブな心理的影響（変化）を扱った研究例

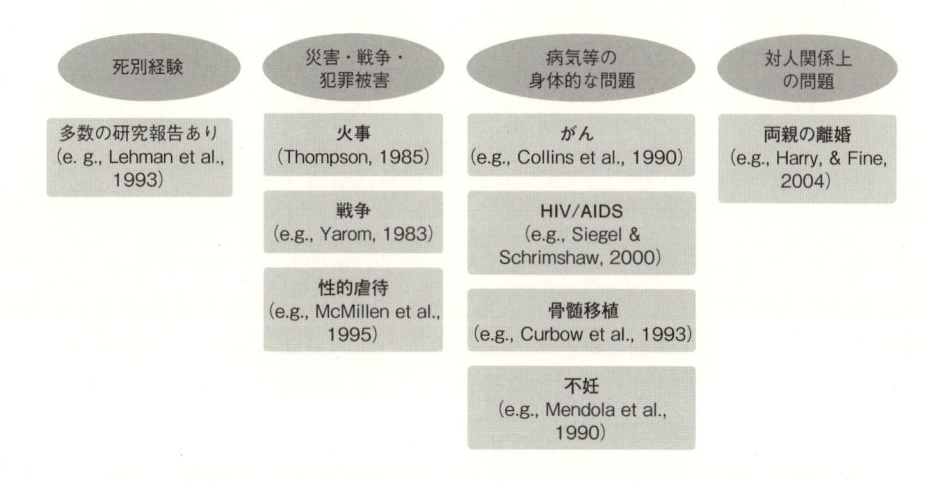

```
死別経験
　「有益性発見」
　(finding benefit)
　に関する研究
　（坂口, 2002）

　「人格的成長」に
　関する研究
　（東村, 2001；渡邉・
　岡本, 2005, 2006）

いじめ経験
　「いじめ経験の長期的
　影響」に関する研究
　（坂西, 1995；
　香取, 1999）

対人関係上
の問題
　「ネガティブな経験による
　心理的影響（変化）」
　に関する研究（飯牟礼,
　2005, 2006, 2008）

　「共感性」に関する研究
　（飯牟礼・鈴木, 2003）
```

図3-4 諸外国における喪失後のポジティブな心理的影響（変化）に関する研究例

```
死別経験
　多数の研究報告あり
　(e.g., Lehman et al.,
　1993)

災害・戦争・
犯罪被害
　火事
　(Thompson, 1985)

　戦争
　(e.g., Yarom, 1983)

　性的虐待
　(e.g., McMillen et al.,
　1995)

病気等の
身体的な問題
　がん
　(e.g., Collins et al., 1990)

　HIV/AIDS
　(e.g., Siegel &
　Schrimshaw, 2000)

　骨髄移植
　(e.g., Curbow et al., 1993)

　不妊
　(e.g., Mendola et al.,
　1990)

対人関係上
の問題
　両親の離婚
　(e.g., Harry, & Fine,
　2004)
```

験」に関する研究（e.g., 宅, 2004）などでその存在が報告されている。

　特に，代表的な喪失経験である「死別」に関する研究は，わが国においても比較的その数は多い。これらの研究の中で明らかにされたポジティブな心理的発達（変化）として，東村ら（2001）は，「ライフスタイルの変化」「死への態度の変化」「人間関係の再認識」「生への感謝」「自己の成長」「人生哲学の獲得」「宗教観」の7つを，坂口（2002）は「いのちの再認識」「自己の成長」「人間関係の再認識」の3つをあげている。しかしながらこれらの研究は，死亡した場所や死因などが限定されており，死別に関する全般的な傾向をとらえているとは言いがたい（渡邉・岡本，2005）。比較的広範な死別経験者のサンプルを対象として，死別経験後の人格的発達の様相を検討した渡邉と岡本（2005）においては，「自己感覚の拡大」「死への恐怖の克服」「死への関心・死の意味」の3因子が抽出されている。特に後者2つは，死別経験ならではのポジティブな心理的発達（変化）として解釈されており，これら3つの因子は，先行研究（e.g., 東村ら，2001）で報告された「生への感謝」や「死の受容」といった側面と共通する点が多い。わが国においては，後述するように，近年死別や関係性の問題といったさまざまな喪失を経験した人々を対象にした調査も行われ始めており，そこでは欧米の先行研究と一致した見解が得られているのと同時に，独自の側面も見出されている。

　最後に，喪失経験後のポジティブな心理的発達（変化）をとらえるための方法論として，死別については質・量双方の観点から研究が行われている。また，近年田口・古川（2005）は，テデスキーら（Tedeschi, & Calhoun, 1996）が開発したPTGIの日本語版を作成し，それを用い

た研究がわが国においても散見されるようになってきた。しかしながら，この領域における研究数自体が少ないこともあり，今後の発展が望まれる段階である。

　以上，わが国における喪失経験後のポジティブな心理的発達（変化）に関する研究動向としては，関連概念を含めると次第に発展しつつあるが，現状としては発展途上の段階であると言えよう。「100年に一度の不況」と言われる未曾有の危機に直面した日本社会の現状をふまえると，誰もが重大な喪失を経験する可能性があることから，生涯発達における喪失経験の長期的影響を検討する際に，ポジティブな影響（変化）に焦点をおいた体系的な研究が行われる必要があるだろう。

2　多様な喪失経験によるポジティブな心理的発達：普遍的な発達変容
2-1　人生における喪失経験の多様性

　ここでは前項で概観してきた研究動向をふまえて，筆者が2003年頃から行っている調査データの一部を紹介しておこう。

　この研究は，大学生のサンプルを対象に，人生上最も影響を与えた出来事とその心理的影響を尋ね，特に死別や関係性，能力上の問題といった多様な喪失経験後に見られる発達変容のあり方を検討することを目的とした。その際，喪失経験以外の人生経験による影響が交絡しないようにするため，比較的経験量の少ない大学生という若年のサンプルを対象とした。さらに，調査実施にあたっては，対象者自身が「人生上最もつらかった経験」を尋ねると同時に，「人生上最も良かった経験」を尋ねることや，経験内容の詳細を問う形式ではなく，飯牟礼・鈴木（2003）の分類（表3-6）を元にした選択肢を用いて，喪失のようなネガティブな経験を想起する際に生じる心理的負担の軽減を図った。

　では，2008年12月現在，350名弱の方々に協力いただいたデータをまとめた結果の一部をここに報告していきたい。なお，調査対象者の喪失経験後の心理的変容のあり方については，自由記述で回答してもらい，回答に不備のあるデータを除外したうえで，筆者と心理学専攻の大学院生とでコーディングし，分類を行った。その結果，343名の対象者（男性140名，女性203名；平均年齢20.54歳）のうち，経験内容として最も多かったのは「対人関係上の問題」（28.9%）で，続いて「死別経験」と「自分の能力（勉強や仕事）上の問題」（17.8%）が同率で続き，「家族関係における問題」（9.0%）となった。「友人や周囲の人の問題」は，「家族関係における問題」や「恋愛（結婚）に関する問題」（8.5%）といった異性関係や家族関係といった

表3-6　経験内容と自己関与度

自己関与度	経験内容
自己関連	自分の病気・障害
	自分の能力（勉強など）の問題
	自分に起こった事故・災害・犯罪
他者関連	重要な他者の死
	重要な他者の病気・障害
	他者に起こった事故・災害・犯罪
両関連	恋愛に関する問題
	友人や周囲の人との問題
	家族関係における問題

親密性に関わる関係性までを含めると，約半数を占める値を示しており，非常に身近で重大な問題であることが推察される。このような関係性に関わる問題を報告する傾向があることについては，人が社会的な存在であることの証左であると同時に，日常的なストレス源として対人関係をあげる傾向が強い（秋山, 1997）日本人の文化的特徴のあらわれであるとも考えられよう。

さらに，経験種と性差の関連を検討するにあたり，「その他」を除いた9カテゴリーを，当該事象にどのくらい自分が関与しているかを示す「自己関与度」を基準として，「自己に関する問題（自己関連）」「他者に関する問題（他者関連）」「自己と他者の両方に関連した問題（両関連）」の3領域に分類した（表3-6）。その結果，特に「自己関連」と「両関連」の経験率に性差があることがわかった。具体的には，男性においては自己に関わる問題をあげる傾向が強く，女性においては自己と他者の双方が関わる関係性に焦点化された経験をあげる傾向が強いことが明らかになった。

2-2 喪失経験後に"何が"変わるのか：ポジティブな変化に関する質的検討

先に見てきたように，喪失は個人の生涯発達の道筋を大きく変更させる可能性がある。また，その変化の方向は，必ずしも一方向的ではなく，多方向的でさえある。では一体"何が"，"どのように"変わっていくのだろうか。これまでわが国において明らかにされてこなかったポジティブな変化の様相を中心に見ていこう。

まず，喪失経験による心理的変容について，対象者の回答を筆者と心理学専攻の大学院生の2名で「ネガティブ」「ポジティブ」「どちらともいえない（分類不可能）」の3つに分類した。その結果，ポジティブな影響（変化）を経験していた人は，343名中179名と全体の約半数（52.2％）に及んでいた。欧米の先行研究（e.g., Ebersole, & Flores, 1989）と同様な傾向が見られたことから，何らかの喪失経験を教訓や糧とし，自らの成長や気づきといったPTGを見せることがわかった。なお，欧米の先行研究の多くは，PTGのようなポジティブな側面を報告する傾向が全般的に女性の方が強いことを報告しているが，本研究において性差は見られなかった。つまり，人間の本質的で"普遍的な"傾向としてポジティブな心理的発達（変化）の存在が認められたと言えよう。

次に，PTGの質的な内容を検討するために，筆者と心理学専攻の大学院生の2名で，一文一義としてカテゴリー分類を試みた。なお，カテゴリー作成にあたっては，PTGに関する先行研究の分類を参考にした。その結果，①自己の成長・変化，②他者との関わりや関心の深まり，③喪失経験による学習と知識の獲得，④思考の深化，⑤喪失経験への親近感の5つのカテゴリーに分類された。具体的には，「自己の成長・変化」は，「精神的に強くなった」など，人格的な成長や内面におけるプラスの方向での変化を述べているものとし，「他者との関わりや関心の深まり」は，「人との関係を大切にするようになった」「違う考え方や立場の人の気持ちがわかるようになった」など，他者との関係性に関する気づきや再認識，あるいは共感的理解や配慮を示すものとした。さらに，「喪失経験による学習と知識の獲得」とは，喪失経験から，新たな知識や技能，対処方法などを具体的に「学んだ（知った）」といった，主に行動・実践面での獲得を示唆する内容のものとした。「思考の深化」とは，「物事をよく考えるようになった」など熟考のうえで経験した人生観などスピリチュアルな変化を示唆する内容のものとし，「喪失経験への親近感」とは，「死を身近に感じるようになった」など，当事者としての実感を得たこ

とを示す内容とした。

　これらのカテゴリーは，キャルホーンら（Calhoun, & Tedeschi, 2001）の示した3領域に加えて，恐怖感の低下を伴う「親近感」や，元来備わっている特性の変化や補填だけではなく，「新たに」学習（獲得）した側面を示す内容となっている。テデスキーらも後に因子分析による定量的な分析の結果，「新たな可能性」や「人生の再認識」など新たな領域を見出している。カテゴリー内容に若干の相違は見られるものの，わが国においても欧米とほぼ同様の傾向が認められたと言えよう。

　次に，先述した自己関与度による分類とPTGの経験率の関連について分析を行ったところ，特に「他者関連」においてPTGを経験している人の割合がそうでない人よりも多いことがわかった。これは，「自己関連」や「両関連」の出来事のように，「直接的」に苦痛を経験しやすいものに比べて，「他者関連」の出来事は問題の所在が「他者」に帰属されるため，苦痛をある程度「他者のもの」として，外在化しやすいためであると考えられる。つまり，キャルホーンら（2001）の言うPTGの発生や維持に必要であるとされる「靴のつま先にある小石」程度にまで苦痛が抑えられ，逆にポジティブな心理的発達（変化）が生じやすくなったのではないだろうか。

　さらに，上記の自己関与度とPTGの種別の発生率について，PTGがあったと判別された179名のうち「その他」を除外した174名（男性69名，女性105名；平均年齢20.64歳）を対象に検討した。その結果，「自己の成長・変化」と「思考の深化」において，PTGの経験率に有意差が認められた。さらに残差分析を行った結果，特に「他者関連」の出来事の経験者は，「自己の成長・変化」の発生率が低いことがわかった。また，「思考の深化」については，「他者関連」の出来事で発生率が高いことがわかった。これらのことから，PTGのありようには当該経験への「自己関与度」が影響する可能性が示唆された。

　しかしながら，いずれの喪失経験者であっても，上記にあげたようなPTGを「すべて」報告しているわけではない。また，死別のように統制不可能な出来事の場合と，関係性の問題のように比較的当事者自身が統制可能な部分を残す出来事では，PTGの表れ方が異なる可能性があるだろう。今後，これらの課題についても検討していきたい。

2-3　喪失経験後のポジティブな心理的発達に見られる"普遍性"とは

　最後に総括として，本研究で見出された結果から，喪失経験後のポジティブな心理的発達における"普遍性"について整理してみたい。まず，このような喪失の"普遍性"を認識し理解することは，そもそも喪失を経験した人々へのケアを多くの点で改善しうる（Murray, 2001）ことから有意義なことである。本研究で見出された内容においても，キャルホーンらの言うPTGの3領域と共通した内容が見出されたということは，確かに"普遍性"はあることが実証されたと言っていいだろう。しかしながら，新たに見出された2つの領域は，テデスキーらの研究において明らかにされていたPTGIの5因子の内容とは若干質的に異なっていた。これは，近年経験からの学習や実践的な知識の存在を，学校教育や社会教育において重視するようになってきた日本の社会状況を反映した結果であると言えよう。この点について，キャルホーンら（Calhoun, & Tedeschi, 2006）もPTGに関する研究成果を概観して，喪失経験の質によってはこのような共通した領域を超えて，"固有の"変化がある可能性を指摘している。本研究で見出された残り2つの領域について内容を詳細に検討すると，特に親近感についてはその経験率が最も高かった死別経験ならではのPTG，つまり個々の喪失経験がもつ"個別性"を反映し

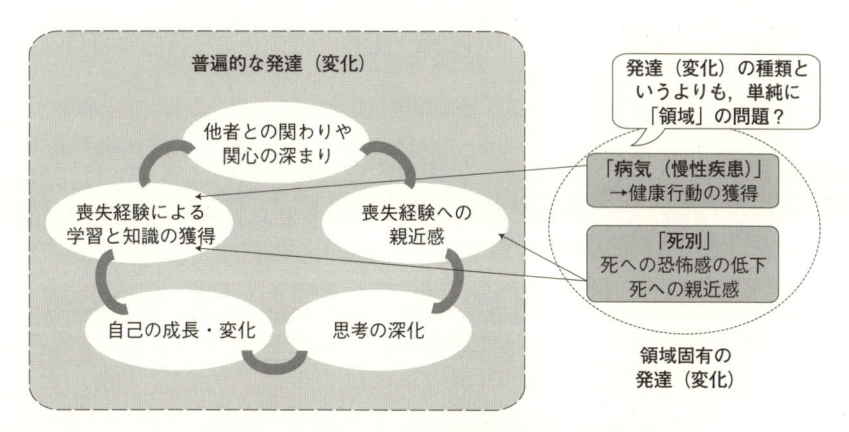

図3-5 ポジティブな心理的影響（変化）の様相

た可能性が見られる。つまり，PTG そのものが異なるというよりはむしろ，その特化する「領域」が異なると解釈するのが妥当であろう。これらをまとめると，図3-5 に示したとおり，喪失後のポジティブな心理的発達（変化）の種類には"普遍的な"側面は確かにあると同時に，それらが見られる「領域」には，経験固有の効果がありうることが明らかになったと言えよう。

3 慢性疾患をもつことによるポジティブな心理的発達：個別性の理解
3-1 慢性疾患とは何か：その特徴と心理 - 社会的側面

　ここまで喪失の"個別性"を重視してきたわが国の研究動向や多様な喪失経験をとりあげて総合的に分析し，それらに共通する"普遍的な"側面について検討してきた。本項では，身体の一部や機能を喪失する「慢性疾患」という喪失に着目し，喪失経験による心理的変容における"個別性"と"普遍性"についてさらなる検討を加えたい。

　慢性疾患とは，一般に「経過が長く，治りにくいかまたは治らない，長い間治療や特別の養護を要する疾患」であるとされている。代表的なものとしては，喘息のようなアレルギー性疾患，糖尿病，高血圧症，慢性腎炎などがあげられる。一口に慢性疾患と言っても，その症状や発病時期，生活上の制限などは多様である。喪失経験の中で位置づけるとすれば，「身体的自己の喪失」（小此木, 1979）であると同時に，社会生活上の制限や負担を経験することから，「社会的自己」の喪失（今尾, 2004）をも二次的に経験していると考えられる。

　慢性疾患に関する一般的な特徴として，松岡と橋本（1994）は，①長期的な経過をたどる，②予後や治療効果などが不確かである，③決定的な治療法がない，④生涯にわたる自己管理が必要である，⑤疾患が重複していることが多い，⑥社会的な幅広い支援が必要である，という6つの側面をあげている。したがって，慢性疾患をもつ人々は，長期的な不安や負担を抱えながらも適切な自己管理さえ実践していけば，健康な人々と大差ない生活を送ることも可能となる。さらに，病気が不可視的であることが多いため，自助グループや医療現場では「病気」を前面に出し，学校や職場など健常な他者が大部分を占める日常生活では「健康な」部分を前面に出す（Donnelly, 1993）というように，自らの環境を含めて日々調整していると考えられる。

　また，慢性疾患をもつことによる心理的影響としては，慢性的な抑うつ状態や，予後の不確実性に対する不安など，さまざまな心理的な負担があることは想像に難くない。特に幼少期においては，家族などに対して依存的になりやすいといった懸念が指摘されることも多い。ただ，後述するように慢性疾患のような長期的な喪失を抱えることは，必ずしもその当事者の生

涯発達に暗い影を落とすだけではなく，その経験と対峙したからこそ得られる側面が，近年明らかにされてきている（e.g., 飯牟礼, 2007）。

3-2 慢性疾患から"得たもの"を探して："実践知"を手がかりに

　ここでは，飯牟礼（2007）が行った慢性疾患をもつ人々を対象にした研究の一部を紹介する。この研究では，特に慢性疾患という喪失ならではのポジティブな心理的影響（変化）を検討することを目的としており，当事者なりの意味づけを重視するため方法論上の工夫を行っている。この調査に協力いただいたのは，1型糖尿病という慢性疾患をもつ20-30代の成人10名（男性2名，女性8名；平均年齢29.7歳，平均罹病年数11.4年）である。調査内容としては，①病気経験による心理的影響と②病気経験による心理的影響に対する評価の2点を中心に尋ねた1時間程度の半構造化面接を行った。

　まず，①については，「慢性疾患をもつことによってどのような影響を受けたのか」を尋ね，その質的内容を検討した。従来のPTGなどに関する定量的な研究においては，研究者の仮説にもとづいた変数のみを扱うため，その心理的発達変容の多様性や，当事者ならではの視点を取り出すことは難しかった。このため，面接調査という質的な研究手法を用いて，広くその心理的影響を尋ねることにした。次に，②においては，①で調査協力者があげた内容それぞれについて，プラスとマイナスの両側面から評価（各0-5点）をしてもらい，そのような評価を行った理由を尋ねた。このようなプラス・マイナス両側面から評価させる方法を用いることで，当事者自身の判断にもとづいた意味づけを反映することが可能になる。調査協力者があげた慢性疾患をもつことによる心理的影響（変化）35個について，プラスとマイナスの双方から評価した得点差を算出し，プラス評価得点の高いものを「ポジティブ影響」，マイナス評価得点の高いものを「ネガティブ影響」，得点差のないものを「ニュートラル影響」として分類した。このような分類方法によって，当事者がプラス，マイナスのどちらかに帰属しにくい場合や，言葉の意味的内容としてはどちらかの評価に偏りがちな場合であっても，調査協力者の内実に近い意味づけを客観的に明らかにすることができる。

　対象者の回答を上記の方法に従って分類した結果，「ポジティブ影響」は21個，「ネガティブ影響」は10個，「ニュートラル影響」は4個と「ポジティブ影響」が最も多いことが示された。このことから，慢性疾患という喪失経験においても，死別などの経験者同様にポジティブな発達変容があることが示唆された。これは，人間の成長可能性と発達の多方向性を示唆する結果であると考えられる。

　しかしながら，その中には言葉の上から受け取られる印象と，実際の評価には微妙なズレが生じているものもいくつか見られた。例えば，意味内容としては「病気をもつことによって人間としての深みや説得力が増した」といった人格的な成長を示唆するものであっても，当事者自身は「何かと病気を理由にしてしまう」といったマイナスの評価をしていた。このような方法をとることによって，従来のPTG研究のように，研究者側が設定した「ポジティブさ」が，必ずしも当事者のそれと対応しない可能性が示唆された。

　次に，これら35個の影響について質的に分類した結果，領域としては3領域，下位領域としては6つの内容に分類された（表3-7）。なお，「1. 関係性に関する変化」とは，病気後に関係性そのものが変化したり，他者との関係性を見直すといった認識面での変化をさしている。また，「3. 病気に関する知識や信念，健康行動の変化」とは，病気や治療行為などに関する宣言的

表 3-7　慢性疾患をもつことによる心理的発達（変化）の内容

領　域	下位領域
1．関係性に関する変化	社会的関係性における認識の変化 対人関係のあり方の変化
2．個人内の変化	共感性の発達 人格的成長
3．病気に関する知識や信念，健康行動の変化	病気に関する知識の変化 病気に関する意識や行動の変化

知識や，手続き的知識に加えて，それをうまくこなすための実践的な知識と行動の変化をさしている。さらに，「2. 個人内の変化」とは，内的な側面における成長や変化に関連した内容をさしている。

　最後に，ポジティブな影響の内容としては，1., 3. の2領域に該当する影響数がそれぞれ9個，「2. 個人内の変化」では3個であった。一方，ネガティブな影響においては，1., 3. の2つに該当するものはそれぞれ2個，「2. 個人内の変化」は6個であった。

　これらを考え合わせると，慢性疾患をもつことによるポジティブな心理的発達（変化）としては，関係性に関わる領域と，病気に関連した領域に顕著に表れることがわかった。慢性疾患のような不可視的な病気は，適切な治療さえ行われていれば，社会生活において病気であることが隠匿されやすい。このことは，他者の抱える不可視的な喪失に対する感度や共感的理解を高め，他者との関係性を調整する際に熟達した方略を発達させる可能性がある。また，病気に関連した領域では，新たな発見の契機として病気を意味づけたり，「一病息災」という言葉に示される変化が見られたことは，病気経験ならではの発達変容であると言えよう。つまり，いずれの領域においても「病気」という経験のもつ"個別的な"状況にもとづいた実践知を獲得し，広く社会生活においてそれらを反映させていっているのではないだろうか。

3-3　慢性疾患という経験から見た"個別性"と"普遍性"

　先の研究で明らかになった慢性疾患をもつことによるポジティブな心理的影響における3領域の特徴は，他の喪失経験とどのような「違い」と「共通点」があるだろうか。

　慢性疾患をもつことによるポジティブな心理的発達のうち，「関係性に関する変化」と「個人内の変化」は，PTG研究で明らかにされている「対人関係の変化」と「自己に対する認識の変化」に該当する。また，「病気に関する知識や信念，健康行動の変化」は慢性疾患（病気経験）という領域固有のものであると考えられる。具体的にその内容を見ていくと，前項で検討した喪失経験による普遍的な発達変容の「喪失経験からの学習・獲得」に該当する。しかし，その領域としては「病気／健康」に関連した領域固有の知識の発達を示唆している点から，慢性疾患という経験の"個別性"を示しているとも言える。これは，キャルホーンら（Calhoun, & Tedeschi, 2006）による，「PTGには共通の核はあるものの，特殊なストレッサーにはその経験特有のPTGがある（例：がんとの闘病経験の後に，健康的な食生活を送るようになる）」という指摘からも，喪失経験からの「学び」には経験特有の側面が表れやすいのではないだろうか。

　これらを考え合わせると，慢性疾患という経験においても，前項で述べたように熟達する領域こそ異なるが，喪失を抱える人々に共通する日常生活を「上手に」送るために必要な発達制御の方略を共通軸としてもっている可能性が明らかになったと言えよう。

■ 4 まとめと今後の展望

4-1 失われたものを取り戻す？：回復（recovery）から新たな獲得に向けて

本節では，多様な喪失経験とその後の心理的発達変容について，ポジティブな心理的発達（変化）を中心に論じてきたが，果たして人はポジティブな発達（変化）を見せることで，喪失経験から「回復（recovery）」したと言えるのだろうか。

喪失経験後のポジティブな心理的発達（変化）をどのようなものとしてとらえるのかについては，大きく分けて2つの考え方があるだろう。1つは，「回復モデル」であり，もう1つは「獲得モデル」である。前者の「回復モデル」は，まさに獲得したもので「失ったものを埋める」ものであり，それに対して後者の「獲得モデル」は，失ったものを埋めるというよりはむしろ，それとは異なる側面に見られるプラスの方向性の獲得や変化としてとらえるものである。確かに，ポジティブな心理的発達（変化）への関心が向けられはじめた当初は，喪失などのつらい経験をすることで失った側面を埋め，通常の状態に戻す「ホメオスタシス」的な考え方（Taylor, 1983）もあった。しかし，筆者は慢性疾患をもつ人々の面接調査を通して，「病気になる前の私」と「病気になった後の私」と，両者を別のものとして扱った語りを頻繁に耳にしてきた。その語りは，死の受容における段階論（e.g., Kübler-Ross, 1969）のように，最終段階として「受容」を設定し喪失を補填する「回復モデル」ではなく，病気を「受け止め」たうえで別のフィールドに目を向ける「獲得モデル」でとらえていくことが妥当であると思われる。このように考えると，長い生涯発達において喪失を「受け止め」，新たな獲得をめざすプロセスには「受容」のような終わりはないと言える。だれもが生涯発達において，喪失が何度も形を変えて起きる可能性があることを考えると，喪失を「受け止め」，新たな獲得をしていく人間ならではの心性を解明していくことが，今後必要なのではないだろうか。

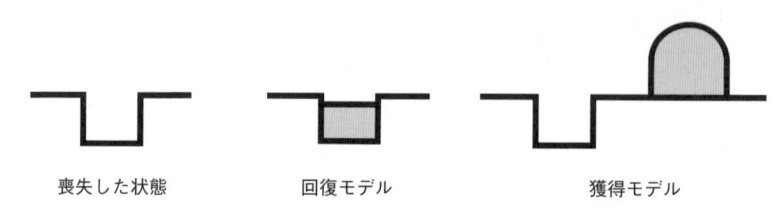

図3-6 喪失による回復モデルと獲得モデル

4-2 今後の展望

最後に，成人期以降の喪失経験とその心理的発達（変化）に関する研究の展望を述べたいと思う。

まず，わが国において喪失経験後のポジティブな影響（変化）を明らかにする取り組みは，現状としては喪失経験の「結果」としてみられた事象を扱っているにすぎない。今後，生涯発達的なアプローチによるポジティブな発達（変化）が発生するメカニズムやそのプロセスの解明が必要であろう。喪失というセンシティブな領域では，マクロな視点よりもむしろ，少数のデータから積み上げたミクロな視点こそがその発達変容を解明する手がかりになると思われる。その際，本節で検討してきた"普遍性""個別性"といった視点が役立つ可能性がある。

第二は，PTGに関する知見を専門的な臨床実践に限らず，生涯発達の早期から教育実践に組み込み，喪失経験者に対する柔軟な理解を一般の人々においても促進することである。そのためには，喪失の当事者の語りを聞く機会を教育実践の中に積極的に取り入れ，第三者の手によ

ってつくりあげられたストーリーではなく，当事者から自発的に発生したPTGを真実の1つとして伝えていく体系的な教育プログラムを検討していく必要があるだろう。

　いずれにせよ，喪失経験をとおして私たち人間は，何かを得ていくことがある。それは，紛れもない事実である。これは，弱肉強食の野生動物の世界ではありえない，人間という種独特の発達変容であると思われる。この人間固有の発達の可塑性とその限界を知ることが，今後の大きな課題として残されるだろう。

職業・キャリアの発達と危機　4

　多くの人は，成人期には職業に就き，それが生活の中心になっている。職業は人々の社会経済生活を支えるものであり，深く主体的に仕事に関与することによってアイデンティティの重要な位置を占めるものにもなる。しかし職業は，このような生活の基盤となり，心の発達をもたらすものである一方，ストレスや葛藤を生じさせるものである。特に，昨今のわが国の社会の急激な変化や経済不況に伴って，職場のメンタルヘルスの悪化は重大な社会問題となっている。本章では，成人期における職業・キャリアの危機をとりあげ，職業人としての発達の方向性や臨床的援助について考える。

第1節　キャリアの発達と危機への援助：企業人を中心として

■ 1　キャリアのとらえ方と理論

1-1　「キャリア」とは何か

　1990年代，日本で金融バブルがはじけた頃から，キャリアという言葉が社会の中でさかんにとりあげられてきた。そもそも，キャリアにはどのような意味があるのだろうか？　キャリアという言葉の語源はフランス語で"road for vehicles"で，「車が通る道」という意味がある。英語でも"career"と日本語と同音の言葉で表されるが，辞書には「経歴，生涯，身を立てる道，職業，経路，道」という訳が記されている。昨今の労働年数は高等・専門教育を受けて定年退職するまで約40年。年齢で言えば60歳前後であろうか。もちろん，もっと早く一線から退く人もいるし，人生の終焉近くまで仕事を続ける人もいる。それは，各人の置かれている生活環境や個人の労働に関する考えによって決まってくるのであるが，中高年期に自己をふりかえったときに，そこにキャリアという道が存在する。思ったとおりの道筋になっている場合や曲がりくねった道など，そこには人生の一部分を表す経路が形作られているのである。

　また，キャリアをそのときどきの職務でとらえるのではなく，一連のプロセスとしてとらえる考え方がある。つまり，長期にわたって追求する仕事で，そこで生じる仕事関連の諸経験が連続していくプロセスをさす。これに関して，ホール（Hall, 1976）は「キャリアとは，あるひとの生涯にわたる期間における，仕事関連の諸経験や諸活動と結びついた態度や行動における個人的に知覚された連続」ととらえており，フェルドマン（Feldman, 1988）は「諸個人が仕事生活の全体を通じて担う職務の連続をキャリアと呼ぶ」と述べている。

1-2　キャリア理論

　キャリア理論は1909年『職業の選択』を著したパーソンズ（Parsons, F.）から始まり，これまでいくつかのキャリアに関する理論が世に出されている。ここでは，ホランド（Holland, J. L.），スーパー（Super, D. E.），シャイン（Schein, E. H.），シュロスバーグ（Schlossberg, N. K.），

およびクルンボルツ（Krumboltz, J. D.）の理論を紹介する。

1）ジョン・ホランド

1959年に『職業選択の理論』を著したホランドは，キャリアの選択は各々のパーソナリティの表現にほかならないと考え，それぞれのパーソナリティをタイプに分け行動を類型化すると，固有の職業に分類できると推測した。よって，同じ職業に就いている人は類似したパーソナリティをもち，職場でよく似た行動をとったり対人関係を構築すると予測した。ホランドの考えたタイプの種類は6つ（現実的，研究的，芸術的，社会的，企業的，慣習的）で，彼は，6つのタイプを軸にしてVPI職業興味検査（Vocational Preference Inventory，以下VPIと略記）を開発し，検査の結果を基に，職業指導を行った。ホランドは，環境もパーソナリティと同じ6つのタイプに分類できると考え，人は自分のパーソナリティ・タイプと同一または類似の環境を求めると説いたのである（ホランドの六角形モデル，図4-1参照）。ホランドの理論の特徴として，職業満足度，安定性，業績は，本人のパーソナリティと職場環境との一致度合いで表されるという具合に，自分と仕事との同一性の度合いで本人の満足度や自己実現レベルを予測している点があげられる。VPIを使った職業選択指導は，各人の興味から得られる職業タイプからいくつかの候補を絞り込むやり方で仕事を選択するので，職業選択のきっかけをつくってくれる。しかし，ある程度実務経験がある人が同じ検査を使った場合，結果で得られる職業タイプで示唆される職業に就くことは容易でないことが多々ある。そのような場面で，どのように本人の興味と実際の仕事と折り合いをなすかが重要なポイントになってくる。

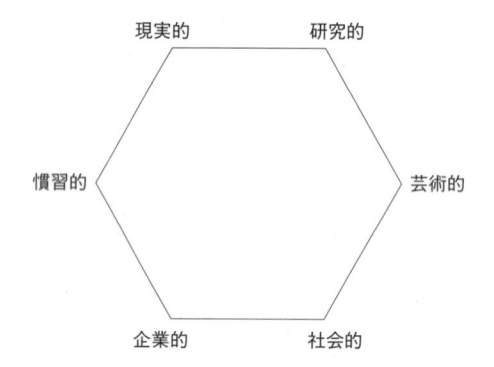

図4-1　ホランドの六角形モデル（1959）

2）ドナルド・スーパー

第2次世界大戦中空軍で勤務していたときに完成した"The Dynamics of Vocational Adjustment"（1942）の中で，スーパーは職業選択を一時期的な出来事としてではなく，発達の要素を含むプロセスであるととらえた。スーパーは自身が考えた理論の中で，キャリア発達を「役割」と「時間」の両側面からとらえている。「役割」の側面は「ライフ・スペース」という次元，「時間」の側面は「ライフ・スパン」の次元で表し，彼は両側面を統合して「ライフ・キャリア・レインボー」という図を考案した（図4-2）。「ライフ・スペース」は「ライフ・キャリア・レインボー」の中で役割軸にあたり，仕事だけではなく個人の人生における役割全体を描写している。「ライフ・スパン」は「ライフ・キャリア・レインボー」の中で時間軸にあたり，人生の発達段階を描写し，仕事とその環境や状況に適応するライフコースに焦点を当てている。

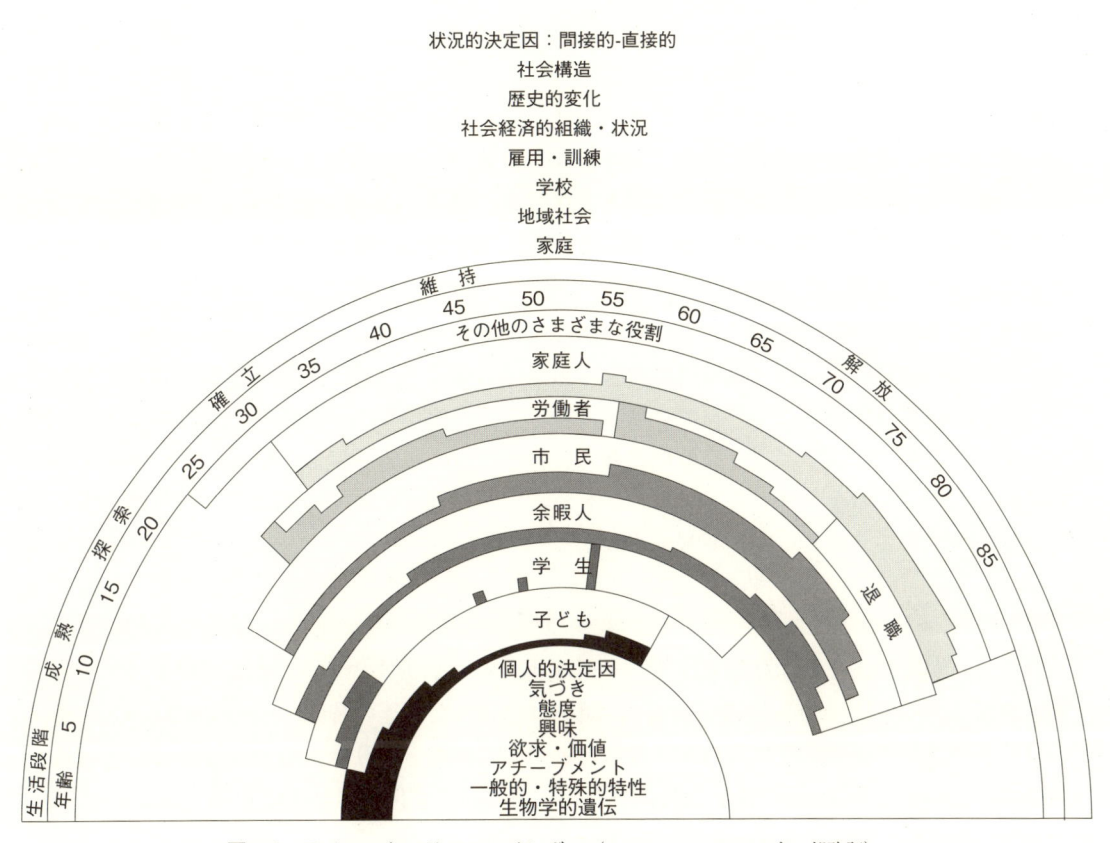

図4-2　ライフ・キャリア・レインボー（Nevill, & Super, 1986 を一部改訂）

　スーパーによると，個人の「役割」は，仕事だけにとどまらず親，配偶者，隣人など人生における役割全体を表している。ある役割が他の役割に必要とされる時間や労力を侵害するときに役割が相互に衝突するため，多くの役割をもつことは人生を豊かにするが，時には過度の負担を強いることにもなりうると指摘している。また，個人のキャリアは，人間としての成熟度合いや環境適応についての課題を達成するのに伴って発達していき，キャリア発達は，年齢にゆるやかに関連した予測可能な発達的課題，または年齢との関係をもたず不連続で予測不能な適応課題によって促されると仮定した。個々の主要なライフステージにおける課題は，複数の主要な発達的課題の連続として表され，それぞれの発達的課題を達成していくことは，学生，労働者，親として有効に機能することになり，かつ，次の段階での発達的課題達成の基礎を築くことになる。しかし，ある段階の課題への取り組みを避けて課題を放置した場合，後の段階での課題達成が困難になると仮定した。
　スーパーの理論の特徴は，キャリアを役割と時間軸とに分けてとらえ，仕事で得られる成長と人の発達を関連づけながら説いているところにある。筆者は，職業生活を通して自身の人格が磨かれ形作られるという観点から「キャリア形成」は「人格形成」につながると，常日頃考えている。スーパーの理論はまさしくその点を説明してくれる理論である。

3）エドガー・シャイン
　「組織心理学」という言葉の生みの親であるシャインは，組織開発の専門家であると同時に，心理臨床家でもある。シャインは，キャリアを生涯を通しての人間の生き方，表現としてとら

えている。シャインの理論の特徴は，個人のキャリアを，内的キャリア（internal career）と外的キャリア（external career）に分類したところにある。内的キャリアとは，自分のキャリアに対する自己定義，もしくは仕事生活や仕事で与えられる自分の役割に対する考えを示し，外的キャリアとは，現実や，機会，制限，実際の職務や組織に対する個人の認識を示す。シャインは，内的キャリアを示す自己概念を「キャリア・アンカー」（career anchor）と定義し，アンカーを形成する要素として，自覚された才能と能力，自覚された動機と欲求，および自覚された態度と価値の3つをあげている。キャリア・アンカーは8つに大別され，それによって自分がどのような人間であり，何が好きで，何が得意であるかに関する自己イメージが把握できる。ある程度実務経験を積むと，自分にとって最も意味のあるアンカーが形成されるとシャインは説いている。普段仕事をしているときは自分のアンカーをほとんど意識することはないが，再就職や社内の配置転換など大きな転機を迎えるときに，人は大切にしていることや価値を置いていること（自己のキャリア・アンカー）を意思決定の拠り所とすることが，道半ばながら筆者自身の人生をふりかえってみてもよくわかる。

4）ナンシィ・シュロスバーグ

スーパーから教えを受けたシュロスバーグは個人のキャリアについて考察する際に，その人が置かれている環境（contextual, cultural），順序づけられた発達の特徴（developmental），人生におけるさまざまな転機を連続性のあるものととらえ，課題を乗り越えることによって人は成長発達するという人生観（life span），および変化を引き起こす出来事とその対処（transition）の4つの視点をもって対応した。同時に，シュロスバーグは調査研究を通して，人は生涯を通じてさまざまな転機や変化を経験し，この転機や変化は予測不可能で，誰もが共通して遭遇する出来事でもなく，人それぞれがその人独自の転機を経験しているという確信をもち，人が転機を乗り越えるためには，4つの要素（状況：situation，自分自身：self，周囲の援助：support，戦略：strategies）が必要だと考えた。シュロスバーグは，転機の最中で重要なことは，転機をどのように受け取り，どのように対処していくかであると主張している。誰もが人生で何度か転機を経験する。時には自分には乗り越えることができないと感じるときがある。中にはあれこれ考えずに前に進む人もいるかもしれないが，転機をどのようにとらえるかは，自分にとってその転機がどのような意味をなし，誰からどのような支援を受けながら転機を乗り越えるか，転機を乗り越えた後自分がどのようになっているのか，決断をする際の自分が拠り所とする価値観など総合的に考えながら意思決定を行っていると感じる。シュロスバーグの理論はキャリアの中でも転機に関するポイントを多く示唆してくれる。

5）ジョン・クルンボルツ

キャリアは自分で計画を立ててデザインしていくものだという考えが主流であったが，クルンボルツは精緻に計画したとおりにキャリアは形成されず，偶然の出来事や出会いなどによってつくられると考え，そのことをプランド・ハプンスタンス（planned happenstance「計画された偶然性」）と名づけた。人は人生に起こるさまざまな出来事を肯定的に受け止めて，それらを積極的に活かすことによって自分の能力を高めたり，自分らしさを発揮できる職業を見つけたり，または，キャリアアップに結びつけるとクルンボルツは考えた。この理論では「偶然」という言葉を使っているが，「行き当たりばったり」にキャリアがつくられるという意味ではな

い。「行き当たりばったり」の生き方は受身的な意味あいがあり，誰かから声が掛かるのを待っている人のことをさす。それに対して，計画された偶然で成功する人は，「予期せぬ出来事」を受身的に待っているのではなく，日頃から能力を高める努力を怠らず，周囲に対してアンテナを高く立てて情報を入手して，自分に重要だと思われる情報にすかさず反応して，それらを活かして自分のキャリア形成に役立てている。クルンボルツは予期せぬ出来事をうまく活用するスキルとして，好奇心，粘り強さ，柔軟性，楽観性，およびリスク・テイクの5つをあげている。彼の理論については，第3節でもとりあげる。

1-3 職業アイデンティティ

「職業アイデンティティ」はキャリア発達の状態を示す1つの概念としてとらえられているもので，「職業を中心とした主体的な自分のあり方と居場所感」(岡本, 1999)，「認識された職業役割に関する自己概念」(Meijers, 1998)，「職業についての自己への位置づけ」(吉津, 2001)と定義されており，「職業に関連する一連の活動や役割を，自分にどう意味づけ，自己と統合するかを表す概念」(武村, 2005) としてとらえられている。

職業アイデンティティの様態について，マーシャ (Marcia, 1966) は職業選択における試行錯誤・危機体験と積極的関与を基準に，4つのアイデンティティ・ステイタスを定義した。①職業アイデンティティ達成（試行錯誤の末，職業を決定し，自分の職業に深く傾倒している），②職業的モラトリアム（職業選択に関して危機の最中にあり，苦闘している），③職業的早期完了（早期に特定の職業に傾倒しているが危機体験はない），④職業アイデンティティ拡散（危機を通り過ぎたものと，危機を経験していないものがある）。マーシャは，それぞれのアイデンティティ・ステイタスは固定的なものではなく，職業経験を重ね，さまざまなライフイベントを経験することによって変化すると考えた。職業アイデンティティを形成する中で，「危機」を体験することは，仕事が自分に合わないなど職業を通して自分らしさを見出せない状況に陥った状態をさし，アイデンティティが脅かされたときに起こる。危機状態にある人は，新たに自分らしさを実感できる職場を模索し，社会の中で自分の居場所を獲得することで自己のアイデンティティを追求するのである。

■ 2　企業内における従業員のキャリア開発支援

2-1 従業員のニーズ

年功序列制度と終身雇用制度が崩壊し，成果主義が導入され始めて以来，従業員は自立することを組織から強く望まれている。それは，以前のように，従業員のキャリア形成が組織主導のものではなくなりつつあるからである。長期にわたって従業員の雇用を保証できた間は，長期的な視野で従業員の能力を開発する余裕があったが，昨今では，社会の変化があまりにも早く，のんびりと従業員の能力開発を実施することが難しくなっているのが現状である。しかしながら，それぞれの業界で働く人は，技術の変化に対応するために常に新しい知識とスキルを身につける必要があるため，自身の能力開発の必要性を感じている人々の割合は，85％にものぼる（三和総合研究所, 2000）。

職業技術の開発を必要と感じている人が多いにもかかわらず，実際に会社から能力開発の機会を受けている人はそれほど多いわけではない。2000年に産業能率大学が実施した調査によると，日本の企業が従業員1人に費やす研修費用の平均は47,322円で，諸外国と比較すると半

分以下である。企業の業績が悪くなり、真っ先に削減されるのは従業員の能力開発にかける予算である。予算額が減らされると一定期間研修が凍結になったり、なくなる可能性がある。能力開発を目的とした研修が完全になくなることはないものの、予算が縮減されるために、予定していた人員分の研修ができなくなり、限定された人のみに研修が施されることがよくある。よって、本来であればスキルアップが望まれている人に対して、組織から十分な配慮を行うことができなくなる可能性があり、個々のレベルアップを図ることができないため、組織的にもマイナスの影響を被ることになりかねない。

2-2 企業内におけるキャリア開発支援の方法
1) グループを対象としたキャリア開発プログラム

従業員のキャリア開発を促進する際にとられる方法の1つに、グループでキャリア研修を実施する方法がある。研修の長さは1日から2日間で、参加者は異なった部門から選ばれた人たちで構成され、キャリア年齢が同程度の人が集まるケースが多い。1990年代後半から2000年前半におけるリストラクチャリングの時期には、40歳代から50歳代の人を対象にしたプログラムが多かった。プログラムの意図は、退職後のキャリア人生を考察する目的になっており、参加者の多くが早期退職するという前提で実施されたケースがほとんどであった。当然、プログラムの焦点となるのは、今後の人生をどのように過ごすかというところにあり、これまでの職務をふりかえり自身の能力を棚卸しすることから始まり、自身の興味関心を考慮したうえで、今後のキャリアをどのように形成するのかを考える内容になっている。

この5年ほど、キャリア開発の目的が異なり、その用途も増えてきた。最近では、入社5年程度の従業員に自己のキャリアをふりかえり、社内におけるキャリアの方向性を考えさせるプログラムもある。また、管理職前の従業員や中間管理職であるミドルの世代にも、類似したキャリア開発プログラムを提供する企業もある。いずれにしても、これらのプログラムの目的は参加者が退職するという前提で提供しているのではなく、社内で自らのキャリアを築き、各人がもっている能力を最大限に発揮して組織に貢献してもらいたいというねらいがある。

研修の内容は、各企業のニーズが異なるため、一概にこれという内容のものはないが、それでも、よくとりあげられるテーマは表4-1に記載されているとおりである。表4-1で示されている内容を大分類すると、「自分が興味のあること」「自分ができること」「組織から求められること」の3つに分かれる。

キャリア研修を実施して課題となることがいくつかある。1つは、個々の能力の棚卸しをすると、やりたい仕事が見えてくる可能性が高い。時には、社内で自分がやりたい仕事を見つけることができない人もいて、そのようなときに組織としてどのように対応するかが課題となる。研修後、本人の意向、経験、スキルを考慮して、本人の希望するキャリア形成ができるように上司や人事が創出する必要がある。

表4-1 キャリア開発研修の内容

自己理解を深める（興味、価値観、性格、将来の目標）
職務の棚卸（能力の把握）
組織をとりまく環境変化の理解
組織の期待の理解
キャリア開発計画書の作成

2番目の課題としては，業務上どうしてもこれまでと同じ職務を継続せざるをえない従業員のキャリア形成支援である。上司が部下の話を聴き懸念を配慮して対応することが必要である。そのためには，上司のコーチング・カウンセリング力が鍵になる。

3番目の課題としては，予算があげられる。キャリア研修は個人の志向や価値観，能力，将来の希望についてじっくりと考察するため，参加人数は限定される。この限界を打破すべく考えられたのが，社内イントラネットを利用したウェブでできる個々のキャリア形成支援プログラムである。

2）ウェブシステムを利用した個別キャリア形成支援

キャリア研修は参加者が20名程度で行うのが理想的である。しかしながら，全従業員にそのような研修を受けてもらうことが不可能なために考案されたのが，社内のイントラネットを使用して個人のキャリア形成を支援するウェブ上のプログラムである。研修のファシリテーターが指導するときに感じる臨場感はないものの，会社のイントラネットに接続できる環境にいれば，社内外どこでもいつでもウェブのプログラムにつないで受講することができる利便性がある。従業員は個人のIDとパスワードを取得して，自分専用のキャリア支援ページにつなぎ，そこから研修でとりあげられているものとほぼ同じ内容のプログラムを自分で受講することができる。

3）コーチングによる個別のキャリア開発支援

筆者は，日ごろ企業の幹部やミドルと呼ばれる中間管理職層を対象にコーチングを行っている。ときにはサウジアラビア，タイ，台湾，香港に出張してコーチングするケースもある。対象者の年齢は30歳代半ばから50歳代で，性別に関わりなくコーチングを受けられる。コーチングのテーマは，それぞれ組織から求められる能力や姿と現状との隔たり（ギャップ）から得られるケースが多く，通常2-3の大きなテーマを平均8回のコーチングでとりあげることが多い。企業から依頼されてコーチングする場合は，本人の就業時間中に実施することがほとんどで，最も忙しい経営層や中間管理職層のスケジュールを工面してもらい，月に1回程度の割合で，時には1回3時間コーチングを受ける人もいる。平均すると1回1時間ないし1.5時間直接会って話をする。よって，期間的には半年から長い人で1年半くらいになる。コーチングは依頼者のオフィスで実施する場合と，筆者のオフィスに来てもらう場合とがある。社内でコーチングを受けると業務の延長線のようで，コーチングを受けている最中でも仕事のことが気になるという依頼者が多く，気分転換を図るためにも筆者のオフィスに来てコーチングを受ける人がほとんどである。

コーチングはカウンセリングとは異なり，対象者は健康な人で，例外はあるものの不適応レベルまでエネルギーが低下している人を担当することはほとんどない。また，コーチングを始める際に，360度多面評価や面接によって，本人と業務上関係のある人たちから本人に対する評価を事前に調べ，その後，結果を本人にフィードバックしながらコーチングの計画を立てる。筆者は，コーチングの計画の草稿を基に，本人と上司（時には人事担当者も含む）と面談を行い，本人から上司に現状の能力と周りからの期待について話してもらい，上司からはコーチングを受けるにあたっての本人への期待とサポートのし方を，直接本人に話してもらっている。筆者は，本人の能力開発を実施するために，コーチングで具体的にどのようなことを行う

かについて説明して，双方からフィードバックを受けて最終的な承認を得るようにしている。このような3者面談を開く利点は，まず，本人が上司に自分の能力開発について話をすることで，どうしても取り組まなければならないという意思表示をすることになり，自身の能力開発に対するコミットメントを強めることができる点である。また上司は，単に部下からそのような意思表示を聞くだけではなく，自分も部下に支援を行うという意思表示をすることから，双方が部下の能力開発に対するコミットメントを誓うことになり，後になって何を行っていたのか知らない，聞いていないという状況を避けることができる。さらに，筆者はコーチングの評価をコーチングの中間点と終了後に行うが，その際の評価ポイントを最初に明確にしておくと，後で評価するときに有益である。ここまでコーチングの目標を明確にしたり，本人以外の人を巻き込んで実施するようなプロセスは，心理カウンセリングでは見られない。これ以外にも，心理カウンセリングと比較すると異なる点がいくつか見られる（表4-2）。

コーチングを実施する前に，人事の担当者やコーチングを受ける人の上司と面談するときに聞かれることがある。「あなたは若いですけれど，年上の人をコーチングすることができますか」「経営の経験がないのに，経営者のコーチングができますか」など。筆者はどちらの質問に対しても「はい」と答えている。確かに人生経験豊かな人は，経験で培った知識と知恵があり，アドバイスしやすい。経営者経験があれば，本人の立場をより深く理解することができるかもしれない。しかし，コーチは本人に答えを教える必要はないのである。まして，昨今の経済状況では果たして正解などが存在するのであろうかと思うからである。重要なのは，本人に考えてもらえる環境を効果的につくり，適切な選択ができるように導いてあげられるかどうかである。あえてつけ加えるならば，筆者がコーチとしての強みの1つだと感じるのは，臨床心理学，発達心理学，社会心理学など心理学の基礎を身につけている点と，臨床実践の場で何百人というクライエントと対面して得た対応能力だと考える。さまざまな課題を抱えているクライエントとどのように向き合って対応すればよいのか，いかに本人に課題を気づいてもらえるか，どのようにすれば課題を解決することができるか，これらのことを常に考えながら臨床の現場経験を積めたことは，貴重な財産となっている。以下に，具体的な事例を紹介したい。

表4-2 コーチングと心理カウンセリング

	コーチング	心理カウンセリング
目的	目標の達成	心理面の回復
対象	健康な人	心理的にエネルギーが低下している人
援助方法	主として言語を使い，気づきと動機づけを促し，具体的なスキルを教授し，現場での応用へとつなげる	主として言語を使い，気づきを促す
問題解決者	本人	本人
期間	短期〜中期（3か月〜12か月）	短期〜長期までさまざま
支援者	組織，上司，人事部，本人	本人，家族，友人，組織
コーチ／セラピストの姿勢	本人の目標達成支援	本人の気づきを促す支援
本人の要望とプログラム内容の一致度	異なる場合がある（組織の期待と本人の要望が違う場合）	本人の希望でカウンセリングを受けている場合は一致する。第三者の要望でカウンセリングを受けてもらっている場合は一致しないときがある。

＜事例1＞Aさん（53歳，男性，IT企業代表取締役）

Aさんは，外資系IT企業の日本代表である。Aさんのビジネススタイルは，比較的業務の細かいところまで管理する傾向があり，業務を部下に任せるものの，つい細部にわたって口をはさむことが多くなり，部下は十分な裁量を与えてもらえず窮屈な思いをしていた。また，細かすぎるくらいの指示を与えることがある反面，部下が与えられた仕事をやっても，それが途中で必要なくなったなどと言ったりして，部下のモチベーションがなえかけていた。さらには，日本代表として，Aさんは日本のビジネスの方向性を明確に示すことが十分にできていなかったため，社員は会社の将来に不安を感じ始めていた。このような状況の中で，本社の副社長より日本の人事担当者へコーチングの要請があり，コーチングが始まった。

Aさんは，前職では今よりも小さな規模の部署をまとめる部長役を務めていた。業務の範囲に関しては今回の責任範囲の方がはるかに広かった。また，部下の人数も相当増えている。部長の頃は，実務を管理する力が求められていたため，日々の業務の管理を徹底していた。また，部署の目標や方向性は上層部から自動的に降りてきたため，特に自分で組織の戦略や方向性を決める必要もなかったのである。こうして見ると，今回のAさんが直面している課題は，前職の役割を今の職場でも果たそうとしたために生じた問題だと考えられる。まず，Aさんに勧めたのは，現職の周りの人から自分がどのように見られているのか理解することであった。360度多面評価と数名の面接から，Aさんの仕事への取り組み方，長所，改善点を調べ，本人と上司にフィードバックし，その後，能力開発計画を立てて約1.5年間コーチングを実施した。コーチングでは，Aさんが会社の代表としてどのような能力が必要か，近い将来どのような姿になっておくべきかなどについて話し合いながら，本人の自覚を高める方法をとった。

Aさんのケースは，キャリアの転換期（トランジション）にあってこれまでの役割を捨てて新しい役割を学習することが必要であった例である。人は誰でも役割が変わると，次にどのように立ち居振る舞えばよいのか戸惑う時期がある。転換期における人の変化については，ブリッジズ（Bridges, 2004）が次のように述べている。「変化」は状態を示し，「トランジション」は心理的変化であって，出来事ではない。「変化」を経験するうえで，人は内面においてこれまでのやり方を再評価し自分の立ち位置や人とのかかわり方を吟味することで，新たな行動や考え方に意味あいをもたせる。このプロセスが「トランジション」なのである。考え方を変えなければならない，変えたほうがよいと思う人は多いのだが，行動まで変わる人は少ない。その理由として，マッコール（McCall, 1998）は「人が変わらない理由」を70以上の例をあげて説明している。例えば，「未知に対する恐れがある」「変化は痛みを伴い，屈辱的」「忙しすぎる」「今のままで成功している」「（自分にとって）重要なことをあきらめる必要がある」「ミスが怖い」「自己像をゆがめられる」などであるが，人が変化を遂げるときに不安を覚え，多大な内的エネルギーが必要なことがわかる。少しでも不安を取り除き肯定的なフィードバックを本人に提供することで本人に自信をもってもらうという観点でコーチの存在は大きい。

＜事例2＞Bさん（48歳，女性，嗜好品メーカー代表取締役）

Bさんは，外資系嗜好品メーカーの日本代表に就いて3年目になる女性リーダーである。前職の環境には，年齢や性別に関係なく能力の高い人が組織の中枢に位置して力強くチームを引っ張っていく組織文化（カルチャー）があった。職場の雰囲気を気にしたり，周りの人の心情に配慮して仕事をする

ような環境ではなかったため，それぞれの個性が表れやすく，また，強い個性の人しか組織に残れないような環境であった。Ｂさんが転職した会社は，外資系ではあるものの元々いた従業員は日本人で，日本企業出身の人がほとんどであった。よって，社内の雰囲気や働き方はいたって日本的で，年上の上司や先輩を敬いながら彼らの指示に従順に従うカルチャーが根強く残っていた。日本の企業にありがちだが，上司からの指示待ちや変化に対して保守的な姿勢も見られた。そこに，まったく異なるカルチャーで働いてきたＢさんがやってきて，Ｂさんはそのような社風にメスを入れるべく，周りの人が驚くような仕事の進め方や言動をとり，次第に部下との軋轢が生じ，信頼関係が崩れるようになったのである。Ｂさんは，日本だけではなく外国のスタッフに対しても同じような言動をとり，彼らとの関係も悪化していた。

Ｂさんは，本人が専門とする知識とスキルは十分もっているのだが，日々の言動や振る舞い方に問題があった。また，自分で意思決定する傾向が強かったため，周りの人の意見を無視したり，人の考えを引き出す努力が不足していた。そうすると，部下の存在理由が薄れてしまい，部下のモチベーションが下がる。さらには，すべての業務に口出しすることで各部門の長の役割を奪ってしまい，本来Ｂさんが課されている経営者としての役割を果たせなくなる可能性もあった。

Ｂさんの場合も事前に関係者よりヒヤリングを行いＢさんの日ごろの仕事ぶり，長所，短所を聞いて職場でのＢさんの姿を客観的に見るように努めた。ヒヤリングの結果をすべてフィードバックして，周りの人がどのように感じているのか，躊躇せずに問題の核心に触れた。Ｂさんは，すでに自分の問題に気づいていて，変える必要性を感じていた。数回コーチングを進めてわかったことだが，Ｂさんは今後の自分のキャリアについて考えていたのであった。今の仕事である程度成果を出して，次の場所で新たなチャレンジに取り組み，成果を出す。外資系の経営者層にありがちなキャリアの進め方である。話を聞くと，Ｂさんは心の中で葛藤があることが感じられた。今の組織でさらに成功するには自分を変えなければならない。しかし，自分の個性を活かす道を次の職場で見つければ，今の職場で苦労することなく転職すれば済むだけの話だ。人の成長は環境の変化によってもたらされることが多々ある。Ｂさんの企業は，向こう４年間で大きな進歩を遂げる計画があった。今転職すると，中途半端な状態で経営から退いてしまうことになる。心情的にそれを良しとしなかったＢさんは，日本の経営をさらに改善する道を選んだ。この時点から，Ｂさんの自己改善に対する意識がより高まり，言動に変化が見え始めた。

Ｂさんのコーチングを担当して感じたのは，Ｂさんの成長と組織との関係であった。エリクソン（Erikson, 1950）が提唱した精神分析的個体発達分化の図式で，人生の後半部分に該当する「世代性 対 停滞」「統合 対 絶望・嫌悪」の各ステージで鍵となる特質「世話（care）」と「知恵（wisdom）」をまさしくＢさんは獲得しようとしていると考えた。これまでどおりの生き方をしていればこのような状態になることは困難である。しかし，組織からの期待があいまってＢさんが変化を遂げたときには，エリクソンが人生の後半に描いた理想的な姿に近づいてくると感じたのである。Ｂさんとの対話を通して思ったこと。それは，人が変化を遂げるときには，心の奥底からの「決意」が見られるということであった。

2-3　今後のキャリア開発支援の方向性
1）現状の課題
従業員のキャリア開発に対する意識は，それぞれの企業でかなりの温度差がある。社内でキ

ャリア・カウンセラーを配置させ，適宜個々のニーズと関心事を聞きアドバイスを提供しているところもあれば，従業員のキャリアに関してはまったく関知せず，キャリアについてはそれぞれの従業員に任せているところも多くある。2000年に三和総合研究所が実施した調査によると，社内でキャリアの相談を受けることができる企業の数は35％程度であった。また，社内でキャリアに関する相談を誰にするのかという質問に関しては，上司，先輩，同僚と答えた人が多く，社内でのキャリアに関する専門家不足が露呈している。これは，キャリアは個人に属することなので，組織に頼らずに自分で切り開いて欲しいというメッセージに他ならない。

　組織は優秀な人材を確保する一方で，優秀な人材すべてが社内で意義のある仕事を任されているかといえば，必ずしもそうとは限らない。特に昨今，中間管理職層（ミドルマネジメント）の疲弊感はどの組織からも聞こえてくる。経験と知識をもった中堅社員が1つの部署を任され，業務管理をはじめ部下育成や組織の運営に至るまで，1人で業務を推進する役割を長年担う傾向がある。同じ業務を何年も続けていると確かに仕事の効率化を図ることができるが，次第にその人がいなければ業務は回らなくなり，組織としてはミドルマネジャーを簡単に異動させることができなくなってしまう。同じ業務を毎年繰り返すことで，本人たちが柔軟に他部署の仕事ができるような環境でなくなる蛸壺化現象が起こるのである。このような人材の社内のキャリアの方向性（キャリア・パス）は不明瞭で，そのまま放置しておくと，ミドルマネジャーを新しい事業に携わらせようとしてもうまく対応できなくなる危険性がある。

　また，環境の変化があまりにも激しいため，昨日まで組織にあった人材開発計画やキャリア・パスなどが組織改変によってすべてなくなってしまうこともある。時にはリストラによって職を失う従業員もいるわけで，職があるだけ幸せだというレベルにまで落ちてしまうと，従業員のキャリア開発は注目もされなくなってしまうのが現状である。さらには，筆者のコーチングの依頼者の事例や，トレーニングに参加する人の職位から推察されるように，キャリア開発や能力開発について組織から支援を受けられるのはごく一部の従業員である。そのような人々は中規模以上の企業に属している人たちで，ましてや小規模の組織に属している人たちのキャリア支援に関しては，ほとんどないに等しいと言ってよいであろう。筆者が非常勤講師を勤める社会人向けの大学院の学生の大半は，20代後半から40代までの中堅社員である。彼ら・彼女たちは自費で大学院に通い，新しいスキルを身につけ，学生間のネットワークを通じてさらなるステップアップの機会をねらっている。中堅社員であるがゆえに，組織からの期待も高く日々の業務で多忙な中，夜間と週末に授業をとり，レポートと論文作成で休む暇もなく自己研鑽の日々を送っている。話を聞くと，組織の中でのキャリア・サポートがないため，外に出て行って自分でそのような機会をつくり出すしかないと口をそろえて言う。さらに世の中には会社の枠に縛られて自己研鑽どころではない人が多数存在している。

2）課題の解決策

　個々のキャリアは個人に帰する。この考え方は正しい。組織に頼っていては自分の将来がどうなるかわからなくなる。それと同時に，組織は人が存在しなければ目的を達成することは不可能である。組織の戦略と個人の思わくにどのように折り合いをつけるかが課題となる。ボイエットら（Boyett, & Boyett, 1998）は，組織を「変えようと思えばビジョンが要る」と述べている。しかし，「権威たちが，簡単にビジョンを手に入れられるようにと単純明快な方法を教えてくれたとしても，われわれはビジョンにたどり着くどころか，道に迷うのがオチである」とも

言っている。これは組織に限った話ではない。人もそうである。自分が将来どうなりたいのかについて明確なビジョンがなければ，周りからの刺激に惑わされて右往左往する。そして，その場その場の職場で求められる能力を身につけることに奔走してしまい，自身のキャリア開発は行き当たりばったりの内容になってしまうのである。

　主体的にキャリアを形成する人に対する組織からの支援として，まずは，思い切って組織と個人を切り離して，本人の自己理解を深めるワークを提供することを勧める。ボイエットが述べているように，自分の価値，欲求，期待，夢を理解していなければ将来のビジョンなど描くことは不可能である。人は自由になることを恐れる反面，束縛されていると本来もっている力を出すことが難しい。

　それでは，誰が従業員にキャリア開発に関してアドバイスをしたり指導していくのかというと，タレント・コーディネーターと呼ばれる人が最適だと考える。今後組織の構造がますます進化する中で，上司はプロジェクトのリーダーに代わっていく可能性が高い。よって，これまでのように直属の上司からキャリアについて指導を仰ぐようなことはなくなると考えてよいであろう。タレント・コーディネーターは，組織に数名おり，それぞれ決められたチームや部署の人たちの能力開発の計画を本人と一緒に立てたり，プログラムを推進するエキスパートである。タレント・コーディネーターは，担当する人たちの職歴，すでにもっているスキルや経験，希望する仕事，さまざまなアセスメント結果を把握しており，個々に応じた（テーラーメード）支援を施すことができる。

　キャリア開発支援の形式に関しては，これまでのような集合研修だけではなく，多様な働き方をする人材のニーズに合わせたeラーニングを組み合わせたプログラムや個人ベースのコーチングも普及してくると思われる。

第2節　職場のメンタルヘルス

■ 1　労働者をとりまく状況

　近年，過剰な長時間労働やそれに伴う睡眠不足，仕事上の心理－社会的なストレッサーなどに起因して，脳梗塞や心筋梗塞などの脳・心臓疾患や，うつ病などの精神障害が発症したり，憎悪したりすることが社会的な問題になっている。脳・心臓疾患は死亡につながることがあり，事業者には労働時間や心理－社会的なストレッサーなどを適切に管理する責任が問われている。また，仕事によって誘発された精神障害によって，正常な判断能力が失われ，自殺に至る労働者も少なからず存在する。2003（平成15）年にはこのようないわゆる過労自殺が労働災害として位置づけられ，それ以降今日まで，事業者の安全配慮義務違反を問う民事訴訟が数多く起こされている。

　厚生労働省（2008）が発表した統計資料によると，脳・心臓疾患に係る労災請求件数は，平成19年度には若干減少したものの，いまだに高い水準を維持していることがわかる（図4-3）。平成19年度は，業種別に見ると請求件数・支給決定件数ともに「運輸業」が，職種別に見ると請求件数・支給決定件数ともに「運輸・通信従事者」が最も多かった。トラック運転手などの運輸業に従事する労働者は，労働時間が不規則かつ長時間化しやすい。金沢ら（Kanazawa et al., 2006）の長距離運転手を対象にした調査によれば，月80時間以上の超過勤務をしていた者

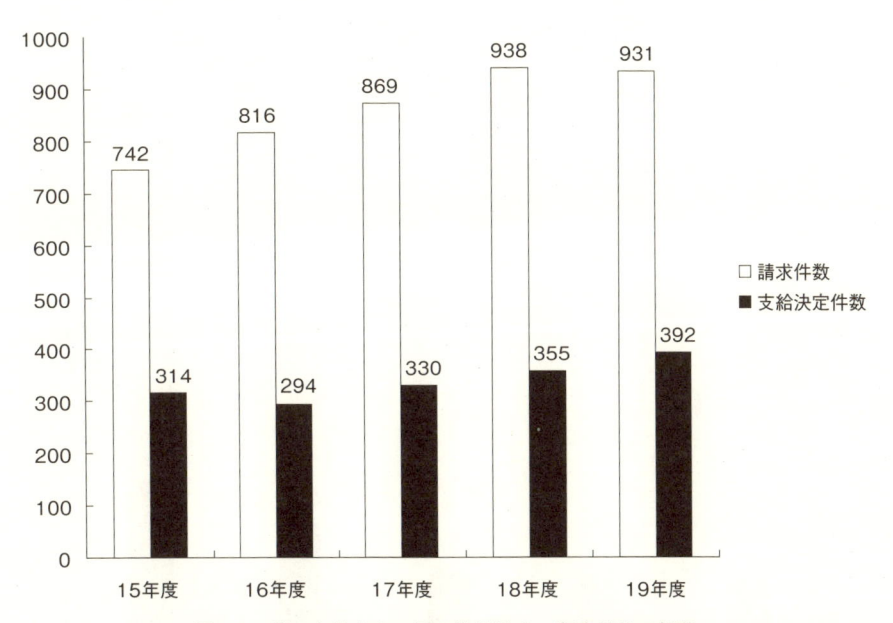

図 4-3 脳・心臓疾患に係る労災請求・認定件数の推移
（厚生労働省『脳・心臓疾患及び精神障害等に係る労災補償状況（平成19年度）について』より引用）

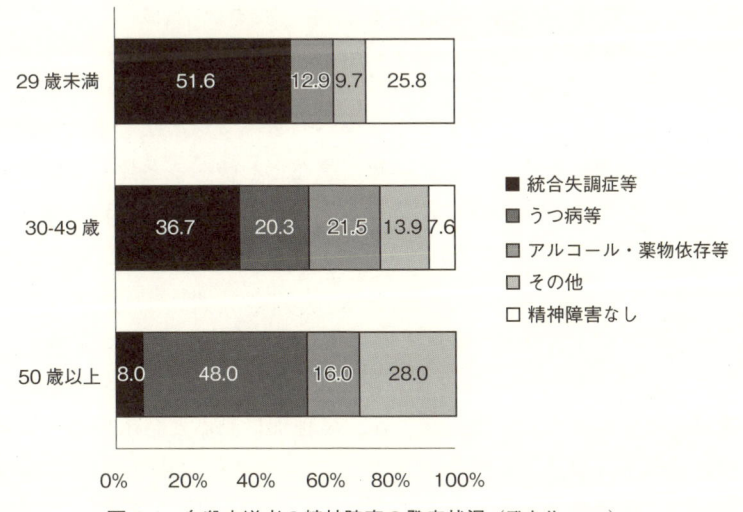

図 4-4 自殺未遂者の精神障害の発症状況（飛鳥井, 1994）

は33.0％，昼夜を問わず働いていた者は54.2％にも上っていた。年齢別に見ると，請求件数・支給決定件数ともに50-59歳が最も多い結果となった。一般的な定年退職年齢である60歳を間近に控えた50歳代は，従来であれば今までの職業人としての人生をふりかえり，定年後の第二の人生を模索する重要な時期としてとらえられてきたが，実際には身体面の脆弱性も相まって，脳・心臓疾患などの発症リスクを抱えつつ，ひたむきに眼前の業務に従事しているという窮状をうかがい知ることができる。

一方，過労自殺を含めた自殺の発生が50-60歳代の男性に多いことはよく知られている（警察庁, 2008）。自殺の背景には何らかの精神障害が認められることが多いが，50歳以上ではうつ病の発症頻度が高い（飛鳥井, 1994；図4-4）。うつ病は労働者層にも広く認められる精神障害であり，その多くは対人コミュニケーションの悪化，ミスの増加，意欲の減退，突発有休の取

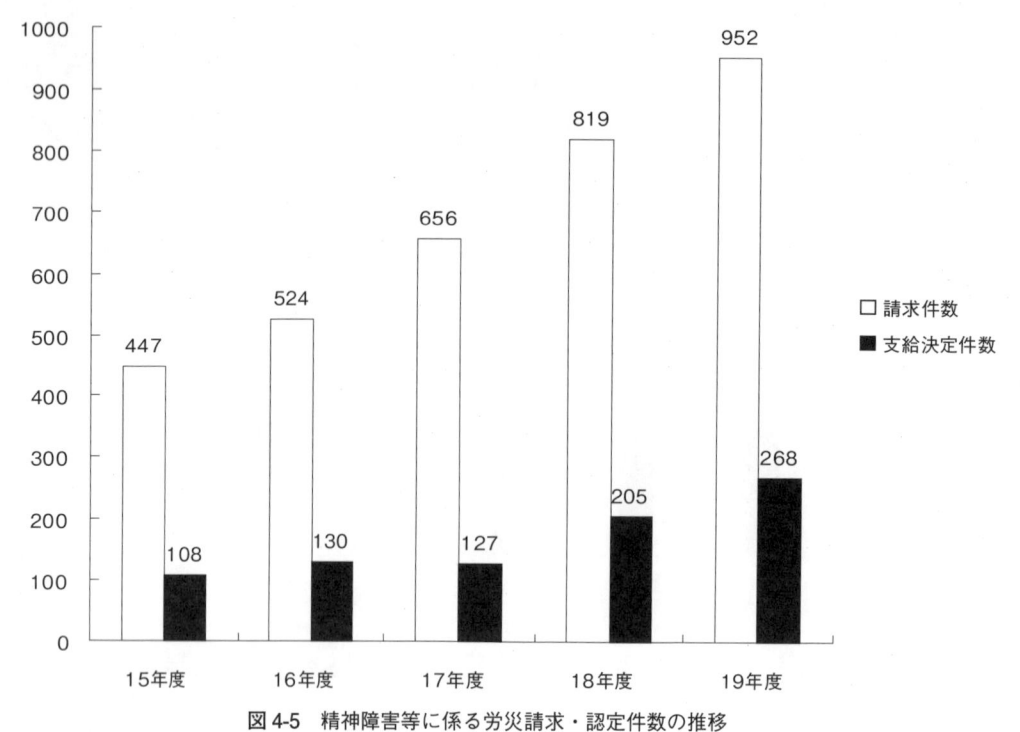

図4-5 精神障害等に係る労災請求・認定件数の推移
（厚生労働省『脳・心臓疾患及び精神障害等に係る労災補償状況（平成19年度）について』より引用）

請求件数／支給決定件数
- 15年度：447／108
- 16年度：524／130
- 17年度：656／127
- 18年度：819／205
- 19年度：952／268

得，長期欠勤など，個人のみならず事業場全体のパフォーマンスにも重大な影響を与える。うつ病を含めた精神障害は悪性新生物や脳・心臓疾患などと較べると致死率は低いものの，自殺という行動面の障害が発生しやすい点に注意する必要がある。過労自殺が発生した場合には，企業イメージの悪化や労災認定・損害賠償訴訟にかかるコストの発生，遺された従業員への悪影響などが懸念される。

精神障害等に係る労災請求件数は，最近では毎年140件前後の増加で推移し，平成19年度には遂に脳・心臓疾患に係る労災請求件数を上回った（図4-5）。平成19年度は，業種別に見ると請求件数・支給決定件数ともに「製造業」が，職種別に見ると請求件数・支給決定件数ともに「専門的・技術的職業従事者」が最も多くなっており，脳・心臓疾患とは傾向が異なっている。年齢別に見ると，請求件数・支給決定件数ともに30-39歳が最も多く，事業場で中堅を担う労働者層のメンタルヘルスの悪化が示唆される。

2 わが国における職場のメンタルヘルス対策

わが国の職場におけるメンタルヘルス対策は，平成18年3月に公示された「労働者の心の健康の保持増進のための指針」（厚生労働省, 2006）にもとづいて実施されている。この指針では，労働者自身がストレスに気づき，対処を行う「セルフケア」，管理監督者が部下の相談に乗ったり，不調な労働者を産業保健スタッフに紹介したりする「ラインによるケア」，産業医などの事業場内産業保健スタッフが職場環境の改善を提言したり相談や研修を行ったりする「事業場内産業保健スタッフによるケア」，事業場外の機関および専門家を活用し，その支援を受ける「事業場外資源によるケア」の4つのケアをとりあげ，これらを継続的かつ計画的に実施することが重要であるとしている（図4-6）。臨床心理専門職は，事業場内産業保健スタッフあ

```
心の健康づくり計画    ·······   事業者，衛生委員会等
    の策定                        計画の策定と実施

    セルフケア       ·······   労働者
                                ストレスへの気づき
                                ストレスへの対処等

  ラインによるケア    ·······   管理監督者
                                職場環境等の改善
                                個別の相談対応

  事業場内産業保健    ·······   事業場内産業保健スタッフ
  スタッフ等によるケア           職場環境等の改善
                                個別の相談対応や紹介
                                セルフケア・ラインによるケアの支援
                                情報提供・教育研修

   事業場外資源      ·······   事業場外資源
    によるケア                    直接サービスの提供
                                支援サービスの提供
                                ネットワークへの参加
```

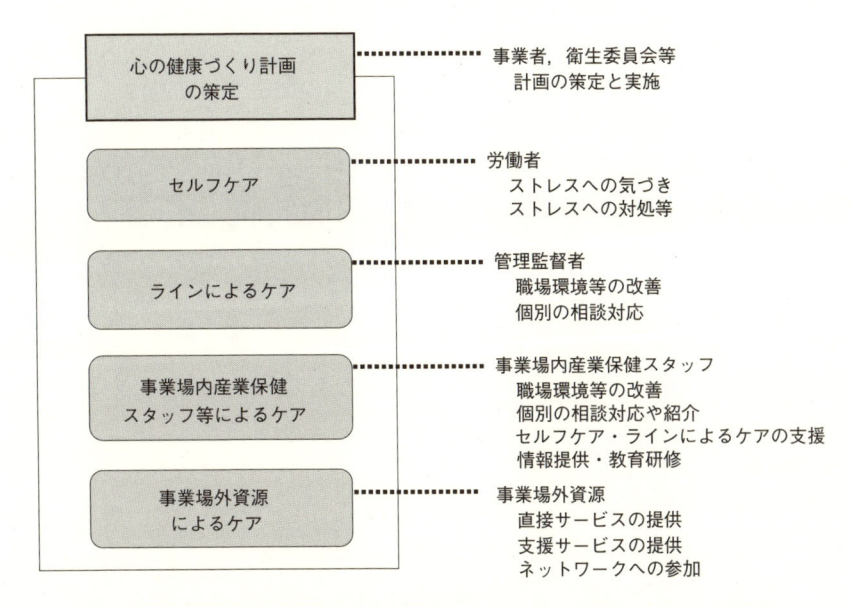

図 4-6 「労働者の心の健康の保持増進のための指針」に示された 4 つのケア

いは事業場外資源として，産業医や人事・労務などの他職種と協力しながら，職場のメンタルヘルス対策の推進を支援する。

以下，指針で示された 4 つのケアについて簡単に解説する。

2-1 セルフケア

心の健康づくりを推進するためには，労働者自身がストレスに気づき，これに対処するための知識・方法を身につけ，それを実施することが重要である。ストレスに気づくためには，労働者がストレッサーに対するストレス反応や心の健康について理解するとともに，自らのストレスや心の健康状態について正しく認識できる必要がある。このため，事業者は，労働者に対して，セルフケアに関する教育研修，情報提供を行い，心の健康に関する理解の普及を図る。また，相談体制の整備を図り，労働者自身が管理監督者や事業場内産業保健スタッフ等に自発的に相談しやすい環境を整える。ストレスへの気づきのために，セルフチェックを行う機会を提供することも効果的であると言われている。

2-2 ラインによるケア

ラインとは，日常的に労働者と接する，職場の管理監督者（上司その他労働者を指揮命令する者）をさす。管理監督者は，部下である労働者の状況を日常的に把握しており，また，個々の職場における具体的なストレス要因を把握し，その改善を図ることができる立場にあることから，職場環境等の把握と改善，労働者からの相談対応を行うことが必要になる。このため，事業者は，管理監督者に対して，ラインによるケアに関する教育研修，情報提供を行う。

2-3 事業場内産業保健スタッフ等によるケア

事業場内産業保健スタッフ等とは，産業医，衛生管理者，事業場内の保健師，精神科・心療内科等の医師，臨床心理専門職などの心の健康づくり専門スタッフをさす総称である。事業場

内産業保健スタッフ等は，セルフケアおよびラインによるケアが効果的に実施されるよう，労働者および管理監督者に対する支援を行うとともに，心の健康づくり計画にもとづく具体的なメンタルヘルスケアの実施に関する企画立案，メンタルヘルスに関する個人の健康情報の取扱い，事業場外資源とのネットワークの形成やその窓口となることなど，心の健康づくり計画の実施に当たり，中心的な役割を果たす。事業者は，心の健康問題を有する労働者に対する就業上の配慮について，事業場内産業保健スタッフ等に意見を求め，また，これを尊重することが求められている。臨床心理専門職は，心の健康づくり専門スタッフの一員として，他の事業場内産業保健スタッフと協力しながら，教育研修の企画・実施，職場環境等の評価と改善，労働者および管理監督者からの専門的な相談対応，事業者への専門的立場からの助言等を行う。

2-4 事業場外資源によるケア

　メンタルヘルスケアを行ううえでは，事業場が抱える問題や求めるサービスに応じて，メンタルヘルスケアに関し専門的な知識を有する各種の事業場外資源の支援を活用することが有効である。また，労働者が相談内容等を事業場に知られることを望まないような場合にも，事業場外資源を活用することが効果的である。事業場外資源の活用に当たっては，これに依存することにより事業者がメンタルヘルスケアの推進について主体性を失わないよう留意する必要がある。このため，事業者は，メンタルヘルスケアに関する専門的な知識，情報等が必要な場合は，事業場内産業保健スタッフ等が窓口となって，適切な事業場外資源から必要な情報提供や助言を受けるなど円滑な連携を図るよう努める。また，必要に応じて労働者を速やかに事業場外の医療機関および地域保健機関に紹介するためのネットワークを日頃から形成しておく。

　厚生労働省がこのような職場のメンタルヘルス対策の進め方の指針を定めたことによって，事業場において職場のメンタルヘルス対策に関する体制の整備が進められている。臨床心理専門職が職場のメンタルヘルスに関与する場合には，最低限の知識として，労働者の心の健康の保持増進のための指針や，その根拠となる労働安全衛生法について学んでおく必要がある。

■ 3　職業性ストレスの理論

　個々のケースや職場環境等のアセスメント，改善を行う場合には，何らかの職業性ストレスの理論モデルを念頭に置くと介入の糸口が理解しやすくなる。職業性ストレスの理論モデルには，大きく分けてストレス反応を比較的少数のクリティカルな変数によって説明しようとする疫学的モデルと，個人の内的プロセスを重視する心理学的モデルとがある。

3-1　疫学的な職業性ストレスの理論

　職業性ストレス研究は，当初ストレッサーとストレス反応との単純な刺激−反応モデルを想定していた（Cooper, & Dewe, 2004）。このような刺激−反応モデルは，現在でも医学系研究者・実践家に広く受け入れられている。カーンら（Kahn et al., 1964）は，役割葛藤と役割不明瞭が情動の混乱や職務不満足感を生起させることを示し，仕事のストレッサーの種類や刺激−反応関係を媒介する変数に関する研究の発展を促した。クーパーとマーシャル（Cooper, & Marshall, 1976）は，それまでの職業性ストレス研究をレビューし，仕事のストレッサーを，職務に本質的なもの，組織における役割，キャリア発達，組織構造と風土，仕事上の人間関係，仕事以外のストレスの6つのカテゴリーに分類した。一方，ストレス反応については，ビアー

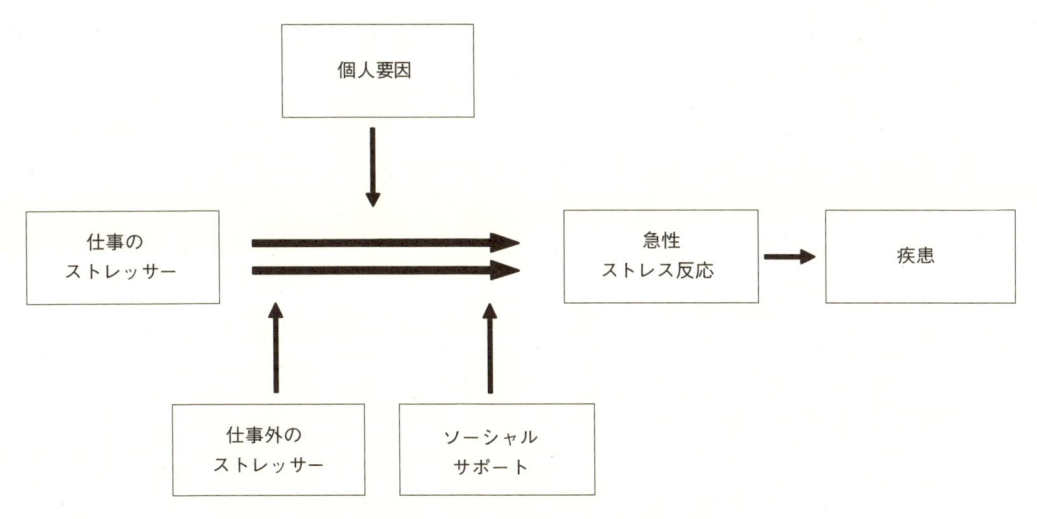

```
        ┌──────────┐
        │ 個人要因  │
        └────┬─────┘
             ↓
┌──────────┐  →→→   ┌──────────┐    ┌──────┐
│ 仕事の    │ ───→  │ 急性     │ →  │ 疾患  │
│ ストレッサー│ ───→  │ ストレス反応│    │      │
└──────────┘        └──────────┘    └──────┘
      ↑         ↑
┌──────────┐ ┌──────────┐
│ 仕事外の   │ │ ソーシャル │
│ ストレッサー│ │ サポート   │
└──────────┘ └──────────┘
```

図 4-7　NIOSH 職業性ストレスモデル（Hurrell, & Mclaney, 1988）

とニューマン（Beehr, & Newman, 1979）が心理的な反応，身体的な反応，行動的な反応に分類する試みを行った。米国国立職業安全保健研究所（National Institute for Occupational Safety and Health；NIOSH）は，これらの職業性ストレス研究を概括し，包括的な NIOSH 職業性ストレスモデルを提唱した（Hurrell, & McLaney, 1988：図 4-7）。このモデルでは仕事に関連するストレッサーが疾患を発生させるまでのメカニズムが示されており，疾患の発生に直接関与する要因として急性ストレス反応への長期的曝露が想定されている。急性ストレス反応は，憂うつ感やイライラ感のような心理的ストレス反応，身体愁訴などの生理的ストレス反応，疾病休業や事故などの行動的ストレス反応に分類される。その他，代表的な職業性ストレスの疫学モデルには，仕事の要求度−コントロール・モデル（Karasek, 1979），努力−報酬不均衡モデル（Siegrist, 1996）などがある。

3-2　心理学的な職業性ストレスの理論

　職業性ストレス研究の先駆けと言えるミシガン大学社会調査研究所（Institute for Social Research）によるミシガン・モデル（Caplan et al., 1975）では，個人の職場環境に対する主観的評価や，外部環境からの要求の高さと個人の資源との適合（P-E fit）など，個人と職場環境との相互交流プロセスを重視している。個人内要因と外的な環境要因との相互交流プロセスを重視する点は，ラザラスとフォークマン（Lazarus, & Folkman, 1984）によって提唱された心理学的ストレスモデルと共通する。

　ラザラスとフォークマン（Lazarus, & Folkman, 1984）は，従来考案されてきたさまざまな心理学の理論を統合して，包括的な心理学的ストレスモデルを作成した（図 4-8）。このモデルは職業性ストレスに特化したものではないが，労働者の感情を理解し介入のポイントを明らかにするうえで有用である。

　業務の遂行や上司とのコミュニケーションなどは，その職場に勤務することに伴い発生した要請である。また，生来の完璧主義的傾向によって，「与えられた仕事は一切手を抜いてはならない」のように，個人内から要請が発生する場合もある。心理学的ストレスモデルでは，このような外部ないし内部からの要請を，「潜在的ストレッサー」と呼んでいる。

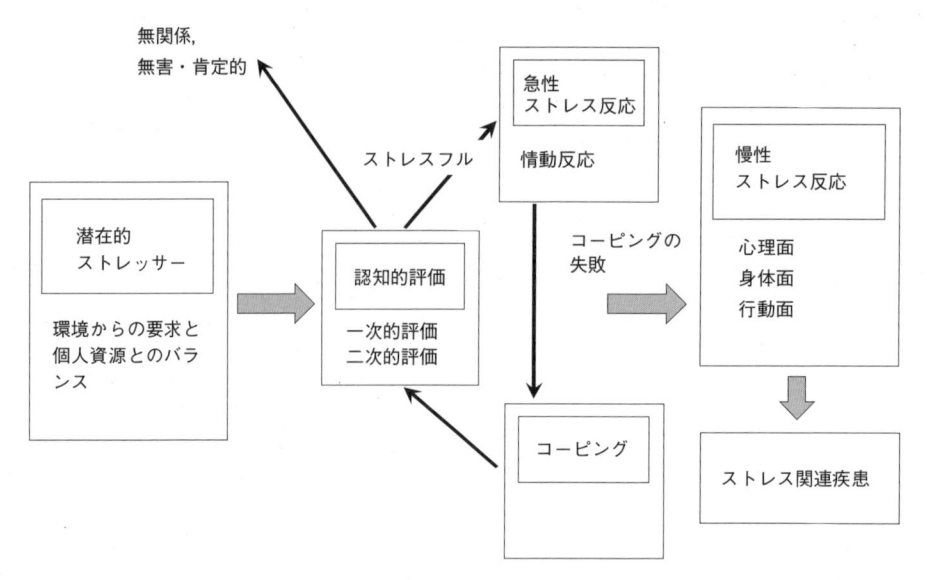

図 4-8　心理学的ストレスモデル（Lazarus, & Folkman, 1984）

　労働者は，発生した「潜在的ストレッサー」の意味を，自分に負荷がかかるか，対処する必要があるかという視点から評価する。この過程を「認知的評価」と呼ぶ。対処すべきであると評価された「潜在的ストレッサー」の大部分は，個人に否定的な心理的負荷を与え，抑うつ，不安，怒りなどの否定的な情動を生起させる。この過程を「急性ストレス反応」と呼ぶ。労働者は，「急性ストレス反応」を処理するため，「潜在的ストレッサー」の解決を試みたり，それが不可能な場合には「急性ストレス反応」そのものの低減を試みたりする。この過程を「コーピング」と呼び，問題解決に向けて計画を立てる，手助けをしてもらうなどの行動的な方法や，よい面がないか見直してみる，親しい人に相談して気を静めるなどの認知的な方法などが存在する。実施した「コーピング」が「急性ストレス反応」の低減に効果的でなかった場合には，「慢性ストレス反応」が発生する。「慢性ストレス反応」は，慢性的な抑うつ感のような心理面，腹痛や頭痛といった身体面，ミスの増加や出社困難などの行動面に表れる。「慢性ストレス反応」への長期的曝露によって，胃潰瘍や心筋梗塞などの「ストレス関連疾患」が発症することもある。

　心理学的な視点から，労働者が「慢性ストレス反応」や「ストレス関連疾患」に陥らないようにするためには，いくつかのポイントがある。最も効果的であると言われる方法は，このモデルの出発点である「潜在的ストレッサー」の発生そのものを減らすことである（ILO, 1992）。しかしながら，職場という環境を考慮した場合，ライバル会社に打ち勝つために過酷な労働をしなければならないなど，ストレッサーとなりうる状況をすべて排除することは不可能である。

　一方，このような過酷な状況であっても，パフォーマンスを低下させることなくはつらつと仕事を遂行できる労働者が存在することも事実である。このような労働者は，自分のもつ資源をフル活用し，仕事をなるべく効率的・効果的にこなそうとし，仕事を楽しみ，没頭していくという特徴がある。チクセントミハイ，ナカムラ，ジーン（2003）は，このような人々が共通してもつ特徴を「自己目的的パーソナリティ」と呼び，多くの人々にとっては苦痛としか思えない状況を，自分で目的を見出し自由と創造性を表現する機会と認知することができると述べている。言い換えれば，このような労働者は，強い自我をもち，目的志向的で，変化に柔軟に

対処することができる人々だと言える。

「自己目的的パーソナリティ」をもつ人々がたどるプロセスを心理学的ストレスモデルに当てはめて考えると，①「潜在的ストレッサー」を，簡単ではないが頑張れば乗り越えられるもの，乗り越えれば自分のためになるものと肯定的に評価する，②①のように評価することによって，否定的感情よりも肯定的感情が高まり，自分がもつ資源をフル活用して対処しようという動機づけが高まる，③②の結果，「潜在的ストレッサー」そのものの解決に向けた対処を計画的・目的的に実行する，④③の結果，問題解決のスピードが速くなり，その内容も充実する，ということになる。労働者となる成人期にこのような心理学的プロセスをたどるためには，成人期以前に体験される内的・外的ストレッサーを避けることなく直面化し，試行錯誤を繰り返しながら乗り越える経験が必須であろう。ストレッサーの多い職業生活において，自分を見失わず自分らしく生きていくためには，成人期以前の発達課題を克服することも重要な人生の課題であると言える（岡本, 2007）。

■ 4　心理臨床的援助の実際

職場におけるメンタルヘルス対策は，職場環境等の改善によるメンタルヘルス不調者発生の未然防止を目的とした一次予防，早期発見・早期治療を目的とした二次予防，職場復帰・再発防止を目的とした三次予防に分類することができる。大規模事業場や製造業など，産業保健スタッフの充実した事業場であれば，一次予防を推進することは比較的容易であるが，資源の乏しい中小規模事業場などでは，うつ病などの事例が発生した際の事後的な対応である二次・三次予防が対策の焦点になっている。また，一次予防を推進することのできる事業場であっても，完全にメンタルヘルス不調者の発生をなくすことは困難であるため，職場復帰支援を中心とした二次・三次予防も並行して行う必要がある。

メンタルヘルス不調者の職場復帰支援の一般的な手順については，厚生労働省（2009）が「心の健康問題により休業した労働者の職場復帰支援の手引き」を示している。この手引きでは，職場復帰支援の流れとして，第1ステップ：病気休業開始および休業中のケア，第2ステップ：主治医による職場復帰可能の判断，第3ステップ：職場復帰の可否の判断および職場復帰支援プランの作成，第4ステップ：最終的な職場復帰の決定，第5ステップ：職場復帰後のフォローアップの5つのステップをとりあげている。これに対して臨床心理専門職には，休業中のケア（第1ステップ），職場復帰の可否や方法についての本人面接および事業場へのコンサルテーション（第3ステップ），復職後のフォローアップ（第5ステップ）など，幅広い活動が求められている。

メンタルヘルス不調者の職場復帰支援については，さまざまな取り組みが行われているものの，休職期間の長期化や職場復帰後の再発・症状再燃など，未だに多くの課題を抱えている。この原因の1つとして，従来は内因性うつ病と呼称されてきた典型的なうつ病に当てはまらないメンタルヘルス不調者の増加が懸念されている。このような人々は，精神医学的な病理水準は比較的軽度であるものの，心理学的には未解決の課題や葛藤を抱えていることがあり，休職を契機としてこのような課題や葛藤に直面することがある。

ここでは，筆者が臨床心理専門職として，復職後のフォローアップ（第5ステップ）に関わった事例を紹介する。

<事例> A さん（30 歳代，男性，製造業）

　X-4年1月に，三交替勤務グループのリーダーに昇進した。しかし，同年11月頃より精神的に不安定になり，不眠，動悸，イライラといった症状が出現した。しばらく産業医および前任カウンセラーとの面談を繰り返すも症状改善に至らず，X-1年に精神科を受診した。「適応障害」の診断を受け，抗不安薬と睡眠導入剤を処方された。X年3月に約1か月間休職し，復職とほぼ同時期に新任カウンセラーである筆者とのカウンセリングが開始された。なお，復職当初は勤務が日勤に変更になり，仕事の負荷はかなり軽減された。家族は妻と子ども2人（小学生）であったが，特に問題となることはなかった。

　上司からの評価はまずまずであるものの，復職後もAさんは「できていない」と自己評価が低く，たびたび一般職に戻してほしいと上司に訴えていた。仕事上のストレッサーをあらためて整理すると，慣れない人事管理，役職に伴う過剰な責任感，工程のすべてに目が行き届かないことなどがあげられた。夜勤明けの朝に，日勤者と業務の引き継ぎミーティングを行っているが，その場で，日勤者から「できていない」ことをたびたび指摘され，嫌な思いをしてきた。誰とも相談できない状況も手伝って，仕事をひとりで抱え込むようになり，睡眠不足に陥っていた。

　復職後は，生活リズムのつくりやすい日勤に勤務が変更になったにもかかわらず，夜間はよく眠れないことがたびたびあった。深夜・早朝に目を覚まして，睡眠導入剤を服用してしまうことがあった。そのため，朝にだるさを感じ，出社が困難になっていた。

　カウンセリングを継続するなかで，三交替勤務時の朝のミーティングで指摘された内容の理不尽さや，相手の言葉遣いの悪さなどが再認識された。休職前はそのように言われる原因の大部分を，自分の能力の低さに帰属させ，仕事を抱え込むことで対処しようとする傾向があった。しかし，日勤の立場で出席することになった朝のミーティングで，他の三交替要員の報告内容が自分のものよりも明らかにできていないことがわかったり，自分よりも責められていたりすることを見るうちに，「自分が一番できていないとは思わない」と考えられるようになった。一方で，きついことを言う日勤者に対する苛立ちも前面に出るようになった。

　さらにセッションを重ねるにつれて，きついことを言う日勤者に対して，「許せない部分はあるものの，自分の人生を考えて，嫌な人のことを考える時間がもったいない」と感じられるようになった。この新しい考え方によって，心理的な余裕が出てきたようであった。この時点で「あまり考え過ぎないようにする」ことが自分にとってよいやり方であることにAさん自身が気づき，他の職場の問題についてもこのやり方を実践することができるようになった。「心の中に足の踏み場が出てきた」という発言も聞かれるようになった。

　現在は，「あまり考え過ぎないようにする」ことを心がけ，三交替勤務に復帰して問題なくリーダー職をこなしている。仕事上のトラブルはたびたび発生しているものの，「ま，いいか」と居直ることで，すぐに平静な気持ちを取り戻し，トラブルに対処することができるようになった。

　本事例の病理水準は，精神科医の診断によれば軽度であった。しかし，処方された抗不安薬，睡眠導入剤による不安・不眠症状の改善はほとんど認められず，休職に至ってしまった。①薬物療法の効果がほとんどないこと，②仕事の負荷を軽減しても症状が継続していること，③昇進を契機として症状が発生していることをふまえ，Aさんの職場復帰を安定させるためには，昇進に伴い直面することになった課題を再度整理し，それらに対する対処を見直すことが必要だと考えた。

面接初期は，直面している課題についてAさん自身が十分に言語化して表現することができており，内省する力や物事を整理する力は十分にあることがうかがわれた。一方，昇進に伴う職務内容の変化や責任の増大に十分対応できないことを契機として，抑うつ状態に陥り続けていることも考えられた。抑うつ状態によってうまくいかない原因を自分の能力の低さに帰属させ，自分は「できていない」と評価するとともに，周囲への迷惑を考慮して相談することも容易にできず，次第に自責感が高まっていったようであった。

　心理学的ストレスモデルに基づけば，Aさんの職場適応を促進するためには，①役職を外すこと（ストレッサーへの介入），②直面する課題に対する受けとめ方，対処の仕方を再検討すること（認知的評価，コーピングへの介入），③薬物療法やリラクセーション技法などにより不安・不眠症状を改善すること（ストレス反応への介入）が有効である可能性がある。しかし，③はすでに薬物療法で効果が認められていないため，自律訓練法などを導入しても効果が少ない可能性がある。また，①は一時的には可能であるかもしれないが，Aさんの立場を考えると中長期的には非現実的な方法である。以上のことから，②の認知的評価およびコーピングへの介入を方針とした。ただし，自責感が過剰に高まっていることを考慮し，まずは抑うつ状態を改善するために，気持ちを受けとめ心理的な余裕がもてるように支援することから開始した。

　セッションでは，Aさん自身が昇進後に直面してきた課題をあらためてとりあげ，それに対する受けとめ方や気持ちが表現された。当初は自責感が非常に強く，思考が圧倒されていたが，心理的な余裕が生じるにつれて，自分のことを客観的に見直そうという変化が生じてきた。また，日勤という立場になり，他の三交替要員を客観的に見ることができた状況も功を奏して，今までは物事の悪い面ばかりを見ていたこと，過剰に自分を責めていたこと，そしてそのようなことが自分自身を苦しめていたことに気づくことができるようになった。

　本事例は，メンタルヘルス不調者の職場復帰支援にあたって，ケースワーク，ソーシャルワークを主とする精神保健学的な対応に，カウンセリングによる臨床心理学的な対応を加味した好事例であると言える。休職という体験は，それまで元気に仕事をこなしてきた多くの労働者にとって，大きな挫折体験となりうる。しかし，このような危機的な体験は，自己を見直し，人間的に成長する好機であるとも言える（岡本，2007）。職場における臨床心理専門職には，その危機に寄り添う母性的な感覚に加えて，職場という現実場面になるべく早く適応できるようにするために，危機を今後の職業生活に活用するという父性的な感覚も必要であろう。

第3節　キャリアの転機の実相と支援

　本節では，キャリアの転機に焦点を当てて，その実相と心理臨床的援助について考えてみたい。

1　転機の理論
1-1　転機のとらえ方
　キャリアの発達については，本章第1節で紹介したような数多くの理論が提唱されている。その多くは，キャリア発達の途上で質的な変容が見られることを指摘している。加藤（2004）

は生涯発達段階論の多くに見られる「階段メタファー」は，社会と会社が安定的に成長し続けることを前提としているため，技術革新が進み，社会と組織の変化のスピードが早まり，目的も構造も変化することが常態化しつつある今日では，現実的ではなくなっていると指摘する。キャリア研究においてメタファーを当てはめてキャリアにパターンや法則を見出そうとしても限界がある。

転機には次のようなものがある。
①家庭生活での変化：結婚，離婚，出産，子どもの自立，家族の病気，家の新築など
②個人的変化：自分の病気，大きな成功や失敗，入学や卒業など
③仕事や経済上の変化：解雇，退職，転職，組織内での配置転換，収入の増加と減少，ローン，昇進への絶望など
④内的変化：精神的悟り，心理学的洞察，自己イメージや価値観の変化，新たな夢の発見や古い夢の破棄など

1-2 プロセスとしての転機

ブリッジズ（Bridges, 1980）は転機（transition）に際して起こる変化は，発達心理学の年齢で区切られた階段状のモデルに必ずしも当てはまらないと考えた。トランジション体験（being in transition）を経験した人々の分析を行った結果，転機には3つのプロセスが起こるととらえた。

①終わり（endings）：何かが終わること，何かを失うことから転機が始まる。近親者の死，離婚，退職，異動，転居。こうした出来事がそれまで自分を位置づけてきたなじみ深い文脈から離脱させて，これまで機能してきたシステムを壊してしまう。アイデンティティの喪失にもつながる。

②中立圏（neutral zone）：いったん失われた適応のシステムや目標は，簡単に代わりが見つかるものではない。早急な結論や成果を求めずに，一時的な喪失状態や空虚感にじっと耐えて，ひとりで内省する時間と場所を確保しているうちに，自己変容するプロセスは死と再生のプロセスをたどりつつ，内的な再方向づけがなされていく。

③始まり（making a beginning）：何かが始まるときは「終わる」ときほどはっきりとした形を取らないことが多い。少しずつ何かが変わっていく。内的な再結合にもとづき，もともとあった自分の新しい面を再発見して自分自身になっていく。

「転機のプロセス」を重視したこのモデルは，実際に転機にあるクライエントへの心理的援助において有用である。このうち最も辛い中立圏にある人々を支え，マネジメントする重要なポイントは，次のようなものである。すなわち，①自ら責任と自覚をもち自己管理せよ，②何が変化しており，その変化による影響は何かを明らかにせよ，③捨てるものは何かを決めよ，④終了した（する）ものは何かを明らかにせよ，⑤自己の感情をありのままに受容せよ（期待と共に悲しみや不安をも受容する），⑥安定しているもの・継続するもの・維持するものは何かを明確にせよ，⑦大きな決断をする場合には時間をかけよ，である。

1-3 激変する時代のキャリア理論

1）積極的不確実性と計画された偶発性

現代は社会経済の環境が大きく変化し続けており，企業という組織もそこで働く個人も常に「変化」し続けることが求められてきている。こうした背景から従来の伝統的なキャリア理論

を越えて「変化への適応」をキーとする新たなキャリア理論が次々に現れてきた。

ジェラット（Gelatt, 1989）は，従来，論理的な意思決定論を提唱していたが，不確実な未来が当たり前になる21世紀には，客観的，合理的な意思決定だけではなく，主観的，直感的意思決定も必要とする「積極的不確実性 Positive Uncertainty 理論」が重要だとしている。カウンセラーはクライエントの「心の眼」や「右脳」を使えるように援助する。それは空想や夢，感性や直感の力を使うことである。創造的な想起（remembering）と想像（imagination）の力を引き出すことでもある。過去と未来を反映することによって，過去からと同じように未来からも学ぶことができる。新しいカウンセリングの枠組みは，未来志向の創造的カウンセリングである。（不確実な）未来はまだ存在していないし，予測もできない。あいまいでパラドックスに満ちている。未来は想像し，創造するものである。科学的公式や，洗練されたテクノロジーや雄弁な理論があっても，情報が多くても，意思決定をすることがかえって困難になってくる。合理的な戦略は絶対ではなく，新たなドグマの必要もない。積極的不確実性に焦点を合わせれば，次代のフロンティアになるだろう，と述べている。

さらにジェラットは，このように述べる。従来のキャリア発達は「山登り」であり，目標とする頂上は不動のものであり，目標に向かって一歩一歩上っていくイメージであった。しかし変化の程度が劇的でスピードも速い現代においては，目標とする頂上そのものが十数年にわたって不動ではありえず，キャリア発達はむしろ激流を「筏下り」するようなものである。たえず変化する流れに柔軟にバランスを取りながら進む過程そのものに意味がある。

大久保（2006）もまた，キャリア・デザインの考え方として，次のように述べている。はじめは「筏下り」型で基礎力を蓄え，経験を積みながら自分の専門分野の方向性を見出していく段階がある。次に「山登り」型でその選択した専門分野でプロとしての力量と実績を積み重ねていき，その道のトッププロとして地位を築いていく段階があると言う。大久保によると，30代半ばあたりが，「筏下り」から「山登り」への移行期である。しかしこの激動の時代にあって，うまく移行できずにドリフト（漂流）を続ける人もいるだろう。その際，ただ受身で流されているのではなく，転々としつつも主観的，内的キャリアの視点で一貫性をもつことができるかどうかが意味をもってくる。後述のナラティブ・アプローチの重要性もまたそこにある。

第1節でも述べたように，クルンボルツ（Krumboltz, 1996, 2001）は「計画された偶然性（planned happenstance）」理論を提唱した。予期せぬ新たな出来事が個人のキャリアのチャンスを生むのであるから，それを避けるのではなく起きたことを最大限に活用する。そうした出会いや偶然を積極的につくりだし，トランジションを引き起こし，キャリア形成の力にする。そのためには以下の5つの行動が重要である。①好奇心：新しい学習機会を自ら模索し続ける，②持続性：すぐにはうまくいかなくても諦めずに粘り強く努力する，③楽観性：新しいチャンスを「実現可能」ととらえ，多くの悲観的なコメントよりも1つでも前向きなコメントがあればそれを心に置いてみる，④柔軟性：一度意思決定したことでも固執せずに，状況の変化に応じて信念，概念，態度，行動を変えることができる，⑤リスク・テイキング：失敗することを恐れず，結果が不確実でも，今ある何かを失う可能性よりも，新しく得られる何かに賭けて行動してみる。未来は予測できないことを前提にして，変化をチャンスととらえてオープンマインドで学習し続けることが求められている。

2) プロティアン（変幻自在）・キャリア

組織コンサルタントでもあるホール（Hall, 2002）は，産業の構造変革の中で会社と個人の心理的契約が変化し，これから求められるのは，個人が主体的にキャリア形成に取り組み，環境変化に対しても絶えず適応できる「プロティアン（変幻自在）キャリア（Protean career）」であるとする。新しい「プロティアン・キャリア」は以下のような特徴を示している。

①キャリアは組織ではなく個人が主体でマネジメントする。

②キャリアは，プロセスであり，生涯にわたり連続する経験，スキル，学習，転機，アイデンティティなどの変化である（暦年齢ではなくキャリア年齢としてカウントする）。

③キャリアのめざす目標は，他者からの評価（昇進・地位・給与）などの外的な成功よりも，個人の内的な仕事の満足感や成長実感などの心理的な成功である。

このプロティアン・キャリアを形成するために必要なものとして，アダプタビリティ（適応力）と共にアイデンティティが欠かせないとする。アイデンティティの成長という内的なコンパス（方位磁針）を持たなければ，ただの風見鶏のように，ころころと変わり続けるカメレオンのようになってしまう。柔軟性と適応力の土台には強く明確なアイデンティティが必要である。アイデンティティの成長には自分自身を知る（自己覚知）だけでなく，さらに深く自身について学ぶ方法を知っていることが必要である。そのためには他者からのフィードバックや援助，関係性のプロセスを必要とする。

ホールは，キャリアは人間関係における相互学習のかかわりの中で発達すると考える「関係性アプローチ（relational approach）」を重視している。チームプレーを大事にしてきた日本の組織において，急激に個人の成果主義にシフトし，自己実現の評価を外的なものさしでだけで測られることに戸惑い，キャリアアップという言葉に不安を感じる層にとって，自己の内面の満足度や他者とのかかわりにも軸を置いたキャリア観は，大きな示唆を与えた。

3) 統合的ライフ・プランニング

ハンセン（Hansen, 1997）は，女性のめざましい社会進出，移民の増加による多文化の共存，格差の拡大などの背景から統合的ライフプランニング（integrative life planning）のパラダイムを提唱する（図4-9）。キャリアを考えるときに必要なのは以下の点である。生活上の役割に関する価値が変わってきている。人間の発達においてはアイデンティティの次元，自己の発達領域，役割，文脈の4つが関係する。生活上の役割では4つのL，Love（愛，家族），Labor（労働，仕事），Learning（学習），Leisure（余暇）の優先順位をどうするか。目標や価値は社会，組織，家族，個人などの文脈から考える。発達の課題と優先順位はライフステージによって違ってくる。個人，カップル，家族，コミュニティにおいて，この次元，領域，役割をいかに統合できるかが重要である。

ハンセンは，ライフ・プランニングをこれまでにない大きなスケールで統合しようとしている。世界全体と地域，男女の性役割，個人とコミュニティ，家庭と仕事，また個人の内部においても，身体と心と精神，合理的な考え方と霊的な直感，自己充足と他者とのつながりなどの統合を図るという考え方である。このようなハンセンの統合的な考え方は，構造的不況で雇用も不安定である時代にあって，さらに有効性を増してくるに違いない。個人の生きる意味，働く意味と大切な家族との関係性，コミュニティとのつながりなどから，「幸せのものさし」を自分でつくり続けることが，収入や地位，出世，生産性や効率，利潤の追求という尺度では測り

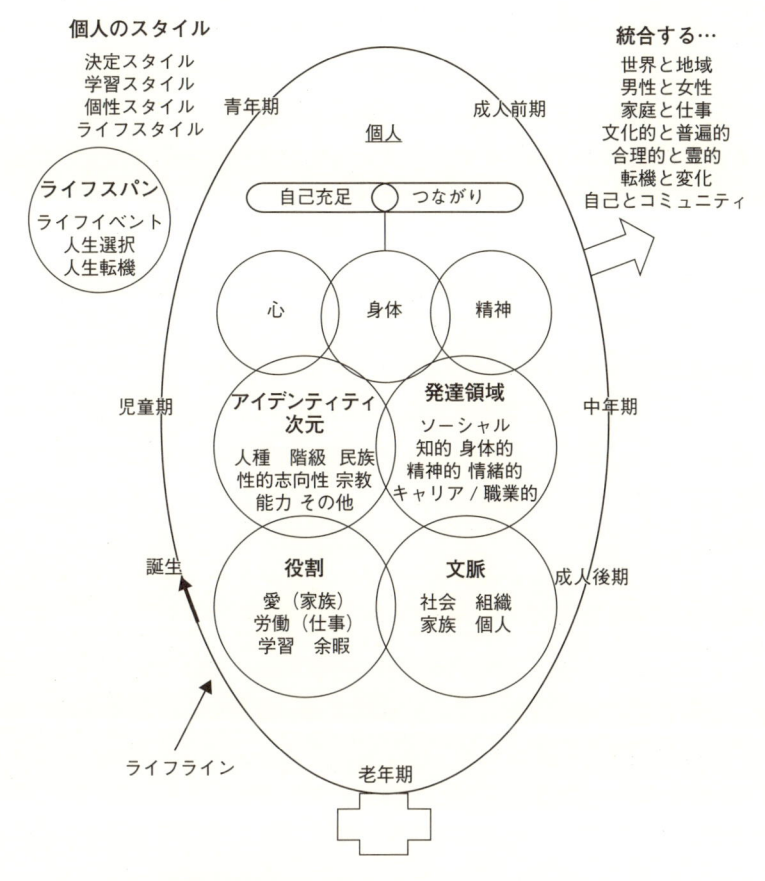

図4-9 統合的ライフパターン (Hansen, 1997)

きれない価値観への転換を可能にするのではないだろうか。

■ 2 危機・転機としての失業

　大事にしてきた人やものを失う対象喪失をきっかけに，人生の危機・転機が始まることも少なくない。小此木（1979）は対象喪失を次のように定義している。
　1）愛情・依存対象の死や別離，2）環境変化，地位，役割などからの別れ：①親しい一体感をもった人物の喪失，②自己を一体化させていた環境の喪失，③環境に適応するための役割や様式の喪失，3）自分の誇りや理想，所有物の意味をもつ対象の喪失：①アイデンティティの喪失，②自己の所有物の喪失。
　失業も1つの重大な対象喪失である。リストラによる失業者の聞き取り調査をした廣川（2006）によれば，長年勤続した会社という愛着・依存の強い対象から，突如，別離を言い渡された，自分が否定されたという受けとめ方が強い。帰属する組織から放り出されて，自分の存在証明である会社や役職も失った。上司・同僚・部下という人間関係もなくなった。毎日会社に通うという生活習慣も一変して，「毎日が日曜日」で，どこへも行かなくていい状態である。家族も心配するが，それが余計にプレッシャーにも感じる。当然，収入がなくなるという経済的な問題もある。このように，失業者の対象喪失という心理的な問題は重層的で深刻である。
　こうした喪失を抱える人はどのようにして回復していくのだろうか。ハーベイ（Harvey, 2000）によれば，人生の危機において，悲しみに言葉を与え，物語ることで意味を構成

しようとする試みこそが，抑うつや希望の喪失に対抗する力となる（喪失体験の文脈化 contextualization）。喪失が癒されるために必要な以下のようなステップ（物語‒行為モデル）がある。重大な喪失→物語の形成，つまり喪失の理解→物語ること，すなわち喪失について親身になってくれる他者に話すこと→アイデンティティの変化→建設的なやり方で喪失に取り組む行為というプロセスである。こうしたプロセスをたどることで，失うことで新たな何かを得ることができ，「喪失が獲得」になるということが起こる。「アイデンティティの変化」とは，重大な喪失を機に自分自身に対する見方が根本的に急激に変わることでもある。

■ 3　転機の語りとカウンセリング

　キャリア・カウンセリングの現場では，研究者がもち込んだ危機・転機のメタファーを個人に当てはめるのではなく，一人ひとりの個人が危機・転機のプロセスを体験し，自分の言葉で語ることを通してアイデンティティの喪失から再生がなされていくと考えられる。これは，言語を通じて現実をつくりだしていくという社会構成主義の考え方や，ライフストーリー研究，ナラティブ・セラピーにおける語りの研究が，キャリア・カウンセリング研究においても有効であることを示している。

　転機を語ることの意味については，杉浦（2004）が明らかにしている。危機に際して転機の物語を語ろうとするのは，そのことによって危機に意味を与えようとするためであり，意味を与えることによって危機を克服するためである。ホワイト（White, 1995）の唱える，対話を通して，これまで自分を支配してきた思い込みの「ドミナント・ストーリー」（これまでの人生を支配してきた主要なストーリー）から自分を切り離して考える「問題の外在化」が進み，新たに自分が生きやすくなる「オルタナティブ・ストーリー」（新たに気づいてきた，これまで支配的であったストーリーとは見方の違うストーリー）への書き換えが可能になる。語り直されたストーリーを生きることにより，異なった現実の中で変わった自己が生きることができるようになる。こうしたプロセスがキャリア・カウンセリングの過程で相互作用として起こると，転機・危機にある人の支援としても有益である。

　コクラン（Cochran, 1997）は，ナラティブ・アプローチをキャリア・カウンセリングに適用し，過去の経験を聴き，語りを力づける技術として，次のように具体的にまとめている。

　①ライフライン：生まれてから現在までの時間軸に沿って，転機となった出来事についての肯定的／否定的観方の程度をグラフ化していく。幼少期の体験を思い出したり，それぞれの出来事をどうとらえていたのか，再発見することもある。ライフヒストリーを聞きながら，カウンセラーは，ときどき要約して伝えて語りを促していく。

　②人生の各章の題をつける：「自伝を書くとしたら，章の題名はどんなものでしょうか」と問いかけて，人生の各時期の章の題名をつけてもらう。「小学校時代」というような表面的なものに終わらないように，カウンセラーがその時期の葛藤，目標，成長体験，興味関心や行動，影響を受けた人物などについて質問することで，ある時期を生き生きと表すタイトルをつけることができる。

　③成功体験：成功体験を詳細に聞く。どんな成果だったか，そのときどんなことを感じ，考えたのか。聞き手が物語を，十分に楽しみ興味をもって聞くことが語りを引き出す。成功体験には，その人の基礎的な能力，スキル，性格特性，長所などが含まれる。これは自分に向く仕事を考えるキャリア・カウンセリングではとても有効である。成功体験が思いつかない人には，

楽しかった体験を聞き，同じように吟味していく。そこから強みや価値観に気づくこともある。

　④家族の布置：どんな家族の中で育ってきたか。家族の間の関係はどうだったか。仲良かったか，孤立していたか，家族のドラマの中でどんな役割を果たしていたか。これらは，仕事の仕方や役割にも大きな影響を与える。

　⑤役割モデル：困難を乗り越えるとき，目標に近づこうとするときに，役割モデルがあるのか。実在の人物に限らない。想像上，歴史上の人物，マンガの登場人物や動物であってもかまわない。それを聞くことでクライエントの人生の理想とする物語が明らかになることがある。

　⑥早期記憶の想起：いくつかの想起された記憶から，人生とキャリアの筋書きの原型がわかる。

　こうしてカウンセラーがクライエントのライフストーリーを聞きながら，ひたすら傾聴するだけではなく，適切に働きかけていき，話し手と聞き手の相互作用を通じて，過去から現在が一本の筋にまとまってくる。そしてキャリア・カウンセリングのテーマである未来に向けて，人生は自分が主役であり，主体的に生きていく自信と勇気が生まれる。

■ 4 事　　例

　以下に，休職や失業を転機として職業アイデンティティが揺らぎ，家族とのかかわりや自己と向き合いながら，生き方働き方そのものを見直した中年期の男女の事例を紹介する。事例の臨床的本質を損なわない程度に記述を改変したことをご了解いただきたい。

4-1　事例1．Aさん，52歳，男性

仕事　全国に社員が数千人いる大企業X社に勤続30年の課長。有給休暇もあまり取らない熱血社員で仕事の評価は高く，これまでに精神的な疾患にかかったこともない。

家族　自宅は関西にあり単身赴任中。妻と高校生と大学生の子どもがいる。

転機　4月に代わった上司が徹底した成果主義，合理主義でパワハラ的言動のある部長だった。これまでにも何人か部下が精神的不調になっている人だった。ほぼ同時期に妻の急病・入院，子どもの不適応や進路問題などが起こった。1年前に父親が亡くなって残された高齢の母親の介護の問題も抱えていた。毎週，週末は関西の自宅か東北の実家に帰っていて，身体的にも精神的にも疲弊していた。

経過　部長からは会議の席などでも高圧的な言動にさらされ，気性の激しい部下との板ばさみにもなって辛い日々が続いた。部長の言動は，かつてAさんの部下が体調不良になったときのAさんの仕事ぶりを想起させるものであり，Aさんは部長への嫌悪感と同時に，過去の自分の姿とも重なるゆえに自己否定もしきれない矛盾を感じていた。次第に腰痛，手足のしびれ，首・肩こり，血尿などの身体症状が出て，判断力，企画力，意欲，仕事の能率などが次第に低下し抑うつ的な状態になっていたが，一日も休まず出勤していた。8ヶ月後のある朝，体がまったく動かなくなって，初めて会社を休んだ。その週に社内相談室に駆け込んで来た。症状を聞き，内科とメンタルクリニックの受診を勧めた。うつ病の診断書が出て，傷病休暇に入った。3ヶ月の傷病休暇の後，元の職場に復職し，職場の細やかな配慮の下，順調に回復した。部長は半年後に異動になった。その間，自分の生き方働き方を見直す余裕ができた。復帰から1年後，自宅に近い関西方面の教育研修機関に異動の内示があった。X社の人材育成の拠点である。これまでの専門知識と経験も活かしながら，若い社員の指導育成に携わった。休職から復職までのプロセスで気づいた部下への接し方の改善についても実践する場になった。さらに1年後，昇格して支社マネージャーとして単身赴任で勤務している。

Aさんの立ち直りの要因としては，次のようなことが考えられる。傷病休暇中，実家に帰って妻や子や飼い犬と心身ともにのんびりと過ごせたこと。自分の趣味や楽しみのために時間とお金を使うことを後ろめたく思わなくてもいい，むしろ自分の核を作るためには必要なことであることに気づき，ひとり旅，夫婦で温泉，園芸作業，ゲートボール，マラソンなどを楽しめるようになったこと。復職へ向けてのリハビリを段階を追って行ったこと。復帰後の配属は発症の元となった上司から遠ざけるのが通常だが，本人のプライドや希望も考慮して，元の職場にしつつ，最大限の配慮をしたこと。復帰後の業務分担は役職も考慮し，時間に余裕があり，関係調整などでストレスのかからない，しかしそれなりに意義のある仕事を徐々に増やしていったことなどである。

復帰後の1年間は，定期的にカウンセリングを行って職場調整をし，幼児期からのふりかえりも行った。異動の挨拶に来たA氏はこう語った。「一番こたえたことがある。傷病休暇で自宅に帰っていた正月，深夜，ふと目覚めて横をみると妻が背を向けて声を押し殺して泣いていた。昼間は私を心配させないように気丈に明るく振る舞ってくれた妻が。ここで俺が倒れるわけにはいかんと。絶対立ち直らなくてはと思った。主治医と先生（筆者），それから支えてくれた職場の仲間たち。みんなのお陰でやっとここまでこれました」。

4-2 事例2．Bさん，46歳，女性

仕事と家庭　大学卒業後，英語と経理，パソコンが得意であることを生かして，外資系イベント会社，メーカー，IT，ベンチャー企業などの秘書や経理担当としてフルタイムで働き続けてきた。一方で33歳で結婚，翌年出産でいったん退職するも，1年後再就職し，育児家事との両立を果たすキャリアウーマンだった。

家族　夫（46歳）の実家は旅館を経営しており，夫はホテルの従業員をしていたが，その後，脱サラして治療院を開業。長女（小6）。別居の父（74歳）と母（72歳），妹（44歳）がいる。

転機　42歳のとき外資系の日本法人企業の撤退で失業，再就職，退職→夫の自営手伝い→自営業の失敗→近所の倉庫作業のパート勤め→3ヶ月で体調を崩して辞める。

経過　この4年間の変化を以下にまとめる。

職業の変化　外資系企業のキャリアウーマン→出産による退社，再就職，自営，失業，夫の自営業の手伝い，借金返済のためのパートという，めまぐるしい仕事上の変化を体験している。職業アイデンティティを確立しきれないままに拡散しているように思われる。

経済問題　夫の自営業の失敗による多額の借金を抱えた。

家族の問題　自営業の失敗による夫の自信喪失と夫婦間のすれ違い。成長する娘とのコミュニケーションの難しさ。これまで精神的支えだった父が認知症になり，Bさん自身が揺らぐ。母との確執と和解。

身体変化　更年期の諸症状，うつ病。

心理面での変化　夫の自営業の失敗に対しては，民事再生という法的措置により経済的危機が回避されると，自分が借金を返すためにフルタイムで働かなくてはならないという焦燥感が和らぐ。安堵すると同時に，これまで親から認められるために誰の助けも借りず独力で仕事，家事，育児をがんばってきた，生き方・働き方そのものへの問い直しが起こった。では何のために，誰のために働くのか。母から愛されなかった自分，長女として認められようと，がんばり続けてきた自分，父を支えにしてきた自分，キャリアと家庭を両立できていた自分……すべてが揺らいできた。定点が何もなくなった。

立ち直りの要因としては次のようなことが考えられる。これまで体験したことのない経済的な危機

の中で，他人の助け（弁護士・主治医・カウンセラー・親）を借りて救われるという体験をしたこと。仕事では経理など実務が得意なBさんは，実は子どものころから物語を読んだり作ったりするのが好きだった。そのため面接においても，箱庭を作ったり見た夢を語る時間を取ったこと。大学を出てからの自分史年表を作って，それをもとにこれまでのキャリアを語ってもらったこと。持参した20代の外資系の社長秘書をしていたころのパーティの写真は華やかで颯爽としていた。時間的経済的なゆとりがもてる時期からは，これまでの他者からの評価と課題達成のために大変な努力してきて，それなりの達成もあったことを確認した。キャリア上の挫折や喪失感も次第に受け入れられてきた。「個」としての職業アイデンティティの確立を求めて，時間に追われるように生きてきた自分の生き方を見直して，「関係性」を重視して大切な他者と過ごす時間，自分のためにゆったりと使う時間を大事にしようと思うようになったことなどである。

4-3 事例の考察

これらの事例を，岡本（2002）の「成人期の発達を規定する2つの軸と2つの領域」（図4-10）に即して考察してみる。

Aさんは【A】のゾーンでずっと戦い活躍してきたが，パワハラ的上司と部下との板ばさみ状況にさらされることで，職業アイデンティティ自体が揺らいでいた。背景にはこれまであまり省みてこなかった【D】ゾーンでの役割が父の死以降，急速に増大してAさんなりに一生懸命に取り組んでいたが，慣れないことでもあり，物理的にも無理がたたり，身体的にも精神的にも疲弊していた。また，そもそもAさんには【C】ゾーンの個としての内的な確立が不十分で，誰かのために，人から示された目標に向かってがんばり続ける生き方・働き方をしてきた。したがって【A】においても，本来の自己実現とは異なるものであったとも考えられる。3ヶ月の休職と復職後の1年の内省を通して自分の楽しみのために時間を使うこと，生き方・働き方を見直すきっかけとなり，【C】での充実，Aさんの個としての核が形成されてきた。さらに職場，【B】ゾーンでも，復職期間の人事の配慮，職場の仲間としての支援を受けたこと，異動先の教育研修機関での教官や部下を育成する管理職の経験などから充実してきていた。

Bさんはもともと【C】ゾーンの内的世界が豊かであったが，妹を溺愛してBさんを認めよう

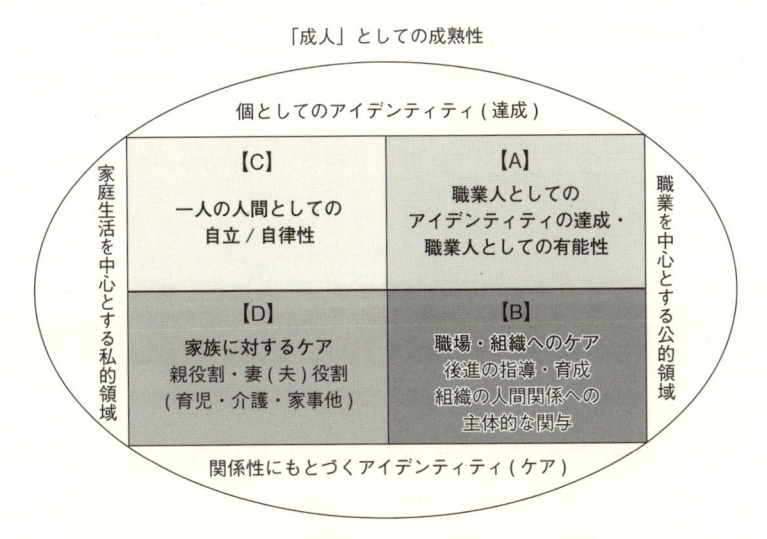

図4-10 成人期の発達を規定する2つの軸と2つの領域（岡本, 2002）

としない親を振り向かせたいという思いから、彼女は仕事と家庭と両立するキャリアウーマンとして【A】と【D】ゾーンで一生懸命に取り組み、それなりの結果も出してきた。しかし、失業、自営業の失敗、借金と重なり、【A】・【D】の両方でのアイデンティティが揺らぎ始めた。再び【C】の世界に戻って、物語、ファンタジー、イメージを豊かにする営みや、仕事で使うための英語ではなく好きな物語を原書で読むための英語を学ぶことの楽しさを見出すことができた。経済的な危機も回避されたため、当面は【C】での時間を確保しつつ【D】で夫と思春期の娘としっかり向き合うことを選択した。やがて娘が成長し、更年期の症状も安定期に入れば精神的身体的回復が進んで、再び【A】、あるいはこれまでの経験をふまえた【B】での企業のみならず、地域でのボランティアなどに新たな居場所を見つけることになるかもしれない。

　以上2つの事例は、ホールの「関係性アプローチ」、ハンセンのスピリチュアリティ、コミュニティ、他者と出会う体験などからの「統合的ライフ・プランニング」の考え方の具体例としても多くの示唆に富んでいるのではないだろうか。

■ 5 転機のカウンセリングに対する統合的アプローチ

　これまで見てきたように中年期の転機にあるクライエントが抱える課題、問題と背景は多岐にわたる。それらを十分に理解したうえでかかわらないと、適切な援助になりにくい。本節のまとめとして、中年期の心理臨床的援助のポイントを村瀬（2006）の統合的アプローチを参考にして述べてみたい。

5-1 クライエントの問題を多面的にトータルにアセスメントする

　①生涯発達上の位置づけ：中年期の課題とクライエントの主訴はどのように関わっているか。クライエント自身の自覚の度合いと伝え方。

　②キャリア上の問題とメンタル上の問題（精神疾患の有無と程度、緊急度）の正確な把握と、優先順位づけ。

　③就労上の問題：職場の人間関係（上司・同僚・部下）はどうか。担当している仕事の量と質はどうか。残業時間はどれくらいか。キャリア上の変化はあるか（昇進、異動、転勤、配置転換、出向、合併、リストラ、失業、転職など）。女性の場合はキャリアと家庭、結婚、出産、育児、家事との両立の問題も重要になる。

　④家族関係：夫婦・親子・きょうだい関係、時に祖父母まで含めた検討が必要である。

　⑤経済状況：特に失業中のクライエントには重要。負債ローンは抱えていないか。

　⑥クライエントとかかわる登場人物、援助者の見極め：心理的な問題やクライエントの病理にだけ焦点を当てないことも大切である。

5-2 「今、この」クライエントに必要で有効なアプローチを選択し組み合わせる

　クライエントの課題の全体をながめたうえで、優先順位をつけ、限られた時間と場に応じて目標設定をする。その目標に沿って、クライエントが受け入れやすいアプローチを選択する（箱庭・夢・自分史年表作り・写真や日記などの活用など）。

　例えば事例Bでは、これらのアプローチを組み合わせながら、本来備えていた豊かなイメージの力や物語る力を引き出し、精神的世界を深めると共に、状況に応じて現実的対処（借金返済や再就職、それに向けての資格取得など）や生活適応（夫や娘とのすれ違い、）などについて

もテーマとしていく。キャリアと家庭の両立をふりかえりながら，ねぎらいの言葉を伝える。こうしたやりとりを重ねていくプロセスの中で，過去・現在・未来を貫く軸としてのアイデンティティが，時に個から関係性へ重心を転換させつつ，再構築につながっていくと考えられる。

5-3 関連する他職種との協同

改めて述べるまでもなく，医療機関以外の場で心理臨床活動を行う際には，クライエントの精神疾患の有無や程度を見極めたうえで，緊急度に応じて医療機関との連携が必要となる。うつ病や更年期症状に対しては，適切な治療につなぐことも重要である。企業内での休職から復職に際しては，カウンセラーは関係者（産業医，人事，上司，同僚，家族，主治医）をつなぎ，本人にとってのいい環境づくりのための調整をするコーディネーターとしての役割を果たすことも必要である。

5-4 援助者の自己点検

最も重要なことは，クライエントとかかわるプロセスの中で援助者自身のあり方を問い続け，客観的に対象化することである。高みの安全な場所から救いの手を差しのべ，ライフサイクルやキャリア理論の知識を説き，お仕着せの対処法を授けてはいないか，援助者の自己愛を満たすことが一義的な目的になってはいないか。厳しく不断の自己点検が求められる。

第4節　教師のキャリア危機とその援助

1　教師のキャリア危機：バーンアウト

1-1　学校現場の現状

教育基本法が見直され，それに続いて学習指導要領の改訂が行われた。そこには，1996（平成8）年に打ち出された「ゆとり」教育を見直し，学力の充実を図ることが大きな目的としてあげられている。総合的な学習の時間が削られ，英語や理数科目などの充実をめざすというのも大きな変更点であると言える。こうした教育改革を受け，それに応じた教育にシフトしていくために学校現場は混乱を来している。「ようやく（教師も子どもも）慣れてきたと思ったら，また次の改革……」と，その変化のスピードに追いつけない感覚をもつ教師も少なくない。それに加えて，平成21年度から本格実施されたのが教員免許更新制である。これは「その時々で教員として必要な資質能力が保持されるよう，定期的に最新の知識技能を身につけることで，教員が自信と誇りを持って教壇に立ち，社会の尊敬と信頼を得ることを目指すもの」（文部科学省）と定義されている。具体的には，10年ごとに30時間の免許更新講習を受講しないと，せっかく取得した教員免許が失効してしまうという仕組みである。ただでさえ忙しい教育現場に，また新たな足かせが加えられることになった。

こうした現状に加え，学校現場では日常的にいろいろな「問題」が渦巻いている。清水・福島（1998）では，教師の精神性疾患による病気休職者数とさまざまな問題の発生件数との関連を調べた結果，最も高い相関が得られたのは不登校の人数で，ついで校内暴力件数との相関が高かったと言う。またさらに，"多くの教師が「荒れ」の中で問題行動の指導に追われ，授業も成立せず多忙と無力感で健康破壊に追い込まれている"（森川・横山，1996）。そしてこれら以

外にも最近の特徴としては，ネット上での誹謗中傷（いじめ）や個別の支援が必要な子どもたちへのかかわりなど，莫大な時間とエネルギーを要する指導・対応が教師に求められるようになった。これらの「問題」に対応するため，現場の教師は東奔西走の毎日を送っている。さらに最近の少子化に伴う人員削減に加え，報告書作成に象徴されるような事務作業の増加など，教師の多忙化にますます拍車がかかっているというのが現状である。

1-2 教師という仕事の特徴

そもそも教師という仕事が厄介なのは「ここからここまで」と線引きするのが難しく，やろうと思えば次から次へと課題が出てきて際限ないという点にある。家に帰ってからも明日の教材研究をしたり，保護者からの電話に対応したり，私生活にまで仕事が食い込むことも少なくない。この時間的な枠のなさに加えて，教師のストレスを助長するもうひとつの原因として「達成基準のあいまいさ」があげられる。教師の仕事は，何かモノを作る仕事とは異なり，量的な変化で成果を示すことができない。しかも子どもの成長はその場ですぐに現れるものでもない。卒業後何年も経ってから先生の教えを実感するということも珍しくないくらい，即効性は期待できない（期待してはいけない）仕事だと言える。

このように教師というのはきわめてストレスの溜まりやすい仕事である。それに輪を掛けるように最近は，授業妨害や校内暴力という形で直接教師に向かってくる子どもたちも増えている。さらに子どもたちの背景に，難しい保護者の存在がある。何かことが起こるととことん説明を求めてくる保護者，わが子のことしか見えず理不尽な要求を向けてくる保護者もいる。もちろんそんな保護者はごく一部に過ぎないのだろう。しかし，その1人への対応に勤務時間外まで振り回され心身ともに消耗してしまう教師も少なくないというのが現実である。それを裏づけるように，職場から退却する教師（休職者）の数が過去最高を更新し，精神疾患による休職者は10年間で2倍以上に増えたと言う。「学校に行きたくない」「子どもの顔を見るのが怖い」，そんな深刻な苦悩を訴える教師たち。今や不登校は子どもたちだけの問題ではなくなりつつあると言える。

1-3 調査結果より

ここで，調査結果の一部（伊藤，2005, 2006）を紹介したい。この調査で注目したのは教師のバーンアウトである。バーンアウトとは，単なる疲労とは異なり「仕事に情熱を傾け働き続けていた人が精根を使い果たし，専心していた仕事を疎ましく思い意欲さえ失ってしまう，疲弊した状態」を意味している。これらの分析によると，教師のバーンアウトはやる気ややりがい感の低下を意味する＜やる気低下＞と，うつ状態を意味する＜消耗感＞の2つの因子からなっていることが確認された。このバーンアウト尺度とあわせて，中島（2000）の調査を参考にストレスの有無を尋ねた（図4-11）。「イライラ」「目眩や動悸」「食欲低下」などの身体症状から，「児童・生徒と話したくない」「職員室での会話が減ってきた」など，教師という仕事をするうえで弊害となる状態まで多岐にわたる。これらの症状をもつ教師の割合を見ると，調査対象者全体の3割を超える教師が「机が散らかってきた」「体や頭が重い」「食欲不振」などを経験していることがわかる。また，これらの症状を抱える教師の＜消耗感＞得点に注目すると，「通勤途中にイライラ」したり，「児童・生徒と話したくない」「職員室での会話が減った」という教師は，同時に強い消耗感を経験していることがわかる。このように，教師のバーンアウト

が問題なのは，教師自身が苦しい状態にあるというだけでなく，職場の中で教師がかかわるべき人間関係（児童・生徒との関係）にまでその影響が及ぶという点にある。教師のストレスが子どものストレスを再生産し，子どもにたまったストレスがまたいろいろな「問題行動」として教師を苦しめる……，こうしてストレスの悪循環が起こる。どこかでこの鎖を断ち切らないと，学校はストレスの増殖場所となってしまう危険がある。

次に，教師の多忙感を異なる側面から調べるために，教師が求める「時間」を尋ねてみた。表4-3にあげる仕事時間，プライベートな時間8項目について，増減希望を4件法で尋ねた結果，いずれの「時間」も不足していることがわかった。特に教材研究の時間や趣味の時間，睡眠の時間などを求める声が大きい。「もっと仕事をしたいけれど十分な時間がない」「プライベートな時間も大切にしたいけれど，なかなか余裕がない」という教師の実態が見えてくる。また，この「時間」を求める思いとバーンアウトとの関連を見てみると，やる気の低下は教師という仕事（特に児童・生徒と過ごす時間）からの退却との関連が強い一方，消耗感はプライベ

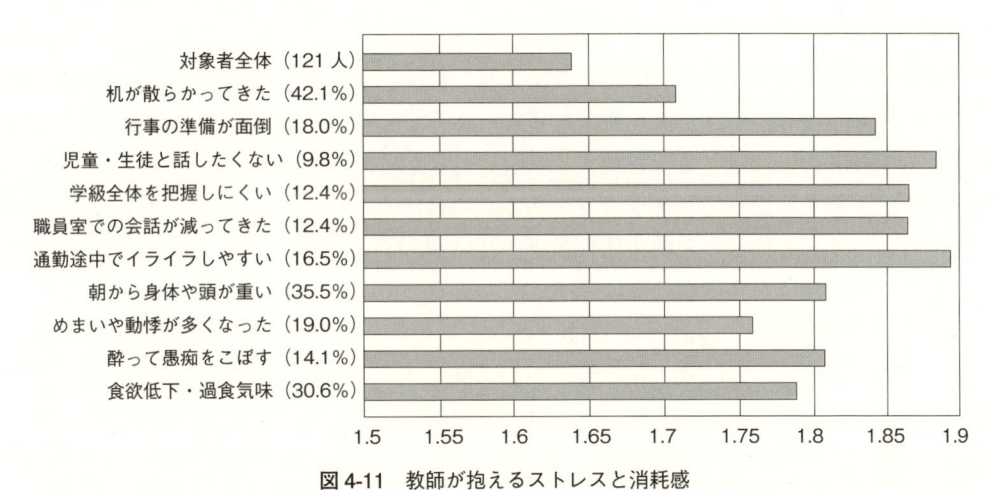

図4-11 教師が抱えるストレスと消耗感

左欄外（ ）内の数値は，各ストレスを感じていると回答した教師の比率（全被験者中の％）を示し，棒グラフの数値は各ストレスを抱える教師の消耗感得点の平均である（全対象者の平均は1.64点）。

表4-3 生活時間の増減希望とバーンアウト得点の関連

上段：仕事時間 下段：プライベート時間	時間増減希望[1] M (SD)	バーンアウトとの相関[2]	
		やる気低下	消耗感
1. 児童・生徒と過ごす時間	3.05 (.78)	-.221**	-.122†
2. 同僚との付き合いの時間	2.56 (.70)	-.133†	-.133†
3. 教材研究の時間	3.30 (.69)	-.075	.097
4. 睡眠時間	3.09 (.75)	-.047	.350**
5. 友人と付き合う時間	3.05 (.73)	-.047	.235**
6. 家族と過ごす時間	3.09 (.79)	-.039	.145*
7. 趣味の時間	3.23 (.74)	.055	.260**
8. 一人でいられる時間	2.84 (.80)	.025	.281**

注）**$p<.01$ *$p<.05$ †$p<.1$

1) それぞれの時間に対し「もっと増やしたい（4点）」「少し増やしたい（3点）」「今のままでいい（2点）」「減らしたい（1点）」で回答を求めている。ここでの数値は平均点である。
2) 各時間の増減希望得点とバーンアウト2得点との相関係数（スピアマン）と有意水準を示した。

ートな時間への希求に結びつくことがわかった。こうした結果から，教師がやる気の低下など疲れを感じたときは，一時避難的に仕事の量を減らすことも有効であろうが，うつ状態にまで陥ったときには，教師という鎧を脱ぐことができる「私の時間」や「私の世界」など逃避する場や時間を確保することの必要性がうかがえた。

1-4 教師への支援をめぐって：スクールカウンセラーの現場から

学校現場の「問題」が多様化する中，子どもの心を育むべき教師にとって，心の健康を維持することは決して容易なことではない。ここで，筆者自身スクールカウンセラーとして学校臨床実践の場に関わった経験から，学校現場で日常的に起こっている危機状況（危機が循環し，ますます「問題」を深めていくダイナミックス）と，そこで求められる支援の実際について触れておきたい。

子どもに心の「問題」が起こると，教師はその対応に奔走させられることになる。そしてその多忙さがストレスを生みバーンアウト（うつ）に発展するのである。それらの弊害は一教師の中に留まらない。あるクラスの「問題」が学年の「問題」へ，さらには学校全体の「問題」へと波及することもあるだろう。余裕がなくなった教師同士に不信感が広がり，互いを非難したり責任を押しつけるという空気が生まれることも珍しくない。逸脱行動や学級崩壊などが起こると，力で押さえつけ子どもを管理する指導につながり，それがますます教師と子どもの間の距離を広げる結果になってしまうこともある。場合によっては，保護者との間に溝を広げることもあるだろう。こうした教師集団の歯車の狂いが，子どもの「問題」をますます助長するという形で，学校全体が悪循環の轍にはまってしまうのである（図4-12）。

この悪循環を断ち切るにはどうすればいいのであろうか。教師を対象とした調査結果（伊藤，2005, 2006）からは，人的サポートの有無やプライベートな時間の確保が有効であることが見えてきた。他方，学校内での体制としては，学校の中に1つのクラスの問題を学校全体で考えていこうという空気をつくることが必要になる。教師の疲れが教師間の不信や対立まで発展しないように，問題を共有し学校全体で取り組むことが必要である。子どもとの葛藤により深い心の傷を負った教師一人を追い詰めるのではなく，その傷を癒しながら子どもに向き合える

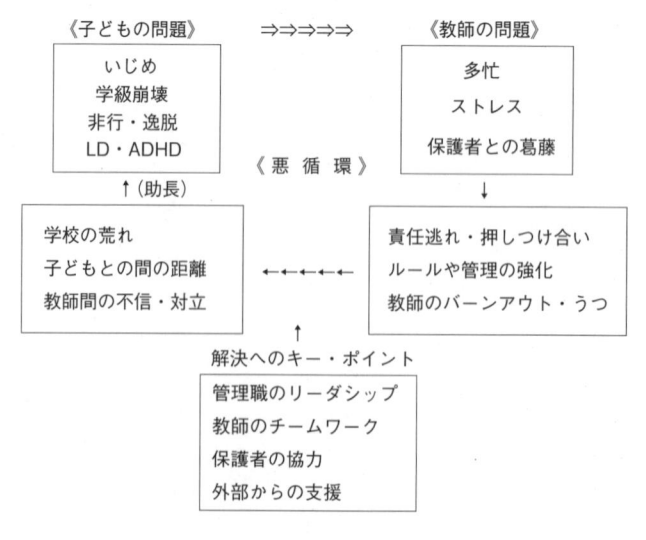

図4-12　子どもの荒れと教師の疲れの循環図

勇気を支えることが急務とされよう。そのためにも，1つのクラスの「問題」を担任教師だけに背負わせず，学校として教師全体で分けもつと同時に，教師自身が悩みを吐露できる空気をつくる努力が求められる。また，場合によっては，学校内で抱え込まず，保護者や地域の協力，さらには外部機関の専門家等の協力や行政的なバックアップを得ることも有効だろう。学校の荒れと教師の疲れが再生産の構造に組み込まれる前に，その連鎖を断ち切り，教師自身が（そして学校も）真の"健康"を回復することが今こそ求められている。

　以上，調査結果と臨床実践をもとに，教師のキャリア危機のひとつであるバーンアウトの一面を横断的に検討してきた。次項では，ライフステージという人生の縦軸の中で教師が経験する危機の諸相について見ていきたい。

■ 2　教師としてのライフステージごとに見られる危機の特徴

2-1　教師という仕事の特性

　「聖職」という言葉があるように，子どもの人格形成に直接関与する教師には「人間性」が重視される。それゆえ，＜生活のため・お金のための労働＞とは違ったものを求められることも少なくない。9時から5時まで働けばいい・給料分だけ働けばいいというのではなく，プライベートにまで「教師らしくあること」を求められ，全人格的に教師としてあるべき姿を要求される宿命を背負わされている。しかも，教師になってほやほやの段階から「先生」と呼ばれ，一人前の教師としての仕事が求められる。しかし実際には，教師もひとつの職業としてキャリア発達や熟達化の道をたどるはずであり，"（教師としての能力は）教師になった日からおよそ40年にわたる「継続的」教育実践を通して形成され，さまざまなステージを経て発展する"（稲垣・寺崎・松平, 1988）ものと言える。こうしたことから考えると，教師のキャリア危機にもそれぞれのライフステージに固有とも言える危機が想定される。

2-2　それぞれのステージにおけるキャリア危機

　そこで，初任者，中堅，管理職など各年代に固有のキャリア危機の特徴を概観してみたい。

1）新任時代

　新任教師は子どもとの世代間ギャップは小さく，若さそのものが子どもには魅力となることもある。教育実習生が（指導力は未熟であるにもかかわらず）子どもたちの関心を誘い一種のあこがれをもって迎えられるケースなどを見ても，若い先生がもつ魅力はそれだけで十分に大きいと言える。しかしその魅力も，教師本来の「教える」という技術に裏打ちされていない場合は，いずれメッキは剥がれてしまう。若さの裏返しでもあるが，経験不足ゆえに不測の事態に対して誤った対応をしてしまうこともあるだろう。さらに，若さが「頼りなさ」と解釈され，保護者からの信頼が得られにくかったり関係がつくりにくかったりという難点もある。特に昨今，教職に就くことそのものが難しくなった結果，「挫折を知らないエリート」が教師になってすぐに教育困難校に配置され，そこでの荒れた状況を目の前に立ちつくしてしまうようなケースも増えている。

2）中堅 - ベテラン教師

　教師としての経験が長い中堅教師は，さまざまな問題に対し場数を踏んできたという自負も

ノウハウももっている。教科指導や生徒指導、そして進路指導など各方面で、その蓄積を生かしたプロとして職人技的な仕事ができる教師も多い。しかし最近では、子どもや保護者、そして社会全体の変化がめまぐるしく、過去の経験が役に立たないような（それだけではなく、過去の実績にこだわることでかえって問題を見えにくくするような）事態も増えている。そうした仕事上のストレスに加え、年齢を重ねるごとに自らの健康に対する不安が仕事に影を落とすようなケースもある。また年齢とともに、自らが抱える家族の問題も複雑になる。子育てや夫婦関係、さらには両親の介護の問題まで、仕事と家庭生活のバランスが求められるのも、この年代の特徴であろう。

3）管 理 職

近年、学校現場ではさまざまな「問題」に対応するため、管理職に付与される権限が強くなっている。教師に対する評価も、管理職の手の内に握られているという面があり、その権限強化と同時に管理職に求められる責任も大きくなっているのを感じる場面が多い。とりわけ、対家庭や対地域社会など、対外的な説明責任の場では管理職が前面に出なければならず、そのストレスは多大である。教育委員会からは教育成果を上げるようプレッシャーを受け、学校選択制の導入などにより保護者からの評価にも曝される。一方、現場では教師集団の長として勤務評定をする立場でもあることから教師たちとの間に溝ができてしまうこともある。子どもたちの「問題」だけでなく、教師の「問題」をも管理・指導する立場として、リーダー性を発揮しつつ親和的関係を維持するのは容易なことではないだろう。

このように初任期にも中堅期にもベテランになってからも、教師としてのライフステージごとに固有の危機が指摘される。それに加えて、現代社会に特有の危機も上乗せされる現状の中、先に見たように、教職を去っていく教師の数は年々増加の一途にある。ライフステージに特徴的な危機、現代社会特有の危機、そして教師一人ひとりが抱える個に固有の危機、これらが縦横に織りなされるなか、「戦場なみ」（新井, 1999, 2008）と言われるストレスを乗り越え、教師としての職業人生を全うするのは決して容易なことではない。そこで次項では、筆者自身が心理臨床現場で出会った教師の生き様をもとに、危機に直面した教師の足跡をたどってみたい。

■ 3　教師としての"山"を築く

3-1　教師としての危機と、それへの対応

一人の教師が危機に出会い、その危機をどのように解決し、また折り合いをつけていくのか、そのいくつかのパターンについて事例を簡単に紹介する。

1）もがいている中で出会った研修が危機を乗り越えるきっかけとなったF先生

F先生（女性）は教師になって13年目の養護教諭である。現在、公立の小学校に勤務する傍ら、家庭では小学校1年生の娘の母親でもある。最近、保健室にはいろいろな児童がやってくる。小学校でも5,6年生ともなると思春期的な揺れが増え、心の問題も複雑になる。養護教諭として中堅になってはいるが、カウンセリングを専門に勉強したわけではないので、どう対応したらいいのか悩むケースも多い。あるとき児童の訴えから「この子は精神的に疲れている」と判断できたので、そのまま保健室で休ませようとすると、担任から「甘やかさないでください」と言われてしまった。心の問題をどうとらえればいいのか、またそれをどう教師に伝えればわかってもらえるのかわからなくなり、すっ

かり自信をなくしてしまった。それに，当時のF先生は仕事と子育てとの両立についても悩んでいた。わが子が熱を出しても無理して学校に追いやり仕事に出てしまう自分のことを考えると，養護教諭としても母親としても失格だ……と自らを責める毎日だった。そんなとき，たまたま参加した教員研修でカウンセリングと出会いその勉強を進めるうちに，保健室での対応にも余裕ができてきた。コミュニケーション方法などを勉強することで，ほかの教師との関係づくりも上手になった。自らロールプレイなどの実習をすることで，「教師も肩の力を抜いていいんだ」「悩んだときは一人で頑張らないでSOSを出していいんだ」と気づき，また子どもたちと向き合う勇気を回復した。

2) 生徒とのかかわりが見方を変えてくれることになったN先生

N先生（男性）は教職25年目のベテランである。2年前までは工業高校に勤務していたが，昨年度，現在の進学校に転勤してきた。前任校では，生徒指導主任として，また柔道部の顧問として，生徒と一緒に汗を流しながら体当たりの指導をモットーに奮闘してきた。ところが転勤してきた高校は受験のための指導が中心で，部活動も低調であった。生徒からも，「よけいな雑談はいらないから，受験に出ることを中心に教えてほしい」という冷めた反応が感じられたし，保護者の要望はそれに輪を掛けて自己中心的なものであった。教える内容も教え方も予備校的な受験指導へと変更を迫られたが，25年も貫いてきた指導スタイルを容易に変えることはできなかった。企業に就職した大学時代の同級生たちがどんどんと偉くなっていくニュースを聞くと，「自分だけいつまでも平のままで……」「この学校で教師としてやっていく自信がない……」と落ち込むことが多くなった。柔道部は部員2人の弱小部であったが，「そこでしか自分でいることができない」と強迫的に思い込み，夏の合宿も敢行した。そんな時，その年の地区予選で部員の1人が予想外に力を発揮し，予選を勝ち抜いた。「先生についてきてよかった」と涙を流す生徒の姿に，教師であることの喜びを再認識することができた。教師を辞めてしまおうか…とまで思い詰めたN先生であったが，「教師は安月給でこきつかわれてしんどいけど，ひと（生徒）のことで喜べる。文化祭をみんなで頑張って＜ようやった！＞とか，練習して試合に勝って＜やった！＞とか。それが教師商売の得なところや」と，教師であることの小さな喜びをエネルギーにして自分らしい教師としての生き方を取り戻した。

3) 転職という道を選んだK先生

K先生（男性）は大学卒業後，2年間の講師時代を経て公立中学校に採用になった。難関の採用試験に合格し，意気揚々と教壇に立ったのであるが，配置された学校は私語や立ち歩きをする子どもたちの多い，いわゆる教育困難校であった。K先生自身，小さい頃から挫折を知らずに大学まで進んだ「優等生」であり，教師に刃向かう子どもたちの気持ちなど，全然理解できなかった。塾講師の経験も長かったため教え方には自信をもっていたが，生徒との信頼関係が築けず，「教える」以前の問題に悩むばかりの毎日であった。「こんなはずでは……」と焦りが強まり，なんとか力で押さえつけようとしてしまい，生徒との関係もますます悪化していく。自分だけができないダメ教師と思い込み，同期の教師仲間にも心を開くことはできなかった。しかも，1年目に義務とされる初任者研修で職場を抜けることが多く，周りの同僚教師に迷惑を掛けているという負い目から，「どうしたらいいのか教えてほしい」というSOSを出せずにひとりで抱え込んでいたのである。見えないところでK先生のストレスは限界を越えてしまったのだろう。徐々に欠勤が目につき始め，その学期が終わるのを待たずして，病気を理由に退職することになった。3年後，ばったり会った元同僚教師によると，K先生は教師を辞めた後，情報処理の技術を生かし，第二の職場ではシステムエンジニアとして頑張っているという

ことであった。

3-2 "山"に求められる3要素

　ここで，教師としての生涯をひとつの"山"が形成されるプロセスに当てはめて眺めてみたい。大学における教職課程で教科に関する科目や教職に関する科目を学ぶ中で，教師に必要な知識や見識を身につけひとつの"山"としての基礎を積み上げていく。教師という職業は，学校に赴任してすぐに「先生」と呼ばれ，生身の子どもたちの成長に関わる責任ある仕事が求められる。しかし，着任早々の"山"は当然のことながら高くない。その後の教師生活を通しさまざまな経験を積むことで，教師としての力量を高め指導力が実効性のあるものとなっていく。教科指導でも生徒指導でも実地の修羅場をくぐり，加えてさまざまな研修を受けたり研究会に参加したりという自己研鑽により教師としての専門性を磨いていくことが求められる。しかし，教師としての"山"に必要なのは，この専門性の高さだけではない。もう1つの軸として教師に求められるのが，高さを支える「裾野の広がり＝人間関係」である。教師という仕事は生徒や保護者，同僚や管理職など，いろいろな人との関係の中で展開されることが多い。そのため，そこでのトラブルが教師を辞めたくなるきっかけになることもある一方で，そこでの精神的な支え（子どもから掛けられた言葉や保護者からの感謝の気持ち，同僚からの励ましなど）が土俵際で踏ん張る力となることもある。自分ひとりで抱え込んだりせず周りとの関係に自らを投げ込むことで道が開けることでもあるのである。

　もちろん，これら「高さ」と「裾野の広がり」は，一方だけでは"山"としてのバランスが保てない。例えば，教師としての力量を向上させるための努力が，自分の地位や出世のためだけの勉強や研究になってしまい，学校内で浮いた存在になってしまうというケースがある（学校という集団組織の中では，個人プレイや自己中心的な動き方は敬遠されやすい）。もちろん指導力を高めたいという意欲は教師として不可欠なものであるが，視野狭く自分の力を伸ばすことだけに専念するのではなく，学校内の人間関係を構築し仲間と分かち合うことで，身につけた力がより生きた技として発揮されることも多い。また，その力を目の前の子どもたちに教科指導や生徒指導として還元することで，教師の力量としてよりいっそう意味あるものとなるだろう。

　一方，周りの人々との関係を支えとする場合も，教師としての専門性に裏づけされていなければ，再び自らの指導力や適性につまずきを感じる事態に直面したときには，また根本から自信が揺らいでしまうことになる。"山"を築くには，教師としてのもう1つの支柱として「教える」という専門性にも自信ややりがい感を獲得しておくことが大切になるだろう[1]。

　そしてもう1つ，教師としての"山"が揺るぎなく存立し続けるには，"山"を地の底で支える岩盤が必要になる。それが，ひとりの人間としての「私」の時間・「個」の時間である。前述の調査からも明らかなように，教師も一人間である限り，教師としての鎧を脱いで個に戻る時間や場所——家庭生活や趣味の世界など——は大切である。それがバーンアウトを防ぐという意味だけでなく，教師としての表の世界とは別に「私の世界」をもち，そこを充実させることで，

---

1) 競争原理がすべてを支配しつつある昨今，個人的には"高い山"をめざさず"なだらかな丘"としてのあり方を理想とする教師にも魅力を感じる。裾野の広がりそのものが教師としての魅力を磨き，それがその教師のもち味にもなっているというパターンである。

教師としてのエネルギーや魅力が補充されるというケースが少なくないからである。

　ただし，これら"山"の高さと裾野の広がり，そしてその"山"を地下で支える岩盤＝＜教師としての力量＞＜教師としての仕事を支える人間関係＞＜職業生活を支える私の生活＞は，教師の支えになる一方で，それが崩れたときにはバーンアウトにつながる危険因子ともなり得る。例えば，先述の3人の先生のように，教え方や指導内容など教師の専門性への自信喪失が原因で教職を辞そうと考える教員は増えている。そんな悩みも，児童・生徒や保護者，そして同僚教師や管理職からの応援や理解が得られることで乗り越えられることもある。しかし逆に，ひとりで抱え込んでしまい周りとの関係に自らを開けなかったり，これらとの関係がこじれてしまうことで，些細なはずの「問題」が心身の消耗にまでつながることもある。また，そういう仕事上の悩みも，家族の支えや趣味の世界に居場所を確保することで何とか乗り切れることもあるが，その一方で，家庭の問題や自分の身体上の悩みが教師という仕事の継続に支障をもたらすこともある。このように，これら3つの要素は危機にもなれば支えになると同時に，互いに影響する相補的な関係にある。一角が崩れることで"山"全体がなだれ落ちてしまうことがある一方で，1つの方向を磨くことが他の方向にも波及し教師としての"山"に個性的な形を刻むという効果もあるのである。

3-3　別の"山"に登るというありかた

　ここでもう1つ，K先生の事例に見た「転職」という乗り越え方についても言及しておきたい。教師という"山"をどう築くかという観点から見ると，教師を辞めるという選択肢は「失敗」と見なされるのかもしれない。しかし，ひとりの人間の生き方としてみる限り，教師として生きることだけが唯一の道ではない。自分には合わないと判断できたのであれば，別の職業に換わるという生き方もあるだろう。うつになっている教師の中には，「この人は教師になっていなければ，こういう病気にもならずにすんだのではないか」と思えるような人もいる。まじめを特徴とする教師の中には，「教師を辞めることは子どもたちに対する責任放棄であり，人生としても失敗である」という思い込みに縛られて苦しみ続ける人も少なくないが，住む世界そのものを換える（別の"山"に登り直す）ことで，新たな見方や自己評価の基準を獲得できるチャンスが広がることもある。「教師としての"山"を完成させる」のも挑戦するに十分大きな意味があるし，「自分にあった別の"山"を見つける」ことも，実は尊重されるべき生き方の選択となるのではないだろうか。

3-4　最後に

　以上，教師としてのキャリア危機と教師としての成長を支える3つの要素について論じてきた。学校現場は今，教師にとっては受難の場になっている。筆者自身，スクールカウンセラーとして学校現場に入った経験からも，児童・生徒のみならず，教師を支えることの必要性と緊急性を感じている。しかし，教師が直面する学校現場での危機的局面に多く関わる中で，その教師が抱える悩みが単に目の前の状況から生じる単純なものではなく，そこには教師としての生き方に関わる深いテーマが潜んでいるのに気づかされることがある。教師という職業が，人の成長や生きるということに深く踏み込む仕事であるがゆえに，「教える立場として」「親として」「人間として」自ら自身の生き様がさまざまな形で絡んでくる。学校という現実に直面しつつも，スクールカウンセラーという部分的にしか関われない立場では，その悩みの淵に立ち尽

くすしかない状況も少なくない。子どもたちの心身の成長と同時に，教師がやりがいをもって教壇に立ち続けるために何ができるだろうか……，これからも学校臨床に関わる実践者として模索を続けていきたい。

第5節　女性のキャリア・パスとキャリアの発達

　1986年に男女雇用機会均等法（以下「均等法」）が施行されてから20年以上の月日が経ち，2005年には改正育児・介護休業法が施行された。女性の就業は20年前と比べると，30代女性の就業率に改善傾向が見られ，M字カーブも"V"から緩やかな谷間となりつつある。しかしこれは，鈴木（2004）が指摘しているように，主にパートタイマー，アルバイトの増加によるもので，また，未婚者の就業者が増加したことによる。つまり，既婚女性の労働力率は「均等法」施行後も，ほとんど変化していないと言っても過言ではない。

　出産後育児に専念するために，就業から離れる者，自分の時間などを優先，あるいは子育てを優先するため，比較的時間に柔軟な働き方ができるアルバイトやパートタイマーとして働いている女性も多い。女性のキャリア発達は，単に就業の有無だけでなく，その働き方，就業形態も大きく影響し，それはまた，結婚，出産・育児等を含めたトータルな生き方も深く関連している。

　「キャリア」という言葉は，経歴や職歴などで使用されることが多いが，本節では「キャリア」を仕事や働き方ととらえ，その経路をキャリア・パスとする。女性のキャリア・パスは，比較的ライフイベントの影響を受けやすいと言われているが，前述したように，就業形態を変えて働いている女性も少なくない。本節では，女性のキャリア・パスを就業形態の変遷から考えてみたい。

■ 1 就業形態の変遷から見た女性のキャリア・パス

1-1 女性の特徴的なキャリア・パス

　ここで，30代の就業形態から見たキャリア・パスを見ていきたい。徳永（2006）は就業形態の変遷を次の6パターンに類型化した。

　Career1：正規社員（就業形態の変更なし）
　Career2：正規社員→非正規社員
　Career3：正規社員→非正規社員→正規社員
　Career4：非正規社員（就業形態の変更なし）
　Career5：非正規社員→正規社員
　Career6：非正規社員→正規社員→非正規社員

　上記以外の「その他」は，6パターン以外の変遷であり，起業などの非雇用者の就業形態が含まれている。

　この6パターンの割合がどのようになっているか，男女別に見ると（表4-4），男女ともにCareer1のパターンが多いことがわかる。しかし，男性が8割近くの割合を占めているのに対して，女性は5割を下回っている。その一方で，Career2およびCareer3は，24.2％，10.0％と，男性が3％程度であるのに対して，女性の比率が高くなっており，男女間で統計的な有意差が

見られた。

　なぜ，男女間でキャリア・パスが異なるのだろうか。リクルート ワークス研究所の基幹調査である「ワーキングパーソン調査 2004」より，その就業形態を受け入れることができるかどうかという就業形態の受容性について「正社員のみ受容性あり」を見ると，男性は 46.7%，女性は 14.6% と，男性は正規社員での働き方にこだわる傾向があり，女性は正規社員だけにこだわっていない傾向が示された。

　男女間でキャリア・パスが異なるのは，就業形態へのこだわりが関係していると推測されるが，女性について，もう少し分析を行ってみたい。

1-2　子どもをもつ女性のキャリア・パス

　ライフイベントの中でも，就業に影響があるのは出産，つまり子どもの有無や，子育て等によるキャリア・ブランクの有無により，どのような傾向が見られるかの分析を行った。ここでの子どもの有無は，未既婚の別については考慮していない。

　まず，子どもの有無でのキャリア・パスを見ていきたい（表4-4）。子どもの有無により，Career1「正規社員」と Career2「正規社員→非正規社員」において，統計的な有意差が見られた。前述において，男女間にてキャリア・パスが異なることを述べたが，男女間というよりも，女性の子どもの有無により差が見られることが明らかとなった。子どもがいる場合，育児などの負担が女性へ重くのしかかり，就業状態を変えなければならない状況の影響がうかがえる。このことについては，後述する。

　続いて，子どもがいる女性のうち，キャリアのブランク（3ヶ月以上）の有無により，キャリア・パスに差が見られるかを検証した。ブランク期間の行動は，仕事をしていないことが前提で，転職先探しや，就学，家事・育児に専念，介護などが含まれる。その結果，ブランク期間の有無によりキャリア・パスに統計的有意な差が見られたのは，Career3 の「正規→非正規→正規」であった。

　キャリアにブランクがあると，仕事の一線から離れてしまうことから，再就職するときにはその能力が落ちてしまう。しかし，徐々に仕事へ取り組むことにより，いわばリハビリ効果で能力を発揮し，活躍するケースも多く見られる（『とらばーゆ / とらばーゆ *net』）。現状では

表4-4　30代男女別，女性の子ども有無別，子どものある女性のうちブランク期間有無でのシェア

		30代男性 $N=1415$	30代女性 $N=562$	30代女性 $N=562$				有意差検定		
				子どもあり $N=331$	ブランク期間有無※		子どもなし $N=231$	男女	子ども有無	ブランク期間有無
					あり $N=207$	なし $N=48$				
		100.0%	100.0%	100.0%	100.0%	100.0%	100.0%			
Career1	正規のみ	77.3%	41.3%	31.7%	19.8%	16.7%	55.0%	**	**	
Career2	正規→非正規	3.0%	24.2%	31.1%	40.1%	33.3%	14.3%	**	**	
Career3	正規→非正規→正規	3.6%	10.0%	8.8%	12.6%	2.1%	11.7%	**		**
Career4	非正規のみ	1.8%	6.0%	6.3%	3.9%	12.5%	5.6%			
Career5	非正規→正規	6.2%	4.6%	4.5%	2.9%	10.4%	4.8%			
Career6	非正規→正規→非正規	0.1%	1.1%	1.5%	1.4%	4.2%	0.4%			
	その他	8.0%	12.8%	16.0%	19.3%	20.8%	8.2%			

※転職経験者のみ　　** $p<.01$

家事・育児等に専念していた女性がいざ再就職をしようとしても，厳しい現状が待ち構えている。再就職をしようと考えたときの"壁"については，後述したい。

2　女性のキャリア・パスを分岐する要因

2-1　出産後の就業形態に影響を与える要因

1.で述べたように，就業形態を変えずに働く女性も少なくない。このようなキャリア・パスを分ける要因は何であろうか。表4-4に示したように，女性のキャリアは，"出産"の影響が大きい。ここでは出産前後でどのようにキャリア・パスが変遷するのかをまず見ていきたい。

子どもがいる30代女性について，出産前後の就業形態にどのような変化があるのかのパターンを見てみると，表4-5のようになった。正規社員，非正規社員ともに，出産後辞めてしまっている人がそれぞれ2割以上であり，つまり，正規・非正規問わず，出産後半数近くが辞めているのである。

働くことに対して，どのような考え方の意向や志向があるかを，キャリア・コンセプトと言う。例えば，専門性の高い仕事をしたいと考えているか，昇進志向はあるかなどである。出産後の就業形態に影響を与える要因として，出産前（結婚後，妊娠前）でのキャリア・コンセプトおよび職場や家庭環境などが考えられる。徳永（2006）では，次のような項目をキャリア・コンセプトとした。

①責任感のある仕事志向：責任感のある仕事をしたいと考えていたか
②専門性の高い仕事志向：専門性の高い仕事をしたいと考えていたか
③キャリア・ビジョン思考：自分自身のキャリア・ビジョンを考えていたか
④キャリアのための学び思考：自分のキャリアのために何か学習していたか，または学習しようと考えていたか
⑤仕事を通しての成長性：仕事を通して，自分が成長できると考えていたか
⑥仕事を通しての充実感・達成感：仕事を通して，充実感や達成感があったか
⑦時間配分：仕事とプライベート・家庭との時間配分をどうしていたか
⑧将来実現したい夢：将来実現したい夢は，仕事とプライベート・家庭のどちら側にあったか

表4-5　出産前後の就業形態変化のシェア

出産前		出産後	N=1726	100.0%
正規	→	正規	159	9.2%
正規	→	非正規	57	3.3%
正規	→	無業	433	25.1%
非正規	→	非正規	96	5.6%
非正規	→	正規	9	0.5%
非正規	→	無業	400	23.2%
無業	→	正規	7	0.4%
無業	→	非正規	35	2.0%
無業	→	無業	452	26.2%
その他			78	4.5%

キャリア・パスの類型化と同様に，就業形態の変化でパターンを見ているため，転職の有無は考慮していない。その他については，非雇用者などの就業形態が含まれている。

⑨人間関係の影響：人間関係において，仕事（職場）とプライベートではどちらに影響を受けていたか
⑩役職意向：どのくらいまでの役職に昇進したいと考えていたか
⑪就業の継続意向：育児と職業のあり方についての考え方
また職場・家庭環境に関する項目は，
①職場の産休・育児休暇などの人事制度の有無
②職場の時短勤務などの育児支援制度の有無
③職場でのメンター（仕事などを含めてアドバイスしてくれるような相談者）の有無
④配偶者以外の同居の有無
⑤家族の本人が就業することに対しての理解度
の5項目である。

これらの要因が，出産後の就業形態にどのくらい影響を与えるか，考えてみたい。出産前，正規社員で働いていた者が，出産後，正規社員か非正規社員かについての分析結果は，表4-6のとおりとなった。表4-6を見ると，16項目のうち有意なものは「役職意向」「就業の継続意向」「産休・育児休暇などの人事制度があった」「時短勤務などの育児支援があった」の4項目である。この4項目の中で，とりわけ「役職意向」「就業の継続意向」は影響度もより高めであり，正規社員を選択する確率を高くしている。「キャリア・ビジョン思考」「時間配分（仕事とプライベート・家庭）」「配偶者以外の同居の有無」「家族の就業に対しての理解度」も，影響している。

表4-6 出産後の就業形態（正規・非正規）に関するロジスティック回帰分析の結果

		係数B	Exp（B）
1	責任のある仕事志向	-0.841	0.431
2	専門性の高い仕事志向	-0.027	0.973
3	キャリア・ビジョン思考	0.225	1.252
4	キャリアのための学び思考	-0.130	0.878
5	仕事を通しての成長性	-0.028	0.972
6	仕事を通しての充実感・達成感	-0.476	0.622
7	時間配分（仕事とプライベート・家庭）	0.472	1.604
8	将来実現したい夢（仕事とプライベート・家庭）	-0.509	0.601
9	人間関係の影響（仕事とプライベート）	-0.281	0.755
10	役職意向	1.188*	3.279
11	就業の継続意向	1.309*	3.701
12	職場の産休・育児休暇などの人事制度の有無	0.977*	2.655
13	職場の時短勤務などの育児支援制度の有無	1.063*	2.895
14	職場でのメンターの有無	-0.273	0.761
15	配偶者以外の同居の有無	0.360	1.433
16	家族の就業に対しての理解度	0.887	2.429
	定数	-0.918	0.399

$* p<.05$

＜設問＞子どもができてもずっと仕事を続けたいかどうか
出産後，正規または非正規の就業形態を独立変数（正規＝1，非正規＝0）としたロジスティック回帰分析
係数B：独立変数が1単位変化したときの効果
Exp（B）：独立変数が1単位増加したときのオッズに対する効果（オッズ比）

出産後も正規社員で働く女性の特徴は、出産前に自分自身のキャリアを意識しており、家庭・プライベート時間よりも、仕事の時間を優先させたいと考えている。また、会社に産休・育児休暇などの人事制度の有無や時短勤務などの育児支援があり、その制度を利用し、働くことに家族が理解していることで、仕事と育児を両立している。

　次に、出産前、正規社員で働いていた者が、出産後、正規社員か無業かについては、正規、非正規の分析と同様に行い、表4-7のとおりとなった。16項目のうち影響があるものは、「時間配分」「役職意向」「就業の継続意向」「時短勤務などの育児支援制度の有無」「配偶者以外の同居の有無」「家族の就業に対しての理解度」の6項目である。6項目のうち、「就業の継続意向」の影響度が高いことから、出産後、仕事を続けるかどうかの影響が大きいことがわかる。

　仕事を続けるかどうかについて、表4-8を見ると、「子どもは自分で育てたいと考えていた」が6割以上と、仕事を継続させるよりも子育てを優先させたい意思を読み取ることができる。このことから、出産後の就業継続意向は、子育てに関する考え方によるところが大きいと思われる。しかしながら、本人の体力の問題もあるだろうが、諸事情による仕事と家事・育児の両立の難しさや、子どもを預ける保育・託児所の問題も、継続就業か辞めてしまうかの分岐になっていることは明確である。

2-2　出産休業・育児休業などの認知との関連

　出産休業・育児休業などの人事制度の有無や時短勤務などの育児支援の有無により、正規社員か非正規社員の働き方を選択し、または辞めてしまうといった選択をすることが少なくな

表4-7　出産後の就業形態（正規・無業）に関するロジスティック回帰分析の結果

		係数B	Exp（B）
1	責任のある仕事志向	−0.511	0.600
2	専門性の高い仕事志向	0.046	1.048
3	キャリア・ビジョン思考	0.237	1.267
4	キャリアのための学び思考	0.008	1.008
5	仕事を通しての成長性	0.193	1.212
6	仕事を通しての充実感・達成感	−0.007	0.993
7	時間配分（仕事とプライベート・家庭）	0.541*	1.718
8	将来実現したい夢（仕事とプライベート・家庭）	−0.010	0.990
9	人間関係の影響（仕事とプライベート）	−0.472	0.624
10	役職意向	0.796*	2.216
11	就業の継続意向	2.342*	10.400
12	職場の産休・育児休暇などの人事制度の有無	0.311	1.365
13	職場の時短勤務などの育児支援制度の有無	0.759*	2.136
14	職場でのメンターの有無	−0.450	0.638
15	配偶者以外の同居の有無	1.380*	3.975
16	家族の就業に対しての理解度	1.177*	3.244
	定数	−3.903	0.020

* $p<.05$

＜設問＞子どもができてもずっと仕事を続けたいかどうか
出産後、正規または非正規の就業形態を独立変数（正規＝1、無業＝0）としたロジスティック回帰分析
係数B：独立変数が1単位変化したときの効果
Exp（B）：独立変数が1単位増加したときのオッズに対する効果（オッズ比）

表 4-8 出産後, 無業者の働いていない理由 (複数回答)

人数	子どもは自分で育てたいと考えていた	仕事と家事・育児の両立の自信がない	子どもを預ける場所がなかったため	夫や家族が働くことを反対	経済的に働く必要がなかったため	仕事はしたくなかったため	自分の健康上の理由のため	親の介護や病気の世話をするため	その他	特に理由はない
433	62.6%	50.1%	31.9%	19.6%	13.9%	13.6%	5.8%	1.2%	10.9%	0.5%

い。出産休業・育児休業は, 法整備されているものであるが, 出産前の職場での産休・育児休業等の有無について,「なかった」「制度があったかどうか知らなかった」が, 出産後就業継続している者では, 2割程度であるのに対して, 辞めてしまった者は4割近くであった。つまり, 法律や会社の人事制度を認知しているかどうかでも, 大きく道は変わってしまうのである。

これらの事実もふまえ, 出産前後で就業形態を変える正規社員として働いている女性と, 就業形態を非正規社員として働いている女性の分析のまとめてみたい。キャリア・コンセプトと職場や家庭環境から考察してみることとする。

出産前後, 就業形態を変えず正規社員で働いている者は, 就業継続を望んでおり, そのためには, 職場の産休・育児休暇などの人事制度や, 時短勤務などの育児支援制度が整っていることが条件としてある。また, 役職意向を含めたキャリア・ビジョンを考えており, 仕事も家庭も両方こなしたいという考えをもった女性である。職場の産休・育児休暇などの人事制度のほか, 時短勤務などの育児支援制度が整っていることが, 正規社員として働くことに影響を与えているのである。

非正規社員として就業形態を変化させて働く者は, 仕事と家庭を両立させながら, 家庭での時間に比重を多くしながら働いている女性である。辞めてしまった者は, 自分が働く企業での諸制度を知り得ていたら, 辞める選択を変えられたかもしれないのではないだろうか。

ここで, 出産後, 働いていない理由を見てみよう。表4-8に示したように,「子どもは自分で育てたいと考えていた」者は, 6割以上である。また,「仕事と家事・育児の両立の自信がない」が半数以上,「子どもを預ける場所がなかったため」が3割を超えている。インタビューなどの声から推察すると, 働き続けたい気持ちがあるものの, 正規社員など現状の働き方では子育てと仕事の両立は体力的にも厳しく, また, 難しい心情が読み取れる。既婚女性にとって, 育児などの家事負担が多い現状では, 労働時間の調整が可能であることが就業の実現が重要である (大井・松浦, 2003)。家事・育児の選択も, キャリアの1つであるが, この期間中に, 今後の自分のキャリア・プランを再考したらどうだろうか。そうした時間を得ることにより, 今後どのような行動をとればいいのかなど, 将来的な準備ができる有益な期間になると思われる。

■3 転職における「年齢の壁」はなぜ立ちはだかるのか
3-1 男性と女性の比較

子育てなどによりキャリア・ブランクがある女性が, 子育ても一段落したことから, また働きたいと考える際に, なかなか働くところが見つからない, との声を聞くことが多い。その女性たちに, どのような仕事をしたいのか働く条件を聞いてみると, 働く場所, 勤務時間, そして必ずといっていいほど, "自分の年齢が募集条件に入っていること"があげられる。ちらしなどを見ていると, 募集年齢に目が行ってしまうことが多く, 自分よりも若い人でないとだめなのか, と悲観的になったこともあるようである。30代以降の者が転職を考えるとき, 転職の最

も阻害要因と考えていることは,"年齢"である。もちろん,年齢を気にしていない人もいる。

転職時の阻害要因として年齢をネックと考えているのは,はたして女性だけなのだろうか。転職阻害要因について,リクルートワークス研究所の調査『ワーキングパーソン調査 2006』（表 4-9）を見ると,男女ともに年齢をあげる割合が高い。年齢別に見ると（表 4-10）, 30 歳以上から高くなっており,特に 35 歳以上では顕著に高くなっていることが明らかとなり,これは男女で共通している。転職時に年齢をネックと考えているのは,男性よりも女性に多く見られ,女性にとって"年齢"がより影響していることが明らかとなった。

表 4-9 転職阻害要因　男女別（『ワーキングパーソン調査 2006』）

	全体	男性	女性
今まで年功序列で上がってきた給料が下がってしまう	22.2 (%)	28.7 (%)	12.9 (%)
退職金の額が下がってしまう	14.0	19.1	6.8
企業年金のこれまでの分が無駄になってしまう	6.1	7.9	3.7
今の会社に住宅資金などの借金をしている	1.8	2.9	0.3
金融機関に住宅ローンの返済ができなくなってしまう	11.0	16.5	3.3
社宅や寮,住宅補助の恩恵が受けられなくなってしまう	2.5	3.6	1.0
子どもの教育費の工面ができなくなってしまう	16.8	22.0	9.5
金融機関からの社会的信用を失ってしまう	4.4	6.5	1.4
家族の理解が得られない	13.4	18.0	7.0
世間体が悪くなってしまう	5.2	6.7	3.0
今の仕事経験,職務経歴は世間では通用しにくい	21.7	23.5	19.1
転職すると今までの人間関係が無になってしまう	15.6	13.6	18.5
募集求人の年齢制限を越えていることが多い	38.1	31.8	47.1
適当な転職先を探す手段が思いつかない	23.1	22.5	23.9
その他	5.2	4.4	6.3
無回答	3.2	3.3	3.2

表 4-10 転職阻害要因で年齢がネックと考えている割合　（年齢別）
（「ワーキングパーソン調査 2006」）

年齢＼人数	男性	女性
	1209	1269
18-24 歳	1.0(%)	3.6(%)
25-29 歳	8.1	16.2
30-34 歳	20.6	38.8
35-39 歳	37.6	57.4
40-44 歳	41.2	69.8
45-49 歳	48.2	76.1
50-54 歳	56.1	73.7
55-59 歳	54.9	72.6

3-2　将来のキャリア・イメージとの関連

なぜ 35 歳以上の女性が,年齢をネックと考えているのだろうか。インタビュー調査の結果,自分のキャリアを意識して就業していた者と,あまりキャリアを意識せず就業していた者とで

は，転職をする際，年齢を気にするかどうかで相違が見られた。5年後の将来，自分がどのように働いているか，イメージできている者とできていない者とで比較を行った結果，イメージできていない者は，年齢をネックと思っている割合ができている者よりも高くなることが示された。

また，キャリア・イメージをもった者とはどのような者なのか確認するため，『ワーキングパーソン調査』より，自分自身の能力のうち，「課題解決のための計画を立案する力」をもっているかどうかで検討した。その結果，5年後のキャリア・イメージを考えられる者と考えられない者とでは，考えられる者の方が，この能力をもっていると自己評価している傾向が見られた。つまり，自分自身のキャリア・イメージをもつことにより，働くことに対する心構えに相違がみられると考えられる。このことは，働いている者にとって非常に重要なことである。同時に，転職しようと考えたときに初めて自分は何をしたいのか，どうしたいのかを考えるのではなく，早い時期にキャリア・イメージをもっておくことが大切であろう。

■ 4　まとめと今後の課題

本節では，女性のキャリア・パスの類型化をはじめ，女性の働き方について考察した。女性は，出産などのライフイベントの影響が男性よりも大きい。徳永（2006）もまた，女性が長期的な視野の下でキャリア・デザインを描く必要性を指摘している。就業者自身がキャリア・デザインを考えるようになると，"年齢"ではなく，"築き上げてきたキャリア"で転職を考えられるようになるのではないだろうか。また，そのことが転職時の自己アピールになることも，認識しておかなければならない。もちろん，これは転職せずに働き続けるためにも重要である。一方，雇用主である企業側も，就業者のキャリア・デザイン，実績や能力をどのように積んでいくかを考えさせる場や時間の設置の重要性が高まっていくであろう。

今後の働き方について，女性だけについて考えるのではなく，男性についても働き方を見直さなければ，法制度や企業の人事制度などを整備しても変わらない。働き方の見直しとして，多様な人材に対応できる考え方を主軸とし，例えば，ワーク・ライフ・バランスを取り入れることも重要であると考える。

●コラム　生涯を展望したキャリア・アイデンティティの形成と支援
　　　　－妊娠・出産期のアイデンティティの揺れをキャリアの継続につなぐために－

妊娠・出産は，決してうれしいばかりの体験ではない。多くの女性は，たとえそれが望んだ妊娠であっても，妊娠期には，多かれ少なかれ，アイデンティティの揺れを経験する。それは，新たに母親になるという母親アイデンティティの獲得ばかりでなく，子どもを産み育てるということを，自分の人生の中にどう位置づけるか，子どもを育てていく心理的，家族・社会的環境をどう整えていくかなどなど，数多くの課題を解決していかなければならないからである。特に，仕事をもつ女性ならば，この環境と自分の意識の調整は多岐にわたるものとなる。この「アイデンティティの揺れ」を自分がどう乗り越え，周囲の人々がどのように支えていけるかは重要な問題となる。

職業をもつ女性が，妊娠・出産期のアイデンティティの揺れをキャリアの継続につなぐための課題は，個人の問題と職場・環境の問題に分けて考えた方がよいかもしれない。個人のレベルの問題としては，筆者は次の3つが重要であると考えている。第一は，子どもを産むと決断するまでに，「揺れ」に倒れてしまわないだけのアイデンティティを獲得すること，つまり，ある程度のキャリア・アイデンティティの達成が必要であろう。それは，自分の中でのキャリア意識と，職場での「居場所感」の獲得である。換言すれば，自分にとって仕事

は意味があり，自分を支えてくれるものであるという意識，また所属する職場からも自分は受け入れられているという感覚を育てておくことであろう。

第二は，人生における仕事と子育ての意味について，自分なりの納得できる答えを得ておくことである。

第三は，自分が求める働き方と，職場が求める働き方のある程度の一致や合意も重要であろう。生涯，職業をもつことを志向する女性であっても，達成したいキャリアの方向性やレベルは，さまざまな個人差がある。これを明確にしていくためには，本章5節で述べられているキャリア・コンセプトの指標は有用であろう。

次に，妊娠・出産期の女性社員を支える職場の側の問題を考えてみたい。第一に，女性社員の妊娠・出産によるキャリア・アイデンティティの揺れを，職場，組織が共有できるかという点は，非常に重要である。上にも述べたように，妊娠・出産期の女性のアイデンティティの揺れは大きい。それを，職場が共有できることは，本人にとって心強い支えであり，大きな意味をもつ。上司・同僚の理解の中身や「理解」の仕方についても，個々人の状況や気持ちに合致したものであることが求められる。心理臨床的な視点から述べるならば，本人に対するアドバイスよりも，本人の気持ちを聴いて，理解しようとする姿勢の方がより有益であると思われる。

また，職場に出産後も正規社員として働き続けている先輩・経験者がいることは，自分の将来のキャリアのポジティブなイメージを形成するうえで，大きな役割を果たすであろう。また，時短勤務やフレックス・タイムなど，具体的な育児支援の充実は言うまでもない。願わくは，それらの育児支援システムが，個々人の事情に応じたきめこまやかなサポート・システムであってほしい。仕事という明確な形として見える「達成する力」と，ケアの実践という形なき力は，両者とも人生を貫く不可欠な資質である。これらは，男女とも，また公私にわたって重要であるが，これらのバランスは，ライフサイクルの各時期によって異なってもよい。この2つの資質は，成人期を通じて，二重ラセンのように発揮され，発達していくイメージで見ることができるであろう。

青年後期から成人初期に，キャリアの継続を断念した女性にとって，ポスト子育て期のアイデンティティは拡散しがちである。「自分と言えるキャリアがほしい」と願いながら，キャリアの中断後，中年期に納得できる仕事，活動，居場所を獲得することは，わが国の社会では現代においてもなお，なかなか困難である。「自分探し」という名のもとに，漂流するアイデンティティをかかえた人々は多い（岡本，2002）。そうならないためにも，ポスト育児期までを視野に入れた長期的なビジョンのもとにキャリア・アイデンティティを達成していくことは，重要な課題である。これを達成していくためには，次のような視点が必要ではないであろうか。

個人の側から述べると，出産・育児経験は，キャリアにとってマイナスではなく，新たに付加される資質としてとらえることである。仕事における有能性や達成という視点から見ると，出産・育児はともすればマイナスに受けとめられやすい。しかし，少し長期的な展望で見ると，この出産・育児体験は，個人にとってはもちろん，職場・組織にとっても，プラスになることは限りなく多い。例えば，出産・育児による人格的発達については，柏木（1995）によっても実証されている。このような力は，職場復帰後，有益な仕事を推進する力となるであろう。

職場の側から見ても，達成力，ケアする力，および両者のバランス感覚は，職場・組織の健全性につながるであろう。企業の管理職に求められるのは，コーチング，コミュニケーション，リスク管理，時間管理，部下の状態を察知することなどの力であろう。考えてみれば，これらはすべて子育てによって獲得される力ときわめてよく似ている。例えば，子どもとうまくコミュニケーションをとり，気持ちや健康状態を察すること，子どもの生活全般に心を配り，安全や健康な発達に尽力すること，躾などは，職場のリスク管理や時間管理と質的に相通じるものがある。育児経験によって養われるこうした資質の価値や意味について，私たちはもっと認識する必要があると，筆者は考えている。

第6節　家庭役割と職業役割

社会状況の変化は，成人期女性のアイデンティティ発達とどのように関連するのだろうか。近年，女性の有職率が上昇する一方，家族をもつことへの態度が変化し，晩婚化，少子化が進んでいる。家庭役割と職業役割は，成人期女性の生き方の重要な軸であるが，それらは時として，女性のもつ時間や心身のエネルギーをめぐって対立する軸でもある。この節では，家庭役割と職業役割が女性のアイデンティティ発達にとってどのような意味をもつか，それが社会状況の変化によりどう変化するかを考えてみたい。

1 女性をとりまく社会的状況の変化と家族の変化

1-1 女性の高学歴化と有職化

1970年代後半以降，女性の高学歴化と有職化は急速に進んだ。1970年に17.7％だった女性の短大・大学進学率は，2003年には48.3％に上昇している。また，1975年に45％以下だった労働力率は，2004年には25歳から29歳では約75％，30歳代でも約60％になっている（厚生労働省, 2005）。とりわけ男女雇用均等法施行以降，25歳から35歳の上昇率は顕著で，若い世代にとっての職業役割がより重要性を増していることがうかがわれる。

女性の高学歴化・有職化は，社会経済的状況の変化と密接に関わる。日本の産業は，戦後，工業化が進み，さらにサービス産業などが中心になった。工業化以前の労働では，筋力や長期の熟練が求められるため，筋力で劣り，しかも出産や子育てで就労が中断される女性は労働力としては二流で，仕事内容も収入も男性とは大きく異なっていた。しかしサービス産業などの第3次産業では，筋力や長期間の熟練は必要とされず，高学歴を身につけることで，女性も男性と同等に能力を発揮することができる。このような社会経済的変化の中で，女性の高学歴化と有職化があいまって進んだのである（経済企画庁, 1997）。

工業化以降における女性の就労率の上昇は，女性における職業役割と家庭役割の意味を大きく変えた。工業化以前の産業では，女性は就業したとしても経済的基盤を結婚に求めざるを得ず，結婚後は家電製品がない中で，家事や子育てに追われた。そのような生活の中では，心理的よりどころを結婚・子育てに求めるのが当然であろう。しかし，女性の就業が拡大し，女性の経済的自立や職業における自己実現が可能になると，経済的・心理的に家庭役割に依存する必要がなくなった（柏木, 2003）。その結果，1970年代初めには優勢だった，妻・母としての生き方に絶対的価値を認める家族観は，1990年代には家庭役割をもつことは生き方の選択肢の1つになり（厚生省, 1996），家庭役割と職業役割を人生にどう織り込んでいくのが幸せかという相対的価値へと変化した。

生き方を「選べる」という変化は，女性の心理に重大な影響をもたらす。結婚・子育て以外に選択肢がない状況では，どのような生き方が自分に向くかを考えること自体，意味がない。しかし，選択可能になったことで，自分が何に関心がありどのような生き方が幸せかなど，「自分」への関心が強まる。つまり，社会経済的状況の変化が，「女性の家庭役割イコール自分」という認識を変化させ，家庭役割以外の「個人としての自分」への関心を強めたと言えよう。

1-2 家事役割と母親役割の意味

女性の就労率を年齢ごとに見ると，子育て期に当たる30歳代で低くなり，その後40歳代で再び上昇するM字型になる（厚生労働省, 2005）。これは，今日でも性別分業にもとづく母親役割規範つまり「子育ては母親の責任」という考え方が強いことを物語っている。

家庭役割には主に家事と子育てがある。家事は，かつては重労働でその遂行にはスキルが必要だった。裁縫はもとより調理にも掃除にも技術が必要で，主婦の技量によって家族の生活の質が左右されるため，家事遂行から達成感や存在意義を得ることができた。しかし，家電製品の普及は，家事を誰にでも簡単に同じようにできる仕事に変え，調理済み食品，既製品など家事の商品化は，家事労働を縮小させただけでなく家事遂行の意義をも縮小させた。もはや家事役割はアイデンティティを支える軸にはならなくなったと言えよう。

子育てに関わる母親の負担も，紙おむつや既成の離乳食の登場により大きく軽減された。何

より，少子化で子育て期間そのものが縮小している。にもかかわらず，「子育てに専念」するために出産退職を選ぶ女性が多い。ここには，「3歳児神話」に代表される，母親役割の重要性を強調する文化が関わるのであろう。子どもには母親が一番重要な存在で，幼い時期の母親による密な子育ては子の発達に最も重要という育児文化である。子育てが家事と決定的に異なる点はここにあり，代替可能な家事役割に対して，母親役割は代替不能で重要な存在とされ，今も成人期女性のアイデンティティの重要な軸となっている。

今日の母親は，「3歳児神話」だけでなく「教育役割」への関心も高い。かつて経済的に貧しく乳幼児死亡率も高かった時代には，次々生まれる子どもを健康に育て上げるだけでも十分に「できるだけのこと」をしたと思えた。しかし今日，「できるだけのこと」は多岐にわたり，その最たるものが教育である（柏木，2008）。産業構造の変化に伴い，高等教育の重要性が高まると，家族，とりわけ母親には「教育役割」がより強く期待されるようになった（神原，2000）。少子化の要因として，今日，教育費の負担感が上位にあがるのはその反映であろう。さらに「教育役割」の遂行は，子どもの年齢が低い時期ほど，母親の関わり方や教え方のスキルが大きく影響するため，母親個人の能力を発揮する対象となりやすい。ゆえに，「教育役割」は子どものためという「関係性」の課題であるのみならず，母親個人の目標となる場合も少なくない。このように，日本の成人期女性にとって母親役割は家事役割とは異なる意味をもっている。

1-3 晩婚化・少子化

近年，社会問題となっている少子化は，晩婚化・晩産化という家族変容がその一因とされる。これらはいずれも，家族をもつことにプラスの価値を認めつつも，「個」としての自由な生き方が制限されることへの慎重な態度と解釈できる。

家庭役割をもつことは，その役割遂行のために個としての生き方が制限されることでもある。独身者に結婚しない理由を聞いた調査では，「自由がなくなること」が最大の理由で（国立社会保障・人口問題研究所，2006），家庭役割をもつことの価値が個としての「自由」との相対的な価値になりつつあることがうかがわれる。

社会経済的発展に伴う生き方の選択肢の多様化は，「選択の自由」の価値を高めると考えられる。短大・大学における高等教育や職業生活を経験する中で，交友関係が広がり，興味・関心も家庭生活以外に広がる。レジャー産業誕生以前には，家庭生活は楽しみの場でもあったが，サービス業の進展とともに家庭外に多様な楽しみの場ができた。また，女性の有職化に伴い，個人の経済を自由に使う経験が増えた。関心や欲求に合わせて自由に選べる満足は，結婚・出産で家庭を築いた後も忘れられることはなかろう。家庭生活以外に個人の生活をもつ自由が失われる喪失感は，家事・子育てで生涯を終える以外に選択肢がなかった時代とは，比べものにならないであろう。

一方で，女性の有職化は結婚規範や適齢期規範を変化させた。女性の職業が限られ，経済的自立が困難だった時代には，女性は経済的基盤を得るためにも結婚は必須だった。結婚が必須であれば，いつ頃までにするのがよいかとの適齢期規範も強く，一定の年齢までにはほとんどの女性が結婚することになる。しかし今日では，就業すれば経済的に結婚に依存する必要はなくなるため，結婚するかしないか，何歳でするかは個人のライフスタイルの問題，つまり多様な生き方の1つの選択肢になった。その結果，晩婚化や非婚化，ひいては少子化という家族変動が生じていると考えられる。

子どもの価値も，今日では大きく変化した。子どもを産むことが女性の最重要の役割という規範があった時代には，受胎調節つまり避妊の方法も普及せず，次々生まれる子を受け入れる他はなかった（柏木, 2008）。産まないことを選択できず，生まれる子を受け入れる他ない状況では，女性の心理的健康のためにも，子を産むことには絶対的価値があるとの考えが共有される必要があろう。ところが，受胎調節が普及し，産むか産まないかを選択できるようになると，子どもの価値は絶対的価値から相対的価値に変化する。産むか産まないかを選択するにあたり，なぜ今産むのか，産まないのかの理由が必要になるが，その理由を考えることは，子どもをもつことのプラスの価値と同時に，親自身の生き方にとってのさまざまな負担というマイナスの価値についても考慮することになるからである（柏木・永久, 1999）。このように，受胎調節の一般化という社会文化的変化に伴い，子どもの価値も変化したと言えよう。

■ 2　女性における家庭役割と職業役割

2-1　多重役割

　今日の成人期女性にとって，家庭役割，とりわけ母親役割と職業役割は，共にアイデンティティの軸となる重要な役割である。職業をもつ母親は，妻・母としての家庭役割と職業役割をもつことになる。1人で複数の遂行すべき役割をもつことを多重役割と呼ぶが，それが個人の精神的健康にどのような影響をもたらすかには，相反する報告がある。

　1つは不足仮説やネガティブ・スピルオーバーと呼ばれる，多重役割のマイナスの側面に注目する考え方である。これは，複数の役割をもつと，時間や心身のエネルギーなど有限の資源が不足し，イライラや焦りなどの葛藤が高まるという考え方である（Marks, 1977, 小泉・菅原・前川・北村, 2003 など）。女性の時間や心身のエネルギーを有限の資源と考えると，母親役割と職業役割は共に多くの資源を必要とするため，それらは葛藤的関係になると考えられる。そもそも哺乳類の母親にとっての授乳・子育ては，栄養面や次の繁殖機会という面において，母親自身の個体維持との間で親の資源を奪い合う関係にあると言う（根ケ山, 2002）。つまり，子育ての負担が重い哺乳類の親にとって母親役割は，その他の役割との間で限られた資源をめぐる葛藤的状況を生むのである。このように，成人期女性のもつ時間や心身のエネルギーなど役割遂行に求められる資源に着目する場合に，職業役割と家庭役割は葛藤的関係ととらえられると言えよう。

　反対に，増大仮説やポジティブ・スピルオーバーと呼ばれる，多重役割のプラスの側面に注目する考え方もある。役割はそれぞれ権利や満足感が伴うことから，複数の役割をもつことで相互によりよい影響を及ぼすと考えられる（Sirber, 1974; Thoits, 1986 など）。例えば，母親であると同時に職業役割ももつ場合には，母親としての満足感が得られるだけでなく，職業上の満足感や経済力も得られる。その結果全体としては，多重役割が精神的健康をより高めるという考え方である。

　これら相反する仮説の存在は，多重役割と精神的健康の関連には，役割の数以上にその質が重要な意味をもつことを示唆していよう。土肥（1990）は，生活満足度が役割達成感と関連することを示し，役割の数より質的側面が重要であるとしている。また，松浦（2006）は，成人女性のライフスタイルと精神的健康の関連から，多重役割であるか否かよりも，ライフスタイルの中での主観的な質が重要であると主張している。つまり，資源に着目すれば多重役割は葛藤的関係にあるものの，精神的健康や満足感との関連では，その役割が何をもたらすか，それ

が本人の満足を高めるものであるか否かという役割の質により，精神的健康は増進されると考えられる。

2-2 職業役割と母親役割の質

　役割の質については，さらに，職業役割・家庭役割それぞれの個人にとっての質が検討されている。金井（1993）は，女性のキャリア・ストレッサーが高くても，「現在の仕事には自分の能力を投入できる余地が充分にある」などの職務の自由裁量やキャリア形成サポートが高い場合にストレイン（緊張）が抑制されることから，職業の質の重要性を主張している。

　女性就労者に占めるパート就労の割合は高いが，職業の質において常勤とは異なる可能性がある。パート就労は常勤に比べ職務上の自由裁量やサポートが少ないうえ，収入面でも常勤職に劣る。また，パートを選ぶ理由として，家庭役割との両立を志向する場合が多いが，結局は家庭役割も納得いくようには遂行できず，そのジレンマに陥る可能性も高いと言う（土肥，1999）。つまり，パート就労の場合，職業役割だけでなく母親役割についても，個人にとっての質が低くなる可能性がある。

　母親役割の個人にとっての質には相反する報告がある。妻・母・雇用者役割と，自尊心・抑うつ・喜びの3従属変数との関連を見た結果，自尊心を高める要因となっていたのは雇用者役割だけで，妻・母役割はどの従属変数とも関連が見られていない（Baruch, & Barnatt, 1986）。日本の研究でも，大卒母親の場合，妻役割と就業者役割は達成感が生活満足度と関連するが，母親役割達成感とは関連していない（土肥，1990）。一方，これと矛盾する結果もあり，中年期既婚女性7名への面接調査から，彼女らのほとんどは子育てに最大のエネルギーを投入し，それが彼女らに自信をもたらす最大の契機で，その中で自分の成長を実感し，自分の価値・信念を実現する場だったとの報告もある（難波，2000）。この調査はサンプルが限定的で一般化は難しい。しかし今日でも，母親役割がエネルギーを投入するほぼ唯一の対象で，他に自信をもたらす契機が乏しい状況では，母親役割の質が高く評価され，自身の成長や自己実現の場と強く実感されることを示す点で興味深い。すなわち，母親役割と自尊心の関連は，女性のもつ母親以外の役割や役割の質によって大きく異なる可能性が示唆される。

2-3 家庭役割が先か，職業役割が先か

　成人期初期から中期は子育ての時期に当たり，多くの時間や心身のエネルギーを家庭役割に向ける必要がある。しかし同時にこの時期は，職業でも中堅になりつつある時期で，職業役割遂行にも多くの時間やエネルギーが必要である。そのためこの時期に，家庭役割と職業役割を生き方にどう組み込むかの問題が鮮明になる。今日でも出産退職が多く労働力曲線がM字になることから（厚生労働省，2005），職業と子育ての同時進行の困難さがうかがわれよう。

　自らの生き方に家庭役割と職業役割をどう組み込むかという問題と，アイデンティティ発達には密接な関係があることが報告されている。女子大学生への調査から，達成型はキャリア優先またはキャリアと家庭を同等に価値づけ，子育て期にも就労を継続しようとするのに対し，早期完了型は，家庭優先で子育て後の就労を計画しているとの報告がある（Freedman, 1987）。アイデンティティ達成型は，職業役割をアイデンティティの軸においているために，キャリアを優先，または家庭と同等に価値づけているのであろう。一方，職業役割と家庭役割の両立がしやすいパート就労は，職業役割とアイデンティティの関連は明確でなかった（岡本，1991）。

パートの場合，仕事内容よりも時間や収入などの条件を優先に選ぶために，アイデンティティの軸となるほどのコミットメントが行われないのではなかろうか。

職業とアイデンティティの関連では，職業役割が自分に何をもたらすかが重要であろう。わが国では，大卒有職女性において特に晩婚化が進んでいるが（労働省, 2000），この理由は，大卒有職女性がキャリア優先で，結婚・出産を遅らせるためと考えられる。大卒女性の就業では，質的に高度でやりがいのある仕事についている場合が多く（濱田, 2001），職業役割は自己にとって重要な意味をもつ。結婚・出産退職をせざるをえないならば，それにより失うものが他の女性より大きい。そのため大卒有職女性は，職業役割優先の生き方を選択するものと考えられる。つまり，職業役割と家庭役割を生き方にどう組み込むかは，女性のアイデンティティにおける職業役割の重要性と関わると言えよう。

3 成人期女性における適性の自己評価
3-1 適性の自己評価

アイデンティティにおける職業役割と家庭役割の意味は，女性の中で一様ではない。岡本（2002）は，複数の役割のアイデンティティ概念をとらえるうえで，個人にとっての役割の意義が重要であることを指摘している。個人における役割の意義は，その役割が女性にどのような満足をもたらし，その重要性をどう評価するかと関わるであろう。

ハーター（Harter, 1993）によれば，自己の能力を高く評価する領域は自己にとって重要な領域となり，その領域における達成が自己評価を左右するという。このことは，アイデンティティにおける職業役割と家庭役割の重要性が，どの領域に有用な適性をもつと自己評価するかと密接に関わることを推測させる。また，女性の高学歴化や有職化は，女性がどのような領域の能力を高く評価するかを変え，自己にとっての重要な領域の変化と関わることを予測させる。

永久（2008a）は，既婚女性の適性の自己評価が，「私の能力が最も活かされるのは家事や子育てだ」「一番やりがいのある仕事は子どもをちゃんと育てることだ」など家事や子育てに有用な＜家庭志向＞と，「将来社会で役立つ社会経験がある」「私は職業上役立つ能力があまりない（逆転項目）」など，家庭外の社会や職業役割で有用な＜個人・社会志向＞に分類されることを報告している。これらの特徴を学歴・就業を要因とする分散分析から検討したところ（図4-13, 図4-14），中年期群では，＜個人・社会志向＞は大卒・短大卒群が高卒群より有意に高く，

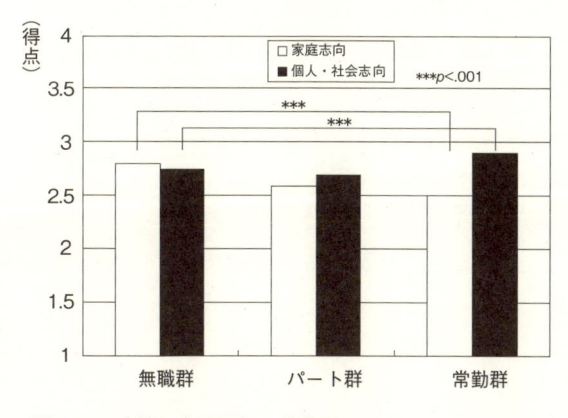

図4-13 適性の自己評価 就業別（永久, 2008aより作成）

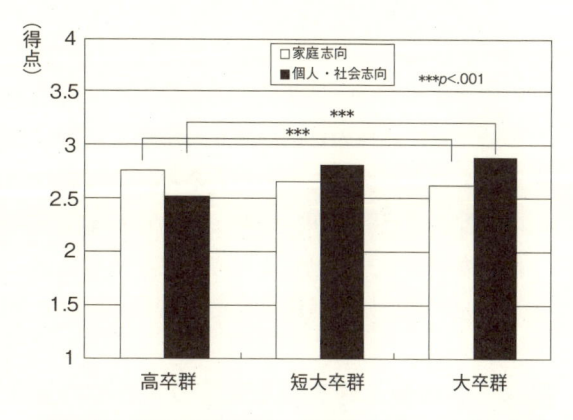

図4-14 適性の自己評価 学歴別（永久, 2008aより作成）

就業別では常勤群は，パート群，無職群より高かった。＜家庭志向＞は，無職群がパート群・常勤群より有意に高く，学歴差は見られなかった。さらに自分がどちらの適性がより高いと評価しているかを就業別・学歴別に見たところ，常勤群のみ＜個人・社会志向＞が＜家庭志向＞より有意に高く，無職群とパート群では有意差が見られなかった。また，高卒群では＜家庭志向＞が＜個人・社会志向＞より有意に高いのに対し，短大卒と大卒群では＜家庭志向＞より＜個人・社会志向＞が有意に高いことが示された。つまり，既婚女性の適性の自己評価は，高学歴群と常勤群では，＜個人・社会志向＞が＜家庭志向＞を上回ることが明らかにされた。

　以上の結果は，就業や学歴による経験の違いが，成人期女性の適性の自己評価と関わることを示唆している。短大や大学における専門教育は，家庭役割以外の領域で活かせる適性への自負を強めるであろう。さらに，モラトリアム期間を通してアイデンティティを模索した経験は，個人としての自分への関心をより強めるのではなかろうか（永久，2008b）。また，職業役割の中で自己の能力を活かし認められた経験は，＜個人・社会志向＞の適性への自己評価を高めるであろう。＜個人・社会志向＞に見られた常勤・パート・無職の間の差は，＜個人・社会志向＞の適性への自己評価が，職業役割での経験を通して形成されること，またその経験は常勤とパートの間で違いがあることを示唆している。

3-2　自己にとって重要な領域

　先述のように，能力の自己評価が高い領域での達成は，自己にとって重要な領域となる（Harter, 1993）。このことは，適性の自己評価により，女性にとっての家庭役割・職業役割の重要性が一様ではないことを示唆している。例えば＜個人・社会志向＞の適性を＜家庭志向＞の適性よりも高く評価する場合には，職業役割は自己にとってより重要な領域となるであろう。また，＜家庭志向＞の適性を＜個人・社会志向＞の適性よりも高く評価する場合には，家庭役割はより重要な領域となると考えられる。どちらの適性をより高く評価するかが，学歴や就業により異なることを考えれば，＜個人・社会志向＞が＜家庭志向＞より高い常勤群は，自己実現の場として家庭役割以上に職業役割を重要な領域と考えるのに対し，パート群における職業役割の重要性は，常勤群ほど高くない可能性がある。また＜家庭志向＞が＜個人・社会志向＞より高い高卒群では，家庭役割が職業役割以上に重要な領域である可能性があろう。今後，女性の高学歴化・有職化がさらに進展することを考えれば，＜個人・社会志向＞の適性の自己評価が高く，それを活かす生き方を志向する女性がより多くなると予測される。

　土肥（1990）は，大卒女性における妻・母・就業者役割達成感と生活満足度の関連から，高達成群は低達成群よりも生活満足度が高いものの，妻・母・就業者のすべての役割に従事している多重型では，母親役割達成感の高低が生活満足感とは関連しないことを報告している。この結果を，適性の自己評価から解釈すれば以下のように考えられる。土肥（1990）のサンプルが大卒のみであることを考えると，就業者役割をもつ者すなわち有職群は＜個人・社会志向＞の適性の自己評価が高い群と考えられる。大卒有職女性は＜個人・社会志向＞の適性の自己評価が高いため，自己にとって重要な領域は個人としての能力を活かせる領域になり，母親役割達成感の高低は生活満足度を左右しないのであろう。

■ 4　社会経済的変動と家族の関係性の変化

　柏木（2003）は，家庭役割をどのようなものととらえるかは，社会経済的発展のレベルと密

接に関連すると述べている。カギチバシ（Kağitçibaşi, 1989）は，社会経済的発展が進むと家族メンバー間の関係が相互依存的関係から相互独立的関係になることを見出した。経済的に豊かでなく，社会保障制度も整備されていない社会経済的状況では，世代間の依存が必須である。このような社会では世代間の依存を確実にするため，相互依存的で密接な家族の関係性に価値がおかれる。しかし，経済的発展が進むと，人々の経済力が増し社会保障制度が整備されるため，家族メンバー間の依存の必要性が弱まり，相互に独立的で自由な生き方を認める家族関係になると言う。

家族の関係性の変化は，家庭役割にも変化をもたらす。家族間の依存的関係に価値をおく社会では，女性は家族の世話役割を担うことが期待される。しかし，独立的で自由な生き方を認める関係性の家族では，子どもがごく幼い期間は別として，具体的な世話役割を担うことよりも家族がそれぞれの生き方を尊重する関係になるのではなかろうか。

柏木（2003）は，社会経済的進展に伴い，性役割分業による家族の結びつきは弱まり，個としての生き方を重視する家族の個人化が進む，とのモデルを提出している。女性の職業役割と家庭役割についてみると，筋肉労働が中心で経済水準が低い社会では，女性は職業役割において男性と同等の役割は担えないことから，性役割にもとづく家庭役割を中心とする生き方に満足を見出す。しかし，経済の発展とともに労働の女性化（筋力が不要の労働）が進み，女性も男性と同等の労働力となることができるようになると，性役割分業の必要性が薄れる。また，工業化やサービス産業が発展すると，家事の電化や商品化により男性も家事に参入しやすくなるため，性役割分業による結びつきの必然性が弱まる。その結果，家族の結びつきは，性役割分業以外の要因，すなわち個人と個人としての関係性が求められるようになる。

以上のように，家族が相互依存的関係であるとき，それぞれの性役割にもとづく家庭役割遂行は個としての生き方より優先され，個としての生き方を重視する女性にとって家庭役割は拘束と感じられることも少なくない。その場合，家庭役割と職業役割とは，資源をめぐって葛藤関係になり，晩婚化や非婚化につながる可能性もある。しかし，家族を自立した個人同士の関係と考える場合，家族は女性にとって拘束ではなく，家族相互の生き方を支援する関係性ととらえられるようになろう（目黒, 1987）。独身男女を対象に結婚相手に求める条件を調査した結果，「自分の仕事への理解」「家事・育児ができること」を重視する度合いは男女ともに高い（国立社会保障・人口問題研究所, 2003）。このことはまさに，今日の若い世代が男女ともに，個としての生き方や職業役割での自己実現を支援し合う関係を家庭役割に求めている表れと言えるのではなかろうか。

■ 5 まとめ

5-1 アイデンティティと家庭役割・職業役割の両立

成人期女性において重要な2つの役割である母親役割・職業役割間の葛藤は，一見ネガティブ・スピルオーバーに見える状況である。しかし，母親役割と職業役割間の葛藤は，発達的に見れば自分にとっての母親役割・職業役割の意味の問い直しを経て，アイデンティティの統合につながる可能性が示されている。例えば，母親役割と職業役割をもつことで，個体維持機能と関係維持機能の相互調整・統合という役割葛藤を経験するため，アイデンティティの全体的発達が促進されるとの報告や（前川・無藤・野村・園田, 1996），個としてのアイデンティティと母親アイデンティティが共に高い統合型の母親は，共に低い未熟型の母親よりも家庭生活に

積極的に関与しているとの報告（岡本, 1996）がある。それぞれの役割の意味の問い直しに際しては，自分にはどのような役割に活かされる能力があると評価するか，その役割遂行がどれほど自尊感情を左右するかが軸となるのではなかろうか。その吟味を通して，自己の生き方に2つの役割をどう織り込んでいくかを，自ら選択することになろう。自己が最も活かされる生き方を選択するプロセス自体が，より統合的なアイデンティティの発達につながるものと思われる。

5-2　社会経済文化的変動と家族の個人化

性別役割の「脱規範化」は，家族形成に関わる選択において，メリット・デメリットなど利害に関わる要因の重要性を増すとの指摘がある（江原, 2004）。家庭役割・職業役割を生き方にどう織り込むかの選択に際しては，規範よりも，その役割遂行に自己が活かされる満足やその役割自体の魅力など，「自分」の心理的満足をより重視するようになっているのではなかろうか。その傾向は，例えば，若い世代で，子どもの性別選好に情緒的満足がより期待できる女児を望む傾向が強まっていること（国立社会保障・人口問題研究所, 2003），子どもをもつことに認める「社会的価値」が低下し，代わって母親役割以外の個人としての生き方をもち続けられるための「条件依存」が上昇していること（柏木・永久, 1999），子育てが自分の成長や生きがいになるという「自分のための価値」が低い大卒有職女性（永久・柏木, 2000）では晩婚化が顕著であること（労働省女性局, 2000）などに見られる。

性別分業の必要性が弱まり，さらに少子・長寿命化が進む中で，女性の側には妻・母以外の個としての生き方の重要性が高まっている。その状況で求められる家族の関係性は，従来の性別分業にもとづく家庭役割ではなく，家族がお互いの個としての生き方を支え合う関係性，すなわち個人化した家族の関係性であると考えられる。女性の場合，自分自身の自己実現や満足を志向する生き方は，ともすれば自己中心的で家族へのコミットメントが弱いように思われがちである。しかし，家庭役割と職業役割の役割葛藤は，家庭役割へのコミットメントが強いからこその葛藤であろう。例えば，個としてのアイデンティティと母親アイデンティティが共に高い統合型の母親は，母親アイデンティティのみが高い群や個としてのアイデンティティのみが高い群，共に低い群と比べ，夫を最も肯定的に受容し，家族に最も積極的に関与していたとの報告がある（岡本, 1996）。統合型は役割葛藤を最も経験しやすい群であるが，同時に，そのライフスタイルを可能にすべく夫からの情緒的・道具的支援を多く経験している群でもあろう。岡本の研究は，家族が個としての生き方を相互に支援し合う関係性が，伝統的家庭役割による関係性以上に，家族への心理的満足を高めることを示唆している。自分の人生に家庭役割と職業役割をどう織り込むかを選択するプロセスは，家庭役割と職業役割の意味を常に問い直すことと，性別役割に代わる新たな家族の関係性の模索を通して，より統合的なアイデンティティの発達につながるのではなかろうか。

家族の発達と危機

5

　本章では，家族の発達と危機について考察する。結婚によって新しい家族が生まれ，配偶者や本人が亡くなることによって終結するまでの家族のライフサイクルもまた，その各時期に固有の心理 – 社会的課題や危機が存在する。家族ライフサイクルの各々の段階で体験される夫婦関係，親子関係，子育て，親の介護と看取りなどは，ほとんどの人々が経験するものであるがゆえに，多くの心理臨床的問題を孕んだものである。本章では，このような家族の心理臨床的問題の理解と援助を行う基礎として，家族ライフサイクルの発達的な諸側面について論じる。

第1節　家族の生涯発達：社会学的視点から見た課題

■ 1　家族の生涯発達と社会学的視点

1-1　家族の生涯発達とライフサイクル

　家族のライフサイクル（家族周期）は，人間の加齢過程に見られる規則的な推移によって展開していくライフステージの継続としてとらえられ，「人間の一生にみられる規則的な繰り返し現象である」（森岡，2005）。発達アプローチ（developmental approach）はこれらに加えて，ステージからステージへの危機的移行が転機を形成するというライフサイクルの動態的側面に注目して，家族生活の展開をとらえる方法である。心理学の発達課題（developmental tasks），社会学の構造 – 機能理論，職業社会学の経歴（career）などを基盤にし，家族キャリアの概念が合成され時間的縦断的な次元が加えられた（森岡，1973）。森岡（1973）は家族周期を夫婦と子どもからなる核家族の子どもの発達を基準に，新婚期，養育期，教育期，排出期，向老期，退隠期，孤老期の7段階に分け，周期の段階別・生活構造の局面別に発達課題の目標をあげている。また，望月（1980）は家族段階別に見た基本的発達課題について，家族員の「基本的発達課題（目標）」，これらを保障する経済や住宅などの生活基盤である「目標達成手段（経済）」，家族役割の調整からなる「役割の配分・遂行」，外部システムへの参加や利用についての「対社会との関係」という4領域から記述している。

1-2　個人の一生とライフコース

　現在では，個人の一生は定位家族（出生から結婚までの家族）と生殖家族（結婚により配偶者と構築する家族）という2つの家族集団への所属だけでは語れなくなっている。目黒（1987）は，親族組織の一員としての個人，家族集団の中の一員としての個人から，一生のうちに多数の多様な家族または家族的連帯を経験するような方向に変わりつつあることを，家族の個人化過程としてとらえている。家族と個人の新しい関係が生まれる中で，家族ライフサイクル論の「年齢別に分化した役割と出来事」は自明のものではなくなり，ライフコース論が登場した（森岡，2005）。

ライフコース論は，家族集団から家族成員である個人に焦点を当てて，個人の歴史的背景や時代的背景との関連の中で個人の生活史をとらえていく方法である。エルダー（Elder, 1974）は縦断調査により個人や家族が世界大恐慌を体験したタイミングにより，その後の人生への影響が大きく異なることを実証し，ライフコース論を展開した。ライフコースとは，「個人が時間の経過の中で演じる社会的に定義された出来事や役割の配列」であり，「人生上の出来事について時機（timing），移行期間（duration），間隔（spacing），および順序（order）に見られる社会パターン」（Giele, & Elder, 1998）を形成する。ライフコース論では，時代，コーホート，年齢の3つの次元に加えて，時機（タイミング）を連結させた4つの次元による新たな視点を導入している（Giele, & Elder, 1998）。嶋﨑（2008）によれば，人生の道筋についての多元的な人間発達モデルである生物学的発達，心理学的発達，社会学的発達，物理的発達のうち（Perun, & Bielby, 1980），社会学的発達の次元は，複数の社会的役割をそれぞれの役割規範と役割期待に沿って役割遂行する過程としてとらえられる。これらの役割は時間の経過によってキャリア（経歴）を形成していくが，それらには家族キャリア，職業キャリア，社会活動キャリアなどがある。

　ライフコース研究では変化の記述を，社会時間（歴史時間・時代），生涯時間（個人の加齢過程），家族時間という3つの時間からとらえる。家族時間は，集団あるいは関係性としての家族過程でありかつファミリー・ステージ（家族段階）として観察され，個人の家族内での位置や役割の変化を伴っている（嶋﨑, 2008）。

1-3　ソーシャル・ネットワーク論とコンボイ・モデル

　個人は，家族関係も含めてさまざまな社会関係を形成している。どのような社会関係を結ぶかという「他者との関係性」の発達・成熟は個の確立と同様に重要な意味をもち，個としてのアイデンティティと関係性にもとづくアイデンティティの発達により統合された状態が成熟した態様となる（岡本, 1997）。また，関係性にもとづくアイデンティティは「他者を世話する営みを通して養われる生活や人生のさまざまな局面に対応できる力－危機対応力（岡本, 1997）」であり，個としてのアイデンティティの成熟性にも深い関連をもっている。社会的な関係は個人の発達にとって重要な意味をもち，個人や家族の危機的状況へのソーシャル・サポートの機能を果たしている。

　ライフコース論においては，家族関係は他の社会関係と隔絶された異なった関係というよりも，他の社会関係の連続線上でとらえられている。社会生活を営む個人は，さまざまな社会関係をもっており，親族や友人，職場の人々，学校や病院，公共機関などの専門家などと何らかのつながりをもつことは，社会生活上必須である。このようなつながり（社会関係）は個人を中心として網の目のように拡大しており，また，こうした社会関係の網の目を社会的ネットワークと言う（目黒, 2007）。ソーシャル・ネットワークとも呼ばれ，個人の欲求充足のための資源であると同時に，ストレス源にもなっている。

　アントヌッチ（Antonucci, T. C.）は，社会関係をソーシャル・ネットワークとソーシャル・サポートからとらえている。ソーシャル・ネットワークは，個人の対人関係の「客観的特徴の記述」であり，ソーシャル・サポートは「交換される支援の実質的内容についての概念であり，援助（aid），情緒（affect），肯定（affirmation）という3側面から構成される（Antonucci, 2001; 岡林, 2007）。

社会関係は，新たに形成されたり途絶えたりしながら変化していくが，これらの生涯にわたる変化をとらえたモデルがコンボイ・モデル（convoy model）である（Kahn, & Antonucci, 1980）。これは，個人を中心とした「護衛船団」（コンボイ）としてとらえられ，個人を中心に，「役割に依存的ではない長期にわたって安定したコンボイのメンバー」（配偶者，近親，親友），「ある程度は役割に依存し，変化する可能性をもつコンボイのメンバー」（家族，親戚，友人），「役割関係に直接的に依存したもっとも変化しやすいコンボイのメンバー」（近隣，同僚，上司，遠縁の親戚，専門職）からなる（岡林，2007）。そのあり方はさまざまであり，例えば配偶者について見ると，当初は安定したコンボイのメンバーであっても，ライフサイクルの段階によって変化していく。

1-4 家族ライフスタイルと発達課題の多様化

家族は，移動性が高まり，家族員との同居，生活の共同度，相互作用の多寡，親密性の程度などは構成メンバーにより異なり，個人で選択可能となっている。チール（Cheal, 2002）は，家族について「誰と誰とが家族成員なのだろうか」「家族はどのようなことを行っているのだろうか」「家族はその他の集団とどのようにかかわり合っているのだろうか」という3つの主要要素から分析しており，「家族ライフスタイル」についてグローバルな視点から家族関係や家族生活の考察を行っている。家族の多様化とは家族ライフスタイルの多様化である。現代家族の発達課題はこれまで論じられてきた共通する発達課題に加えて，個別化し，特殊化した課題への対応を迫られている。

2 家族変動と家族の発達課題

2-1 社会変動と家族変動

家族のライフサイクルや個人のライフコースは社会や家族の変動により影響を受ける。戦後の日本の家族は，戦後改革にはじまる近代化により大きく変化してきた。これらは民主主義の浸透，経済発展，国際女性年と国際女性の十年，男女共同参画社会への胎動による社会経済的システムの変化によってとらえることができる。そうした中で，家族形態は男性を戸主とした親子関係中心の直系家族から，男女平等の理念にもとづいた夫婦関係中心の，夫婦と子ども2人という平均4人の家族を形成するような変動を見ている。性別役割分業による近代家族が成立し，子どもの教育費や住宅ローンの支払いを主な就業理由とした中高年女性のパートタイマー化が進み，1972年には勤労婦人福祉法が成立した。

1975年の国際女性年以降は，性役割の流動化が進んだ。1985年に勤労婦人福祉法の改正により男女雇用機会均等法が成立し，男女の入職から退職までの均等待遇が規定され，一般職と総合職というコース別人事管理が行われるようになった。2007年施行の改正法では，女性の差別の禁止条項が男女双方に対する差別の禁止に拡大された。また，1999年に男女共同参画社会基本法が制定され，同法は女性の職場進出のみならず，男性の家庭や地域社会への参加をめざしている。

一方で，1999年と2003年の二度の派遣法改正により，非正規雇用は家計補助労働として働く女性を中心とした雇用分野から性別を問わない雇用分野となりつつある。こうした雇用の変動は，共働き家族における「男性生計中心者－女性家計補助」というモデルを形成するとともに，「男女とも常勤並みの賃金」の高所得層と「男女とも家計補助労働の賃金」の低所得層とい

う格差拡大をもたらしている。

2-2 人口変動と少子高齢化

このような社会変動に加えて日本における急速な少子高齢化の進展により，2006年には高齢化，少子化が世界的に最も進んだ人口減少社会が到来した。現在，全世帯に占める「児童（18歳未満の未婚の者）のいる世帯」は1975年の53.0%（1742万7千世帯）から2008年の25.3%（1215万1千世帯）に減少し，「65歳以上の者のいる世帯」は21.7%（711万8千世帯）から41.2%（1977万7千世帯）に増加している（厚生労働省，2009a）。

また，戦後の経済発展により大都市圏への人口流入が進み，都市郊外居住に対応した「公的大規模ニュータウン」の建設が始まり，それがベッドタウンとしての機能を果たした。1962年に大阪の千里ニュータウンへの入居が進み，そうした大規模な建設が全国各地に波及していった。現在ではこれらの地域の高齢化が大きな問題となっている（福原，1998）。また，地方においては過疎化と高齢化が進み，65歳以上人口が50%以上となった限界集落の問題が深刻化している。

2-3 家族機能の変化と発達課題

家族の近代化により家族の生産機能は失われ，家族機能の外部化が進み消費機能が大きな比重を占めるようになった。家族全体に共通する家族機能として，山根（1963）は性的，生殖的，経済的，教育的，心理的機能をあげている。これらの機能は，個人に対する機能と社会に対する機能の両面の機能からなる。現在は，雇用の不安定化により経済的秩序の維持が困難な状況になっており，家族の経済的機能が揺らいでいる。

山根（1998）は，人間と社会の存在に関してもつ家族の重要な機能として2つの機能をあげている。第一は，家庭における情緒的交流であり，子どもの心身に大きな影響を与え，個人の人格形成の基盤であり，人間を人間たらしめる「人間性（humanity）のとりで」としての機能である。第二に，家庭は職業をもって社会生活をする大人にとっては私的な生活が行われる場であり，個人生活にリズムを与えて公的生活からの離脱を可能にして心的安定に重要な役割を果たす。これは，学校に通う子どもにも言えることであり「プライヴァシー（privacy）のとりで」であり，このことが，家族が社会制度として普遍的な存在である理由となっている。これらの家族機能はパーソンズら（Parsons, & Bales, 1955）の子どもの基礎的な社会化と大人のパーソナリティの安定化という2つの機能とほぼ一致している。

平木（2006）は，家族社会学・家族心理学において共通に見られる家族機能として，性的・生殖的欲求充足，子どもの社会化，情緒的安定の充足をあげているが，性的・生殖的欲求充足については非常にあいまいになりつつあるとしている。山根の指摘する2つの重要な家族機能と一致しており，現代家族の機能は子どもの社会化と家族員の情緒的安定という家族心理学の分野に特化されつつある。

フェミニズムの視点から見ると，ファインマン（Fineman, 1995）は，家族支援の対象を夫・妻の二者関係（ダイアド）の性的家族から母子の二者関係の養育家族に移すためのイデオロギー的基盤を提供している。二者関係における「子ども」とは，必然的に依存のあらゆる形態を代表し，病人，高齢者，障害者などの依存的存在を含んでいる。「母子の二者関係を軸とするケア家族」への国家による家族支援の必然性は，家族には「子どもの養育」という機能が最後ま

で残る機能であることを示唆している。「性の絆」から「ケアの絆」という新しい家族の定義は，家族の究極の機能はケアであり，とりわけ引退期の家族にとっても重要な機能であることを示しているのがわかる。

3 現代家族のライフサイクルと発達課題

3-1 現代家族の発達課題

図 5-1 は世代を 30 年単位で区切った四世代関係のライフサイクルである。平均初婚年齢の上昇，合計特殊出生率の低下による出産期間の短縮化，戦後の子どもの高学歴化による子扶養

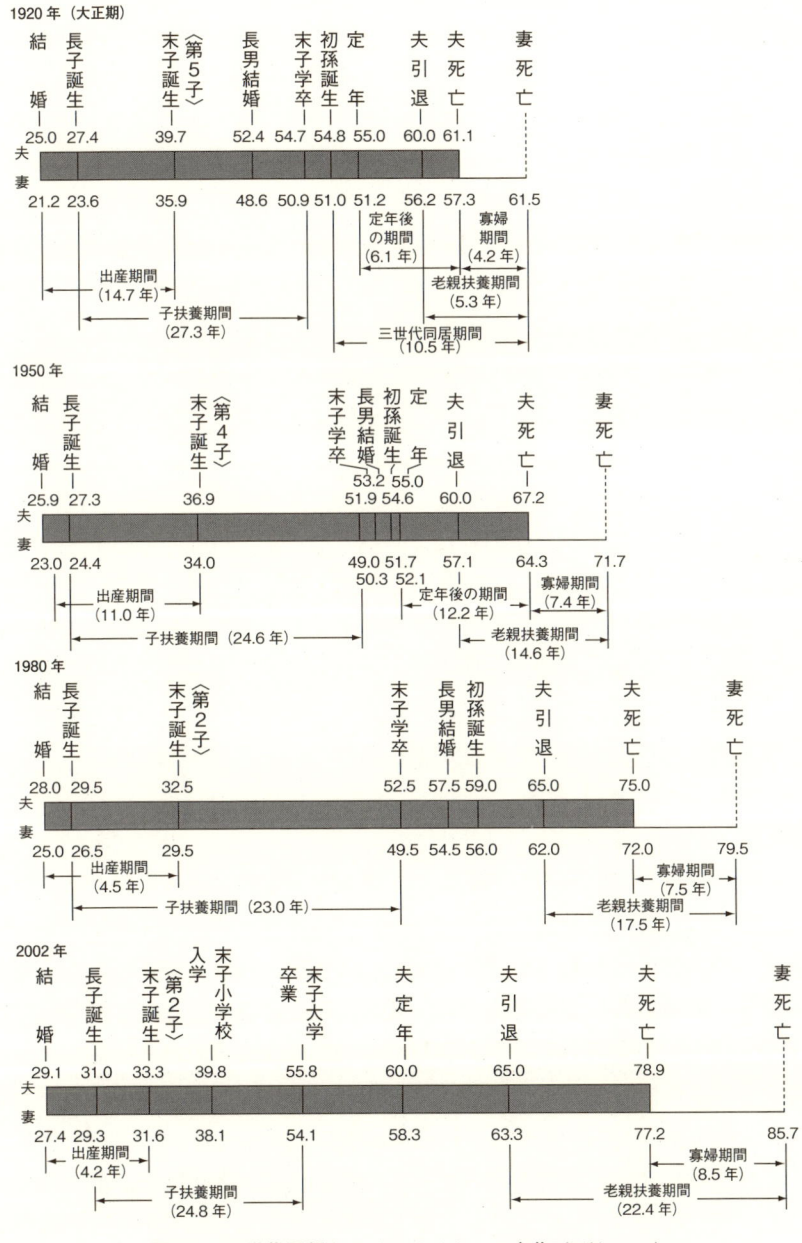

図 5-1 四世代関係とライフサイクルの変化（岡村，2007）

資料：1920 年，1950 年は厚生省『社会保障入門（平成 8 年版）』，1980 年は厚生省『厚生白書（昭和 59 年版）』，2002 年は内閣府『男女共同参画白書（平成 16 年版）』に加筆。

期間の長期化，平均余命の伸長の影響を受け，中年期，高齢期の長期化による空の巣期，定年後の期間，寡婦期，老親扶養期間の長期化が見られる。サンドウィッチ・ジェネレーションである中年期家族の発達課題としては，子どもの教育期間と老親の介護期間の長期化という新たな発達課題への対応が求められている。

　主要な発達課題であるライフイベントへの対応は，ステージからステージへの危機的移行となる「通例的な出来事」（normative events）による発達的危機と，家族員の失職，疾病，死亡などの「非通例的な出来事」（non-normative events）による状況的危機がある（岡堂，1989）。発達的危機であっても，子どもの青年前期，親の成人後期，祖父母の高齢前期と三世代家族のそれぞれの危機的移行が重なる局面が，家族ライフサイクルの最大の「危機」となる（今津，2008）。

　状況的危機は予期的社会化（anticipatory socialization）が難しい家族危機であり，家族解体をもたらすような家族ストレスや家族緊張による家族葛藤への対応が必要とされる。状況的危機について 55-85 歳の男女を対象としたライフパニック調査では，ライフパニックを「自分の人生を悪い方向に大きく変えてしまうショッキングな出来事。人生の生活や生命を不本意に襲う危険のともなう出来事」（財団法人長寿社会開発センター，1997）と定義しているが，「特になかった」が男女とも約 15％であった。体験した人についてその内容を見ると，男女とも上位4つは「戦争体験」（男 48.5％，女 40.5％），「妻・夫・親・親しい家族・友人・恩師の死」（男 23.2％，女 37.9％），「自分自身の病気」（男 23.5％，女 22.4％），「妻・夫・家族などの病気」（男 12.9％，女 17.9％）となっている。これら以外は男女とも差がなく，合計で見ると「人間関係の不可解な感情のもつれ」（6.7％），「自然発生による地震・火災などの災害による被害」（5.8％），「家庭内のいざこざによる家庭崩壊」（5.1％），「会社の破産・倒産・失業」（4.6％）である。

　これらの出来事のうち，発生頻度が加齢により高くなる病気や死などは高齢期においては発達的危機となるが，中年期以前においては状況的危機となり，ライフステージのどこで生起するかによって，個人や家族にとっての影響は異なる。また，家族危機は，個人化，私事化，多様化が進む中で，従来の家族の存続と家族危機の対処という「家族中心的危機論」から，個々の生活者における家族成員としての家族へのかかわり方を中心にした「生活者中心的危機論」の視点へと，家族危機をとらえ直す必要性が指摘されている（神原，2000）。

3-2　世代間関係の重層化

　家族変動の影響を受けて「通例的な出来事」を体験する年齢は大きく変わっている。世代間関係を見ると，第一に，長寿化社会においては四世代関係が見られるようになる。明治期，大正期，昭和期，平成期という異なった時代に出生し，戦前，戦中，戦後世代のような戦争体験や飢餓体験の有無，戦後復興と高度経済成長，低成長から経済不況という経済変動などの体験などさまざまな体験を成長過程のどこで体験したのかにより，その後の生活水準や経済的安定について影響を受け，価値観の多元化となって現れる。第二に，第一世代（G1）から第四世代（G4）までの四世代関係のうち，子どもに先立たれるいわゆる「逆縁」という体験により，第二世代（G2）や第三世代（G3）の配偶者のどちらかが欠ける四世代関係が多く見られるようになる。第三に，未婚化社会の進展により，夫婦と未婚子からなる壮年期の核家族がそのまま高齢期に移行して，高齢のひとり親と高齢の未婚子という高齢期核家族から親やきょうだいの死亡による単独世帯に至る二世代関係の家族も見られるようになる。

戦後の家族変動は，従来からの夫婦関係，親子関係，世代間関係のあり方をモデルにできず改変せざるをえない状況となっている。夫婦間，親子間，きょうだい間において個々人の利害が対立しがちな現在においては，個人レベル，家族レベル，世代レベルの発達課題をどのように調整していくのかという新たな課題が生じている。

4 ライフコースの多様化と発達課題

4-1 三世代のライフサイクル

　表5-1の年表の右側に3つの世代のライフサイクルを特定のコーホートに限定して描き，歴史的背景との関連を示した。中高年期は中間にあるG2とG1の世代であり，G3はG2の子ども世代，G1の孫世代にあたる。中高年期の発達課題はこれらの三世代関係の家族ネットワーク関係の中での中高年期にある個人とその配偶者，子どもや親などのその他の家族員，家族全体の発達課題とが交錯する中で展開される。危機的状況への対処資源となる家族によるソーシャル・サポートは，世代間境界の厳密な設定と各世代の自立の程度，手段的・情緒的サポートの授受の双方向的関係のあり方，親世代との血縁と義理関係のあり方によってさまざまである。

　表5-1の左側に示した年表は，各世代の生き方に影響を与える歴史的事柄として，現在の家族に大きな影響を与えているジェンダー，ケアの社会化，暴力に関連する政策や法を記載している。金井（2006）は，「家族の危機の時代」の到来について，1980年代の「女の時代」という言葉と隣あわせに浮上した「女性たちのアイデンティティ・クライシスと自分探しによる家庭からの離陸指向の強まり」との関連を指摘している。そして，心理臨床の具体的実践が示しているように，現在の家族は，「家族の感情」そのものの崩壊・死を意味する「暴力性」をむき出しにしており，これまでの家族問題としてはとらえることができない視座として「ファミリー・トラブル」という概念を提示している。この指摘のように2000年以降は，ジェンダー問題に加えて，親子間，夫婦間の家庭内暴力・虐待の問題が浮上している。これらは子どもや孫世代の発達の危機であると同時に中高年期の発達課題としてとらえる必要がある。

4-2 年齢規範の柔軟化とライフコースの複線化

　三世代のライフコースは大きく変化してきた。第一に，性役割が柔軟化し，結婚するしない，子どもをもつもたない，子ども数などが選択肢となった。第二に，結婚，子どもの誕生，末子誕生などの結婚や出生に関するライフイベントや就学，就職に関するイベントなどの家族ライフサイクル上に生起する年齢規範が柔軟化している。第三に，離婚件数は2002年には28万9,836件と明治以降最高となり，結婚は継続するという前提がなくなっている。2008年には25万1,136件と減少しており，離婚率（人口千対）は，2.30から1.99に低下している。2002年と2008年を比較すると，同居期間5年未満の比率は9万9,682件（36.1%）から8万4,198件（35.7%）へと減少している。20年以上は4万5,536件（16.5%）から3万8,920件（16.5%）へと件数は減少し比率には変化が見られないが，同居期間35年以上では4,619件（1.7%）から5,448件（2.3%）へと増大している（厚生労働省，2009b）。第四に，世代間関係が多様化し，家族役割が多重化する。親・祖父母，孫・子どもであり，「嫁」「姑」であり，「婿」「舅」である，という関係的役割が多重化する。第五に，個人のキャリア形成が常態化し，例えば同じ家族内で「子どもと母親が同時期に大学生」や「孫と祖父母が一緒に海外留学」などの現象として現れている。第六に，モデルなき長寿社会の生き方が求められている。

表5-1 家族に関連する歴史的事柄と夫婦の平均的な生涯の姿の変遷（妻の年齢）

元号	西暦	男女共同参画・ケアの社会化・人権と暴力	G1 大正13年 (1924年出生)	G2 団塊世代 (1947年出生)	G3 団塊ジュニア世代 (1971年出生)
大正14年	1925				
大正15年 昭和元年	1926				
	1930				
	1935				
	1940				
昭和20年	1945	改正選挙法公布			
	1946	日本国憲法公布（男女平等の明文化）			
	1947	教育基本法公布施行（男女共学），児童福祉法成立	23歳 結婚		
	1948		24歳 第一子出生		
	1950		29歳 末子（第三子）出生		
	1955				
	1956	売春防止法公布，「もはや戦後ではない」（経済白書）			
	1960				
	1961	国民皆保険・皆年金			
	1965				
	1970				
	1972	勤労婦人福祉法公布		24歳 結婚	
	1975	国際女性年	51歳 末子大学卒業	26歳 第一子出生	
		特定職種育児休業法施行	52歳 夫定年	28歳 末子（第二子）出生	
	1980		57歳 末子結婚		
	1981				
	1984	国籍法，戸籍法の改正，翌年施行			
	1985	国民年金法改正（女性の年金権確立），男女雇用機会均等法公布			
昭和64年	1989	第44回国連総会でこどもの権利条約採択			
平成元年	1990				
	1991	育児休業法公布	67歳 夫死亡		
	1993	中学校家庭科の男女必修完全実施，パートタイム労働法公布			
	1994	こどもの権利条約批准，国際家族年			
	1995	育児・介護休業法公布			
	1997	男女雇用機会均等法改正			
	1998	男女雇用機会均等法改正，セクハラの防止の配慮義務規定	74歳 妻死亡	50歳 末子大学卒業	27歳 結婚
	1999	男女共同参画社会基本法公布・施行，国際高齢者年			28歳 第一子出生
	2000	介護保険法施行，児童虐待防止法公布・施行，成年後見法施行			30歳 末子（第二子）出生
	2001	配偶者間における暴力防止及び被害者の保護に関する法律施行			
	2003	次世代育成支援対策推進法公布施行，少子化対策基本法公布，			
		パワーハラスメントという新しい概念が定義される			
	2004	配偶者間における暴力防止及び被害者の保護に関する法律改正			
		児童虐待防止法改正			
	2005	次世代育成支援対策推進法改正施行			
	2006	介護保険法の改正，高齢者虐待防止法		57歳 夫定年	
	2007	改正男女雇用機会均等法施行，離婚時年金分割制度		57歳 末子結婚	
	2008	配偶者間における暴力防止及び被害者の保護に関する法律改正法施行			
	2008	児童虐待防止法改正			
現在	2009				
将来	2017			70歳 夫死亡	
	2023				52歳 末子大学卒業
	2026			79歳 妻死亡	
	2029				58歳 夫定年退職
	2030				59歳 末子結婚

資料：年表は『男女共同参画統計データブック2006－日本の女性と男性』214-215頁より一部引用，加筆。
　　　各コーホートのライフサイクルは平成15年版『厚生労働白書』2頁に加筆。

このような変化は，個人の発達課題に影響を与える。男女ともそれぞれが年齢を問わずに職業キャリアと家族キャリアの形成に関与し続けるという職業役割と家族役割のライフコースの複線化は，ライフイベントの複合的な生起という従来のファミリー・ライフサイクル上には見られなかった現象となって現れてくる。そのうえに生涯学習による研鑽とキャリア・アップをめざした資格取得などがあり，これらは個人のキャリア形成の常態化としてとらえることができる。男女の学業・就業・学習・余暇活動と子育て・介護の両立という新たな課題が浮上し，育児・介護の社会化は必然化せざるをえない。

5 中高年期における家族ライフサイクルと発達課題

5-1 中高年期における生活変化とライフイベント

中高年期を中年期，前期高齢期・自立期，前期高齢期・要介護期，後期高齢期・単身期の四時期に分けて，社会的状況，心身の状況，ライフイベントと生活変化，危機的状況，発達課題について見る（表5-2）。ここでは発達課題を，個人，関係性，政策レベルに分けて見ていく。個人の発達課題はコンボイ・システムと関連をもちながら遂行されていく。また，コンボイ・システムが個人の発達を支援するという双方向の関係となっている。

5-2 中年期家族の危機とジェンダー

中年期は，男女とも，社会的・家族的責任の最も重い時期から徐々に離脱していく過程にあり（藤崎, 2008），家族や職業に見られるこれらの変化に身体的な変化が加わり，心理的変化である「自己の有限性の自覚（岡本, 2007）」に至る。

男性の場合には，リストラなどによるうつ病や自殺や過労死などが問題となっている。笹山（2008）は職場環境の悪化の中で，法の定める権利が無視されている職場であると同時に，労働者の生活だけではなく人格まで蹂躙する職場のイメージを「人が壊れていく職場」と呼んでいる。また，金子（2006）は，ハラスメント事件を通じて「男たちが壊れはじめている」のではないかという強い危機感をもち，男性の抱えている危機感と閉塞感は，男性がおかれた立場の不安定さや将来に向けての不安や苛立ちの裏返しであるとしている。

女性の危機としては，配偶者の雇用不安が夫婦関係に影響を与えている。早期退職やリストラが進んでおり，夫の失業を契機に夫婦関係の危機が顕在化することもある。これらに加えて嫁から娘への介護責任の移行のプロセスの中で生じている実の娘による「遠距離介護」（中川, 2007）や高度経済成長期に都市部に居住した子どもが地方から要介護の親を呼び寄せる「呼び寄せ老人」（高齢者アンケートを読む会編, 1995；(財団法人)東京市町村自治調査会, 1998）は，呼び寄せる側も呼び寄せられた側にとっても危機的状況となり，生活の再構成を迫られる。一方で，子どもの経済的自立の遅れは深刻化しており，サンドウィッチ・ジェネレーションの長期化をもたらしている。

5-3 高齢期家族の危機とジェンダー

男女とも職業からの引退が進み，定年後の家庭生活や地域社会への適応が求められる。企業福祉の一環としての夫婦で参加する退職前準備教育が実施されてきたが，現在では自治体においても団塊世代を対象にさまざまな取り組みが行われている（岡村, 2006, 駒宮, 2008）。厚生年金受給開始年齢が65歳となり，2006年4月から施行された改正高年齢者雇用安定法により

表 5-2 中高年期の社会的状況・心身の状態・発達課題

		中年期 (45-64歳) (向老期)	前期高齢期・自立期 (65-69歳) (夫婦ともほぼ自立している状態)	前期高齢期・要介護期 (70-74歳) (夫・妻が病弱または要支援・要介護)	後期高齢期 (75歳以上) (配偶者と死別する時期)
社会的状況	家族の状況 有配偶率[1]	(60-64歳) 男性83.9%, 女性76.1%	男性85.3%, 女性69.6%	男性85.0%, 女性59.3%	(75-79歳) 男性82.3%, 女性45.0%
	子どもと同居している[2] 親と同居している[2]	(55-59歳) 男性57.4%, 女性54.0% 男性27.5%, 女性21.3%	男性40.0%, 女性39.7%	男性37.6%, 女性39.6%	(75-79歳) 男性38.3%, 女性44.7%
	「主に仕事」の比率[3] 「家事のほか仕事」の比率	(60-64歳) 男性63.8%, 女性22.1% 男性2.4%, 女性16.8%	男性42.4%, 女性12.8% 男性3.4%, 女性12.5%	男性28.4%, 女性7.4% 男性2.9%, 女性8.6%	(75-79歳) 男性19.5%, 女性4.4% 男性2.4%, 女性5.7%
心身の状況	通院者比率[4] 日常生活への影響あり[5]	(55-64歳) 男性43.1%, 女性46.7% 男性10.6%, 女性11.2%	(65-74歳) 男性59.9%, 女性61.7% 男性16.3%, 女性16.7%		(75-84歳) 男性68.4%, 女性69.8% 男性26.0%, 女性29.1%
	悩みやストレスがある者の割合[6]	(55-64歳) 男性42.7%, 女性49.0%	(65-74歳) 男性35.9%, 女性42.3%		(75-84歳) 男性36.8%, 女性43.4%
ライフイベントと生活変化	家族における変化	親役割の減少と終結 子どもの自立(への試み) 夫婦関係の見直し 老親の介護・看取り	親役割の変化 子ども夫婦との関係の変化 祖親性の獲得	病気・障害の発生 配偶者の介護・看取り	配偶者との死別 単身化 きょうだい,友人との死別
	職業における変化	職業的達成, 昇進/挫折 仕事の上での限界感の認識 リストラの不安 早期退職・定年・再就職・再雇用	職業からの引退 収入の減少	職業から他の社会活動への移行	
	生物学(身体)的変化	体力の衰え・老化・寿命の 限界の自覚 ホルモン活動の衰退 閉経	老化の加速化 病気になることへの不安	自分や配偶者の罹患 要支援・要介護状態	自分の要支援・要介護状態
	心理的変化	自己の有限性の自覚	アイデンティティの喪失	死の自覚	妻・夫としての アイデンティティの喪失 死の恐怖・孤独感
	危機的状況	生活習慣病の増加 更年期障害 役割過重と空の巣症候群 離婚・家庭内離婚, 職場適応障害	経済的破綻 ホームレス化	高齢者虐待 介護殺人 介護心中	役割喪失 孤独死 自殺
発達課題	個人の発達課題	就業・介護と社会参加の両立 男性の家事参加 人間関係縮小への対応	社会参加活動の開始 地域の人間関係の構築	病気や障害をもつ自分の受容 社会参加活動と介護の両立	単身者文化の学習 単身者生活への適応
	関係性の発達課題	家庭内再婚 家事分担の調整	次世代育成 地域三世代交流	病気や障害をもつ配偶者の 受容とケア 関係の再構築	子どもとの同別居 専門家との人間関係の構築 民生委員との関係の構築
	公的サービス等の利用	社会教育施策	NPO活動・ボランティア 高齢者教育施策の利用	医療・福祉サービスの利用 地域の福祉ネットワークの構築	有料老人ホームへの入所 介護施設入所
	ライフイベントへの対処 制度へのアクセス	退職準備教育 地域デビュー	公的年金の受給開始 介護保険の適用(一部40歳以上) 老人クラブ加入(60歳以上)	成年後見法 高齢者虐待防止法	後期高齢者医療制度 死への準備教育

注：通院者比率，日常生活への影響ありは，出典は人口千対で表示しているが，ここでは％で示している。
資料：中年期に生じる変化の諸相については岡本 (2007) より引用。
　1), 3) 国勢調査2005年
　2) 55-59歳は第1回中高年者縦断調査（平成17年実施）
　　　65歳以上は「平成19年国民生活基礎調査」
　4), 5), 6)「平成19年国民生活基礎調査」

65歳までの就労保障が制度化された。しかし，早期退職やリストラにより団塊世代にとっては定年後の経済不安が増大し，生きがいや社会参加の問題よりも，生計維持のための就労保障が緊急の課題となっている。

夫婦間の役割分業は，夫が有償労働から引退しても，妻は家事労働から引退できず，そのうえに，子ども世代の共働きが増えている中で，子ども夫婦の子育てを支援する中高齢者が増えている。年齢が比較的若いライフサイクル前半では，親と同居することが女性の就業に対しての正の効果をもつが，親の年齢が高齢化するライフサイクル後半では，親と同居することが女性の就業に対して一転して負の効果をもつという「逆転現象」が明らかにされている（前田,1998）。孫の世話をしていた祖母が，過労のために病気となり，支援されていた娘が育児休業に続いて親のために介護休業を取得する事例も見られる（日本労働研究機構, 2001）。次世代の家族発達課題に，中高齢者がどの程度関与するのかが，子ども世代の発達に影響を及ぼす。

6　高年期家族と個人の発達課題
6-1　夫婦関係中心から個人中心への生活の再編

個人中心の生活では，趣味・社会参加活動などの三次活動が地域社会で展開され，隣人・地域の人間関係の構築が求められている。また，個人としての高齢期の社会化は，予期的社会化が未来に向けての自己の確立を図る志向性であるのとは対照的に，回顧的社会化の時間が多くなる。来し方の自己評価と新たな自己評価であり，過去をふりかえり人生を評価し意義づけ，自分自身の存在理由にもとづいてその後の社会的役割を再規定する方向性をもつとされている（浜口・徳岡・今津, 1976, 阪本, 2005）。また，「自己再帰性（社会行為の中で他者に与えた影響の刺激が自己に帰り，新たな自己を形成する）による再社会化」を含み，過去の自己からの自己再規定をもたらし，エリクソン（Erikson, 1950）の心理－社会的課題である「自我の統合性」へと発展する可能性をもっている（阪本, 2005）。

過去への回帰の場のひとつとして同窓会があるが，黄（2007）は同窓会について，同窓生が学校的記憶に再帰し，過去の学校文化の共有を題材に社会化を行う「過去への社会化」としてとらえている。学校を共通の思い出を抱いた「記憶の共同体」としてとらえ，お互いに助け合いながら，自らの中に存在する過去の学校を呼び起こし，回顧し共に楽しむ「記憶再生の共同体」としている。青年期の自分との出会いにより自分自身のアイデンティティの再構築が行われるが，回想法（reminiscence therapy）は過去を「現在に生かす」という心理的援助技法であると同時に，「分かち合う」という社会的機能（石崎, 2007）をもつことがわかる。

中村（2008）は，直接的なつながりによらないこころの「居場所」として，「『過去』と『未来』との『つながり』を豊かにするような支援」の必要性を述べ，回想法やナラティブ・モデルによる「語り」を通じた人生の再構築の効果を評価している。エリクソン（Erikson, & Erikson, 1997）は，第8段階「自我の統合 対 絶望・嫌悪」に，新たに第9の段階「老年的超越」（gerotranscedence）を設定し，「老いるということは偉大な特権である。それによって長い人生を振り返り，振り返りつつその人生を追体験できる。年を経るごとに回想の範囲は広がり，場面や動作が目の前のことのようにリアルに甦ってくる」と述べている。回想の辛さと喜びに対面しながら「前進すべきかそれとも諦めるべきかと，同調的な衝動と失調的な衝動が，……争っている。あなたは，試練にさらされ，試されている。この緊張感が的確にコントロールされ，一点に集中すると，成功が訪れる」としている。最後の発達課題は過去，現在，将来，死後の世界，あるいは子ども期，中年期，高齢期，終末期という4つの世界を越境しながら老年的超越に至るのであろう。

6-2 配偶者との死別と死の準備

死にゆくことへの対処は，近年，生涯発達課題として考えられるようになり，発達アプローチは，死を病的なイベントというよりは，むしろ正常なイベントであると考えている（Schaie, & Willis, 2002）。しかしそれはジェンダーによって異なり，男性の場合には，平均的ライフサイクルでは妻に看取られて死亡するという予期的社会化が行われる。そこで，妻に先立たれるという体験は非通例的出来事となり，家事労働などの経験がないために生活の再構成が困難となる場合もある。死別後の悲嘆について，「妻より先に逝きたかった。いつかはどちらか独りになるが，逆さごとにならぬ様……，妻に先立たれた夫の悲哀は言葉ではいえない」（男性，74 歳）という語りに表現されている（岡村，2004）。介護期にも中断することなく家庭外に交流の場を確保することによって活動や人間関係の継続性が得られ，介護ストレスも軽減され，死別後の適応をもたらす。男女とも，遺族になるという配偶者喪失の体験を通じて，やがて来る自分自身の死を見つめ，自分の死に向けて人生を統合する。介護ライフスタイルの選択（春日井，2004）や葬式や墓までもライフデザインの対象となる時代の新たな発達課題が浮上している。

6-3 高齢期の新しい人間関係

高齢期の単身生活にとって人間関係の構築は重要である。守屋（2006）は，高齢期を新しい関係をつくる時期として，「ひととの関係」という視点から「自立を助け合う関係—＜頼り頼られる＞関係へ」「与えられた関係から選びとった関係へ—血縁関係からの離脱」「後続世代との関係—歴史・文化の体現者として」という三種類の関係をつくった事例を紹介している。また，関係の種類は，地域に密着した人間関係からインターネット上での選択的な人間関係へと発展している。高齢期は心身状態の制約により生活圏は縮小せざるをえないが，情報化により人間関係を拡大することも可能となっている。

しかし，中高年での人間関係上の満足度は，人づきあいの広さではなく質が大事であり，各人が主体的につくりだしている面が大きい（鈴木，2008）。

■ 7 高齢期の社会的孤立と地域の発達課題

7-1 高齢期の健康状態・経済・社会関係資本の格差

高齢期は，中年期までに見られる経済ヒエラルヒーによる格差に加えて，健康状態ヒエラルヒーが存在し「夫婦とも健康」から「夫婦とも重度の要介護状態」の間にさまざまな健康問題を抱えた人々がおり，貧困問題と健康状態の悪化という二重の困難を抱えている人々も多く見られる。経済格差は医療受給状況の格差へとつながり，セーフティネットである社会保障制度からの「社会的排除」が進んでいる。QOL（Quality of Life，生活の質）の構成要素の整備が求められている。また，社会関係資本の格差問題が広がっており，「社会的排除」（social exclusion）への対処である「社会的包摂」（social inclusion）が求められている（園田・西村，2008；小木曽，2008）。

7-2 男性における関係性の発達と地域における親密圏の創造

高齢単身世帯は男女とも収入が低く約 4 割が「生活が苦しい」と回答している。また，高齢単身男性は，家族のネットワークが弱いことに加えて，家族以外の交流も希薄である。また，話し相手や相談相手がいないなど地域で孤立しやすい状況にあり，深刻な問題をかかえている（内閣府男女共同参画局，2008）。団地居住の高齢者の孤独死等[1]は男性が 6 割を占めてお

り（青柳, 2008），中年男性の孤独死の場合には，その原因の多くはアルコール依存症である（NHKスペシャル取材班・佐々木, 2007）。また，被虐待高齢者は女性が約8割を占め，続柄では，「息子」からの虐待が4割と最も多い（厚生労働省, 2008）。高齢者の閉じこもり状態や介護心中も大きな問題となっている。

単身化が進み，親密性という従来の家族がもっていた家族機能が縮小する中で（筒井, 2008），個人の発達課題は地域での発達課題と重なる部分が多く，とりわけ男性の関係性の発達が課題となっている。

7-3　やり残した課題への挑戦と家族支援

自分自身の親の介護という発達課題に十分関われず，やり残した発達課題への挑戦する例が，定年退職後に男性ヘルパーとなった人々の事例に見られる。「親の容態の変化に気づかず入院してすぐ亡くなってしまった。親を介護できなかった」という事例や，「痴呆症の親がヘルパーの世話になった」ことを通じて介護ヘルパーの仕事を「お返し」や社会貢献として位置づけていた（岡村, 2002）。男性ヘルパーの存在は，関係性の発達を示しており，ジェンダー問題への挑戦ととらえることができる。

また，1980年に結成された「旧呆け老人をかかえる家族の会」は，自らの家族の介護体験をふまえた電話相談などを行っているが，1994年には「社団法人認知症の人と家族の会」となった（三宅, 2003）。このように問題の当事者から家族の支援者へという関係性の発達過程が見られる。

7-4　地域の祖父母による三世代コミュニティ

家族関係における祖親性を超えて地域における三世代交流が各地で活発に展開し，地域の子育て支援に参加する中高齢者が増えている（岡村, 2008a）。「おばあさん仮説」は，女性の早すぎる生殖能力の老化の意味は，娘の子育て支援をするためであるという仮説である（Angier, 1999）。また，匂いが子どもの心理的側面に及ぼす影響を，少女，少年，大学生女子，大学生男子，高齢女性，高齢男性，居住している家の匂いについて比較すると，高齢女性の匂いが最も子どもの抑うつ気分を軽減させることが実証された（Chen, & Haviland-Jones, 1999）。

三世代家族の祖親性は，「地域の祖父母」と「地域の親」と「地域の孫」という三世代コミュニティへと発展している。親の長時間労働が子どもの生活リズムに悪影響を与えており，子どもの心身の発達や食文化の継承にも影響が見られる中で（岡村, 2008b），三世代交流は「祖父母の特別な役割」や「次世代に引き継いでいく役割」（Hall, 1999）の実践である。これらの交流がコミュニティビジネスやNPO事業に発展した事例もある[2]。エリクソン（Erikson, & Erikson, 1997）は，「我が国では，役に立たない古いものはごみ捨て場に運ばれる。しかし，我々は『リサイクリング』なるものを導入してきた。……我々は，老人たちをごみ捨て場に連れて行きはしないが，彼らをリサイクルすることに対しては充分なことをしていない」と述べ，眼鏡や補

---

1) （前ページ）独立行政法人都市再生機構による孤独死の定義は，「団地内で発生した死亡事故のうち，病死又は変死の一態様で，死亡時に単身居住している賃借人が，誰にも看取られることなく賃貸住宅内で死亡した事故（自殺および他殺は除く）」（青柳, 2008）である。
2) 「特定非営利法人おばあちゃんの知恵袋の会」（1993年発足，2004年NPO法人化），「NPO法人北町大家族」（2000年設立）など，全国に広がっている。

聴器の提供や社会環境の整備の必要性について述べている。高齢者が有用感を感じられるような社会参加のあり方が求められている。

7-5 リスク社会と地域のつながり

　近年，つながりの効果や意義については理解されるようになり（内閣府国民生活局，2007），人々は地域社会に自分自身の関心によるつながりや居場所をつくり，知己を広げている。そして，頼り，頼られるという社会関係資本がさし示している「個人間のつながり，すなわち社会的ネットワーク，およびそこから生じる互酬性と信頼の規範」の関係を構築しようとしている（Putnam, 2000）。今後，求められるのはつながりの質ではないかと思われる。

　現代は，「リスク社会（Beck, 1986）」であり，日常生活において生起するさまざまなリスクを回避するように駆り立てられている社会であるが（小松，2007），高齢者は，悪質商法から「オレオレ詐欺」まで犯罪の被害者となっている。これらは，家族と同居していても親密な関係がなく，日中誰とも話さずに一人でいる状況を巧みに利用している。また，このような犯罪が多いことから，一切，他人と交渉しないように家族から言われ，家の中に閉じ込まざるをえない状態になっている。地域社会が，監視社会とならないような「人格的信頼」と「システム信頼」が求められている（小松，2007）。

　藤村（2008）は，リスクは非日常的な出来事であるはずなのに，リスクへの不安が日常化している逆説的事態が目の前で起こり，リスクに煽（あお）られている日々に関して，「加熱と冷却」（Goffman, 1952）について紹介し，「鎮めの文化論」の重要性を述べている。また，岡村（2008a）は鎮めの役割の担い手としての高齢者について論じている。大村（1993, 1997）は，失敗者の恨みや怒りを処理する必要性の重要さを指摘し，ゴッフマンの「クーラー」というなだめ役や鎮め役を組織的にした「鎮めの文化装置」としての宗教の役割を指摘する。「世に出る」（出世の）から「世を出る」（遁世），通俗的な「煽る文化」から，説得力ある「鎮めの物語」（大村，1993）という位相を選択できる高齢者には，競争に疲れた子どもたちや現役世代の鎮め役としての役割期待があり，また，そうした役割取得が発達課題となっている。地域のつながりをどのような質の親密圏とするのか，個人が「安全・安心」に生きていくという個人の発達課題は地域の発達課題と重なり合っている。

　これまで家族は，癒されない悲しみや悩みや不安をもった個人が癒される場所としての機能をもっていたが，「ファミリートラブル」の場となっている事例も見られる。このような中で，近年，地域に開かれた家族や単独世帯の人々のつながりの場としての「居場所づくり」が全国的に展開している（岡村，2005）。居場所は，「もうひとつの家」「地域の茶の間」「うちの実家」などと呼ばれ，人々のこころを鎮め，見守ってくれる「現代版鎮守の杜」のような役割をしている（岡村・天沼，2007）。また，千葉県秋津小コミュニティは，子どもたちによって「秋津小学校が秋津のまちの鎮守様だね！」（岸，2005）と語られているが，世代を越えた交流の場としての機能をもっている。このような家庭に代わる親密圏としての居場所づくりが求められている。

第2節　夫婦関係の発達・変容：結婚生活の継続と配偶者との関係性の発達

■1　永続性を前提とした関係の特異性とその揺らぎ

「死が二人を分かつまで」。結婚当初には，多くの男女がこのことを誓っているのではないだろうか。今日わが国では，平均寿命の延びによって，結婚生活が長期に及ぶ夫婦の数は増加の一途をたどっており，「共白髪」も一般化しつつある。そうした夫婦の多くは，長年連れ添った末に，死別を迎えている。彼らは結婚生活を通して，どのような関係を構築していったのであろうか。

老年期夫婦が増えている一方で，熟年離婚や定年離婚といったように，中高年になってからの夫婦関係の破綻も相当数に昇る。厚生労働省大臣官房統計情報部（2009）によると，同居期間が20年以上に及ぶ夫婦の離婚件数は，1970年では5,072件であったのに対し，2007年では40,353件にまで増加している。離婚に至った中高年夫婦は，なぜそれまで積み上げてきた結婚生活にピリオドを打つ必要があったのであろうか。

結婚時の誓いは，夫婦関係の破綻を抑止する役割として，これまで一定の機能を果たしてきたと言えよう。しかしながら，夫婦関係の社会的特異性として認識されてきた「永続性の観念」は弱まりをみせはじめ，長期化する結婚生活を支えるだけの効力を失いつつある。それだけに，結婚生活の安定性にとって，当事者間の関係性と心理的適応が重要な意味を帯びてきていると考えられる。

そこで本節では，結婚生活の長期的持続と配偶者との関係性の発達をめぐる問題に焦点を当てて考えてみたい。はじめに，コミットメントの観点をもとに，結婚生活の継続における配偶者との関係性の位置づけとその個人差に焦点を当てて論じていく。また同一個人内で，関係性が生涯を通して変化し続ける過程を記述するための分析モデルを提示する。そして，結婚生活を積み重ねていく歴史的存在である夫婦が，自らの関係性をとらえなおす転換期（夫婦の歴史の変わり目）に着目し，その揺らぎや深化・成熟の可能性について探るとともに，関係性の発達が夫妻間での相互的な営みによって成立する構造であることを明らかにする。最後に，アイデンティティ論の立場から，夫妻双方の人格発達における結婚生活の文脈のもつ意味について考察していくこととする。

■2　結婚生活の持続と配偶者との関係性の個人差：コミットメントの観点から

2-1　コミットメントから見た関係性の多様性

結婚生活がどのような要因によって持続するかをめぐっては，これまで欧米の家族社会学者や社会心理学者らを中心に議論されてきた。そうした中，結婚生活の持続を規定する中核的な要因として注目されているのが，コミットメントである。コミットメントの概念については，研究者の理論的な立場によってさまざまなとらえ方が存在するが，関係継続への基本的な見通しや意志，願望といった単一次元的な理解と，いくつかの異なる性質で構成されるとする多次元的な理解とに大別される。特に結婚生活に対するコミットメントについては，必ずしも情緒的な性質を帯びているものばかりではないため，夫婦の実相をとらえるうえでは，後者の枠組みが有効であると考えられる。

ジョンソン（Johnson, 1991, 1999）は，多次元的なアプローチをとっている代表的な研究者で

ある。彼は，コミットメントを3つの次元からなるとしている。すなわち，「個人的コミットメント（personal commitment）」「道徳的コミットメント（moral commitment）」「構造的コミットメント（structural commitment）」である。個人的コミットメントとは，パートナーへの肯定的な感情や，それによってもたらされる報酬の高さによって，関係の継続を望み，それを選択することである。道徳的コミットメントは，自分の誓いに反しない，周囲の期待に背かないといった義務的，宗教的な性質のコミットメントである。そして，構造的コミットメントは，離婚することの困難さや他の選択肢がないために関係にとどまろうとする姿勢を意味する。

アダムスとジョーンズ（Adams, & Jones, 1997）も，結婚生活に対するコミットメントが3次元からなることを示唆している。それらは，「配偶者へのコミットメント（commitment to the spouse）」「結婚へのコミットメント（commitment to marriage）」そして「閉じ込められた感覚（feelings of entrapment）」である。それぞれ，先のジョンソンによる「個人的コミットメント」「道徳的コミットメント」「構造的コミットメント」に，おおむね対応するものである。

またわが国では，宇都宮（2005）が，結婚生活を継続している理由に着目し，「人格的コミットメント」（配偶者との愛情や信頼感），「機能的コミットメント」（結婚生活の継続で得られる経済面や生活面の利得），「非自発的コミットメント」（離婚が不可能であるとの消極的判断）の3因子を見出している。

そうした中，宇都宮（2004）は，「関係性ステイタス」によるアプローチを提起している。関係性ステイタスは，コミットメントに対する基本的姿勢とそれにもとづく関与のあり方の多様性に着目した分析の枠組みである。ステイタスを左右する大きな岐路は，配偶者の存在意味について人格的次元から問う必要性・重要性を認知するか否かである。認知した場合には，意味づけの模索が行われ，人格的次元からの意味づけを有する「人格的関係性型」，意味づけの模索の最中にある「献身的関係性型」，模索のすえに人格的意味づけを断念した「妥協的関係性型」，模索が否定的な結論で完了している「拡散的関係性型」のいずれかに位置づけられる[3]。

一方，配偶者の存在意味を人格的次元から認知しない場合には，人格的次元からの意味づけがないものの，機能的次元の充足により結婚生活を漠然と肯定的にとらえている「表面的関係性型」と，そもそも人格的意味づけを問題としない「独立的関係性型」の2つのステイタスがある。永続性の観念のもと，自分の結婚生活が破綻するはずがないと確信していたり，結婚生活の文脈を重視していないような場合，継続の意味について関心をもたず，深く吟味しないことが考えられる。関係性ステイタスは，そうした人々を包含した分析の枠組みである。

図5-2は，高齢者を対象に夫妻の関係性ステイタス分布の検討を行った2つの調査結果をまとめたものである（宇都宮, 2004）。夫では，表面的関係性型と人格的関係性型で8割（81.1％）を占め，おおむね幸福な結婚生活を送っていた。一方，妻では，夫と同様に，人格的関係性型と表面的関係性型が他のステイタスに比べて多かったものの，他のステイタスへの分散傾向も見られた。特に模索が不十分なままとなっているステイタス（献身的関係性型，妥協的関係性

---

[3] 宇都宮（2004）は，関係性ステイタスの構成において，Marcia（1966）のアイデンティティ・ステイタスの枠組みを援用し，そこで用いられた表記を参考に「関係性達成型」と命名した1タイプを設定した。しかしながら，この名称であると，人格的意味づけを有するという特性が不明瞭であるとともに，一度このステイタスに到達した場合，達成という言葉のニュアンスから，安定的に持続する印象を与える可能性が指摘される。そこで，「人格的関係性型」という表記に変更することとした。あわせて，用語の統一感を出すため，「関係性拡散型」も「拡散的関係性型」と名称を変更する。

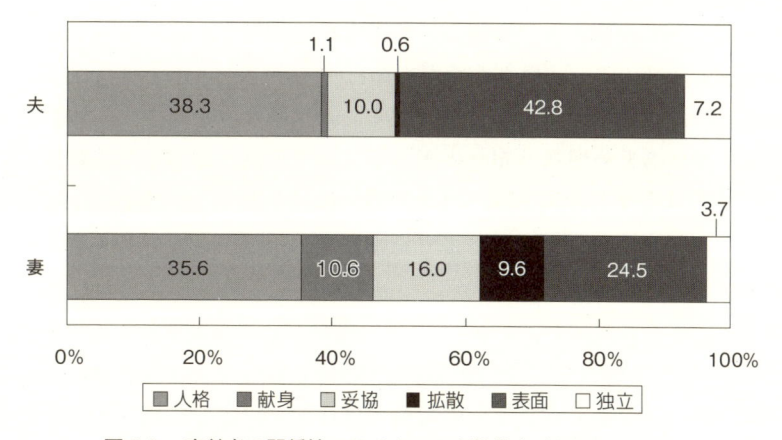

	人格	献身	妥協	拡散	表面	独立
夫	38.3	1.1	10.0	0.6	42.8	7.2
妻	35.6	10.6	16.0	9.6	24.5	3.7

図 5-2　高齢者の関係性ステイタスの人数分布（宇都宮, 2004）

人格：人格的関係性型，献身：献身的関係性型，妥協：妥協的関係性型，拡散：拡散的関係性型，表面：表面的関係性型，独立：独立的関係性型を示す。

型，拡散的関係性型）が 3 割（36.2％）を超えていた点で，夫との差が顕著であった。

　これらの研究は，さまざまなコミットメントが結婚生活の安定性に寄与していることを示唆している。結婚生活の継続の背景は，夫婦間はもとより，構成する当事者間においても大きく異なる可能性があると考えられる。

2-2　コミットメント志向性モデル

　結婚を契機に形成されたコミットメントが，その後どの程度維持され，また変容するかは，結婚生活の安定性のみならず，個人の生涯発達を左右する文脈という意味からも重要な問題である。コミットメントの可変性に関連して，サールシュタインとバクスター（Sahlstein, & Baxter, 2001）は，関係論的弁証法（Baxter, & Montgomery, 1996）の立場から，コミットメントが関係対象とのコミュニケーションのもとに生成されることを示唆している。結婚生活に対するコミットメントは，不変の固定的なものと言うよりも，むしろ関係が成立している限り，絶えず流動的に変容し続ける可能性をもつダイナミックな性質であると言える（Adams, & Spain, 1999; Sahlstein, & Baxter, 2001; 宇都宮，1999）。

　では，コミットメントの変容はどのような構造にあるのであろうか。図 5-3 は，コミットメントを重層的に示したものである。筆者はこれをコミットメント志向性としてとらえる。すな

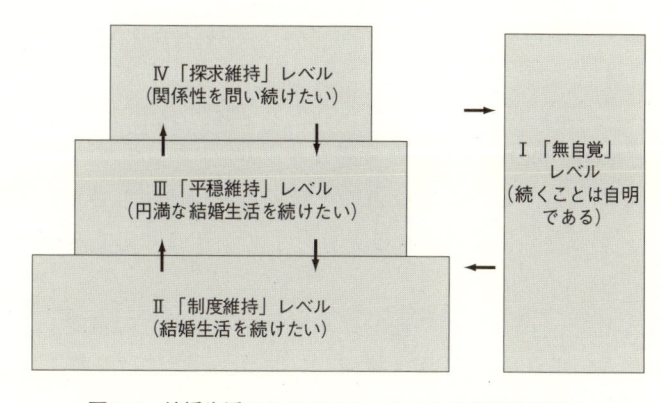

図 5-3　結婚生活におけるコミットメント志向性モデル

わち，コミットメント志向性は3つの層からなるものと理解できる。

コミットメント志向性のうち，最も低次なものは，「制度維持」レベルである。これは，世間体や子どもの存在，経済的事情，配偶者を看取るのが務めなどを理由に，離婚を絶対に回避しなければならず，配偶者との関係性がどのような状態であれ，結婚生活の継続を望む姿勢である。「制度維持」レベルでのコミットメントにもとづいて，結婚生活を継続している場合，配偶者との関係性は重視されておらず，あくまで婚姻状態の確保が最大の関心事であり，遂行されなければならない課題とされる。

一方，その対極にあるコミットメントは，「探求維持」レベルである。人格的次元から「わかりたい」「わかってもらいたい」と言う相互理解欲求が前提とされ，配偶者の存在意味や関係性のありようを問い続ける姿勢と言える。その具体的なテーマとしては，自律性 対 結合性，予見可能性 対 新奇性，開放性 対 閉鎖性（Baxter, & Montgomery, 1996）などをめぐる葛藤が想定される。夫婦を構成する当事者は，結婚生活の文脈に限らず，さまざまな社会システムに属している。また夫と妻は共に生涯発達の主体でもある。このレベルのコミットメントは，配偶者との関係性において，ともすると緊張をもたらすかもしれないこれらの対立軸をめぐり，同時にどちらをも必要としたり，また自己内外の状況変化によって相対的な重要度に違いが生じたりといった矛盾の中で，関係性の意味を探求し続ける態度によって特徴づけられる。

最後に，両者の中間に位置するのが，「平穏維持」レベルである。これは，形成の背景により，3つに分類できる。すなわち，そもそも「探求維持」レベルでのコミットメントを必要としないケース，「探求維持」レベルでのコミットメントが困難な場合に，配偶者との衝突やそれに伴う否定的感情（不信感や孤独感，無力感など）の生起を避けるために，人格的次元からのつながりを断念したケース，そして「制度維持」レベルでよしとしていたものの，せっかく長く連れ添うのであれば，円満な状態を持続させようとシフトしたケースである。

上位層のコミットメントを有する場合，その性質上，下位層の要求水準を包摂していることになる。これらは，要求水準において大きな質的な違いが認められるが，自己と配偶者とが異なる他者であること（他者性）に自覚的である点で共通していると言える。3つのレベルのうち，上位にあるコミットメントほど相互性が問われるため，持続が困難であると考えられる。

なお，コミットメント志向性は個人内の問題であるため，必ずしも夫妻間で一致するわけではない点に留意する必要がある。また，すべての者がコミットメントに自覚的であるとは限らない。先の宇都宮（2004）で見出された表面的関係性型のような場合，他者性の視点が乏しい状態で結婚生活を続けていると考えられる。彼らにとって関係が破綻しないことは自明である。したがって，層状の構造には位置づけられない「無自覚」レベルの設定も必要とされるだろう。

2-3 コミットメント志向性の発生経路と変動サイクル

コミットメント志向性は，どのような道筋を経て個人差を生じさせるのであろうか。「探求維持」レベルが成立するために求められる条件を手がかりに考えてみると，図5-4の流れが想定される。

まず第1の条件として，「関係性の持続的探求に対する必要性の自覚」があげられる。その時点で，必要性をもたない場合には，「探求維持」レベルへの道筋は途絶え，他のレベルへと分岐する。ここには，「無自覚」レベルも含まれる。

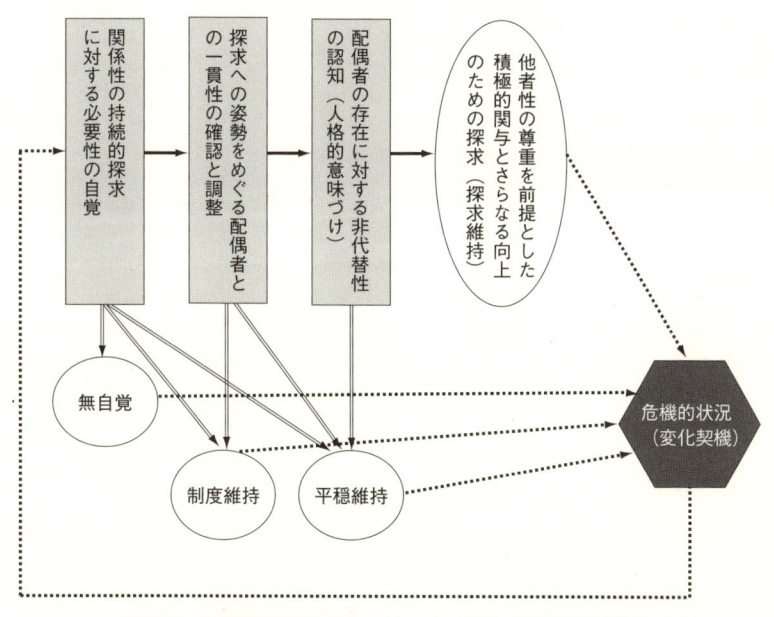

図 5-4 危機的状況によるコミットメント志向性の変動サイクル

　続く第 2 の条件は,「探求への姿勢をめぐる配偶者との一貫性の確認と調整」である。つまり,配偶者が自分と同様に「探求維持」レベルでのコミットメントを求めているか否かを確認し,齟齬が確認された場合には,それを調整するための取り組みが行われる。これが納得のいく形で進むと,最終の条件「配偶者の存在に対する非代替性の認知（人格的意味づけ）」へと向かうが,そうでなければ「制度維持」レベルないしは「平穏維持」レベルにとどまると考えられる。

　そして第 3 の条件を通過することで,「探求維持」レベルでのコミットメントへと動機づけられるが,得られない場合には,「平穏維持」レベルに行き着くと考えられる。3 つの条件のうち,第 2 の条件については,個人によってそれほど問題とならず,非対称的な状態でありながらも,第 3 の条件へと進展する場合があるかもしれない。

　一度形成された志向性が安定している者もいれば,変動の大きい者もいることが考えられるが,その違いは直面する危機的状況（変化契機）の認知によって規定されるものと推察される。すなわち,それまで支えてきた志向性が,何らかの不都合な状況に立たされることで,第 1 の条件を吟味する可能性が生じると考えられる。

　結婚生活の経過とともに,関係性に歴史が積み重ねられていく（宇都宮, 1999）。この点をふまえれば,特に人生後半でのコミットメント志向性の変容は,過去と折り合いをつけるという性質を帯びているかもしれない。また自己と配偶者双方の死にリアリティを抱き始め,個としての有限性（岡本, 2007）を意識するようになると,「夫婦関係の有限性」にも関心が高まり,コミットメント志向性は,「探求維持」レベルへと変容することが考えられる。

3　配偶者との関係性の深化・成熟と相互性

3-1　人生の節目における配偶者との関係性の発達

　第 2 項では,コミットメント志向性モデルを新たに提示し,結婚生活の継続の質的な個人差を示すとともに,危機的状況（変化契機）に遭遇することで生涯にわたり変化する可能性につ

いて言及した。

　では，その危機的状況（変化契機）とそれへの対応は，実際にどのように展開されるのであろうか。このことに関連して，宇都宮（2004）は，高齢者を対象に回想法による面接調査を実施し，夫婦人生の節目における配偶者との関係性発達の展開過程を分析している。以下，各事例にある「　」内の文章は，対象者の実際の語りである。なお，（　）は対象者から確認できた内容を補足的に追加した箇所である。

1）Aさん（61歳・女性・専業主婦，初婚，夫婦と娘の三人暮らし）

　Aさんは，夫が定年退職をして以降，一緒にいる時間が多くなり，「夫の色々な悪い面が見えてきた」。「その時点では夫には言わなかったが離婚も考えた」。だが，「このままではいけないと思った」。「通信教育の大学入学と，東洋医学の学習を二人で始めた」。「夫婦の心理的な接点がある。（夫が）いなければ生きていけないだろう。いるだけで感謝である」と語る。

　彼女は，夫の生活構造の変化により，自分の生活の安定が脅かされ，夫の退職を自分の問題として認知するようになる。夫が退職する前の生活と退職してから現在に至るまでの生活をふりかえり，これからの夫婦のあり方を真剣に考えた。その結果，二人の共有できる活動を積極的に見つけ出すことで，夫の定年による自己への脅威を，夫婦関係がよりよい方向へと向かう好機として生かしている。また，自分が配偶者とともに存在する貴重さを痛感している。

2）Bさん（70歳，男性，元公務員，初婚，夫婦二人暮らし）

　娘（末子）が結婚したことに対して，「責任を果したという安心感，しかも夫婦共通のね」。「夫婦共通の人間的責任を果したなぁ」。「よかったなぁ，夫婦二人で今日までやってきて」。「ここらで夫婦になったという因縁を喜ぼうじゃないか」。現在は「夫婦二人で念仏を喜んでいる」。「はぁ，これが夫婦なんだと」。「他の誰よりも心が通い合っている」。「とって替えられない（存在となっている）」と語る。

　Bさんは，これまでともに親として歩んできた人生をふりかえる。そこで，改めて配偶者とともに生きる喜びを実感し，配偶者に対して存在の掛け替えのなさを再認識する。すべての子どもが巣立った後の残された夫婦人生に目を向けて，より一層二人で念仏に励むようになっている。

3）Cさん（72歳，女性，専業主婦，初婚，夫婦二人暮らし）

　Cさんは，交通事故により入院し，「申し訳がないという思いと，強く感謝する気持ちでいっぱい」であった。そして「夫がもし病気で倒れたとき，自分がしっかりと看てあげられるか心配」だと思うようになる。「（いざというときしっかりと尽くすことができるか）心配だからこそ，これからいっそう夫を大切にしなければいけないという思いを強く感じるようになった」。「夫婦の絆や夫の存在の有り難さをかみしめることができた」と語る。

　Cさんは，自分の病気の回復に努める中で，配偶者の看病への姿勢に目を向け，大切にされていることを実感する。また配偶者が同じ状況になった場合のことを考え，不安がよぎる。しかし，この出来事を契機に，配偶者の存在の大きさを強く認識し，これまでの自分の配偶者へのかかわりをふまえ，さらに望ましいあり方を考えるようになっている。

　これら3名に共通して見られるのは，配偶者に対する「非代替性」の感覚である。つまり，配偶者を唯一無二の存在として位置づけ，人格的次元から結びつくことに高い価値をおいてい

る。まさに「探求維持」レベルのコミットメントを有していると考えられる。また彼らの，転機を通して展開された関係性の変容には，類似した過程が認められた。すなわち，第1段階「個人の内的危機を認知する段階」，第2段階「個人の内的危機を夫婦関係の問題として位置づける段階」，第3段階「これまでの夫婦関係を見つめ直す段階」，第4段階「夫婦関係を修正・向上させる段階」，第5段階「人格的関係としての安定とそれにもとづく積極的関与の段階」である。

　宇都宮（2004）の調査対象者は26名であったが，この展開過程がすべて確認された者は，上記の人々を含む6名であった。その他は，第1段階や第2段階までにとどまっている者が多く見られた。関係性の問い直しを迫る状況には，Aさん（の配偶者）の定年退職や，Bさんの子どもの巣立ちといった，成人期の主要な役割の獲得・喪失にかかわる出来事もあれば，Cさんの交通事故や，大病，中途障害，配偶者の不貞行為といった予期せぬ非標準的な出来事もあげられる。そうした事象は，個人の転機としてのみ機能することもあれば，関係性の問題として認識される場合とがある。第2段階に足を踏み入れるか否かで，その後の展開が大きく異なると考えられる。

3-2　関係性の発達における夫妻間の相互性

　配偶者との関係性は，内在的側面と外在的側面とで構成されているものと理解できる（図5-5）。すなわち，コミットメントに代表される内在的側面は，現実の配偶者とのかかわり（外在的側面）に反映され，また逆に実際のかかわりからの影響を受けて，内在的側面は変容していくものと考えられる（宇都宮，1999）。そのため，自己と配偶者との間には，外在的側面を通じて関係性が類似してくる場合が考えられる。

　宇都宮（2004）による夫妻間のステイタスの組み合わせは，夫が人格的関係性型の場合，その妻も多くが同一のステイタスであった（71.9％）。人格的関係性型は，コミットメント志向性の「探求維持」レベルに当てはまると考えられるが，このレベルを一方が持続するためには，自己のみならず，配偶者もその必要性を認識し続けることが重要であると考えられる。

　対照的に，夫が表面的関係性型（機能的次元の肯定的意味づけのみ）では，妻が一致する割合は低く（27.6％），存在の意味づけがある意味で不本意な状態のままとなっている者（献身的関係性型，妥協的関係性型，拡散的関係性型）が，ほぼ半数（48.3％）を占めていた。表面的関係性型は，コミットメント志向性で言えば，「無自覚」レベルに位置づけられるが，一方がこ

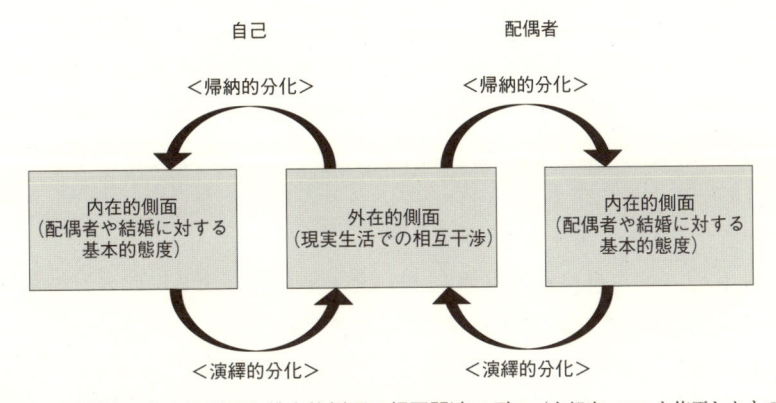

図5-5　関係性の内在的側面と外在的側面の相互関連モデル（宇都宮，1999を修正したもの）

のレベルにある場合，その配偶者が現状に納得しているとは限らず，類似傾向はむしろ低いのではないかと推察される。

3-3 中年期のアイデンティティ発達における配偶者との関係性の役割

中年期にはアイデンティティが危機的状況に陥りやすいことが指摘されているが（e.g., 岡本, 2007），配偶者の存在はどのような意味をもっているのであろうか。宇都宮（2005）は，中高年夫婦の結婚生活に対するコミットメント（人格的，機能的，非自発的）とアイデンティティとの関連を検討している。その結果，夫のアイデンティティ感覚の高さは，人格的コミットメントと正の関連にあった。一方，妻においても，夫と同様の結果が見られたが，加えて非自発的コミットメントとも正の結びつきが確認されている。

このことは，夫妻ともに，配偶者との人格的次元からの関係性によって，中高年でのアイデンティティが支えられていることを示唆するものである。また，妻にみられた非自発的コミットメントとの関連は，配偶者との関係性に否定的な結論をもったうえで，結婚生活の文脈に依存しない形で，アイデンティティ感覚が高められている場合もあることを意味している。

ところで，配偶者との関係性は，この時期の女性たちに，いわゆる中年期危機を生じさせたり，増幅させたりする一因であることにも注目する必要がある。例えば，宇都宮（2008）では，結婚生活に対するコミットメントおよび社会関係と抑うつとの関連が検討され，非自発的コミットメントによって結婚生活を継続し，かつ社会関係が自分にとって好ましくない状況下（否定的なソーシャル・サポートの受領）では，抑うつが促進されやすいことが示唆されている。したがって，結婚生活の文脈がアイデンティティ発達のための基盤となりにくい場合には，社会的なつながりの充実がより求められると言えよう。

4 夫妻双方の関係性と相互発達をめぐる今日的課題：成人発達臨床心理学への示唆を求めて

これまでコミットメントの観点を中心に，わが国の結婚生活の持続と関係性をめぐる問題について考察してきた。結婚生活の長期的持続は，多様なコミットメントの性質によって守られており，配偶者との関係性が必ずしも常に結婚生活の安定性を支えているわけではない。時に，子どもの存在や制度に助けられる状況も，現実としてある。しかしながら，他者性の自覚のもとに配偶者との関係性を問うことは，当事者である二人が社会変動と生涯発達の中をともに生き続ける限り，多くの個人，夫婦にとって本質的かつ永続的なテーマではないかと考えられる。

配偶者との関係性は，相互的な営みのもとに成立している部分が多い。そのため，どちらか一方だけが人格的次元からの関係性を求めていたり，相互調整がうまくいかなくなったりした場合には，相手への拒絶感や孤独感，無力感などにより，不適応状態に陥る危険性も少なくない。必要に応じて結婚生活に求めるものをシフトさせなければならない場合もあり，心理臨床的な介入が期待されることも考えられる。

「配偶者とともに存在する自己」，そして「自己とともに存在する配偶者」のあり方を照合したり吟味したりする関係性の相互調整過程は，それぞれの個としてのアイデンティティを見つめる機会になるかもしれない。時に配偶者が自分を映し出す鏡としてとらえられることもある。つまり，結婚生活とりわけ配偶者との関係性は，アイデンティティの発達的文脈としても

非常に注目すべきと考えられる。この点については，内外を通じてもまだ十分に研究が進んでおらず，今後の課題とされる。

永続性の観念を前提としてきた夫婦関係では，互いを異なる個性を有する他者として意識し，個として尊重し続けるのはやさしいことではない。むしろ見失いがちであるかもしれない。では，何がその自覚を促すのであろうか。その最も大きな要因は，すでに述べたように「夫婦関係の有限性」であると考えられる。現実に配偶者を喪失する前に「夫婦関係の有限性」に向き合えたならば，ライフステージを問わず，そして幾度となく，新たな関係性の歴史を創出する取り組みが展開されるのではないだろうか。

第3節　親子関係の発達・変容(1)：妊娠・出産・子育て期の親から見た子どもとの関係

近年，親の発達については多様な立場から多くの研究が蓄積されてきている。ここでは，妊娠，出産，子育て期を中心に，これらの研究知見を紹介しつつ，そこで示される多様な発達のあり方を見ていくこととする。

■ 1　育児ストレス・育児不安

わが国での親の経験をめぐる研究を牽引してきた領域は，育児ストレス，育児不安などの育児への否定的感情を扱う研究である。1970年代後半から80年代にかけて，生後間もない幼児が置き去りにされたコインロッカー事件など，育児や母親をめぐるさまざまな社会問題が出現したことを背景に，育児不安・育児ストレス研究（牧野，1982），母性研究（大日向，1988）など，母親の育児に関わる意識や感情と母親をとりかこむ社会的環境との関連をとらえる研究が行われるようになった。これらの研究は，それまで自然に備わるとされた"母性"への信奉が，単なる"神話"に過ぎないとし，世間一般に親へ向けた社会的支援の必要性を広く伝え，その具体的なサポートのあり方を示した点で大きな役割を果たしてきた（戸田，1996）。

1-1　育児ストレス・育児不安の規定要因

育児ストレスや育児不安の規定要因として，まず第一に指摘されているのは，母親をとりまく人間関係，特に夫婦関係や夫からの心理的サポートの重要性である（牧野，1982）。一連の研究からは，夫が実際に育児や家事に割く時間や労力よりも，日々子どもと向き合う母親の大変さを理解し，情緒的に支える心理的サポートが重要であること，また，そのかかわりに妻がどれだけ満足しているかという妻側の満足度や評価が重要であることが指摘されている。さらに，親になる前にどれだけ小さい子どもと接触した経験があるかといった親への準備性（原田，2006），親自身が過去と現在の自分の連続性を認識し，自己効力感をもって育児にあたっているかを示す首尾一貫感覚などとの関連も指摘されている（穴井・園田・津田，2003）。

1-2　母親の就業形態と育児感情

母親の就業と育児に対する否定的感情の関係については，一般に，専業で育児に携わる女性の方が育児への負担感が強いことが示されている（例えば，柏木，2001）。柏木（2001）は，若く，個人志向の強い女性や育児に十分な時間がかけられるはずの専業主婦に，"自分の時間がな

い"と訴える時間的負担感が高いという調査結果について，このような一見矛盾するような結果は，ライフコースの多様化や選択肢が広がり，女性に"個"としての生き方が認められる一方で，依然として育児をはじめとする家事作業の圧倒的な責任が課されている日本社会の現状を反映するものであると指摘している。仕事役割と家庭役割の両立の問題を扱った研究では，有職の母親は家庭と仕事の両立による肉体的負担感や疲労感を強く示すものの，育児による拘束感が低く生活満足度が高いこと（福丸，2000），専業で育児にあたっている母親よりも母親としての自己受容や自信は高いという結果が示されている（岡本，2001）。

母親の就業と育児感情の関係については，パート，フルタイム，専業主婦等の就業形態による違いに加え，働く理由が経済的理由か生きがいかなどといった働くことの意味づけと深く関わっていることも示されている（岡本，2001）。育児期女性の就業の継続・退職に及ぼす要因を明らかにした研究では（小坂・柏木，2007），夫や夫の親から就労を反対されることが育児期女性の退職理由として最も影響を及ぼす要因であり，この時期の女性が必ずしも自らの意思のみで就業を継続したり退職しているわけでないことを明らかにしている。このように，育児に対する否定的感情と就業の関連性については，母親が現在の就業形態にどれだけ満足しているかに加え，現在の就業状況に至るまでの選択のプロセスにどれだけ主体的にかかわりえたと感じているかといった点を考慮する必要がある。

1-3　育児ストレスをもたらすストレッサー

育児ストレスについては，ストレスをもたらすストレッサーに注目し，それを「親（業）ストレス」（親役割の遂行に伴うストレスと，子どもをもつことによる生活の変化から生じるストレス等）と「子どもストレス」（子どもの発達や成長に関する心配や，子どもの行動特徴に関する不安等）に区分して研究が行われている。

幼児をもつ家族の夫婦関係と子どもの心理的状態（愛着の安定）との関連を扱った研究（数井・無藤・園田，1996）では，「親ストレス」は「子どもストレス」よりも有意に高い得点を示し，夫婦関係の満足度との交互作用を通して子どもの心理的状態に影響することを明らかにしている。また，子どもの年齢との関連を扱った研究では，「親としての効力感の低下」といった親役割の遂行に関わるストレッサーが，子どもの年齢にかかわらず一定に存在するのに対し，「子どもの特性」に関わるストレッサーは，3歳から4歳でピークをむかえた後，子どもの社会性の発達や自立に伴って，次第にストレッサーとして認知されなくなることを明らかにしている（吉永・眞鍋・瀬戸・上里，2006）。母親の抱える育児ストレスをプロセス・モデルとしてとらえた佐藤らの研究では（佐藤・菅原・戸田・島・北村，1994），育児ストレスを規定するものは，子ども自体の問題や行動特徴だけではなく，それらの問題に対して親として自分が対処できるかといった母親側の認知が重要となることを指摘している。

以上のように，これまでの研究では，"育児ストレス"に代表される育児への否定的感情は，子どもの育ちや行動特徴といった子ども側の問題以上に，親に期待される親役割の遂行や生活上の制約，親自身の自信や効力感等と密接に関わっていることが明らかにされている。

1-4　育児への否定的感情と親の育ち

一般に育児をめぐる過度の不安や負担感は，育児に対して負の影響を示すものとしてとらえられてきた。これに対し，近年の親をめぐる研究では，親の否定的感情が必ずしも不適切な養

育行動に結びついているわけではないことを明らかにしている。例えば，柏木・若松 (1994) は，親は，親になることによって自らも成長・発達していることを強く感じていると同時に，育児による制約感など否定的な感情も経験していることを明らかにしている。また，近年の研究では，子育て期における親側の葛藤や揺れは，それが適正範囲である限り，親となる過程に不可欠なものであり（加藤, 2007），子どもとのかかわり方や自分自身のあり方を見つめ直す契機として積極的な意味をもつことを示している（坂上, 2003）。

育児や子どもに対する感情を尋ねる調査では，親の否定的な感情は年々上昇傾向にあるものの，子どもに対する愛情やかわいいと思う肯定的な気持ちは，どの調査においても常に否定的感情を上回るという結果を示している（e.g., 原田, 2006）。今後の研究においては，育児をめぐる否定的感情のみに注目するのではなく，否定的感情と肯定的感情双方の感情のバランスや育児に対する肯定的感情を増大させる要因等を明らかにしていくとともに，育児をめぐる感情と親側の育ちに関する詳細な検討を行っていく必要がある。

2 妊娠・出産をめぐる研究

2-1 母性看護学からのアプローチ

妊娠期は，親への実質的な移行過程のスタートであり，身体的にも心理的にも変動が大きい時期である。母性看護学をはじめとする医療・看護領域では，妊娠期における母性の形成要因や妊産婦の心理的危機の側面に焦点が当てられ，不安やストレス，マタニティ・ブルーなどの問題との関連で研究が進められてきた（大日向, 1991）。これらの研究では，医学的所見からとらえられる母親や子どもの身体的なリスク要因に加え，母親となる女性のパーソナリティの成熟や幼い子どもに接した経験，周囲の支持といった心理−社会的要因の重要性が指摘されている。

2-2 妊娠期の心理過程

妊娠期は一般に，初期，中期，後期の3つの時期に分けられる。妊娠初期は，妊娠悪阻をはじめ心身両面での適応が迫られる時期として位置づけられる。このため，胎児や生まれくる子どもへの関心以上に妊娠自体や妊娠した自分自身に関心が向き，妊娠・出産によって余儀なくされる生活やキャリアへの不安や抵抗の感情が最も強まる時期である（Rubin, 1984, 1997）。妊娠中期は，妊娠期間の中で最も安定した時期とされる。母親は，次第に大きくなる下腹部や胎動を手がかりに，胎児への愛着形成の手がかりを見出したり（吉田, 2000），胎動のリズムや周期から子どもの個性を想像していくなど，親子の関係性を積極的に築いていく（本島, 2007）。妊娠後期は，胎児の存在をより強く実感するとともに，身動きの不自由さや分娩に対する不安が増し，出産・育児を待ち遠しいと思う気持ちと不安や緊張が同時に高まる時期である（吉田, 2000）。

妊娠期の心理過程については，近年，母子関係の萌芽としての胎動に注目する研究が行われている（本島, 2007; 岡本・菅野・根ヶ山, 2003）。妊娠期における母親の子ども表象とその発達的規定要因をレビューした本島（2007）は，お腹の子どもについてのイメージが急速に発達するのは，胎動が始まる4-5ヶ月くらいであり，以後，妊婦は妊娠中期から後期にかけて胎動のリズムや周期から子どもの個性を想像するなどして，母親としての自己イメージを徐々に発達させていくとしている。岡本・菅野・根ヶ山（2003）は，胎動日記に記された母親の胎動へ

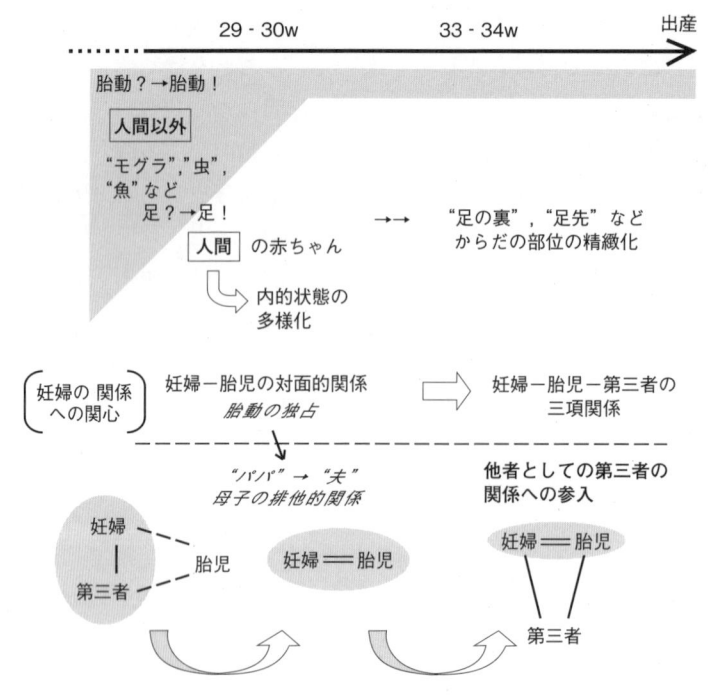

図5-6 妊娠期の胎動への意味づけ過程のモデル（岡本・菅野・根ヶ山, 2003）

の意味づけの分析を通して，妊婦がわが子のイメージを構成・再構成する過程を明らかにしている（図5-6）。

2-3 早期介入の必要性と有効性

出産後の母親の精神的健康との関係からは，妊娠期におけるサポートや介入の重要性が指摘されている（安藤・無藤, 2008）。愛着対象としての胎児の表象についての一連の研究は，妊娠期の子どもに対する感情や表象が，出産後も比較的安定して継続すること（本島, 2007），妊娠そのものを喜ぶことができず，受け入れることが難しい場合は，後の子どもとの関係性や育児態度に深刻な影響をもたらすことなどが指摘している（藤井, 1996; Reder, & Duncan, 1999）。また，この時期に抱くわが子への過度の期待や理想化は，出産後の現実とのギャップを広げ，後に続く親役割や親行動の遂行に否定的な影響を与えることも明らかにされている（Easterbrooks, 1988）。親への準備段階としての妊娠期間中においては，生まれてくるわが子への肯定的な感情を育みつつ，出産後の育児に対応できるよう，育児や新生児に関する基本的かつ具体的な知識を伝えていくなどの心理教育的支援が必要である。

3　成人発達・生涯発達心理学からの親になる経験へのアプローチ

発達心理学全体に"生涯発達"という視点が積極的に導入されたことを受け，1990年代半ばから，親となる経験を親自身の生活文脈や発達の側面からとらえようとする研究が行われている。以下では，これらの研究を，①親となることによるパーソナリティの発達，②親への移行に伴う心理的危機と母親になる経験の複雑さ，③「個」と「関係性」からのアプローチに区分し，各々の研究成果について述べていく。

3-1 親となることによるパーソナリティの発達

1）親となることによる人格の発達

　柏木・若松（1994）は，「子どもが新しい経験や役割に出会うなかで認知・人格・社会的あらゆる側面で発達してゆくのと同様に，大人もまた，新しい経験に出会い，新しい役割をとるなかで発達する」と述べ，従来子どもの発達を規定する説明変数としてのみ扱われてきた親側の経験を，成長や発達といった積極的な側面に注目して明らかにする研究の必要性を説いた。

　柏木・若松（1994）は，3歳から5歳の幼児をもつ父親と母親346組を対象に，複数の面接および自由記述から作成した「親の発達」尺度を実施し，親となることによる人格発達の6つの側面として，「柔軟さ」「自己抑制」「運命・信仰・伝統の受容」「視野の広がり」「生きがい・存在感」「自己の強さ」を明らかにした。

　なお，親になることによる人格発達の側面として示された6つの因子すべての得点において，母親が父親の得点を上回り，母親の方が親になることによって，自己の成長を感じていることが示された。また，育児への関わりや子どもへの感情との関連については，育児への肯定的感情は父母ともに変わらないのに対し，育児による制約感などの否定的感情や子どもを独立した一人の人格と見なす傾向は，育児により多くの時間を割き，成長感をより強く感じている母親（特に専業主婦）ほど高い傾向にあることが示されている。

　柏木・若松の作成した「親の発達」尺度は，その後さまざまな研究で用いられており，それらの結果は，おおむね上記の結果を支持するものとなっている（e.g., 岡本, 2001）。また，幼児期と思春期（中学生）の親を対象にした調査では（目良, 2001），すべての項目の得点において，母親が父親の得点を上回る点で，柏木らが示した結果と一致していたが，母親の発達感においては相違が見られ，母親の就業との関係では，無職の母親よりも有職の母親の方が親になることによる発達感が高く，子どもの年齢の比較においては，幼児期の母親よりも中学生の母親の方が＜柔軟性＞において有意に高い得点を示していた。

　親となることによる人格の発達をとらえる研究は，これまで乳幼児期の子どもをもつ親を中心に行われてきた。今後児童期や思春期以降の子どもをもつ親を対象とした研究を蓄積していくなかで，生涯にわたる親子の関係性を反映した親側の発達プロセスや，就業形態をはじめとした親の成長感に関わる要因の詳細な構造を明らかにしていく必要があると言えよう。

2）父親の発達の側面

　森下（2006）は，"父親になることによる発達"を「男性が親になり，子育てをする中での精神面と行動面における獲得と喪失を含む変化」とし，父親独自の発達をとらえることを目的に質問紙調査を行っている。森下は，父親になることによる発達の5つの側面として，「家族への愛情」「責任感や冷静さ」「子どもを通しての視野の広がり」「過去と未来への展望」「自由の喪失」を明らかにするとともに，父親独自の発達の側面として，仕事への責任感の強まりや物事のとらえ方の変化等を示す「責任感や冷静さ」，自分の子ども時代やこれからの人生の展望が明確になる等の「過去と未来の展望」，より身近なコミュニティへの関心や同じ立場にある親への関心等，仕事以外の人間関係を広げる機会とする「子どもを通しての視野の広がり」を指摘している。

　初めて父親になる男性を対象にした小野寺らの研究（小野寺・青木・小山, 1998）では，父親になる男性は，母親になる女性と比べて，子どもの誕生に伴い「一家を支えていくのは自分

である」という責任感を強くもつようになること，また，親になる自分についてより自信をもっていることを明らかにしている。また，妊娠7, 8ヶ月から3年間にわたって父親と母親の自己概念や親役割意識の変化を明らかにした研究（小野寺，2003）では，母親になる女性が，次第に「怒り・イライラ」を増大させ，「社会に関わる自分」を小さく，「母親としての自分」を大きく評価するようになるのに対し，父親は，「父親としての自分」には変化がなく，「社会に関わる自分」が大きくなることを明らかにしている。

父親の発達に焦点を当てた研究は，母親を対象にした研究に比べるとまだ限られている。また，父親と母親の違いとして指摘される特徴がどの程度，実質的なものであるかについては，いまだ十分な議論がなされていない。父親と母親の相違が何に起因し，その相違は何を意味しているかについてさらなる研究の積み重ねが求められる。なお，父親になる過程をはじめ，わが国で行われた男性の心理的発達に関する研究を体系的にまとめたものとして，柏木・高橋（2008）がある。

3-2 親への移行に伴う心理的葛藤と母親になる経験の複雑さ
1）親への移行と母親が経験する4つの心理的主題

欧米では，早くから，親への移行プロセス（transition to parenthood）への関心がもたれ，心理学だけでなく，社会学，人類学など，学際的な研究領域として研究が発展してきた（Goldberg, 1988）。親への移行期に注目する研究の特徴は，夫婦や個人が経験する一連の変化を，一種の心理的危機をもたらすライフイベントと見なす一方で，夫婦や個人がその危機に対処することで，夫婦の絆を深めたり，成人期の人格発達をもたらすきっかけともなると考える点にある（Belsky, & Kelly, 1994; Goldberg, 1988）。

著名な児童精神医学者であり，「親－乳幼児心理療法」の提唱者でもあるスターン（Stern, 1995）は，家庭における育児の役割のほとんどが母親に任される社会では，出産後少なくとも数ヶ月から数年の間，母親が経験する特有の心理的状態が存在すると指摘している。この特有の心理状態を構成する中心テーマは，以下の4つに区分される。

①「生命－成長のテーマ」（赤ちゃんの生命と成長を維持できるだろうかという，育てることへの責任やそこから来る不安等）

②「基本的関係性のテーマ」（自分自身に根ざしたやり方で赤ちゃんと情緒的にかかわれるだろうか，また，それは赤ちゃんの心的発達を保障することになるだろうかという，赤ちゃんとの情緒的な関係性をめぐる問題や不安）

③「援助基盤のテーマ」（「生命－成長のテーマ」ならびに「基本的関係性のテーマ」の2つの機能を果たすために必要なサポート・システムをつくりだし，委託する方法をめぐる問題や不安）

④「アイデンティティ再編のテーマ」（他の3つのテーマに関わる問題や機能の存在を容認し，促進する方向に自分のアイデンティティを変容させることができるだろうかという問題や不安）

これら4つのテーマは，わが国をはじめとし，育児の責任や負担の多くが母親に課せられる社会において，女性が経験する心理的不安や問題の所在を示している。

2）親となることによる獲得と喪失の側面

成人期女性の発達研究を牽引してきたジョセルソンは，女性が母親になる経験は複雑さと矛盾に満ちており，母親になる移行に注目する研究においては，母親の経験を，「良い母親」対「悪い母親」，あるいは育児に伴う喜びと苦痛といった二分法的なとらえ方に還元してしまうのではなく，相反する感情や葛藤の側面を母親自身がどのようにとらえ，自分なりのバランスをもって対処しているかに注目する必要があるとしている（Oberman, & Josselson, 1996）。

詳細な面接調査を実施し，産後うつの問題を母親となる女性の自己形成の観点からとらえた研究では，女性は母親となる経験を通して，母親という新たな自己を獲得する一方で，それまで果たしてきたさまざまな役割や関係の喪失（変化・縮小）を経験していることを明らかにしている。また，この時期の女性の経験を理解し，支援を行っていくうえで，子どもというかけがえのない存在を獲得する一方で経験される喪失の側面にも目を向け，より共感的な働きかけを行っていくことが有用であると指摘している（Nicolson, 2001）。

第1子が3歳未満の家庭で子育てに従事している女性（専業主婦）を対象に，半構造化面接を行った研究では，多くの女性が育児による喪失の側面として「自分の時間」「出産前の友人関係」「働いていたはずの自分」をあげる一方で，育児によって獲得したものとして，「子どもという存在と共に過ごすことによって得られる時間や愛情」「家族」「母親としての自分」をあげていた（徳田, 2002）。また，親になることによる獲得と喪失の両側面を自分のなかでどのように受け止めているかという問いかけに対しては，8割以上の者が，「得たものの方が大きい」「時間が経てば戻ってくる」「今は子どものために自分の時間を使う時期」「失うことに意味がある」「自分も親にしてもらった」等，母親になる経験の積極的な側面を強調したり，自らが母親になる経験をより広い時間的展望のなかに位置づけることによってその意味を転換したり，母親になることによる喪失の経験自体にプラスの価値を見出すといった意味づけを行い，母親となる経験の積極的側面を評価する語りを行うことを明らかにしている（徳田, 2002）。

3）能動的態度としての意味づけ

成人期のさまざまな人生局面がもたらす発達的意義を理解するうえでは，ある出来事に直面する個人がそれをどのように意味づけ，自分なりの生活や人生の営みに結びつけているかを明らかにしていくアプローチが有効である（徳田, 2007）。徳田（2004）は，個人を能動的な意味生成の主体として位置づけるナラティブ・アプローチの立場から，11名の女性を対象に面接調査を実施し，人生という時間的広がりのなかで語られた育児期女性の子育ての意味づけの特徴を明らかにしている。5つのパターンに分類された意味づけはそれぞれ，個々の女性が妊娠・出産から将来にわたる人生の展望について語るなかで言及した，育児中心の現在の生活に対する不満や葛藤，将来への希望や不安と密接に関連しており，ある者は，自らが成長するための課題として，ある者は，人生の中の特別な一時期として位置づけることによって，親になることによる生活の変化や自己の変容を受け入れる意味づけを行っていた（図5-7）。

3-3 「個」と「関係性」からのアプローチ

1）育児期女性のアイデンティティ葛藤と統合の様態

親になるという経験は，成人期女性のアイデンティティ発達の重要な局面として位置づけられてきた。岡本（1996）は，女性にとって，育児期は，結婚・出産までに形成してきた「個と

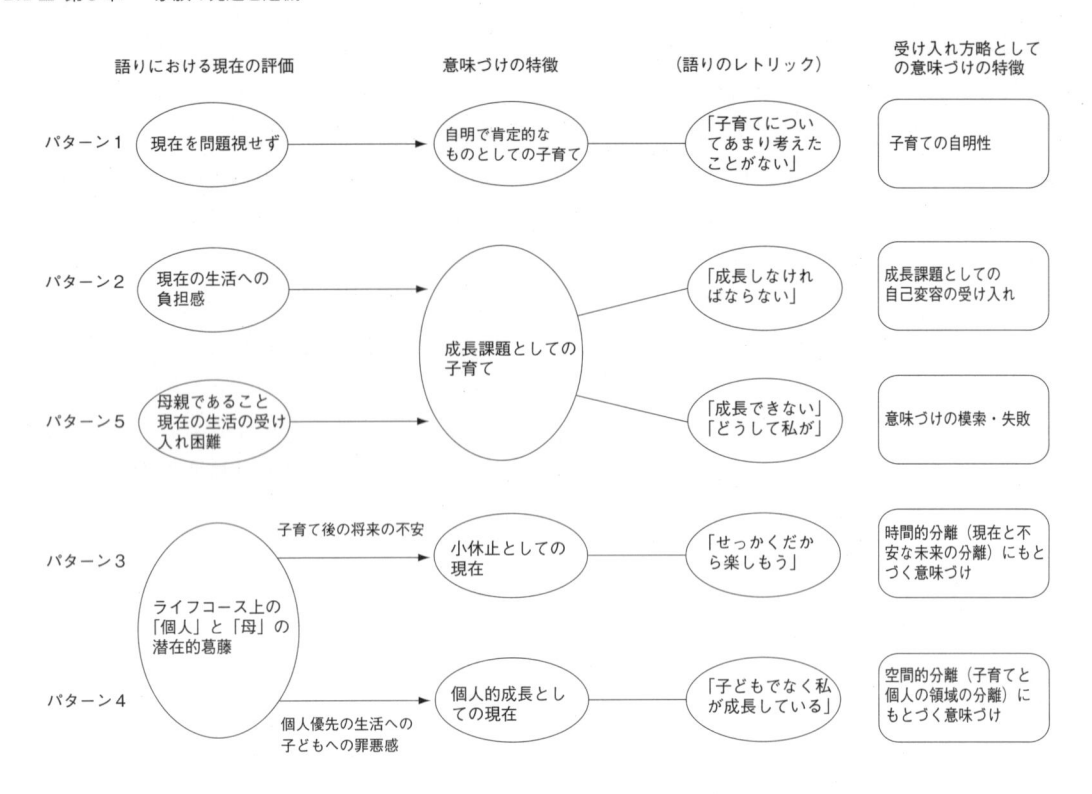

図5-7 受け入れ方略としての5つの意味づけのモデル（徳田, 2004）

パターン	語りにおける現在の評価	意味づけの特徴	（語りのレトリック）	受け入れ方略としての意味づけの特徴
パターン1	現在を問題視せず	自明で肯定的なものとしての子育て	「子育てについてあまり考えたことがない」	子育ての自明性
パターン2	現在の生活への負担感	成長課題としての子育て	「成長しなければならない」	成長課題としての自己変容の受け入れ
パターン5	母親であること現在の生活の受け入れ困難	成長課題としての子育て	「成長できない」「どうして私が」	意味づけの模索・失敗
パターン3	ライフコース上の「個人」と「母」の潜在的葛藤／子育て後の将来の不安	小休止としての現在	「せっかくだから楽しもう」	時間的分離（現在と不安な未来の分離）にもとづく意味づけ
パターン4	ライフコース上の「個人」と「母」の潜在的葛藤／個人優先の生活への子どもへの罪悪感	個人的成長としての現在	「子どもでなく私が成長している」	空間的分離（子育てと個人の領域の分離）にもとづく意味づけ

しての アイデンティティ」と新たに母親になることによって獲得されるべき「母親アイデンティティ」が葛藤を引き起こす時期であるとし，2つのアイデンティティの葛藤と統合の様態に注目した一連の研究を行っている（e.g., 岡本, 1996; 豊田・岡本, 2006）。

岡本（1996）は，子どもをもつすべての女性が母親であることを受容し，母親である自分を自己の生き方のなかに統合しているわけではないと述べ，「個としての自己」と「母としての自己」の2つの自己の統合のあり方から育児期女性のアイデンティティ様態を4つの型に類型化し，その特徴を明らかにしている。さらに，豊田・岡本（2006）では，それらのアイデンティティ様態と育児において経験される困難の程度や質が関連していることを明らかにしている。

2）家族との関係性やケアの授受を通した育児期女性の発達過程

育児期の女性は，子どもを養育するケアやサポートの提供者であると同時に，さまざまなサポートを必要とし，他者からのケアによって支えられる立場にもおかれる。近年，育児という行為やサポートの授受を介してつながる家族や地域との関係性との関連で，育児期女性の心理的危機と発達の側面をとらえる研究が行われている。

田丸（2008）は，拡大家族で親族が育児と生活に関わる3つの子育て相談事例の分析を通して，拡大家族の多い地方都市においては，育児に関する祖父母の関与，なかでも祖母からのサポートが，育児期女性の就労や育児への肯定感を支えるというメリットをもたらす一方で，育児期の女性に親としての不全感をもたらしたり，子どもとの関係形成に困難を感じさせる側面があることを明らかにしている。田丸はまた，このような養育サポートをめぐる家族との関係性のなかで，母親自身が，親としての自己のあり方をとらえ直し，それを再調整していく過程

こそが，育児期女性のアイデンティティ発達につながるとしている。

　加藤（2005, 2007）は，「必要に際して他者の手を借りようと思うこと，あるいは，実際に他者の手を借りること」を「被援助性」と定義し，育児期女性における「被援助性」の拡大とその変化パターンを，第1子が小学校低学年の母親の詳細な半構造化面接から，明らかにしている。加藤（2007）は，育児期の母親が，「子どもを守ろうとする責任感」や「私でなければ駄目」といった子どもへの没頭に向かう気持ちと「自分の対処能力を超えた負担感・自責感」の間の揺れを経験していること，また，被援助性の拡大においては，「他者に頼ることへの抵抗」「他者の負担や迷惑への配慮」「母親としての自己存在の動揺」といった援助されることによる揺れを経験しながらも，次第に自分なりの被援助性に対する意味づけやルール（「甘えてもよい時期」「駄目なら駄目と言ってもらう」等）を見出すことによって，「いざとなったら頼れる場がある」「人に恵まれている」「私にはできないことを助けてもらう」などといった被援助性の感覚を拡大させていくことを明らかにしている。

3）共発達からとらえる親側の揺れと発達過程

　近年，"共発達"や"親子システムのダイナミクス"という観点から，具体的な子どもとのかかわりや子ども側の発達の局面との関連で"子どもの発達とそれを支える親の成長"（氏家，2006）をとらえる研究が展開されている（坂上，2003, 2005; 高濱・渡辺・坂上・高辻・野澤，2008）。

　高濱・渡辺・坂上・高辻・野澤（2008）は，子どもが，いわゆる第一次反抗期にある母親への縦断的面接を通して，この時期の母親が子どもの反抗・自己主張の強まりとともに，心理的負荷を増大させる一方で，子ども側の発達的変化や子どもの言動の読み取りの熟達化，社会的資源の活用に支えられて負荷を軽減させるとともに，問題から焦点をずらしたり，子どもの言動を異なる側面からとらえる等，新しい行動を獲得していくことを明らかにしている。

　坂上（2003）は，2歳児の母親25名を対象に半構造化面接を行い，いわゆる反抗期において子どもへの否定的な対応や育児への負担感が増大する背景には，母親側に，「子どもの理解者としての役割」「ソーシャライザーとしての役割」「母親としての感情にむすびついた苛立ちや困惑」の3つの視点に揺れが生じるためであることを明らかにしている。そして，そのような視点の揺らぎを調整し，親子関係の変容に適応していく過程において，「わが子の気持ちを理解し，受けとめたいと思っても，必ずしもそうはできない」といった，わが子の"他者性"を改めて認識する視点を獲得していくことこそが，この時期の母親の発達の重要な一側面であり，この時期に子どもと真正面からぶつかり，自己の感情を見つめ直したり，子どもの視点から物事をとらえ直すことによって子どもとの新たなかかわり方を模索していくことが，互いの他者性を前提にした相互の理解と譲歩にもとづく互恵的な関係性を築いていく礎になると考察している。

　以上，見てきたように，"親になることによる発達"をめぐる研究はさまざまな形で展開を遂げ，多様な親の発達像を描き出している。発達臨床的観点から親の発達をとらえようとする場合，研究者自身が，親となる経験や育児をどのようなものとして位置づけ，そこにどのような"発達"の姿を描こうとするかも重要なポイントとなるであろう。

第4節　親子関係の発達・変容(2)：子どもの巣立ち期の親から見た子どもとの関係

■ 1　子どもの巣立ちに伴う母親のアイデンティティ変容と危機

　子どもの巣立ち期にある女性たちの危機は，鳥の雛が巣立っていくことになぞらえられる「空の巣症候群（empty nest syndrome）」に代表される（Deykin et al., 1966）。遠山（2002）は，更年期・閉経期という内分泌の変動と，社会文化的要素の変動が重なり，母親役割の喪失と喪の作業の失敗，アイデンティティの混乱から空の巣症候群が成立し，更年期不定愁訴，気分障害，不安障害，身体表現性障害などとして現れると指摘している。村本（2005）も，心理臨床的援助場面で，進学や就職で子どもが家を出た後，母親としての役割を失って不適応を起こすケースと出会うことを報告している。

　他方，空の巣症候群の研究は臨床場面で始まったため，親役割からの解放は否定的体験と考えられてきたが，研究対象が一般に拡大されると，むしろ肯定的体験として語られるようになった（Thomas, 1997）。例えば，巣立ち後の母親の方が幸福観や生活満足度，身体的健康などが高いなどの報告がある。いずれにしても，子どもの巣立ちは，母親のアイデンティティの転換と危機に関わる問題であると言える（岡本, 1997）。

　清水（2004）は，質問紙調査によって子どもの巣立ちと母親のアイデンティティとの関連を横断的に調査し，母親が子どもの巣立ちを習慣的に認識することと関連して，母親のアイデンティティは発達に向かうことを確認した。母親として，積極・肯定的な態度を強くもつことはアイデンティティ混乱と負の関係にあり，子どもの巣立ちを認めていても密着・献身的な態度をもつことは正の関係にあった。

　兼田・岡本（2007）は，ポスト子育て期女性のアイデンティティ再体制化のプロセスを検討し，巣立ちの進行と同時に自己の問い直しと模索が進んでいくことを明らかにした。子どもの巣立ちに対する空虚感の程度には，母子分離の作業を行う時期が影響していた。子育て中に重篤な問題を抱えた者は，問題を乗り越えるなかで母子分離の作業を行い，すでに母子分離が進んでいるのに対し，子育てに問題を感じなかった者は，巣立ちが大きな危機となる可能性が高いことが示唆された。

　本節では，母親が子どもの巣立ちをいつ頃，どのように予感し受けとめていくのか，母親のアイデンティティ変容，特に個と関係性に着目しながら明らかにする。

■ 2　子どもの巣立ちを感じ始めた母親たちの面接調査

2-1　研究方法

　知人を介して，巣立ち期のさなかにある女性たちに，面接調査への協力を依頼し，名乗りを上げてくれた5名に半構造化面接を行った。5名の対象者のプロフィールは表5-3のとおりである。

　面接では，①現在，子離れ・親離れは，どのくらい完了していると感じていますか？　それはなぜですか？　②これまでに，子どもの巣立ちを感じたエピソードがあれば教えてください。③子どもの成長とともに，パートナーや仕事，友人など，子ども以外のものへのエネルギーの向け方が変わったでしょうか？　どんなふうに変わりましたか？　⑤自分の親離れ経験はどんなものでしたか？　という5つの質問を核に半構造化面接を実施し，許可を得て録音し

表 5-3 対象者のプロフィール

	年齢	家族構成	職業歴
Aさん	47歳	夫（48歳），長女（19歳），次女（16歳）	結婚前，就職したが解雇され裁判に。再出発して常勤職に就き，結婚，長女出産後も続けるが，次女出産後，パートタイムに。次女が小学校に入る頃，大学院に進学し，その後正社員になる。
Bさん	46歳	夫（45歳），長女（20歳）	結婚退職でパートタイムに。出産後，専業主婦になる。長女3歳のとき，パートタイムに，8歳のとき，正社員になる。
Cさん	50歳	夫（52歳，単身赴任中），長男を生後すぐに亡くし，長女（20歳，別居），次男（17歳）	長男出産まで派遣契約。その後は実家の家業の手伝い。末子が小学校に入る頃より，NPO活動を始め，中学校に入る頃より，契約の仕事を始める。
Dさん	45歳	夫（46歳），長女（20歳）	妊娠中に倒れて退社。長女3歳のとき，通信制の大学に入り，資格を取って，6歳のときより非常勤のかけもちをしている。
Eさん	46歳	夫（49歳），長男（18歳，別居），次男（16歳），孫（2歳）とその母（19歳）	長男出産後，退職。次男が小学校に入る頃，大学院に入学。資格を取って，現在，非常勤勤務。

た。面接の時間は1時間15分から1時間45分である。

逐語録にした面接データを一人分ずつKJ法によって整理し，分析を行った。逐語録からエッセンスを抜き出しタイトルをつけたものが142-213個，グループ編成を4-5段階重ね，最終テーマは7-8個になった。これらを空間配置して図解化を行い，文章化した。またこれらを表にし，できあがった概念についての比較検討を行った。

2-2 結果：それぞれの人生と巣立ちの物語

巣立ちについて語ってもらったにもかかわらず，それぞれが自分の人生を語り，信念や子育て観の変化について語ってくれたことが印象的であった。ここでは，それぞれの物語を紹介したい。巣立ちに関わる部分に下線を引いてある。

1）子どもを巣立たせつつ自分をも巣立たせるAさん

強引に出た実家と仕事の喪失 実家との折り合いが悪く，両親は子どもを巣立たせてくれないとの思いから，強引に家を出た。教育現場に入り，職場では人間関係に恵まれ，家庭的な基盤を提供してもらったが，突然，解雇されてしまう。「自分がいなくなったら，子どもたちはどうなるのだろう」という心配と，「自分がいなくなっても，意外と職場は回っていく」という喪失感を経験する。組合に言われるまま裁判となり，そのプロセスのなかで自分自身と直面し，援助職をめざす。望む職場に就職し，結婚，出産した。

葛藤が多く，手のかかった長女 「仕事を続けたい」と産後2ヶ月で復帰するが，子どもを預けることに不安と葛藤が大きかった。「子育てだけになったら，子どもにのめり込みそう」「仕事やめたら恨みになりそう」と考え，身が引き裂かれるような思いを経て仕事を続けた。子離れが一番辛かったのは，このときだった。長女とは一体感がもてなかったからか，ツーカーというわけにいかず，手がかかった。

一体感があって安心しきっていた次女 次女が生まれるとき，別れが切なくて，パートタイムに転職。保育所に預けはしたが，余裕があって幸せな一体感がもてた。次女は2歳で大病をし，両親ともに甘くなった。保育園の卒園式では，巣立ちを感じ，寂しさと安堵を感じた。解放感もあり，自分の夢に向かって受験勉強を始め，大学院に入り，仕事のレベルアップをした。一体感があっただけに，元気にやっている次女に安心しきっていた。

自立的な長女　　長女は自分のことは自分でやり，自分で決める性格。親は不安もあったが，口出しさせず，高校，大学とも自分で進路を決めた。身の回りの世話など，つい甘やかして手を出してしまうが，本人が，翌年より家を出て下宿することを決めた。口出ししても仕方がないとあきらめ，長女の自立を受け入れようとしている。

問題に気づいて仕切り直しをした次女との関係　　小学校の終り，親のイメージと違う次女の顔を知った。中学に入り，嘘をついて悪いことをしていたことが発覚した。安心しすぎて，放ったらかしになっていたかもしれない。溝を修正しなければと，よく話すようになった。次女は依存的で，親を馬鹿にしたような言葉づかいや態度を取る。夫は怒るが，Ａさんはつい受け入れてしまう。高校を決めるとき，干渉してしまったことを悔いていたが，高校に入り，次女が「自分で決めたから口出ししないで欲しい」と進路変更を告げる手紙を書いてきた。迷いはあるが，成長を感じ，本人の決断を尊重したい。

仕事と夫　　夫を信頼しきれない問題があったが，それに向き合うことができない自分をふがいなく思ってきた。子どもに向けてきたエネルギーを仕事に転換していくなかで，経済的にも自立した今，ようやく，夫に問題をつきつけることができた。現在は，夫との新しい関係を模索中である。仕事を続けてきてよかった。

信念や子育て観　　ふりかえれば，安心できる基盤がなくて，子育てを楽しむことができなかった。自分に余裕ができた今，子どもと一緒にいることを楽しめる自分がいる。子どもたちには，自分と違ってそれぞれのペースで巣立っていって欲しい。

2）子どもを産んで個に目覚めたＢさん

結婚が親離れ　　性別役割意識が強く，愛情表現のへたな両親のもとで，Ｂさんは従順に生きてきた。不満がなかったわけではないが，自己主張的な姉と違い，反発する軸もなかった。結婚によって親の管理下から離れたことが嬉しく，率直に愛情を表現してくれる夫との関係にそれまでの寂しさが満たされる思いだった。

子を産んで個に目覚める　　「子どもができたら，自分のことなどどうでもよくなる」と聞かされてきたのに，そうならず「嘘つき！」と思った。専業主婦であることに焦燥感を覚え，外に眼が向いていった。生き生きと働く女性たちの存在を知り，大いに刺激を受け，娘が３歳のとき，パートタイム，小学校に入ると，フルタイムの仕事に就く。

娘からの批判と夫の浮気　　家庭的でない母に対して，娘は「よそのお母さんと違う」と不平不満を言うようになった。夫の宗教のことでいさかいが多くなったためなのか，娘が小６の頃，夫が浮気して家を出た。結局，夫は帰ってきて謝ったが，娘はカンカンに怒って，数年は父親に心を開かなかった。中学に入った娘の母親批判はますます辛辣になり，中３でプチ家出，母も折れた。

娘の大病と挫折による親子の再接近　　小４，高１で娘は命に係わる大病をし，親はひどく心配症になった。また，高校受験で失敗し，失意のなかにある娘が不憫で，一家そろって暗い日々を過ごした。親子が再接近し，一体感が増した。

自立していく娘　　夫の浮気事件より，娘は犬と猫を飼うようになった。高１で彼氏ができた娘は，親と距離を取り始める。Ｂさんは，娘の彼氏に嫉妬する夫を鬱陶しく思ったが，辛抱強く父に理解を求めようとする娘の姿に，父娘の関係の回復を感じた。進路選択では，周囲の反対を押し切って自分の希望を通し，学業に励む娘に成長を感じ安心した。身辺の自立はできているし，家事もよくやってくれ，今は娘と２人で家を回している状態。来年は学校も忙しくなることから，娘は家を出ることを

夫との新たな関係の模索　娘がいなくなったらどうなるだろうと不安はあるが，かいがいしく家事をしてみたり，一緒に仲良くやっていこうとすり寄ってきたりする夫をまんざらでもなく感じている。浮気についても，「あれは，夫婦の歪みを正すのに必要だったトラブルだった」と考えている。

信念や子育て観　親と子は違う，世代境界は守るべきという信念がある。不十分な親で，子に苦労かけたという一抹の罪悪感とともに，子どもの手が離れた分だけ，自分がしっかり生きなければと努力している。子どもに育ててもらってきたと感謝している。

3）度重なる喪失を経て上手に子離れするＣさん

家父長的だった父の死とたくましい母　Ｃさんは，家父長的な父のもとで，守られて育った。母はたくましく，常にＣさんを支援してくれた。ところが，父が突然亡くなり，精神障害を発症した弟は家族を追い出し，引きこもるようになった。母はそんな弟を勘当した。

寂しがり屋の自分と自立の努力　頼りにしていた父が亡くなり，「しっかりしなければ」と思うようになる。命に対する心配とあきらめ，心配しても仕方ないという覚悟ができる一方，別れ際の寂しさを強く感じるようになった。新婚時代，泣きながら帰りの遅い夫を待っていたが，だんだん，寂しくないように，自分で何とかしよう，人を当てにするのでなく，自分でつくっていこうと努力するようになった。

長男の死を超えて　第1子を生後2日で亡くす。1ヶ月ほど泣き明かしたのか，この時期のことはほとんど覚えていない。一緒に妊娠した友人には子どもがいて，自分のお腹はへこんだのに，赤ちゃんはいない。次の子は考えられなかった。夫はよく理解してくれ，一緒に旅行に出た。見舞金がたくさん入ったので，「あの子がくれたお金と時間を大事にしよう」と，お稽古に通って資格を取ってみたりした。近所の友人たちは，「いいね～」と羨ましがった。「ほな，代わったろか」と言いたくなる一方，「子育てって大変なんだな」と思った。2年後に長女を産んだ。

自立的な長女の成長　長女は自立心旺盛な性格で，自分で自分のことをやる子だった。Ｃさんは何事もテキパキしないと気が済まず，子どもが遅いとつい口出ししていたが，中学に入った頃より，もはや自分の出番がないことに気づく。知らないうちに成長している子に感動し，涙が出そうになった。進路選択や大学進学の手続きをすべて自分で手配し，高校卒業と同時に家を出た。ふと気になることはあるが，心配はしていない。長女は自由を謳歌し，弟も家を出してやるようにと言っている。

ゆっくり成長していく次男　長女と比べると，次男は頼りなく見え，過保護になってしまう。食事なども自分でやれると言うが，栄養のバランスを考えないなど，自分で自分の気遣いができない。その一方で，平気で一人，夜の留守番をしたり，遠方まで行ったり，気を利かせて家事をしておいてくれたりする。次男なりに成長しているのだと思う。

仕事と友人　高校生の頃より，何かしら仕事を続けてきた。子育て中はボランティアなどしていたが，次男が幼稚園に入った頃から，将来の準備と勉強を始めた。その後，NPOで働くようになったが，仕事を通して得た知識や人間関係は，とても大切。近所の友人たちとも，深く長い関係が続いている。

信念，子育て観　父の死により，命に対する覚悟ができたこと，父，弟，長男のことから，「男は弱く，女は強い」というイメージがある。人を当てにするのでなく，自分でつくらなければと努力をしてきたＣさんは，独りでも寂しさを感じない。子どもたちの巣立ちに寂しさは感じない。長男は勝手に逝ってしまったけれど，生きている子どもたちとのつながりは切れない。成長し，自立していくことは，喜ばしい以外の何物でもない，と語っている。

4）娘との一体化から同志になったDさん

必死に抜け出た実家と夫の暴言　Dさんは，新興宗教でがんじがらめの実家から必死の思いで抜け出し，結婚した。今も親たちは自分を手放したとは思っていない。妊娠中，夫の暴言から，「お腹の子は私だけの子」と思ったのがすべての始まりだった。

娘との同一化としんどかった子育て　娘が幼いときは，べったりとしてしんどく，虐待的なこともあった。娘がいなければ生きていけないと思う一方，早く親離れしてくれたらと思っていた。小学校時代，娘は悩みを何でも話した。小・中と，娘はいじめに遭っており，「自分と同じだ，自分が何とかしてやらなければ」と思っていた。

プチ家出で娘と出会い直す　中学に入ると，自室に閉じこもるようになり，反抗期だと思った。中2のとき，友達関係に口を挟んだことをきっかけに，プチ家出。生まれて初めて心配し，ようやく娘を見つけて安堵した母は娘に謝り，2人は抱き合ってオイオイ泣いた。娘は，母が探してくれるとは夢にも思わなかったと言う。母は反省し，娘が自分とは違う存在なのだとしっかりわからなければいけないと思った。

性に目覚めて距離を取る娘と追いかけたい母　高校に入ると彼氏ができ，娘は母と距離を取るようになった。親離れしようとする娘を見て，それまでは負担に感じていたのに，寂しさを感じ，追いかけたい気持ちになった。

セックス事件をきっかけにオープンに話ができるようになる　高2のある日，帰宅すると，娘が彼とセックスしていた。カッとしたが，冷静に筋道立てて話をした。初めはふてくされていた娘だったが，彼の方は泣き出し，謝った。娘は冷静な対応に母を見直し，何でもオープンに話すようになる。母は，過去の虐待を娘に謝った。

娘の頼れる母の発見と父への批判　大学生になった娘は，母親であるDさんの職業人としての顔を知り，母が頼りになる大人であることを発見。「もっと早くから，いろんなことを相談すればよかった」と悔やみ，2人はさらにいろいろなことを話すようになる。過去の虐待についても話すなかで，子どもの頃，頼りにしていた父からも虐待を受けてきたことを自覚する。父は今もって，自立していく娘を手放すことができず，思いどおりにいかない娘に嫌味を言うので，娘は父に批判的である。

自立していく娘とそれを受け入れようとする母　娘は，自分で進路選択し，大学生になって自分の生活のペースをもつようになった。子どもの頃からコンサートや旅行など，友達のように一緒に出かけてきたが，娘の優先順位が変わった。寂しさを感じるが，これからも離れていく娘を受け入れようと思う。親離れしても，母と娘の関係は続くだろう。娘に頼らず，自分の人生をまっとうしたい。

将来の不安と同志としての娘　母娘とも，夫の実家の問題に批判的である。今後，夫との関係をどうするかわからないが，非常勤のかけもちで，将来への経済的保証がないので不安。いずれ娘とルームシェアができたらいいと思う。深い交友関係をもたないので，娘が一番良い友達。共に困難を乗り越えてきた娘とは同志だと思う。

5）大家族的なサポート・システムのなかで孫育てをするEさん

結びつきの強い双方の実家との関係　Eさんは母親との結びつきが強く，結婚の準備まで母がやってくれた。夫も実家との結びつきが強く，夫婦ともに双方の親からの口出しに違和感がない。Eさんは，精神的には自立していると感じていたし，仲の良い母娘関係は理想だと思ってきた。

親の期待と長男の葛藤　夫婦とも長男に期待し，小さいときから勉強もサッカーもやらせてきた。長男は自己主張する性格だったが，幼児期はブツブツ言いながらも親に従っていた。小4になると，

親の選んだエリート教育の塾を拒否し，自分で選んだ塾に行く。「仕方がないか，この子は，勉強よりサッカーの方がいいか」と受け入れた。

長男の問題行動　中学になると，深夜の徘徊，自宅をたまり場にしての喫煙，不良っぽい女の子とつきあうなど，問題行動が出てきた。説教すると反抗的になって暴れ，家の壁は穴だらけになり，問題はエスカレートした。そのうち家出し，よその家のたまり場で共同生活をするようになる。その間も学校や塾には休まず通い，食事や着替えのときは自宅に戻ってした。思いどおりにならない長男に，夫婦はショックを受け，戸惑いと失望を感じた。その後，仲間とバイクを盗んで乗り回し，警察に捕まって鑑別所に入った。先生たちに目をつけられ，学校へ行かなくなり，サッカーもやめてしまった。

自立を模索する長男　高校へ進学せず挫折感もあったと思うが，知人の世話で仕事を始める。17歳で子どもができ，籍も入れられないまま，親子3人，実家に住み始めた。転職を繰り返しながらも働いているが，その後，彼女と別れ，1ヶ月前に家を出て，新しい彼女と暮らし始めた。今は，経済的にも生活面でも自立している。

次男に向かう期待と修正　長男に失望した両親は，素直な次男に期待を向け，次男も期待に応えていた。中学に入って，個室を欲しがり，言葉づかいがきつくなるなど，変化が見られた。自立の予感に寂しさ半分嬉しさ半分。サッカーをやめたがったにもかかわらず，親が主導してサッカー推薦で高校進学させた。ところが，すぐに部活をやめてしまい，退学勧告されている。次男は遠方の高校を希望していたのに，手放すことを考えることができなかった。本人の希望を尊重してやっていればと悔い，これからは本人の希望を尊重しようと思っている。夫は自分を責めているが，次男への期待をまだあきらめきれない。

戻ってきた孫　長男と別れ，出て行った孫とその母は実家との折り合いが悪く，Eさん宅に戻ってきた。保育所に預けて働いているが，保育所の送り迎えなど，実家の母とともに手助けしている。孫ができて嬉しいし楽しい。とは言え，孫と子は違う。長男に頼まれたわけではないが，孫に最低限の生活は保証してやりたいし，孫の母の自立も応援したい。

自分の人生の追求　幼稚園の送り迎えだけでは満足できず，次男が小学校に入る頃，大学院に進学した。家族全員が賛成し，応援してくれた。実家の母が来てくれるので，家族の生活は別段変化なし。今も非常勤で仕事を続けている。

信念，子育て観　長男が家を出る1ヶ月前，長男が死ぬ夢を見て，吹っ切れた。「この子がこの先，どんな選択をして，どんなふうに生きていってももういいかな」と思った。それで，すんなり家を出してやることができたと思う。長男はずっと居続けるのではないかという気がしていたが，「やっぱり時期が来たら子どもは出ていくのだ」と思った。実家の母は，今，ひ孫の世話が生き甲斐。母に生き甲斐を与えるのは親孝行だと思っている。

2-3　考察：子どもの巣立ちとアイデンティティ変容に関わる要因

ここでは，巣立ちとアイデンティティ変容に関わっていると思われる要因について，個と関係性に着目しながら考察してみたい。

1) 自身の巣立ち体験

一般には，実家から巣立ち，結婚して新しい巣を作り，そこに子どもが生まれるものと考えられるが，どうやら，巣立ちはそれほど単純なものでないらしい。AさんやDさんは，ふつうにしていたのでは巣立つことができないとの思いから，強引に家を出た。実家との関係に悩

み，強い個の意識でもって飛び出した人たちだろう。この人たちは，子の巣立ちについても特別な思い入れがあるように思われた。

他方，比較的，従順な娘時代（関係性）を過ごしていても，Bさんのように，結婚と同時に，親との関係に一線を引く人もいれば，Eさんのように，居を別にしても，親子関係が連続したまま（関係性）の人もいる。Bさんの場合，結婚後，夫との関係性を経由して，子どもを産むと同時に，強い個の意識に目覚めている。

2）喪失体験

巣立ちは喪失体験であることから，それまでに経験してきた喪失体験も，影響を及ぼす要因と考えられた。典型的にはCさんであるが，頼りにしていた父を突然失うという体験，なかなか帰って来ない夫を泣きながら待つ経験（父の喪失と結びつく反応だろう）を経て，自分で自分を立て直す努力を始める（関係性から個の確立へ）。コントロールできないことは潔くあきらめ，コントロールできることに積極的に取り組むという姿勢を確立することで，長男の喪失をも受け入れていった。こうした体験を経たCさんにとって，生きている子どもたちが成長し，巣立っていくのは，喜ばしい以外の何物でもないと言う。

Aさんの仕事の喪失も，何らかの影響を及ぼしたようである。仕事の喪失と教え子たちへの執着（関係性）を経験したことによって，仕事を続け，子どものことにのめり込みすぎないという教訓を得る（個の確立）。子どもを預けて仕事を続けることは辛いことだったが，頑張り続け，夫との関係においても自立的な現在がある。

実家を強引に飛び出したAさん，Dさんにとっては，巣立ちというより，巣の喪失だったのかもしれない。その分，子との関係において一体感が求められたようにも感じられた。

3）子どもとの関係

①子どもの性格　子どもが複数いるケースにおいて，「○○は自立的・主張的，△△は素直・依存的」などのように，子どもの性格についてのレッテル貼りが見られた。子どもが複数あるAさん，Cさん，Eさんの3人ともが，上の子を自立的・主張的と評価した。Aさんは，一体感が少ない方が自立的・主張的になると考えており，Cさんの場合は，過去の経験から，「女は強い，男は頼りない」というイメージが重ねられていた。子どもの生来の性格については判断しようがないが，「しっかりした子」と見なすと，干渉は減り自立が促され，「頼りない子」と見なすと，干渉が増え自立が妨げられる循環があった。

②子の大病　子どもの大病は，Aさんの次女とBさんの長女に見られた。発病の年齢にかかわらず，完治後も，両親ともに子どもの健康への心配が高まり，甘くなるという影響が見られた。

③一体化と分離-個体化　子どもとの強い一体化が語られたのは，Aさんの次女とDさんの長女だった。Eさんの場合は，一体化というよりは，子どもという対象に対する期待の投影だった。強い一体化が破られるのは，親の知らない子どもの顔が見えた瞬間である。Aさん，Dさんともに，「戸惑い」とともに，「親とは別個の存在としての子どもを理解しよう，尊重しよう」と，親子関係を修正するチャンスとしてうまく使っていた。Eさんのケースでは，「戸惑い」と「ショック」のままに，関係を修正するまでに時間が必要だった。

親子の一体化を破り，親が子どもの分離-個体化を認める出来事として，「親の知らないうち

に自分でできるようになっていることを知る」「親の知らない悪いことをする子」「批判・口応え・反抗」「家出」「異性とのつきあい」「進路の主張」「家を出る」があげられた。これらは，親に巣立ちを感じさせた出来事として語られた。

「親の知らないうちに自分でできるようになっていることを知る」のエピソードが語られたのは，「自立的性格」と評された子どもたちだった。これらに対する母親の反応としては，「感動」「寂しさ」「嬉しさ」「安心」「子どもを見直す」であった。逆に，「親の知らない悪いことをする子」「批判・口応え・反抗」「家出」のエピソードは，自立的エピソードが得られなかった子どもたちに限定されていた。親の反応としては，「驚き」「戸惑い」「ショック」「腹立ち」「かわいくない」「これまでの子育てを反省」「子どもを個として認め直す」であった。自立であれ，反抗であれ，親が，もはやこれまで自分が思っていた子どもではないと知るところから，子どもの分離-個体化を認めるエピソードとなっていた。

「異性とのつきあい」によって，子どもは親と距離を取るようになるが，親の側が性について話すことにオープンであると，再接近する様子もうかがえた。「進路選択」にまつわるエピソードは，子どもの主張を受け入れず親が主導して，後悔することになるパターンと，最終的には，「あきらめ」，子どもの主張を受け入れたパターンに分かれた。「家を出る」ことの選択は，おそらく親にとって最も巣立ちを感じさせる出来事だろう。

子どもの巣立ちを予期させる出来事に対し，親は，そのつど子育てをふりかえり，子どもとの距離を修正していた。特に反抗や家出は，単に距離をおくだけでなく，それまでの子育てを反省し，子どもとのかかわりを見直す効果をもっていた。親子の関係は，必ずしも近い距離からだんだんと遠くへと離れていくのでなく，離れたり，近づいたり，離れたりと，繰り返し修正を重ねながら進んでいくことがわかった。

　④子どもから親への気遣い　子どもが気を利かして家事を手伝ったり，親を気遣うコメントしたりするようになることも，巣立ちを感じさせる出来事として語られた。

4）他の家族との関係

夫の関係が子育てのあり方に影響を及ぼしていた。Aさんの場合では，夫と子育てを共有してきた経過がうかがえる一方，経済的な基盤を得て，夫の問題に直面したことが，Aさん自身の自立に貢献し，子どもとの関係にも良い変化をもたらした。Bさんの場合では，「夫の浮気」という夫婦間の危機と信頼回復の物語が子育てと並行して進んでおり，子どもの「批判・反発・口応え」と「一体化」に影響を与えたであろうことが推測された。Dさんの場合，一貫して夫との関係が悪いことが，子どもとの一体化を導き，子どもとの連合につながっていた。Eさんの夫との関係は共謀的であり，双方の親に頼りつつ対立し，目線が子どもから孫へと移っている。どの例においても，子どもが巣立ち始めた今，夫との関係の問い直しが起こっているが，結論はまだ見えない。

5）仕　　事

一貫して仕事を続けてきたのはAさんのみであった。仕事はAさんの個としての成長を促進し，夫との関係においても，子どもとの関係においても，自立的かかわりを確立する基盤になった。Cさんも，高校生の頃より何かしら仕事を続けてきたと言い，子育て中も，実家の家業の手伝いやボランティアなどしていた。忙しく仕事を続けているが，「仕事を通して得た知

識や人間関係は，とても大切」と言う。仕事が，個の確立や自己実現だけでなく，他者との関係にも開かれるものであることがわかる。

いったん仕事をやめた人たちは，子育てだけで満足できない自分に気づき，復職している。Dさんは，仕事について多くを語らなかったが，大学生になった娘が母親の職業人としての顔を知り，母を見直すというエピソードから，職業人として活躍してきただろうことがうかがわれる。Eさんも，末子が小学校に入る頃，大学院に進学し，非常勤で仕事を続けているが，大家族的なサポート・システムの中で，家族全員の応援を受けている。関係性によって母の個の確立が支えられていると言えるだろうか。

子どもが幼稚園や小学校に入ることを契機に，すべての人が将来を考え，勉強したり資格を取ったりということを始めていたことが印象的である。

■ 3 まとめ

人の巣立ちは，鳥と違って，巣を飛び出したらおしまいというものではない。子どもを産んだ途端，いきなり母親になれるわけではなく，子どもの世話を通じて，だんだん母親になっていくのだということがわかっているが（大日向，1988），巣立ちも同様に，徐々に進行していくプロセスであることが明らかになった。

巣立ちの予感は，子どもの分離－個体化を認識するエピソードとして，比較的早い時期から感じられていた。兼田・岡本（2007）で紹介された事例に反して，重篤な問題を抱えなくとも，子育て中にごく普通にある小さな出来事をきっかけに，母子分離は進行するのかもしれない。逆に言えば，小さな出来事をきっかけに子どもの分離－個体化を認め，受け入れることができれば，問題の重篤化を減らすことができるということかもしれない。

母親のアイデンティティ変容は，小さなレベルで繰り返し起こりながら，少しずつ進行していくように思われる。思えば，出産こそ一番最初の巣立ちなのではないだろうか。この世に生まれ落ちて以来，子どもは少しずつ自立していく。となれば，子どもを産んだことで，母というアイデンティティが生まれ，子どもを巣立たせたら，母というアイデンティティがなくなるわけではない。子を宿した後おそらく一生，母というアイデンティティは，質を変えながら続いていくのである。

同時に，個としての母親のアイデンティティも成長し続ける。子との分離－個体化をなしとげるなかで，母親の個もまた確立されていく。「子育ては自分育て」と言われるが，今回の面接調査から，子どもを一人前にした母親たちが，自身も一人前として立っていく姿が目に浮かび，もがきながらも自分自身の人生をつかみ取っていこうとする子どもたちの姿とともに感動を覚えた。

今回の調査対象者は，巣立ちに関する面接に積極的に応じてくれたことから，母親として積極的・肯定的な態度を強くもつ人たちだったと考えられる。この結果を一般化することはできないが，巣立ちと母親のアイデンティティ変容を考え，援助するうえでの手がかりになれば幸いである。

第5節　老親・配偶者の介護と看取り

高齢社会を迎えたわが国では，高齢期は今や誰もが迎えると言っても過言ではなく，高齢者

となってからの人生も長い。その長い高齢期をどのように過ごすのかは，個人にとっても家族や社会にとってもきわめて重要な課題となっている。人生の最期まで，自分らしく生きていくことは誰もが望むことであろう。しかしながら，人生の晩年においては，必然的に「喪う」という出来事を経験することが多い。それは，その個人をとりまく身近な他者にとっても喪う経験が増えることを意味している。

人は大切なものを失い，喪ったとき，変化する可能性を内在している。その中には肯定的な変化も見られ，喪失経験以前よりもさらに成熟した心の発達をとげることもある。それは哲学のテーマであり続けているし，優れた文学作品と言われるものの中にも見てとれる。私たちの経験の中にもそういう場合は少なくない。ただし，喪失を経験した後の心の発達を実証的に検討した研究が行われ始めたのは，それほど古いことではない。

本節では，高齢者を介護する経験や愛する人との死別経験といった，他者を支え，喪うという経験が，個の発達にどのような影響を及ぼすのかについて，まず国内外の研究を概観する。そして，身近な他者，愛する人を亡くした経験から得られた心の資質とは何か，ケアすることで他者を支え続ける営みが個の成熟に何をもたらすのかについて考察したい。

■ 1　介護と看取りに関する心理学的研究の動向と展望

1-1　高齢者を介護することの葛藤：介護負担感と介護肯定感

欧米において高齢者介護に関する問題が注目されるようになったのは，1980年代になってからである。在宅介護者が介護をする際に感じる困難さや否定的影響を介護負担感とし，介護負担感尺度や関連要因の検討が盛んに行われた（Greene et al., 1982; Morycz, 1985; Zarit et al., 1980）。そして介護負担感に関する研究の知見が蓄積されるにつれて，介護負担感を一次元でとらえたもの（Morris et al., 1988; Poulshock, & Deimling, 1984; Zarit et al., 1985）から，身体的健康，心理的健康，経済状態等，多次元からとらえて検討を行うという方向に展開している（Kosberg, & Cairl, 1986; Kosberg et al., 1990; Reed et al., 1990）。わが国においても，1980年代の欧米の研究の流れを汲み，介護負担感に関する検討が行われ始めた（前田・冷水，1984; 中谷・東條，1989; 新名ら，1989; 翠川，1993）。

それでは，介護者に負担を感じさせる要因にはどういったものがあるのだろうか。介護負担感の概念化を初めて行ったのは，ザリットら（Zarit et al., 1986）であるが，その中で彼らは，介護者の性差について検討し，女性介護者の方が男性介護者よりも介護負担感が大きいと指摘している。ミラーとカファッソ（Miller, & Cafasso, 1992）は，介護負担感の性差に関する研究を概観し，女性介護者の方が，男性介護者よりも介護者の役割と家族内の役割を多くするが，負担感も多いことを報告した。また女性介護者の中でも若いほど介護ストレスが高いという報告があり（Schofield et al., 1998; Whittick, 1988），これは，介護役割を担うことで，職業キャリアや社会とのつながりが中断されてしまい，これまでの社会的な役割と介護をしている自分との間に亀裂が生じるがゆえに，負担感を感じている可能性があると言えよう。他の関連要因としては，続柄（Collins, & Jones, 1997; 斎藤，1994），要介護者の健康状態（緒方ら，2000）や経済状態（Pohl et al., 1994），介護期間（杉原ら，1998）などが報告されている。

このように高齢者介護の介護者に関する研究は，介護をすることが介護者に負担感やストレスといった否定的な影響を与えることに焦点が当てられ知見が積み上げられてきた。それは介護することが肉体的にも精神的にもかなりの負担を強いるということが経験的に理解でき，負

担感の内容や関連要因を明らかにすることで，介護している家族を支えられるという視点から生じたものと言えるだろう。

確かに，先の見えない高齢者介護をすることは非常に困難な経験であるに違いない。しかしながら，高齢者介護において，否定的側面だけでなく肯定的側面があることも報告されている（Fulton Picot et al., 1997）。ただし，山本（1995）が指摘するように，高齢者介護は否定的な経験のみではなく，肯定的な経験をも含むものであるという点は，長く放置されてきており，介護経験における肯定的影響を調べた研究（Kinney, & Stephens, 1989; Lawton et al., 1989, 1991; Pruchno, 1990）は多くはない。

わが国においても，介護することによる肯定的影響は示唆されており（中谷・東條, 1989; 坂田, 1989），どのような側面が肯定的に変化するのかということについての検討もわずかではあるが行われている（石井, 2003; 岡本, 1997b; 櫻井, 1999）。岡本（1997b）は，柏木・若松（1994）の親となることによる成長・発達に関する6因子（①柔軟さ，②自己抑制，③運命・信仰・伝統の受容，④視野の広がり，⑤生き甲斐・存在感，⑥自己の強さ）はいずれも，介護経験を通じても獲得されるものではないかという問題意識から，介護経験による成長感の具体的内容を質問紙調査によって分析している。石井（2003）も同様に，柏木・若松（1994）をもとに上記6領域の質問項目を作成し，介護経験者と非介護経験者との得点比較を行い，すべての領域において，介護経験者の方が介護を経験したことのない人に比べて有意に高い得点を示したことを報告している。また介護の否定的影響と肯定的影響の双方の視点からの検討も行われている（広瀬ら, 2004, 2005, 2006; 中谷・東條, 1989; 坂田, 1989; 山本, 2001; 山本ら, 2002）。

このように，高齢者を介護している介護者に関する研究は，介護による否定的な影響のみを検討し，どのようにして，その負担を軽減させるかについての議論が中心であったが，次第に介護が与える影響は，否定的なものだけでなく，肯定的なものも含んでおり，多様な視点からの検討が必要であると指摘されるに至った。そして現在では，肯定的側面，否定的側面の両側面からの検討が行われている。

1-2 身近な他者を喪うことによる危機と発達

大切な人を喪うということは，想像を絶する経験に違いなく，人生において遭遇する最も大きな危機のひとつであろう。重要な他者の喪失に関する研究は，フロイト（Freud, 1917）やボウルビィ（Bowlby, 1969, 1980）など精神分析的立場からの検討に端を発し，その後の死別研究に多大な影響を与えている。そして多くの有益な示唆が得られている。それらの詳細については第7章第3節をご参照いただきたい。

死別に限らず，人生を揺るがすような喪失を経験したとき，十分に悲しみ，落ち込んだ後に，経験以前の自分ではない新たな自分の側面に気づいた経験はないだろうか。これらは古典的文学や哲学のテーマであり続けているし（Calhoun, & Tedeschi, 2006），経験的にも納得できることであろう。ここでは，身近な他者を死で喪うことによる心の発達に焦点を当てて，これまでの研究を概観することとする。

山本（1994）によると，喪失後の肯定的・創造的側面を最初に指摘した研究者はクライン（Klein, 1940）であるという。そして，それは彼女自身が多くの喪失経験を生きた事実と無関係ではないとし，個人分析を受けていたアブラハム（Abraham, K.）の急死や長男の事故死に影響を受けた結果の独創性であると指摘している。この時期は，悲嘆という概念について検討され

始めて間もない時期であり，研究の力点は，死別以前の状態に戻るにはどのような介入や援助が必要なのかという問題に置かれていた。

1970年代以降，ネガティブなものとして喪失をとらえるという従来の喪失研究とは異なる流れが認められるようになった。この時期，逆境や困難な出来事を経験した後に，ポジティブな変化が起こるかどうかということに対して，いくつもの研究でポジティブな変化が認められる可能性が述べられた（e. g., Andreasen, & Norris, 1972; Helmrath, & Steinitz, 1978）。ただし，シルバーら（Silver et al., 1983）が指摘するように，喪失経験後，ポジティブな変化が認められる可能性は示唆されているが，実際にポジティブな変化が起こるのかどうかという仮説に対して直接取り組んだ研究は，過去にはなかった。

そして1980年代以降，死別や病気に関する喪失経験を中心に多くの研究が展開されることになる。愛する人を喪う死別に関してはとりわけ多くの研究が行われており（e. g., Edmonds, & Hooker, 1992; Glick et al., 1974; Kessler, 1987; Malinak et al., 1979; Parkes, 1972; Raphael, 1981, 1983; Singh, & Raphael, 1981），量的，質的双方からの検討が行われている。分析の視点としては，ストレスへの適応や実存心理学，PTSD（post traumatic stress disorder）などの視点からの検討が主であった。この時期，喪失経験後の心理的プロセスにおけるポジティブな変化が具体的に検討され始めたと言えよう。1990年代後半から現在，喪失経験後のポジティブな変化に関する研究は，心的外傷後の成長（PTG; posttraumatic growth）の視点やポジティブ心理学からも検討をされており，"Handbook of posttraumatic growth"（Calhoun, & Tedeschi, 2006）や"Character strengths and virtues: A handbook and classification"（Peterson, & Seligman, 2004）といったハンドブックが出版されるほどである。喪失経験後の心の発達が，一研究領域として確立されつつあると言える。死別も含め，喪失経験後の心の発達についての詳細は，第3章第3節を参照していただきたい。

一方，わが国において最も古い対象喪失に関する研究は，山本ら（Yamamoto et al., 1969）の"Mourning in Japan"であると考えられる。これは日米の夫を亡くした女性の比較調査であるが，喪のプロセスの文化差を研究した最初の論文として，国際的にみても高く評価されている（小此木，1991）。欧米における喪失研究が精神分析学から始まったように，わが国でも小此木（1979, 1985, 1990, 1991, 1995）を中心に精神分析学の領域で対象喪失に関する研究が展開され，悲嘆のプロセスなどが検討されてきた。

わが国において死の準備教育の発展に大きく貢献したデーケン（Deeken, 1983）は，精神的打撃と麻痺状態から始まる12段階モデルを示したが，最終段階としての立ち直りの段階で，新しいアイデンティティの誕生について言及している。また小此木（1991）は喪（mourning）のプロセスの中で死別体験が昇華されていくことが，さまざまの人間的な成長と創造力の発達を引き起こし，内面の深まりによる心の成熟をもたらすと述べている。デーケン（1983）も小此木（1991）も死別を経験することによって，経験以前の状態に戻るだけではなく，心の成熟がもたらされることに言及しており，この時期，死別を中心とした喪失経験後の心の発達が研究論文として示唆されるようになった。ただし，どのような側面で心が発達するのか，またそれに関連する要因の検討等，データをもって示すには至っていなかったと言えよう。

そして2000年前後から，死別経験後の心の発達についての具体的検討が行われ始めた。現在のわが国の死別研究を牽引しているといっても過言ではない柏木哲夫らのグループは，多様な視点をもって死別に関する研究を行っている。いずれもわが国では初めての検討が多く，非

常に示唆に富む結果が多く報告されている。その中でも，東村ら（2001）や坂口（2002）は，がんで家族を亡くした遺族を対象に，死別経験後のポジティブな変化の内容を検討している。東村ら（2001）は，ポジティブな変化として，①ライフスタイルの変化，②死への態度の変化，③人間関係の再認識，④生への感謝，⑤自己の成長，⑥人生哲学の獲得，⑦宗教観の変化の7つを，また坂口（2002）は，①いのちの再認識，②自己の成長，③人間関係の再認識の3つを報告している。

看護学の領域では，比較的古くから質的アプローチによる喪失経験後の心の発達が検討されてきた。戈木（1997, 1998, 1999, 2000）は，小児がんで子どもを亡くした母親の成長・発達に関する検討を行っており，非常に示唆に富むものである。この他にも，戈木の研究内容と類似した小児がんで子どもを亡くした母親の成長・発達に関する多くの有益な研究（e.g., 小島・鈴木, 1990; 柳原・近藤, 1999）が存在する。社会心理学の領域では，安藤ら（2002, 2004）が近親者との死別による心理的反応として，肯定的変化と否定的変化の検討を行っている。肯定的変化としては，①生への実感と感謝，②自信・成長，否定的変化としては，①自己信頼感の喪失，②死への恐れ，③他者・世界への不信が報告されている。生涯発達心理学の領域においては，阪神大震災により友人を喪った人を対象に質的アプローチを行ったやまだら（1999, 2000）の研究がある。

このように，死別という喪失経験後の心の発達に関する研究は，現状では十分な知見が積み重ねられているとは言い難く，特に生涯発達的視点に立ったものはあまりない。そこで，渡邉・岡本（2005, 2006）は生涯発達的視点から，身近な他者との死別後の心の発達を「死別経験による人格的発達」ととらえ，数量的，質的双方からのアプローチを行った。以下，その研究を紹介したい。なお「死別経験による人格的発達」とは，「身近な他者との死別を契機として，自己の洞察を深めるという心理的プロセスにおけるポジティブな変化」である。

■ 2 死を看取る経験からの創造
2-1 身近な他者との死別を経験することによる発達

愛する人の世話をし，死の看取りをした経験は，遺された者にどのような人格的発達をもたらすのであろうか。渡邉・岡本（2005）は，その問題意識のもと，死別経験による人格的発達を測定するオリジナルの質問項目を作成し，464名の方々を対象に質問紙調査を行った。

まず身近な他者との死別経験が，本当に肯定的な変化をもたらすのかということを明らかにするために，死別を経験した対象者とそうでない対象者との得点比較を行った。その結果，死別経験者は未経験者よりも有意に高い得点を示し，死別という経験によって人格的に発達することが示唆された。その内容は，表5-4に示したような項目であり，①自己感覚の拡大，②死への恐怖の克服，③死への関心・死の意味の3つの領域での変化であった。

しかしながら，身近な他者との死別を経験すること，それだけで心の発達が促されるのであろうか。身近な人を亡くすといっても，故人との生前の関係や続柄，死亡の原因，年齢等，死別をとりまく状況によって，その経験はまったく異なる。そこで死別経験による人格的発達には，どのような要因が関連するのかについて分析した。その結果，関連要因として「性別」「故人が亡くなった時の年齢」「続柄」「死別経験時の対象者の年齢」「死別納得感」「看取りのケアをした頻度」「看取りのケアをしたことに対する満足感」が認められた。結果の詳細については渡邉・岡本（2005）をご覧いただきたいが，ここで上記の要因の中でも，死別納得感に関して

表 5-4 死別経験による人格的発達に関する項目（渡邉・岡本, 2005）

質 問 項 目

第Ⅰ因子：自己感覚の拡大（α =.93）
　　私は，プラス思考で物事を考えられるようになった。
　　私は，人とのつながりを大切にするようになった。
　　私は，どのような人にもその人なりの良さがあると感じるようになった。
　　私は，他人の喜びを自分の喜びとすることができるようになった。
　　私は，自分の中に好まない面を見つけたら，隠すよりも良くしていこうと思うようになった。
　　私は，考え方が柔軟になった。
　　私は，ひとりひとりがかけがえない存在だと思うようになった。
　　私は，忍耐強くなった。
　　私は，他人の悲しみを自分の悲しみとすることができるようになった。
　　私は，つらいことや悲しいことを乗り越えていける強さをもった。
　　私は，以前とは違う新たな視点で今までの自分の生活を振り返ることができるようになった。
　　私は，他人の価値観を受け入れることができるようになった。
　　私は，長幼の序は大切だと思うようになった。
　　私は，一日一日を大切に生きようと思うようになった。
　　私は，豊かな人生を送っていると思うようになった。
　　私は，自分に対して肯定的になった。
　　私は，人生の実相がわかるようになった。
　　私は，自分本位の考えや行動をしなくなった。
　　私は，自分中心ではなくなった。
　　私は，物事にあまり動じなくなった。

第Ⅱ因子：死への恐怖の克服（α =.89）
　　私は，死について考えることを避けるようになった。＊
　　私は，死についての考えが思い浮かんでくると，いつもそれを跳ねのけようとするようになった。＊
　　私は，死を非常に恐れるようになった。＊
　　私は，人が亡くなると，自分の死について考えさせられるのが嫌だと思うようになった。＊
　　私は，死は恐ろしいのであまり考えないようになった。＊

第Ⅲ因子：死への関心・死の意味（α =.80）
　　私は，自分の死についてよく考えるようになった。
　　私は，死とは何だろうとよく考えるようになった。
　　私は，家族や友人と死についてよく話すようになった。
　　私は，死について考えることは人を成長させると思うようになった。
　　私は，死はその人の人生観が試されるときであると思うようになった。
　　私は，身近な人の死についてよく考えるようになった。
　　私は，死ぬときになって人は完成するものだと思うようになった。

注）＊は逆転項目を示している。

考察を行いたい。

　死別納得感については，死別に対して納得している人と納得していない人が，「どちらともいえない」と回答した人よりも有意に高い得点を示した。経験した死別に対して心理的に納得していることと死別経験による人格的発達との関連が認められたことは，妥当な結果であると考えられる。しかし，死別に対して納得していない場合でも高い得点を示したのはなぜだろう

か。死別に納得しているかどうかに関しては，併せてその理由も回答を求めたが，「納得していない」と回答した人の理由をみると，「母の死はすばらしいものだったが，私はまだまだすべき点があったので」，「自分に出来ることは懸命にしたという点では納得とまではいかないにしろ，自分を認めたい気持ちのある反面，やはり告知できなかったことでのうしろめたさがある」等，看取りにおける自分自身のあり方に対してアンビバレントな気持ちを抱いていることが推察された。死別は危機的な経験であり，本来容易に納得できるものではないことからも，死別に納得できたかどうかという思いではなく，経験した死別に対して，また自分自身に対して向き合ったかどうかが，心を発達させる方向へ向かわせると考えられる。

2-2　がんで家族を看取ることによる発達

2-1で紹介した調査では，死別経験による人格的発達の内容を数量的アプローチから明らかにした。そして渡邉・岡本（2006）は，さらにその中身に深く迫りたいという思いから，質的アプローチとして，がんで家族を亡くされた方々への面接調査を実施した。対象者は上記の調査時に面接調査に同意をしてくださった18名の方々である。面接調査の内容と分析手続きの詳細は，渡邉・岡本（2006）をご参照いただきたい。この研究では面接調査によって得られたデータをもとに，KJ法により，死別経験による人格的発達の内容を分類した。その結果，以下の6つのカテゴリーが抽出された。

死別経験による人格的発達で，最も多く語られたのは，カテゴリー①「新たな行動の獲得」であった（18名中10名）。生や死を考える会や心理学の勉強会等に参加することによって，自己の中で未解決であったままの死別について整理ができ，それをとおして，以下のカテゴリー②から⑥に分類されたような人格的発達が認められたと推察された。

カテゴリー②「死に対する思索」においては，死に対して，決して人間は抵抗できず（人間の無力さ），避けられないものであり（死の不可避性），死の時期も特定できない（死の非情さ）というサブカテゴリーが含まれていた。一見すると，これらは死別経験による人格的発達とは異なる，むしろ否定的な変化ともとらえられる。しかし死を直視した場合，人間は無力であり，死に抗うことはできない。命の有限性や人間の限界を実感を伴って知るということは，死別を経験したからこそ生まれた変化であり，これも死別経験後の心の発達と考えられる。

カテゴリー③「生（生きること）に対する思索」は4つのサブカテゴリーが見られたが，その中でも「今後の生き方」を考えるきっかけになったという部分は興味深い。「今後の生き方」を述べる前には，多くの場合，死に対して模索した言及があり，その結果として，どう生きていくのかを考えるようになったと語られた。「死別という断層を，連続した自分の生・アイデンティティとしてとらえていこうとする萌芽がここに見られる」（岡本, 2007, p.153）。

カテゴリー④「他者理解の深化」では，理解が深化した相手の違いによって，「一般の人々に対して」「故人に対して」「葛藤を感じている相手に対して」という3つのサブカテゴリーが含まれたが，他者一般に対する理解の深化が6名と最も多かった。そこで特徴的であったのは，他者の心情や状況をすべて共有し，理解することはできないけれども，という前提を述べたうえで，そのときの状況に応じて，気持ちに寄り添うことができるようになったということを6名すべてが語ったことであった。死別をとおして，故人の心情や身体状況をすべて共有しようと努めても，やはり限界があったという経験から，押し付けの他者理解ではなく，自分自身の心情にそった謙虚な姿勢での他者理解がうかがえた。

カテゴリー⑤「人間関係の再認識」は，文脈の違いによって，2つのサブカテゴリーから構成された。死別後，生前には認識していなかった故人の偉大さを認識したり，死によって肉体としての存在はなくなるけれども，精神としては続いていくものだということを認識したという故人との関係の再認識と，人間はひとりで生きているのではなく，周囲に支えられて生きているという他者一般との関係の再認識が示唆された。

カテゴリー⑥「自己感覚の拡大」に関しては，5名しか認められなかったにもかかわらず，サブカテゴリーは7つと，どのカテゴリーよりも多かった。これは，死別後，さまざまな側面での自己感覚の広がりを感じていたことを示しており，どの側面の自己感覚が拡大するかは，個別性の高い問題であることが推測された。

以上を2-1の質問紙調査の結果と比較すると，カテゴリー④，⑤，⑥については，質問紙調査での「自己感覚の拡大」の項目に重なるものであった。質問紙調査では，「死」に関する側面が多く抽出されたが，面接調査からはカテゴリー②「死に対する思索」と共に，カテゴリー③「生（生きること）に対する思索」が認められ，死を見つめることは生を見つめることでもあるということを示す結果が得られた。

2-3　経験した死別に対する受けとめ方と発達

2-2の面接調査から，近親者との死別を経験したとしても，その受けとめ方にはかなりの個人差があることがわかってきた。大切な人を亡くすということは，自分自身の危機に直面することである。成人期のアイデンティティ危機と発達に関する研究においては，「危機を乗り越えることによって人格的強さやアイデンティティの成熟性が獲得されること，つまりアイデンティティの再体制化が完了するための不可欠な要因は，危機を主体的に認知し向き合うこと，危機に積極的に関与することである」（岡本，2007, p.156）と考えられており，それは実証的にも裏づけられている（岡本，1985, 1994, 1997a, 2002）。そこで，死別という危機の受けとめ方を，「死別に対する積極的関与」と「死別経験を自分の人生の中へ主体的に位置づけること」の2つの視点から類型化した。以下に，その分析の結果，見出された5つのタイプと，その具体的な事例を報告する。

1）積極的関与成熟型

看取りにおいても，故人の死後から現在においても，死別に対して自己投入し，積極的な関わりが認められたタイプである。自らの意思で看取りを行っていたが，心身ともに深く関わるあまり，死亡直後に，身体的にも精神的にも大きな疲労を感じていた。故人の死後，「すごく緊張した生活」から「人一人がいなくなっている生活」になり，「何のために，生きているんだろう」と，このタイプの人々全員に抑うつが経験されていた。その後，自己の中で死別経験を反芻し，納得するような生き方をしていた。経験自体は非常に辛いものとしながらも，得たものは多く，死別経験が自己を発達させるものとして主体的に位置づけられていた。

　　＜事例＞A（66歳，女性，無職（退職前，看護師））
　　　41歳のとき，「関係の濃い」実姉（死別時49歳）との死別を経験。Aさんは，看護師だった姉の影響で，看護師を志すようになった。Aさんが38歳のとき，姉（46歳）が卵巣がんになる。その当時は「患者にカルテを持たせていた」ため，姉はカルテを見て病名を知った。

姉は東京，Aさんは地方に在住していたため，日頃は母や叔母，妹が面倒を看ており，Aさんが，「要，要で」通う。姉が，Aさんには仕事も家庭もあることを気にかけて，「帰ってもいいから。その代わりに，最期には，あなたに看て欲しい。片付けてちょうだいね。最期でいいから」と伝える。そして，延命治療を断り，死後の処理についても伝える。Aさんは，「最終的には，こっちも病人になりますね。神経が尖ってね」と看取る側も極限であったと語ったが，そのような状態の中，姉の願いどおりに看取ろうと覚悟を決めた。死期が迫った頃には，姉の友人である看護師が毎晩，必ず訪れて，姉の手を握りながら話をする日々が続いた。友人であるその看護師に，姉は「あなた，やっぱり苦しいから，ホスピスケアを作って」と伝えた。その友人は，遺志を継いで，ホスピスケアに携わることとなった。またAさんも，「姉の導き」により，「最期を完成させたい人たちのお手伝いをしなさいと言われている気がするため」，現在，がんの悩み相談室で相談を受けている。

現在は，このように生や死に積極的に向き合える状態であるが，姉との死別後7，8年は，「普通の生活はしていた」が「気持ちはそこへ留まったまま」であった。姉のことを話題に出す人は拒否した。姉との思い出を口に出すことで，関係がなくなってしまうのではないかという思いがあったためである。しかし，生や死について勉強をしていく中で「徐々に徐々に昇華されてきた」。その7，8年は重要な期間であったととらえており，Aさんの場合は，「年月が癒すというのではなくて，自分で納得するような作業をしてきた」。その作業ができたのは，「姉とは濃度の濃い時間を，気持ちの中で過ごした」からであった。姉との死別は，「すごく大きなもの」であり「ここから教えられるものが大き」かった。

2）看取り後関与成熟型

看取りのとき，積極的に関わりたいと考えながらも，故人または身近な他者との人間関係における心理的制約によって，積極的に関与できてはおらず，それが葛藤を生んでいたタイプである。また看取り時には人間関係の葛藤はなかったが，死別後，自己の中で死別の意味について葛藤が生じたタイプも含まれている。つまり，看取りをする際には積極的な関与ができなかったが，その後，葛藤があった相手を受容できたという認識があったり，経験した死別に対して，自分なりの答えを見つけていたりといったように，死別経験は自己を発達させるものとしてとらえられていた。

＜事例＞F（42歳，女性，無職）

36歳のとき，実母（死別時66歳）との死別を経験。実母の死の4ヶ月前には実父の死も経験した。教員をしていた実母は，退職した矢先（58歳）にC型肝炎になった。実父も教員であったが，「（実）母にべったり」で実父が一切の面倒を看ていた。C型肝炎と告げられてから，少しして，実母の容態が急変したとの連絡を受け，「死ぬかもしれないって思って，わあわあ泣いた」。しかしFさんは，「（実）母を思って泣いてない，自分がかわいそうで泣いているんだと気付き，はたと，自分ってこの程度の人間なんだと，そのとき思った」。その出来事の後，「（実）母のために何ができるか」を考えたが，Fさん自身の子どもが小さかったことと義父母と同居していたことから，義母に嫌味を言われ，ほとんど看病することはできなかった。

実母の面倒を看ていた実父が倒れ，実父は「（実）父と葛藤関係をもっていた兄」ではなく妹を呼び，看病をさせた。兄と妹の間にも葛藤が生じ，Fさんは「その間をうろうろして」いた。Fさんと義母との関係にも葛藤があり，わずかな間に「全部見せられ」，実父は11月に，実母は4ヶ月後の3月に亡

くなった。その時点では，実母の人生を「（実）父にだけ合わせてきた人生で，自分の人生ではなかった」と否定的にとらえていた。

実母との死別後，義母のある言葉に「髪の毛が逆立つような怒りと血が逆流するような感覚」を経験し，「自分は自分の心を変えないといけない」という思いと，「家にいたら（実）母と同じことを繰り返す」という思いから，ボランティア活動や心理学の講座での勉強を始めた。その中で「過去と他人は変えられない。だから自分を変える」必要性に気づく。そして，今までは「自分の中に親と同じ嫌なものがある」と思っていたが，「角度を変えることによって，親のいいところももらっている」と思えたときに，実母の人生を肯定して見ることができた。

現在は，実母のことを「私の命の根っこ」と感じている。実母の生前には，そのようなことを考えたこともなかったが，実母の死をきっかけに，心理学等を勉強したことによって，Fさん自身の心のもち方が変化した。現在でも，「親から受け継いだ嫌な部分というのが自分の中にある」が，「それも含めて自分」だと自己を受容できるようになった。

3）関与現状維持型

このタイプは，積極的に看取りのケアを行っていたが，死別後すぐに，心身共に死別以前の日常生活に戻っており，死別経験が自己にとってどのような経験であったのかというふりかえりがなされていなかった。適応的であるともいえるが，身近な他者を喪うことが自分にとっても危機であるという認識がないことがこのタイプの特徴であった。

＜事例＞G（77歳，男性，設計士）

58歳のとき，実父（死別時81歳）との死別を経験。16歳のときに，海軍航空隊へ入隊。毎日，特攻隊を見送るという経験と教育から，死を恐れなくなった。しかし，「いっぺん死が怖くない時期を通して，死が嫌，怖くなった」時期もあったが，宗教に出会い，「死と自分は神によって結ばれているんだと。だから死後も霊魂は消えない」と教えられた。このように，死に対する心構えは若いときからできていた。

父は，厳しい存在であったが，やさしさももちあわせた人であった。Gさんは，父から「大きな影響を受けている」。父は肺がん発見直後，自宅から1時間以上かかる病院へ入院していたが，「どんなに忙しくても，父の好きなうなぎを持って」見舞いに行っていた。半年入院したが，治療法がないため，在宅で看病をすることにした。Gさんの妻と共に，「何かしてやれることはないかなと，探り探り」世話を行った。

死別後「1週間ほどは涙が出た」が，「海軍のときや教会の関係から，まあ，ある程度死に対する構え，とってつけたような感じじゃなくて，自然に入りこめたから，自然にやめられた感じ」であった。

4）無 自 覚 型

看取りにおいても，死別から現在においても，積極的な関わりが認められないのがこのタイプである。看取りに対して積極的に関わらなかったことに対して，葛藤がないため，死別が自己にとってどのような経験であったのかというふりかえりはなく，自己を発達させるものとしての認識はなかった。

<事例> D（75歳，男性，無職（退職前，高等学校教員））

50歳のとき，実母（死別時76歳）との死別を経験。母との死別が印象に残った理由は「心残り」があったからである。まず，膵臓がんと診断される前に，「老人性のうつ病」ではないかと診断され「気分のもちようだから」とさかんに言ってしまったこと。次に，仕事の忙しさで，「妻や妹に任せて，十分，看てやることができなかった」。そして，母がDさんと話がしたいと言ったときに，「都合が悪かったので，そのままにしていて，次に行ったときには，自由に話ができなかった」という3つの思いが「今も尾を引いている」。しかし，後悔はありながらも，母の死については，「そこまで深くは」考えておらず，「看取るということは難しい問いじゃから，あんまり深く考えたことがない」。母との死別によって「変化はあまりなく」，確かに「仏縁」は感じるようになったが，「それ以上は進まない」。深く関わることで「自分の世界観だとか，人間観とかが広くなったり深くなったりするんかもわからんけど，僕はそこらへんでとまる」とのことであった。

5）悲嘆型

死別が自分にとって，どのような経験であったのかということを模索している状態にある。そのため，まだ死別に対するはっきりとした位置づけはなされていない。

<事例> K（46歳，女性，看護師）

46歳のとき，夫（死別時41歳）との死別を経験。夫とは，胃がんを発病する以前から，時々，死について話をしていた。そのため，告知時も「（夫は）すごく前向きな人なんで，落ち込むというような感じ──ショックは受けてますけど，落ち込むような感じではな」く，「私が思ってた展開にはならなかったって感じ。もっとショックを受けて，診断されたら怒りとか抑うつとか，ああいう感じではないです。淡々と。自分は自分らしく最後まで生きるという感じに言って」いたと当時をふりかえった。「最終的には苦しいとか言ってましたけど」「人間，誰もが死に向かって生きてるんだから，そんなに悲しむことはないよって私はよく慰めてもらって」いた。Kさんは，夫の在宅で最期まで仕事を続けたいという望みをかなえるために，介護休暇を取得した。在宅でのケアは，「大変だった」面もあったけれども，Kさんの夫は，「自分が生きたように自分は死んでいく」と言ったとおり，在宅で，生きがいであった仕事を最期まで続け，最終的には病院に入院したが，家族に看取られて亡くなった。

夫との死別後，お墓参りは毎日欠かさず，それが1年近く続いた。そのときは「暗くなっても恐くな」かった。また，死別経験後，3年間は「お腹の底から笑うことはなかった」が，最近では，外に遊びに行って，それを楽しむことができるようになった。「そうやって人間みんな生きていくんだけど，それはわかるけど，冷たいな，そんなもんかなって自分自身が思うときがあ」り，それに対して「罪悪感をすごく感じる」。死別直後の深い落ち込みを経験したときとは「ものの考え方が，全然違う」ようになったが，それは新たな何かを生んだわけではなく，「元の生活に戻った」ということだとKさんは述べた。

以上のような死別経験の受けとめ方のタイプと死別経験による人格的発達の内容との関連を検討した（表5-5）。その結果，Ⅰ積極的関与成熟型とⅡ看取り後関与成熟型はすべてのカテゴリーの内容が認められた。この2タイプに共通しているのは，自分自身の中で死別に対してのふりかえりが行われている点である。大切な人を喪うことは，重要な他者との関係性の危機であるが，これまで言われてきたような個人の内的危機と同様，危機に対して主体的に向き合い，

表5-5 死別のとらえ方類型別に見た死別経験による人格的発達の内容の人数分布（渡邉・岡本, 2005を一部改変）

死別のとらえ方タイプ	死別経験による人格的発達の内容	①新たな行動の獲得	②死に対する思索	③生（生きること）に対する思索	④他者理解の深化	⑤人間関係の再認識	⑥自己感覚の拡大
		n=10	n=8	n=8	n=7	n=6	n=5
Ⅰ．積極的関与成熟型	n=6	6	5	4	4	5	3
Ⅱ．看取り後関与成熟型	n=3	3	3	3	3	1	2
Ⅲ．関与現状維持型	n=4	0	0	0	0	0	0
Ⅳ．無自覚型	n=4	0	0	0	0	0	0
Ⅴ．悲嘆型	n=1	1	0	1	0	0	0

関わろうとすること，そしてそれが自己の人生に位置づけられること，これらがアイデンティティを成熟，深化させていくことにつながることが示されたと言えるだろう。

3 介護と看取りのケアをすることの意味

　大切な人を看取るということは，死別を経験することと同時に，突然の死であった場合を除いて，看取りのケアを行うことでもある。つまり，死別経験による人格的発達はケアすることによる心の発達でもある。ここでは，2-1，2-2で紹介した研究をケアすることと心の発達という視点から見てみたい。

3-1 ケアの内容

　渡邉・岡本（2005, 2006）は，柳田（1996）が述べているターミナル期の患者を支えるケアの3つの側面と死別経験による人格的発達との関連についての検討を行った。柳田自身が，がん医療の問題に取り組み，人々の闘病を取材してきた経験から生まれたターミナル期のケアの3つの側面とは以下のとおりである。

　①身体症状の緩和ケア　痛みのコントロールは最優先課題であり，さらに吐き気，便秘，口内炎，不快感などさまざまな苦しみへの対処が求められる。

　②心のケア　精神科医や臨床心理士の参加が必要になる場合もあるが，多くの場合，医師や看護師が患者の訴えや希望に誠実に耳を傾け，毎日のあったかい会話を大事にするという姿勢が，患者の心を解放し癒すのである。家族や友人の役割も大きいのは言うまでもない。

　③人生の完成への支援　男性であれ女性であれ，患者が取り組んできた，あるいは仕上げようとしていた事業・研究・作品・子育て・趣味などについて，たとえ完成することはできなくても，「できるだけのことはやったのだ」と納得し，「思い残り」を残さないところにまで到達できるように支援するということ。

　これら3つのケアは，三位一体のものとして取り組まれるべきであるが，3つ目の人生の完成への支援は，患者の人生と生き方への深い理解が求められるという困難があるために，①と②をベースに，③が実践されれば，最高のターミナルケアだと言える。

　数量的検討においては，上記3つのケアに対応したケア測定質問項目を作成し，死別経験による人格的発達との関連を検討した（渡邉・岡本，2005）。その結果，上記の三位一体のケアを多くしていた人がそうでない人よりも有意に高い得点を示し，ケアすることと死別経験による人格的発達との関連が認められた。また，質的検討においては，表5-6に示したように，Ⅰ-Ⅴ

表 5-6 死別のとらえ方の類型別に見たケアの状況（渡邉・岡本, 2006 を一部改変）

タイプ	事例番号	ケアの内容		
		①日常生活維持	②こころ	③人生完成
Ⅰ. 積極的関与成熟型	A	○	○	○
	B	○	○	○
	C	○	○	○
	I	○	○	○
	J	○	○	
	N	○	○	○
Ⅱ. 看取り後関与成熟型	F	○	△	△
	O	○	△	△
	Q	○	○	○
Ⅲ. 関与現状維持型	E	○		
	G	○	○	
	M	○		
	P	○		
Ⅳ. 無自覚型	D			
	H	○		
	L			
	R			
Ⅴ. 悲嘆型	K	○	○	○

○はケア提供を示す。△はケア提供は行っていないが，その意思が認められたもの。

のタイプ間で，ケアの質に大きな相違が見られた。Ⅰ型の人々は，日常を支えるケアにとどまらず，故人の意思を支えるケアまで行っている場合がほとんどであった（6名中5名）。看取りに深く関わり，死という他者の危機を支えることによって，自分自身の思いや考えが揺り動かされた結果，看取ること，そして死別の経験が自己の中に主体的に位置づけられたに違いない。このように，他者に対するケアに深く関わると同時に，その人を真の意味で支えるケアを行うことが，個の成熟性を高めると言えよう。

3-2 ケアすることとケアする側の発達：ケアすることの両価的側面に注目して

ここまで，死を看取り，重要な他者と死に別れるという経験によって，人は人格的な発達をとげる可能性を示してきた。非常に厳しい死別という喪失経験後の肯定的な変化に焦点を当て検討を行ってきたわけであるが，その研究過程の中で，忘れてはならない重要な視点に気づかされた。それは死別をとおして認められる否定的側面を決して無視してはいけないということである。以下に，認知症の義父を13年間介護し，2008年8月に義父を亡くした女性の詩集『「あ」から始まって』（田尻, 2007, pp.8-11）の一節を紹介したい。

　　山全体が白く波打ち
　　不気味な様相で迫ってくる
　　ふいに　私は

何に対してかわからないけど
　罪の意識を感じないではいられなかった
　おそらくそれは知らず知らずのうちに
　私自身が逃げたい　捨てたいと思っているものと
　時には戦い　そして引きかえし
　小さな偽善者であろうとした
　その醜さを見せつけられたからではなかったか　（「うす緑の食卓」）

　この詩は，デイサービスに行っている義父を迎えに行くときに感じた嫁の心情を，ありありと表現している。介護から「私自身が逃げたい」と。そして「時には戦い」であると。介護すること，死を看取ることは容易なことではないと改めて気づかされる一節である。2-3で紹介したⅠ型に分類された方々にも，当時の状況を「私が死ぬか，お母さんが死ぬか，何かわからんようになっていたけど，お母さん先に死んでくれてありがとうと思う。ありがとうなんておかしいですけど，私も危ないと，どこかで思っていたんですよ」（実母を看取った女性）といったような，介護することに心身共に疲弊した語りが認められている（6名中5名）。これらは故人に深く関与することが，いかに自己を揺さぶるものであるかの証左であるが，この否定的な経験こそが危機であり，他者に向き合うこと，そして自分に向き合うことを促すものと言える。そしてこれこそが，他者をケアするという「関係性」の中での「個」のアイデンティティの成熟の道程であろう。

　私は忘れていた
　私が最初に男子を出産したとき
　誰よりも喜んでくれたのは舅だった
　三人の子ども達を風呂に入らせたり
　遊び相手になり　散歩につれて出たり
　人一倍かわいがってくれた舅
　私は忘れていた
　毎年晩秋の頃には
　多い時には二百個もあったろうと思える渋柿を
　手をまっくろにして　たった一人で皮をむき
　つるし柿にしてくれたのは舅だった
　（中略）
　本当に何もかも忘れてしまっていたのは
　私達のほうだった
　私はしっかりと憶えておかなければいけない
　老いてもう何も思い出せなくなった舅のために
　私は憶えておかなくてはいけない
　舅が家のため私達のためにしてくれたこと　舅の生きざま
　私は憶えておかなくてはいけない　（「家は海に」）

上述した女性の別の詩の一節である。時には介護から逃げたい，捨てたいと思っても，そうはできず，介護を続けていかなければいけない現実がある中で，認知症で記憶が薄れていく義父に対して，力強さと共に温かな眼差しが感じられる。彼女はあとがきにこう記している。「介護の経験など，できれば，無いにこしたことはないが，運命とはいえ私自身，そのおかげで，知り合うはずも無い多くの人達と出会え，さまざまな体験もすることができて，ありがたかったと思っている」（田尻, 2007, pp.112-113）。また15年にわたり義母と実母を介護した女性は，人は必ず生きていく限り老いていくものだとし，「その道程をどう周囲の縁ある人々とかかわり，自らの生き方を創造していくのか……（中略）……そして私自身，これからどう老いて，どう生涯を閉じるのか，義母と実母，二人の母の介護から実に多くを学びました」（高橋, 2008, pp.171-172）と述べている。筆者の面接調査の対象者の中にも類似の語りは数多く見られた。

　やまだ（2007）は，喪失を理解するには，矛盾する2つの見方を同時に共存させる複眼的な，荘子の両行思想が役に立つとしている。愛する人を喪う死別経験，身近な他者の介護をしながら老いを目の当たりにし看取るという経験は，やはり耐え難い経験である。その否定的な側面を十分に認め，それぞれの経験には多様性があること，そしてひとりの同じ人間であっても，時間や環境，当事者の心身の健康状態等によって，喪失経験後の受け止め方に変化が生じるということを理解しなければいけない。そのうえで，介護や死の看取りを経験することが，私たちに生きるということを教えてくれる。同時に，他者の危機を支えることで，自己の心にも成熟をもたらす可能性があることを心に留めておきたい。今後は，身近な他者との死別や介護といった喪失経験後の心の変化として，肯定的側面だけではなく，否定的側面も含めた複眼的視点からの検討を行いたい。また喪失経験後の心の変容プロセスの解明も今後の検討課題である。

　従来のように獲得だけをめざし，「個」のみを重視した生き方では，現代社会は生き抜けない。死を看取る経験や介護をするといった他者を支え，「ケアする」ことは，今後ますます重要になる。しかしながら，他者を支え，「ケアする」ことは容易なことではなく，ケア役割を担うという「関係性にもとづくアイデンティティ」が，「個としてのアイデンティティ」との間に葛藤をもたらすことも少なくはない。それはまさに成人期の危機であろうが，「個」と「関係性」がどのように影響を及ぼし合うのか，また両者を統合，発達させるにはどのような要因が関連しているのかを解明していくことも今後の重要な課題である。

成人期の心理臨床的問題の理解と援助 6

第1節　成人期に生じやすい心の問題

　前章まで私たちは，成人期の発達・変容のプロセスを，さまざまな角度から考察してきた。特に，自己の「個」としてのあり方と，自分にとって大切な人々との「関係性」のあり方は，成人期においてもさまざまに変化し，それらと心理臨床的な問題は深く関わりあっている。

　本章と次章では，そのような成人期の臨床的問題に対する理解と心理臨床的援助について考えてみたい。第6章では，多くの成人が体験する問題として，母親になること（第2節），および，中年期という人生の峠を越えること（第3節）に関わる臨床的援助について考察する。次の第7章では，予期せぬ人生の危機とその援助について述べる。その序として，第1節では，成人期に生じやすい心の問題について概観しておきたい。

■1　現代人のストレス

　現代社会はストレスとうつの時代と言われているように，今日ストレスを感じている人々は多い。厚生労働省の「保健福祉動向調査」(2000)によると，「ストレスが大いにある」(11.8%)，「ストレスが多少ある」(42.4%)という数値が示すように，調査対象者の過半数がストレスを感じている。「ストレスが大いにある」と回答した人々は，男女とも幅広い年齢層にわたっている。そして，図6-1に示したように，ストレスを感じる内容は多様であり，男女，年齢層によってかなりの相違が見られる。

■2　うつ病

　気分が沈み，気力がなくなる状態をうつ状態と言う。そして，はっきりと認められる原因によらず，うつ的状態が生じるものをうつ病と呼ぶ。現代の心の問題のうち，うつ病は特に深刻な問題となっている。うつ病には，表6-1に示したように，自分で感じる自覚症状の他に，身体に現れる症状や，周囲の人々からも察しられる症状もある。うつ病は誰でもかかる可能性のある病気であるにもかかわらず，深刻な問題となるのは，病気そのものの特徴にある。うつ病になると，物事に対する興味や意欲は失われ，重篤になると，将来にまったく希望がもてなくなり，そのことが自殺の大きな原因の一つになっている。

　うつ状態・うつ病は，ライフサイクルの他の時期にも比較的多く見られるが，その発生のし方には，ライフステージによって特徴が見られる。中高年期のうつ状態・うつ病には，第1章第4節で述べたように，中高年期がライフサイクルの中で大きな転換期であることからくるさまざまな喪失感が影響している。

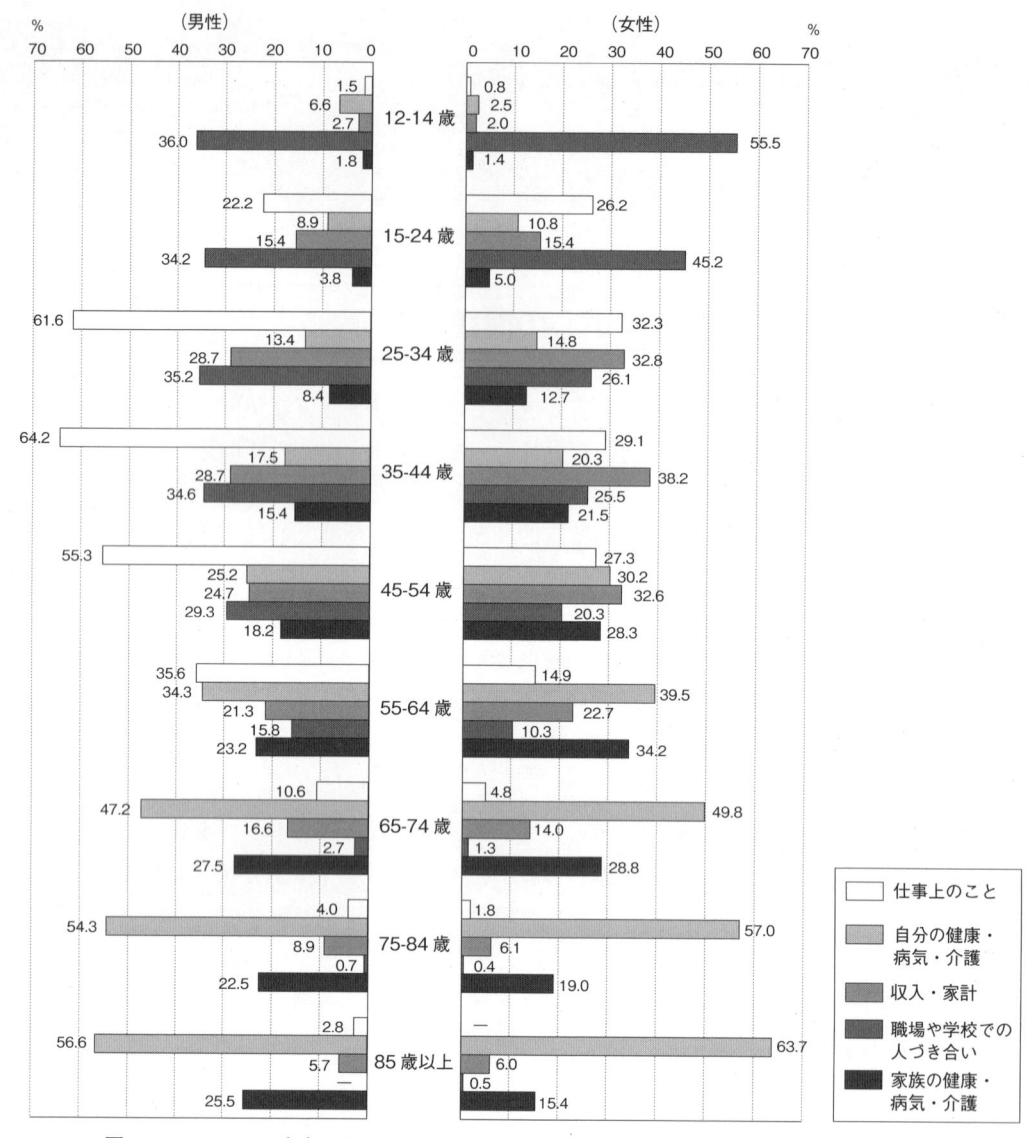

図 6-1 ストレスの内容　資料：厚生労働省大臣官房統計情報部「保健福祉動向調査」(2000年)

凡例：仕事のこと／自分の健康・病気・介護／収入・家計／職場や学校での人づき合い／家族の健康・病気・介護

表 6-1　うつ病の症状（高橋，2003）

【自分で感じる症状】
　憂うつ，気分が重い，気分が沈む，悲しい，イライラする，元気がない，集中力がない，好きなこともやりたくない，細かいことが気になる，大事なことを先送りにする，物事を悪い方へ考える，決断が下せない，悪いことをしたように感じて自分を責める，死にたくなる，眠れない

【まわりから見てわかる症状】
　表情が暗い，涙もろい，反応が遅い，落ち着きがない，飲酒量が増える

【身体に出る症状】
　食欲がない，便秘がち，身体がだるい，疲れやすい，性欲がない，頭痛，動悸，胃の不快感，めまい，喉が渇く

3　自　　殺

　また今日，自殺者の急増が大きな社会問題となっている。図 6-2 に示したように，わが国の

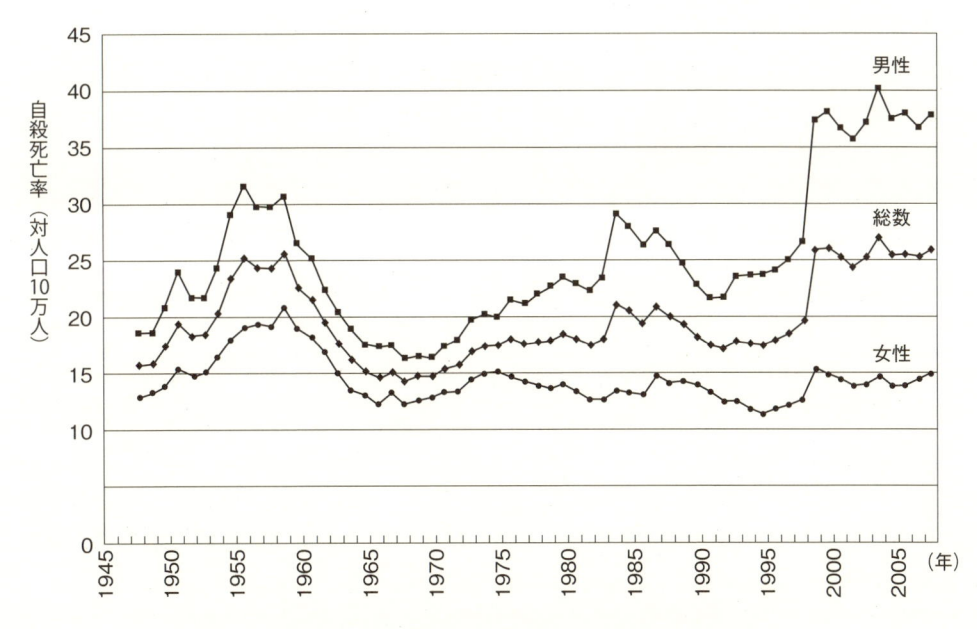

図 6-2 自殺死亡率の推移（警視庁「自殺の概要資料」(2009年)より）
注）自殺死亡率：人口10万人あたりの自殺死亡者数

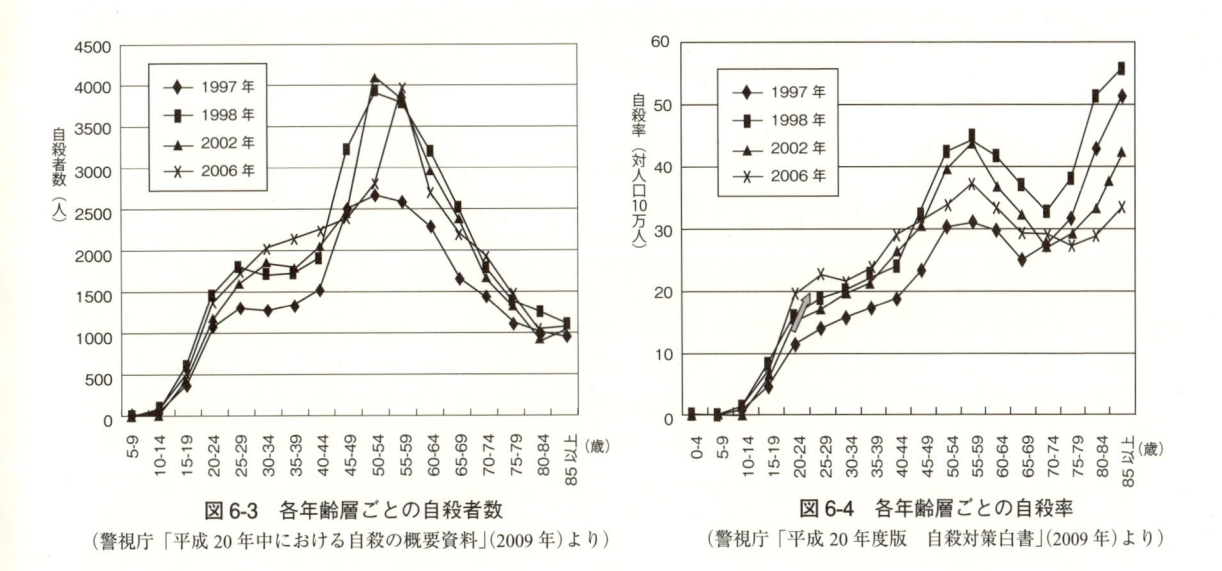

図 6-3 各年齢層ごとの自殺者数
（警視庁「平成20年中における自殺の概要資料」(2009年)より）

図 6-4 各年齢層ごとの自殺率
（警視庁「平成20年度版 自殺対策白書」(2009年)より）

自殺者は，1998年より急増し，年間30,000人を越える状態が持続している。また，図6-3に示したように，自殺者の数は中年期に大きなピークをなし，自殺率は，中年期と高齢期が2つの大きなピークを示している（図6-4）。自殺にはさまざまな原因や背景があるが，最近の精神医学的研究（川上，2003）によると，うつ病が自殺の重要な要因であることが指摘されている。

4 神 経 症

神経症は，心理的な原因によって生じる心の障害の総称であるが，最も発症しやすいのは，青年期を中心とした比較的若い時期である。神経症は，主として性格（自我の適応機制のあり

方）によるものと，環境によるものに大別され，性格的な要因で起こる神経症は，すでにより若い時期に発症している場合が多い。人生後半期に初めて発症する神経症は，身体の老化や不健康，家族関係における葛藤や緊張，経済的な問題など，本章第3節で述べるような自己内外の変化が契機となることが多い。

■ 5 心身症

　心身症は，心理的要因がその発生に大きく関与している身体的な障害を示す。身体的な症状を引き起こすもとになる心理的要因は，緊張，不安，恐れ，不満，怒り，悲しみ，失望，葛藤など，主として感情的なものである。そして，中高年期にこれらが関与して起こりやすい身体的症状は，頭痛，めまい，食欲不振，性的障害，胃潰瘍，十二指腸潰瘍，狭心症発作などが多い。中年期以降は，身体の老化とともに生理的・心理的な適応性も弱まっているために，心身症を発症しやすい時期である。神経症においてもいろいろな身体的症状が生じるが，神経症の場合は，心理的原因が解決・消失すると，身体的症状も消えていく。しかし心身症の場合は，心理的要因を解決するだけでなく，身体的症状そのものへのケアも必要である。

■ 6 更年期障害

　更年期とは，おおむね50歳前後に見られる卵巣機能の衰えに伴う心身の転換期である。この時期には，表6-2のようなさまざまな症状が現れやすくなり，これらは更年期障害と呼ばれる。しかし，このような更年期障害は，単に卵巣機能の生理的低下のみでなく，さまざまな身体的・心理的機能に衰えが生じ，家族や生活構造にも大きな変化が起こることによる心理的・環境的要因が加わって発生する（図6-5）。また図6-6に示したように，更年期の訴えの多くは心理的症状で，さらに，その多くは医学的検査や心理検査にもデータとして出てこないものもかなり見られる。しかしながら，第3節で述べるように，数値としてデータに出てこないものの奥に，クライエントにとって実は非常に重要な問題が存在しているのである。

　これまで更年期は閉経に伴う生殖期の終焉，つまり女性らしさの衰え，女性としての能力・魅力の消失という否定的な意味あいでとらえられる場合が多かった。しかし今日では，閉経 即 老年期ととらえるには，あまりに長い元気な時間が残されている。今日では，更年期を人生のターニング・ポイントととらえ，自分自身の生き方・あり方をトータルに見直し，人生後半期を肯定的・積極的に生きるための自分の再構築の時期と考える視点が重要であろう。

表6-2　更年期障害（症候群）の症状（折茂，1992）

症状群区分	不定愁訴の個別症状
自律神経症状（血管運動神経症状）	のぼせ感（hot flash），冷え性，動悸，発汗，めまい，肩こり，耳鳴り，しびれ感，知覚過敏，知覚鈍麻，蟻走感
精神症状	憂うつ，あせり感，不安感，徒労感，頭痛・頭重感，不眠・物忘れ，判断力低下
性器外身体症状	運動器症状—腰痛，背痛，骨盤痛，筋痛，関節痛 消化器症状—悪心，嘔吐，下痢，便秘 泌尿器症状—頻尿，尿失禁
性器症状	月経異常，性器出血，乳房収縮，膣乾燥感，膣刺激感

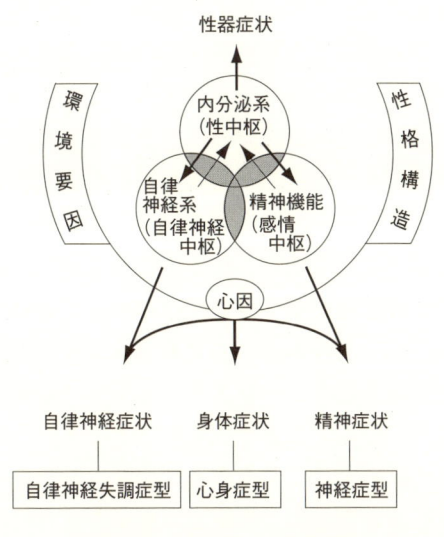

図 6-5 更年期障害（症候群）の発症機序（折茂, 1992）

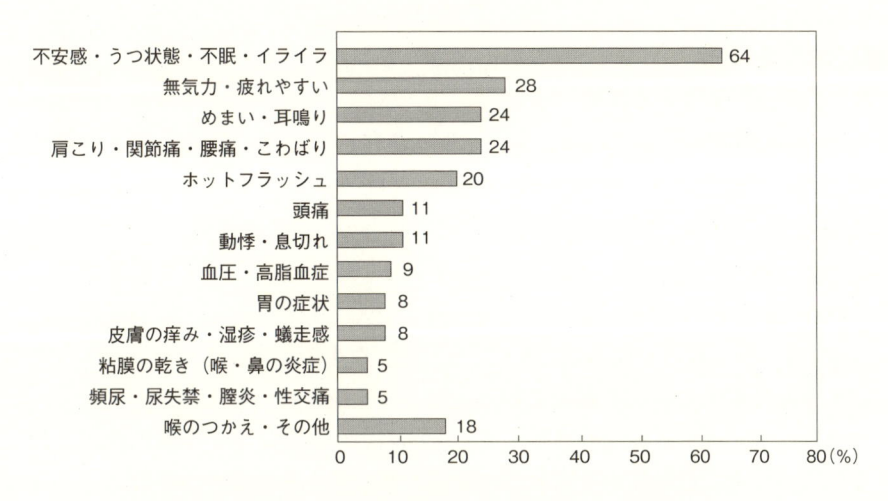

図 6-6 更年期の女性は何の症状に悩んでいるのか（電話相談にみる）
（メノポーズを考える会, 2000）

第2節 「母親になることの難しさ」の理解と援助

　産科医や助産師の方から「自分は大人として成長していないから，子どもを産んで育てる自信がない」「虐待してしまうのではと不安だ」と訴える女性が目立つようになったという声を聞くことがある。出産や育児に関して女性に与えられるプレッシャーは依然として多大である。子どもの虐待が事件としてとりあげられ，問題視される風潮にあっては，"良き母親たるべし"というプレッシャーは，ひょっとすると従来よりも大きくなっているのかもしれない。

　心理臨床の現場でも，育児不安や虐待不安を抱える方，子どもとかかわることに葛藤を抱える方，実際に子どもをひどく叩いたり世話をしなかったりしてしまう方，自分自身が虐待を受けたという方にしばしば出会う。

こうした方とお会いして思うのは，虐待が目的で虐待している母親はいないということである。また，虐待を受けたお子さんの名前を見聞きするたびに「素敵な名前をつけてもらったんだな」と，ふと，親がその名前に込めた思いを想像することがある。少なくとも名付けたときには子の将来を思う親らしい気持ちがあっただろう。そして傍目にはそんな親心とは正反対のあり方に見える「虐待」と呼ばれる行動も，その背後にある苦しみも，おそらくは自分自身とまったく無関係であれば生じず，むしろ心の次元で自分と深く関係づけているからこそ起きてくる，誤解をおそれずに言えば"母親だからこそ"生じることではないかと思われる。

虐待してしまう行動自体は母親自身がそもそも避けたいことなのである。それにもかかわらず起こしてしまうのはなぜかについて理解し，対応を考えていく必要がある。1つには，母親をとりまく環境や社会構造の問題を見直し，リスクファクターを少しでも減らしていくことが大切であろう。加えて，母親の虐待してしまう行動の背後にある心の動きや文脈を理解し，母親が何と闘っているのか，本来救い出したいものとは何なのかを探っていくことが必要であると考えられる。本節では，母性概念を通して母親をとりまく社会的および心理的構造を検討することを通じて，母親になることの難しさについて考察し，その困難の理解と援助について事例をとりあげつつ考えたい。

1 母親における母性

1-1 「母性」の概念にまつわる問題

「母性」という用語は，医学的領域において「子を産む性とその機能」をさす概念としてとりあげられ，後に「社会学的・生理学的・感情的な統一体としての，母の子に対する関係」（Deutsch, 1944），すなわち，生物的な次元と社会システムを支える価値観の次元を背景として，どのように子を「産み」「育てる」かという心理学的な力やはたらきをさす概念として提唱され，現在に至っている。

こうした「母性＝子を産み育てる能力」は「生得的」なものであるというものの見方は，今や一般的でひとつの普遍性をもったものであるかのように扱われているきらいがある。しかし，一方で，昨今，育児に対する不安や葛藤，子どもへの虐待などがますます問題視されるようになった背景には，こうした母性生得論という神話があるとする指摘もある。

母性生得論を，動物の生態を比較するエソロジー（比較行動学），母性論の背景にあるイデオロギーの歴史，民俗学や文化人類学，といった観点から批判的に検討する立場もある。これらの知見に共通するのは，「母親が子を産む」ことと「母親が子を育てる」こととは一義的に結びつくものではない，という点である。子育ては母親が主に担う場合もあれば，父親や家族，社会全体で担う場合もあり，その形態はさまざまである。日本における民俗学的知見においても，明治頃までの農山村では地域ぐるみの育児体制が組まれ，名付親，乳親，子守等の擬似的親子関係や，子どもや若者の間で年長者が年少者の面倒を見る枠組みをもっていたり，家庭内でも，乳飲み子を育てるのは農作業を退いた祖父母の役割であり，母親が乳飲み子の世話をすることは"遊んでいる"として称賛されなかったとされる（大日向, 1990）。

こうした「産む」ことと「育てる」こととを有機的に営む形態の多様性は，その生物の種が，あるいは人間が，連綿と変容していく環境や時勢の中で，生き伸び発展していくための知恵として編み出されたものと言えよう。

1-2 母性神話の由来

　それでは，現在，あたかも神話のごとく流布している「母性とは生まれつき備わった，子を産み，育てる力」という母性生得論の起源はどこに求められるのだろうか。

　「子を産む力」という神秘的で大きな力に対する畏怖の念は，古来，人類普遍の宗教性の起源と言えるものと考えられる。しかし，「子を育てる」力や役割を母親に帰属させる考え方の流布は，西欧や日本では産業革命のもたらした19世紀半ば以降の近代社会への動きが背景にあると指摘されている。つまり，国の富強のために，国民の教育ひいては家庭における子への教育の必要性が強く意識されるに至り，産業革命による社会的変化が父親の家庭内役割の変化をもたらし，父親役をカバーする母親の役割が期待されるという動きであった。このような状況下で「教育する母親」の役割を説く家政書がさかんに書かれ，「母親としてこころをこめて子どもの世話・しつけ・教育にあたることが，子どもの成長・発達，さらに夫婦関係の緊密化を介して，究極的に女性の幸福につながるのだ」というように，「結局は女性自身のためになる」という形で女性に説かれていたのである（小嶋，1990）。

　その後，20世紀初頭から前半にかけて，資本主義の発展と，国家勢力を競い合う戦争が度重なる中，医師や心理学者による科学的育児法が推奨されるに至る。これは，母性の根拠を「産む性」としての生理学的・生得的能力に求め，その能力は育児に専心する過程で強化されるとするものであり，これによって「母性＝子を産み育てる生得的な能力」というイメージが生み出された。冒頭に述べた母性概念は，まさしくこの過程で生じたものと言える。

1-3　母性神話と世代間連鎖神話の批判的検討

　科学的育児法の提唱の基となった，20世紀初頭のホスピタリズム研究すなわち施設児に関する研究では，初期の母性的養育環境の剥奪や不足が子どもの心身の成長に影響を及ぼすという知見が導き出され，母性的養育の適性と責任が母親に帰せられるに至った。しかし，この知見に関しては，施設児の障害が，母性剥奪によるものか施設環境によるものかを判別しがたいという批判もある（大日向，1990）。その後，母子関係や養育態度に関する研究において注目を集めた，初期の母子関係に問題が生じると次世代でも問題が生じるという「世代間連鎖」と呼ばれる現象についても，その確率がある程度高まるとは言えても，両者に因果関係があるとまでは言えないとする研究結果が少なくなく，その間を介在する要因として環境や個体におけるさまざまな可能性が存在しうるという指摘もなされている。また，子どもの虐待の背景には，母親の心身の能力や母親自身の母子関係だけに帰することのできない，さまざまな要因が絡み合っていることも多くの研究で示されている。

　ホスピタリズム研究において母性剥奪の概念を提唱したボウルビィ（Bowlby, 1969, 1973）自身は「内的作業モデル」理論を提唱している。これは，子どもが養育者や環境との関わりの中で，相手の応答性や問題解決への関与のあり方に関するモデルを形成し，その内的なモデルが，自他や出来事に向き合って生きていくためのモデルとなる，という理論である。これは，誤解されがちであるが，その人が遭遇する出来事が後の対人関係様式を生む，という外傷論ではない。内的作業モデルは，自らが生き抜くために，主体が環境との関わりの中でさまざまに体験を関連づけ生み出した，心的次元におけるもののとらえ方である。したがって，心の目の視野や見方が変化すれば内的作業モデルも変化しうるのであり，実証的研究においても，幼少期と成人期でモデルが不変の場合と変化する場合の両方が見出されている。S. フロイト（Freud, S.）

も外傷論の後に心的現実論を提唱するに至っているが，当事者が出会う出来事の重みそのものもさることながら，当事者がそれを心全体でどのように受けとめ扱っているかの方に重要性があり，だからこそ，心の目の見え方が変容するということが生じうるのだと考えられる。

　また，母親準備性にまつわる研究において，妊娠・出産以前の段階における「子どもを産み育てること」に対する構えと，その後の養育態度との関係を検討しようとするものも数多く見られ，両者の間に数量的にある程度の相関が見出されることもある。しかし，個々の事例に立ちかえって，周産期の母親の心理的プロセスを検討すると，必ずしも妊娠・出産に対する事前の心的構えが出産後の子へのコミットメントに直結するものではなく，事前に妊娠・出産を望んでいた母親もそうでない母親も，妊娠・出産をめぐって心的にさまざまに揺れ動くこと，そのプロセスには共通点もあるが個別性も高く，それぞれの母性を見出していくプロセスがあることを示す知見も見られる（久世ら，2006）。

　このように，子どもを産み育てる母性は生得的能力であるという神話は，母親の母性に関する実証的な検証に基づいて培われたというよりも，時代的・社会的要請を背景に，医者や心理学者らによる理念上の価値づけをさまざまな次元で汲み上げる中で生み出されたものであると言える。そして，上述したように，育児不安や子どもへの虐待等の問題が必ずしも母親の「母性」や生育史のみに起因するものではないことや，母親のおかれた状況やサポート環境等も大きな要因であることが示されているにもかかわらず，現在に至って母性生得論の神話に社会も母親自身も強く縛られており，そのことが問題を大きく難しくしている可能性がある。大日向（1990）は，学問的にも一般的にも，さまざまな問題を母子関係と恣意的に結びつけようとする風潮があり，そうした観点から生み出された不当な情報が，母親を心理的に追い詰めることがあると指摘し，育児は生得的能力や理念的母性のみに依存するものではなく，母親の母性的能力も学習され発達していくものであり，その時点で未発達な能力については他者に支援を求めつつ伸ばしていくことが求められると述べている。

1-4　母性観の分裂

　このように，母親と母親をとりまく現代社会は，「母性は学び育っていくものであり，虐待等の問題は母親だけの問題ではない」という知見が提示される一方で，母性生得論の神話に囚われてしまうといった，分裂した母性観の中にある。こうした母性観の分裂が生じるのはなぜなのだろうか。

　母性生得論にもとづく科学的育児法が提唱された20世紀初頭の日本は，第1次世界大戦後，資本主義が次第に浸透し，職業婦人が出現する一方，一定の地位を占めるに至った都市中間層では教育志向が向上し「教育する母親」の地位が実質的意義をもちはじめた時代であった。こうした時代に，与謝野晶子と平塚らいてうによる，女性のアイデンティティと人権の問題，母性の位置づけや子どもの発達の保障等をめぐる論争に端を発し，さまざまな論者が加わり，一般市民の新聞投書も多数寄せられるに至った「母性保護論争」（1918-1919）が生じている。母性生得論と母性保護論争は「育児に専念する母親」と「働く母親」の両者に大きなインパクトを与えたと言われている。母性生得論は，「教育する母親」すなわち「子どもの成功を自分の成功とみなすという代理的自己実現で満足せざるを得なかった」（小嶋，1990）母親にとって，育児こそが母親としてのアイデンティティであり，自分としてのアイデンティティでもあるというお墨付きとなり，「自己実現」をめざす「働く母親」（実際には生活のために働かざるをえな

い母親が多かったと言われるが)を価値下げする切り札であっただろう。一方,「働く母親」にとっては,母親としての不安や劣等感を植えつけられるような事態であったと推察される。

　「教育する母親」と「働く母親」の存在は,一見すると「理想の母親」か「自己実現」かの対立のように見え,互いに両立しがたい対立項のように見えるかもしれない。しかし,「母性保護論争」を生んだのは「理想の母親か自己実現か」ではなく,「理想の母親も自己実現も」をいかに果たしうるかという,すべての母親が抱える葛藤ではなかっただろうか。もちろん,母親と一口に言っても,置かれた環境や立場がさまざまに異なるし,だからこそ母性保護論争は一言ではくくりがたい論点を含んでいるが,共通点として「女性の就労と育児は両立可能かという命題について,女権主義,母性主義,社会主義の三つの立場によるフェミニズム思想からのアプローチであった」(今井, 2002)点が指摘されている。環境や立場が異なるいずれの母親も,母親であることと自分であることの二重のアイデンティティに引き裂かれ,それをいかに自らのうちに位置づけるかという困難なテーマを生きているのだと考えられる。つまり,「育児不安や虐待等の問題は母親だけの問題ではなく,また,母性も学んでいくものだ」,と頭では理解しても,実際には母性生得論神話に囚われてしまう,といった母性観の分裂は,社会全体が抱える課題でもある。当の母親においては,そのような母性観の分裂は,近代社会への移行に応じて必然的に生じた「自分」と「母親」の二重のアイデンティティの課題を,自らがどう生きるかの課題として引き受けざるをえないというところに生じる葛藤を示すものと考えられる。

　こうした「理想の母親」と「自己実現」をめぐる葛藤は,現在なお母親の抱える葛藤である。花沢 (1992) は,子どもを産み育てる母性として肯定的にとらえている理念を「母性理念」とし,母性の葛藤は,母性理念を肯定するか否定するかという葛藤としてとらえている。しかし,松下・村上 (2007) による青年期女性を対象とした実証的検討では,母性理念は「伝統的な産み育てる母性理念」と「子育てに自己成長を見出す母性理念」からなることが示され,2つの母性理念は相反するものではなく,両理念を同時に抱きうるものとして抽出された。つまり,「母親として生きる」ということの中に,すでに,母親と自己の二重のアイデンティティの葛藤と課題が含まれているのである。

2 母親における葛藤と心的危機の諸相
2-1 「理想の母親」か「自己実現」かの対立項

　このように見てくると,母親が「理想の母親」と「自己実現」の葛藤を抱えることは,むしろ自然なことであり,それは,自分にとっての「理想の母親」と「自己実現」を見出す価値観をめぐる葛藤と言える。しかし,母性の発揮が第一とされる価値観に社会や母親自身が縛られていると,そうした葛藤や不安を抱えていること自体を罪悪に感じ,母親としての資質を低く見積もってしまう。「母親になる以前に"自分"が育っていない」不安や,母親としてつまずきを感じたときに「母親失格なのでは,自分のしてきたことは無駄なのでは」とすべてが崩れさる不安を強めてしまう。そして,「未熟な母親」「至らぬ母親」と見られることを避けようとして,ますますひとりで不安や葛藤を抱え込み,自分であること・母親であることのいずれについても身動きのとれない思いに陥ってしまう可能性がある。そのような追い詰められた心的状況で虐待と呼ばれうるような行動を生じてしまう可能性がある。

　しかし,そもそも,子どもを産み育てることは,子どもと向き合うことを通して自らと向き合うことにつながり,自らと子どもの母子関係と,実母と自分の母子関係との同一視を生む。

さまざまな局面に実母との母子関係を投影することで，自らの内的な子どもを再体験し，内なる子どもと向き合うことにつながる。さらには，実母との母子関係と実子との母子関係の共通点と相違点が見えてくることで，実子に関与していく力を獲得していくという成長過程が生じる。そのプロセスを通じ，母親としてのアイデンティティと自分としてのアイデンティティを生き，その二重性を深い次元で束ねていく作業が進んでいくと考えられる。それは未整理の課題との取り組みなおしの様相を呈するが，未整理の課題があること自体は悪いことではない。生きていく過程で，必然的に何かを優先し選んでいくことになる以上，何かを置き去りにすることもまた必然なのである。その選択がその人とその人の人生の礎にもなっているのである。人生を歩むうえで，今度は未整理の課題と向き合うことが必要になってきた，という新たな必然が生じているだけなのである。

　ユング（Jung, 1916）は，こうした，生きる過程で取捨選択して自分を形成する重要性を認めている。一方，つかんできた意識されうる自分こそが自分というように，意識の中心である「自我」の態度が一面的になりすぎて，無意識も含めた心全体である「自己」がキャッチしているものを受け取りにくくなると，無意識的自己が自我の態度を補償するメッセージをさまざまな形で送ってくるという自己調整機能が働くと述べている。人生というスパンで見た場合には，成人となり中年にさしかかる頃に「これまでの生き方が通用しなくなる」体験を通じて，これまで価値を見出してこなかったもの，すなわち自分の「影」と取り組み，自我と自己の関係，自我と無意識との関係をつかみなおす作業が生じるとしている。

　ユングにおいては，親の価値観に代表される共同体の価値観に埋没していた「自分」を発見していく人生前半の青年期と，「自分」として選んでこなかった「影」と取り組んでいく人生後半の中年期とでは，問題の性質が異なると論じている面もある。木村（1982）が論じるように，「まだ見ぬ自分」を追い求め，「他ならぬ自分がありうるか否か」が課題となる青年期的事態と，一応「自分がある」と感じ，「これまで自分だったものが自分でなくなる」ことが課題となる中年期的事態とは，課題性において一線を画するところがある。しかし，一方で，人生前半の「まだ見ぬ自分」の主体的価値観を親の価値観から切り分け，より「自分」と言えるものを見出していく作業においても，実は，親の「影」との戦いが含まれている。人生後半の「これまで自分だったものが自分でなくなり」，それまで自分の中に見出していなかった「影」と戦う課題においても，「自分」と信じていたものの中に親からの受け売りの価値観が紛れていることに気づいたり，埋もれていた「自分」の源泉を発掘したりする。こうした営みを通じて，自分とこれまでの自分，親との関係やそれぞれの位置づけをつかみなおす作業が進むのである。つまり，「より自分と言えるものへと近づいていく」という「個性化」の作業という点では共通していると言える。

　さらに，母親に関しては上述したとおり，「自分」と「母親」の二重のアイデンティティの問題がある。「母親」のアイデンティティをつかむ課題は，自らが理想とする母親像をめぐって，実母との母子関係の中で「内なる子ども」が求めていたものを見直し，その中であらためて「自分」を見出すことが含まれる。そのため，青年期の「自分」を選びとる作業に親の「影」との戦いの課題が含まれ，中年期の「影」との戦いの作業に親の価値観とは異なる「自分」を発見する課題が含まれるといったことが，より色濃く生じると思われる。

　つまり，「自分」と「母親」のアイデンティティの二重性の問題は，母親においては「自己」イメージと「母親」イメージが未分化で緊密に結びついた複合体として体験される。例えば，「母

性的になろう」というような選択をしようとすると，それと緊密に結びついた対立項的なイメージ―「母親に母性的に育てられていない」「未熟で自分と言えるものがない」といった自らの母子関係や自分に関するイメージ―が，簡単に捨て去れない重みをもって浮かんできてしまうために，動きがとれなくなる，といった，引き裂かれるような心的危機が生じると考えられる。

2-2 母親における心的危機

上述したように，母親が歴史的に生じた母性観の分裂を一身に引き受けてしまう面については，社会の成員一人ひとりが視野に入れ，社会システムの改善へとつなげていくことを望みたい。一方で，母親自身が母性生得論の神話に縛られて自らを追い詰めるような心理的苦難は社会の変化を待つばかりでは救われない。現代社会における当の母親においては，「理想の母親」か「自己実現」かという相反する（ように見える）対立項に引き裂かれつつ，どちらを選ぶかではなく，「自分」と「母親」の二重のアイデンティティをどう生きるかという，自分の課題として引き受けていかざるをえなくなっている。したがって，いま苦しんでいる母親の心がどんな意味での危機的世界に生きているのか，すなわち，母親自身がどのような両立しがたい対立項を心に抱き，引き裂かれたイメージにはまり込んでいるのか，そのイメージと心的にどのように関わっていくことが，自らの心理的救済や成長につながるのかが，母親自身に見えていくことが重要である。それによってはじめて，母親が心理的に母性生得論の呪縛から解放される。そして，一人ひとりの母親自身の心理的解放があってはじめて，社会における母性生得論の呪縛からの解放がとげられるのであろう。

母親における心的危機は，①育児不安や育児葛藤，それを行動化してしまう虐待など，これから子どもを育てていこうという段階から生じる「母親になる葛藤」と，②母親であることに意義を感じてきたにもかかわらず，子どもの自立や子の反逆などをめぐって生じる「母親としてのつまずき」とに大きく分けることができる。①は青年期的な自立の問題を内包し，②は中年期的な自己の再編の問題を内包しているという風に一応はくくることができそうだが，しかし，上述したとおり，②の問題は①の問題に含まれる「自分とは何か」をめぐっての問題と切り離せない側面も有している。いずれの場合も，自分を形成する過程で捨ててきたものがあることが悪いのではない。自分をめぐる見直し作業は，そうならざるをえなかった必然性の面と，その必然性の影に自分の中の「内なる子ども」を捨ててきた面との，両面性をつかみ直すということが含まれると考えられる。このことをめぐって，事例をとりあげながら考えていきたい。

1）母親になる葛藤－育児不安・育児葛藤・虐待
<事例> Aさん（30代女性）

支配的な母親と気持ちの中で戦い続け，受験も就職も結局は母親の意向に沿う形となったが，早く家を出たくて結婚だけは自分で決めた。母親に常に否定されて育ち，「自分は母性を知らないから子どもは育てられない」と思っていたし，結婚して夫に自分を一番に大切にして欲しかったから産むつもりはなかった。しかし妊娠し，仕事と家事を両立しながら出産。育児も頑張ったが，夫は仕事人間で家庭を顧みてくれず，実母の口出しにも疲れ果て，うつ状態に陥った。実母とは違う温かい母親になろうと頑張ったが，子どもがぐずると「お前はダメだ」と実母が罵る言葉がよみがえってくるなど「"母親"が出てくる」ので，怖くて子どもを叩いてしまう。そのことへの罪悪感と嫌悪感で育児に関われなくなり，自殺未遂を図る。

問題理解　Aは自立をめぐる選択において常に実母の価値観に違和感を感じていた。結婚は自らを縛る母親から離れる手段でありつつ、夫に「自分を一番に大事にしてくれる」"母性"を求める面があったと考えられる。Aの心が求めていたのは、自らが縛られ支配されてしまう実母の価値観から心的に抜け出て「自立」することであり、そのために必要なのは自らの「内的な子ども」を「一番に大事に」育てることだったと考えられる。「自らの内なる子どもに母性的にかかわる心的観点」を内在化することこそが「心的な自立」だったのではないかと考えられる。

しかし、母性的行動を夫に求めるだけでは不満がつのり、自ら母性的になろうとしても、子への「母性的かかわり」を見出せない。「自分を否定する実母」の価値観、「自立対母性」という対立項的イメージに囚われ、実子との関係に重ねて見てしまう。「子どもがぐずった」瞬間、「お前はダメだ」という母親の声が聞こえる。つまり、その瞬間、「ぐずっている子ども」は自分なのである。「内なる子ども」の声が聞こえてくることが、自らを否定する母の声をフラッシュバックさせるのである。さらに、自分を否定する母親を止めようと叩いてしまうこと自体も、「内なる子ども」の叫びと言えよう。つまり、虐待行動そのものが母性を求める心的動きとつながっており、母性を見出すには内なる子どもの情動の声を聴くことが必要であるという道筋がすでに示されている。内なる子どもが求めるものを封印したままでは、内なる子どもに心的にかかわりをもつことができないのである。

かつては、内なる子どもの声を封印することが、自らの自立を阻む母親からピュアな自分を守る手段であったと考えられる。しかし、それは同時に内なる子どもの声を封じることで母親の内部に留まることをも意味する。つまり、内なる子どもが声をあげることは、母なるものからの分離の産声なのである。その産声をあげるには、内なる子どもの、「声になることを許されなかった声」と言うべきものが見出されていかねばならないのである。

ここに、内なる子どもの、母なるものからの分離と自立の欲求と、母なるものとつながれていたい欲求の間の葛藤が生じる。それは「自分の価値観」か「母親の価値観」かの葛藤であり、裏返せば呑み込まれ不安と分離不安の間の葛藤である。それは、これまでの母親の価値観を自分の価値観と感じる母子未分化な状態から、内なる子どもの観点からものを見る方向性が生じ始めてはいるが、まだ心的次元での"自分"の感覚を支える軸足が、母親の価値観から内なる子ども側に移ってはいない状態である。内なる子どもの自立への動きは、"母子未分のユニット（としての自分）"を壊すことでもあるため、内なる子どもがそれに代わる"自分"の軸足に力を得ていないと自滅につながる。そのため、内なる子どもの声が聴こえたとしても、「自由になりたいと思うのはワガママでいけないことなのだ」「自分では何もできない、成長できない、大人にはなれない」という風に、内なる子どもの声を封印する方向へと動きがちである。それは、実母との関係が共依存的であるほど、母子ユニットを保ち子どもの心的自立を阻む動きが実母側からも生じ、より強められると考えられる。

こうした、「自分」のアイデンティティの源泉とも言える、「内なる子ども」の欲求を否定する力が強いほど、「内なる子どもとしての自分」か「母親の価値観に同一化した自分」かの対立項の分裂の度合いは強まり、葛藤を内界から切り離して実子との母子関係へと投影し、意識から解離させるという心的機制が生じうる。しかし、実子との母子関係に投影することで、避けがたいものとして、葛藤を眼前に突きつけられることになり、それに対し今可能なギリギリの対処として虐待行動が生じうる。ただし、「投影」は「外側に出すことで見えやすい形にす

る」ということを含み，取り組まねばならない課題と向き合う第一歩という契機を含んでいるとも考えられるのである。Aの場合，母子未分化な状態への「違和感」は，「自分」と「母親」の未分化なイメージを対象化し，心的に切り分けようとする力の萌芽であると考えられる。こうした，課題に向き合い関与していこうとする自我の力の萌芽を支えていくことが，無意識的自己においては見出され始めている，内なる子どもとしての「自己の源泉」に続く道を自ら見出していくことにつながり，見失いかけていた自分を，より自分と言えるものとして取り戻すことにつながると考えられる。具体的には，「内なる子ども」や「自分」に軸足をおいた見方でとらえられつつあるものを中心に，Aなりのまとまりを見出していくことが必要である。まずは「自分」の領域を守り，侵襲と感じられることとの境界線を見出していくことが，心的な「自分」が「いる」場所を見出していくことにつながると考えられる。

　その後の展開と考察　「自分」が「ある」という内的スタンスが得られることは，封印していた内なる子どもの情動が「ある」ものとして意識にのぼることにつながり，それにより，本当は感じていた「つらさ」や「苦しさ」「母の自分への否定的言動はおかしい」という思いが視野に入り始める。その瞬間が，Aが心的に母親と自分とを切り分け始めた瞬間でもあったと考えられる。そして，自分と母親とを区別する線が見出されることで初めて，母親の像と自分の像を実感を伴って見出し始める。Aは「母のしたことは許せない。でも，その思いの後ろには淋しさがある。本当の気持ちは，淋しかった」と語る。封印されてきた内なる子どもの「淋しさ」に出会ったそのときが，Aの中に，「内なる子どもが求めるものとかかわる力」としての「母性」を見出し始めたときと考えられる。

　それ以降，徐々に実子と再びかかわりたい気持ちが芽生え，子どもとのかかわりの中で，子どもの自分に対する気持ちに目が向き，「可愛い」「子どもの顔が前よりよく見える。今まで何を見ていたのか。物の怪が落ちた感じ」が報告される。実母とのかかわりも少し楽になり，素直に気持ちを伝えることで，意外に素直な母親の気持ちが返ってくることも増える。それは自分と母親の気持ちを切り分け，置かれている状況を立体的にとらえ，実感を増していく観点につながるぶん，葛藤は解消されるというよりも，それぞれの重みを深めるものになっていった。それは「どちらか」ではなく「どちらも」を可能にし，大切に抱えていく観点になっていると考えられる。それが，無自覚のうちに引き受けてきた母親の価値観から脱却し，自らの主体に目覚め，自らの心が生きている目線から世界を見出す，自己の確立という青年期的テーマに取り組むことでありつつ，自らの母子関係の亡霊を生きるのでなく，母子の心のやりとりの次元にアクセスすることを可能にし，生きた母子関係を生み出すことにつながったと考えられる。

2）良き母親のつまずき
＜事例＞ Bさん（40代女性）

　専門職に就いていたが，結婚し子（C）が生まれてからは家庭に専念したいと専業主婦になった。家事と育児を完璧にこなし，夫や子どもを包んであげられる温かい家庭にと心がけてきた。Cは優しく賢い理想の子どもに育っていたが，思春期に非行グループに入り，万引を繰り返すようになった。Cに「自分は母の思っているような子ではない」「非行グループは温かい」と言われショックを受け，家から出ないよう，Cを部屋に閉じ込めたり，心中を考えたりもした。「家の中が暗い。家庭が壊れてしまった。子どもに親の愛に目覚めてもらいたい」と来談された。

問題理解　Ｂは社会的自立を果たしたうえで納得して家庭に入り，Ｃの非行が生じるまでは「母親」であることに葛藤を抱かず，子どもも理想どおりに育ち，「完璧に」進んでいたと感じていた。Ｃの「非行」はそのような見え方をひっくり返す事態であり，ＣもＢの理想を裏返したイメージを語る。これまで母として自分として築きあげたものが崩れ，Ｂは理想のイメージにしがみつき，そこから離反しようとするＣを力づくで留まらせようとしたのだと考えられる。

　Ｂには，自分・母親としてのアイデンティティの揺らぎと崩壊感が，Ｃの行く末のイメージとして見えている。Ｂはどんなことを恐れ，避けようとしているのだろうか。＜お母様から見るとＣがどうなってしまいそう？＞「悪の道に落ちて，自分で判断がつかなくなるのでは。母の愛より悪の道に温かさを感じるなんて，善悪の区別がそこまでつかなくなって。Ｃが何を見ているのかわからない」　＜Ｃのことを考えてきたお母さんですら，Ｃの気持ちが見えない。でも一番かかわってこられたお母さんだからこそ見直すことができる。行動に行動で返すのを少し待って，いったん，Ｃのことを少しじっくり見直してみましょうか＞

その後の展開と考察　「母の愛より悪の道を選ばれた」ことをめぐる出来事，両者の言動，Ｂの思いの間のつながりを吟味していくうちに，実は，Ｃは「万引はするが，人間としての心は失いたくない。でも，もし人間の心を失うところまで行き始めたときにはお母さんに止めて欲しい」と述べており，Ｃは悪にとりつかれているわけではなく，本質的な危機の際には導いてくれる母親像を抱いていることが見えてくる。それによって，Ｂは「万引はする」と言われた瞬間，ショックで「自分から離れて，自分が一番嫌な方にいく」と受け取ってしまい，Ｃの真意を受けとる余裕がなかったことが見えてくる。つまり，ＢはＣの自立を意識では望んでいたが，それはあくまでＢの理想に他ならず，心的な母子分離と子の自立を意味するものではなかった。Ｃと心理的に分離していくことは，Ｂにとっては自分が否定され壊れる体験であったと考えられる。その点で，Ｃが無意識のうちに，Ｂにとって「一番嫌な」形を選んでいるのが興味深い。つまり「ＣとＢ自身を一緒くたにして，Ｃのことを見ているつもりで，Ｂの理想を投影している」ことに気づかせようと，Ｂの理想のＣ像に強烈な裂け目をつくり，Ｂに全精力を傾けてＣに向かわせることに成功しているのである。

　Ｂの意識に対するＣからの補償的なメッセージを受け取り直すことで，ＢはＣと自分を同一視して育ててきたことが視野に入り始める。ＢのＣへの同一視が，Ｃが離れていくことを「ＣがＢを否定する」と受け取る意味体験を生んでいたのであり，Ｃ自身がＢを否定しようとしているのではないことに気づく。その気づきによって，Ｃの言動の中に内包されているものを落ち着いて見ていけるようになる。Ｃが万引する流行のアイテムについて「それを欲しがるのは自分らしさを隠そうとすること」「なぜ欲しいのかピンとこない，価値観が違う」と述べるが，その価値観の違いがＢとＣとの境界である。境界が見えてくることで，「それほど欲しがるのは，それに求めている何かが入っているのかもしれない」と，Ｃの主体性を見出そうとする視点にシフトし始め，アイテムの購入を認めるようになる。Ｃがアイテムを使う様子を見るうちに，「アイテムの使い方に個性がある。"これが私"と見せることで，本当はまだ弱い自分を支える面もあるのかもしれない」というように，主体性の成長の動きが生じるゆえにそのアイテムが必要となっている面が見えてくる。Ｃは非行グループに行かなくなり，母に甘え，母自身もＣとのかかわりに楽しみを感じる蜜月を経て，相互に母子の共通点や相違点が見えるようになる。それにつれて，Ｃが「好きなもの」を見つけ，古いものにＣ独自の新鮮な観点を見出す

ことが増え，自分の進路を自分で選び，巣立っていくに至る。

このプロセスで見えてきたCの顔や「Bにはない」力は，Bにとって新鮮な喜びでもあった。「私自身，実は，母の世間体重視で権威主義的な価値観に内心反発し，自立を求めて専門職についた。Cにも『本人がしたいように進んでほしい』『ありのままの自分で』と思いながら，いつのまにか世間の価値観に囚われていた。子どもの力を見出せていない面があった。『ありのままでいい』と思ってるのに，一方で『うまくいかなかったら』と心配してた。今になって母親の気持ちがわかる。そんなつもりないのに子どもの力を価値下げして，子どもが少しでもつまずくのが許せない。私もCに温かいつもりで冷たかった。Cは私の望みを汲み取って私を支えてくれていたのかも。でもそれじゃ窮屈だし淋しい。生きていくのはC。親はひやひやするし心配だけど見守るしかできない。Cが自力で精一杯やってつまずいても，何があっても受けとめられる受皿を自分の中に育んでおきたい。それがCの母として見守るということ」と語られる。

Bは自らの「ありのままに生きる」価値観で子育てしているつもりで，いつのまにか実母の「世間を気にする」価値観に囚われていたことに気づくが，ここにも「ありのままの自分を認める理想の母子関係イメージ」の裏に，「世間を気にする実母と反発する子」という「母性対自立」の対立項的イメージがある。「ありのままの自分」を育てる「温かい母親」の両立という形で克服したかに見えていたけれども，その理想の母子イメージは，実は自分と実子を同一視する観点であった。その矛盾を問う子の「違和感」を，イメージの分化を通して見ていくことで，その理想のイメージは，実母の影を受け容れられないものの見方によるものであること，実子や実母の気持ち，ひいては自分の気持ちに気づいていなかったことに気づく。子どもの「自分らしさ」を見出せないとき，「ありのまま」は正体不明の不気味なものとなる。来談当初のBにとってCは「まだ自分をつかんでいない」子どもであるにもかかわらず「自分から離れていこうとする」ものであり，Bが恐れていたのはCがBとは異なる自分をもち始めることだったと考えられる。子どもがそのように見えるとき，母親は世間的価値観を最低限の参照枠としてもち込むのかもしれない。「善悪の区別のつかない」未分化な子どもを育てようと，その共同体で生きる最低限の「常識」的価値観が働くのかもしれない。

このように，母と子のズレがあることは悪いことではない。むしろ，ズレは，互いを見出し，出会う窓になりうるのである。それは，母親が自らと異なる子どもの主体性を見出す，というだけでなく，母親自らが，自分自身のアイデンティティを見出すことにもつながっている。Bはそうした心的スタンスの獲得によって，B自身が本来めざしていた，「ありのままの自分」とそれを認める「母親」としてのアイデンティティを見出したのだと考えられる。

■ 3 「理想の母親」か「自己実現」かの対立項を越えて

母親は常に，「理想の母親」か「自己実現」かの対立項に心的に引き裂かれ，「母親」も「自分」もの二重のアイデンティティの問題を生きている，と述べた。

ユングは，対立項に見えるのは「同じもの」を別々の観点から見ているために別々の二面として見えるだけであるとしている。相反する対立項として見える観点に囚われたあり方を越えて，両方の観点を視野に入れ，新たな境地からとらえ体験するスタンスを獲得していく過程について述べ，そのためには，自らが無意識のうちに自分の観点と思いこんで囚われているものと「自分」の観点とを区別していくことが必要であるとしている。2つの事例を通して見てき

たように，母親になることに葛藤をもつ場合も，良き母親としてつまずく場合も，意識的姿勢の影の面である，無意識のうちに囚われていた「親」の価値観と，「自分の」価値観とを心的に区別していくことで，「自分の」目を通して自他にかかわっていく新たな視座を獲得していくことになる。

　Aの事例で見たような「未熟な自分が母親になる葛藤」の場合は，「自分を否定する実母」の価値観のイメージに無意識のうちに囚われ，そのイメージを実子との母子関係に重ねて見てしまうために振り回され，自らの主体性とのつながりをも見失うという危機に陥る。しかし，その中で生まれる"違和感"という「実母と区別される自分」の感覚の萌芽を大切にしていくことで，封印されていた「内なる子ども」の情動を見出すに至る。このように，未分化だった「実母との関係」と「実子との関係」を「自分の」観点から切り分け，自分と実母，実子とを区別していくことによって初めて，等身大の自分にも，実母や実子にも心的に出会っていくことができ，相互の位置づけと関係をとらえなおすことができるのである。そして，親の価値観に囚われて自ら閉じ込めていた「内なる子ども」を見つけることこそが，自らのアイデンティティを見出すことであり，同時に，主体を見出し関与する母親なるものを自らの中に見出すこと，すなわち母親としてのアイデンティティを見出すことでもあると言える。

　一方，Bの事例で見たような「良い母親のつまずき」の場合は，自らの価値観に対する実子からの「違和感」が唱えられ，意識的価値観の反面である「影」の価値観と向き合い，実子と自分の価値観の共通点と相違点を「区別」する観点が得られることで初めて，等身大の実子と自分の心に出会うことができるようになる。それと同時に，無意識のうちに「親」の価値観に囚われていたことに気づき，自らの目で子どもを見守る母親としての価値観を見出すことができるのである。

　いずれの場合も，無意識のうちに親の価値観に囚われていたことに気づき，自ら封じ込めていた「内なる子どもとしての自分」や「ありのままの自分」を見出すことが，同時に，そのような自分を見出す力・育てる力としての「母親なるもの」を獲得することと言える。自己のアイデンティティと母親としてのアイデンティティは，自己に関わる力にもとづく2つの面であり，必ずしも別々のものではなく，深いところでつながっているのである。その構造を実感を伴って発見し続ける関与的視座が獲得されることで，母親が，ひとりの女性として，自分と母親の二重のアイデンティティを生きていくことが可能になるのだと考えられる。

第3節　「人生の峠」を越える：「中年期危機」の心理臨床的理解と援助

■ 1　ライフサイクルにおける中年期の発達的意味と臨床的意味

　中年期という人生の峠を越える体験は，単に5歳，年を重ねたというような単純なものではない。かつて，ユング（Jung, 1933）は，中年期を「人生の正午」と呼び，太陽が頭上を通過するときにたとえて述べた。自分の頭の上を太陽が通過するときに起こる変化はわずかなものかもしれないが，そこには決定的な変化が起こる。つまり自分の影が，今までとは逆の方向に映し出されるのである。

　第1章第4節の図1-7（p.41）に示したように，中年期は，心身のさまざまな面において，否定的な変化が体験される構造的危機期である。このような変化は，中年期の人々の内側と外

側から，心を揺さぶり，脅威を与える。中年期に見られるさまざまな心理臨床的問題は，この「内圧」と「外圧」による自我の揺れの現れともとらえることができる。中年期のクライエントの問題は，このような中年期の特質と深い関連を有していることが少なくない。さらに，中年期危機の現れ方は，その個人のもつ「葛藤の深さ」と関連している。つまり，葛藤の根が，生育史を遠くさかのぼり幼児期に由来するケース，青年期に由来するケース，成人初期以降にあるケースでは，中年期に現れる問題の深さ，病理性は異なるであろう。

　本節では，まず筆者が臨床心理士として関わった心理療法事例をもとに，中年期危機の体験のされ方，危機からの回復のし方と，それ以前の自我の健康性の関連性について考えてみたい。さらに，それぞれの葛藤の深さに応じた心理面接の視点について論ずる。

■ 2　心理療法事例に見られる中年期危機

　中年期は自己内外のさまざまな次元で，自己が揺さぶられる構造的危機期である。中年期には，身体や気力の衰え，時間的展望のせばまりといった自分の内的な変化ばかりでなく，家族，職業など，さまざまな領域の問題が心身の不調の契機となる。まず中年期に心理臨床的問題が顕在化する状況を見ていきたい。

2-1　中年期特有の喪失体験

　中年期に心理臨床的問題が顕在化する場合，その危機の契機は，中年期特有の喪失体験であることが多い。それは，自分自身の老化や更年期障害などによる「元気でタフだったこれまでの自分」の喪失や，子どもの自立などによる「親としての自分」の喪失，また親の死や老化によるこれまで支えにしてきた「親イメージの喪失」の体験などである。

　中年期を迎えた母親の空の巣症候群，うつや無力感については，1960年代という比較的古くから注目されてきた。もっとも最近の研究の中には，子どもの自立は，子育ての成功体験として肯定的に評価されることも多いという報告（石垣・本多，2005）や，母親自身の子離れ体験は，それまでの母子関係によって相当な相違が認められるという研究（兼田・岡本，2007）も見られる。

　しかしながら，思春期，青年期に達した子どもの自立への試みは，時にそれが破れかぶれの自立であることも少なくない。中年の親にとって，現実のわが子の姿が，長い子育ての中で思い描き，期待していた成長のイメージと異なる場合，親の側に落胆やうつをもたらし，親であるという自信さえ失ってしまうこともある。

　中年期の人々にとって，親はすでに老年期に入り，介護が必要になったり，現実に死を迎えることも多い。こちらが親の世話をし，支えこそすれ，もう親に依存することはできない。健康な人々であれば，その事実は受け入れられ，適応的に親子関係の心理力動は変化していく。しかし，中年期に至るまでに，親への依存性が解決されていないとき，つまり，子どもの側に大人としての心理的な自立が達成されていない場合，頼りにしていた親の老化や死は，中年期の臨床的問題の引き金になることもある。

2-2　未解決の心理的課題の壁

　中年期に直面する問題の1つに，これまでの発達段階における未解決の心理-社会的課題や葛藤の解決という問題がある。青年期の課題としては，両親からの自立やアイデンティティの

確立，つまり適切な親との心理的距離をとり，親とは異なった自分の独自性と社会における居場所を見つけることがある。また成人初期の課題としては，配偶者との間で親密で対等な相互依存－協力関係を築くという問題がある。このような課題は，大人として成人期を生きていくうえで不可欠の問題であり，本来，それぞれの発達段階で達成されておくべき課題である。しかしながら，第3項で紹介する＜事例2＞のように，心理臨床の場で出会う人々の中には，その問題が中年期まで先送りされ，中年期の峠を越えられないケースも少なくない。

2-3 世代性におけるつまずき

中年期の中心的な心理－社会的課題は，次世代をはぐくみ育て，親を支えることである。中年期の心理療法事例においては，この世代性の問題がテーマになることも多い。さらに今日では，世代性の問題は，子どもという次世代を育てるという問題ばかりでなく，老親を世話し看取るという，自分たちの上の世代のケアも大きな位置を占めている。第3項で紹介する＜事例1＞Aさんは，医師や臨床心理士の援助を受けるようになったきっかけは，更年期障害という体の不調であったが，心理面接過程の中で見えてきた問題は，老親を支えるためにリセットした人生のつまずきであった。

3　成長期の葛藤の深さに応じた中年期危機の理解と心理療法

ここでは，このような中年期事例の心理療法過程をふりかえり，中年期危機の特質と病理水準の関連性について考えてみたい。いずれも，中年期に初めて心理療法を体験されたクライエントであるが，問題・未解決の葛藤の根が，①成人初期以降（Aレベル），②思春期・青年期（Bレベル），③乳幼児期（Cレベル）のいずれにあるかによって，問題の理解も，心理面接の深さや展開もかなり異なるものであった。ここでは，これらの事例の面接過程を，3群に分けて紹介する。また，病理水準に応じた心理療法の視点についても考えてみたい。個人情報の秘密保持のため，事例の心理臨床的理解に支障のない範囲で内容を改変した事例もあること，および，事例の詳細は記述できないことをご了解いただきたい。

3-1 中年期の心理－社会的課題そのものが問題の事例群［Aレベル］

Aレベルの事例群は，中年期までは適応的な人生を歩んできたが，中年期の自己に関わる内圧と外圧によって心身の不調をきたし，心理療法に来談された人々である。彼女たちは，一応のところ，健康で適応的な自我の持ち主である。中年期の変化による自己の揺れはいろいろ経験しているが，面接者（筆者）がクライエントの辛い気持ちをしっかりと受けとめ，これまでの生き方と現在の生活の問題点を整理しながら，話を聴いていくことで，アイデンティティの立て直しが進んでいった。面接者としても，クライエントが基本的に健康な自我の持ち主であるということで，クライエントの体験世界は理解や共感しやすく，面接の初期から，ある程度しっかりとした同じ地平に立っているという感覚が感じられた。その一例として＜事例1＞を紹介する。

＜事例1＞Aさん（55歳，女性，主婦・音楽教室経営）
①事例の概要と来談経過　　Aさんは，地方の都市で成長し，地元の大学を卒業後，東京で就職した。20代で商社マンの夫と結婚し，3人の子どもにも恵まれた。夫の海外勤務に伴っ

て，外国生活も経験したが，Aさんは海外生活にも適応して楽しみ，幅広い趣味ももっていた。子どもたちがそれぞれ就職して自立した頃，高齢の夫の母親の面倒を見るため，長男である夫は，会社を辞めて資格を取り，実家のある田舎へ帰って開業した。Aさんも，長男の嫁として納得のうえの生活の転換であったが，まったく知人・友人もない土地に住み，これまでとは180度異なる生活となり，さまざまなストレスを感じるようになった。夫の母親と同居するようになってみると，予想以上に夫が母親思いであり，妻である自分の気持ちを理解しようとしないなど，夫婦関係にも波風が立ち始めた。また，高齢でもなお，田畑を耕し農業に携わる「勝ち気な」姑に対しても，何も言い返せず「言われっぱなし」の毎日であった。その後しばらくして，頭がボーとなる，イライラして夜眠れない，などの症状が現れ始めた。医師の診断は更年期障害であったが，Aさんはその治療と並行して，カウンセリングを強く希望し，主治医の紹介で，筆者が心理療法を担当することになった。

　②心理学的理解・面接方針と面接過程　　初回面接に来談したAさんは，更年期の体の辛さとともに，田舎での姑との同居生活のストレスや夫とのコミュニケーションのとれなさを切々と訴え，相手を気にして自分を抑えてしまう性格を変えたいと語った。初回面接の終わりには，「初めてゆっくりと自分の話を聴いてもらえた。体は老化の一途だが，気持ちはまだ上昇していける感じがする」と述べ，カウンセリングへの意欲を見せた。面接者は，Aさんは内省力もあり，基本的には健康な自我のもち主であると考えた。当面の面接方針としては，①Aさん自身が，自分の本音を語り，受容される経験を重ねることで，活力を蓄えていくこと，②これまでの半生を見直し，問題や状況を整理していくことで，大きく変化した環境での人生後半期の生き方の模索・構築を支えること，③相手の枠組みで自分を見て，相手に呑み込まれてしまう関係のあり方から，主体的な自分の感覚や見方に自信をもてるようにすること，などが考えられた。面接は，Aさんの生活のさまざまな役割・責任を考慮して，隔週面接とした。

■第Ⅰ期　語ることによる日々の生活でのストレスの解消，「自分」を出すことと，夫・姑との距離の変容（#1～#10，約5ヶ月間）

　Aさんは意欲的に来談し，日々の生活のさまざまなエピソードが語られた。いずれも気の強い姑や仕事で余裕のない夫に一方的なもの言いをされて，何ひとつ言い返せないことで落ち込むこと，自分も精一杯，姑の世話をしているのに，だれもそれを認めてくれないこと，音楽教室の生徒の保護者への対応も気を遣って疲れることなど，狭い世界での人間関係の苦労であった。

　面接の中で，自分の体験と感情を語り，面接者に支持，受容されることで，Aさんは少しずつ自分の感じ方を受け入れられるようになっていった。夫とは次第に気持ちを理解しあえるようになったが，姑には満足に自分の言いたいことも言えない状況であった。日々の生活における姑との数々のエピソードを面接の中でていねいに吟味していくことによって，Aさんは，「自分」が保てる心理的距離のとり方を学んでいった。

■第Ⅱ期　「根こぎ感」への直面と半生の生き方の見直し（#11～#15，約3ヶ月間）

　Aさんは，自分の意見や感じていることを表出することに罪悪感を感じなくてもよいことを知った。姑とも適切な距離がとれるようになり，2人の関係は波風の立たないものに改善されていった。しかし主訴の一つであった姑との関係が改善されるにつれ，Aさんは，「根こぎ感」や「自分がない」という気持ちに襲われるようになった。夫の郷里へ帰るまでの都会や海

外での楽しい刺激の多い生活に対して，納得したはずの現在の生活は，自分の居場所がなく，「自分」がなくなってしまったという思いである。面接者はAさんに対して何度も，この環境の中で，自分がどうすれば満足・納得できるのかが見えない，ふわふわした印象をもっている。面接者は，Aさんの育ちや結婚後の人生について，ていねいに聴いていくとともに，Aさんが「いきいきした感覚」を感じられることややりたいことなどを確認していった。

■ 第Ⅲ期　「自分」を肯定できるようになる（#16〜#29，約7ヶ月間）

　Aさんは，カウンセリングを受けるようになって初めて，「本当の自分」について考えるようになったと語り，他者に対する態度も積極的になった。音楽の趣味のグループのリーダーを務めたり，音楽教室の生徒がコンクールでよい成績を修めるなど，自分のやっていることが認められる体験も幸いしたようである。またこの頃，長男が結婚することになり，相手の家族とのこまごまとした相談や取り決めも，Aさんは，「自分の意見を言うのは緊張する」と言いながらも，なんとかまとめあげた。今まで経験したことのなかった新しい自分を見た思いだったとAさんは述べた。第Ⅲ期には，さまざまなエピソードを通じて，Aさん自身の自己肯定感が語られるようになった。

■ 第Ⅳ期　おりあいの中で「自分らしい生き方」へ（#30〜#40，約5ヶ月間）

　姑との距離のとり方が身につき，夫と2人だけで小旅行に出掛けるなど，Aさんの生活は穏やかなものとなった。Aさんは，好きなアーティストのこと，海外生活の中で手ほどきを受けたガーデニングなど，自分の趣味や「夢」をさかんに語る。それは何か思春期の少女が自分の夢を語るような感じであった。面接の中では，「なりたかった自分」と「できなかったこと」をふりかえり，納得していくこと，そしてできる範囲でそれを実現していくというテーマが繰り返し現れて，Aさんは，「自分らしい自分」は，現在の生活を維持しながらでも達成できることがかなりあることに気づいていった。田舎生活の中でも，「自分らしい自分」の活動ができることを実感できたことにより，田舎のしきたりにもとづいた行事にも嫌悪感なく出席するなど，Aさんの適応性はさらに向上していった。

　中年期の危機には，単に自分自身の問題・課題のみでなく，家族の問題が深く関わっている。＜事例1＞のAさんの場合は，中年の子ども世代が，老年期の親を支えるという課題をめぐって生じた問題であった。中年の子ども世代と老年期の親の世代の家族に関わる心理臨床的問題は，単に介護のストレスだけでなく，この事例のように，親の生活や人生を支えるために，自分たちの生活構造や生き方をどう組み立て直すかという問題もきわめて重要な課題となる。それがうまくいかないとき，自分の人生が台なしになった，自分は親の犠牲になってしまったという思いが体験されることも少なくない。Aさんの心理面接で行われた心の作業は，自分自身の半生，夫との関係性の見直しを通して，「自分」を失わず「家族」を受け入れる自分自身のあり方，生き方の模索であったと思われる。

3-2　青年期・成人初期の課題が未解決の事例群［Bレベル］

　次に，青年期または成人初期の心理−社会的課題が未解決のまま中年期を迎えてしまった事例について考察する。これらの事例では，中年期の危機は，もはや課題の先送りが許されない，にっちもさっちもいかない状況で現れているため，心理療法では，本腰を入れてこれまでの未解決の課題や意識されていない葛藤の見直しを行う必要がある。ていねいにこれまで半生の経

験を見直していくことにより，クライエントは初めて自分の葛藤や未解決の課題に気づき，中年期にようやく心理的な自立と主体的なアイデンティティが達成されていった。例えば，次に紹介する＜事例２＞Ｂさんは，その典型である。

＜事例２＞Ｂさん（44歳，男性，医師）
①事例の概要　　Ｂさんは，医師の父親，専業主婦の母親をもち，学校の成績もよく，中学生頃までは表に現れた問題は見られなかった。Ｂさんの父親は，地域の人々から慕われた開業医だったが，Ｂさんが思春期の頃に急病で亡くなった。その後Ｂさんは，父親のような立派な医師になれと，母親に叱咤激励されつづけ，自分が何がやりたいかもわからないまま，医学の方向へ進んでしまった。医師になったのはよいが，尊敬していた父親のような人望ある医師にはとうていなれなかったという思いをずっといだいてきた。

　Ｂさんの来談時の状況は，次のようなものであった。Ｂさんは，医師という高度な専門的職業についていながら，大人として責任のある主体的な行動がとれない。具体的には，強い無力感や劣等感があり，自信がないために，ほんのちょっとしたこと（Ｂさんにしてみれば，些細なことではないのだが）で職場をかわってしまう。また家庭でも，父親としての対応ができず，子どもは父親と口もきかない。それどころか時々，Ｂさんは子どもに暴力をふるってしまう。子どもは２人とも不登校という状態で，妻がひとり，孤軍奮闘している状況であった。また，面接経過の中でわかってきたことであるが，母親との関係も癒着状態という非常に深い家族病理性をもった事例であった。Ｂさんの主訴は，このような事態を何とかしたいということであり，妻に強く勧められての来談であった。

　②心理学的理解・面接方針と面接過程　　初回面接に，Ｂさんは妻に付き添われて来談した。40歳代半ばとは思えないほど子どもっぽい幼い印象を，面接者は受けた。妻はこれまでのＢさんの問題をていねいに説明し，Ｂさんはそれをそばで口出しもせずに聞いていた。面接者（筆者）には，Ｂさんは，しっかり者の妻の息子のように感じられた。ひととおり妻の話を聴いた後，面接者がＢさんに，妻の説明についてどう考えているのか，また心理療法への来談の意思について尋ねると，Ｂさんは，「家内からいろいろ言われて，自分に問題があるのかと，最近になって考えるようになった。が，基本的にはなぜ，自分が問題なのか，全然わからない」と述べた。しかし現在の自分と家庭の状況はなんとかしたいという気持ちがあるということであった。Ｂさんの仕事のことを考えて，毎月１回の個人面接とし，面接者は，「次からはひとりでいらしてください」と述べた。Ｂさんは，これまで主体的に自分の生き方・考え方を選択した経験がなく，職業においても家庭人としても「自分」に自信がもてず，「仮面」の自分でしかいられないこと，職場での頻繁なトラブルや勤務先の変更も，ひとえにそのアイデンティティ拡散のゆえであると考えられた。面接方針としては，①Ｂさんのこれまでの育ちと問題をていねいに聴き，主体的な自分のあり方を模索していくこと，②父親，母親との間で達成されていない適切な心理的距離を獲得すること，③家庭においても，夫，父親としての適切なあり方を模索していくこととした。

■ 第Ⅰ期　自分の「問題」に向き合えない（#１～#４，約４ヶ月間）
　面接者は，初回面接での妻の語った内容を含めて，Ｂさん自身の言葉で，これまでの経験について話してもらった。中学生のとき，急逝した父親に対する敬慕の念は強かったが，生前の

父親にぶつかった経験はないこと，母親の言うなりに成長したが，現在に至るまで，そのような母親との関係をまずいと感じたことはなかったこと，「もう40代になり，キャリアがないとは言えない年になったが，『自分』がない」「常に後ろ向きの生き方をしてきた」「なぜ医師になったのか，未だによくわからない」という言葉が，繰り返し語られた。また，妻が同席した初回面接では語られなかったこととして，Bさんと母親，妹（いずれも近所に在住）はある新興宗教を熱心に信仰しており，妻だけがその宗教や活動に対して否定的だということであった。

Bさんは，セッションが進むにつれて饒舌になり，面接者が口を挟む隙もないほどよく話した。礼儀正しい口調であったが，自分の問題意識はきわめて浅く，言葉だけが流れているという感じであった。面接者は，Bさんの「自分」が生きているという体験の希薄さが印象的であった。現実生活は，しっかり者の妻の切り盛りで運営されているが，Bさんは，母親と宗教に呑み込まれ操られていると考えられた。

■ 第Ⅱ期 「医師としての自分」の見直しと自信の獲得へ（#5～#10, 約6ヶ月間）

面接者は，これまで語られた実感のこもらないふわふわとした半生の経験の中で，Bさんなりに「自分」の実感が語られたこととして，医師としての患者への対応をとりあげた。Bさんは，雇われ院長として開業していたが，「主体的，積極的にやる気はしない」と言う。また他の病院にも非常勤医として関わっていた。心理的にはどの職場にもコミットしておらず，どれも選択可能にしておきたいという，モラトリアム状態であった。

しかしながら，自分が担当している患者さんの話になると，Bさんは力を入れて話し，患者とのコミュニケーションのとり方には自分なりの肯定的な評価が語られるようになった。面接者は，「患者さんとの信頼感が医師としての原点だと思う」と言うBさんの言葉に，この姿勢が彼のアイデンティティの芯にならないかと考えた。Bさん自身も，「自分は患者一人ひとりを誠実に診ている」ことに「職業的充実感がある」ことも意識されるようになった。現実の日常場面では，病院で，相変わらず他の医師や事務職員とのトラブルは多々，発生していた。しかしながら，面接開始以前のように，それで辞めてしまうのではなく，感情的にならず動揺せず，対応できるようになり，Bさんにも自分のそのような変化が自覚されてきた。

■ 第Ⅲ期 家族の中での葛藤と母親からの自立（#11～#19, 約10ヶ月間）

第Ⅱ期で体験された医師としての自分の拠り所や自信によって，Bさんは少しずつ，自分の経験を咀嚼して実感を込めて語り，日常で出会う問題やトラブルにきちんと向き合うことができるようになった。また，今まで妻にまかせっぱなしで，かかわりの乏しかった家族についても，家庭内で起こっていることに関心を示すようになった。母親の言いなりであった宗教活動について，妻との間で意見の対立が頻繁になる。面接者は，妻の「息子」のようなBさんが，ようやく夫として妻と向き合えるようになったと感じた。2人の子どもたちの不登校は続いていたが，Bさんはようやくこの問題も，父親としてのかかわりがかなり影響していることに気づき始めた。夕食をともにするなど，Bさんなりに不器用にかかわりを試みるものの，子どもたちに無視されてしまう。

こうした状況の中で，今まで公私ともどもうまくいかないことの癒しを宗教に求めてきたことが語られる。Bさんは，信者として尽力してきたつもりだったのに，妹や母親に不十分だと非難され，初めて，宗教をはじめとする自分の価値観について正面から見直すようになった。この時期，再び自分の半生について語られたが，それは第Ⅰ期とは大きく異なって，Bさん自身が主体的に自分のこれまでの生き方を見直し，「大人になっていない」自分の問題を問い直す

ものであった。この半生の見直しの中で，Bさんは自分はこれまで「仮面」の自分でしかなかったことに気づいた。そして，母親との癒着に気づいたBさんは，これまで母親の言うなりに従ってきた宗教活動から手を引くことを決断した。Bさんにとっては，生まれて初めての母子の心理的分離，自立であった。

■ 第Ⅳ期　父親としての自分の獲得と家族の安定　（#20～#29，約10ヶ月間）
　母親との決別後，Bさんの家族への態度は大きく変わった。帰宅すると子どもたちの状況を一生懸命つかみ，子どもたちの関心のある話題を向けた。こうした努力によって，家庭にはコミュニケーションが復活し，休日には家族で外出するほど適応的な親子関係となった。この頃から子どもたちはそれぞれ，登校を開始した。仕事についても，Bさんは，自分の得意な分野を生かして，高齢者の訪問医療を中心とした医院を開業したいと語るようになった。

　Bさんの事例は，中年期に初めてアイデンティティが確立された事例と考えてもよいであろう。上に述べたように，心理面接の過程で初めて，Bさんは，中年期まで持ち越されてきた思春期・青年期の心理的課題や未解決の葛藤を認識した。医師になったのはよいが，尊敬していた父親のような人望ある医師にはとうていなれなかったという思い，母親の価値観にがんじがらめにされ，今まで職場でも家庭でも自分に対しても，「仮面」をつけてしか，生きてこれなかったということが，自分の問題の背景にあることが理解されたわけである。2年半余の心理面接の中でやってきた心の作業は，これまで積み残してきた葛藤を整理し，自分の感覚や目で主体的に自分の問題をとらえ，納得できる自分を獲得することであった。面接の終結時には，子どもの頃からコントロールされつづけてきた母親とは距離を置くこと，父親のような名医にはなれないということをしっかりと認め，受け入れられるようになってくると，父親とは違った自分の長所を生かしたやり方で患者の役に立てる医師のあり方が見えてきた。また家庭では，子どもたちにとって，自分が父親であるとはどういうことなのかを考えることにより，自分の家族への信頼感，そして，妻や子どもたちに受け入れられている自分が見えるようになった。Bさんの事例は，中年期という「人生の峠を越える」ターニング・ポイントだからこそ，問題が表面化してきたとも考えられる。もう先送りは許されない，もういよいよ，ここで何とかしなければ，という無意識のメッセージが人生の峠には聞こえてくるのである。

3-3　葛藤の根が乳幼児期に由来する事例群［Cレベル］
　次に，葛藤の根が乳幼児期に由来する事例の中年期の問題について考えてみたい。以下に紹介する＜事例3＞は，その典型と考えられる事例である。

＜事例3＞Cさん（49歳，女性，主婦・パート勤務）
　①事例の概要と来談経路　Cさんは，地方の旧家で生まれ育ったが，その家族は大きな病理性をはらんだものであった。Cさんの祖父は，その地域の名士であったが，Cさんの父親は，跡取り息子として母親や女中の手で過保護に育てられ，身の回りのことも自分で満足にできないほどの未熟性を残したまま成人した。Cさんの両親の結婚については，両家の祖父が強引に話を進めてまとめてしまったということであった。母親は，結婚後初めて夫の未熟性を知り，泣き暮らした。Cさんの母親は，持病のためたびたび入退院を繰り返した。母親の病気のときでさえ，父親はまったく思いやりや気遣いをみせず，頼りにならないどころか，母親にセック

スを強要するような男であった。Cさんにとって、父親とのよい思い出は何ひとつなく、「気まぐれで野蛮な男」というイメージが、心の奥深くに定着していた。また一般的な男性イメージも、それに類したものであった。Cさんは幼児期より、何をするかわからない父親から病弱な母親を守らねばという一心の思いで生きてきたと語っている。Cさんは、性的にも経済的にもだらしない父親を軽蔑し、その思いは思春期を過ぎるころからますます強くなった。将来の自分の結婚相手が、自分以外の女性と性的交渉をもつなど、絶対に受け入れられないことであった。

成人した後、Cさんは、船舶会社に勤める男性と見合い結婚した。外国航路の船員はあこがれの職業であったという。仕事の性質上、夫はほとんど海外におり、帰国時も単身赴任が多く、Cさんの家庭は、2人の子どもと隣家に住む母親という生活となった。日常生活をともにしない夫婦であったが、Cさんは、結婚以来欠かさずこまめに、海外にいる夫に日常生活を手紙で書き送った。夫は「やさしく誠実で」、Cさんにとっては、父親とは正反対の「理想の男性」であったという。

ところが、49歳の年の正月に、帰宅した夫が、酒に酔ったはずみで、若い頃、海外の寄港先で買春したことを話してしまった。それを耳にしたCさんはパニックに陥り、生活が手につかなくなった。仕事はおろか、不眠やイライラが高じる一方であった。Cさんにしてみれば、これまで、父親とは正反対の誠実でまじめな、ものわかりのよい男性だと信じていた夫が、父親と同様の性的にだらしない男とわかり、一緒に暮らしていけないと主張するばかりであった。

②心理学的理解・面接方針と面接過程　初回面接にCさんは、かかりつけの内科医の紹介状をもって来談された。肩にかかるほど髪を長くのばし、明るい色のワンピースを着た姿は、何か10代の少女を連想させるものであった。心理療法への期待は高く、Cさんは、ともかく自分の話を聴いてほしい、夫とのことをどう考えたらよいかわからないと訴えた。当面の面接方針は、①まず、Cさんの無念さや怒りを受けとめ、夫婦関係について考える土台を整えること、②Cさんのこれまでの夫婦関係、生育歴や親子関係をていねいにレヴュウすることにより、Cさん自身が気づいていない問題点を整理し、適応的な今後の生活の方向を模索することが考えられた。

■ 第Ⅰ期　夫への怒りと関係修復へ（#1～#8, 約2ヶ月間）

Cさんの夫の買春は、結婚前、外国で一度だけのことであった。夫にとっては、それは「昔、昔の夢のこと」だったが、口をすべらせてCさんの尋常でないパニックと怒りにあって、ひたすら謝り、今もCさんがその話を持ち出すたびに、謝っているということであった。面接場面では、Cさんは面接者（筆者）の言葉に一つひとつ深くうなずき、少女のような純粋さが感じられた。面接者は、Cさんの怒りに共感し受けとめつつも、客観的に見てご主人は誠実な人だと思うと述べた。Cさんは、面接者の夫に対する評価に救われたと言いつつも、おさまらない気持ちを面接場面で訴え続けた。また、夫とのこれまでの結婚生活をふりかえり、ほとんど不在の夫に対する純粋な思慕の念と、子育てや母親の病気などの困難なときにもまったくあてにできなかった夫への不満の両面が語られた。こうして隣に住む母親が「母親」役割、Cさんが「父親」役割という、夫不在の家族力動が見えてきた。Cさんは、直接夫と向き合って話してみてはという、面接者の助言を受け入れて、単身赴任の夫の元へ出掛けるなど、関係修復の兆しが見え始めた。

Cさんにとって、「自分ひとりで育ててきた」子どもたちが自分の期待に応えて成長してくれたことは、大きな励みであり支えであった。とは言え、青年期を迎えた子どもたちのことでは、いろいろな問題がもちあがる。これまでは自分ひとりの判断で処理し、夫とには事後報告だったいろいろな問題を、Cさんは夫に電話をかけて相談するようになり、夫婦のコミュニケーションが回復していった。

■ 第Ⅱ期　自分の「育ち」の見直しと父親への嫌悪（#9〜#18、約3ヶ月間）

　来談当初の夫のことは、Cさんは一応のところ納得したようであった。それと入れ替わる形で、Cさんは自分の育ちについて熱心に語り、父親への嫌悪感を剥き出しにした。これまで隠蔽されてきた成長期のトラウマ的なエピソードが次々と語られた。そして両親のような夫婦にだけはなりたくないと誓っていたにもかかわらず、自分たちの夫婦関係にも、弱い存在感のない父親（夫）、孤軍奮闘している母親（Cさん）という特徴が再現されていることに気づく。このような育ちのふりかえりの中で、Cさんは、頼りなくてだらしない父親体験を埋め合わせる形で、夫に理想の父親イメージを求めていた面もあることに気づいていった。面接者は、性に関して今時珍しいほどの純粋性を強く残したまま中年期を迎えたと感じてきたCさんに、病弱な母親を守りながら、2人の子どもを育ててきたというしっかりとした一面もあることを認識した。

■ 第Ⅲ期　「100か0か」から「折り合いをつける」現実の見方へ　（#19〜#25、約2ヶ月間）

　この頃から、Cさんは髪を短く切り、服装もスーツで年齢相応の落ち着きのあるものとなった。時には、面接の後、夫のところへ行くとのことで、おしゃれをして来談されることもあった。第Ⅱ期における自分の育ち、母親・父親との関係、夫のいない子育ての苦労などをふりかえって語る体験は、Cさんのさまざまな自己洞察を深めていった。例えば、Cさんは、これまで何度か経験した「パニック」のエピソードを語り、ことがうまく運ばないとすべてを否定してパニックに陥りやすい自分の特性に気づいた。「がんばってきたのに、ちょっとしたことで0になってしまう。100か0か、という見方をしてしまうんですね」という面接者の言葉に対して、幼い頃から安心できる体験が少なかったことを述べた。

　Cさんは、夫と過ごす時間を大切にするようになった。2人で出掛けた旅行の写真を見て、知らぬ間に自分も夫も年をとった顔をしていることに気づき、「やはりこの人と年をとっていくのかなあと思った」と述べる。また長い間会っていなかった父親のことが急に気になり、一人暮らしの老いた父親を訪ね、若い頃買春をしたことがあるかと単刀直入に尋ねたということであった。父親は、「そんなことはつまらんことじゃ。仲間に笑われても赤線には行かんかった」と言って、否定したという。この一件によってCさんは、性に関する一点では、父娘の価値観は同じであったことを知り、父親に対する嫌悪感は消えていった。最終回の#25では、「事件後初めて、主人に『結婚後は誠実でいてくれてありがとう』と言えました」と報告してくれた。

　この事例は、中年期に初めて発覚した、夫の婚前の買春という小さな事件（Cさんにとっては、決して小さな事件ではなかったが）から、半生の積み残された課題が一気に顕在化した事例である。Cさんの異性に対する潔癖性は、幻想とも言えるほど徹底したものであった。夫は一般的な常識を備えた誠実な人であると思われたが、Cさんは夫に、一方で王子さまのようなイメージを投影し、他方で現実の日常生活にはほとんど関わらせなかった。Cさんがあこがれ

た外国航路の船員のイメージも，メルヘンの世界に通じるものがある。それは，嫌悪し軽蔑する父親とは正反対の，いつも遠い世界にいるスマートな理想的な男性イメージであった。

心理面接では，Cさんの生育歴をていねいにたどり，その問題点を整理していくことで，Cさんは自分の極端な異性イメージが形成されてきた由来（これは，面接者にも十分共感できるものであった），自分の育ちの中で体験できなかった安定した温かな家庭への憧憬，そして無意識のうちに自分たちの夫婦関係も，両親と同じ心理力動になっている面もあることに気づくことによって，現実の夫と向き合えるようになった。

Cさんの事例は，乳幼児期の家庭環境に大きな問題をはらんだ事例であるが，性に対する態度以外の面では，Cさんは子育てを生きがいにして励むなど，適応的で健康な自我を備えていたことは救いであった。心理面接の中でも，子どもたちとはしっかりかかわり育ててきたというCさんの自信が，自分の困難な育ちや数々の危機的体験を見つめ直し，自己洞察を深める土台になったと思われる。

■ 4　葛藤の根の深さに応じた問題の理解と心理療法の視点

4-1　葛藤の根の深さと中年期危機

ここまで，いくつかの中年期の心理臨床事例を，問題や葛藤の根がライフサイクルのどの段階にあるかという視点から考察してきた。解決されていない葛藤や十分に達成されていない心理-社会的課題が乳幼児期から青年期までの成長期にある場合，中年期に表面に現れてくる問題は重大であり，クライエント本人にとっても，心の揺れが激しく，自分自身の心の中で起こっていることの理解は難しいものとなる。やはり，先人の知見のとおり，乳幼児期の体験は基本的に重要であり，心の土台，つまり自我の健康性の基盤を形成するものである。より具体的に言えば，母親，父親自身の自我の健康性と，親としての機能が果たせているかどうか，母親・父親によって提供される家庭環境が子どもにとって安心していることのできる居場所であり，「抱え環境」（神田橋，1990）になっているかどうかは，クライエントの自我の強さや適応性に大きく影響する。

4-2　葛藤の根の深さと心理療法の視点

それらをふまえたうえで，葛藤の根の深さに応じた中年期の心理療法の視点について述べてみたい。

1）Aレベル

中年期の課題そのものが問題として顕在化したAレベルのクライエントは，中年期危機の体験までは適応的な生活を送ってきた人々であり，基本的に健康な自我のもち主であると考えてもよいであろう。面接者とのラポール形成も，Cレベル，Bレベルの事例に比べて形成しやすく，内省も自己の立て直しも進みやすい。

Aレベルのクライエントに対する心理療法は次のような点が大切であると，筆者は考えている。第一は，現在体験されている問題と感情に共感しながら，これらを整理していくことである。それは，中年期の現在，体験されている危機の心理・社会・生活史的理解であり（クライエント本人には気づかれていないことも多いが），これまでの生き方，生活において，欠落している部分の心理・社会・生活史的理解でもある。

第二は，クライエントなりのバランスのとれた自分と生活の獲得をめざすことである。特に，中年期の人々は，仕事においても家庭においてもさまざまな役割や責任を抱えているため，生活を維持していくことは，心理療法が継続されるために土台と考えてもよいであろう。いずれにしても，このAレベルのクライエントは，BレベルやCレベルに比べて，問題の理解が容易であり，クライエント自身もそれを「意識化」しやすい。

　第三は，クライエントの肯定的な面やがんばってきたところを認め，支持することである。これまで具体的な事例で述べてきたとおり，それぞれのクライエントは，これまでの人生前半期を自分なりに真摯に生きてきた人たちである。しかしながら，周囲の人々はそのがんばりに気づいていないばかりか，あまり評価していない。多くの中年期のクライエントは，「いくつになっても認められ，受け入れられ，ねぎらわれ，ほめられることは本当にうれしい」と言う。面接者は，問題をかかえながらもがんばってきたクライエントによりそう伴走者である。クライエントの肯定的な側面を認め，ほめることは，クライエントを下支えすることであると，筆者は感じている。

　2）Bレベル
　思春期・青年期に未解決の心理−社会的課題や葛藤を残したまま中年期を迎えたBレベルのクライエントに対する心理療法においては，Aレベルよりも，もっとていねいな，本腰をいれたライフレヴュウが必要である。このレベルになると，クライエントの育ちの中にかなりの病理性が認められる。その多くは，両親の夫婦関係の歪みや，虐待まで至らなくともクライエントへの過保護，過干渉，放任，溺愛など，親の側にさまざまな問題点が見られる。それらの多くは親の問題点であるが，その病理性は，クライエントにも染み付いている。そしてクライエントは，その育ちの歪みや問題点，病理性には気づいていない。心理療法の中で，ていねいに幼児期からこれまでの経験をふりかえる中で，クライエントは初めてその歪んだり欠落していた次元の心の世界に踏み込んでいくわけである。面接者は，クライエントの育ちの中の問題点を，語られるさまざまなエピソードを通じて，クライエントとともに整理し理解していく。その環境で，その親に育てられたことで，クライエントの自我の発達にとって何が損なわれたのかという面接者の視点は大切であろう。

　第二に，現在の「生活」，「現実」に起こっていることへも注意を注ぐことは大切であろう。このことによって，クライエントの現実への対応・対処力がわかるし，面接の進展によって，それがどのように変化してきたかは，問題の解決の指標となる。

　3）Cレベル
　乳幼児期の葛藤を残しているCレベルのクライエントに対する中年期の心理療法は，Bレベルよりもはるかに難しいプロセスをたどる。まず，クライエントが体験している心の世界は，混沌としている。迫害されている思い，怒りなどのネガティブな感情や不快感は強烈に自覚されているが，クライエントの中では，何がどうなっているのかは，まったく理解されていない。このレベルの心理面接においては，面接者は，全面的にクライエントを「抱え」ながら生育史を傾聴する必要があろう。面接者がまず，問題の由来や病理性のレベル，繰り返される問題のパターンを整理し，クライエントが理解できるレベルを把握しなければならない。
　第二の重要な姿勢は，まさにクライエントの自我の育て直しであろう。つまり，これまでの

育ちの中で繰り返し，体験されてきたネガティブな体験のエピソードを，クライエントが面接場面で語り，そのネガティブな感情体験を面接者に受容されることを，毎回のセッションで繰り返し繰り返し体験することで，自我の土台を形成していくことである。これまでの半生，特に成長期において繰り返し体験してきた不信体験や迫害体験を，面接者との関係の中で信頼体験へ，「自己主張したら拒否される」体験を，何を言っても受け入れられる，批判されない体験へ，これまで無視されてきた自主性や勤勉性を，やれたことが認められ，ほめられる体験へ，塗り直し，体験し直すことである。これが十分体験されると，「自分の足で立つ」「自分の感性で話す」ことがどういうことなのか，クライエントにも実感をともなってわかってくる。これが「自己感覚の獲得」である。そして，次の段階として，ようやく社会生活への適応がテーマになってくるのである。

4-3 中年期危機からの回復によって得られる特質

　最後に，中年期危機からの回復によって獲得される特質について簡単に述べておきたい。第一は，「自分」の感覚が信頼できることであろう。これは中年期の心理療法に限らず，あらゆる年齢のクライエントに共通する問題かもしれない。しかしながら，中年期の危機においては，さまざまな次元の内圧と外圧によって自己が揺さぶられる。その揺れを一つひとつ整理しながら，主体的な自己の感覚を取り戻していくことは重要な課題である。この主体的な自己感覚の獲得過程も，Aレベル，Bレベル，Cレベルでは相当な次元の相違があることは，すでに述べたとおりである。

　第二の資質は，自己内外で起こっている「現実」に向き合えること，その「現実」を受け入れて生きられることである。＜事例3＞のCさんのように，理想化した夫ではなく，相手のありのままの姿を見，それが受け入れられることである。これは，理想化した対象と自己との関係性の消滅に耐えて，現実に直面できることを意味する。「理想化」と「幻滅」におりあいをつけ，統合するという課題であるとも言えるであろう。

　第三は，言うまでもなく，自己の立て直し，つまりアイデンティティの再構築である。それは，主体的に納得できる自分を獲得すること，他者との適切な距離がとれること，そして「個」としての生き方と重要な他者へのケアのバランスがとれることなどを意味している。

　問題の根がどの発達段階にあるにせよ，中年期にはそれまで無意識的に先送りされてきた問題が顕在化する。それは，図1-7（p.41）に示したような中年期の構造的危機——内圧と外圧に押されて，これまで何とか維持されてきた生活そのものや自我が揺らぐことからくる。したがってどのレベルの問題・葛藤を抱えたクライエントであっても，自己の見直しと再体制化は，中年期の心理療法の重要な目標となる。究極のところ，中年期の心理療法とは，人生半ばの峠に立ち，越し方が見渡せ，行く末も見えてきたクライエント自身が「どう生きたいのか」を，面接者が理解し支えることではないであろうかと，筆者は考えている。

7 予期せぬ人生の危機の理解と心理臨床的援助

　私たちは人生の中で、予想もしなかった事態に遭遇することも稀ではない。それまで思い描いてきた人生行路とはまったく異なる道行きを余儀なくされることも少なくない。例えば、重い病気にかかること、予期せぬ事故で障害を負うこと、望みながらも子どもに恵まれないこと、愛する人に死なれること、などなど、それは限りない。自らのあり方と将来の見通しに大きな狂いが生じることや、自分が思い描いていたような生き方が許されない事態は、私たちの心を大きく揺さぶる。それは、アイデンティティの亀裂であり、時にはアイデンティティの喪失、崩壊でもありえる。

　また、このような「自己を失う」絶望や深い悲しみから立ち直り、回復していった人々、さらに危機以前よりも深い心の成熟性を獲得した人々は少なくない。それは、どのような心の軌跡なのであろうか。危機的な事態の体験の前と後とでは、何が変化したのだろうか。そして人々は、どのような要因によって、また、どのような援助によって、回復していったのであろうか。このような問題について考察することもまた、発達臨床心理学の重要な課題である。

第1節　子どもに恵まれないこと

■ 1　子どもをもつ選択のなかで

　現代では、女性の社会進出に伴う晩婚化など女性が個人的なライフスタイルを選択し、自身のライフスタイルとの兼ね合いの中で子どもをもつことを考える傾向にある。第4章第6節でも述べたように、従来の家族制度の下では、子どもをもつことは跡継ぎや扶養のためであったが、昨今、女性にとっての子どもの価値が変化し、子どもをもつ意味が心理的な満足にもとづくなど、きわめて個人的な事柄として扱われるようになってきた（柏木，2001）。結婚後、子どもをいつ何人もつかという選択はごく普通になされており、子どもをもたない選択もまた、ひとつのライフスタイルとして認識されている。

　他方で、日本では依然として、結婚したら当然子どもをもつべきという伝統的な家族観や、子どもがいて一人前という女性観が、社会的圧力として根強く浸透する（森，1995；村本，2005；柘植，1996）。とりわけ、自ら子どもをもたない選択をしたわけではない不妊の女性には、そうした社会の価値観や子どもをもつことができない現実が、辛いこととして経験されている。

　こうした、子どもを望んでいるにもかかわらず妊娠しないという問題を抱えている夫婦のために、不妊治療は開発された。イギリスで、18世紀に人工授精により妊娠・出産に至るまでの成功例があったことを契機に確立し、1960年代にはクロミフェンなどの排卵誘発剤が開発され、排卵障害による不妊症に対する治療が可能となった。日本で不妊治療が一般化し始めたのは、排卵誘発剤を使用した治療により、五つ子の多胎妊娠・出産がマスメディアで大きくとりあげられたからである（宮田，2004）。現在、不妊の問題を抱えている夫婦は10組に1組であ

るとも7組に1組であるとも言われている（堤, 2004）。

■2 子どもをもつ方法としての不妊治療，その選択
2-1 不妊と不妊治療

　不妊とは，「生殖年齢の男女が妊娠を希望し，ある一定期間，性生活を行っているにもかかわらず，妊娠の成立をみない状態（単一の疾患ではない）」と定義される（堤, 2002）。生殖機能が正常な男女では，3ヶ月以内に50%，6ヶ月以内に70%，1年以内に90%近くの妊娠が成立するという統計にもとづき，わが国ではその期間を2年とするのが一般的である。

　不妊原因は，女性に原因がある場合，男性に原因がある場合，双方に原因がある場合，機能性不妊に大別される。女性側の原因としては，卵巣内で卵胞が育たない，排卵されないといった排卵障害，卵管が細かったり詰まっていたりする卵管通過障害，精子が子宮にスムーズに入っていくための子宮頸管粘液の分泌障害，精子に対する抗体が子宮頸管粘液などに入って受精を妨げる免疫性の障害，子宮内膜に着床しない着床障害などがある。着床のメカニズムはまだ明らかにされていない部分が多く，子宮筋腫という良性の腫瘍は，子宮内部にできる場所や大きさによって着床障害の原因となる。男性側の原因には，精子の形状や数や運動率の異状，高度の乏精子症や無精子症などがある。そして機能性不妊は，器質的疾患がなく機能的異常のみ認められる不妊症とされてきたが，臨床的には，現在の診断技術では原因を見つけることが困難な不妊症と定義されている。生殖のメカニズムにはいくつもの段階があり，男女いずれのどこに障害があっても妊娠には至らない。なお，不妊原因のいかんにかかわらず，女性が不妊治療の対象とならざるをえない現実がある（白井, 2004）。

　不妊治療には，女性への治療として，基礎体温を計り，排卵時期に合わせて指導を行うタイミング療法，薬や注射で卵巣を刺激して卵胞を育て排卵を促す排卵誘発法，卵巣機能不全に対するホルモン療法などがある。これらは諸検査も含めて医療保険が適用される。しかし，不妊という状態は，必ずしも健康を害する病気とは位置づけられておらず，それ以降のステップである人工授精や体外受精や顕微授精には保険が適用されない。これらは，疾患を治癒するものではなく，受胎を目的に処置を施す治療法であると言える。

　人工授精は，精子を体外に取り出して女性の膣に人工的に送り込む方法で，夫の精子を用いる配偶者間人工授精（以下，AIH）と，第三者の男性の精子を用いる非配偶者間人工授精（以下，AID）とがある。AIDは，精子の奇形や数や運動率の異状をはじめ，乏精子症や無精子症など男性側を原因とする不妊の夫婦の受胎が目的とされ，第三者から提供された精子を女性の子宮に注入する方法である。1949年に慶應義塾大学病院で，日本で初めてAIDによる子どもが生まれており，その後，誕生数は1万人以上にのぼっている（大野ら, 1980）。精子提供者の匿名性の確保を含め，治療の実施自体が秘密保持を前提に行われてきており，AIDで生まれてきたことを知らされていない子どもがほとんどである。

　体外受精は，卵子を体外に取り出して試験管などでその卵子を受精させ，胚（受精卵）を培養して子宮腔内に移植する方法である。この治療により，卵管の通過性が良くない，排卵がないなどによる不妊症の夫婦が恩恵を受けることができるようになった。1978年にイギリスで初めて体外受精が成功し，日本では，1983年に東北大学で初めて体外受精により子どもが誕生した。顕微授精は，顕微鏡を用いて卵子の中に精子1個を注入して授精させ，受精卵を子宮内に戻す方法である。日本では1992年に初めて成功したことが報告されている。この方法では，

精子の運動性や形態にかかわらず1個の精子があれば，また，精子となる手前の精子細胞でも受精が可能であると言う。顕微授精の登場により，男性不妊のために AID を必要とする症例が激減し，顕微授精は男性因子を原因とする不妊症の夫婦への福音であるとされている。このように，生殖補助医療技術の発展と受けることができる治療法の選択肢の拡大は，不妊に悩む夫婦の希望の拠り所になっている。

2-2 不妊治療で子どもをもつことによらないアイデンティティの選択

　不妊治療に期待をかけて治療に通う一方で，子どもをもつことができないことによる焦燥感，母性を発揮できないという喪失感，夫や姑・舅に対する責任の重圧などにより，羨望・失望・劣等感・悲観などの情動ストレスを感じ，また，検査や治療に伴う痛み，治療結果に対する恐怖感や不安を感じている人も少なくない（清水・千石, 1991; 森, 1995）。また，不妊治療に通うなかで，不妊であるというアイデンティティが自己の中心となりふくれあがっていくことが指摘されている（Olshansky, 1987）。不妊治療が開始された時点で正式なものとなった不妊アイデンティティを不妊治療に積極的になることで脱ぎ捨てようとするのだが，不妊治療に全力をあげることによって，ますます不妊アイデンティティが自己の中核となってしまうのである。そして，余計に不妊に対する感情を冷静に処理できなくなるという。

　こうした不妊アイデンティティは，「克服（overcome）」「回避（circumvent）」「和解（reconcile）」などといった解決の仕方により，膨張が統制される。「克服」は，不妊原因を治療しながら不妊アイデンティティを脇へ押しやることである。「回避」は，不妊原因を治療せずに体外受精などで妊娠し，不妊アイデンティティを脇へ押しやることである。そして，「和解」は，不妊原因を治療したり体外受精などの方法をとらず，子どものいない人生や養子を迎えることを選択することである。

　不妊治療で子どもをもつことができた人は，「克服」や「回避」という方法で，解決を図ることができるのかもしれない。しかし，不妊治療によっても子どもをもつことができない人々も，実際に存在することもまた事実である。そもそも，不妊は，「妊娠の成立をみない状態（単一の疾患ではない）」という定義からしても，その診断が決定的なものではなく，原因もはっきりしないことが多く，治療を試みてもいつ成功するのか予測もつかない不確かなものである（Sandelowski, & Pollock, 1986）。また，体外受精や顕微授精などの高度な治療法であっても，その成功率は20%前後と高くはない。不妊治療に通ってもなかなか子どもをもつことができない人々は，やがて，不妊治療をやめる選択を考慮せざるをえなくなる。それが，「和解」という子どものいない人生や養子を迎える選択をすることなのである。

■3　子どもを産むことができなかった夫婦の，その次の選択

　本節では，不妊治療に通うが，子どもを産み育てるという思い描いていた人生を実現できない危機に直面し，養子を迎えた2組の夫婦の経験の語りを具体的に見ていく。

　花さん（仮名）夫婦は，男性不妊症により不妊治療に通った。体外受精も顕微授精も実施されていない頃であった。緑さん（仮名）夫婦は，不妊治療に通うなかで，生殖器官を摘出せざるをえない疾患が見つかった。

　分析では，まず語られた経験を，選択に関する出来事と行為に焦点を当ててエピソードを切り出してまとめ，各エピソードを端的に表現する見出しをつけた。

そして，2組の夫婦の経験の径路を，共通性と個別性に留意し，時間経過に位置づけて，1つの図に描いた（図7-1）。その際各経験を線囲みで記し，中でも共通する経験を二重の囲みで表した。また，語りから可能性として考えられる事象を，点線の囲みで記した。語りの引用は，ゴシック体で記し，文中では「　」でくくった。

3-1　男性不妊症と診断された夫婦の物語から：花さん夫婦の場合
〔不妊治療に通い始める〕

花さんは結婚後2年間子どもがいないことを，さほど気にすることなく生活していたが，旧知の医師の勧めにより不妊治療に通い始めた。まずは女性が不妊の原因とされる時代であった。花さんは，1年間通って諸々の不妊検査を順番に受けたが，花さんには原因が見つからなかった。

〔男性不妊症がわかり，配偶者間人工授精（AIH）をする〕

次に夫が検査を受けることになった。すると，99.9％無精子であるという結果が出た。子どもをもつことができる望みは非常に薄く，その時点で，子どものいない生活もいいかと思った。一方で，子どもが欲しいという思いも捨てきれなかった。可能性がないわけではないと担当医に勧められ，不妊治療を試みることにした。男性不妊症には非配偶者から精子の提供を受けて人工授精を行うAIDという治療法があることを，医師から説明されたが，AIDではなく配偶者間で人工授精を行うAIHをすることにした。

〔不妊治療を支えにする〕

不妊治療中は，友達から妊娠や出産の報告を受けることが精神的に辛かった。不妊の特徴の1つに，子どもをもつことができず世間から外れてしまったという思い込みや自尊感情の低下により，子どもをもつ身近な人々との間に距離をおき，ますます疎外感や孤独感を強めるということがある。そして花さんは，そんな辛い気持ちを夫に話すことなく独りで抱え込んだ。不妊原因である夫への気遣いがあった。こうした辛い状況ではあったが，担当の医師は，親身になって治療の仕方をあれこれ検討しては提案し，ていねいに説明してくれた。花さんはそんな医師を信頼していた。治療に通う限り，子どもをもつ可能性が残されていたこともあり，花さんは不妊治療に通うことを支えにしていた。

〔不妊治療が生活の中心になる〕

夫は不妊治療に協力的ではあったが，不妊治療では，原因がどうであれ女性が必ず治療の主な対象になる。花さんの日常は，ひとりで不妊治療に全力を注ぐようなものだった。不妊治療にはおよそ2年間通った。しかし，妊娠の徴候はたった一度もなかった。人工授精をするために不妊治療に通う花さん自身には，治療すべき疾患があるわけでもなかった。

子どもが欲しいと思って始めた不妊治療である。たとえ今月が駄目でも来月こそはと期待をかけて当然である。しかし，治療を継続しながらも，続けることにしんどさを覚えるようにもなってきた。花さんは，不妊治療に通うことを支えにしながらも，治療一色の日常に疲れを感じるようにもなっていた。排卵日に合わせて人工授精をするために基礎体温を計り，次の通院日が決まる。2日後に来てくださいだとか，明日にしましょうだとか，予定の立たない不妊治

第1節 子どもに恵まれないこと　259

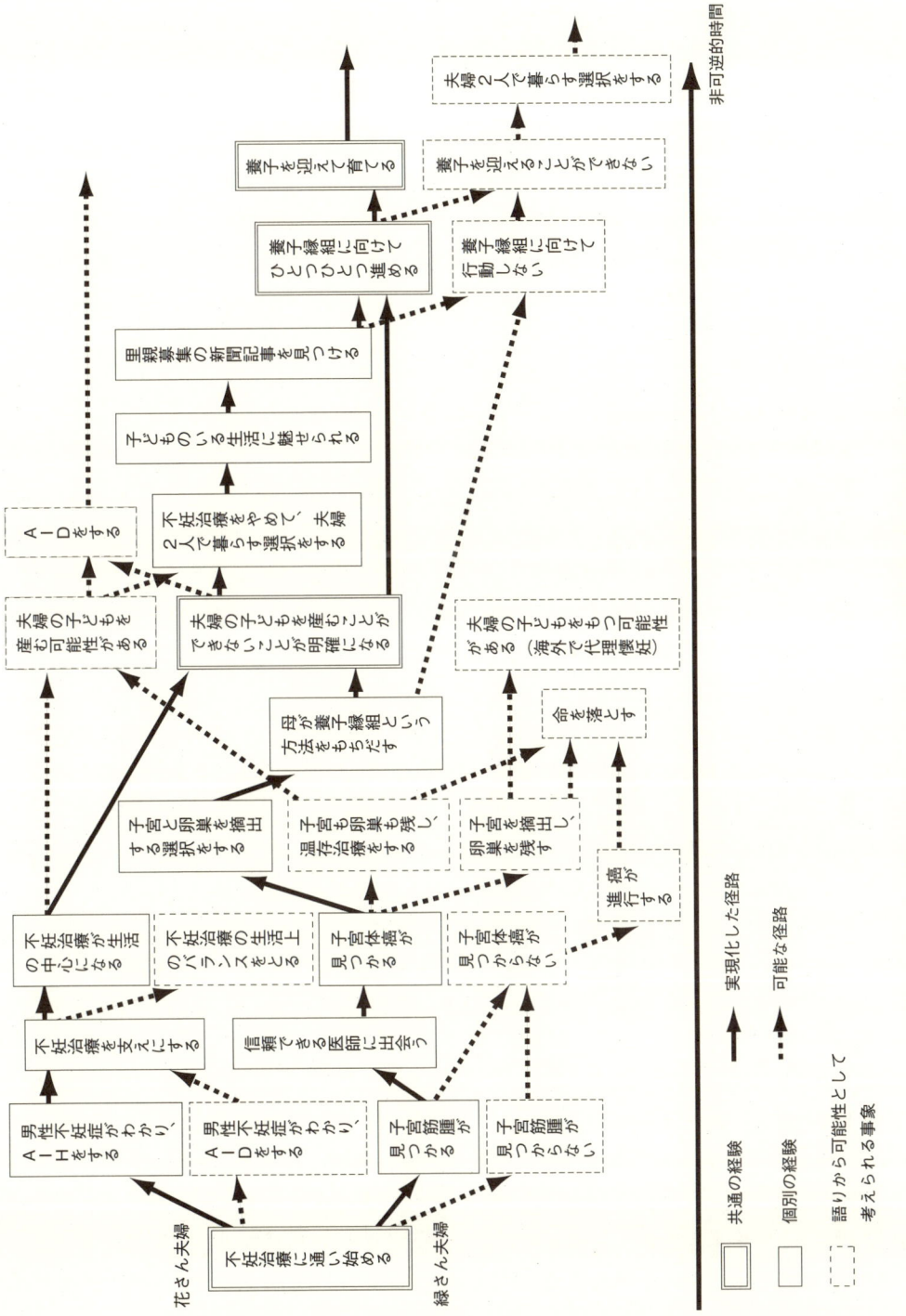

図7-1　子どもに恵まれなかった2組の夫婦の経験の径路―共通性と個別性から

療。そんな治療中心の生活をいつまで続けるのかと，次第に嫌気がさしてきた。

〔夫婦の子どもを産むことができないことが明確になる〕
　結局，医師からはAIHではもはや無理であり，どうしても子どもを産むことを望むのならAIDをするしかないと告げられた。ちょうど花さん自身も，不妊治療との付き合い方を考え始めていた頃だった。AIDしか方法がないというのは信頼していた医師の言葉であったが，最初からAIDだけは絶対に嫌だと思っており，医師の申し出をその場で断った。

〔不妊治療をやめて，夫婦2人で暮らす選択をする〕
　まもなく，医師が開業のために病院を辞めることになったのを機に，「もう2人で生活していくのでいいんじゃないか」と，花さん夫婦は不妊治療をやめた。その後は，旅行に行くなどして夫婦2人で暮らす生活を満喫した。

〔子どものいる生活に魅せられる〕
　しかし，夫婦がそれぞれに，言葉にしなくても子どもを育てる生活に憧れを抱き続けていた。

　　子どもがいないのが現実なんだけど，いなかった場合に，ずっといったら年をとるわけよね。（中略）人間として産まれてきた以上は，人並みのことをしたいって言うことがね。それで，職業的にも大成するのもいいんだろうけど，それだったら別にみんなやってることで，やってないことは要するにうちは，子育てなわけさ。

　夫婦2人の生活に不満をもっていたわけではない。不妊治療をしていた頃に比べ，時間は十分にあり，やりたいことも存分にできた。しかし一方で，何か物足りなさを感じてもいた。今は快適でも，このままいけば自分たち夫婦が年をとっていくだけの単調な生活。何かやるべきことがあるのではないかと思った。花さん夫婦にとって，それは子育てだった。
　そんなある日，子どものいる生活に魅せられる一場面に遭遇した。

　　食事に行ったんですよ，2人で。こっちは注文して（料理が）くるのを，じっと口もきかないでただ待っているだけですよね。そしたら，子ども連れのね，子どもも4人か5人いるんですよ。家族なんですよね。

　注文したものを黙って待っている自分たち2人と，子どもが4, 5人いる家族。こうした対比による語りには，花さん夫婦の，理想とする家族への憧れの気持ちがよく表現されている。その家族を2人でじっと眺め，「ああいう家族っていいなぁ」としみじみ思った。いったんは夫婦2人で暮らしていこうと考えたが，このとき再び，子どものいる生活を希求する思いが鮮明になった。

〔里親募集の新聞記事を見つける〕
　それ以降，花さんには子どものことに関するいろいろな記事が目につくようになった。新聞で里親募集の記事を発見したとき，「こういう方法もあるんだ，子どもを得るために」と思っ

た。それまでは，子どもをもつこと＝自分で産むことでしかなかった。だからこそ，可能性が非常に低いとわかっていながらも不妊治療をし続けた。そして，不妊治療をやめることは，子どもをもつことをあきらめることを意味した。しかし，理想的な家族を目の当たりにして呼びさまされた子どもを育てたいという思いが，里親募集の新聞記事によってつながった。

〔養子縁組に向けてひとつひとつ進める〕

まずは，里親を募集している団体に電話した。不妊治療をした経験や子どもを望んでいることを伝えると，養子縁組の方がいいのではないかと教えられた。管轄の児童相談所に問い合せると，一度来てくださいと言われた。里親募集の記事に関心をもち，実際に行動してみると，次のステップへとつながった。

他方で，躊躇し戸惑う面もあった。なぜなら，夫に相談しないままに，児童相談所を訪れるまでに話が進んでしまったからである。夫に言わなければならないと焦りを感じながらも，怒られるのではないかと言い出すことができなかった。子どもを育てたいという思いがつながっていくことに喜びや興奮を覚えながらも，花さんはもう一歩を踏み出すことができずにいた。

しかし，児童相談所の担当者に，言わなければ一歩も進まないのだと勇気づけられ，覚悟して夫に話すと，「俺も40になったら何か考えようとしてたから，それでいいんじゃないか」という言葉が返ってきた。

〔養子を迎えて育てる〕

それからは，養子縁組の話はトントン拍子に進んでいった。

現在，4人の子どもを育てた花さんは，育てることについて次のように語る。

> 私たちに，夫婦の子どもができなかったから，いる子どもを連れてきて，育てさせてもらっているわけですよ。(中略)ひとりの生を受けた人間を，私たちが，その子どもが社会に出るまで育てさせてもらっているっていう，ただそれだけのことなのよ。

花さん夫婦は，実子であるとか養子であるという基準ではなく，この世に生を受けたひとりの人間として，子どもたちに向き合ってきたのである。

現代の日本社会では，養親子関係は少数派の選択であると言え，社会における認知度も低く，依然として偏見も存在する。花さんにも，子どもを迎えた最初の頃，子どもを愛しく思う気持ちとは裏腹に，人目を忍び買い物などに子どもを連れて行かないようにしていたことがあった。しかし，そうした経験を経て，現在は，他人の目を気にしたり世間が悪いと恨み言を言うのではなく，自分たちが進んで社会に訴えていかなくてはならないのだという姿勢を堅持している。「養子に向ける社会の目を変えていくのは，私たちなんですよ」。花さん夫婦は，4人の子どもたちと親子関係を築いてきた経験を通じて，現在，養親－養子という親子関係があることについての世の中の認識を促そうと，社会に向けて発信している。

3-2 生殖器官を失った夫婦の物語から：緑さん夫婦の場合

〔不妊治療に通い始める〕

結婚後1年間は，緑さんが持病の外科手術後でレントゲンを頻繁に撮っていたため，子ども

をもつことを控えていた。1年後，子どもが欲しいねと夫婦で相談し，基礎体温を計り，近所の産婦人科に通い始めた。卵管造影検査では卵管の通りはよく，また他にも異常は見当たらず，医師からは，何も治療しなくても自然に妊娠できると言われた。しかし子どもはなかなかできなかった。

〔子宮筋腫が見つかる〕

年齢も30歳を過ぎゆっくりはしていられないと，インターネットで調べた不妊専門のクリニックに転院した。そうすると，そこで子宮筋腫が見つかり，大学病院を紹介された。

大学病院では診察のたびに医師が変わったが，3，4人の医師は口をそろえて，子宮筋腫の手術は半年から1年の予約待ちであり，また子宮筋腫があっても妊娠も出産もできると言った。医師の説明からは，妊娠や出産に特に大きな問題となる子宮筋腫ではないようであり，よって，子宮筋腫の手術をするよりも早く産んでしまいたいと考えていた。一方で，身体の調子が通常ではないという自覚症状はあった。もともと生理の量が少ない方だったが，出血量がどんどん多くなってきていた。

〔信頼できる医師に出会う〕

年の瀬押し詰まり年内残り10日前後となった頃の通院日，出血量が尋常ではなく，ひとりではとうてい病院に行くことができない程で，夫に付き添われ病院に向かった。夫は，その日の担当医に，出血があまりにひどいこと，出発を30分遅らせてやっとの思いで車を走らせて来たことを，強く訴えた。医師は緊急性を認識し，年明けすぐの本来ならまだ手術室が稼動していない日に子宮筋腫の手術の予約を入れてくれた。半年から1年は予約待ちであると言われていた子宮筋腫の手術が，その医師の判断により即決した。

〔子宮体がんが見つかる〕

子宮筋腫の手術をした数日後まだ入院中の週末の夜，夫は，医師から，翌日の朝一番に病院に来るようにと言われた。その時点では，医師の夜勤明けに合わせた時間設定だろうという程度にしか考えていなかった。朝急いで病院に向かうと，入院中の妻よりも先に夫だけが呼ばれ，このとき初めて「あれ？　どうしてだろう」と多少胸騒ぎがした。

医師に呼ばれ入るよう促された個室で，手術後に取り出した臓器の一部を病理検査にかけた結果，子宮体がんであることがわかったということを告げられた。子宮体がんは子宮上部にできるために，開腹しなければ普通は非常に発見されにくい。それが子宮筋腫の手術によって見つかったのだった。

医師としては，早くに事実を伝え，処置の仕方を選択してもらう必要があった。しかし，単に早ければよいというものでもない。夜に告知するのは受ける衝撃を考えるとよいタイミングではなく，また，夫婦に一度に告知するのは衝撃が大きすぎる。土曜日の朝に，夫だけを先に呼んで告知をするという判断は，医師の配慮によるものだった。医師は，子宮体がんの処置について，夫を支えにできる限りよい精神状態で選択ができるようにと告知を設定したのだった。

緑さんは，死への恐れも実感もなかった。何よりも，自分たち夫婦の子どもが産めないという事実に大きな衝撃を受けた。それ以降の医師の説明はまったく耳に入らず，落胆し，涙があふれた。夫も衝撃を受けたが，妻と一緒に2回目に説明されたときは，ある程度落ち着いて聞

くことができ，また，2回聞くことでしっかり理解できた。

> こういう症状で，病理検査の結果はがんで，基本的には取る（ことをすすめられた）。標準医療での第1選択はこうです，第2選択はこうです，あまりすすめられませんが，温存する方法もありますと，選択肢を3つぐらい与えられて。枝分かれはいっぱいありますけど，その中で確実に生き延びる方法をまず第1選択にして。冷静に考えれば，それ（摘出）なんですけど，危ないけどおいしいというのがあるわけです。自分たちの子どもを産めるかもしれないという。

医師からは，今から48時間後に，子宮体がんの処置法について答えがほしいと告げられた。最終的には自分たちで選択する他なかった。

〔子宮と卵巣を摘出する選択をする〕
その後すぐに退院の手続きをし，一時退院して自宅に戻った。土曜と日曜は2日間ずっと夫婦2人で一緒にいた。子宮を残して放射線治療をするのか，摘出してしまうのか。2日間，夫婦で何度も繰り返し考え，話し，確認し合った。

> 温存して化学療法をやる，それはリスクが伴う。要は命のリスクがあるから，それはやめようと。じゃあ，子宮は取るけど，卵巣だけちょっと脇に置いておいて（という方法もある）。けど，卵巣を置いておくと，やっぱり危険。（中略）やっぱり子宮も卵巣も全部取っちゃった方が安心というか。

48時間後には，心の整理がだいたいついていた。もしも摘出するしかないと選択の余地なく判断を迫られるだけだったらあきらめがつかなかっただろうが，48時間かけて自分たち夫婦で選択できたからこそ，心の整理をすることができた。最終的には，子宮も卵巣もすべて摘出するという方法を選んだ。看護師である姉の，その選択は正しいという言葉に支えられた決断でもあった。

子宮筋腫の手術は半年以上先にしか予約が取れず，また手術後3，4ヶ月は妊娠できないという説明を受け，早くに妊娠を望んでいた緑さん夫婦は，子宮筋腫の手術の予約ができないままでいた。もしも，あのタイミングで医師と出会うことがなければ，子宮体がんも発見されないままに病状が悪化し，今ごろは死を迎えていても不思議ではなかった。しかし妻が自分で病院が気に入らないと転院したからこそ，医師に出会うことができた。

子宮体がんが発見され，告知を受け，48時間かけて夫婦で選択したことは，今ある生活につながる生死を分けた一連の出来事だった。そして，今の生活にとってもうひとつ決定的に重要だったのは，病院に駆けつけた母が口にしたことであった。

〔母が養子縁組という方法をもちだす〕
緑さんの母親は，子宮と卵巣を共に摘出するということを聞いて，再入院した病院にすぐに駆けつけた。そして，養子縁組という方法もあるのだからあなたが子育てをするという希望を捨てる必要はないのだと，力強く言った。

緑さんには，自分たちの夫婦の子どもが欲しかったという思いが強く，その時点では，他人の子どもを育てることにはあまり考えが及ばなかった。しかし，一生子育てができないと頑な

に考えていた状態に，そうした方法もあるのだということが，ひとつ頭に入ったようであった。夫は，ひどく落ち込んでいた妻の表情が，母のその言葉を聞いてほんの少しであったが変化したのを見逃さなかった。

> ずっと泣いていたのが，パカッと3センチぐらい目線が上がったんです。ああ，これが（妻の）生きる希望だというふうに見えたんです。（中略）子宮がなくなっちゃうということがわかったその人にたったひとつ勇気を出す言葉があるとしたら，それ（養子縁組）しかなかったんです。

妻のふさぎ込むありようは，希望がないために手術がうまくいっても生きていけないのではないかと夫が危惧するほどだった。しかし母親が養子縁組のことを口にし，その言葉に微妙に反応を示した妻の様子を見て，夫は確実に「その方法がある」と思った。

〔夫婦の子どもを産むことができないことが明確になる〕
およそ2週間後に子宮と卵巣を摘出した。手術後，緑さんは養子のことを考え始めた。母が養子縁組のことを口にしたときには，前向きには考えられなかった。しかし手術後，「子宮も卵巣もすっぱりなくなっちゃったら，もう確実に産めないというのがわかったら，養子のことを考え出して。もうどんな子でもいいから，うちに来てくれるのなら」と子育てをしたいという思いが意識化された。

〔養子縁組に向けてひとつひとつ進める〕
手術後5,6ヶ月間続いた抗がん剤治療も終盤となった頃，抗がん剤の副作用で頭髪が抜けるのに対応してかつらをかぶり，夫婦で児童相談所に出向いた。
児童相談所では，里親登録の説明を受けたが，養子縁組ができる子どもはなかなかいないと言われた。里親登録と並行して，子どもを紹介してくれる団体を探し始めた。朝から晩までずっとインターネットで検索し，団体のサイトや養子縁組のことが書かれているブログや日記をほとんど読み尽くした。

> （子どもを紹介してくれる団体が）存在するってわかっているから，絶対突き止めてやるということですね。絶対何とかなると思って。

同時に，実際には難しいこともわかってきた。婚姻期間が数年以上ないと登録できない団体もあった。クリスチャンでないといけないと断られた団体もあった。夫が40歳を超えているという年齢制限でひっかかったりもした。それでも，説明会だけでも参加させてくださいと話を聞きに行った。緑さんにあきらめるそぶりはまったくなかった。
がんの手術をして1年以内では子どもを渡すことができないとも言われた。調べると，子宮体がんの場合は予後が非常に良いこと，また，がんの進行期と悪性度による区分があることがわかった。グレード4のうち2の子宮体がんで，1期の時点で子宮を全摘したこと，卵巣は上の方の管も切除したこと，仮に転移があっても毎月の検査で対処でき，子どもが大人になるまで死ぬことはないということを，説明として用意した。
養子縁組を仲介している産婦人科医にも連絡した。産婦人科は，赤ちゃんの誕生の現場であ

るので，産まれる前や産まれた直後から紹介してもらうことが可能であった。その団体には，これまでの失敗体験を考慮し，なぜ子どもが欲しいのかということ，いかに母親として適性があるのかということ，不妊治療後に子宮体がんで全摘した今までの経緯，子宮体がんの状態や予後などについて，作文して持って行った。面接では，子どもが成人するまでの経済面での生活設計を厳しく問われたが，自分たち夫婦は絶対に大丈夫だと言い切った。そうしたかいあり，登録時での手応えは好感触だった。

〔養子を迎えて育てる〕
　緑さんは，面接時のやりとりの様子から子どもをすぐに迎えることができるものと思い，いろいろ準備しなくてはと心浮き立った。まずは新生児を迎えに行くときには抱っこ紐が必要だと，デパートに買いに行ったのだがその留守時に，電話がかかってきた。面接から1週間後のことだった。抱っこ紐を買って喜んで帰ってくると，自宅の電話に着信があり，調べると団体からの番号だった。電話がかかってきたそのタイミングで，家に居て電話に出ることが重要だった。緑さんは電話に出ることができなかったため，子どもを迎える機会を逃してしまったのだった。
　団体の方では，産まれた新生児をすぐにでも迎えることのできる家庭を探していた。誕生した子どもをすぐ家庭にというのが信条であり，電話をかけた時点で応答がなければ次の登録者へと候補を移してしまうのだった。よりによって赤ちゃんの抱っこ紐を買いに行ったときであったため，何のために行ったのかと，緑さんは自分を責めて落ち込んだ。
　その後しばらく電話はなかった。自ら団体に電話をかけ，全国どこにでも迎えに行きますからとアピールし続けた。それからおよそ3ヶ月後，4日前に子どもが生まれたという電話がかかってきた。役所に出生届を出すから名前を考えてほしいという，非常に具体的な連絡だった。

　　本当に嬉しくて。電話を切ったら，ああ，みんなにメールしなくちゃって。本当にドキドキしちゃって。（中略）あのとき抱っこ紐を買いに行っていなければ，この子じゃなかったんです。

　まさにすぐ側で寝ている子どもを見つめながら，緑さんはそのときの喜びと高揚感を言葉にした。そして，血縁にこだわることはない，子どもたちのためにももっと里親を増やしていかなければならないのだと，強く語った。

■ 4　子どもに恵まれない現実，そこからの歩み：共通性と個別性からとらえられる発達

　以上，子どもを産み育てたいという，思い描いていた人生を実現できない危機に直面した2組の夫婦の経験を，〔不妊治療に通い始める〕から〔養子を迎えて育てる〕までのプロセスとして描いた。各夫婦の物語は個別多様なものであったが，共通する経験もあった。それは1つに，〔夫婦の子どもを産むことができないことが明確になる〕ということであり，もう1つに〔養子縁組に向けてひとつひとつ進める〕ということであった。前者は，子どもが欲しくて不妊治療に通った夫婦が，自己イメージや女性機能の喪失，期待した子どもの喪失など，不妊の喪失（Menning, 1980）に向き合い，それを引き受け，次の選択，つまり，夫婦2人で暮らす選択や養子を育てる選択へと目を向けた経験でもあった。そして，後者の〔養子縁組に向けてひとつひとつ進める〕経験は，子どもを育てたいと思った夫婦が，その実現に向かって人生を歩

み進めていった主体としての行為そのものであった。ここでは，〔夫婦の子どもを産むことができないことが明確になる〕経験が，どのような関係性と結びあわされて語られたのか，そして，〔夫婦の子どもを産むことができないことが明確になる〕経験から〔養子縁組に向けてひとつひとつ進める〕経験に至るプロセスで，発達がいかに成し遂げられたかを検討する。

　〔夫婦の子どもを産むことができないことが明確になった〕契機となったのは，花さんの場合，医師から，配偶者間の人工授精であるAIHでは子どもをもつことは無理だとはっきり告げられたことであり，緑さんの場合，医師の促しにより，夫婦で48時間かけて処置法を選択したうえで，子宮と卵巣とを摘出したことであった。ここで着目したいのは，医師への信頼感が表現されたうえで，それに重ねて，夫婦で支え合い共に歩む関係性が語られたことである。花さん夫婦は，医師のことを，親身になって治療の仕方をあれこれ検討しては提案し，ていねいに説明してくれたと語っている。こうした医師への信頼感は，医師が病院を辞めるのを機に不妊治療をやめたという語りにも表現されている。しかしそのうえで，治療を継続するかどうかという選択に際しては，たとえ信頼する医師の提言であっても，非配偶者間の人工授精であるAIDをすることについてはその場で断り，その直後に夫婦2人で暮らす選択をしたと語っているのである。他方，緑さん夫婦は，子宮体がんの発見へとつながる子宮筋腫の手術を決行した医師との出会いを，非常に重要な出来事として語っている。それまでの，診断や治療方針への疑問や不満や不信を募らせた経過があるだけに，命を救ってくれた医師への厚い信頼感が強く語り出されている。そのうえで，夫は，妻が「命を自分で拾った」と表現し，すばらしい医師に出会えたのも，妻が自ら行動してそこに至る道筋を形づくったからだと結論づけている。このように，〔夫婦の子どもを産むことができないことが明確になった〕経験は，医師との信頼関係が表現されたうえで，それを上回る，夫婦で共に歩む関係性が語り出されているのである。ここに，子どもを産むことができない危機的状況を乗り越えるなかでの夫婦の関係性の発達を見て取ることができる。

　〔養子縁組に向けてひとつひとつ進める〕ことは，停滞した経験と共に語られた。花さんは，養子縁組で子どもを育てたいという自分の思いを夫にどうしても言い出すことができず，しかし夫に打ち明けると夫も同様のことを考えていたという経験と共に，そして緑さんは，養子縁組を阻むいくつもの難題に直面しながらも，その対応策を検討しては障壁を乗り越えてきた経験と共に，〔養子縁組に向けてひとつひとつ進める〕経験を語った。こうした語りには，子育てをしたいという思いを実現するために，夫と妻それぞれが困難に立ち向かいながらも夫婦で共に歩みを進めてきたという，個としての発達と夫婦の関係性の発達とが相乗的に成し遂げられてきた様相を認めることができる。さらには，現在〔養子縁組に向けてひとつひとつ進め〕〔養子を迎えて育てる〕生活を実現している彼らは，個あるいは夫婦単位の発達を基盤に，非血縁の親子関係や家族関係への認識を深めるという多様性を認める社会の成熟を促そうともしている。かくして，〔夫婦の子どもを産むことができないことが明確になる〕経験から〔養子縁組に向けてひとつひとつ進める〕経験に至るプロセスを通じて，個としての発達はもとより，社会に影響を及ぼしていこうとする，夫婦関係を中心とした関係性の発達が成し遂げられるありようを見て取ることができるのである。

　加えて，〔夫婦の子どもを産むことができないことが明確になった〕経験と〔養子縁組に向けてひとつひとつ進める〕経験とを結ぶ出来事の語りも見過ごすことはできない。それは花さんの場合，〔子どものいる生活に魅せられる〕ことと〔里親募集の新聞記事を見つける〕ことであ

り，緑さんの場合，〔母が養子縁組という方法をもちだす〕ことであった。ここで留意したいのは，こうした出来事と「子育てをしたい」思いとの関連についてである。花さんは「子育てをしたい」思いが生じた後の出来事として，緑さんは「子育てをしたい」思いが生じる前の出来事として，それぞれの経験を語っている。つまり，花さんの場合，「子育てをしたい」という思いが，〔子どものいる生活に魅せられ〕〔里親募集の新聞記事を見つけ〕たことによって実現可能なものとなり，そして，緑さんの場合，〔母が養子縁組という方法をもちだ〕したことが，「子どもを育てたい」という思いを意識化させた，というとらえ方ができる。このことから，養子縁組で子どもをもつという選択肢は，いずれのタイミングであっても，今後の人生を見据え再構築するにあたり，重要な意味をもちえるものであると考えられる。

■ 5　子どもをもつ選択の多様性，そこでの発達と支援に向けて

　本節では，不妊治療に通うが子どもを産むことができないという危機に直面し，後に養子を迎える選択をした2組の夫婦の経験を，時間経過に沿ってとらえた。もちろん，花さん夫婦が一度考えたように，不妊治療をやめて夫婦2人で暮らす選択もある。また，養子を育てることを希望しても実現しえない夫婦もいる。緑さん夫婦が養子縁組に向き合う過程でさまざまな困難に遭遇したことは，養子を迎える際の幾多の障壁を思わせた。一方，不妊治療で子どもをもつ夫婦もいれば，生殖器官を失い海外で代理懐胎に挑戦する夫婦もいる。それぞれが，生殖における危機に直面し，現実的・社会的な制約と可能性の下で歩みを進めて行こうとしているのである。

　生殖補助医療の高度化・先端化は，子どもをもつことに関する多様性を生み出した。だからこそ，生殖補助医療で子どもをもつことを含めつつ，それ以外の人生を選択する夫婦の多様性にも同時に目を向け，各々が個別の選択をする中で，いかに発達が成し遂げられ，いかなる支援が必要とされているかを検討することは重要なことである。本節は，その1つの道筋を形作るものである。

第2節　障害をもった子どもを育てることと「関係性」の成熟

■ 1　「障害受容」の概念と親の障害受容

　多くの親は，わが子の誕生を喜び，その姿に多くの期待や希望を見出す。子どもが日々変化し，成長していく姿は，親に何物にも替えがたい喜びを与えるだろう。しかし，その一方で，暗黙のうちに思い描いていた子どもの成長が見られないとき，とりわけ，医療現場や発達検診で，子どもの発達の遅れや異常を指摘されたときの親の当惑と不安は計り知れない。

　わが国では，1970年代から1980年代にかけて，さまざまな子どもの障害への関心が高まり，早期発見・早期対応の重要性が指摘されてきた。障害をもった子どもの発達を促進するため，早期に親が子どもの障害を理解し，対応していくための基盤をつくることが課題ともなっている。そうした状況の中で，かねてから，親が子どもの障害を「受容」する必要性が説かれてきた。

　「障害受容」とは，グレイソン（Grayson, 1951）によって初めて提唱された概念であり，その後，デンボら（Dembo et al., 1956）やライト（Wright, 1960）の「障害の受容とは価値転換であ

る」という価値転換論が主流となって，この定義が広く受け入れられている。わが国では，上田（1980）が，ライトの理論にもとづき，障害受容とは「あきらめでも居直りでもなく，障害に対する価値観の転換であり，障害をもつことが自己の全体としての人間的価値を低下させるものではないことの認識と体得を通じて，恥の意識や劣等感を克服し，積極的な生活態度に転ずること」と定義している。この概念は，障害者本人の自らの身体的機能の喪失に対する受容としてとらえられているが，障害児の親がわが子の障害を受容する場合においても，喪失体験とそこからの回復過程において価値転換が行われるという視点から見れば，両者は共通していることが指摘されている。

しかし，わが子が障害をもっており，自分が障害児の親であるという現実は，親にとってあまりにも重い。その現実によって親に引き起こされる苦しみは，健康な子どもという対象を喪失したことによる心理的な混乱だけにとどまらない。現実生活における育児の負担は大きくなり，夫婦関係や家族全体に深刻な危機が訪れることもある。また，鑪（1963）は，知的障害児の親の心理について，「子どもの知的遅滞が，親自身のもつ子どもへの期待感を裏切り，親自身の生への勇気の喪失，生存の苦悩となって示され，もはや子どもの問題というより，親自身の生存に対する『問い』となっている場合が多い」と述べている。障害児をもつという体験は，親自身の"生"を問われる問題に発展するのである。

■ 2　障害児の親の障害受容過程

障害をもつ子どもが生まれてくること，または，子どもが育っていく中で障害を負うことは，親にとってどのように体験されるのだろうか。障害児をもつ親の障害受容過程に関しては，これまで，異なる立場からの見解が論じられている。1つは，段階理論（stage theory）と呼ばれるものであり，親が心理的に適応していく過程を段階的にとらえて説明しようとする立場である。

初めて段階理論を唱えたのは，ボイド（Boyd, 1951）であり，彼は，自らが知的障害児の親であるという体験をもとに，障害児の親の心理的変容過程を，①自己憐憫，②子どもへの思い込み，③客観視・決心・受容，の3段階で記述した。その後，ローゼン（Rosen, 1955）は，知的障害児の母親の心理的適応過程を，①問題に気づく，②問題を認める，③原因を捜し求める，④解決方法を求める，⑤問題を受け入れる，の5段階にまとめた。また，ソルニットとスターク（Solnit, & Stark, 1961）は，障害児の誕生を「期待した子どもの死」と見なし，その心理的変容過程を，①麻痺と不審，②気づき，③回想と期待の強い再体験，期待した子どもへの願望の低下，の3段階でとらえた。1970年代になると，ドローターら（Drotar et al., 1975）が，先天性奇形児の親の心理的変容過程について，①ショック，②否認，③悲しみ・怒り・不安，④適応，⑤再起，の5段階で記述し，反応の強さと時間の経過の枠組みから仮説的な図を提案した。このモデルは臨床現場で多く活用され，わが国でも広く浸透している。

わが国においては，1950年代から，段階モデルの枠組みに沿った親の心理的変容過程が検討されている。三木（1956）は，①子どもの現状に対する理解，②教育観・子どもへの教育的期待，③対社会的態度・世間体，④親の気分・心構え，という4つの側面から，それぞれを3段階に分けてとらえた。また，鑪（1963）は，知的障害児をもつ親の手紙・手記をもとに分析を行い，①子どもが知的障害児であることの認知過程，②盲目的に行われる無駄な骨折り，③苦悩的体験の過程，④同じ知的障害児をもつ親の発見，⑤知的障害児への見通しと本格的努力，

⑥努力や苦悩を支える夫婦・家族の協力，⑦努力を通して親自身の人間的成長を子どもに感謝する段階，⑧親自身の人間的成長，知的障害児に関する処遇などを啓蒙する社会的活動，の8段階を見出した。研究者によって若干異なるものの，段階理論の多くは，障害という事実に衝撃を受け，否認，抑うつ，怒りなどの情緒的な反応があらわれ，次第に建設的な努力が行われるようになり，最終的に障害の受容に至る，という親の姿が共通して描き出されている。

一方，上記の段階理論に対して，批判的な見解を述べるのが，慢性的悲哀（chronic sorrow）の立場の研究者たちであった。

慢性的悲哀の概念は，オーシャンスキー（Olshansky, 1962）によって初めて提唱された。慢性的悲哀とは，親が子どもの障害を知って以降，生涯を通して悲しみ続けている状態のことである。彼は，自身の臨床経験から，知的障害児の親のほとんどは慢性的悲哀に苦しんでいるにもかかわらず，専門家はそれにあまり気づいておらず，親の自然な感情表現を妨げていることを指摘した。この指摘を受けて，ウィクラーら（Wikler et al., 1981）は，障害児の親が体験する悲しみが慢性的であるか時間的に限定されるのかに焦点を当て，質問紙調査を行った。その結果，親の1/4が段階的過程をたどったが，残りの3/4は落胆と回復を繰り返したことが明らかとなり，慢性的悲哀が支持された。特に，健常児が歩き始める，通学するなどの発達の節目で悲嘆が再燃することが指摘されている。

また，コプレイとボーデンステイナー（Copley, & Bodensteiner, 1987）は，慢性的悲哀の概念が用いられた文献のレビューを行い，慢性的悲哀の特徴として，①親は生涯を通して周期的な苦痛や悲しみを経験する，②親は否認によって高揚した気分と抑うつという激しい気分の変化を繰り返し経験する，③親は理想化された子どもの喪失に対する悲嘆を経験する，④慢性的悲哀は時や状況によって強度が変わる自然な反応であり，慢性的悲哀を経験すると同時に子どもから満足感や喜びを得る，⑤慢性的悲哀のプロセスは，適応的または不適応的な対処を伴って，否認，気づき，回復の段階で生じる，という5つを見出した。さらに彼らは，慢性疾患や発達障害に関しては，段階モデルのような直線モデルよりも「周期モデル（cyclical model）」がより適切であるとし，phase 1 と phase 2 の2段階に分けた，慢性的悲哀モデルを提示した。このモデルによると，phase1 では，「衝撃」－「否認」－「悲嘆」の3つの段階が周期的に繰り返され，このサイクルを抜けることにより phase 2 に移行する。さらに，phase 2 は，「外界への焦点づけ」－「終結」の2段階から構成されるが，多くの親は phase1 に留まる，とされている。

近年では，両モデルを統合しようという試みも見られる。例えば，中田（1995）は，上記の2つの理論を包括した「障害受容の螺旋形モデル」を提唱した。それによると，親の内面には障害に対する肯定的と否定的の両方の側面の感情が存在し，表面的にはこの2つの感情が交互にあらわれ，落胆と適応の時期を繰り返す。そして，その過程は，区切られた段階ではなく，連続した過程であり，すべてが適応の過程として見なされている。

このような先行研究の蓄積にもとづくと，障害児の親の障害受容過程は，一度子どもの障害による葛藤を乗り越えれば，障害の受容に達して安定するといった，直線的で固定的なものではなく，周期的，流動的なものであると考えるほうが妥当であろう。

■ 3　障害の性質による親の障害受容過程の差異

近年では，親の障害受容過程は，障害の性質によって異なる，という指摘も見られている。例えば，中田（1995）は，早期診断の可能な病理型の知的障害児の親の場合は，障害の告知によ

る衝撃とその後の混乱，そしてそこから回復する過程は，段階モデルで述べられていることとかなり一致するが，診断の確定が困難な自閉症児や知的障害児の場合，親は慢性的なジレンマに陥りやすく，その理解には慢性的悲哀の概念が役立つ，と述べている。さらに，松下（2003）は，上述の中田（1995）の螺旋形モデルを用いて，重度発達障害児と軽度発達障害児の親の障害受容過程を比較している。その結果，以下のことが明らかとなっている。重度障害児の母親は，子どもの発達の見通しが立たない間は否定的な感情が強いが，見通しが立つことによって肯定的な感情を強めていき，それは比較的安定して維持される。一方，軽度障害児の母親は，診断の困難さや障害像，発達像のつかみづらさが影響し，いったん安定した以後も養育過程全般にわたって否定的－肯定的の両面的感情を抱いている（松下，2003）。このように，障害の重症度やその本質が，親の障害受容過程に関連する要因のひとつとして指摘されており，特に，子どもの状態像への現実的な認識のあり方が，その後の障害受容過程の経過を左右する要因のひとつである可能性が示されている。

　また，進行性であり，最終的には死に至る筋ジストロフィー症児の親も，独特な障害受容過程をたどるとされている。例えば，鈴木（1999）は，筋ジストロフィー症児の親には，「子どもの障害や症状を受容していく側面である『障害・症状の受容』と，診断の瞬間から生じた，いつかは子どもの死が訪れるという事実を受容していく側面である『将来の死という事実の受容』の二つの側面」があり，この二つの側面が繰り返し出現することが特徴的である，と述べた。具体的には，以下のように体験される。親は，子どもの病状が進行するたびに，診断時と同じような衝撃を受け，将来訪れる子どもの死に対する予期悲嘆が再燃する。さらに，ターミナル期に至ると，子ども自身が病や死を受容していく過程とは対照的に，親の不安は高まり，症状を否認するため，結果的に，子どもの死は突然のものとして受けとめられる。つまり，筋ジストロフィー症児の親には，否認による主観的体験と現実との落差が存在すると言う（鈴木，2003）。個々の障害によって発達の経過や見通しは大きく異なるため，それに伴い，親の苦悩や不安，揺れのあり方が異なるのは，必然と言えよう。

■4　重症心身障害者の母親の障害受容過程と「関係性」の変容

　ここでは，筆者が行った面接調査から得られた，重症心身障害者の母親の語りを引用しながら，障害をもった子どもを育てる体験を通して，親が子どもの障害に対するとらえ方や子どもとの関係性がどのように変容するのか，その経過について述べてみたい。

　重症心身障害とは，脳起因性の重篤な健康状態によって生じた障害であり，以下のような特徴がある。第一に，ひとりでは移動ができない，食事がとれないなど，身体機能面での重度の障害である。第二に，重度の知的障害があるため，日常会話を理解できない，表出言語がない，適応行動がとれない，などのコミュニケーション面での障害である。さらに，多くの場合，活動的な疾病を合併するため，医療的ケアが必要となり，生命を守ることが第一とされ，健康管理は重要な課題となる。常に死と隣り合わせの重篤な状態の者も多い。つまり，重症心身障害者にとっては，他者からのていねいなかかわりや目の行き届いた看護が常に必要なのである。重症心身障害をもつ子どもの誕生は，母親の家庭生活や社会生活に多大な影響を与えるだけでなく，先にも述べたように，母親自身の"生"の問題を問われるような深刻な危機体験となる。

　筆者ら（前盛・岡本，2008）の研究では，重症心身障害者の母親20名から協力を得て，面接調査を実施し，子どもの障害告知以降から現在に至るまで，どのような心理的変容をたどって

いるのかを検討した。また，重症心身障害が生命に関わる障害であることに着目し，子どもの"生"だけでなく，"死"をどのようにとらえているか，という視点から，母子の関係性や障害に対するとらえ方の変容を考察している。母親の実際の語りを引用しながら，障害児を育てることによる母親の心理的な困難とその回復過程について述べてみたい。

4-1 重症心身障害者の母親の障害受容過程

母親自身が，障害児をもった後の人生をふりかえり，そこで語られたライフストーリーをもとに分析を行った結果，重症心身障害者の母親の障害受容過程は，図 7-2 のような 10 の局面でとらえられた。

1）ショック

医師から障害を告げられたとき，または，障害のきっかけとなった生命危機状態に子どもが陥ったときに，多くの母親が体験した心理状態である。「頭が真っ白になって。先生が何を言っているのか（わからず），震えあがって」といった衝撃や混乱，「ぴんとこない。発達が遅れますっていうのも何が？って」など，感情の麻痺が見られる。

2）否　　認

「今から育っていけば治るんじゃないか」と楽観的にとらえたり，「神がかりなものだったら直すしかない。名前を直そうと思ったり，おまじないを持ってきたり」と奇跡的な治療法にすがるなど，障害が不治なものであることを否定しようと試みる状態である。

3）情緒的混乱

「（子どもを）抱っこしては泣き，寝顔見ては泣き，ずっとこんな感じ」など，怒りや落ち込み，混乱など，強い情緒的な反応があらわれる状態である。障害の性質をあまり理解していない時期でもあり，情報や経験が少ないことから，将来への漠然とした不安も抱えている。また，

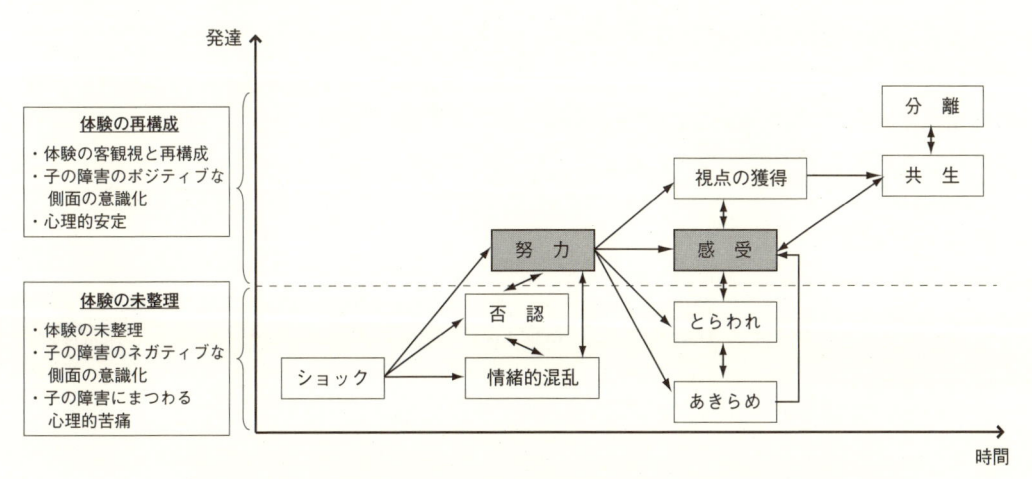

図 7-2　重症心身障害者の母親の障害受容過程の仮説モデル（前盛・岡本，2008）

注1）←→は，行きつ戻りつのプロセスを示す。
注2）太線の四角で囲った段階は，より成熟した次の段階へ進む際に必ず通過する段階であること（心理的契機）を示す。

特に小児期には子どもの体調が非常に不安定であり，生命の危機を感じる母親も多く，「もう駄目かもしれない。この子が亡くなったら私も逝く」と，子どもの体調悪化に伴う強い絶望感が体験されていた。

4）努　　力

「この子の顔を見たら，落ち込んでる場合じゃないでしょって」など，前向きな気持ちに切り替え，情報収集や訓練への没頭などの建設的な努力を行う状態である。その一方で，「この障害に負けちゃ駄目だ。障害を克服して，より普通に近い人間に育てよう」などの語りに示されるように，障害を克服しようという気負いや焦りももっている。

上記の，「否認」「情緒的混乱」「努力」の3つの局面は，同時期に混在していたり，行きつ戻りつを繰り返して体験されていた。また，1名を除くすべての母親が「努力」に至っており，その後の障害受容過程には多様性が見られている。

5）感　　受

子どもの反応や健康状態から，子どもの感情や欲求に気づいたり，子どもの変化や発達を実感する状態である。「（無理な訓練で体がよじれた子どもを見て）ものを言わない子どもに自分の考えを押しつけてしまったってすごく自責の念があった」などの語りに示されるように，子どもの欲求に気づき，それを優先するようになったり，「少しずつ少しずつ本人は成長していってる」と，子どものペースを尊重しながらも，わずかな発達上の変化をとらえられるようになる。このように，子どもの発する微妙なサインを感じ取ることで，母親は活力をもらうと同時に，子どもとの情緒的なつながりを確認していると考えられた。

6）視点の獲得

障害によって失われたものを取り戻そうとするのではなく，子どもの視点をふまえながら，育児の信念や主体性を獲得した状態である。「体の障害の克服というよりも，本人が快適な生活ができるようにもっていこうねっていう風に，大きく変わった」など，訓練へのこだわりから解放されたり，「少しのてんかんぐらいはあっても，日常生活を楽しませたい（と考え，てんかんの薬を減らした）」という語りに示されるように，専門家の意見に従うだけでなく，母親自身が主体的に判断や選択を行うようになる。

7）あきらめ

障害に対する否定的な意識が強く，「こんな子どもたちは，今更どうしろって言ってもできるもんじゃないから」など，子どもが障害児であるという事実に対してあきらめることで納得を得る状態である。

8）とらわれ

障害に対する否定的な意識が強く，「今でもどうにかして，せめて座るくらいでも」など，子育てにまつわる後悔や，子どもに対する罪悪感が強い状態である。個人差は大きいが，混乱期を過ぎて一応の心理的安定を得て，子どもが障害児であるという事実によってもたらされた肯

定的な側面を見出した母親であっても，こうした罪悪感を片隅に抱き続けている。また，子どもの生命危機状態や障害の重症化によって，一時的にこうした思いが強烈に高まる母親も見られた。

9) 共　　生
「本当に楽しんでますね。この子との生活を」など，子どもとの生活に充実感や満足感をもっており，子どもおよび障害児をもった事実を母親自身の中にしっかりと位置づけている状態である。「私の精神を立ち直らせるために彼が生まれてきたのかもしれないなって思う」という語りに示されるように，子どもが障害児であることの価値づけや意味づけを行う母親も多い。

10) 分　　離
子どもと母親自身の人生は別のものである，という意識を明確にもっている状態である。「私の人生と彼の人生，違うわけだから。彼は彼の人生なんだから，謳歌してほしい」と，行動的には密着しながらも，心理的な分離が意識されており，子どもと母親，それぞれの自立をめざす動きが見られる。

当然のことではあるが，こうした経過には個人差が見られた。子どもが障害をもっているという事実は，母親にとっては大きく深い傷となる。その傷の癒し方は多様であり，ある者はあきらめることで扱いがたい感情を切り離し，ある者はその事実の"意味"を追求して納得を得る。上記のモデルでは，そうした多様性が描き出されている。

また，「共生」に至り，安定した状態を維持している母親であっても，「とらわれ」の局面との間を行き来していることは注目に値する。これは，母親の障害へのとらえ方は，子どもと障害を受け入れれば，すべてを肯定的に受け止めることができるという一面的なものではないことを示している。障害のある子どもを育てる中で，よいこと，悪いことを含めた一つひとつの重みのある体験を受け止め，傷つきながら子どもとの関係を生きることは，ごく自然なことと言えるのではないだろうか。

4-2　子どもの内的世界を感じとること
ここでは，障害受容過程における「感受」の重要性について述べたい。「感受」とは，子どもが微妙に表出する欲求を，表情や声，健康状態を手がかりに母親が感じとることをさしている。重症心身障害者は，欲求や意志を発する力がとてつもなく弱い。そして，それをしっかり受け取ることは，母親にとっても非常に困難な仕事である。

Aさん（調査実施時51歳。子ども19歳。0歳時に脳性麻痺の診断）は，子どもの状態が「おかしい」と漠然とした不安を抱えていたため，脳性麻痺の診断を受けると，「訓練を頑張れば障害を克服できる」と比較的早期に前向きな気持ちになった。障害に関する知識を必死で集め，ある有名な訓練法を習得して試したところ，子どもに痙攣の「大発作」が起こった。医師からストレスによるものであることを指摘され，「受け入れるだけの状態の子が，体を張って『自分は嫌だよ，辛いんだよ』って言ってる」としみじみ感じ，「体の障害の克服よりも，本人の快適な生活に持っていこう，とその時大きく変わった」と言う。

Aさんのように，多くの母親が，「感受」の後に「視点の獲得」に至っていた。これは，母親が子どもの欲求を感じ取るという体験そのものが，育児において子どもの視点を取り入れる重要性に気づくことへ直接的に導き，確固たる信念や親としての主体性を獲得することを促進しているためと考えられた。また，「共生」に至った母親はすべて「感受」を経ていることが特徴的であった。子どもの微妙な欲求を感じ取ることによって母親なりに子どもとの世界を築くようになると，子育ての軸が形成される。そして，子どもの目線から世界をとらえようとするかかわりを続けていく中で，結果的に母親は，障害がもたらした肯定的側面にも目を向けるようになることが推察された。

4-3　互いの「死」の問題と母子関係の変容

先にも述べたように，重症心身障害は死と隣り合わせの障害でもある。幾度となく生命危機体験を乗り越え，子どもの生命そのものに触れてきた母親たちは，子どもの死の可能性についてどのように認識しているのだろうか。

子どもの死に対するとらえ方に関して，タイプ別に分類した結果，子どもの死という問題に積極的に関与する＜覚悟型＞，自己の死後の子どもの人生に不安を感じ，子どもの死と自己の死を比較してとらえる＜看取り型＞・＜葛藤型＞・＜保留型＞，子どもの死という問題に積極的に関与しない＜打ち消し型＞・＜切り離し型＞の6様態が見出された。その中でも，明らかに子どもに生命危機体験があり，根底には子どもの死に対する不安をもっているであろう＜覚悟型＞と＜打ち消し型＞の2様態には，障害受容過程の推移に特徴が見られた。すなわち，子どもの死の可能性を否認する＜打ち消し型＞は，障害受容過程において「感受」を繰り返して「共生」に至る，という特徴が見られた。子どもの死の可能性を見据えたうえで，子どもの看取りや死別後のイメージをもっている＜覚悟型＞は，「感受」「共生」を経て「分離」の段階に至るという特徴が見られた。

> ＜打ち消し型＞のBさん（調査実施時41歳。子ども17歳。生後1ヶ月に心疾患が判明し，その後脳性麻痺の診断）の子どもは，生後1ヶ月で，心疾患によって生命危機に陥るが，手術を経て何とか危機を回避し，その後脳性麻痺の診断を受けた。子どもの体調が不安定な状態が続く中での混乱期を母親仲間や保育士の助けによって乗り切ると，「障害を克服して，より普通に近い人間に育てよう」と考え，あらゆる訓練法を試した。しかし，訓練中に子どもが痙攣発作を起こしたことを機に，Bさんは「歩けなくても喋れなくても，この子なりの成長のしかたでいい」と思うようになる。それ以来，子どもの表情が表出されることを優先して抗てんかん薬を減らすなど，子どもの世界を大事にするかかわりを続けてきた。しかし，子どもの健康状態に伴ってBさん自身の内面も大きく変動するため，子どもとは「一心同体」という認識があり，「この子がいたからこそ今の自分がある」と感じている。デイサービスで子どもが喜ぶ姿を見て，「この子たちにだって社会で生きたい思いがある」と感じながらも，「できるだけ手元に置きたい」と思っている，と言う。

重症心身障害者の母親は，子どもと行動を共にし，子どもの欲求を感じとって代弁している。時にはその変化を敏感に察知し，子どもの生命を守る役割を担っている。そうしたていねいなかかわりを続けるなかで，子どもと情緒的に一体化した関係を維持し続けるのは自然なこととも言えるだろう。しかし，一方で，重症心身障害者の母子は，突然の子どもの死，あるい

はいずれ訪れる母親自身の死といった決定的な分離の可能性にさらされている。

　＜覚悟型＞のＣさん（調査実施時57歳。子ども31歳。生後7ヶ月時の高熱を機に脳脊髄膜炎の診断）は，子どもの障害を告知され，強い精神的苦痛や混乱を経た後，「この子は神様から預かった子。頑張るしかない」と考え方を変えた。子どもとかかわるなかで，医師の見解と反して「この子は見えるし聞こえるし笑う」ことを発見し，「とにかく楽しく生活する」ことを心がけていた。その後，施設を転所し，新しい主治医の言葉かけを機に，「この子しか目に入らなかった」自分に気づき，「人間はひとりで生まれてひとりで死んでいく。障害をもっていても親離れ，子離れは必要」と，母子分離を意識するようになる。子どもが青年期に至ると，次第に障害が重篤化していく現実を見据えるようになる。加えて，Ｃさんの実母が，障害をもっている子どもと同じお墓に入りたいと遺言を残して亡くなったことを機に，子どもを看取る心構えができてきた。子どもが亡くなれば，「住む世界が違ってもやっぱり気持ちは一緒なんだから，守ってね」と見送ってあげたい，と思っている。現在では，子どもの顔を見ていると，「お母さん，遊んできたらって言ってるような錯覚を受ける」こともあると言う。

　Ｃさんが子どもの視点をふまえた育児のあり方を模索している時期は，「この子しか目に入らなかった」くらい，子どもに没頭しており，非常に一体化した関係にあったことが推測される。しかし，その後，施設入所という他者に子どもを委ねる体験を契機に，ゆるやかに子どもとの心理的分離が行われている。障害が重篤化する子どもの状態を現実として見据えるようになり，自己の人生と子どもの人生を区別していく作業に取り組み始めたものと思われる。しかし，心理的分離が意識される一方で，Ｃさんの語りに示されているのは，どちらかの死という現実場面の分離に備えているかのような，より深いレベルでの子どもとの結びつきを求める心の動きであった。Ｃさんにとって，子どもは自己に内在化された守護神のような役割を果たしているのだろう。このように，母子分離にかかわる意識がゆるやかに変容していくことによって，子どもの人生および母親自身の人生，という2つの"生"のとらえ直しが促され，母親の内的な子どもイメージに変容が見られている。

■5　障害児の母親のアイデンティティ発達

　これまでは障害児の親の心理的困難やその回復に焦点を当てて論じてきた。しかし，近年では，障害児をもつことを通した親の心理的発達に着目した研究もいくつか蓄積されてきており，生涯発達の観点から見ると，非常に重要な示唆が得られている。ここでは，筆者（前盛，2009）が面接調査を行って得られた，障害児の母親のアイデンティティ発達の特徴について述べてみたい。

5-1　重症心身障害児の母親のアイデンティティ危機体験の様態

　筆者（前盛，2009）の研究では，重症心身障害者の母親15名を対象に半構造化面接を行い，障害児を子どもにもつという危機を母親がどのように体験するのか，危機によるアイデンティティ発達の個人差を規定するものとは何か，という視点から，危機体験の様態の類型化を行った。

　調査実施当初，分析については，マーシャ（Marcia, 1966）のアイデンティティ・ステイタス論をふまえ，危機（crisis）と積極的関与（commitment）の2つの視点を援用することを考えていた。第一の視点は，障害児をもつという体験に対し，どれだけ自己投入を行い，積極的に関

与したか,という「障害児をもつ体験に対する積極的関与」であり,第二の視点は,障害児をもつ体験が自己にとってどのような意味をもっていたかというふりかえりの作業を行い,その体験が自己を発達・変容させるものとして主体的に位置づけられているかという「障害児をもつ体験の主体的位置づけ」であった。

しかし,驚くべきことに,実際に調査を終えてみると,すべての対象者が,危機と積極的関与の両方が認められたのである。つまり,すべての対象者が障害児のケアの中心的役割を担った時期があり,さらに,障害児をもつ体験を,自己を発達・変容させるものとして位置づけていたのであった。しかし,その程度や内容には質的な差異が見られた。そこで,危機体験の様態の類型化の指標として,①障害児をもつ体験を通して自己のあり方や生き方に対する主体的模索が行われているかの有無,②障害児をもつ体験を通した自己の発達・変容の認識の度合い,という2つの視点を用いた。その結果,重症心身障害者の母親のアイデンティティ危機体験の様態として,4つのタイプが見出された。

　1)模索-成熟型

このタイプでは,障害児をもつ体験以降,自己のあり方,生き方の問い直しや模索が行われ,高い自己関与が認められる。自己の内的危機の認知の時期によってさらに2つのタイプに分類されたが,両者とも,アイデンティティ発達過程では,障害のある子どもと向き合う中でこれまでの自己のあり方に対する葛藤が意識化され,主体的な模索と軌道修正を経ていることが特徴的である。「私はこの子で良かったと思ってる。(そうでなければ)生きてる実感を感じなかったと思う」「ひとつの命を下から支える生き方をしなければ得られなかった喜びがある」など,障害児をケアすることを中心とした自己の生き方に主体的な納得と充実感をもっている。

　2)無自覚-成熟型

このタイプは,自己の生き方の問い直しや模索が行われるには至らないものの,障害児をケアするなかでの自己の発達・変容を明確に認識し,自己の生き方に対する主体的な納得と充実感をもっている。アイデンティティ発達過程では,「不安とかじゃない。娘が生きて今の状態から少しでも良くなるように,って無我夢中だった。(中略)(子どもから)自分に足りないものを与えてもらってる」など,自己のあり方への葛藤はほとんど意識化されないが,障害のある子どものケアをする必要に迫られて新たな行動を獲得し,視野の広がりと自己の成長を感じていることが特徴的である。

　3)無自覚-対人関係重視型

このタイプでは,自己のあり方や生き方の問い直しや模索は行われない。障害児をもつ体験を通した自己の発達・変容の認識はあいまいであるが,自分と子どもをとりまく他者との関係性に対するとらえ方の変容は強く認識されている。このタイプは,障害児を子どもにもつ体験に伴う傷つきや罪悪感が,時を経て緩和されながらも,心の深い次元で持続していることが特徴的であった。「(健常児の)子どもたちと一緒だったから気が紛れた。具体的に何が変わったかっていうと思い浮かばないけど,人に対して優しくなれた」など,自分自身の変容の認識はあいまいであるが,自分と障害のある子どもをとりまく周囲の他者との関係性の再確認と深化,という重要な側面でのアイデンティティ発達が見られる。

4）葛藤型

このタイプは，障害児をもつ体験以前から自己のあり方に葛藤があり，それに対する主体的な模索は行われておらず，未解決な葛藤をもっている。そのため，障害児を子どもにもつ体験を通した自己の発達・変容を明確に認識しながらも，「自分には芯がないんじゃないかな」など，自己評価が低く，トータルな自己の生き方への納得感は得られていない。また，子どもとの関係は良好であるが，子どもと離れることへの罪悪感が強く，子どもとは異なる存在としての自己を肯定的にとらえることが難しい，という特徴がある。

5-2　アイデンティティ危機体験の様態と子どもとの関係性の質との関連

各様態の個人差を規定する要因とは何であろうか。障害児をもつ体験という危機からの自己の立て直しおよび回復・発達には，危機の中心的課題である子どもへのケアが重要な要素として示されるだろう。ここでは，アイデンティティ危機体験の様態と，障害のある子どもとの関係性の質的側面との関連を検討した結果を紹介したい。前盛（2009）では，子どもへのかかわりや関係性の質的側面の分析を行った。その結果，以下の6つのカテゴリーが生成された。

①日常生活維持のケア（食事や排泄，体調管理など，子どもの日常生活を支えるためのケアにまつわる困難さ）
②葛藤的かかわり（主に子どもの障害に起因する葛藤の意識化）
③情緒的なつながり（子どもとの情緒的コミュニケーションを重視した日々のかかわりおよび母子の情緒的に一体化した関係）
④相互性の意識化（母親として子どもを支えるという側面と，自分が障害のある子どもによって支えられ，与えられるものがあるという側面の意識化）
⑤分離への葛藤（母親である自分が子どもの世話をしたいという願望と現実との間で生じる母子分離に関する葛藤）
⑥新たな関係の構築（子どもの成長の実感や母子の心理的距離の変容，およびそれに伴う新たな関係の構築）

さらに，上記のアイデンティティ危機体験の様態と，子どもとの関係性の質との関連を検討した結果，模索－成熟型および無自覚－成熟型と，無自覚－対人関係重視型との間で質的差異が見られた。模索－成熟型および無自覚－成熟型の2つのタイプは，日常生活維持のケア，情緒的なつながり，相互性の意識化，という子どもとの肯定的な関係を示す3つのカテゴリーすべてが見られたのに対し，無自覚－対人関係重視型では，1名を除く3名に，日常生活維持のケアのみ見られた。つまり，障害児をもつ体験を通して自己の発達・変容を強く認識し，自己の生き方に主体的納得を得るには，障害をもつ子どもに対して，日常生活を維持するケアのみでなく，子どもとの情緒的な関係およびケアにおける相互性を意識化することが重要である可能性が示されている。特に，相互性の意識化は，アイデンティティ発達に重要な役割を果たしていると思われる。エリクソン（Erikson, 1950）の提唱した"相互性（mutuality）"とは，「相互に心の内部の創造的なものを活性化すること」であり，母親が子どもに信頼感を与え，子どもは母親に世代的関心をはぐくむ心を与えるような，相互に心を生き生きとさせる関係のあり方をさす（鑪, 2002）。このカテゴリーに当てはまる対象者は，障害のある子どもから，「抱っこしていて頬ずりするとたまらなく愛おしいっていう気持ちが支えになった」「命がある。それだけで喜べる」など，健常な子どもの育児では得られない深い喜びを得ており，子どもとの世

5-3 "子どもにとって有用な自分"を基盤としたアイデンティティ発達

これらの結果を概観すると，重症心身障害者の母親のアイデンティティ発達過程は，非常に独特な経過をたどっていることがわかる。ここで興味深いのは，自己のあり方や生き方の模索が行われる模索－成熟型と，自己のあり方や生き方への葛藤が意識化されない無自覚－成熟型のアイデンティティ発達が同様の方向性をたどっているということである。そして，両者に共通し，他の様態と差異が認められたのは，子どもとの関係性の質であった。つまり，障害児を子どもにもつ体験という危機に対しては，自己の模索そのものより，子どもとの関係性への関与の深さが，母親自身の発達・変容における重要な要素となる可能性が示されている。模索－成熟型および無自覚－成熟型は，子どもと情緒的に一体化し，「自分のアイデンティティと子どものアイデンティティを同一視した独特のアイデンティティ」(戈木, 1999) を基盤として，発達・変容していくプロセスが認められる。そのプロセスにおいて，母親の「個」は重視されない。母親は子どもとの世界に深く入り込み，その独特の世界の中で母親の支えとなるような豊かな活力を与えられ，新たな価値観や行動を獲得していく。そして結果的に，そうした自己の生き方に対する主体的な納得を得ていることが推察された。

■ 6 障害児の親に対する心理臨床的援助

最後に，障害児の親に対する心理臨床的援助に関して少しだけ触れておきたい。発達障害への関心の高まりに伴い，障害児の親に対する支援に焦点を当てた心理的援助の実践研究の蓄積もなされつつある。中でも，田中・丹羽 (1988) の，ダウン症児の早期母子支援の研究では，子どもの反応や行動の意味を母親に伝えることの有効性や，母子相互の関わりが子どもの精神発達を促進することが示されており，ダウン症児だけでなく，他の障害児の母親への心理的援助に有益な示唆を与えている。また，数々の臨床経験を通して，障害告知における専門家のあり方について論考した中田 (2002) の知見も重要であろう。子どもの発達を促す基盤となる親子の情緒的関係を育むためには，まず，専門家が，親自身が抱えられる環境を提供することが必要であると思われる。

第3節　愛する人に死なれること

私たちが経験する死を3つに分けることがある。知らない第三者の死である三人称の死，大切な人の死である二人称の死，そして自らの死という一人称の死である。生きとし生けるもの，すべて必ず死んでいく。その意味では一人称の死はすべての人に公平に訪れる。しかし，二人称の死は必ずしも公平に経験するわけではない。自然の摂理に沿った死別の経験ですむ人もいる一方で，理不尽で耐えがたい死別経験を何度も強いられる人もいる。とりわけ理不尽な死別は遺された人の人生や健康に大きな影響を与える。死別ばかりではない，若い成人期の失恋や未練の離婚などの生別もまた同様であろう。

人生は出会いと別れによって編まれているとはいえ，望まない別れほど生きる力を奪う出来事はないであろう。人は，この悲しさ，辛さ，失意から，いかにして喪われた世界に適応し

ていくのであろうか。「覆水盆に返らず」の諺の示すとおり，喪失からの恢復は元に戻ることではなく，新たな人生のステージに移行する以外にない。だから生き残るとは変容することでもある。以上のような問題意識を背景にして，成人期における「愛する人に死なれること」について論考していきたい。

1 喪失論の基礎
1-1 鍵概念の定義

喪失に関連する諸概念の多くが日常用語を利用している。そうした事情もあって，研究者によって，また学問領域によって微妙に訳語や意味が異なっている。そこで，喪失と悲嘆に関する領域の基本概念について整理し，関連する先行研究の最小限のレビューを行っておきたい。

1) 喪　　失

フロイト（Freud, 1917）は喪失体験のことを対象喪失（object loss）と名づけた。対象とは個々人が心的エネルギー（リビドー）を注いでいる対象である。失う対象とは，愛する人だけでなく，例えば，馴染んだ環境や祖国，理想や生きがいなどの心的属性をも包括する用語である。したがって，対象喪失は意味において広い内包と外延を含んだ用語である。なお，悲嘆学や死生学においては単純に喪失（loss）と表記する傾向がある。

ハーベイ（Harvey, 2002）は大切な人との死別を「重大な喪失（major loss）」と呼んだ。また喪失の水準を区別して，眼前の人が亡くなるという「外的喪失」と，外的対象の有無とは別に心の中で生起する喪失感，つまり「内的喪失」に着目する視座も有効である（小此木, 1979; 山本, 1997）。この視座を導入することによって，つぎのような認識も可能となる。離婚寸前の夫婦は何度も失意や幻滅という内的喪失を味わった末に，結末として外的喪失である離婚が訪れる。また，終末期においては，患者もその家族も近い将来の別れを予感して，悲しみに襲われるであろう。この状態は「内的喪失」の状態であり，死別後の反応（外的・内的喪失）とは区別して考えなければならない。

2) 悲　　嘆

悲嘆（grief）とは喪失後の悲しみや自責，不眠など心身の反応を総称した用語である。フロイトは喪失の悲しみのことを"Trauer"というドイツ語で表した。この用語が米国で翻訳されたとき2つの訳語を生んだ。フロイト全集の翻訳者であるストラチー（Strachey, J）は"mourning"（喪）と訳し，悲嘆学の創始者のリンデマン（Lindemann, 1944）は"grief"（悲嘆）という単語を選択した。以後，2つの用語は相互に互換性のある言葉として用いられてきた。使い分ける場合は，"mourning"が服喪に関わる儀式や対処行動に用いられがちであるのに対して，"grief"の方は死別に伴う情動や心理生理的反応という意味で用いられる傾向がある。

では，悲嘆（グリーフ）とはどのような状態に陥ることであろうか。悲嘆反応は以下に列記する4つの徴候にまとめられる。ただし，故人との関係性，亡くなった年齢，死因，社会的サポートの有無，レジリエンス（resilience, 心の復元力）の程度などによって，個々の悲嘆反応には相当なバリエーションが生じる。

①喪失の痛み（悲痛などの情動反応，あるいは波状的な心身の苦痛感）。
②追慕の反応（亡くなった人のことを常に考え続け，再会したいと願う）。

③後悔や自責の念（罪悪感），または周囲への怒りや敵意。
④外界への関心の欠如，日常生活を営むことへの意欲の消失。

　これら4つの悲嘆反応のうちで最初の2つが基軸となる。まず，喪失の現実検討に伴って情緒的な痛みに襲われる。その強いストレスのために心身症的反応も生じやすい。つぎに，その喪失反応に拮抗するかのように，失いかけている対象を取り戻そう，復活させようとする強い欲求が生じる。その欲求が追慕や故人への囚われを生みだす。いわば①と②の反応は「作用と反作用」のような関係で交互に現れるのが特徴である。

3）死　　別

　英語では"bereavement"というが，動詞の「ビリーブ」には「奪い取る」という原義がある。転じて死別という意味で使われている。文字どおり，喪失経験の中の死に伴う喪失に限定された言葉で，死生学の分野で多用されている。欧米文献では"grief"や"mourning"と区別をしないで用いられがちである。

4）喪の仕事

　「喪の作業」とも言う。フロイト（Freud, 1917）の造語で，"Trauerarbeit"と命名され，英語では，"mourning work"，または"grief work"と訳された。愛着対象を失った際に生起する能動的な心の営み，あるいは失われた過去を想起しながら内面に対象表象を再建していく作業を意味する。行動レベルでの例をあげると，故人との思い出を語ること，故人の手記を書くこと，遺稿集を製作すること，遺品を片付けること，遺言を実現すること，自助グループに参加すること，などがある。この例示でわかるように，悲嘆に対して喪（モーニング）を強調するときは，悲嘆へのコーピングやそのプロセスに強調点がある。

5）喪の過程

　喪失から適応に至るまでの一連の過程を言う。喪の過程（process of mourning）には相当な

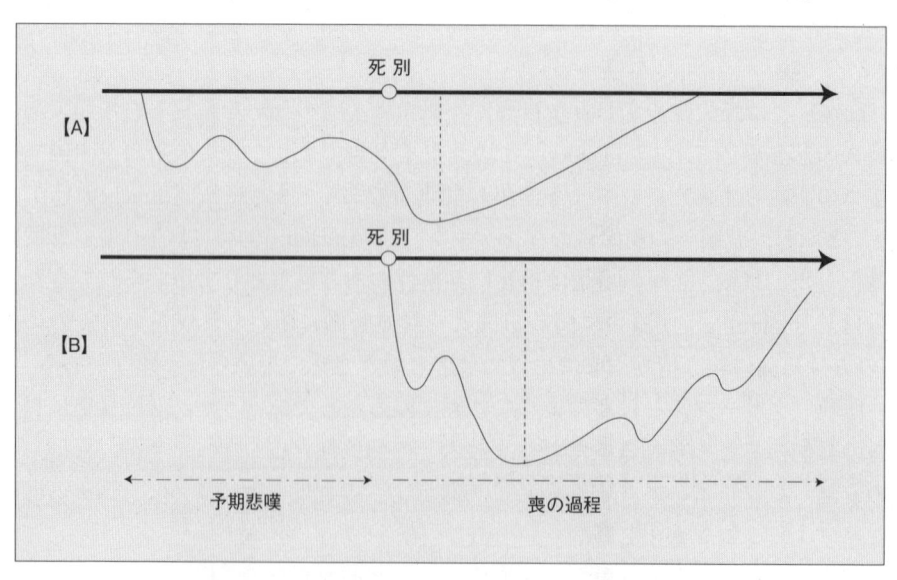

図7-3　Aは終末期と喪の過程，Bは突然死の喪の過程
横軸は時間経過，縦軸は落ち込みの程度，点線は極期を表す

個人差がある。高齢者の自然死ならば喪の過程は単純かつ短期間であろう。子どもの突然の死ならば喪の過程は複雑で、一生涯続くかもしれない。また、終末期において「予期悲嘆」を分かち合い、別れの準備ができるなら、死別後の悲嘆は軽減しがちである。それに対して突然死に遭遇すると悲嘆の程度がより強く、喪の期間も遷延化する傾向がある。両者の違いをイメージ化して示したのが図7-3である。Aのパターンは一定期間の終末期を経て亡くなる場合であり、Bパターンは突然に亡くなる場合である。終末期における予期悲嘆を経験することが死別後の悲嘆に対して緩衝作用をもつ。だからBのパターンの方が適応までに時間がかかり、心理-社会的にも困難をきたしやすい。

なお、喪の過程では心模様が変化するが、遺族の観察からさまざまの段階設定が試みられた。代表的な知見としてボウルビィ（Bowlby, 1980）のモデルがある。彼は成人期における重大な喪失における喪の過程を以下の4段階に区分している。ただし、②と③は併存しやすい。

①ショックと茫然自失（数時間から1週間程度）
②追慕と探索（数週間～数年の間）
③混乱と絶望
④再建（心理-社会的な再建）

しかし、キューブラー＝ロス（Kübler-Ross, 1969）の死への5段階説を筆頭とする段階モデルに対しては多くの批判がなされた。したがってボウルビィの定式もひとつの目安として柔軟に利用するのが妥当であろう。

6）適　応

喪失経験からの立ち直りに対して、どのように呼称するかは議論が分かれる。元に戻るわけではないので喪失からの「回復（recovery）」という用語は避けられ、喪失への「適応（adaptation）」という言い方が好まれる。「回復することも、忘れることもないが、年月の経過とともに"なれる"ことはある」という遺族の言葉があるように、「大切な人がいない生活に適応する」という意味である。

1-2　生きがいの喪失

喪失に関するわが国の研究の源の1つは神谷（1966）の「生きがいについて」であると筆者は考えている。一般にはこの著作は喪失論の系譜に位置づけられてはいないが、生きがいの喪失こそ、対象喪失の本質ではなかろうか。死なれることで、喪うことで奪われる本質は何かと心の深みを探ると見えてくることがある。それは生きる希望であり、生きがいそのものではないか。さらに興味深いことは、生きがいが外界の対象と内界の現象の2つを同時にさし示すことである。神谷（1966）は以下のように説明している。

> 生きがいということばの使いかたには、ふた通りある。この子は私の生きがいです、などという場合のように生きがいの源泉、または対象となるものを指すときと、いきがいを感じている精神状態を意味するときと、このふたつである。このうち、あとの方はフランクルのいう「意味感」にちかい。これをここでは一応、「生きがい感」とよぶことにして、前のほうの「生きがい」そのものと区別していきたい。

大切な人を喪うと，自分の中の大切な何かも喪われる。だから大きな対象喪失は自己喪失と同根であると思う。このつかまえにくい経験をどう説明したらよいのか。その答を神谷の説明の中に見つけることができる。生きがい（大切な人）を喪うと自らの生きがい感（自己の核）も奪われる。だから身近にいる人であっても生きがい感の対象でない人なら，悲痛も自己喪失もあまり起こらない。生きがいによって，絆によって，人は深く結ばれ，その関係性の中でこそ，自らの居場所を見出して生き抜けると言えるのかもしれない。

1-3 補完的アイデンティティ

前述したように対象喪失は自己喪失を伴いがちである。つまり喪失によりアイデンティティが危機にさらされる。そもそもアイデンティティとは自己の独自性と関係があるが，他者なくしては形成しえない側面もある。「自分」とは対人的な場において析出する「自らの分」である。周囲から切り離された，絶対的な自己を想定することは難しい。自己とは関係性の中で出現してくると見なした方が実際に近い。とりわけ，私たち日本人は他者との関係の中で相手に応じた自己を生成する傾向がある。つまり，「関係的自己」（relational self）を生きている。精神科医のレイン（Laing, 1975）は，この他者との関係の中で現実化するアイデンティティに「補完的アイデンティティ」という適切な用語を与えている。

> 女性は，子どもがいなくては母親になれない。自分に母親としてのアイデンティティを与えるためには子どもを必要とする。男性は，自分が夫になるために妻を必要とする。アイデンティティにはすべて他者が必要である。誰か他者との関係において，また関係を通して，自己というアイデンティティは現実化される。（中略）「補完性」ということばで，私が表そうとしているのは，それによって自己を他者が充足させたり完成させたりするような対人関係の機能のことである。

恋人，親子，伴侶，きょうだいなど二人称の「あなたと私」関係に深くかかわり続け，その関係性において生きがいや存在理由を感じてきた人にとって，その「片割れ」を喪うことは存在の根底を崩す出来事になる。自己喪失の危機に陥る。自己を充足させるためには自己を必要とする相手がいる。片割れがいない世界でどう生活し，また生きがいを取り戻していくのか。その問いへの答えを探し求める過程においてアイデンティティの変更，あるいは再構築をせざるをえなくなる。したがって，喪失は人生の移行を強いる経験でもある。

2 死別の対象

幸せな状態は互いに似ているが悲しみはそれぞれに異なっている。愛する人に死なれるという出来事に遭遇すると，家族であっても同じ悲しみの経験をするわけではない。喪の過程はきわめて個別的なプロセスである。例えば，ノルウェーの画家ムンク（Munch, E.: 1863-1944）は5歳のときに母親が病死し，さらに14歳で姉をも結核で亡くしている。その姉の亡くなったときの家族の情景を描いた「病室の死」（図7-4）という絵が残されている。姉のソフィエの死に遭遇して，家族や親戚がそれぞれ異なる姿勢で，それぞれの悲しみに耐えている。同じ家族であっても悲しみは一様ではない。

この悲嘆の個別性の原則をふまえたうえで，成人期に遭遇する死別の対象ごとに特徴を素描

図7-4 「病室の死」(ムンク)

してみよう。最初に子どもとの死別、つぎに伴侶との死別、最後に親との死別について言及する。例として、作家の経験した悲嘆を借りて理解の一助としたい。関連して欧米の文献によく記載されている成句に言及しておく。「子ども」を喪うことによって未来を喪い、「伴侶」を喪うことによって現在を喪い、そして「親」を喪うことによって過去を喪う。

2-1 子どもの死

　子どもの死とひと口に言っても、千差万別の原因や経緯がある。流産や死産、乳幼児突然死症候群（SIDS）、小児がんなどの難病による死、事故や事件の犠牲、自死など、死の原因と経緯は実に多様である。当然のことながら、それぞれの死因によって、家族の悲しみの形や内容は影響を受け、適応過程も相当な違いが生じてくる。

　悲しみの形と内容に違いはあれ、子どもの死は人生で最もストレスフルな出来事であり、その辛さは経験した者にしかわからないと言えよう。重大事件により子どもを突然に亡くしたある母親は3回忌の数ヶ月前に以下のように記している。

> 子どもを亡くした心の痛みは、かつて私が想像していた悲しみや苦しみをはるかに超えた、この世のものとは思えないものでした。私の身体は隅から隅まで悲しみという細胞でできているのではないか、血管には涙が流れているのではないかとさえ思いました。（中略）…日を重ねるごとに、子どもを亡くすという悲しみは、時がたてば癒えるものでもなく、乗り越えられるものでもないということが分かってきました。それは絶望でもありましたが、視点を変えると悲しみと共に生きていく術を身につければ何とか生き続けていけるのではないかという希望でもありました（林　有加『お母さん！−大貴の声がきこえる』より）。

　この母親のように何の前触れもない悲惨な死との遭遇は心に深い傷痕を残すリスクが高い。だから心の中で進行する喪の過程は10年単位、あるいは一生涯続いていくと予測される。個人差、程度差はあれ、子どもの突然死は「外傷性悲嘆（traumatic grief）」の状態に陥るリスクが高いと言ってもよい。悲嘆とトラウマが重なった悲嘆の機能不全である。

《津島佑子と息子》

子どもとの死別の例として津島佑子さんの経験をとりあげてみる。彼女は昭和22年に太宰治の長女として東京で生まれた。その翌年に父親は入水自死している。彼女のもった家庭は2人の子どものいる母子家庭であった。昭和60年3月下旬に8歳7ヶ月の大夢君が自宅の浴室で呼吸不全のために急死した。その後，母の津島祐子はしばらく小説を書くことができなくなった。子どもの突然の喪失は，あまりにも理不尽で，受け入れがたい事実である。

　　子どもが先に知った死がどんなものか私も知りたいという願い，また子どもを殺してしまったという思い，なぜ選りに選って私の子どもが，という問いやらに押しつぶされ続け，悲しみからの涙を流すゆとりもありませんでした。私の子どもが「なぜ死ななければならないのか」どうしても納得がいきませんでした（津島佑子『夜の光に追われて』より）。

彼女の「なぜ？」という自問自答は子どもの死だけでなく，突然の不幸に見舞われた際に生じる古今東西を超えた普遍的な問いである。英語圏なら"Why me？""Why now？"となろう。今までの当たり前の生活が奪われ，子どものいない現実に直面する。どうしてこんなことになってしまったのか。親としての後悔と責め苦が自らの心を引き裂く。客観的には親にまったく責任はなくても，「〜たら，〜れば」という後悔と自責がわきあがる。

英語の「モーニング」（喪）は「メモリー」（回想）と語根を同じくする。つまり，故人を記憶から取り出し，繰り返し偲ぶこと，追慕することがモーニングワーク（喪の仕事）の課題の1つである。そして，「もう一度だけでも会いたい」と切望する。津島さんは2つのワークを行った。ひとつ目は，大夢くんのことを「書くこと」で息子を作品に蘇らせる。2つ目は，夢で息子に会い続けることであった。亡くなって3ヶ月ほども経ってから，夢に子どもが出てきてくれるようになった。そこで，寝る前に必ず子どもに今晩も姿を見せてよと，頼み込むようになった。こうしてあの世からこの世に息子を取り戻し，一緒に生きていく術を身につけていった。眼前には息子はいなくても，彼女は母親としてのアイデンティティを維持しつづけた。大夢くんの死から15年後に雑誌のインタビューに答えて，彼女はこう述べている。「最初の頃は，どんどん遠ざかっていって，彼の存在が消えてしまうのではないかと不安でしたが，そんなことはなかったようです。あれから15年になりますが，今でも彼のことを思わない日はないし，私には子どもが2人いるという意識は変わりません」と。

2-2　伴侶の死

伴侶の死の受容は2人の生前の関係のあり方によって影響を受けるが，それらは相当に異なる。妻と死別した夫と，夫と死別した妻とでは，また「その後」の具体的な経験は異なる。伴侶が長い闘病生活の後で亡くなった場合，何かから解放されたような安堵を覚えることもある。また高齢期の場合に「とくに何の感慨もない」と淡々と語る人もいる。恐らく死別の影響が少ないのは，結婚生活において心理的に距離があったか，互いの補完的アイデンティティがあまり形成されていなかったからかもしれない。

その一方で，伴侶を亡くしてから急激に生きがいや生のエネルギーを喪う人がいる。家のことはすべて妻に任せていた夫の場合は，日々の生活そのものが営めなくなる。伴侶は自分を補完する存在であるだけに，片割れが亡くなるとただ毎日が虚ろでひどく寂しくなる。

連理の枝のような夫婦の場合，伴侶を亡くすと数年の内に遺された人も後を追うように亡くなることは珍しくない。

《江藤 淳と妻》
　江藤 淳さんは著名な文学評論家であった。彼は1998年暮れに慶子夫人をがんで亡くした。その悲嘆とそのストレスは筆舌に尽くしがたく，尿閉や感染症など体調を大きく崩した。その喪の途上で遺作『妻と私』を著した。そして2ヶ月後，自宅で自ら命を絶ったのである。享年66歳。子どものいない江藤氏にとって妻は唯一の家族であった。4歳のときに母を亡くしていた彼にとって，妻は母親の代理でもあったかもしれない。また，夫人は江藤氏の秘書役であり，マネージャーでもあった。周囲に「一卵性夫婦」とも映った江藤氏が片割れを亡くして味わった悲哀や孤独は壮絶であった。

　　いったん死の時間に深く浸り，そこに独り取り残されてまだ生きている人間ほど，絶望的なものはない。家内の生命が尽きていない限りは，生命の尽きるそのときまで一緒にいる，決して家内を一人ぽっちにはしない，という明瞭な目標があったのに，家内が逝ってしまったいまとなっては，そんな目標などどこにもありはしない。ただ私だけの死の時間が，私の心身を捕え，意味のない死に向って刻一刻と私を追い込んで行くのである（江藤 淳『妻と私』より）。

　やはり江藤氏の自死という最後はあまりに痛ましい。もし子どもがいたら違った結果になっていたかもしれない。とはいえ悲嘆の病理という専門用語で解釈する気にはならない。彼の場合，喪の仕事に失敗したというより，妻との絆の深さとその反作用，加えて体調の崩れが，彼のレジリエンス（心の復元力）を超えてしまった。筆者にはそう思える。残された遺書には彼の明晰な意思が書かれていた。

　　心身の不自由が進み，病苦が耐えがたし。去る6月10日，脳梗塞の発作に遭いし以来の江藤 淳は，形骸に過ぎず，自ら処決して形骸を断ずる所以なり。乞う，諸君よ，これを諒とせられよ。平成11年7月21日　江藤　淳

2-3 親 の 死

　最後に成人期における親の死の問題にふれよう。親が高齢となり，薄暮の意識の中で天寿をまっとうするなら遺された人の心も比較的平安であろう。むしろ長年の介護や看病の期間の方が大変かもしれない。介護の期間に親子関係の情愛は燃え尽きるかもしれない。親との死別の影響は伴侶の場合と似ていて個人差が大きい。親の残した多くの遺品の片付けをしていると，さまざまの過去の記憶がよみがえる。親に関する発見もあるかもしれない。また遺産はわずかであっても，しばしばその相続にあたって子ども（きょうだい）の間にひそむ葛藤が顕在化し，時には親族間の争いを生むこともある。
　親の終末期でのケアや死別後の喪の過程のあり方は，結局はこれまでの親子関係のあり方の反映である。とは言っても必ずしも直線的な相関関係ではない。良好な親子関係でも比較的早く心の喪が明けることもあれば，葛藤に満ちた関係であったがゆえに逆に熱心に看病したり，

悲嘆が長びいたりすることもある。

《秦　恒平と母》
　ここで，きわめて特殊な例ではあるが，数奇な運命をたどった小説家の秦恒平さんの親子関係をとりあげてみよう。秦さんは，深い事情があって昭和10年，生まれてすぐ別の家庭にあずけられて育った。実父とは42年も経てから出会い，実母とはついに一度も母子として会うことがなかった。彼が母親の姿をまったく見なかったわけではない。子どもの頃，母らしき人がさりげなく目の前に現れることがあった。しかし，彼は会うことを拒んだ。育ての親を裏切りたくない気持ちもあった。食べ物を届けられたこともあったが，手をはらいのけて逃げた。しかし母は子どもに会えることを願った。母は晩年に息子を恋うる句を書き残した。「話したき夜は目をつむり呼びたまえ，（蚊となって）羽音ゆるく肩によらなむ」と。しかしながら，秦氏はこのような実母の切ない思いを一切知ろうとせず，むろん会おうともせず，血縁に関わるすべてを拒絶しつづけた。そして26歳の頃，人伝てに母が亡くなったことを聞いた。

　　（母の訃報が届いたとき）足下が無限に崩れ落ちていったような，魂のぬけた心地に私はふらふらした。勤めからの帰り道，夜道を歩きながら私は大声で泣いた。毎日毎日，泣いた。それしか出来なかった。「死なれた」と思い，取り返しのつかない喪失感を抱いて，その1年後，とうとう私は小説というものを書き始めた（秦　恒平『死なれて・死なせて』より）。

　それから長い年月の後，彼は目を背け拒絶してきた母や家族の歴史に目を向けるようになる。そして，いやおうなく秦氏は目覚めるのである。「少なくとも母に，そして父にも，私は"死なれた"のではなかった。母も父も，私が"死なせた"のだ。私の存在が"死なせた"に等しいのだ，そうとしか思われない，痛切に」。亡き母の切々とした思い，その家族の歴史がわかってきたとき，自分が「死なせた」という痛切なる自責の念（自己責任）に目覚めたのである。かつて母に向けていた拒絶は，何十年も経て，わが身への責め苦となって戻ってきた。いわゆる「生き残り罪悪感」とは関係性の中で回避してきた自己責任への目覚めであることを，秦氏は私たちに教えてくれるのである。

■ 3　喪失から獲得へ
3-1　生死の時間
　中高年の一番の死因はがん（悪性新生物）で約30％を占めている。そのがんなどの終末期にある人，またその家族は，限られた時間を病気と闘いながら懸命に生きる。日常的な時間の中に死を意識した時間感覚が侵入する。その独特な時を「生死の時間」と呼ぶことができる。それは人生の締め切りを意識した予期悲嘆（anticipatory grief）の時でもある。生死の時間とは日常世界と内的世界を行き来しながら，もっぱら死と向き合う時間を生きることである，と言えようか。先に紹介した江藤氏はこう述べている。

　　このとき家内と私のあいだに流れているのは，日常的な時間ではなかった。それはいわば，生と死の時間とでもいうべきものであった。日常的な時間のほうは，窓の外の遠くに見える首都高速道路を走る車の流れと一緒に流れている。しかし，生と死の時間のほうは，こ

うして家内の傍にいる限りは，果たして流れているのかどうかもよくわからない。それはあるいは，なみなみと湛えられて停滞しているのかもしれない（江藤　淳『妻と私』より）。

日常の外界に関心が向いた場合は，限られた時間は濃縮された時間となり，時に美しく輝いて胸に迫ることもある。それは束の間の安堵の時かもしれない。

そして，死別後も「生死の時間」はさらに際だった感覚の中で続く。大切な人の失われた世界と，それとは関係なく続いていく日常，この2つの世界，2つの時間を生きることを余儀なくされる。突然の死の場合は特に日常の時間は停滞し，死別の時点で心の時計は止まったままである。だから喪の仕事のひとつは，これらの間に何らかの橋を架けて「経験の連続性」を取り戻すことでもある。

3-2　二律背反の往復を生きる

最近の喪失経験の理解は，プロセス論から二元論へと軸足を移動させている。つまり，悲しみの諸段階を移行していくのではなく，二律背反の課題をスイングしながら進んでいくと見なされている。

例えば，ストローブら（Stroebe, & Schut, 2007）は喪の過程では「喪の仕事」だけでなく，現実に目を向けた回復志向のコーピングが必要であることを明確化した。そして喪の仕事を喪失指向のコーピングと位置づけた。喪失対象に心を奪われ，回想し，悲しみを消化するコーピングを行うことと同時に，現実に一歩を踏みだし，気晴らしをし，新しい役割を探していく回復志向のコーピングも行う必要がある。実際には同時にはできないので，両者の間を揺れながら，あるいは交代しながら少しずつ前進していく。この過程を二重過程モデル（dual process model）と称している（図7-5を参照）。

また，ゲインズ（Gaines, 1997）はモーニングには，フロイトの強調した"脱愛着"（detachment）の課題とともに，失われた対象との内的な"連続性"（continuity）を再生する課題が欠かせないことを論じた。喪の仕事の目標とは故人との関係を「切る」ことではなく，むしろ故人との新たな内面的な関係を「結び直す」ことである。絆を結び直すことによって内的な連続性を生みだし，適応への道が促進されると言えよう。心の中で故人の表象がよみがえり，言わば「守り手」となって遺された人を見守ってくれるという願いへとつながっていく。こうした素朴な心の動きは，喪失対象の変容性内在化（transmuting internalization）のプロセスと見なして

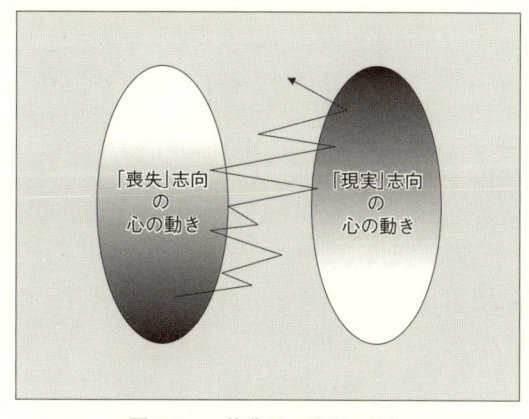

図7-5　二律背反の課題の往復

よいであろう。

　上述したように，死別体験では2つの時間を同時に生きることを強いられるが，喪の仕事においても二律背反する課題を往復しながら生き抜いていくことが求められる。

3-3　アンビバレンスと自責の念

　「愛する人に死なれること」が本節のタイトルである。親との死別でとりあげた秦氏の経験において，彼は『死なれて，死なせて』と書名に記した。「愛する人を死なせたこと」という痛切な思いの底には，彼の生涯に通底する親子の深い葛藤がある。母を拒み続けた，そのアンビバレンスが，母の死によって自らに向け替えられた。「死なれた」という受け身の反応を通過して，「死なせた」という加害の意識を痛切に感じざるをえなかった。いわゆる喪失に伴う「罪悪感」の心情を，これほどまでに経験に根ざした言葉で表現した告白を筆者は知らない。

　悲嘆に伴う諸々の情動の中で，遺された人の心を蝕むパッションのひとつが，強い自責の念，あるいは罪悪感である。悔やみや「生き残り罪悪感」も同根の感情である。予期悲嘆の期間を愛する人と共有できて一緒に生き尽くすことができれば自責の念は恐らく少ない。しかし，生前は相手にアンビバレントな感情を強く抱き，攻撃的な態度を出していた場合は，亡くなるとその攻撃の矛先が自分自身へと反転しがちである。そして「死なせた」と痛切に思う。自責の念とは自己責任への直視でもある。自己責任を直視してしまうと，自らの痛みを和らげるために，償いの作業が必要となる。歴史的，文化的な視座に立てば，故人の傷ついた魂（怨霊）を鎮めるために，また死なせた責任を償うために，遺された人々は，時に大きな墓を造営し，時に「社」を建立しなければならなかった。

3-4　獲得とジェネラティビティ

　一般に，体が傷つくとやがて傷は癒える。大切なものを失うと何かで補おうとする。そうした力を自然治癒力と呼んだり，レジリエンス（resilience）と呼称したりする。しかし，これまで述べてきたように，骨折が治るように元に戻るわけではない。喪失した環境に適応していくための主体的な努力を通じて，予期しなかった新たな出会いや副産物が生まれることもある。また遺族が「これは故人からの"贈り物"だと思う」と述懐するのを聞く。フロイトの喪失論を継承したクライン（Klein, M.）は1940年代に喪失と創造性の関連について言及した。喪失からの喪の途上で，創造的な営みがなされることは少なくない。本節でとりあげた3人の作家も「書く」という喪の仕事を介して文学作品を生み出した。さらに犯罪の被害者遺族の方々が自助グループに参加し，故人と同一化しながらソーシャル・アクションを行っていくことで，被害者に対する社会認識が変わり，日本の法制度が変わってきた。これも故人からの大きな贈り物である。

　エリクソン（Erikson, 1950）は中年期の心理-社会的課題としてジェネラティビティ（generativity）という鍵概念を創案した。ジェネラティビティとは「生み出す」ことを原義とするgenerateという動詞から生まれた造語である。将来に向けて何か（例えば「子ども」）を生成し，それを育て，伝える力であると言える。たとえ辛い喪失経験に遭遇しても，私たちは手記などの著作，社会活動，他者への喪失の語りなどの形でジェネラティビティを発達させることが可能となる。このことによって，もともと個別的な経験である悲嘆が他者に開かれたプロセスになる。これは悲嘆の社会化（野田，1992）と言ってもよい。喪の途上での主体的な努力を通して，

喪失の傷痕が次代に継承される獲得へと変容していくのである。

第4節　人生半ばで障害を負うこと

■1　障害を負うことによる心理的危機

1-1　「私」と「身体」

　私たちは普段自分の身体についてそれほど意識することなく毎日の生活を送っている。いつもの道を歩いているとき，仕事に集中しているとき，家でのんびりとテレビを見ているとき，こうした日常場面では，私たちの意識は身体にではなく，何か別のものに関心が向けられている。しかし，普段あまり意識化されない身体も，怪我や病気といった不調に陥るやいなや，意識が向けられるようになる。風邪をひいただけで，何もやる気がなくなってしまうという体験をもつ人も多いだろう。このように，元気なときには意識化されることが少ない身体ではあるが，身体と私たちの心のありようは，常日頃から密接に結びついている。

　そもそもこの世界で「私」という存在は，身体があることによって物理的に存在することが可能となる。そして，私たちは身体の変化を通して，人生の周期を感じたり，また子どもの身長が伸びることでその成長を喜んできた。このような場合，身体を通して私たちは自己や他者の変化を確認する。身体の変化はすなわち「私」の変化，あるいは他者の変化として体験される。そして人はその一生の中で，このような身体を通しての「私」の変化を幾度となく繰り返していく。ここではその中でも，人生の半ばで身体に障害を負うという体験について考えてみたい。

　人生の半ばで事故や病気により身体に障害を負うという体験は，上記のような子どもの身体的成長や，老いていく身体に気づくこととは異なり，予期せぬ不可逆的な身体的変化である。そして身体的変化だけにとどまらず，それを契機に，他者との関係，社会での役割，自己像の変化など，それまでの「私」という存在のさまざまな次元での変容が引き起こされることとなる。それでは，こうした人生の半ばで障害を負ったとき，人はどのような心理的変容を体験するのだろうか。本節では，人生の半ばに事故や病気など突発的な出来事により身体に重篤な障害を負うこととなった脊髄損傷者の語りを中心に，障害を負ってからの心理的変容について述べてみたい。

1-2　脊髄損傷とは

　私たちの身体は，頭蓋骨から骨盤までを脊椎と呼ばれる骨が連なっている。この脊椎の中を脊髄と呼ばれる神経が通っており，運動機能や排泄機能，心肺の活動，体温調節機能，性機能など私たちの身体の活動をコントロールする役割を果たしている。脊髄損傷とは，この脊髄が怪我や病気など何らかの要因で破壊されてしまい，知覚や運動の麻痺が生じた状態をさす。脊髄の一部を損傷した場合，それより下の脊髄が支配していた機能に異常をきたすこととなる。また，脊髄損傷は身体機能の麻痺だけでなく，排泄機能の障害，褥瘡，体温調節機能の障害，性機能の障害などさまざまな合併症をもたらす。そして，一度破壊された脊髄組織は，現在の医療では復元することはできず，麻痺は何らかの形で続くこととなる。

　また，脊髄損傷による下肢麻痺のため，車椅子での生活を余儀なくされることも多い。その

ため脊髄損傷による身体機能の変化は，社会生活や家庭生活に与える影響も甚大であり，心理－社会的にも深刻な危機体験と言える。

1-3 脊髄損傷者の心理に関するこれまでの研究

それでは，人生の半ばで障害を負ってしまったとき，人はそれをどのように受け入れ，その後の人生を歩んでいくのだろうか。ここでは，まず脊髄損傷者をはじめ，中途障害者の心理について，これまで諸外国とわが国でどのような研究がなされてきたのかをふりかえってみたい。

脊髄損傷者をはじめ中途障害者の心理については，1940 年代後半の米国で，第 2 次世界大戦の戦傷者に多くの身体障害者が発生したことで注目されるようになった。グレイソン（Grayson, 1951）は障害を受け入れる心の作用を障害受容という概念でとらえ，彼の研究は，その後の障害受容研究の発端となった。さらにデンボーら（Dembo et al., 1956）やライト（Wright, 1960）は障害受容における価値転換の重要性を述べた。

わが国では上田（1980）が，障害受容を「あきらめでも居直りでもなく，障害に対する価値観の転換であり，障害をもつことが自己の全体としての人間的価値を低下させるものではないことの認識と体得を通じて，恥の意識や劣等感を克服し，積極的な生活態度に転ずること」と定義した。この定義はその後のわが国における障害受容の基本的な概念となっている。さらに，1960 年代から 1980 年代にかけては，障害受容の過程を一連の段階で示した段階理論が提唱されるようになる。コーン（Cohn, 1961）は障害を喪失ととらえ，喪失の適応過程として，①ショック，②回復への期待，③悲嘆，④防衛，⑤適応の 5 段階をあげた。また，フィンク（Fink, 1967）は受傷から適応に至るまでを，①ショック，②防衛的退行，③自認，④適応の 4 段階で表した。

一方で 1980 年代以降，米国を中心に段階理論に対する批判が見られるようになる。これは，段階理論が研究者の臨床経験にもとづいた仮説に過ぎないという方法論への批判や，段階理論への盲信により，臨床現場において患者の心理状態を段階理論に当てはめていくだけになっているのではないかという懸念であった。南雲（1998, 2002）は障害受容理論の適用に警鐘を鳴らし，段階理論にもとづく安易な理解と対応は慎むべきであると主張している。障害受容論に障害者の心理を一面的に当てはめていくことの危険性は，常に念頭におくべきであろう。また南雲は障害体験を自己の改変を含むものとし，これをアイデンティティの障害として論じ，これらの人々には長期的な心理的援助が必要であると指摘した。

これらの流れをもとに，筆者は脊髄損傷者の心理を退院後の生活も含めた長期的視点でとらえ，新たに脊髄損傷者の障害受容過程をとらえ直すこと，そして心理臨床的援助のあり方を検討してきた。以降は，筆者が行った面接調査および心理臨床的援助をもとに，脊髄損傷者の障害を負ってからの心理的変容とそれへの援助について述べたい。

2 脊髄損傷者の障害受容過程

2-1 障害受容過程

ここでは筆者が行った面接調査から得られた，脊髄損傷者の障害受容過程について紹介したい。小嶋（2004）は，人生の半ばで障害者となった脊髄損傷者の語りをもとに，障害を負ってから現在に至るまでにどのような心理的変容を体験しているのか，そのプロセスを障害受容過程として検討した。ここでは，20 名の脊髄損傷者の協力を得て，個別の面接調査を実施した。

ここで語られた内容を分析した結果，脊髄損傷者の障害受容過程は図7-6に示すような10の状態像でとらえることができた。この図7-6は，面接協力者の心理的変容の推移を時間の経過に従って分析したものを総合し，図に示したものである。

　ここで，面接調査での具体的な語りを提示しながら，図7-6に示した障害受容過程のそれぞれの状態像について述べたい。以下，脊髄損傷者の語りを「」で，損傷時の年齢と性別を（）で示した。なお，以下に提示した障害受容の状態像の順序は，時系列順に比較的現れやすい順序を示したものであり，すべての脊髄損傷者が同じ順序を経たり，すべての段階を通過するというものではない。また，直線的に次の状態像に推移していくというよりは，実際には各状態像の行きつ戻りつを繰り返しながら推移していくものであった。

　まず，損傷直後から身体的治療が中心となる急性期に体験されるのが『ショック』の状態である。ここでは「痛い痛いって。そういうことくらい（30歳男性）」というように，損傷直後で身体的苦痛が強く，意識は不鮮明であることが多い。そのため，「なんか大きなことをやってしまったというのはあったけど，そのときはまだのん気（18歳男性）」「ただそこに寝ているだけ（29歳男性）」というように心理的には平穏で鈍麻した状態と言える。

　そこから次第に身体的治療が進み状態が安定してくる段階で生じるのが，『完治への期待』である。この状態では，「まだ自分がどうなったっていうのがわからない。足の方がおかしいというくらい。まだそのときは元に戻るんじゃないかという気持ち（62歳男性）」というように，身体的変化に対する認識はあるものの，それはいずれ治るだろうという漠然とした期待を抱いている状態である。

　その後，医師や家族から障害が残ることを知らされたときに，心理的な混乱が生じる。すぐには障害が残ることを納得することができず，手術やリハビリを続けることで治るのではないかと期待するのが，『不治の否認』の状態である。この状態では告知をした医師に対して，「医者の見解違いだ，そんな馬鹿なことあるかという気しかしなかった（41歳男性）」というように，医師への不信感や怒りが表現されたり，「（病院に自分と）同じような人がいっぱいいても自分だけは治るような感じ（21歳男性）」と自分だけは特別に治るのではないかという願望を抱くことも多い。

　そして脊髄損傷が治らないもの，今後も障害が残るということを自覚する段階が，『不治の確信』の状態である。これは医師からの告知が直接的な確信へとつながった場合もあれば，「（リハビリを始める段階で）なんとなく雰囲気でわかる。これはだめだぞと（18歳男性）」という

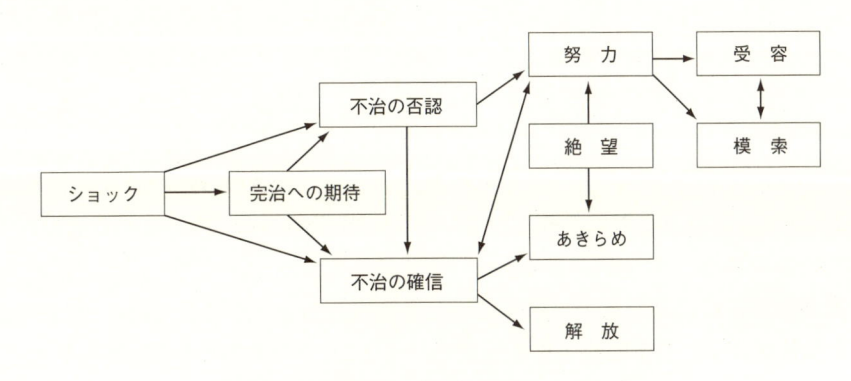

図7-6　脊椎損傷者の障害受容過程（小嶋, 2004）

ように，時間が経過しても身体的回復が見られないことや，周りにいる他の脊髄損傷者の様子を見て，自然に理解するに至った場合も見られた。そして，自分の身体に障害が残るということを認識した後の状態が，最も心理的混乱が強い時期と言える。この段階が『絶望』の段階であり，「いつでも死んでいいと思った（17歳男性）」「人生終わったと思った（45歳男性）」というように激しい絶望感や無力感に襲われる。また，障害を負った身体で「この先どうやって生きていくんだと思った（62歳男性）」という将来への不安から悲嘆にくれる状態であり，心理的には最も危機的な状態と言える。

この『絶望』の段階から，リハビリの開始をきっかけに，障害により制限されることを他のことでカバーしようとしたり，できないことを克服しようという活力が湧いてくるのが，『努力』の段階である。この段階では，リハビリによる日常動作の回復や，車椅子で移動ができるようになるなど，現実的な行動範囲の広がりを通して，「世界が少しずつ広がっていく（18歳男性）」「自分でもなんかできるんじゃないかという気が湧いてきた（30歳男性）」と有能感が回復してくる。また，自分と同じ脊髄損傷者の姿に希望を感じたり，彼らの姿がモデルとなり，次第に将来への希望や活力が得られる時期である。

しかし，このような有能感の回復や活力の回復が見られない場合もある。これが『あきらめ』の状態であり，「あれをしようというのもないし，あれができるというのもないし。何もできないだろうと思った（30歳男性）」というように，慢性的な無力感や抑うつ感が特徴的である。また「不便なことはしないように避けてきた（27歳男性）」など，葛藤状況を回避しようとする傾向も見られる。

また，『あきらめ』と同じく葛藤を回避する傾向が共通する状態像として，『解放』があげられる。この状態像は，「普通だったら会社に行かないといけないって言われるのが，いっさい言われないようになった。何もかもから楽になった（30歳女性）」というように，障害を負ったことで，それまで自分が背負っていた社会的な役割や責任などから解放され，脊髄損傷による否定的な認識が少ないのが特徴的である。この状態では一面的な安定感は得られているものの，『あきらめ』と同じように，社会役割の再獲得など，葛藤的な状況を回避する傾向があり，障害者としての自己像の深い問い直しがなされないのが特徴的である。

それに対して，退院後，社会や他者とのかかわりの中で，「自分を見つめ直視するしかない（34歳男性）」というように，脊髄損傷者としての自分の生き方や社会での役割が試行錯誤されるのが，『模索』の状態像である。この段階では，「障害者っていうのは世の中からこういう目で見られるんだ（20歳男性）」というように，時には障害者としての差別を受けることを通して自分を客観的にとらえる場合もある。また，「弱みを見せまいとか，気負いがあった（30歳男性）」など，健常者への気負いが強く，他者に頼ることへの抵抗が生じやすい。そして，社会的な自立ができないことへの焦り，排泄や性機能の問題に悩むなど，障害者としての否定的な側面に直面し，そこで新たな生き方が模索される。ここで，筆者の行った面接調査では，この『模索』に至るには，皆が『努力』を経過しているのが特徴的であった。このことは，『努力』の段階で得られた有能感や活力が，『模索』の段階で社会的役割や自己像の模索を行っていくための心的なエネルギーの源となるのではないかと考えられる。

そして，脊髄損傷による否定的な変化を認識したうえで，「元気なときには得られない心の強さがある（37歳女性）」というように，精神的な安定感や充実感が得られるようになる段階が，『受容』の状態像である。また，「気負いがなくなった。無理しなくてもいい（34歳男性）」な

ど,『模索』の段階で特徴的であった他者への気負いから解放されることも，この段階での特徴である。また，排泄の失敗や慢性疼痛など脊髄損傷による身体的な問題は，『受容』に至っても引き続いている場合が多い。ここからは，身体機能の問題を抱えながらも，それに心理的にとらわれすぎず，自己肯定感や安定感が得られた状態が『受容』の状態であると考えられる。

しかし，『受容』が最終的な到達点ではなく，『受容』に至ってから再び『模索』に戻る場合も見られた。このことからは，『受容』がめざすべきゴールとしてあるのではなく，いったん『受容』の安定した心理状態へと至った後も，さまざまな体験を通し，自己像や社会的役割の試行錯誤を繰り返しながらその後の人生を歩んでいくと言えるだろう。そしてこれは，脊髄損傷者に特別なものではなく，私たちが社会や他者とかかわり，生きていく中で生じる自然な心のプロセスであろう。

2-2　人生のどの時期で障害を負ったのか

同じ障害者でも生来的に障害をもって生まれた場合と，若い青年期で障害を負った場合，高齢になってから障害を負った場合では，障害に対する心理的な衝撃はそれぞれ異なった意味あいをもってくるだろう。つまり，人生のどの時期に障害を負ったかで，その後の障害受容のプロセスに違いが見られるのではないだろうか。筆者の行った面接調査の結果では，思春期以前から青年期・成人期前期で損傷した場合は，『受容』に至るのに10年から30年という長期間を要したのに対し，中年期以降での損傷の場合は，3年から6年という比較的短期間で受容に到達した。そして，青年期・成人前期で損傷した場合，『受容』に至るまでに『模索』を経ていたのに対して，中年期以降での損傷の場合『模索』を経ずに『受容』に至っていた。ではなぜこのような違いが生じたのであろうか。

このことについて小嶋（2004）は以下のように述べている。青年期・成人前期という若い時期で損傷した場合，退院後，社会と接する機会が必然的に生じやすい。そのため，社会から障害者としての自分はどのようにとらえられているのか，また，社会の中で自分の役割はあるのかといった，社会や他者とのかかわりを通して自分の独自性を確認していく体験をしていくことになる。つまり，健常者として生活してきた時点でのアイデンティティから，新たに脊髄損傷者として社会に生きる自分を問い直すことで，新たな脊髄損傷者としてのアイデンティティの再形成がなされると言える。そのため『受容』に至るには，社会の中で新たな役割を獲得することが重要な課題となるのであろう。

それに対して，高齢で損傷した場合，損傷前にすでに社会の中で何らかの役割をもち，それまでの人生である程度安定したアイデンティティを獲得していると考えられる。そこに脊髄損傷による心理的危機を体験した場合，アイデンティティの再形成ではなく，それまでに形成していたアイデンティティを再吟味する作業が重要となってくると言える。そのため，自らがそれまでに構築したアイデンティティが基盤になり，それを支えにして脊髄損傷に伴う心理的な混乱を乗り越えることができたのであろう。

このように，同じ脊髄損傷という障害でも，人生のどの段階で障害を負ったのかによって，アイデンティティの様態やその人の抱える社会的役割など，それぞれの背景は異なってくる。当然のことではあるが，人生の半ばで障害を負った際の心の変容を個別的に理解するためには，発達的視点を十分に含めることが重要である。

2-3 他の障害との比較

ここまで脊髄損傷者の障害受容について論じてきたが，ここで他の障害との相違について，いくつかの研究と比較してみたい。藤城・平部（2005）は生来的な障害の特性を備えるポリオによる障害者と，中途障害者である脊髄損傷者の語りをもとに，障害による比較について，次のように述べている。ポリオの場合は，幼い頃から障害を抱えつつ成長するため，周囲からは保護される受け身の存在として生育する。そのため成長過程では，自立や能動性の発揮が重要な課題となる。一方，成長後に受傷する脊髄損傷では，自分の人生が突然断ち切られたという意識と，多くのものを喪失したと感じ，赤ん坊のように無力な存在になったと感じるため，生きていくのに必要な事柄を一つひとつ再学習することが要求されるとした。このように，生来性の障害と中途障害では，その後の心理的課題に相違が見られる。

さらに，幼児期から聴覚障害を被っている聴覚障害者のアイデンティティ発達に関して山口（2001）は，聴覚障害者は健聴者の世界との葛藤から，聴覚障害者としての自覚が高まり，内在化され，聴覚障害者と健聴者の両方の世界を統合したアイデンティティが形成されると述べている。これに対して，脊髄損傷者は車椅子など，可視的な障害であることや，身体機能の変化の重篤さから，健常者との同一化が生じにくく，逆に，健常者との違いを強く認識する体験にさらされやすい。また，脊髄損傷者の場合，健常者への同一化ではなく，先述のように，他者に弱さを見せられなくなったり依存の葛藤など，脊髄損傷者として逆に気負いが強くなる場合も見られ，それをどう解消していくかが重要であると考えられる。

また，別の中途障害として，中原（1998）は中高年脳卒中患者の障害受容に関して以下のように述べている。脳卒中患者は脳損傷の影響により自己吟味が不十分となることから，障害受容には自己概念の安定を図ることの重要性である。脳に損傷が見られる障害の場合，障害受容に関しては自己像の再構成が重要である点は脊髄損傷者と共通しているが，自己吟味の困難さや現実認識でのつまずきやすさが問題となる。

このように，一口に「障害」と言っても，それぞれの障害の特性を背景とした心理的問題が生じる。その中で自己像の再構成など共通するテーマも現れるが，それぞれの障害の特性，そしてそこから生じる心理的問題を十分に理解することが重要であろう。

■ 3 脊髄損傷者への心理臨床的援助

それでは，このような人生の半ばで障害を負った際に，どのような心理臨床的援助が必要となるのだろうか。再び脊髄損傷者に着目し，筆者が実際にかかわった事例（小嶋，2008；小嶋・岡本，2007）をもとに，脊髄損傷者への心理臨床的援助のあり方について述べたい。また，ここでも筆者との心理面接場面で得られた具体的な語りを「　」で示す。

3-1 損傷からの時間経過と脊髄損傷者への心理臨床的援助

先ほどの障害受容過程でも触れたように，脊髄損傷者の心理的変容は，時間の経過に伴いさまざまな特徴的な状態像が現れる。そこで，損傷からの時間経過と各時期に応じた援助について考えてみたい。

まずは，脊髄損傷直後の急性期から医学的治療が終了し，リハビリテーションの開始から退院までの時期をリハビリテーション期とし，この時期における心理臨床的援助について考えたい。この時期は，医学的治療の終了に伴い，医師からの告知などを通し，不治であることを認

識する，またそれを受け入れることができず否認するなど，障害に対する認識がさまざまに交錯する時期である。このとき，医師や家族の前では障害が残ることを認識しているように振る舞う一方で，心理面接場面では，麻痺が治ることへの期待が語られることがある。

Aさん（50代男性）は医師から告知を受け，専用の車椅子を作ることを提案され，その場では納得した様子であったと報告されたが，筆者との心理面接では，「まだあきらめられないという気持ちがある」と車椅子への抵抗と回復への期待が語られる。それでも次第に，「他人事みたいに笑ってるけど，笑ってる場合じゃない」など，戸惑いや後悔，不安は抱えながらも自分のこととして引き受けていこうとするプロセスが見られた。この時期は，頭では障害が残ることを認識できても，心の深い部分では受け入れることができず，理解している自分と，障害を受け入れられず否認している自分の両方が併存している状態であると考えられる。そしてそこでの心理臨床的援助としては，無理に現実認識の促進をめざすのではなく，まずは障害に対するさまざまな思いが錯綜する心的世界に寄り添う姿勢が重要なのであろう（小嶋, 2008）。

またBさん（20代女性）は病院内ではいつも明るくムードメーカー的な存在であったが，筆者との心理面接ではさまざまな不安が語られた。この面接の内と外での違いについて，「もともと負けず嫌い。人前でつらそうにしたくない。家族にも心配をかけたくない」と普段は周囲に心配をかけないよう，元気に振る舞っていることが語られた。そして，退院が決まると，「急にいろんなことが決まって心がついていかない」「目の前に線があって，それを踏み越えないといけないのはわかってる。だけど不安」と，現実の変化に心理的な適応が追いついていけない気持ちが語られた。

リハビリテーション期の心理面接は退院や転院に伴う面接の終了が予測された限定された期間での援助となる。そしてこの期間には，転帰先の決定はもとより，就業の可能性の検討，自宅に戻る場合は家の改築や，家族のライフスタイルの変更を検討する必要性も生じる。このような人生の重要な選択が，退院までの短期間に押し寄せてくる。そして急速な外的状況の変化に，自分の気持ちが追いつかないまま，重要な選択と決断を迫られることとなる。そのため，損傷から早期の段階であるリハビリテーション期では，今現在の現実的な選択に伴う焦りや不安，また医師や病院スタッフ，家族には表現されない現在の心の葛藤に寄り添うことが重要となるだろう。

この時期に対して，社会復帰後など，損傷からある程度時間が経過した段階での心理臨床的援助では，社会的役割の模索や自己像の再構築，他者との新たな関係性の構築など，より深い心理的なテーマが現れやすい。次にこの点を含め，より総合的な視点から，脊髄損傷者の心理臨床的援助のあり方について述べたい。ここでは筆者が終身介護施設で担当した心理面接で特徴的であった「身体の語り」と「過去の語り」の2つの視点から述べることとする。

3-2 身体の語り

脊髄損傷による深刻な合併症の1つに慢性疼痛があげられる。Cさん（50代男性）にも慢性疼痛があり，施設のスタッフに繰り返し自分の身体の痛みを訴えていた。しかし，医学的には対処できず，明確な問題が見つからないことから，「医者に言ってもわからない。ナースにも気のせいですまされる」と痛みを他者に理解されないことでの苛立ちや孤独感が，心理面接では語られていた。そして「自分の体に何かいるみたい。心の戦争みたい。でも検査をしてもレントゲンには何も映らない」と，他者に理解されないだけでなく，自分にとっても身体像の不確実

感があることが語られた。このような痛みの訴えが面接開始当初は繰り返されたが，次第に痛みの訴えは減り，面接で語られる内容は，よりAさんの内的な世界に関わることが中心となっていった。しかしその後も痛みそのものが消失したわけではなかった。これは，筆者という他者に痛みを語り，それを受け止められることで，痛みにとらわれることがなくなっていったとも考えられるだろう。

また，Dさん（70代女性）は，損傷した後に自分の性格も身体も変わり「自分が変わってしまった」ように感じると，障害を負ったことでの自己像の混乱を語った。Dさんは施設入所後に抑うつ状態や不眠といった症状があり，面接開始時にも情緒的混乱が見られたが，面接を続けるうちに，自らリハビリを開始するなど，身体に主体的に関わることができるようになっていった。

脊髄損傷による身体的な自己コントロール感の喪失や身体感覚の不確実感は，いわば自分の「心」と「身体」が分断された状態を体験していると言える。健常時にはそれほど意識されてこなかった自己の身体が，思いどおりにならない身体として強烈に意識されるようになる。そして，身体への関心の高まりは，自己への関心の高まりを促すことにもなるだろう。そのため，CさんやDさんのように，身体について語ることそのものが，心と身体のつながりを探り，気づき，確かめ，再び自己の身体として主体的に関わるための，新たな身体像の構築へとつながるのではないだろうか。

3-3 過去の語り

筆者がお会いしてきた脊髄損傷者の方々との心理面接では，繰り返しさまざまな過去が語られた。そこで次に，過去の語りがどのような心の作用となるのかについて述べたい。

過去の語りのまず1つ目にあげられるのは，脊髄損傷後の心境が繰り返し語られることである。障害が残ると聞いたときの心境は，先述のCさんも「殺してくれと言った」など，非常に強い絶望感が体験される。損傷後ある程度の時間が経過している場合でも，損傷後の心境を語る際にある種の生々しさが伴い，脊髄損傷という体験による心理的な衝撃は未だ異物感が強く，未消化な状態であるように感じられた。そのため，損傷後の心境が繰り返し述べられる場合，これらは異物として相容れない体験を，自己の体験として引き受けようとする心の作用であったと考えられる。そして，損傷後の心境を繰り返し語り，他者から理解されることは，脊髄損傷という受け入れがたい体験を自己の体験として受け止め，内的に位置づける作業を促すのではないだろうか。

また，損傷前の趣味や成功した仕事など，これまでに体験してきた肯定的な思いが生き生きと語られることがある。これらが語られる際には，単に過去のふりかえりではなく，あたかも面接場面で過去に体験した心の躍動が再び体験されているように感じられた。Eさん（50代男性）は，頸椎損傷により四肢麻痺の状態であり，入所後は抑うつ状態が続いていた。その中で，面接場面で幼少期から憧れていた伝統芸能の世界や趣味だった釣りの話題を繰り返し語り，その後，現実的な生活でも川柳を始めるなど，活力が回復してくる様子が見られた。小山（2002）は，クライエントが心理的な「栄養失調」状態にあるとき，面接者はクライエントが心理的意識層で栄養をつけようとする心を育てるよう心理的援助を行うとしている。Eさんも過去の肯定的な思いを面接場面で自由に語ることが心理的栄養となり，現実生活での活力の回復を促したのではないだろうか。

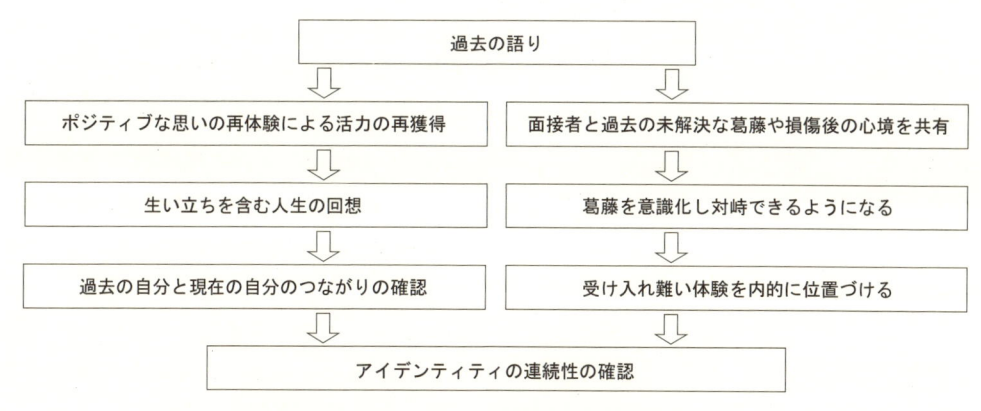

```
                    ┌──────────────────────┐
                    │      過去の語り       │
                    └──────────┬───────────┘
              ┌────────────────┴────────────────┐
              ▼                                 ▼
┌──────────────────────────┐      ┌──────────────────────────────┐
│ポジティブな思いの再体験による│      │面接者と過去の未解決な葛藤や損傷後│
│      活力の再獲得         │      │      の心境を共有            │
└──────────┬───────────────┘      └──────────┬───────────────────┘
           ▼                                 ▼
┌──────────────────────────┐      ┌──────────────────────────────┐
│   生い立ちを含む人生の回想  │      │   葛藤を意識化し対峙できるようになる│
└──────────┬───────────────┘      └──────────┬───────────────────┘
           ▼                                 ▼
┌──────────────────────────┐      ┌──────────────────────────────┐
│過去の自分と現在の自分のつな │      │   受け入れ難い体験を内的に位置づける│
│      がりの確認           │      │                              │
└──────────┬───────────────┘      └──────────┬───────────────────┘
           └────────────────┬────────────────┘
                            ▼
              ┌──────────────────────────┐
              │   アイデンティティの連続性の確認│
              └──────────────────────────┘
```

図 7-7　脊髄損傷者の過去の語りと心理臨床的援助（小嶋・岡本，2007）

　そして心理面接での援助者との関係性が安定した後に語られることが多いのが，生い立ちを含む人生の回想や未解決の過去の葛藤である。これまで生きてきた人生を回想し語ることは，まさに脊髄損傷により分断された人生を統合しようとする心の働きであろう。これらの過去の語りを一連の流れで図示したものが図 7-7 である。

3-4　障害による分断と全体性の回復

　これまで述べてきたように，脊髄損傷者は障害を負うことにより，損傷前の人生と損傷後の人生という人生の連続性が分断される。そして，身体的な自己コントロール感の喪失や身体感覚の不確実感は心と身体の分断を生じさせる。つまり，脊髄損傷者の体験する心理的危機は，身体の変化に起因するものであるが，それは身体的な次元のみでなく，実存的な問い直しの体験となる。障害を受け入れるということは，障害を負う前の自分と，現在の自分，そして障害を抱えて生きる未来の自分をつなぐ歴史性の構築が必要となってくるのである。そして，障害により自己コントロール感を失った身体を再び自己の身体として取り戻し，心と身体のつながりを新たに再構築する作業が問い直されるのである。

　また，人生の半ばで障害を負うことで生じる特徴的な心性として，健常者への気負いや人に頼ることに躊躇してしまうという依存への抵抗感があげられる。先述の C さんは健常時，人に頼ることが嫌いで，何でも自分で決めてきたという人だった。しかし心理面接で自分の弱さを語ることや，他の入所者に適度に頼ることができるようになり，「人に聞いて一つずつわかっていくのも今は楽しい。相談するのが今までは嫌いだった。全部自分がと思っていた」と他者への信頼感とそれに伴う心理的な安定が語られた。このように他者に向けて語り，そしてそれを共に味わい，受け入れられるという体験そのものが，再び自己の肯定感を構築することにつながるのであろう。

　そして，こうした心理臨床的援助を通して，過去－現在－未来，心と身体，自己と他者の間を援助者と共に行き来することとなる。そして，これにより自分がひとつのまとまりとつながりをもった存在であるという感覚を得ることで，障害により分断された自己の全体性の回復のプロセスが促進されていくのではないだろうか。

3-5　脊髄損傷者への心理臨床的援助の実情と課題

　最後に，現在の脊髄損傷者への心理臨床的援助の実情に触れたい。現在，医療やリハビリテ

ーション分野での心理的諸問題に対して、臨床心理学の専門家の参加は少ない。また、医療技術の進歩に伴い、医学的な治療の終了と脊髄損傷者が心理的に適応するまでの期間に差が生じるということも派生している。そのため、脊髄損傷者のライフサイクル全般を視野に入れた長期的視点をもち、内的世界に深く関わった心理的援助については、こうした援助を試みる機会自体が寡少であると言わざるをえない。さらに、昨今、障害福祉サービスの利用者の負担増や、サービスの地域格差の拡大が問題視されていたが、2006年の保健診療報酬改定後、「リハビリ難民」という言葉が生まれたように、リハビリ打ち切りという身体障害者にとって重大な問題が生じている。こうした法整備の改善に注目が集まる一方で、脊髄損傷者をはじめ、中途障害者の心理的適応の問題は、なお一層切り捨てられることが懸念される。このような現実的な課題を含め、中途身体障害者の心理臨床的援助は今後さらなる発展が望まれる。

第5節　人生半ばで大病に罹ること

1　最新がん統計

わが国は男性の平均寿命が79.19歳、女性の平均寿命が85.99歳で、それぞれ世界の第3位と第1位に位置する世界でも有数の長寿国である（厚生労働省大臣官房統計情報部, 2008）。わが国における死亡率の年次推移を死因別に見ると、明治から昭和初期までは結核、肺炎などの感染症による死亡が最も多い。第2次世界大戦後、公衆衛生の改善や医学の進歩により、感染症による死亡は急速に減少し、かわってがん、心疾患、脳血管疾患などの生活習慣病による死亡が約6割を占めるようになった（がんの統計編集委員会, 2008; 厚生科学審議会, 2005）。生活習慣病は、それまでの加齢に着目した疾患群をさす「成人病」とは異なる、生活習慣に着目した概念として平成8年に公衆衛生審議会の意見具申によって定義されたものである（厚生科学審議会, 2005）。

がん（悪性新生物）は1981年から死因の第1位を占め（図7-8）、2006年には総死亡数の30.4％にあたる32万9314人ががんで亡くなっている。また、新たにがんに罹患する人は年間50万人を超え、2002年には58万9293人ががんの診断を受けている（がんの統計編集委員会, 2008）。

がんは年齢が高くなるほど罹患率も高くなる（図7-9）。年齢によって罹患しやすい部位に差が見られ、男性では、40歳以上で胃、大腸、肝臓などの消化器系のがんが5-6割を占め、70歳以上では肺がんと前立腺がんの割合が大きくなる。女性では、40歳代で乳がんが約4割、子宮がんと卵巣がんが合わせて約2割を占めるが、高齢になるほどそれらの割合は小さくなり、消化器系（胃、大腸、肝臓など）と肺がんの割合が大きくなる。男性の39歳以下では、40歳以上に比べて、消化器系および肺がんの占める割合が小さく、白血病の占める割合が大きい。女性の39歳以下では、40歳以上に比べて、子宮頸部の割合が大きい（がんの統計編集委員会, 2008）。

かつてがんの診断は死のイメージをもたれることが多かった。がんがいまだ命を脅かす疾患であることは事実であるが、がん医療は目覚ましい進歩を遂げている。治療法の進歩に伴い、疾病経過が長期間にわたる場合が多くなってきており、「がんは慢性疾患である」と言われるようになっている。

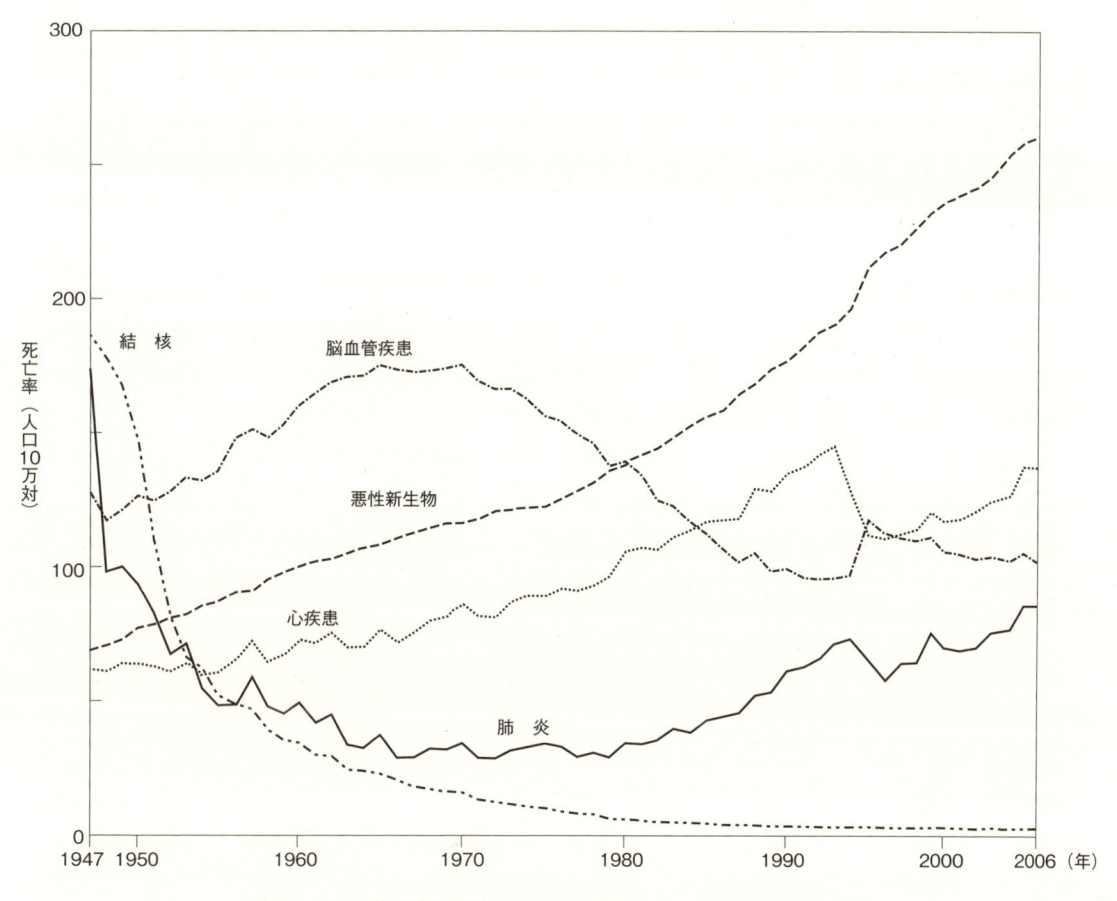

図 7-8　わが国の死因別死亡率の年次推移（がんの統計編集委員会, 2008）

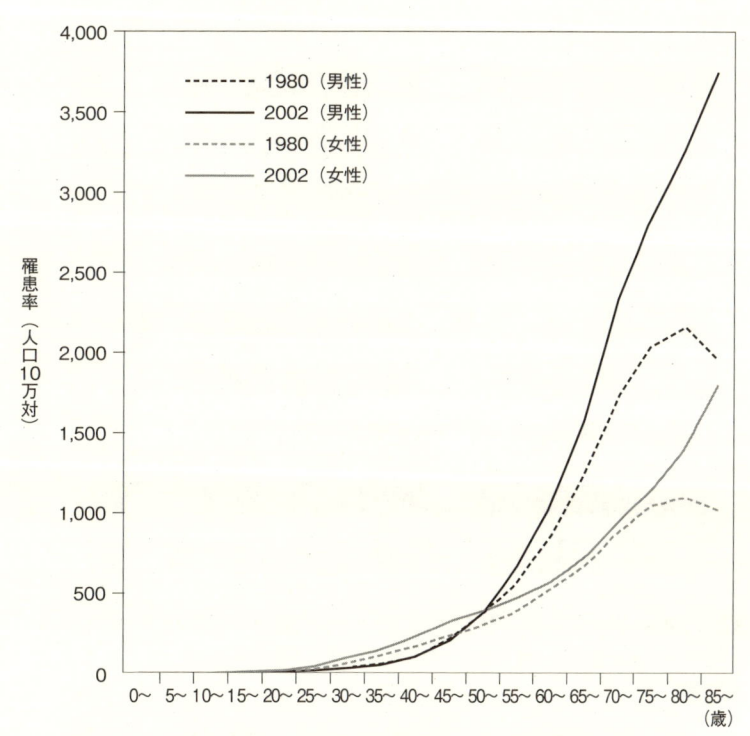

図 7-9　わが国の年齢によるがんの罹患率（がんの統計編集委員会, 2008）

2 求められる患者の自律

2-1 病名告知

　がんやその他の難病の場合は「治らない」あるいは「死に至る」可能性があることから，患者本人に病名を伝えるか否か，いわゆる告知の問題が長く議論の的となっていた。近年，もし自分ががんに罹ったとしたら，その事実を知らせてほしいと考える人の割合は，確実に増えてきている（毎日新聞社世論調査室, 2003）。日本ホスピス・緩和ケア振興財団が2008年に全国の20歳から89歳までの1010人の男女を対象に行った調査では，「もしあなたががんに罹ったとしたら，その事実を知りたいですか」という設問に対して，全体の72.1％が「治る見込みがあってもなくても，知りたい」と回答し，年齢層別では30歳代，40歳代で多い傾向にあった（図7-10）。このように，もし自分ががんに罹ったとしたら知りたいと思う人が多くなってきている背景には，インフォームド・コンセントの考え方が一般にも着実に広がり，告知をされる立場の人の意識が変化してきていることがうかがえる。

　なお，「告知」という言葉は，医療者が患者やその家族に一方的に医療情報を通告するといった，これまでの医療のパターナリズムを反映している印象がある。現在「告知」という言葉は，英語の表現の"truth telling"（真実を伝える）や"disclosure"（開示）という意味を含んだ言葉として理解しておく必要がある（松島, 2006）。

2-2 インフォームド・コンセント

　インフォームド・コンセントは，以前は「説明と同意」と訳されていたが，現在は原語のまま使われることが多いようである。日本医師会生命倫理懇談会資料（生命倫理と法編集委員会, 2003）には「医師の一連の行為の中で，考え得る複数の処置について医師がその義務として患

	治る見込みがあってもなくても，知りたい	治る見込みがあれば知りたい	治る見込みがあってもなくても，知りたくない	わからない	無回答
全体	72.1	15.7	5.2	6.5	0.5
男性	70.9	16.7	6.0	6.0	0.4
女性	73.3	14.6	4.4	7.1	0.6
20代	66.7	20.8	4.2	6.2	2.1
30代	80.2	13.2	2.0	4.6	—
40代	73.9	14.8	3.9	6.9	0.5
50代	68.6	17.4	5.5	8.0	0.5
60代	69.5	15.0	7.5	7.1	0.9
70代以上	68.7	16.9	8.5	5.9	—

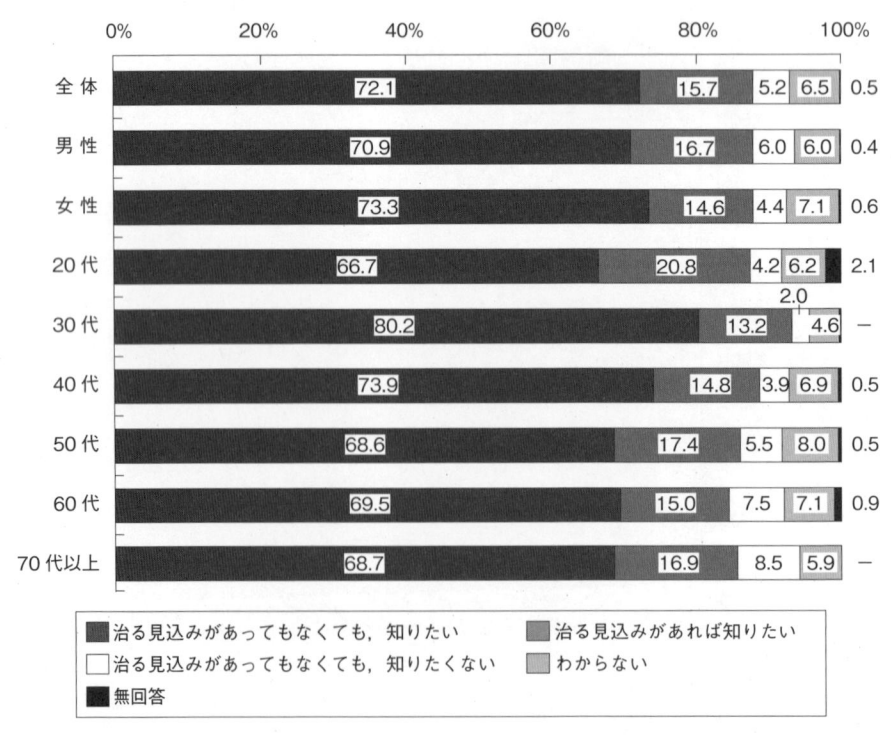

図7-10　がんに罹ったら，事実を知りたいか（性・年齢別）（日本ホスピス・緩和ケア振興財団, 2008）

者に十分に情報を与えたうえで，それについて何を選ぶかを決定するシステム」と位置づけられており，一般医療行為は別として，医師が医療についての複数の情報を患者に示し，最終的に患者一人ひとりが自分の「生命の質」をどのように選ぶかについて自己が選択し，決定する権利をもっているということであると述べられている。

医療の目的は患者のQOL（Quality of Life：生活の質，生命の質）の向上にあり，インフォームド・コンセントはそのための中心的な基盤であると言える。

2-3 セカンド・オピニオン

患者の自律が尊重され，患者自らが自身の生命を見据えて治療法などを自己決定していくことはたいへん重要なことであるが，専門知識をもたない一般の人にとって，何が自分にとって最も良いかの選択は非常に難しい。最近ではインターネット利用による専門機関からの情報収集が可能となっているが，自分の状況に適した情報かどうかの判断が必要となる。そこで，セカンド・オピニオンの考え方が浸透してきている。

セカンド・オピニオンとは「第二の意見」あるいは「第二医の所見」などと訳されることもあるが，ある医師の診察を受けている患者が，医療上重要な意思決定―例えば，手術を受けるか，薬物療法を選択するかといった意思決定―を行う場面などで，それまでの診療経過，検査結果などの資料をもとに，他の医師の意見・所見を求めること，あるいはその意見・所見自体をさすものである（西島，2002）。

セカンド・オピニオンの普及と実践がわが国においてどの程度であるかの判断は難しいが，多くの医療機関のホームページにはセカンド・オピニオン外来の案内を見ることができるし，セカンド・オピニオンの理解が医療者にも患者にも広がってきていることは事実である（平野，2006；木原・稲，2006；児玉，2006）。

3 がんの臨床経過と患者の心理

がんの臨床経過を図7-11に示した。

3-1 がんを疑う：症状の自覚

職場の健康診断などでがんが疑われたり，あるいはがんを疑う症状を自覚したとき，誰もが「まさか」と思い，「そんなわけはない」といったんは否認する。気がかりな不安の解決のため，

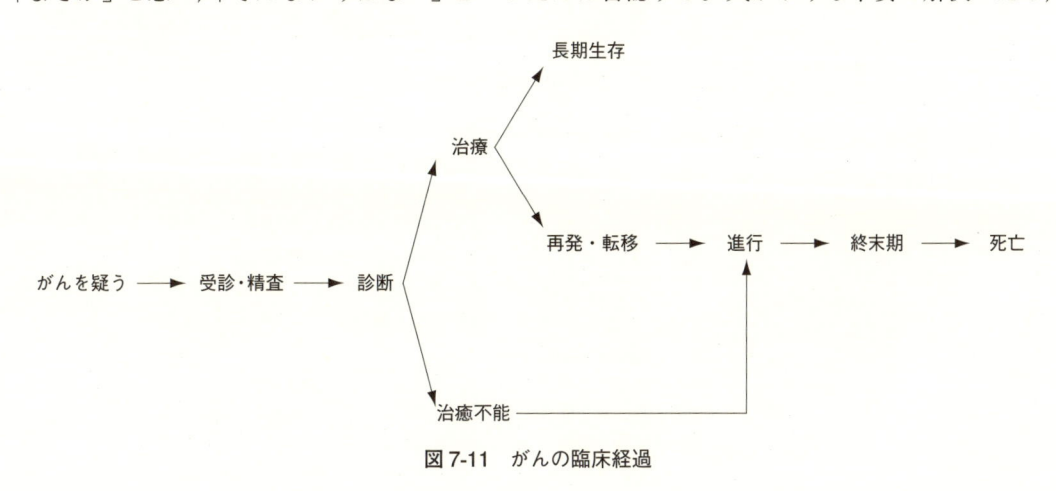

図7-11　がんの臨床経過

この段階で多くの人は医療機関を受診するが,「がんかもしれない」との思いをもって医療機関を訪ねることは,大きなストレスである。働き盛りの年代は,仕事や家事に忙しく,また健康に自信があったり,自分の健康に関して何らかの強い信念をもっていたりと,医療機関への受診がなかなかなされないことがある。

3-2 精　査

検査中は大丈夫だという思いと,最悪の場合を恐れる気持ちとの間を揺れ動く。患者にとっては初めて体験するさまざまな検査が行われる。検査のたびの緊張,検査に伴う身体的負担に患者は心身ともに疲労する。スタッフの何気ない言動にも敏感に反応する。ひとつひとつ検査を終えながら,すべての検査結果が揃い,結論を待つ間は長くつらい時間であり,仕事や家事が手につかなくなるなど不安な状態となる。

3-3 診　断

がんを告げられた直後の患者は,強い衝撃を受ける。がんイコール死,あるいは生命の危機ととらえ,「頭が真っ白になった」と表現する人は多い。次いで,「そのようなことが自分に起こるはずはない」という否認や,「もうだめだ」と絶望感・挫折感が起こる。通常このような時期は2-3日続く。その後,混乱,不安,恐怖,無力感,絶望感などとともに,不眠,食欲不振などの身体症状や集中力の低下が起こり,日常生活に支障をきたす場合もある。1週間から10日でこの状態は軽減し,がんを抱えて生きる,新たな状況への適応の努力が始まる。適応し始めると,患者は情報を整理し,現実の問題に直面することができるようになり,楽観的な見方もできるようになる(表7-1)。しかし,中には強い不安や抑うつが遷延する場合もある(内富ら,1997)。

現実の問題に直面できるようになった患者は,病気の治療開始に向けての準備を始める。仕事や家事,家族のことなど,これまでの日常生活に大きな変化が起こることが予想される。勤務先や周囲の人にどのように,どこまで自身の病気について伝え,理解を得るのか,支援を得るのか,それぞれの状況による判断が求められる。

表7-1　がんという診断に対する通常反応（内富ら,1997）

	症　状	期　間
第1相 初期反応	ショック:"頭が真っ白になった" 否認:"がんになるはずがない" 絶望:"治療しても無駄だ"	2-3日
第2相 不　快	不安・抑うつ気分 食欲不振・不眠 集中力の低下・日常生活への支障	1-2週間
第3相 適　応	新しい情報への適応 現実的問題への直面 楽観的見方ができるようになる 活動の再開・開始	2週間で開始

3-4 初期治療

　治療により，患者はさまざまな変化を余儀なくされる。手術による機能障害や外見上の変化，化学療法による悪心・嘔吐，脱毛，肥満，放射線治療による機能障害，外見上の変化，脱毛などにより，患者は自信を失ったり，自尊心を低下させることもあり，日常生活や社会的活動の減少につながる。

　この時期の患者は同じ病気の仲間により大きな支えを得る。治療の手順や治療によりどのようなことが起こるか，起こったことにどのように対処していったらよいかなどの具体的な情報交換から，患者同士でなければわからない気持ちの共有など，互いの支え合いが大きな力となる。

　初期の治療が終わると，患者は日常生活に戻っていく。とりあえず病気を克服した，危機を乗り越えた喜びをかみしめる一方，社会生活への復帰は，戸惑うことも多くある。健康な人の中に戻っていくことは，機能障害や外見上の変化が喪失として強く認識される。身体の喪失は少なくても，がんの患者ということで周囲に過剰に意識されたり，家庭や社会での役割が変化したり，そのことに疎外感を感じ，抑うつ的となることがある。また，再発や転移への不安は常につきまとい，時には強い恐怖感となる。退院後患者は経過観察のため定期的な外来通院を行う場合が多い。時が経つにつれ，不安や恐怖は弱まり，再適応していくが，定期検査のたびに不安は生じる。定期検査の間隔が長くなることは，病気の終息という思いにつながる一方，間隔があくことで病状変化や再発・転移の発見が遅れるのではないかとの不安につながる。

3-5 再発・転移

　一部の患者はこの後再発や転移を経験する。再発・転移を告げられた衝撃は，がんの診断を受けたとき以上であると多くの患者は述べる。初期診断時の病名告知は衝撃ではあるが，これから治療すれば治るとの希望をもって治療に望む。しかし，再発・転移はその治癒を目標とした治療であったはずのものが，そうではなかったという患者の治療に対する理解の修正を行わなければならず，より深刻である。治療がうまくいかなかったという失望感，憤り，怒り，もう治らないのではないか，医療者から見放されるのではないかという恐れ，そして新たな身体症状の出現による苦痛や障害など，再発時の精神的動揺は，より大きなものである場合が多い。

3-6 進行期

　病状が次第に進行してくると，さまざまな症状が出現し，日常生活に支障をきたすようになる。当然のことながら，患者の精神状態は，その日その日の体調に大きく影響を受けるため，身体症状のコントロールは非常に重要となる。自力でできないことが増えるにつれ，家族や周囲の人への気兼ねや負い目など心理的苦痛も伴ってくる。病状の進行による予期せぬ症状の出現，それに伴う身体的苦痛の中で，死をあらためて意識する。多くの不確実なことがらへ対応を迫られ，患者は消耗し，無気力・無感動となり，引きこもることもある。

3-7 終末期

　医学の目覚ましい進歩にもかかわらず，がんが命を脅かす病であることにかわりはない。
　「終末期」の明確な定義は難しいが，日本医師会第Ⅹ次生命倫理懇談会（2008）はその答申の中で「最善の医療を尽くしても，病状が進行性に悪化することを食い止められずに死期を迎え

ると判断される時期」と定義している。死に臨んでいる患者は，周囲の状況を敏感に感じ取っている。さまざまな身体症状による苦痛と，自制を失うこと，愛するすべての人を失うこと，身体機能を失うことなど多くの喪失体験を重ね，孤独感を増していく。終末期には「孤立させないこと」「個別性を尊重すること」の重要性が繰り返し指摘されている。

■ 4　家族の心理

4-1　予期的悲嘆

　患者の家族は「第二の患者」と言われるように，患者の病状や心理状態によって家族の心も大きく揺れ動く。がんなどの生命にかかわる重い病気の場合，患者本人よりもまず家族に対して病名や病状の説明が行われることもまだある。病気を知らされた家族は，大切な人を失うかもしれないという，大きな衝撃を伴う危機的出来事に直面する。これからどうしたらよいのか，まず何をしたらよいのか，これまでの日常が大きな変化を求められる。特に，病気がすでに進行した状態であると，家族の不安と動揺はより大きなものとなる。

　愛する人との永遠の別れなど，喪失を予期して嘆き悲しむことを「予期的悲嘆」と言う。死別に対する心の準備を整え，死が現実になったとき，その衝撃や悲嘆を少しでも軽くするのに役立つと言われる。

　家族の気持は，当然のことながら，患者の病状，心理状態に左右され，一喜一憂する。病状の変化だけでなく，病気の進行に伴う患者自身の変化を認めることも時に家族にとっては辛いことである。外見の変化のみならず，「元気な頃にはこんなではなかった」と思われるような患者の行為や人格の変化を目のあたりにして，家族は，驚き，そして悲しみ，どのように対処してよいのかと戸惑う。

　家族は誰に自分の気持ちを理解してもらえばよいのかわからず，ひとりで悩んでいることも多い。患者から苦痛を訴えられたり，怒りを向けられたりすることで，自分の無力さを感じ，罪悪感をもつこともある。

　家族の一員が大きな病気に罹ったとき，それまでの家族のありようや家族関係がさまざまな様相をみせ，家族をめぐる現実的問題が表面化しやすい。遺産や相続の問題，それに伴う遺言書の問題，患者を取りまく複雑な家族ダイナミクスの中での看取りの問題など，それまでは予想もしなかったようなことが露呈されることがある。

　家族の心理を理解することは，現在の悲嘆，苦悩の緩和のみならず，死別後の悲嘆のプロセスを順調に経過させるためにも非常に重要である。家族がどのように現状を理解し，そのことにどのような気持ちをもっているか，どのように行動を起こそうとしているかを把握することが必要である。残される人々が適切に喪の作業（グリーフワーク）を行い，死別後，その人らしい死であった，そして家族として最善が尽くせたと感じられるように行うことが大切である。予期的悲嘆への援助は，看取る家族の不安や絶望感をやわらげつつ，患者への援助力を引き出すと共に，残される家族のその後の生活をも視点において行われることが求められる。

4-2　子どもに伝える

　子どもに親の病気，死をどのように伝えたらよいかが問題となることがある。特に患者の年齢が30代，40代と若い場合には，年齢の小さな子どもへの対応に悩むことが多い。子どもなのだからわからない，子どもがかわいそうだから，と何も知らせないほうがよいという考え

もあるが，近年，親ががんに罹ったときの子どもの心理，発達などの研究がなされ（Osborn, 2007），子どもにどのように親の病気を伝えたらよいかの具体的実践も始まっている（Romer et al., 2007：祢津，2008）。すぐよくなると言われていたのに，突然親が亡くなったと知らされたとき，子どもは驚き，悲しみ，家族の中で自分だけが疎外された悔しさで傷つき，家族への信頼感を失ってしまうことがある。親は，病状を子どもにも説明し，闘病生活や看取りの過程を家族が一緒に体験することが大切なのではないかと考えられ始めている。自分が家族の一員なのだという自覚は，その後の子どもの精神的立ち直りにも影響を与える。兄弟がいる場合にはお互いが支え合うことにもなる。また，いつも正しい情報が与えられているという安心感は子どもの心を落ち着かせる。

　親の病気あるいは死をどのように伝えるかは，子どもの年齢や子どもの性格によっても違ってくるであろう。また，家族それぞれに考え方があろう。しかし，幼くても，子どもはその年齢なりの理解の仕方で親の病気，死を受け止める。家族の最も重要な構成員として，子どもを認識する必要があるのではないだろうか。

■ 5　がんの治療と緩和ケア

　がんという病が成人期の生命および健康にとって重大な課題となっている現状から，2007年4月に「がん対策基本法」が施行された。そしてがん対策基本法にもとづき策定された「がん対策推進基本計画」は，がん対策の総合的かつ計画的な推進を図るため，がん対策の基本的方向について定めるとともに，都道府県のがん対策推進計画の基本となるものである（表7-2）。

　がん対策の中で重点的に取り組むべき課題のひとつとされているものに，「治療の初期段階からの緩和ケアの実施」がある。緩和ケアは以前は抗がん治療の効果がなくなった，あるいは困難となった患者や終末期の患者に対して提供されると考えられていたが，2002年にWHO（世界保健機関）は，以下のような新しい「緩和ケアの基本的な考え方」を示した。「緩和ケアとは，生命を脅かす疾患による問題に直面している患者とその家族に対して，疾患の早期より痛み，身体的問題，心理－社会的問題，スピリチュアルな（霊的な・魂の）問題に関してきちんとした評価を行い，それが障害とならないように予防したり対処したりすることで，クオリティー・オブ・ライフ（生活の質，生命の質）を改善するためのアプローチである」（日本ホスピス緩和ケア協会，2008）。つまり緩和ケアとは，終末期に限らず，がんの治療の開始とともに

表7-2　がん対策基本法

```
がん対策基本法と
がん対策推進基本計画
(2007)

がん対策基本法の基本理念
 ・がんに対する研究の推進
 ・がん医療の均てん(霑)化の促進
 ・がん患者の意向を十分尊重したがん医療提供体制の整備

がん対策推進基本計画の全体目標
 ・がんによる死亡者の減少
 ・すべての患者及びその家族の苦痛の軽減ならびに
　療養生活の質の維持向上
```

身体的苦痛
痛み
他の身体症状
日常生活動作の支障

精神的苦痛
不安
いらだち
孤独感
恐れ
うつ状態
怒り

全人的痛み
(Total Pain)

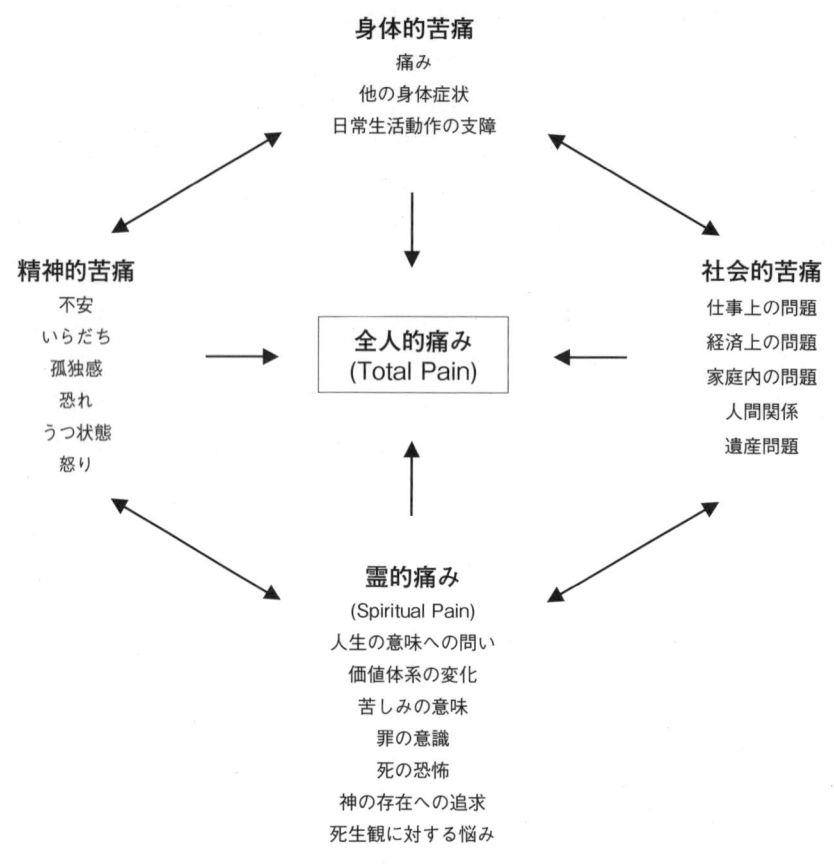

社会的苦痛
仕事上の問題
経済上の問題
家庭内の問題
人間関係
遺産問題

霊的痛み
(Spiritual Pain)
人生の意味への問い
価値体系の変化
苦しみの意味
罪の意識
死の恐怖
神の存在への追求
死生観に対する悩み

図7-12　全人的痛みの理解（淀川キリスト教病院ホスピス（編），1994）

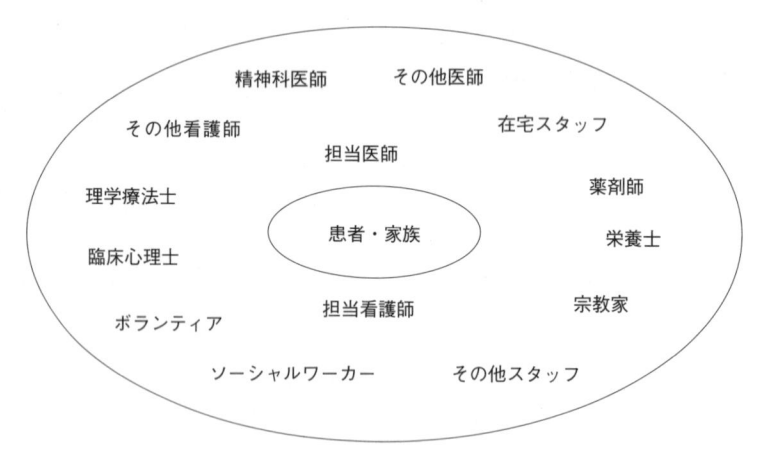

精神科医師　その他医師
その他看護師　　　　　在宅スタッフ
　　　　　担当医師
理学療法士　　　　　　薬剤師
　　　　患者・家族
臨床心理士　　　　　　栄養士
ボランティア　担当看護師　宗教家
　　ソーシャルワーカー　その他スタッフ

図7-13　チームによるアプローチ

早期より提供されるものと考え方が改められた。病を得た患者は身体的な苦痛のみならず，さまざまな苦痛を体験する。現代ホスピスの創始者シシリー・ソンダース（Cecily Saunders）はこれらの苦痛を全人的痛み（total pain）と称した（図7-12）。緩和ケアでは，患者や家族がもつこれらの痛みに対して，さまざまな職種（図7-13）がチームとなって協力し，全人的ケア（total care）を行うことが求められている。

発達臨床心理学の研究法の実際

8

　本章では，発達臨床心理学分野の研究法について述べる。「はじめに」で述べたように，今日まで臨床心理学と発達心理学の研究交流はあまりさかんであるとは言えない。それは，発達心理学が一般の健康な人々を研究対象とし，その多くが数量的研究法を用いてきたのに対して，臨床心理学は心理臨床的援助を目的とし，必然的に事例研究や質的研究が中心となってきたからである。アイデンティティ研究の分野においても，発達心理学研究と臨床心理学研究へ分化し，両者の研究交流は十分とは言えない。

　第7章まで発達臨床心理学に関わるさまざまな研究が紹介されてきた。発達臨床心理学の研究法は多様である。そのすべてを網羅して解説することは不可能であるため，本章では，今後の成人発達臨床心理学の発展に寄与すると思われる，最近の研究法のみに限定して紹介し解説した。まず第1節では，質問紙法を用いた「個」と「関係性」の視点によるアイデンティティ研究法について紹介した。エリクソン（Erikson, 1950）以来のアイデンティティ研究の動向と発展については，『アイデンティティ研究の展望Ⅰ～Ⅵ』（鑪・宮下・岡本・山本, 1984-2002）をご覧いただければ幸いである。この中には，アイデンティティ研究の全領域の紹介とともに，ラスマッセン（Rasmussen, 1961）などの質問紙法，およびマーシャ（Marcia, 1964）の面接法をはじめ，わが国でもよく用いられているアイデンティティ研究法についても解説されている。

　第2節では，面接法，つまり「語り」の分析による質的研究法について，臨床心理学の理論・視点と心理療法の技法は，発達臨床心理学の「研究」にも非常に有益であることを具体的に述べた。

　第3節では，もうひとつの質的研究法である伝記分析研究の実際について紹介した。

第1節　質問紙法：「個」と「関係性」の視点によるアイデンティティ尺度の作成

■ 1　フランツとホワイト理論にもとづいたアイデンティティ尺度の作成

　ここでは，第1章第2節5.で紹介したフランツとホワイト（Franz, & White, 1985）の理論にもとづき作成された，アイデンティティを「個」と「関係性」からとらえる尺度を，筆者の研究（山田・岡本, 2008）の結果をふまえて紹介する。すでに述べたように，フランツとホワイト（1985）の「Erikson理論を応用した生涯発達に関する複線（two-path）モデル」では，アイデンティティ発達を「個体化」と「アタッチメント」の2つの経路からとらえている。「個体化経路」は，アイデンティティ発達の「個」の側面に着目し，「アタッチメント経路」は「関係性」の側面に着目している。こうした「個」と「関係性」という2つの視点からアイデンティティをとらえる尺度は，これまでには作成されていない。従来の尺度は，主に「個」の側面に比重をおいたものが多い。

　新たに作成された尺度は，「個」を測定する尺度と「関係性」を測定する尺度からなり，それ

それ「個体化経路」と「アタッチメント経路」の各発達段階における心理－社会的課題の達成感覚を測定するものである。総合的なアイデンティティ発達の程度に加え，「個」と「関係性」のバランスから対象者のアイデンティティ発達の様相をとらえることも可能な尺度である。

1-1 「個」を測定する尺度

はじめに，「個体化経路」を参考にして作成した「個」を測定する尺度について，作成過程と構成を紹介する。

まず，「Erikson 理論を応用した生涯発達に関する複線（two-path）モデル」（Franz & White, 1985）の「個体化経路」の課題を詳細に検討し，項目選定基準を作成した（表 8-1）。その基準にもとづき，各課題を表現するのに適切と考えられる項目を，先行研究（宮下，1987；中西・佐方，2001；下山，1992；谷，1996，2001）から収集した。第Ⅵ，Ⅶ段階に関しては，筆者が作成した項目も含まれている。

1 つの段階につき 10 項目，計 80 項目を「個」を測定する項目群とした。これを大学生 295 名（男性 167 名，女性 128 名，平均年齢 19.8 歳）に実施し，項目分析と因子分析を行い，最終的に 3 因子 15 項目の「個」を測定する尺度を作成した（表 8-2）。下位因子は，「自己への信頼感・効力感」「将来展望」「自律性」であり，それぞれ 5 項目から構成されている。

「自己への信頼感・効力感」因子は，5 項目中 3 項目が「個体化経路」の第Ⅰ段階「『個』に対する基本的信頼感」に対応する項目であり，自己への基本的信頼感が，青年期のアイデンティティにおける「個」の中核にあると考えられた。「将来展望」因子は，5 項目中 3 項目が「個体化経路」の第Ⅵ段階「職業及びライフ・スタイルの模索」に想定した項目であり，ここから，成人期の課題への取り組みが，青年期においても重要であることが示唆された。「自律性」因子は，5 項目中 3 項目が「個体化経路」の第Ⅱ段階「自律性」の項目であり，残りの 2 項目も青年期以前の段階に対応する項目であった。このことは，青年期以前の発達段階の課題の中で，特に自律性が青年期のアイデンティティ形成に重要な役割を果たすことを示している。エリクソン自身も，青年は，「人生の道の一つを，自由なる同意をもって意思決定する機会を求める」（Erikson, 1967）と，青年期と幼児前期（第Ⅱ段階）の類似性に触れている。

以上のように，「個」を測定する尺度は，「自己への信頼感・効力感」「将来展望」「自律性」の 3 つの要素から構成されている。

1-2 「関係性」を測定する尺度

次に，「アタッチメント経路」にもとづいて作成した「関係性」を測定する尺度を紹介する。「個」を測定する尺度と同様に，「Erikson 理論を応用した生涯発達に関する複線（two-path）モデル」（Franz, & White, 1985）を参考にして作成した項目選定基準（表 8-1）にもとづき，既存の尺度から項目を収集した。なお，「個」を測定する尺度の際に参考にした尺度に加え，井梅（2001）の対象関係尺度と中尾・加藤（2004）の"一般他者"を想定した愛着スタイル尺度からも項目を収集した。また，既存の尺度項目のみでは，設定した課題を網羅できなかったため，筆者がいくつか項目を作成した。

1 つの段階につき 10 項目，計 80 項目を「関係性」を測定する項目群とし，「個」を測定する尺度と同時に，大学生 295 名に実施し，最終的に 3 因子 13 項目の「関係性」を測定する尺度を作成した（表 8-3）。下位因子は，「自己を取り巻く世界への信頼感と関係性の価値付け」「見捨

表8-1 「個」を測定する項目群と「関係性」を測定する項目群の項目選定基準の一部と項目例

	「個」			「関係性」		
	課題	項目選定の基準	項目例	課題	項目選定の基準	項目例
第Ⅰ段階	「個」に対する基本的信頼感	心の最も深いところでの自己肯定。希望に支えられる。	・私は、幸せになる価値のある人間である	自己を取り巻く世界に対する基本的信頼感	他者をはじめとする自分を取り巻く環境に対する肯定・信頼感・安心感。世の中に対する信用。	・自分が困ったときには、周りの人々からの援助が期待できる
第Ⅱ段階	自律性	外的な命令や禁止の内在化。自分の力で決断、実行ができる。自分の行いに対する責任感。	・私は、決断する力が弱い*	恒常性	他者という存在の認識。無力感や孤独感の脅威からの解放と、愛情対象との密接な関係性の獲得。	・人間関係は、常に連絡を取っていないと途切れてしまうように感じる*
第Ⅲ段階	自主性	積極的に物事に取り組む。自己統制の確立。自我理想と超自我のスムーズな形成。	・ひとつの目的のために、積極的に物事を進めていくことができる	遊戯性	心理的に独立した存在として他者を認識できる。他者の思考や感情、意図に気づく。	・私は、他者は異なる考えをもっているということを感じても不安になることはない
第Ⅳ段階	勤勉性	他に働きかけ、統制し、自己の世界につくり変えていく技術獲得のプロセス。有能感の獲得。勉強や課題などに集中し継続して取り組む。	・私は、自分の仕事をうまくこなすことができる	共感・協力	第Ⅲ段階の状態に加え、相互性にも気づく。他者が自律的で自分と相互依存的関係をもつ存在であるという認識。	・他者と対等に接し、協力して物事を行うことができる
第Ⅴ段階	アイデンティティの確立	自己の一貫性・連続性、社会的存在である「個」としての自分の意識化。時間的展望を有する。	・現在の自分は、過去の自分の上に築き上げられているという感覚がある	相互性・相互依存	自己の斉一性（空間における自己の定位）が可能。対人関係に対するより精緻な理解。行動と内面の統合。	・人は互いに支え合いながら生きていくものである
第Ⅵ段階	職業及びライフ・スタイルの模索	社会的存在としての自己を認識し、人生の方向づけを行おうとしている。またそのことに対して真剣に取り組んでいる。	・人生設計をきちんと立てて、今後の生活を送っていきたいと考えている	親密性	異性や特定の他者と親密な関係をもつことができる。自分を見失わずに他者とかかわることができる。	・誰かに個人的な話をされると、私は当惑してしまう*
第Ⅶ段階	職業及びライフ・スタイルの確立	安定した生活を送れており、またその自信がある。自分の役割への自覚、誇り。	・自分の役割というものを意識することがある	世代性	世話をする立場になることに、ある程度の自信をもっている。世代感覚を覚えつつある。	・私は、後輩のめんどうをよく見る
第Ⅷ段階	「個」としての人生の統合	これまでにしてきた仕事や働きに対する満足感。自分の人生としての納得。自己の過去と直面し、内的な生き生きとしたものに高める。	・私は、悔いのない人生を歩んでいる	関係性の視点からの人生の統合	これまで出会ってきた人々との関係を肯定的にとらえようとする。あるがままの過去経験に直面し、それらが現在を支え、決定しているものとみる。	・昔よくけんかをしたりあまり仲良くなかった人も、一人の人として受け入れることができる

注）項目例の項目末の＊は、逆転項目であることを示す。

表 8-2 「個」を測定する尺度の項目内容

「自己への信頼感・効力感」
私は，自分が好きだし，自分に誇りをもっている
私は，多くのことに対して自信をもって取り組むことができる
私は，自分が役に立つ人間であると思う
私は，きっとうまく人生を乗り越えられるであろう
自分の考えに従って行動することに自信をもっている
「将来展望」
将来自分が何をしたいかという確信や目標をもっている
将来の職業（専業主婦も含む）について，具体的に考えている
今後，どんな風に生活していくかを考えている
人生設計をきちんと立てて，今後の生活を送っていきたいと考えている
私は，目的を達成しようとがんばっている
「自律性」
私は，自分の判断に自信がない*
私は，誰か他の人がアイデアをだしてくれることをあてにしている*
何かしたあとで，それが正しかったかどうか心配になることが多い*
私は，物事を完成させるのが苦手である*
私は，決断する力が弱い*

注）項目末の*は，逆転項目であることを示す。

表 8-3 「関係性」を測定する尺度の項目内容

「自己を取り巻く世界への信頼感と関係性の価値付け」
周囲の人々によって自分が支えられていると感じる
これまで私が築いてきた人間関係は，私にとって価値のあるものである
これまでに出会った人々によって，今の自分が支えられていると感じる
私は人間関係を大事にしており，それによって多くのものを得ている
私がこれまでに関わりをもった人々は，私によい影響を与えてくれた
自分が困ったときには，周りの人々からの援助が期待できる
友人関係は，比較的安定していると思う
「見捨てられ不安」
私は人から見捨てられたのではないかと心配になることがある*
私は時々，周囲の人や物事から取り残されて，一人ぼっちであるように感じる*
私は批判に対して敏感で傷つきやすい*
「関係の中での自己の定位」
人との集まりで他の人が私の考えに同意しないのではないかと思うと，自分の意見を主張するのにためらいを覚える*
他者と一緒に何か物事を行うとき，私はよく受身的になってしまう*
集団内で，私はちゅうちょすることなく，自ら正しいと思うことを表明できる

注）項目末の*は，逆転項目であることを示す。

てられ不安」「関係の中での自己の定位」であり，順に7項目，3項目，3項目の構成である。「自己を取り巻く世界への信頼感と関係性の価値付け」因子は，「アタッチメント経路」の第Ⅰ段階「自己を取り巻く世界に対する基本的信頼感」，第Ⅴ段階「相互性・相互依存」，第Ⅷ段階「関係性の視点からの人生の統合」に想定した項目から構成されており，発達段階全体にわ

たる「関係性」の側面を集約的に反映している。

「見捨てられ不安」因子は，3項目中2項目が「アタッチメント経路」の第Ⅳ段階「共感・協力」の項目であった。表8-1の基準を見ると，第Ⅳ段階では，他者を自分と相互性をもつ心理的に独立した存在として認識することがあげられている。つまり，他者の意思や思考と自分のそれとを混同しないことにより，自分が見捨てられている，または周囲から取り残されているとは感じないこと，また，相互関係をもつことが可能な対象として周囲の他者をとらえることができることと考えられる。

「関係の中での自己の定位」因子は，3項目中2項目が「アタッチメント経路」の第Ⅵ段階「親密性」に対応する項目であった。表8-1には，異性との関係を築けることと，自分を見失わずに他者とかかわれることがあげられている。項目にあるような，意見の表明や主張を可能にするのは，他者との関係の中で自己を位置づけ，他者に自己の存在が脅かされないことと考えられる。第Ⅵ段階についてエリクソン（Erikson, 1967）は，「すでに確立された活力的な力強さゆえに，二人は，意識や言語や倫理の点ではじめて類似した存在となり，しかも成熟した成人としてのお互いの違いを率直に認め合うようになれる」と述べている。このことから，真の親密性とは，他者に自らのアイデンティティを参与させながらも，互いの違いを認めることができることと理解される。「関係性」を測定する尺度の下位因子として，この第Ⅵ段階の項目が多く採用されたことから，青年期には，アイデンティティの形成・確立と重なって，親密性の獲得に向かう取り組みも始まっていると考えられた。

以上のように，「関係性」を測定する尺度には，「自己を取り巻く世界への信頼感と関係性の価値付け」「見捨てられ不安」「関係の中での自己の定位」の3つの要素が含まれている。

1-3 尺度の信頼性と妥当性

「個」を測定する尺度と「関係性」を測定する尺度の信頼性と妥当性については，次のような検討を行い，利用可能な尺度であることを確認した。

まず，信頼性の確認では，信頼性係数と再検査信頼性の検討を行った。「個」を測定する尺度の信頼性係数は，尺度全体で$\alpha=.85$，下位因子では，「自己への信頼感・効力感」で$\alpha=.85$，「将来展望」で$\alpha=.81$，「自律性」で$\alpha=.79$であり，十分な信頼性を有することが確認された。「関係性」を測定する尺度では，尺度全体で$\alpha=.83$，下位因子では，「自己を取り巻く世界への信頼感と関係性の価値付け」で$\alpha=.90$，「見捨てられ不安」で$\alpha=.70$，「関係の中での自己の定位」で$\alpha=.67$であり，若干低い値も見られたが，全体としては十分な信頼性が確認された。

また，最初の調査の1ヶ月半後に，同一の対象者50名（男性21名，女性29名，平均年齢20.0歳）に尺度が実施され，1回目と2回目の下位因子の得点間の相関係数を算出した。「個」を測定する尺度では，「自己への信頼感・効力感」で$r=.83$，「将来展望」で$r=.83$，「自律性」で$r=.79$のすべて1%水準で有意な相関が得られた。「関係性」を測定する尺度では，「自己を取り巻く世界への信頼感と関係性の価値付け」で$r=.68$，「見捨てられ不安」で$r=.71$，「関係の中での自己の定位」は$r=.77$のすべて1%水準で有意な相関が得られた。このことから，尺度の安定性が確認されたと考えられる。

次に，尺度の妥当性に関しては，アイデンティティと関連があることが予想されるアイデンティティ混乱，特性不安，自尊感情，信頼感との相関から検討した。大学生521名（男性155名，女性366名，平均年齢20.2歳）を対象に，「個」を測定する尺度と「関係性」を測定する尺

度，同一性混乱尺度（砂田，1979），特性不安尺度（清水・今栄，1981），自尊感情尺度（山本・松井・山成，1982），信頼感尺度（天貝，1995）を実施し，以下のような結果を得た。

「個」を測定する尺度は，同一性混乱尺度と $r = -.72 - -.52$，特性不安尺度と $r = -.80 - -.54$，自尊感情尺度と $r = .55 - .89$ の相関関係にあることが示された。信頼感尺度の下位因子との間では，「不信」因子で $r = -.17 - -.33$，「対自的信頼感」因子で $r = .41 - .61$，「対他的信頼感」因子で $r = .23 - .31$ であり，全体的に，「個」を測定する尺度は，「対自的信頼感」因子と相関が強いことが明らかになった。

「関係性」を測定する尺度では，同一性混乱尺度と $r = -.66 - -.35$，特性不安尺度と $r = -.78 - -.56$，自尊感情尺度と $r = .33 - .53$ の相関関係にあることが示された。信頼感尺度の下位因子との間では，「不信」因子で $r = -.48 - -.32$，「対自的信頼感」因子で $r = .34 - .38$，「対他的信頼感」因子で $r = .26 - .60$ であり，「個」を測定する尺度とは逆に，全体的に「対他的信頼感」因子と強い相関をもつことが示された。

以上のように，「個」を測定する尺度，「関係性」を測定する尺度ともに，アイデンティティを測定する尺度として妥当であることが確認された。また，信頼感尺度との関連からは，「個」を測定する尺度は対自的な信頼感と，「関係性」を測定する尺度は対他的な信頼感と，より強く関連していることが示されており，2つの尺度の違いも示された。

信頼性と妥当性の検討から，次のようなことも考えられる。信頼性係数や再検査信頼性を検討した際の相関係数において，「個」を測定する尺度の方が，「関係性」を測定する尺度よりも，高い値を示した。このことから，青年期においては，「個」の方が「関係性」に比べ，より安定したものに成熟している可能性がある。また，因子分析の結果，「関係性」を測定する尺度の方が，より発達後期の課題として想定していた項目を多く含むことを考え合わせると，発達的にみると，「個」の成熟が「関係性」の成熟に先立つと考えられるのではないだろうか。一方で，こうした結果は，「関係性」を測定することの難しさを示しているとも考えられ，「個」と「関係性」の尺度については，今後も検討を重ねていくことが求められる。

1-4　実施と結果の整理の方法

次に，実施と結果の処理の方法を紹介する。両尺度とも，回答は，4段階の自己評定で求める。評定は，「4. よくあてはまる」「3. かなりあてはまる」「2. 少しあてはまる」「1. 全くあてはまらない」である。実施時間は5分程度であり，集団実施も可能である。「個」を測定する尺度の教示は，以下のとおりである。

> 教示：以下に，いろいろな経験や性質，好みなどについての文章を挙げています。それぞれの文章があなたにどの程度当てはまるかを考えて，「4. よくあてはまる」から「1. 全くあてはまらない」までの4つのうち，一番よくあてはまるところの数字を○で囲んでください。正しい回答や間違った回答はありませんので，あまり考えこまずに，最初に思ったとおりをお答えください。

なお，「関係性」を測定する尺度の教示は，最初の文章を，「以下に，他者との関係に関する文章を挙げています」とする。

採点に際しては，まず，「よくあてはまる」を4点とし，「全くあてはまらない」まで1点ず

つ減点して得点を与える。このときに，逆転項目の得点は数値を逆転させる。そのうえで，各下位因子の合計点と尺度全体の合計点を算出する。

結果の解釈では，得点が高いほど，アイデンティティが成熟・発達していると解釈される。山田・岡本（2008）では，各得点の平均値と標準偏差（SD）は次のようであった。「個」を測定する尺度では，尺度全体が38.22（SD=7.06），「自己への信頼感・効力感」が11.42（SD=3.11），「将来展望」が14.07（SD=3.26），「自律性」が12.72（SD=3.08）であった。「関係性」を測定する尺度では，尺度全体が37.02（SD=5.66），「自己を取り巻く世界への信頼感と関係性の価値付け」が22.23（SD=3.99），「見捨てられ不安」が7.41（SD=2.33），「関係の中での自己の定位」が7.38（SD=1.98）であった。

次に，解釈のための基礎資料として，山田・岡本（2008）で行われた，性差と発達差の検討の部分を紹介する。性差は，「個」を測定する尺度の「自己への信頼感・効力感」と，「関係性」を測定する尺度の「見捨てられ不安」において見られた。他の下位因子と尺度全体では，性差は認められず，アイデンティティを「個」と「関係性」からとらえた場合，性別は影響の大きな要因ではないと考えられる。

発達差については，大学生の中での学年差が検討された。1年生から4年生までで比較した結果，「個」を測定する尺度の全体の得点と，「将来展望」において，はっきりとした差が認められた。また，「自己への信頼感・効力感」と「自律性」「関係性」を測定する尺度の全体の得点においても，傾向差が示された。細かく見ると，差が見られた部分は，2年生と3，4年生の間であった。このことより，全体的に学年が上がるほど得点が上昇することが明らかになった。こうした傾向は，加藤（1989）でも示されている。「将来展望」において，2年生とそれ以上で差が見られた背景には，進路選択という学年が上がることで向き合わざるをえなくなる課題があることが考えられる。大学生活にも慣れ，将来のことを視野に入れ始める3，4年生の時期に，アイデンティティの特に「個」の側面の成熟が進むと考えられる。

結果の解釈に関しては，現時点で，山田・岡本（2008）のデータしかないため，今後データを追加して標準化を行うことで，アイデンティティの「個」と「関係性」の側面の高低を客観的にとらえる指標を作成していくことが求められる。

なお，山田・岡本（2008）では，両尺度の下位因子得点を用いて，クラスタ分析を行い，「個」と「関係性」の視点から，アイデンティティ様態の分類を試みている。そこでは，「個」と「関係性」両方が高い成熟群，「個」のみが高い「個」優位群，「関係性」のみが高い「関係性」優位群，「個」も「関係性」も低い未熟群の4つの様態が見出され，それぞれの様態の特徴が検討されている。単一の得点の高低のみではなく，下位因子の得点の組み合わせによって，対象者の特徴を把握する方法も有用と考えられる。

1-5　成人期を対象とした尺度の開発に向けて

上述した2つの尺度は，いずれも大学生を対象に標準化されている。したがって，成人期を対象とする場合には，そのままの形で用いることには問題が残る。例えば，因子分析の結果，両尺度において，成人後期と老年期に想定した項目はほとんど残らなかった。このことから，人生の統合に向かう課題は，青年期にはまだ本格的には取り組まれず，意識されていないと考えられる。そのため，尺度を構成する項目自体に，青年期と成人期では相違があることが予想される。成人期を対象とする尺度を作成する際には，再度，因子分析を行う前の項目で調査を

行い，改めて因子分析を行う必要がある。

■2 ジョセルソンの視点を応用したアイデンティティ尺度の作成

2-1 ジョセルソンの視点の有用性

　成人期の「関係性にもとづくアイデンティティ」（岡本，1997）には，その基盤にさまざまな「関係性」の次元が存在すると考えられる。ジョセルソン（Josselson, 1992, 1994）は，アイデンティティ発達の関係的側面を8次元モデルとして理論化した（第1章第2節7．参照）。それらの次元は，①抱きかかえ，②愛着，③熱情的体験とリビドー的な結合，④目と目による確認，⑤理想化と同一化，⑥相互性，⑦埋め込み，⑧慈しみ・ケアである。

　ジョセルソンの言う関係性の次元①〜④は，誕生後から幼児期にかけて順次発達する基本的なものであり，岡本（2007）の「個体内関係性」の時期と対応している。「個体内関係性」は，自己感や自我が形成される以前，誕生直後から存在する。乳児が生後初めて出会う他者は母親（的人物）であり，抱きかかえられることを通して乳児は，他者と世界に対する基本的信頼感を形成する。そして乳幼児は，母親・父親をはじめとする重要な他者との関係の中に育まれて自我を形成する。「個体内関係性」は，「誕生直後から母親をはじめ重要な他者との相互のかかわりの中で形成されていく『内在化された他者像』」（岡本，2007）である。

　一方，ジョセルソンの言う関係性の次元⑤〜⑧は幼児後期から現われる認知的な成熟を必要とするものであり，幼児の自我が一応のところ確立した後の時期，岡本（2007）の「社会的関係性」の時期と対応している。「社会的関係性」は実際的な他者との関係である。また幼児期以降も，「個体内関係性」もまた他者とのかかわりの中で絶えず修正されつづける。幼児後期以降，各発達段階には重要な他者が存在し，その他者との「社会的関係性」にはさまざまなものがある。中でも⑧慈しみ・ケアは，「他者の自己実現への援助」（岡本，1997）を意味し，最も成熟した関係性のありようである。

　このように，「関係性にもとづくアイデンティティ」を発達段階に応じた多次元からとらえる視点として，ジョセルソンの視点は非常に有用である。この多次元を実証的に測定する方法として，本項では，宗田・岡本（2007）の作成した「個としてのアイデンティティ尺度」および「関係性にもとづくアイデンティティ尺度」を紹介する。

2-2 「個としてのアイデンティティ」尺度および「関係性にもとづくアイデンティティ」尺度

1）尺度作成の手続き

①尺度項目群の選定

　まず，尺度を作成するための項目群を選定した。「個としてのアイデンティティ」の定義にもとづき，項目を収集した。項目は，筆者が定義にもとづき作成したほか，伊藤（1993），高田（1999），谷（2001），山本（1989）より引用した。「関係性にもとづくアイデンティティ」として，ジョセルソンと岡本の定義にもとづき，8次元の「関係性」を示す項目を収集した。ジョセルソン（1992, 1994）の記述から項目を作成したほか，長沼・落合（1998），EPSI（中西・佐方，1993），宗田・岡本（2005），杉村（2001），高井（1999）から引用した。これらの項目を青年と成人521名に対する質問紙調査として実施し，結果を数値化し，因子分析を行い，項目群を選定した。

②尺度の信頼性と妥当性

　選定した尺度項目群を青年と成人315名に対する質問紙調査として実施し，信頼性と妥当性の検討を行った。信頼性は $α=.66-.94$ の値を得，信頼性が確認された。妥当性は，下山（1992）のアイデンティティ尺度，大野（1984）の充実感尺度，伊藤（1986）の性役割測定尺度の単極尺度を用いて相関分析を行った。その結果，十分な相関が得られ，13下位尺度からなる「個としてのアイデンティティ」尺度および「関係性にもとづくアイデンティティ」尺度の妥当性が確認された。ジョセルソンの言う「関係性」の次元②愛着の項目の妥当性は認められなかったため，尺度から除外した。13下位尺度の因子名および項目は，表8-4に記載した。

2）実施と結果の整理の方法

　質問紙尺度実施に際しての教示は次のとおりである。

　　以下に，いろいろな経験や感覚などについての文章が並んでいます。それぞれの文章について，あなたにどの程度あてはまるかを考えて，「1. 全くあてはまらない」「2. ほとんどあてはまらない」「3. どちらかというとあてはまらない」「4. どちらともいえない」「5. どちらかというとあてはまる」「6. かなりあてはまる」「7. 非常にあてはまる」のうち，もっともよくあてはまるところの数字に○印をつけてください。

　回答は7件法で求める。得点化の際は逆転項目に留意し，1項目につき1～7点を付する。それぞれの下位尺度の項目得点の合計が下位尺度得点，全項目の得点の合計が尺度合計得点となる。

　さて，本尺度の適用は項目数が多いため，各4項目ずつを選択した短縮版として使用することが可能である。表8-4の下位尺度の上から各4項目（これは，尺度作成過程における因子分析結果の負荷量の高い順に記載されている）を「個としてのアイデンティティ」尺度および「関係性にもとづくアイデンティティ」尺度短縮版として用いることができる。

3）本尺度を用いた研究の紹介と今後の可能性

　本尺度は，現時点では未だ試作段階であり，各項目の用語をはじめ，多くの検討の余地を残している。本尺度を試行した研究からは，次のような知見が得られている。宗田・岡本（2008）は，青年後期198名と成人期321名を対象に質問紙調査を実施し，「個としてのアイデンティティ」と「関係性にもとづくアイデンティティ」から見たアイデンティティ発達を検討した。その結果，青年後期と成人期の間には，「個体内関係性（「関係性にもとづくアイデンティティ」尺度の下位尺度）」の得点に有意差はみられず，青年期・成人期に達した人々の「個体内関係性」はすでに安定して存在していることが示唆された。また，下位尺度「社会的関係性」では，両時期での相違が見られた。さらに，大澄（2008）は本尺度短縮版を用い，青年期のアイデンティティと家族機能，家族イメージの関連性を「個」と「関係性」の視点から検討した。

　本尺度は，今後，尺度の精緻化を行ったうえで，これまで数量的にとらえることが困難であった「関係性にもとづくアイデンティティ」の発達の諸次元をとらえること，また，「個としてのアイデンティティ」と「関係性にもとづくアイデンティティ」がどのように関連しあって発達していくのかという問題について，数量的な検討を行うツールとして利用できるであろう。

表8-4 「個としてのアイデンティティ」尺度および「関係性にもとづくアイデンティティ」尺度の項目

「個としてのアイデンティティ」尺度（6下位尺度）

積極的自己実現（11項目）
私は，人生の中で達成したいことに，だんだん近づいていっている気がする。
私は，人生の目標を達成するために努力できていると思う。
私は積極的に自分の夢を叶えていっているだろう。
人生を通して成し遂げたいことがあり，そのために何らかの行動をとっている。
自己実現の見通しがそろそろ立ってきたと感じている。
自分のするべきことがはっきりしている。
自分が望んでいることがはっきりしている。
自分がどうなりたいのかはっきりしている。
私は，積極的に自己実現をしていると思う。
私は日々，自分のやりたいことを実現していると感じている。
私は，自分のやりたいことを積極的にこなしていっていると思う。

自己と他者の不可侵性（8項目）
他者が自分の考えを何と思おうと気にしない。
人にどう思われるかということはあまり気にならない。
考えや行動が他人と違っても気にならない。
他人と意見が異なっても，そんなに気にすることはない。
他人と自分の行動が違うと，ひどく気になる。（R）
人から非難されると非常にこたえる。（R）
自分が満足していれば人が何を言おうと気にならない。
日常のささいな出来事や人間関係に，あまり心をわずらわされることはない。

個体化の発達（6項目）
これからも自分は自分であると思う。
これから先も自分は自分であるだろうと強く感じている。
私は，これから先も私であると確信している。
どんなときでも「自分は自分である」と感じている。
私は，どんなときでも「私」であるだろう。
他人は他人，自分は自分だと思う。

自己斉一性・連続性（4項目）（谷，2001から引用）
過去に自分自身を置き去りにしてきたような気がする。（R）
過去において自分を失くしてしまったように感じる。（R）
今のままでは次第に自分を失っていってしまうような気がする。（R）
いつのまにか自分が自分でなくなってしまったような気がする。（R）

自己主張（5項目）
自分の権利ははっきりと主張する。
自分の意見をいつもはっきり言う。
その場の雰囲気や人の気持ちにかかわらず，言いたいことは言う。
いつも自信をもって発言し，行動している。
周りと反対でも，自分が正しいと思うことは主張できる。

対自的同一性（4項目）
自分が何をしたいのかよくわからないと感じるときがある。（R）
自分が何を望んでいるのかわからなくなることがある。（R）
「自分がない」と感じることがある。（R）
「自分がない」と感じるようなことはほとんどない。

注）逆転項目は，項目末に（R）と記載した。

「関係性にもとづくアイデンティティ」尺度（7下位尺度）

「個体内関係性」尺度（2下位尺度）

基本的他者信頼（4項目）
世界は，私をつき落とすようなことはないだろうと思う。
私は，世界から十分に守られているという感じがする。
私は，周りの人に対して違和感はなく，調和していると思う。
私は，十分に世界が安全だと感じている。

熱情的体験・目と目の確認（10項目）
私は他者の目の中に，自分自身の価値を見出すことができる。
目と目のコンタクトを通して，私は他者に対する自分の意味を見つけることができる。
目と目のコンタクトを通して，私は自分自身について信じられるようになれる。
私は，他者の目の中に自分自身を映し出す。
人から見られることで，私は，自分がどのようなものであるのかを確認できる。
他者に対する恋のような熱情が，私の新しい世界や経験をつくっていると思う。
私は，他者にとって重要な存在であることが，他者の目を見ることによってわかる。
誰かとの間で情熱的な体験をすることにより，私は自分の新しい思考や目的に気づいていると思う。
私は，他者との結びつきを通して快感を得ている。
肉体的にも，精神的にも，私は誰かに抱きかかえられることを望んでいる。

「社会的関係性」下位尺度（5下位尺度）

理想化と同一化（4項目）
私には，理想とする人やヒーローがいる。
私は，自分がどのようになるかについて，モデルとする人がいる。
自分の生き方を決めるきっかけとなった人がいる。
私は，今そこにいる「その人」に対して，愛着を感じている。

相互性・相互調整（5項目）
自分と異なる意見をもつ人とは，あまり話をしたくない。（R）
自分と違う意見をもつ人の話は，聞きたくない。（R）
誰かと意見が食い違うと，それ以上は話す気になれない。（R）
相手と意見が合わなくても，わざわざ話し合って解決しようとは思わない。（R）
私は自分と異なる意見にも積極的に耳を傾けようとする。

埋め込み（6項目）
「ここが私の所属する場所だ」と，日常生活の中で日々感じている所がある。
自分の周りには，自分を支えてくれる腕があるという感じがする。
私は，誰かと互いに情熱的な結びつきを感じている。
私は，ある特定の集団の中に，自分の存在する場所をみつけた。
私は，一人ぼっちである。（R）
他者の冷たい目を見て，誰も私を必要としていないと思う。（R）

友人への思いやり（8項目）
友人が困っていたら，いつも親身になって解決策を考える。
友人が何かに困っていても，自分から進んで手伝おうとは思わない。（R）
友人が何かをやりたがっていたら，それができるようにいつも協力している。
私はちょっとしたことでも，友人に世話をしてあげることが楽しい。
私はいつも友人のことを思いやっていたい。
友人の相談にのることが面倒だと思うことがある。（R）
友人の希望よりも，自分の希望の方を優先させている。（R）
友人の悩み事や相談事をきくことは，私の大事な使命だと思う。

配偶者・子ども・家庭への配慮（6項目）
結婚して配偶者や子どもの世話をするよりも，自分のことだけを考えて生きていきたいという気持ちの方が強い。（R）
子育てに追われるより，自分のやりたいことや趣味を優先させていきたいと思う。（R）
よき配偶者を得て結婚することが，私の最大の関心ごとである（あった）。
職業・キャリアよりも，あたたかい家庭を築きたいと思う。
私は子育てにあまり関心をもっていない。（R）
結婚し，家庭を築くことは，私にとって大きな課題だ（だった）。

第2節　面接法による質的研究：「語り」の聴き方・語り手への向き合い方

　今日，臨床心理学研究においてはもちろんのこと，発達心理学分野の研究においても，質的研究に多くの研究者が関心をもつようになり，読みごたえのある質的研究論文が発表されるようになった。他者の経験を理解することは，発達臨床心理学の研究にとっての中核的課題である。しかしながら，その「他者の経験」を研究者の意図する観点や目的に沿って聴き取り，再構成する作業がどのように行われるのか，またそのことが，聴き手である研究者と語り手である研究協力者にとって，どのような意味をもつのかについては，今日まであまり明らかにされていない。

　本節では，発達臨床心理学分野の質的研究法として面接法について論じる。つまり「語り」による心的世界の探求の研究技法，「語り」の素材から内的世界を理解し，普遍的知見を得る方法論，さらに心理臨床実践・臨床心理学研究・発達心理学研究の「方法」（視点と技法）が相互にどのように生かせるかについて考えてみたい。

　20代の学部生・大学院生のころから筆者は，心理臨床家になるための訓練と臨床心理学研究に，常に並行して携わってきた。前者はまさに，クライエントを理解し援助するための理論と実践であり，後者は，成人期のアイデンティティ危機と発達をテーマとした面接法による質的研究であった。この道行きをふりかえってみると，心理臨床家であることは，研究のための面接にも非常に有益であった。また研究に協力してくださった方々の多くも，「私はこんなこと（筆者が面接の中で尋ねたこと）を初めて話したし，自分を理解するうえで非常に役立った」と言ってくださった。それは，研究協力をお願いした筆者自身にとっても大変うれしいことであった。しかし，面接調査がなぜ協力者に役立ったのか，どういう聴き方だったからよかったのか，という問題の多くはこれまでブラックボックスの中にあり，言葉で表現されることは少なかった。しかし，これらを具体的に認識し，自らの研究の視点，スタンス，研究技法として用いられるようにすることは重要であろう。

　ここでは，次の3つの問題について述べてみたい。
1. 研究のスタンスによる研究法，分析の手順等の相違について。
2. よい「聴き手」であること，あるいはよい「語り手－聴き手」の関係とは，具体的にどういうものか。
3. 研究者がその研究課題を選ぶ必然性の「意義」と「意味」を内省することに重要性について。

　第三の問題は，研究者がなぜそのテーマを自らの研究課題としたのかということの意味を自覚しておくことが，研究を進めていくうえできわめて重要であることを意味する。研究協力者の心の世界に深く入っていくためには，研究者自身の深く掘り下げた問題意識があって初めて，その研究課題の舞台の上で，個々の協力者の語りと研究者の問題意識が響きあうのである。

1　臨床心理学研究における面接法の2つの視点

　臨床心理学は，研究と実践が不可分に結びついている。その研究法には，大別して次の2つの視点がある。
　第一は，臨床実践研究と呼ばれるものである。これは，研究者が心理臨床家として経験した

ひとつまたは複数の心理臨床事例を終結後，研究者の立てた研究の目的に沿ってふりかえり，意義ある知見を見出し考察する。臨床事例研究と呼ばれるものの多くは，この範疇に入る。また，複数の臨床事例を，それらの終結後，クライエントの臨床像，心理面接プロセスの展開，面接者（カウンセラー）の視点の共通点と相違点などを分析した研究も見られる。後者の最近の研究例として，質的改善研究（斉藤，2008）や，葛藤の深さから見た中年期危機の現れ方の分析（岡本，2007）などがある。

第二は，臨床的課題そのものの「研究」であり，これらの課題は，統合失調症，うつ，人格障害，発達障害，その家族，環境，心理臨床的援助，危機体験の心的世界とその回復など，ほぼ無限に存在する。これらの2つの臨床心理学研究の方法は，相当異なるものである。

1-1　臨床実践研究としての事例・語りの分析

臨床実践研究は，一般的に二段構えで遂行される。第一段階は，その事例の心理療法の終結まで，第二段階はその事例の終結後，面接者が固有の研究目的に沿って，その事例を考察し，研究論文にまとめあげる段階である。

第一段階においては，毎回の面接に臨む際には，私たちは，100%面接者（カウンセラー）として存在していなければならない。心理面接に訪れるクライエントは，面接者が真に援助者として，面接に臨んでいるかどうかに敏感である。面接者がほんの少しでも「研究者」の顔を見せると，その面接は失敗する。なぜならば，クライエントは，面接者に「サービスする」側にされてしまうからである。クライエントは，面接者に抱えられ，受容され，共感されなければ，困難な状況を生き抜き，回復していく活力は得られない。クライエントとカウンセラーの言葉，相互のやりとり，クライエント-カウンセラー関係等の考察などは，面接継続中にも常に行われる。しかし面接の終結後，一定の研究的視点からその事例を分析し直して見ることは非常に重要である。

力動的心理療法による個々の事例を例にとって述べるならば，臨床実践事例の記述と道筋は次のようなものである。まず私たちはクライエントによって「語られた言葉」をできる限り重視する。語られた内容の客観性よりもクライエントの内的世界の理解が優先される。その人の体験世界を内側から理解していこうとする姿勢である。次に心理面接過程において面接者は，クライエントの問題や葛藤の性質，過去から反復されるテーマやストーリーを見つけようと努力する。反復されるテーマは，クライエントの実体験のものもあれば，比喩やイメージのレベルのものもある。そして反復されるストーリーやテーマと心理的意味にもとづいて，クライエントを理解しようとする。こうしたクライエント理解が面接方針や解釈となる。これらの理解や解釈は面接プロセスの中で修正されていくことも少なくない。このような面接の開始から終結に至るまでの記述が「事例報告」である。そしてこの事例報告から考察された知見が他の事例理解へ応用できるとき，それは「事例研究」となり「理論」となる（岡本，2007）。

ここで重要なことは，理論のための「言葉」は個々の臨床事例から生まれたものであることである。例えばフロイト（Freud, S.）の重要な業績であるエディプス・コンプレックスの発見は馬が怖くて外出できないという5歳の男の子ハンスの事例から得られた洞察であった。またユング（Jung, C. G.）は，若い頃に勤務していたブルクヘルツリ病院に入院していた統合失調症の患者が，窓の外をみながら首をふっているのを見た。いぶかしんだユングがどうしたのかと聞くと，患者は太陽からペニスがぶら下がっており，それが左右に動くと風が吹くのだと答え

た。数年後ユングがギリシャ語で書かれた古代ミトラス教義典書を読んでいると，その中に太陽から筒がぶら下がっており，それが西に動くと東風が，東に動くと西風が吹くという，先の患者が言っていたことと酷似している記述に出会った。この逸話は，後にユングが普遍的無意識・集合的無意識に気づくきっかけになったと言われている。

1-2　臨床心理学「研究」としての事例・語りの分析

それに対して，「研究」を目的とした事例研究や語りの分析は，はじめから，研究の目的と枠組みが明確に存在する。

この場合は，まずはじめに「研究の目的」，つまり研究テーマ・課題が設定され，それを達成するためにふさわしい対象者が選択される。例えば質問紙によるスクリーニング・テストの実施やいわゆる代表的「事例」の抽出などである。そして半構造化面接などによって，この目的にそった質的データの収集が行われる。質的データの収集が終わると研究者は個々の事例の「語り」の記録を何度も読み込み，個々の事例の人間像を理解していく。この段階の作業は，臨床実践事例とよく似ていると思われる。この作業を通して各々の対象者の語りの共通の性質を抽出し，それを心理学的次元，つまり心理学の用語で理解を深めていく。先行研究の知見と照らし合わせて考察し，新たな知見が得られたならば，それはその研究によって見出されたオリジナリティのある知見となるのである。

■ 2　事例研究を中心とした質的研究の3つのステップ

事例研究を中心とした質的研究には，次のようなステップがあるように思われる。第1のステップは，図8-1に示したような個々の事例にもとづくモデル化の段階である。研究の目的に沿って対象者を選択し，個々の事例のデータを収集し，各々の事例ごとに詳細な個人史・問題史を書き上げる。それらの事例に共通した特質が抽出されたとき，それはその知見の普遍性を示す「モデル」となる。しかしながら個々の事例が臨床事例である場合，私たちは何よりもク

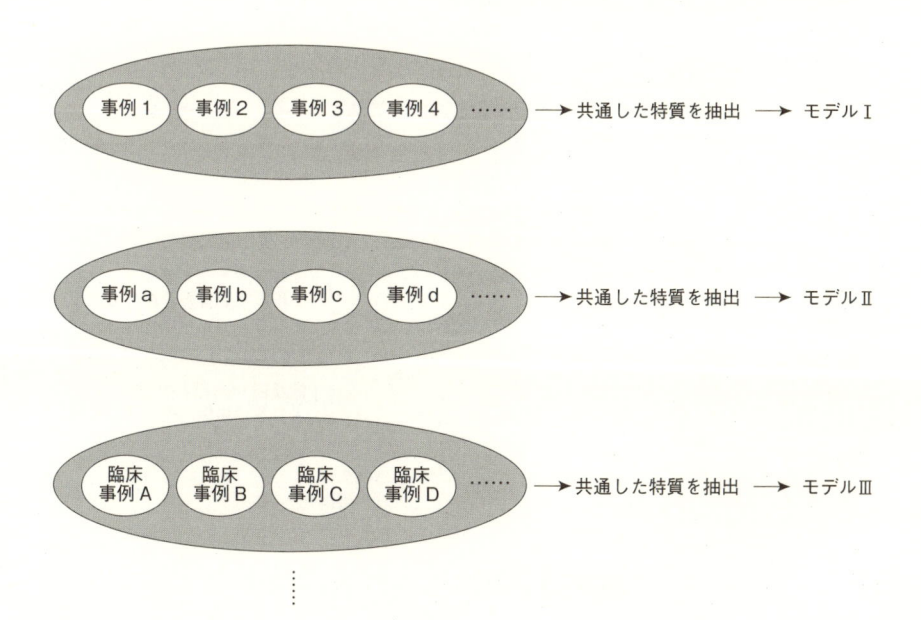

図8-1　Step Ⅰ　個々の事例にもとづくモデル化（岡本, 2007）

ライエントの福祉・援助を最優先しなければならない。そのために論文にするためのデータ収集は遅々として進まないということはけっして珍しいことではない。

第2のステップは各モデルの共通性と特殊性の分析の段階である。臨床事例であろうと研究として得られた事例であろうと，それぞれの事例とモデルを読み込み比較して，その共通性と特殊性を見極める（図8-2）。

第3のステップは，研究と実践の相互の応用であろう。それは，図8-3のようなイメージで示すことができる。研究から臨床実践への応用としては，次のようなことが考えられる。つまり健康な人々を研究対象にして得られた知見は，臨床事例における面接方針の目安を立てることや心理面接過程の理解を助ける。例えば，健康な人々であれば中年期の危機はこの程度の揺らぎや不適応で，あるいはこの程度のサポートで危機を脱していくのに，なぜこのクライエントは○○にこだわるのか，□□についてこのように語るのか，という事例理解の視点である。また私なら危機のこの側面はこのような受け止め方をするのに，なぜこのクライエントはこん

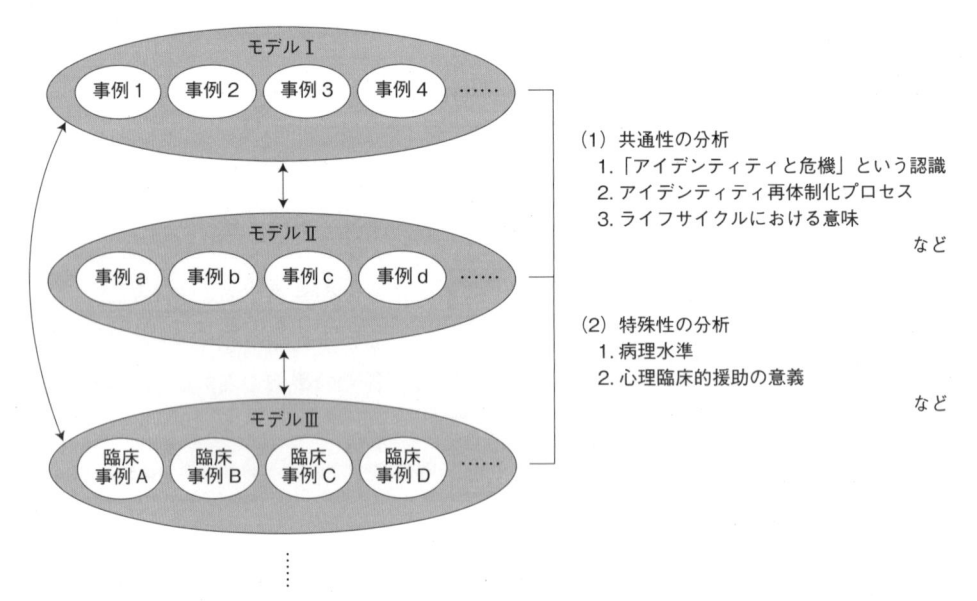

図8-2　Step Ⅱ　各モデルの共通性・特殊性の分析（岡本, 2007）

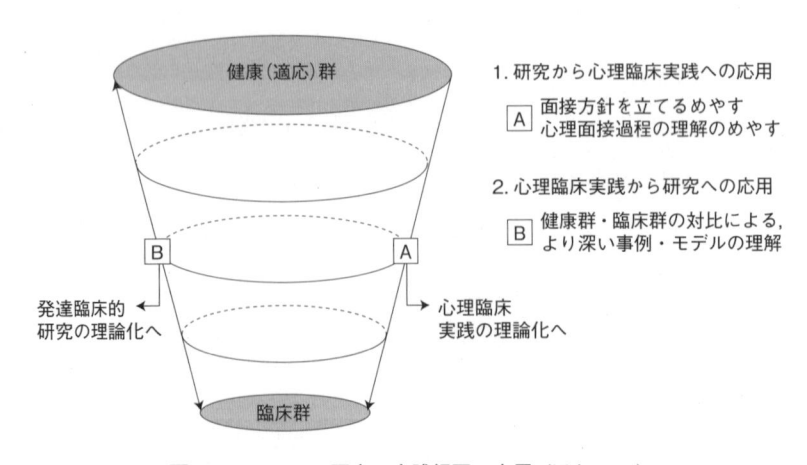

図8-3　Step Ⅲ　研究・実践相互の応用（岡本, 2007）

なに感じるのかという見方である。一方，心理臨床実践から研究への応用としては改めて述べるまでもないであろう。各々の臨床事例は研究テーマの宝庫であり，その魅力は語り尽くせないほど存在する。自分たちの未経験の世界やものの見え方・感じ方を，個々の事例は私たちに教えてくれる。その意味で研究とは他者の経験を自分の経験にすることである。また健康群と臨床群を対比することによって，私たちはより深い事例理解やモデルの理解が得られるであろう。そしてこれまで述べてきた3つのステップのプロセスを繰り返すことによって，研究と臨床実践は相互に深まっていくと考える（図8-4）。岡本（2007）は，この3つのステップについて，筆者自身の青年期以来今日までの研究と心理臨床実践を素材にして，具体的に解説している。

表8-5は，これまで述べてきた心理臨床実践，「語り」分析による質的研究，および数量的研究の3つの研究法の特徴をまとめたものである。このように，「語り」の分析による質的研究と臨床実践は，多くの共通点をもっている。「語り」分析による質的研究と臨床実践研究のほとんど唯一の大きな相違は，相手（語り手）の心理臨床的な援助を目的としている（臨床実践研究）か，それを目的としていない（「語り」分析研究）かのみであるといってもよい。

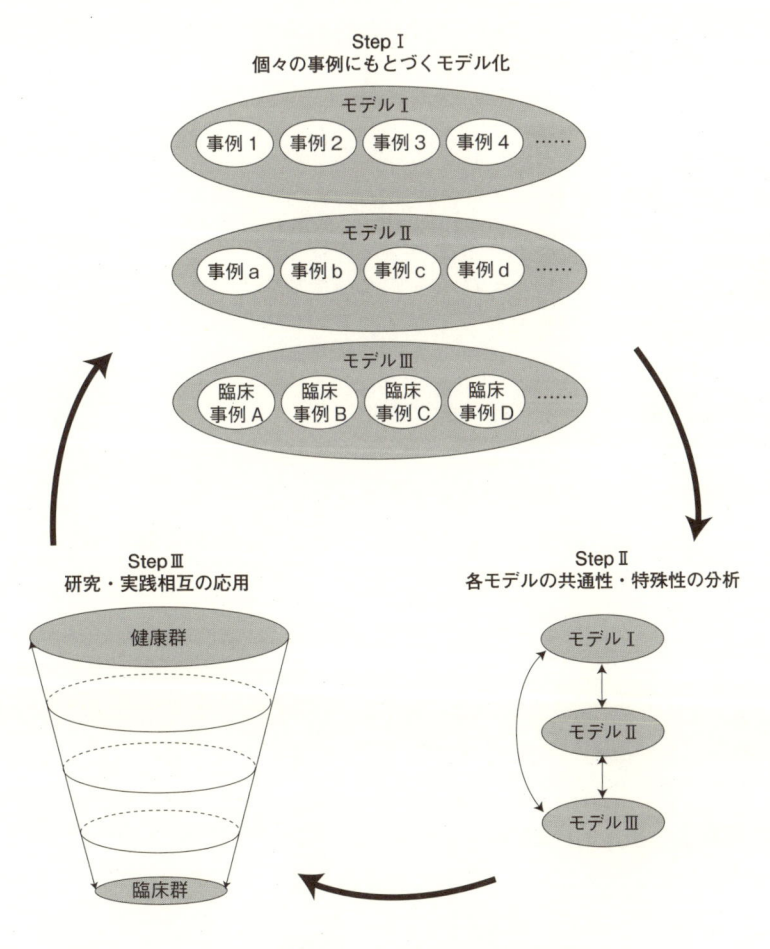

図8-4　3つのステップの循環による研究と臨床実践の深化（岡本, 2007）

表 8-5　心理臨床実践，「語り」分析による質的研究，数量的研究における共通点と相違点

研究者が重視する問題	数量的分析研究	「語り」分析による質的研究	心理臨床実践
1. 主観的に見た語り手の心的世界	−	++	+++
2. 事象の客観性	+++	++	++
3. 語り手と聴き手の相互性	−	++	+++
4. 語られた内容の語り手にとっての「意味」	−	+++	+++
5. 語り手の自己理解の深化	−	++	+++
6. 語り手の活力の増大・適応	−	+	+++
7. 語り手への直接的援助	−	−	+++

注）表中の＋，−は，研究者の重視するレベルを示す。

■ 3　「語り」の聴き方

「語り」の分析による研究であれ，心理臨床実践であれ，自分が相対している人の語ることをしっかりと受けとめ聴くことができるかどうかが，もっとも基本的でかつ重要な問題である。その土台は，心理臨床家が実践しているカウンセラーとしての聴き方の基本と同じであり，さらに対象者の心の世界の理解には，心理臨床家がクライエントの理解に用いる技法や解釈の視点は非常に有益である。このような聴き方や技法は，心理臨床家には血肉になっているものであるが，発達心理学研究者には，それほど馴染みのない世界であることが多い。それは非常に残念なことであり，本書のような発達臨床心理学を専門とする研究プロパーの専門家も，ぜひ心理臨床家の理論と技法になじんでいただければ，質的研究法は非常に幅と深みが得られると考える。ここでは，研究と臨床実践における「語り」の聴き方について，対比させながら述べてみたい。

3-1　聴き方の土台：カウンセリング・マインド

心理療法の面接であれ，面接調査による研究であれ，相手の「語り」の聴き方の基本はかわらない。それは，ロジャーズ（Rogers, C. R.）によって提唱されたカウンセリングの3原則があてはまる。今日それは，カウンセリング・マインドとして広く知られている。その特質を簡単に述べると，次のようなものである。

1. 話し手に全面的な関心をもって積極的に聴くこと。
2. 話し手のありのままを受け入れること。
3. 話し手の感情に注目し，共感的に理解すること。
4. 聴き手も心を開き，ありのままでいること。つまり，聴き手も防衛的でなく，面接者としての自分自身の心や気持にも開かれていること。

ここまでは，心理療法の面接でも研究の面接においても共通のスタンスである。しかし，心理療法面接は，クライエントの理解だけでなく，クライエントの心理的適応や回復を目標としているため，さまざまな専門的技法が用いられる。これについて解説することは本書の目的ではないので，力動的心理療法に焦点を当てて，ごく簡単に要点を述べるにとどめたい。

3-2　力動的心理療法の基本的枠組み

力動的心理療法では，クライエントの内的世界を理解し，適応的な生き方を獲得していくための援助として，次のような点を重視する。

まず，心理療法では，面接構造を一定に保つことを非常に大切にする。面接構造とは，その

クライエントに対してカウンセリングを行う具体的な枠組みのことである。一般的にカウンセラーは，毎週1回50分の面接時間という一定の時間，面接室という特定の場所でしかクライエントに会わない。問題がたくさん残っていても，その回の終了の時間がきたら，次の面接の日時を約束して，面接を終える。このような約束をカウンセラーとクライエントの双方が守りつづけて面接を続けていくことが，クライエントとカウンセラー双方に安心感を与え，カウンセラー－クライエント関係の安心感のよりどころとなるのである。つまり，この安定した面接構造の枠組みに守られて初めて，クライエントの内的問題への気づきと変容という意味ある治療関係が促進される。

　第二は，傾聴と共感，抱え環境の重要性である。多くのクライエントは，自分の内外に辛い問題を抱え，さまざまな傷つきを抱えて来談する。面接場面でカウンセラーが与える安心感に支えられて，クライエントは徐々に自らの辛い体験に目を向け，問題に向き合うことができるようになる。

　こうしてカウンセラーとクライエントの間に信頼関係が築かれ，面接が深まるにつれて，クライエントの人間関係のもち方の特徴や，カウンセラーに向ける感情・態度の特徴や癖がわかってくる。これまでそのクライエントが重要な他者に向けていた感情や態度がカウンセラーにも向けられることも多く，これが転移と呼ばれるものである。一方，逆転移は，クライエントに対してカウンセラーの側に生じる感情である。例えば，特定のクライエントに対して関心がもちにくい，話に深く入っていけない，時には怒りや無力感など，普段の面接では感じないようなことが気になるというような場合は，その面接過程を内省して，自分の中の逆転移感情に気づいておかなければ，その面接はうまくいかない。研究のための面接の場合には，このような深い転移・逆転移は起こりにくいかもしれないが，聴き手である研究者は，このような側面にも注意を払うことは大切であろう。

　第三は，語り手の話す客観的事実と同様に，「心的現実」に常に注目することである。つまり，語り手の心の世界はどうなっているのか。この人には世界がどのように見えているのか，という視点である。

3-3　心理面接によってなぜクライエントは自己理解・生き方の発達・変容が起こるのか

　それでは，心理面接を通じてクライエントが「自分を語り，自己と世界の理解を広げ深め，生き方や人間関係のあり方が変容していく」とは，いったいどういう営みなのであろうか。この問題も簡単に述べることはできないが，次の3つはそれに大きく関わっていると思われる。

　第一は，経験の探索と気づき・洞察である。カウンセラーの手助けを借りながら，クライエントは，自分の辛い・きつい状況に向き合い，その状況・問題を整理していく。この作業によって，これまで自分の気づかなかった問題や側面が見えてくる。さらに，自分に向き合うことによって，クライエントの無意識的な力動性，つまり自分の中核的な葛藤，欲求，感情などに気づき，理解される。これが洞察と呼ばれるものである。

　第二は，自分にとって「肯定的な他者像が心の中に内在化されること」である。人が肯定的に自己と他者をとらえ，社会の中で適応的に生きていけるようにすることは，多くの心理療法の目標とされていることである。そのための重要なポイントが，自分の心の中に，温かな安心できる他者像が内在化しているかどうかである。辛い状況に直面したとき，それにもちこたえ，回復していくことができるかどうかは，この心の中に内在化された他者像の肯定感と確実

感が大きな意味をもつ。そしてカウンセラーは，クライエントの中に新たに獲得された新しい他者像や人間関係の見方・もち方が，徐々にクライエントの血肉になっていくように見守り支える。このようなプロセスを進めるために力動的心理療法では，質問，明確化，直面化，解釈など，さまざまな技法がある。

　上記の3-1，3-2で述べた聴き方は，「語り」分析による研究にも適用することができる。研究は，研究目的に焦点化した問題の語り手と聴き手による共同探究であり，心理臨床面接は，クライエントの主訴に焦点を当てながら，クライエントの全体像の共同理解であるという相違はあるにしても。

3-4　「語り」分析による研究と心理臨床の共有する立ち位置

　筆者は青年期以来今日まで，次のような＜問い＞を常にもち続けて生きてきた。これらは，研究課題といっても誤りではないが，筆者にとっては，もっと実存的な自分自身が生きることと一体となった，生きていくうえでの中核的関心と言った方がはるかに正確である。その＜問い＞は次のようなものである。

・ライフサイクルの中で人は，どのように発達・変容するのか。
・「人生の危機」は，発達・変容の決定的かつ重要な転換点ではないであろうか。
・発達・成熟・心の深化に向かうための資質は何か。
・そもそも「発達・成熟・心の深化」とは，どのようにとらえられるのか。

筆者はこのような＜問い＞について考え，研究し，心理面接事例を通しても考え続けてきた。そこから得られた少しばかりの知見は，次のようなものである。

・ライフサイクル（人間の心の一生）は，アイデンティティの再体制化の連続としてとらえられる。
・「主体的に自己の経験に向き合うこと」は，心の発達・成熟にとって不可欠である。
・予期せぬ人生の危機に遭遇して過去・現在・未来の自己が断絶したとしても，その不連続性は，連続したものに回復していく。そのための心理臨床的援助の具体。
・人生の危機期の発達・変容（再体制化）には，健康な人にも心理臨床的援助の必要な人にも，同じメカニズムが見られる（レベルや深さの相違は見られるにしても）。

これらの実証的研究の詳細については，その面接調査研究の方法の具体を含めて，すでにいくつかの本にまとめたので，それをご覧いただけば幸いである（岡本，1994, 1997, 1999, 2002, 2007）。

　このような筆者自身の発達臨床心理学研究者と心理臨床家としての道行きを見ると，研究と臨床は同じ土台に立っているといっても過言ではない。つまり，両者は，「語り」分析研究と心理臨床は，①研究者自身の自己分析と自己理解という一人称の視点，②語り手と自分（聴き手）の関係性という二人称の視点，③その研究の位置づけと意義という三人称の視点を共有している。

■ 4　よい「聴き手」になるために

　本節の最後に，「語り」分析による研究を行っていくためのいくつかのポイントについて述べておきたい。第一は，研究者の側に求められる，語り手に向き合う姿勢である。私たちは何よりも，語り手の心奥に入り込んで聴く「覚悟」をもたねばならない。それは，人生の中で初め

て出会ったその語り手の心の世界に，恐れず，ひるまず，謙虚に，静かに，やわらかく入らせていただく覚悟である。

第二は，「語り手の世界に，片足入り，片足は出す」というスタンスである。研究者として語り手に会うわけであるから，その語りにしっかり共感しながら聴きつつも，語り手に巻き込まれてはならない。若い院生の研究指導をしていると，研究の目的とそれに沿った半構造化面接はしっかり準備できているにもかかわらず，面接調査で得られた語りのデータが非常に浅い内容にとどまっていることは少なくない。このような失敗面接に終わった場合は，つらくてもその原因を自己分析してみることは重要である。つまり，研究者として意図したところを聴けなかったのはなぜか，それを深く聴けなかったのはなぜか，の分析である。面接調査が失敗に終わった場合の多くは，安心して話してもらえる状態をつくりだせなかったという語り手との関係づくりの失敗や，聴き手である研究者の側が緊張したり防衛的になったり，あるいは語られる内容があまりに過酷な心的世界であるために圧倒されて遠慮してしまったり，ということは少なからずある。

「語り」分析研究の課題は，語り手の体験のコアに迫るものである。そのためには，語り手が，この人（聴き手）なら自分の体験を話してもよい，この人なら自分の話を聴いてくれる，この人になら自分も話してよかった，と感じられることが，「語り」の質を決定する。若い研究者の場合，研究協力者が自分より年長者の場合も少なくない。そして研究者自身の経験したことのない世界が語られることがほとんどである。しかしながら，若い人々であっても相手の経験に敬意を払い，謙虚にその世界に入らせていただくことによって，その内的体験を共有することができる。これは，若い心理臨床家も同様である。

「語り」分析による質的研究法は，今日熱い視線が注がれているとはいえ，研究法の確立までには多くの課題が残されている。中でも，①優れた研究を素材とした研究法の精緻化と応用法の検討，②「語り」のデータと研究手続きの妥当性・信頼性を読者に理解してもらうための必要十分条件の検討は重要である。さらに，研究者に対する面接技法の訓練も必要であろう。つまり，心理臨床家の訓練として長い歴史をもつ教育法であるスーパーヴィジョンのような精緻な訓練が，研究の面接にも有益であろう。このような研究法の教育・訓練についても，別の機会に論考したいと考えている。

第3節　伝記分析法を用いた質的研究法

1　伝記研究法とは

伝記研究法とは，一般に歴史上の人物などの伝記資料にもとづいて，その人物の生涯発達を研究する方法を言う。

1-1　エリクソンの心理–歴史的接近法

伝記資料の分析を体系的な心理学の研究の中に位置づけた研究者はエリクソン（Erikson, E. H.）である。人格の生涯発達を理論化した漸成発達理論とその中で展開されたアイデンティティ理論で著名なエリクソンは，伝記資料を用いる研究を心理–歴史的接近法と名づけ，マキシム・ゴーリキー，アドルフ・ヒットラー，ウィリアム・ジェームズ（Erikson, 1950），ジークムン

ト・フロイト（Erikson, 1964），マルチン・ルター（Erikson, 1958），ジョージ・バーナード・ショー（Erikson, 1958），マハトマ・ガンジー（Erikson, 1969），トマス・ジェファーソン（Erikson, 1974）など数多くの伝記資料の分析を手がけている。エリクソンの漸成発達理論，アイデンティティ理論にこうした研究から得られた知見が活かされていることは，想像に難くない。

1-2 西平直喜の生育史心理学

わが国における伝記研究は，福島（1976），西平（1975），栗原（1982）らによって行われた。その中で特に，西平（1981a, 1981b, 1983, 1990, 1996, 2004など）は，多数の人物に関する生育史の分析を行い，多数の著作を発表している。この方法を西平は生育史分析と呼んでいる。さらに伝記研究の方法に関して，西平は個別分析，比較分析，主題分析の枠組みを完成させた（西平, 1983）。また，生育史分析については，西平と大野は主に教育心理学会のシンポジウムにおいて，その科学性と有効性について方法論的吟味を繰り返した（大野・西平他, 1995, 2002, 2004, 2007, 2008; 大野・本田他, 1997; 大野・宮下他, 1998）。西平の研究は，第1章第3節で紹介されている。

1-3 立教大学研究グループにおける一連の研究

大野ほか（2002）は，西平の生育史分析の流れをくみ，立教大学の大学院半期科目「人格心理学特殊演習」において伝記資料分析に取り組み，その成果を主に教育心理学会で研究発表を行っている。代表的なものとして，「伝記資料による人格形成過程の分析：谷崎潤一郎の否定的アイデンティティ形成について」（三好, 2004），「芥川龍之介の有能感の欠如についての伝記分析」（三好, 2006），「谷崎潤一郎の否定的アイデンティティ選択についての分析」（三好, 2008），「ミヒャエル・エンデにおける心理的離乳とアイデンティティ形成の関連についての伝記分析」（茂垣, 2004），「エーリッヒ・ケストナーのアイデンティティ形成と理想視の関連についての伝記分析」（茂垣, 2006）などがある。

■ 2　伝記研究の具体的手順

西平は，『生育史心理学序説』（1996）の中で，生育史分析の方法を示している。また，大野（2008）はその方法を発展させ，大学院の半期の演習で伝記分析を行う具体的な手順を示した。この両方に共通する基本的な手順を以下に示す。

2-1　分　析　対　象

まず，1名の分析対象者を選ぶ。この場合，ある特定の心理現象を追求するために分析対象を選ぶことも考えられるが，あまり固定的な目的で対象を選定する必要はない。それぞれの人物にさまざまな心理現象が現れるため，人物選定に時間をかけるよりは，自分の興味ある人物を選ぶことで十分，目的は達せられる。また，分析対象はある程度資料が豊富である人物であること，また，故人であることが望ましい。全生涯を読み通せること，また，その人物の死亡後，多数の資料が公表されることが多いためである。

2-2　心理学的年譜の作成

伝記資料を2, 3冊通読したあと，年譜を作成する。一般の年齢と出来事が記載された年譜

に読みながら気がついた心理学的な事象と考えられる概念を書き加えていく。こうした年譜を心理学的年譜と呼ぶ（大野，2008 参照）。基本となる年譜は，伝記にすでに掲載されているものに準じてよい。あわせてその人物の生育環境や取り巻く人物に関する基本的情報を整理し，記述しておく。具体的には，時代，居住地，両親の職業，経済状態，性格，兄弟の性格，身体条件，本人の職業・業績，結婚に関する事項，結婚相手の性格，子どもの有無，子どもとの人間関係などである。

2-3 心理学的問いと仮説

心理学的年譜により生涯を概観したあと，気づいた疑問点を問いの形にまとめる。「なぜ，この人物は恋愛を繰り返しながら結婚することはなかったのだろう」とか，「なぜ，4 人も結婚相手を代えながら，最終的には幸せな結婚生活に行き着いたのだろう」というものである。あわせて，心理学的な概念を用いて「それは，きっと～という理由からであろう」という仮説を立てる。前者の場合では，「この人物の恋愛はアイデンティティのための恋愛（大野，1995）であり，真の親密性の発達がなかったのだろう」など，後者の場合，「本質的に信頼感から親密性が発達していたのだが，若い頃は別の要因で顕在化していなかったのではないか」といったものである。

2-4 列挙法による説得的データの提示

次に仮説にもとづき，その心理現象の心理力動を示すと考えられる伝記中の記述を収集し，1 項目 2，3 行の項目にして列挙する。これを列挙法と呼ぶ（西平，1996）。

2-5 個別分析から比較分析，主題分析へ

ここまで述べてきた方法を個人に適用し，個人の生育史からの全生活空間とアイデンティティの様態を分析することを個別分析と呼ぶ。個別分析は，上述した立教大学研究グループによる研究も数多いが，そのほかに代表的なものは，以下に述べる比較分析，主題分析も含め，大野（2008）で紹介した。

さらに，分析を進める枠組みとして，なんらかの類似性・共通性と異質性・対照性をもつ 2 人の人物の伝記を比較記述し，生育史を摘出して，人間形成の内的機制を探求する手法が比較分析（西平，1983）である。

さらに，複数の人物の伝記の分析から，共通する青年心理学的諸概念を抽出する手法を主題分析（西平，1983）と呼ぶ。伝記分析では，既存の心理学概念を演繹的に具体的な伝記資料に当てはめて，解釈していくことが多いのであるが，この段階では，エピソードを布置させることにより，その人物に関する因果関係や，多くの人物に一貫する傾向を帰納的に説明できる理論を見出す，もしくは検証される。例えば，多くの人物のアイデンティティ形成について検討していくと，確かに自分の将来を選び取る契機と，それに影響を与える人物がいることに気づかされることがある。こうしたことは漸成発達理論の実践的，具体的理解と，理論の妥当性を検証するよい機会になる。

■ 3 伝記研究の方法論的吟味

かつて質的研究は方法論的に科学性が十分に吟味されていないのではないかと批判されるこ

とがあった。その意味からも方法論的吟味は重要である。西平（1983, 1996），大野（1996, 1998, 2008）は，伝記研究の方法論に関して精緻な検討を行った。

3-1　伝記分析の利点

　大野（2008）は，伝記分析の利点について，①「伝記資料の信頼性」について，一般に伝記研究家が使用する資料は十分に吟味されており，歴史学における資料に匹敵する信頼性をもつこと，②「他の研究法との資料の量的比較」について，数量的研究はもとより伝記研究はほかの質的研究と比較しても，遙かに多い情報量を得ることが可能であること，③「伝記資料の心理学研究における資料的価値」について，伝記資料は，a）一生涯の時間的展望の中で青年期の行動や言動の意味を読み取ることが可能であること，b）歴史的・社会的背景が明確であり，関係人物の調査も進んでいることがあげられること，④「伝記資料の公共性」について，人格発達を研究するうえで，伝記研究の大きな利点のひとつは，伝記資料が書籍として公刊されており，守秘義務に配慮する必要がなく，複数の研究者が資料を容易に入手でき，元資料の再検討が容易であること，⑤「伝記資料を心理学的視点から研究する意味と有効性」について，伝記分析では健常な人格発達，例えば基本的信頼感の形成，同一視，エディプス・コンプレックス，アイデンティティ危機，親密性の形成などの心理学的概念の具体的現れや，親子関係やその他の人間関係が人格形成に及ぼす影響など，生育史における因果関係を分析の対象にすることができることを指摘した。

　さらに，大野（2008）は，伝記分析の方法論の本質的問題である実証研究との論理の違いについて，以下のような議論を展開している。実証研究では，ある固定された仮説にもとづいて，独立変数を変化させ，それに伴って現れた従属変数によって，仮説の真偽を判断するのに対して，伝記研究では独立変数の性質をもつ生育史と，従属変数の性質を持つ生涯の結末は固定されており，仮説の部分が複数存在しうる。いわば変化可能である。つまり，どの仮説が現象を最もうまく説明できるだろうかということを吟味することになる。

3-2　「解釈」と「蓋然性」

　こうした前提に立って，複数の仮説の真偽，もしくは，よりよい仮説を選ぶ方法として，「解釈」と，その「蓋然性」が鍵概念となる。心理学的に解釈とは，いくつかの典型例を布置させることにより帰納的に新しい法則性を見出す，もしくは，その既知の心理学的理論を演繹的に使って個のケースの中の心理力動を理解する作業である（大野, 1998）。また，その解釈が正しいかどうかについて，真偽二分法による実証研究とは違い，同時にある人物の心理力動を説明できる複数の解釈の中で，どの解釈が最も説得力がある確からしさ―「蓋然性」をもつかという点が検討されるという論理が用いられる。

3-3　典型の研究

　また，伝記研究のサンプル数が必然的に少なくなる中で，どのように一般性を保証するかという点に関しては，次のように考えられる。個のケースでありながら，多くの人が共感的に理解でき，人間の心理力動を説明できるようなクリアな具体例であること，かつ，そのケースの個別性を失わずに語られる場合，これは「典型」と呼ばれる（大野, 2008）。あるケースの生育史や状況がすべて自分と同じということはありえないが，状況や要因こそ違え，この典型のあ

る一部の心の動き（心理力動）は，同じ経験を共有できる場合，しかもそのある現象，心理力動を多くの人が共感的に理解できる場合，それは，一般性，普遍性がある知見と考えることができる（大野, 2008）。

■ 4　伝記研究から得られた知見

最後に，伝記研究から得られた知見は数多いが，ここでは伝記研究の成果として見出されたひとつの代表的な知見である健全性X・偉大性Y・超越性Zの人格の3次元を紹介する。西平（1996, 2004）によるXYZ理論については，第1章第3節においても紹介されているので，参照されたい。

西平（2004）は数百人の伝記の分析から，「偉人」と言われる人たちにもそれぞれ異なる人格の方向性があることを見出した。健全性Xをもつ偉人は，「安定感を持ち，周囲の人と調和し，日常性を大事にし，家庭的な喜びを味わい，感覚的な刺激を求め，妥協的で平凡な幸福を追う傾向で，良い生活そのものを人生の目的として」いる。これに対して偉大性Yをもつ偉人は，「ある目標に集中的に専心し，大望を抱き野心的で，やや自己中心的で，個性的であり，自分の意志によって自立的に行動し，業績，人望，影響力などによって高く評価される」とされている。さらに，超越性Xに関しては，「無心，無欲，簡素，単純，自然，慈悲を旨とする『清貧』と呼ばれる生活原理」が顕著である偉人とされている。

健全性Xをもつ偉人としては，画家ピエール・オーギュスト・ルノワール，文豪ヨハン・ヴォルフガング・フォン・ゲーテ，哲学者エマニュエル・カント，アルバート・シュバイツァー，福沢諭吉が，偉大性Yでは，文化人類学者ルース・ベネディクト，フローレンス・ナイチンゲール，裁判官児島惟謙，マハトマ・ガンジーが，超越性Xでは，良寛，マキシミリアン・コルベ神父が分析，紹介されている（西平, 2004）。それぞれの人格と生育史の分析から，個別性と同時に，XYZの方向性についての共通した心理力動をもっていることが説得力ある形で述べられている。

さらに議論は，XYZそれぞれの方向に集中優先型として生きた人物と，3つの方向性を調和的に生きる人物に進み，最終的には，この集中優先型と調和型さえ統合した全人格的・共同型の人物として，精神医学者神谷美恵子，実存精神分析家ヴィクトール・フランクル，音楽家パブロ・カザルスが紹介されている。

こうした研究は，以下に示す重要な論点を含んでいる。まず第一に，全生涯を見通す生涯発達の視点をもっている。こうした研究を実証的に行おうとすると，データ収集に数十年の縦断研究を行う必要があり，心理学的仮説を論証しようとすると大きな困難が伴う研究となる。しかし，既存の伝記資料を用いるとデータ収集が非常に容易である。また，守秘義務の問題，資料の公開性などに関する利点は上述したとおりである。第二に，研究対象の質の幅を拡げている点である。実証研究では，サンプルの多様性に限界があり，平均的な対象のデータを多く扱うことになる。しかし，伝記資料を用いた研究では，極端な事例，まさに典型的な事例の資料を多く収集することができ，理論の検討にサンプルのバリエーションからより広い幅をもたせることができる。第3に，紹介した人格の3次元研究に関して，人格発達のあるべき姿，健康さなどに関する多くの知見を提供している。適応性の改善が重要である臨床の考え方をさらに進めて，どのような人格がより健康なものであるのかの議論に大きく貢献するものであろう。

あとがき

　本書は，ライフサイクル・成人期の心の発達と危機・心理臨床という3つのキーワードを土台としてまとめたものである。青年期以来，私はこの3つの問題に関心をもち続けてきた。ライフサイクルを通して心はどのように発達・深化していくのか，人生の中で体験される躓きや危機はそれにどのように影響するのか，人生の危機をプラスに転換していく人間の底力はどうやって培われるのか，また躓きや危機のさなかにある人々の心の世界はどうしたら理解できるのか，そのような人々に対して，心理的な次元で援助ができるとするならば，それはどういうものなのだろうか……という＜問い＞は，今日まで常に私の心のどこかにあったように思われる。心理学という専門は，この内的問いを探求するための力強いツールであったことは間違いない。しかしながら，20代の大学院生時代から30代にかけての日々には，そのツールはあまりうまく働かず，反対に心理学の世界のさまざまな溝を強烈に実感したというのが正直なところである。

　その最たるものが，発達心理学と臨床心理学の距離の遠さ，研究と実践の解離，研究者自身の人格的関与はほとんどない数量的研究と研究者自身の対象者への向き合い方が大きな意味をもつ質的研究の間の溝であった。上記の＜問い＞に少しでも納得できる答えを得ようとするならば，これらを対立的にとらえて排除し合うのではなく，それぞれを心的問いの探究のための補完的な視点やツールとして活用すること，得られた知見を相互につないで理解することが不可欠であると思われた。例えば心理臨床活動にとって，人間の健康な発達，家族や職業などに関わる社会の動向や歴史をよく理解しておくことは不可欠である。一方，心理臨床の現場は心理学的課題の宝庫である。現場を深く体験することによって，心の営みの本質的な課題を発見し，問題をより深く理解することができる。一般の健康な人々を対象とした心理学の研究と臨床心理学研究・心理臨床実践は，家族に例えればきょうだいのような，家屋に例えれば，（もちろん階段でつながった）1階と2階のような関係としてとらえることが適切なのではないであろうか。私自身これまで，研究者・心理臨床家としての営みの中で，これらを何とかつなげようと努力してきたつもりである。

　このような人間の発達に関する土台と心理臨床を相互に関連づけて体系的に編集された著作が，わが国においてはあまり見られないことを，私は残念に思ってきた。その一方で私は，成人期の発達臨床という関心を共有する研究者との研究交流を通して，わが国にも最近，この分野の研究と臨床実践の知見が蓄積されてきていることを感じていた。発達臨床という言葉も頻繁に聞かれるようになってきた。また，発達心理学をプロパーとする若手の研究者の中にも，心理臨床の知見や研究技法に関心をもっている人々が少なくないということもわかってきた。

　本書は，このような私自身のコアとなる関心を共有する方々とのコラボレーションによって生まれたものである。本書の各々の章・節は，新進気鋭の若手の研究者に執筆を依頼し，どうしてもふさわしい執筆者の見当たらない分野のみ，ベテランの先生方にお願いした。27名の執筆者のすべてが，本書の企画に賛同して執筆をご快諾くださったことに心より感謝したい。

　本書の編集のプロセスの中で，発達心理学研究・臨床心理学研究・心理臨床実践の三者は，今日有機的な連関が進みつつあることを改めて実感した。また研究法も，直接，対象者に向き合い，その語りを分析するという質的心理学研究法を主とする発達心理学者が増加し，非常に手応えのある研究成果を上げていることを再認識した。私が若き日に感じた溝にさまざまな次元で橋が架けられ，つながり合い，発達臨床心理学という分野が発展しつつあることは，非常にうれしいことであ

る。しかしながら、このつながり、つまり発達心理学研究・臨床心理学研究・心理臨床実践の有機的連関や相互の研究交流はまだ十分とは言えない。発達臨床心理学の発展には、どのような視点が重要であるかは、本書の第8章第2節に述べたので、ご覧いただければ幸いである。ここで述べたことは、研究法についての課題のみでなく、発達臨床心理学の分野そのものの今後の課題として重要であると、私は考えている。

　今年もまた、博士論文、修士論文、卒業論文の提出の季節になった。大学院や学部での研究の成果として、それぞれ力のこもった論文が提出された。私はこの時期によく、ゼミの学生たちに、次のようなことを話す。研究はどの時点で終了するのだろうか。卒業論文、修士論文、博士論文を提出した時なのか。その研究が学会誌に掲載されたり学会発表をした時なのか。あるいは、研究協力者をはじめ、その研究を必要とする人々に研究成果をフィードバックした時なのか。私は、そのいずれも不十分だと考えている。研究は終了することはない。研究は、循環しつつ発展していくものである。一つの研究が進み、その成果が論文としてまとめられていくプロセスの中で、次の研究のシーズ（種）が発見され、芽生える。次の研究は、そのシーズを育てていくことになる。特に臨床心理学は、クライエントをはじめ、社会のかかえる心理的問題・課題と一体となったものである。常に人間と社会に向き合い、そこから刺激を受けながら、研究課題に取り組んでいくことが不可欠である。
　このような研究の循環の中で、何が育っていくのであろうか。第一は、言うまでもなく、その研究領域の学問としての発展である。わが国の臨床心理学も、第2次世界大戦後の黎明期を経て、今や社会の多くの分野で認知され必要とされるようになった。社会への影響力が大きくなると、学問と社会の相互交流も盛んになり、一つの専門分野としてさらにレベルアップしていくであろう。
　第二は、その研究者自身が、一人の研究者・専門家・人間として育っていくことである。どんな学問分野においても、本来これは自明のこととして認識されていた。私が、広島大学教育学部心理学科に入学した年の最初の専門の授業で、すでに故人となられた古浦一郎先生は、「学問をすればするほど、人格が磨かれなければならない」と言われた。30数年を経た今でも、この言葉は私の心の中に鮮やかな記憶として残っている。しかし残念なことに、大学人口が急増した現代社会においては、心理学という心を探究する学問分野においてさえ、この基本的なことがうまく達成される人とそうでない人に分化してきているように思われる。その要因の一つは、学問が専門分化し過ぎて、人間の全体性や息づいている人の心そのものがなかなかとらえにくくなってきていることが考えられる。また、数量的研究の分析法が進化し、その型が整ってきたため、型どおりに分析すれば曲りなりにも結果が得られ、そして形が整っていれば、研究として一応認められるようになったことがあげられる。そのこと自体は必ずしも否定されるべきことではないが、その研究に携わる研究者自身の研究動機と研究成果が解離している、あるいは、研究対象者の人間としての姿が、分析のプロセスの中ですり抜けて消えてしまっていることは珍しくない。
　こうならないための不可欠の視点として、私は大学院の講義や研究指導のゼミの中で、一人称の心理学、二人称の心理学、三人称の心理学が三位一体となって研究を進めることの重要性を述べてきたつもりである。このことについては、別のところで論じたため（岡本, 2007）、ここでは繰り返さないが、ごく簡単に要約すると、それは次のようなことを意味する。
　一人称の心理学とは、「自己を深く観る」ということである。私とは何か。私はなぜ、この問題が気になるのか。なぜ私はこの問題がこのように感じられるのか。このような＜問い＞に示されてい

るように，一人称の心理学は自己を深く内省するところから始まる。二人称の心理学とは，自分の目の前にいる相手—「あなた」—とはどういう人なのか，私はあなたをどう感じ取り，どう理解しているのか，私とあなたの関係はどうなっているのか，という関係性の世界である。心理臨床実践の根幹でもある。相手を理解する，かかわる，というのは，まさにこの世界を意味する。また今日，注目されている面接調査で得られた対象者の語りの分析などによる質的心理学研究も，目の前にいる等身大の人間を理解するところから始まるという意味で，二人称の心理学と言えるであろう。そして三人称の心理学は，客観的，実証的研究から得られた知見の体系化された総体である。臨床心理学は，この三人称の心理学のみでは不十分であり，一人称の心理学と二人称の心理学も，それに劣らぬ重要な意味をもつ。むしろそのコアはこちらにあると言っても過言ではないであろう。

　このようなことを考えつつ，成人発達臨床心理学の世界で研究と臨床に携わるようになって，すでに30余年が過ぎた。冒頭で述べた内的問いを探究する理論的基盤として，豊かな魅力的な刺激に満ちたエリクソンのアイデンティティ論やライフサイクル論に出会えたことは，幸運なことであった。恩師　鑪幹八郎先生は，私をその世界に導いてくださっただけでなく，心理臨床家としても常に魅力的なモデルでありつづけてくださった。これらの＜問い＞は，研究としてのライフワーク・テーマであるとともに，私自身が生きていくうえでの＜問い＞でもありつづけた。研究テーマとしてはいささか大風呂敷過ぎるこれらの課題も，次第に手応えのある知見が得られ，それに並行して，若き日に感じていた「溝」も，私の中で断層が薄れ相互によい刺激として活用できるようになってきた。個人の内的問いの探究とともに，個としてのアイデンティティは生成されつづける。しかし，それを広げ深化させてくれたのは，心理臨床の場で出会ったクライエントさん，ぶしつけた面接の依頼を受け入れて自らの世界に私を招じ入れ，内的世界を熱心に語ってくださった研究協力者の方々，そして研究仲間・先輩・後輩・門下生など，縁ある人々としっかり向き合った本気のかかわりであったことを改めて感じている。

　50代を迎えた現在，私は内的関心が大きく転換しつつある。それは，中年期に一応のところ達成されたアイデンティティは，次世代にどのように継承されていくのだろうかという，新しい問題意識である。これから中年後期の研究としては，この継承性の発達臨床心理学的問題に取り組んでみたいと考えている。50代にしてようやく私は，アイデンティティそのものの発達と危機の問題に一応のところ納得し，次のライフステージの課題に進むことができそうである。そういう意味でも本書は，私自身の研究人生にとって大きな節目となった。

　次世代の専門家の育ちについては，成人発達臨床心理学の分野にも，本書に参加してくださった方々をはじめ，力のある若い研究者や臨床家が育ってきていることは頼もしいかぎりである。ご自身の研究や臨床実践から得られた知見をおしみなく提示して，力のこもった原稿をお寄せいただいた執筆者の先生方には，心から謝意を表したい。最後に，本書の企画の意義を認め，出版をご快諾くださったナカニシヤ出版編集長 宍倉由高氏，膨大な本書の出版の作業を担っていただいた編集部の米谷龍幸氏には，厚くお礼を申し上げます。

2010年2月　小雪の舞う立春の日に

編者

岡本祐子

引 用 文 献

■ まえがき
Demick, J., & Andreoletti, C.（2002）. *Handbook of adul development.* New York: Kluwer Academic/Plenum Publishers.
Erikson, E. H.（1950）. *Childhood and society.* New York: W. W. Norton.（仁科弥生（訳）（1977, 1980）. 幼児期と社会 1・2　みすず書房）
Lachman, M. E.（2001）. *Handbook of midlife development.* New York: John Wiley & Sons.
Levinson, D. J.（1978）. *The seasons of a man's life.* New York: Alfred A. Knopf.（南　博（訳）（1980）. 人生の四季　講談社）
McAdams, D. P., & Aubin, E. S.（1998）. *Generativity and adult development.* Washington, D. C.: American Psychological Association.
Nemiroff, R. A., & Colarusso, C. A.（1990）. *New dimensions in adult development.* New York: Basic Books.

■ 第 1 章 第 1 節
Bowlby, J.（1969）. *Attachment and loss. Vol.1.: Attachment.* London: The Hogarth Press.（黒田実郎，大羽　蓁・岡田洋子（訳）（1976）. 母子関係の理論Ⅰ　愛着行動　岩崎学術出版社）
Bowlby, J.（1973）. *Attachment and loss. Vol.2.: Separation: Anxiety and anger.* London: The Hogarth Press.（黒田実郎・岡田洋子・吉田恒子（訳）（1977）. 母子関係の理論Ⅱ　分離不安　岩崎学術出版社）
Bowlby, J（1980）. *Attachment and loss. Vol.3.: Loss: Sadness and depression.* London: The Hogarth Press.（黒田実郎・吉田恒子・横浜恵三子（訳）（1981）. 母子関係の理論Ⅲ　愛情喪失　岩崎学術出版社）
Erikson, E. H.（1950）. *Childhood and society.* New York: W. W. Norton.（仁科弥生（訳）（1977, 1980）. 幼児期と社会 1・2　みすず書房）
Hall, G. S.（1905）. *Adolescence: Its psychology and its relations to physiology, anthropology, sociology, sex, crime, religion and education.* London: Appleton.
Hall, G. S.（1922）. *Senescence: The last half of life.* New York: Appleton & Co.
前田重治（1985）. 図説臨床精神分析学　誠信書房
岡本祐子（1985）. 中年期の自我同一性に関する研究　教育心理学研究, **33**, 295-306.
岡本祐子（1994）. 成人期における自我同一性の発達過程とその要因に関する研究　風間書房
岡本祐子（1997）. 中年からのアイデンティティ発達の心理学―成人期・老年期の心の発達と共に生きることの意味―　ナカニシヤ出版
岡本祐子（編著）（1999）. 女性の生涯発達とアイデンティティ　北大路書房
岡本祐子（2002）. アイデンティティ生涯発達論の射程　ミネルヴァ書房
岡本祐子（2007）. アイデンティティ生涯発達論の展開：中年期の危機と心の深化　ミネルヴァ書房
鑪幹八郎・川畑直人（2009）. 臨床心理学：心の専門家の教育と心の支援　培風館
山本里花（1989）. 「自己」の二面性に関する一研究：青年期から成人期にかけての発達傾向と性差の検討　教育心理学研究, **37**, 302-311.

■ 第 1 章 第 2 節
Baltes, P. B., Reese, H. W., & Lipsitt, L. P.（1980）. Life-span developmental psychology. *Annual Review of Psychology*, **31**, 65-110.
Bühler, C.（1933）. *Der menschliche Lebenslauf als psychologisches Problem.* Leipzig: S. Hirzel. 2nd ed. Göttingen: Verlag für Psychologie, 1959.
Brünswik, E. F.（1931）. Lebenslauf, Leistung, und Erfolg. *Bericht über den 12. Deutschen Psychologenkongress.* Hamburg, 331-335.
Brünswik, E. F.（1936）. Studies in biographical psychology. *Character & Personalities*, **5**, 1-34.
Brünswik, E. F.（1937）. Wunsch und Pflicht im Aufbau des menschlichen Lebens. In C. Bühler & E. Frenkel（Eds.）, *Forschungen über den Lebenslauf*, 1. Vienna: Gerold.
Erikson, E. H.（1950）. *Childhood and society.* New York: W. W. Norton.（仁科弥生（訳）（1977, 1980）. 幼児期と社会 1・2　みすず書房）
Erikson, E. H.（1964）. The inner and the outer space: Reflections on womanhood. *Daedalus*, **93**, 582-606.
Erikson, E. H.（1968）. *Identity: Youth and crisis.* New York: W. W. Norton.
Franz, C. E., & White, K. M.（1985）. Individuation and attachment in personality development: Extending Erikson's theory. *Journal of Personality*, **53**, 224-256.

Freidman, L. J.（1999）. *Identity's architect: The biography of E. H. Erikson.* New York: Scribner.（やまだようこ・西平 直（監訳）鈴木真理子・三宅真季子（訳）（2003）. エリクソンの人生―アイデンティティの探究者―上・下 新曜社）

Gilligan, C.（1982）. *In a different voice: Psychological theory and women's development.* Cambridge, MA: Harvard University Press.（岩男寿美子（監訳）（1986）. もうひとつの声―男女の道徳観のちがいと女性のアイデンティティ― 川島書店）

Grotevant, H. D.（1986）. Assessment of identity development: Current issues and future directions. *Journal of Adolescent Research*, **1**, 175-181.

Gould, R. L.（1978）. *Transformations: Growth and change in adult life.* New York: Simon & Schuster.

Havighurst, R. J.（1953）. *Developmental tasks and education.* New York: McKay.（荘司雅子（訳）（1958）. 人間の発達課題と教育 牧書店）

Hollingworth, H. L.（1927）. *Mental growth and decline: A survey of developmental psychology.* New York: Appleton.

Josselson, R.（1973）. Psychodynamic aspects of identity formation in college woman. *Journal of Youth and Adolescence*, **2**, 3-52.

Josselson, R.（1987）. *Finding herself: Pathway to identity development in women.* San Fransisco: Jossey-Bass Publishers.

Josselson, R.（1992）. *The space between us: Exploring the dimensions of human relationships.* San Francisco: Jossey-Bass Publishers.

Josselson, R.（1994）. Identity and relatedness in the life cycle. In H. A. Bosma（Ed.）, *Identity and development: An interdisciplinary approach.* Thousand Oaks, CA: Sage. pp.81-102.

Josselson, R.（1996）. *Revising herself: The story of women's identity from college to midlife.* New York: Oxford University Press.

Jung, C. G.（1916a）. The structure of the unconscious. In *The collected works of Carl G. Jung*, Vol.7. Princeton, NJ: Princeton University Press, 1953.

Jung, C. G.（1916b）. *Über die Psychologie des Unbewussten.* Zürich: Rascher Verlag.（高橋義孝（訳）（1977）. 無意識の心理 人文書院）

Jung, C. G.（1933）. The stages of life. In *The collected works of Carl G. Jung*, Vol. 8. Princeton, NJ: Princeton University Press, 1960.

Jung, C. G.（1951）. *Aion: Untersuchungen zur Symbolgeschichte.*（English translation, In J. Campbell（Ed.）, *The portable Jung.* New York: Penguin Books. pp.139-162.）

河合俊雄（1998）. ユング―魂の現実性― 現代思想の冒険者たち3 講談社

Levinson, D. J.（1978）. *The seasons of a man's life.* New York: Alfred A. Knopf.（南 博（訳）（1980）. 人生の四季 講談社）

Levinson, D. J.（1996）. *The seasons of a woman's life.* New York: Alfred A. Knopf.

Marcia, J. E.（1964）. Determination and construct validity of ego identity status. Unpublished doctral dissertation, The Ohio State University.

Mercer, R. T., Nichols, E. G., & Doyle, G. C.（1989）. *Transitions in a woman's life: Major life events in developmental context.* New York: Springer Publishing.

岡本祐子（1994）. 成人期における自我同一性の発達過程とその要因に関する研究 風間書房

岡本祐子（編著）（2002）. アイデンティティ生涯発達論の射程 ミネルヴァ書房

岡本祐子（2007）. アイデンティティ生涯発達論の展開：中年期の危機と心の深化 ミネルヴァ書房

Sheehy, G.（1974）. *Passages: Predictable crises of adult life.* New York: Dutton & Co.（深沢道子（訳）（1978）. パッセージ：人生の危機 プレジデント社）

Stanford, E. C.（1902）. Mental growth and decay. *American Journal of Psychology*, **13**, 426-456.

杉村和美（1999）. 現代女性の青年期から中年期までのアイデンティティ発達 岡本祐子（編著）女性の生涯発達とアイデンティティ 北大路書房 pp.55-86.

鑪幹八郎・宮下一博・岡本祐子（編著）（1998）. アイデンティティ研究の展望V-1 ナカニシヤ出版

Vaillant, G. E.（1971）. Theoretical hierarchy of adult ego mechanism of defense. *Archives of General Psychiatry*, **24**, 107-118.

Vaillant, G. E.（1976）. Natural history of male psychological health Ⅴ: The relation of choice of ego mechanisms of defense to adult adjustmemt. *Archives of General Psychiatry*, **33**, 535-545.

Vaillant, G. E.（1977）. *Adaptation to life.* Boston: Little Brown.

Vaillant, G. E.（1980）. Natural history of male psychological health Ⅷ: Antecedents of alcoholism and "orality". *American Journal of Psychiatry*, **137**, 181-186.

Waterman, A. S.（1982）. Identity development from adolescence to adulthood: An extention of theory and a review of research. *Developmental Psychology*, **18**, 341-358.

Whitbourne, S. K., & Weinstock, C.（1979）. *Adult development: The differentiation of experience.* New York: Holt, Rinehart, &

Winston.

■ 第1章 第3節

Erikson, E. H.（1950）. *Childhood and society.* New York: W. W. Norton.（仁科弥生（訳）（1977, 1980）．幼児期と社会 1・2 みすず書房）
Erikson, E. H.（1958）. *Young man Luther: A study in psychoanalysis and hisory.* London: Faber and Faber.（西平 直（訳）（2002）．青年ルター 1・2 みすず書房）
Erikson, E. H.（1964）. *Insight and responsibility.* New York: Norton.（鑪幹八郎（訳）洞察と責任 誠信書房）
Erikson, E. H., Erikson, J. M., & Kivnik., H. Q.（1986）. *Vital involvement in old age.* New York: W. W. Norton.（朝長正德・朝長梨枝子（訳）（1990）．老年期―生き生きしたかかわりあい― みすず書房）
Frankl, V. E.（1995）. *Was nicht in meinen Buchern steht, Lebenserinnerungen.* München: Quintessenz.（山田邦男（訳）（1988）．フランクル回想録：20世紀を生きて 春秋社）
ヘッセ, H.（著）岡田朝雄（訳）（2006）．シッダールタ 草思社
神谷美恵子（1980-1985）．神谷美恵子著作集 全13巻（殊に第10～13巻の日記・書簡集・伝記・追悼集）みすず書房
神谷美恵子（1989）．うつわの歌 みすず書房
神谷美恵子（2002）．神谷美恵子日記 角川文庫
Kotre, J.（1984）. *Outliving the self: Generativity and the interpretation of lives.* Baltimore: Johns Hopkins University Press.
Levinson, D. J.（1978）. *The seasons of a man's life.* New York: Alfred A. Knopf.（南 博（訳）（1980）．人生の四季 講談社）
Mayeroff, M.（1971）. *On caring.* New York: Harper & Row.（田村 真・向野宣之（訳）（1993）．ケアの本質 ゆみる出版）
McAdams, D. P.（2006）. *The redemptive self.* New York: Oxford University Press.
西平直喜（1983）．青年心理学研究方法論 有斐閣
西平直喜（1996）．生育史心理学序説 金子書房
西平直喜（1997）．青年心理学研究における「問い」の構造 青年心理学研究, 9, 31-39.
西平直喜（1999）．女性の生涯発達の心理・歴史的考察―伝記資料によるライフサイクルの分析 （岡本祐子（編著）（1999）．女性の生涯発達とアイデンティティ 北大路書房 pp.31-54.）

■ 第1章 第4節

Blos, P.（1967）. The second individuation process of adolescence. *The Psychoanalytic Study of the Child*, **22**, 162-186.
Brandt, D. E.（1977）. Separation and identity in adolescence: Erikson and Mahler, some similarities. *Contemporary Psychoanalysis*, **13**, 507-518.
Erikson, E. H.（1950）. *Childhood and society.* New York: W. W. Norton.（仁科弥生（訳）（1977, 1980）．幼児期と社会 1・2 みすず書房）
Erikson, E. H., Erikson, J. M., & Kivnick, H. Q.（1986）. *Vital involvement in old age.* New York: W. W. Norton.（朝長正德・朝長梨枝子（訳）（1990）．老年期―生き生きしたかかわりあい― みすず書房）
Franz, C. E., & White, K. M.（1985）. Individuation and attachment in personality development: Extending Erikson's theory. *Journal of Personality*, **53**, 224-256.
Josselson, R.（1973）. Psychodynamic aspects of identity formation in college women. *Journal of Youth and Adolescence*, **2**, 3-52.
Josselson, R.（1987）. *Finding herself: Path to identity development in women.* San Francisco: Jossey-Bass Publishers．
Josselson, R.（1992）. *The space between us.* San Fransisco: Jossey-Bass Publishers.
Josselson, R.（1996）. *Revising herself: The story of women's identity from college to midlife.* New York: Oxford University Press.
Mahler, M. S., Pine, F., & Bergman, A.（1975）. *The psychological birth of human infant.* New York: Basic Books.（高橋雅士（訳）（1987）．乳幼児の心理的誕生 黎明書房）
Marcia, J. E.（1964）. *Dertermination and construct validity of ego identity status.* Unpublished doctoral dissertation, The Ohio University.
Marcia, J. E.（1966）. Development and validation of ego identity status. *Journal of Personality and Social Psychology,* **3**, 551-558.
岡本祐子（1985）．中年期の自我同一性に関する研究 教育心理学研究, 33, 295-306.
岡本祐子（1994a）．成人期における自我同一性の発達過程とその要因に関する研究 風間書房
岡本祐子（1994b）．定年退職とストレス：アイデンティティ危機論の立場から ストレス科学, 11, 44-48.
岡本祐子（1994c）．現代社会と女性 岡本祐子・松下美知子（編）女性のためのライフサイクル心理学 福村出版, pp.10-18.（岡本祐子・松下美知子（編）（2002）．新・女性のためのライフサイクル心理学 として改訂）

岡本祐子（1997）．中年からのアイデンティティ発達の心理学―成人期・老年期の心の発達と共に生きることの意味― ナカニシヤ出版

岡本祐子（編著）（1999）．女性の生涯発達とアイデンティティ 北大路書房

岡本祐子（2002）．アイデンティティ生涯発達論の射程 ミネルヴァ書房

岡本祐子（2007）．アイデンティティ生涯発達論の展開：中年の危機と心の深化 ミネルヴァ書房

岡本祐子・山本多喜司（1985）．定年退職期の自我同一性に関する研究 教育心理学研究, **33**, 185-194.

■ 第2章 第1節

Bachman, J. G., & O'Malley, P. M.（1977）. Self-esteem in young men: A longitudinal analysis of the impact of educational and occupational attainment. *Journal of Personality and Social Psychology*, **35**, 365-380.

Baltes, P. B.（1983）. The aging mind: Potential and limits. *Gerontologist*, **33**, 611-626.

Baltes, P. B.（1987）. Theoretical proposition of life-span developmental psychology: On the dynamics between growth and decline. *Developmental Psychology*, **23**, 611-626.

Baltes, P. B., & Baltes, M. M.（1990）. Psychological perspectives on successful aging: The model of selective optimization with compensation. In P. B. Baltes, & M. M, Baltes（Eds.）, *Successful aging: Perspectives from the behavioral sciences*. Cambridge, England: Cambridge University Press. pp.1-34.

Block, J., & Robins, R. W.（1993）. A longitudinal study of consistency and change in self-esteem from early adolescence to early adulthood. *Child Development*, **64**, 909-923.

Brandstädter, J., & Renner, G.（1990）. Tenacious goal pursuit and flexible goal adjustment: Explication and age-related analysis of assimilative and accommodative strategies of coping. *Psychology and Aging*, **5**, 58-67.

Brandstädter, J., & Rothermund, K.（2002）. The life-course dynamics of goal pursuit and goal adjustment: A two-process framework. *Developmental Review*, **22**, 117-150.

Brooks-Gunn, J., & Warren, M. P.（1988）. The psychological significance of secondary sexual characteristic in nine to eleven-year-old-girls. *Child Development*, **59**, 1061-1069.

Bybee, J. A., & Welis, Y. V.（2002）. The development of possible selves during adulthood. In J. Demick, & C. Andreoletti（Eds.）, *Handbook of adult development*. New York: Prenum Publishers. pp.257-270.

Chubb, N. H., Fertman, C. I., & Ross, J. L.（1997）. Adolescent self-esteem and locus of control: A longitudinal study of gender and age differences. *Adolescence*, **32**, 113-129.

Cohen, L. H.（1988）. Measurement of life events. In L. H. Cohen（Eds.）, *Life events and psychological functioning: Theoretical and methodological issues*. Newbury Park, CA: Sage. pp.11-30.

Coleman, J. C., & Hendry, L. B.（1999）. *The nature of adolescence*（3rd ed.）New York: Routledge.（白井利明他（訳）（2003）．青年期の本質 ミネルヴァ書房）

Compas, B. E., Hinden, B. R., & Gerhardt, C. A.（1995）. Adolescent development: Pathways and processes of risk and resilience. *Annual Review of Psychology*, **46**, 265-293.

Costa, P. T. Jr., & McCrae, R. R.（1980）. Still stable after all these years: Personality as a key to some issues in adulthood and old age. In P. B. Baltes, & O. G. Brim, Jr.（Eds.）, *Life span development and behavior*, vol.3. New York: Academic Press. pp.66-102.

Cross, S., & Markus, H.（1991）. Possible selves across the lifespan. *Human Development*, **34**, 230-255.

Cutler, N. E.（1982）. Subjective age identification. In D. J. Mangen, & W. A. Peterson（Eds.）, *Research instruments in social gerontology, vol.1: Clinical and social psychology*. Minneapolis: University of Minnesota Press. pp.437-461.

Elkind, D.（1967）. Egocentrism in adolescence. *Child Development*, **38**, 1025-1034.

Elkind, D.（1981, 2001）. *The hurried child: Growing up too fast too soon*（3rd ed.）Cambridge, MA: Perseus Publishing.（戸根由紀恵（訳）（2002）．急がされる子どもたち 紀伊國屋書店）

遠藤由美（1999）．自尊感情 中島義明・安藤清志・子安増生・坂野雄二・繁桝算男・立花政夫（編）（1999）．心理学辞典 有斐閣 pp.343-344.

Erdwins, C. J., Mellinger, J. C., & Tyer, Z. E.（1981）. A comparison of different aspects of self-concept for young, middle-aged, and older women. *Journal of Clinical Psychology*, **37**, 484-490.

Erikson, E. H.（1968）. *Identity: Youth and crisis*. New York: Norton.（岩瀬庸理（訳）（1973）．アイデンティティ―青年と危機― 金沢文庫）

Filipp, S. H.（1992）. Could it be worse? The diagnosis for cancer as a prototype of traumatic life events. In L. Montada, S. H. Filipp, & M. J. Lerner（Eds.）, *Life crisis and experiences of loss in adulthood*. Hillsdale, NJ: Erlbaum. pp.23-56.

権藤恭之・古名丈人・小林江里香・岩佐 一・稲垣宏樹・増井幸恵・杉浦美穂・藺牟田洋美・本間 昭・鈴木隆雄（2005）．超高齢期における身体的機能の低下と心理的適応―板橋区超高齢者訪問悉皆調査の結果から― 老年社会科学, **27**(3), 327-338.

Gould, R. L. (1978). *Transformation*. New York: Simon & Schuster.

Gove, W. R., Ortega, S. T., & Style, C. B. (1989). The maturational and role perspectives on aging and self through the adult years: An empirical evaluation. *American Journal of Sociology*, **94**, 1117-1145.

Hall, G. S. (1904). *Adolescence: Its psychology and its relations to physiology, anthropology, sociology, sex, crime, religion and education*. New York: D. Appleton.

浜田寿美男 (1992). 「私」は身体の働きのうえに形成される 浜田寿美男 (編著)「私」というもののなりたち ミネルヴァ書房 pp.3-19.

Harter, S. (1983). Developmental perspectives on the self-system. In P. H. Mussen (Ed.), *Handbook of child psychology, vol.4: Socialization, personality, and social development*. New York: John Wiley & Sons. pp.275-385.

Harter, S. (1990). Self and identity development. In S. Feldman, & G. R. Elliott (Eds.), *At the threshold: The developing adolescent*. Cambridge, MA: Harvard University Press. pp.352-387.

Harter, S., & Monsour, A. (1992). Developmental analysis of conflict caused by opposing attributes in the adolescent self-portrait. *Developmental Psychology*, **28**, 251-260.

Hess, A. L., & Bradshaw, H. L. (1970). Positiveness of self-concept and ideal self as a function of age. *The Journal of Genetic Psychology*, **117**, 57-67.

Horn, J. L., & Cattell, R. B. (1966). Refinement and test of the theory of fluid and crystallized general intelligences. *Journal of Educational Psychology*, **57**, 253-270.

Horn, J. L., & Cattell, R. B. (1967). Age differences in fluid and crystallized intelligence. *Acta Psychologica*, **26**, 107-129.

Hultsch, D. F., & Plemons, J. K. (1979). Life events and life-span development. In P. B. Baltes, & O. G. Brim, Jr. (Eds.), *Life-span development and behavior, vol.2*. New York: Academic Press.

伊藤裕子 (2001). 青年期女子の性同一性の発達―自尊感情,身体満足度との関連から― 教育心理学研究, **49**, 458-468.

Jacques, E. (1965). Death and the mid-life crisis. *International Journal of Psychoanalysis*, **46**, 502-514.

James, W. (1890). *The principles of psychology*. New York: Henry Holt.

Jessor, R., & Jessor, S. I. (1977). *Problem behavior and psychosocial development: A longitudinal study of youth*. New York: Academic Press.

Jung, C. G. (1933). The stages of life. In *The collected works of Carl G. Jung*, Vol.8. Princeton, NJ: Princeton University Press. 1980.

梶田叡一 (1988). 自己意識の心理学［第2版］ 東京大学出版会

加藤隆勝 (1977). 青年期における自己意識の構造 心理学モノグラフ No.14 日本心理学会

Katz, P., & Zigler, E. (1967). Self-image disparity: A developmental approach. *Journal of Personality and Social Psychology*, **5**, 186-195.

Keating, D. (1990). Adolescent thinking. In S. Feldman, & G. R. Elliott (Eds.), *At the threshold: The developing adolescent*. Cambridge, MA: Harvard University Press. pp.59-89.

黒田 文 (2005). 中高年者の主観年齢に関する規定要因の考察―エイジレス人間との比較において― 老年社会科学, **27**, 295-302.

Lachman, M. E., & Baltes, P. B. (1994). Psychological aging in lifespan perspective. In M. Rutter, & D. F. Hay (Eds.), *Development through life: A handbook for clinicians*. Oxford: Blackwell. pp.583-606.

Levinson, D. J., Darrow, C., Kline, E., Levinson, M., & McKee, B. (1978). *The seasons of a man's life*. New York: Alfred A. Knopf.

Markides, K. S., & Boldt, J. S. (1983). Change in subjective age among the elderly: A longitudinal analysis. *The Gerontologist*, **23**, 422-427

Marsh, H. W. (1989). Age and sex effects in multiple dimensions of self-concept: Preadolescence to adulthood. *Journal of Educational Psychology*, **81**, 417-430.

松岡弥玲 (2006). 理想自己の生涯発達―意味の変化と調節過程を捉える― 教育心理学研究, **54**, 45-54.

McCarthy, J. D., & Hoge, D. R. (1982). Analysis of age effects in longitudinal studies of adolescent self-esteem. *Developmental Psychology*, **18**, 372-379.

水間玲子 (2001). 自己評価を支える要因の検討―意識構造の違いによる比較を通して― 梶田叡一 (編) 自己意識研究の現在 ナカニシヤ出版 pp.115-151.

文部科学省学校保健統計調査 2008 (http://www.mext.go.jp/b_menu/houdou/20/11/08100803.htm)

文部科学省体力・運動能力調査 2008 (http://www.mext.go.jp/b_menu/toukei/001/h20.htm)

森岡正芳 (2002). 物語としての面接―ミメーシスと自己の変容― 新曜社

Mroczek, D. K., & Kolarz, C. M. (1998). The effect of age on positive and negative on happiness. *Journal of Personality and Social Psychology*, **75**, 1333-1349.

向井隆代（1996）．思春期女子の身体像不満足感，食行動および抑うつ気分：縦断的研究　カウンセリング研究, **29**, 37-43.

Mullis, A. K., Mullis, R. L., & Normandin, D.（1992）. Cross-sectional and longitudinal comparisons of adolescent self-esteem. *Adolescence*, **27**, 51-61.

中間玲子（2007）．パーソナリティの成熟：ユングのパーソナリティ論　小塩真司・中間玲子　あなたとわたしはどう違う？―パーソナリティ心理学入門講義―　ナカニシヤ出版　pp.113-140.

Neugarten, B. L.（1985）. Time, age and the life cycle. In M. Bloom（Ed.）, *Life span development*. New York: Macmillan. pp.360-369.

Nicholls, J. G.（1978）. The development of the concepts of effort and ability, perception of academic attainment, and the understanding that difficult tasks require more ability. *Child Development*, **49**, 800-814.

西田裕紀子（2000）．成人女性の多様なライフスタイルと心理的well-beingに関する研究　教育心理学研究, **48**, 433-443.

O'Malley, P. M., & Bachman, J. G.（1983）. Self-esteem: Change and stability between ages 13 and 23. *Developmental Psychology*, **19**, 257-268.

Offer, D., & Offer, J.（1977）. *From teenage to young manhood*. New York: Basic Books.

岡本祐子（1997）．中年期からのアイデンティティ発達心理学―成人期・老年期の心の発達と共に生きることの意味　ナカニシヤ出版

岡本祐子（2002）．アイデンティティ生涯発達論の射程　ミネルヴァ書房

岡本祐子（2007）．アイデンティティ生涯発達論の展開：中年の危機と心の深化　ミネルヴァ書房

Phillips, B. N.（1963）. Age changes in accuracy of self-perception. *Child Development*, **34**, 1041-1046.

Piers, E. V., & Harris, D. B.（1964）. Age and other correlates of self-concept in children. *Journal of Educational Psychology*, **55**, 91-95.

Ranzijn, R., Keeves, J., Luszcz, M., & Feather, N. T.（1998）. The role of self-perceived usefulness and competence in the selfesteem of elderly adults: Confirmatory factor analyses of the Bachman revision of Rosenberg's Self-Esteem scale. *Journal of Gerontology; Psychological Sciences*, **53B**, 96-104.

Robins, R. W., Trzesniewski, K. H., Tracy, J. L., Gosling, S. D., & Potter, J.（2002）. Global self-esteem across the life span. *Psychology and Aging*, **17**, 423-434.

Rogers, C. R.（1951a）. Perceptual reorganization in client-centered therapy. In R. R. Blake, & G. V. Ramsey（Eds.）, *Perception: An approach to personality*. New York: Ronald Press. pp.307-327.

Rogers, C. R.（1951b）. *Client-centered therapy: Its current practice, implications and theory*. Boston: Houghton Mifflin.

Rosenberg, M.（1979）. *Conceiving the self*. New York: Basic Books.

Rosenberg, S. D., Rosenberg, H. J., & Farrell, M. P.（1999）. Midlife crisis revisited. In S. L. Willis, & J. D. Reid（Eds.）, *Life in the middle: Psychological and social development in middle age*. San Diego, CA: Academic Press.

Rutter, M.（1987）. Psychosocial resilience and protective mechanisms. *American Journal of Orthopsychiatry*, **57**, 316-331.

Ryff, C. D.（1991）. Possible selves in adulthood and old age: A tale of shifting horizons. *Psyhcology and Aging*, **6**, 286-295.

佐藤眞一（2008）．老年期における自己の発達　榎本博明（編）自己心理学2：生涯発達心理学へのアプローチ　金子書房　pp.226-244.

佐藤眞一・下仲順子・中里克治・河合千恵子（1997）．年齢アイデンティティのコホート差，性差，およびその規定因：生涯発達の観点から　発達心理学研究, **8**, 88-97.

斎藤誠一（1994）．思春期の身体発育と心理的適応について2　日本教育心理学会 第36回総会発表論文集, 94.

沢崎達夫（1995）．自己受容に関する研究（3）―成人期における自己受容の特徴とその発達的変化　カウンセリング研究, **28**, 163-173.

Schaie, K. W.（1994）. The course of adult intellectual development. *American Psychologist*, **49**, 304-313.

Sheehy, G.（1976）. *Passages: Predictable crises of adult life*. New York: E. P. Dutton.

Siegler, R.（1988）. Individual differences in strategy choice: Good students, not-so-good students, and perfectionists. *Child Development*, **59**, 833-851.

Staudinger, U. M., & Bluck, S.（2001）. A view on midlife development from life-span theory. In M. E. Lachman（Ed.）, *Handbook of midlife development*. New York: John Wiley & Sons. pp.3-39.

Terpstra, T. L., Terpstra, T. L., Plawecki, H. M., & Streeter, J. S.（1989）. As young as you feel: Age identification among the elderly. *Journal of Gerontological Nursing*, **15**, 4-10.

Thoits, R. A.（1983）. Dimensions of life events that influence psychological distress: An evaluation and syntheses of the literature. In H. B. Kaplan（Ed.）, *Psychosocial stress: Trends in theory and research*. New York: Academic Press. pp.33-103.

Vaillant, G. E.（1977）. *Adaptation to life*. Boston: Little Brown.

若本純子・無藤　隆（2004）．中年期の多次元的自己概念における発達的特徴―自己に対する関心と評価の交互作用という観点から―　教育心理学研究, **52**, 382-391.
若本純子・無藤　隆（2006）．中高年のwell-beingと危機―老いと自己評価の関連から―　心理学研究, **77**, 227-234.
Ward, R. A.（1977）. The impact of subjective age and stigma on older persons. *Journal of Gerontologist*, **32**, 227-232.
Ward, S., & Overton, W.（1990）. Semantic familiarity, relevance, and the development of deductive reasoning. *Developmental Psychology*, **26**, 488-493.
Whitbourne, S. K.（2002）. *The aging individual physical and psychological perspectives*（2nd ed.）New York: Springer Publishing.
Zimmerman, M. A., & Arunkumar, R.（1994）. Resiliency research: Models, issues, and policy implications. *Social Policy Report*, **8**, 1-18.
Zimmerman, M. A., Copeland, L. A., Shope, J. T., & Dielman, T. E.（1997）. A longitudinal study of self-esteem: Implications for adolescent development. *Journal of Youth and Adolescence*, **26**, 2, 117-141.

■ 第2章 第2節

Allport, G, W.（1961）. *Pattern and growth in personality*. NewYork: Holt, Reinhart, &Winston.（今田　恵（監訳）（1968）．人格心理学　上・下　誠信書房）
Erikson, E. H.（1950）. *Childhood and society*. New York: W. W. Norton.（仁科弥生（訳）（1977, 1980）．幼児期と社会1・2　みすず書房）
Erikson, E. H.（1959）. *Identity and the life cycle*. Selected papers. In *Psychological Issues*. Vol.1. New York: International Universities Press.（小此木啓吾（訳）（1973）．自我同一性　誠信書房）
Erikson, E. H.（1964）. *Insight and responsibility*. New York: W. W. Norton.（鑪幹八郎（訳）（1971）．洞察と責任　誠信書房）
Evans, R. I.（1967）. *Dialogue with Erik Erikson*. New York: Harper & Row.（岡堂哲雄・中園正身（訳）（1975）．エリクソンとの対話　金沢文庫）
Fromm, E.（1956）. *The art of loving*. New York: Harper & Brothers Publishers.（鈴木　晶（訳）（1991）．愛するということ　紀伊國屋書店）
Fromm, E.（1976）. *To have or to be ?* New York: Harper & Row. （佐野哲郎（訳）（1977）．生きるということ　紀伊國屋書店）
Hodgson, J. W., & Fisher, J. L.（1979）. Sex differences in identity and intimacy development in college youth. *Journal of Youth and Adolescence*, **8**, 37-50.
Maslow, A.,（1962）. *Toward a psychology of being*. Princeton, NJ: D. Van Nastrand.（上田吉一（訳）（1964）．完全なる人間　誠信書房）
西平直喜（1983）．青年心理学方法論　有斐閣
沖守　弘（1984）．マザー・テレサ―あふれる愛―　講談社
大野　久（1995）．青年期の自己意識と生き方　落合良行・楠見　孝（編）　講座生涯発達心理学4巻　自己への問い直し：青年期　金子書房　pp.89-123.
大野　久（1999）．人を恋するということ　佐藤有耕（編）　高校生の心理①　大日本図書　pp.70-95.
大野　久（2001）．愛の本質的特徴とその対極　立教大学教職研究, **11**, 1-10.
大野　久・三好（森本）昭子・内島香絵・若原まどか・西平直喜（2001）．自主シンポジウム：青年期のアイデンティティと恋愛　日本教育心理学会第43回総会発表論文集, S58-S59.
Spranger, E.（1924）. *Psychologie des Jugendalters*. Leipzig: Quelle & Meyer Verlag.（土井竹治（訳）（1973）．青年の心理　五月書房）
鑪幹八郎（2002）．アイデンティティとライフサイクル論　ナカニシヤ出版

■ 第2章 第3節

Birren, J. E., & Schroots, J. J. F.（2006）. Autobiographical memory and the narrative self over the life span. In J. E. Birren, & K. W. Schaie（Eds.）, *Handbook of the psychology of aging*（6th ed.）Burlington, MA: Elsevier. pp.477-498.（山本浩市（訳）（2008）．生涯にわたる自伝的記憶とナラティヴ・セルフ　藤田綾子・山本浩市（監訳）　エイジング心理学ハンドブック　北大路書房　pp.331-347.）
Colarusso, C. A.（1999）. The development of time sense in middle adulthood. *Psychoanalytic Quarterly*, **68**, 52-83.
Conway, M. A., & Holmes, A.（2004）. Psychosocial stages and the accessibility of autobiographical memories across the life cycle. *Journal of Personality*, **72**, 461-480.
Erikson, E. H.（1959）. *Identity and the life cycle*. Selected papers. In *Psychological Issues*. Vol.1. New York: International Universities Press.（小此木啓吾（訳）（1973）．自我同一性　誠信書房）
Fooken, I.（1982）. Patterns of health behavior, life satisfaction, and future time perspective in a group of old aged women:

Data of 'survivors' from a longitudinal study on aging. *International Journal of Behavioral Development*, **5**, 367-390.

Helson, R., & Wink, P. (1992). Personality change in women from the early 40s to the early 50s. *Psychology and Aging*, **7**, 46-55.

日潟淳子 (2008a). 中年期における過去，現在，未来への態度と精神的健康との関連 神戸大学発達・臨床心理学研究, **7**, 183-188.

日潟淳子 (2008b). 高校生と大学生におけるサークル・テストによる時間的展望の検討―時間的態度と精神的健康との関連から― 神戸大学大学院人間発達環境学研究科研究紀要, **1**, 37-44.

日潟淳子・岡本祐子 (2008). 中年期の時間的展望と精神的健康との関連―40歳代，50歳代，60歳代の年代別による検討― 発達心理学研究, **19**, 144-156.

日潟淳子・齊藤誠一 (2007). 青年期における時間的展望と出来事想起および精神的健康との関連 発達心理学研究, **18**, 109-119.

菱谷純子・落合幸子・池田幸恭・高木有子 (2009). 青年期の次世代育成力尺度の開発とその検討 母性衛生, **50**, 132-140.

五十嵐敦・氏家達夫 (1999). 中年期における心理社会的身体的変化に対する適応過程に関する縦断的研究―中年期の目標・希望からみた時間的展望の様相についての分析― 福島大学生涯学習教育研究センター年報, **4**, 27-37.

神谷俊次 (2007). 不随意記憶の自己確認機能に関する研究 心理学研究, **78**, 260-268.

Karp, D. A. (1988). A decade of reminders: Changing age consciousness between fifty and sixty years old. *The Gerontologist*, **28**, 727-738.

Kastenbaum, R. (1987). Past versus future orientation in psychotherapy for the elderly. *Psychotherapy in Private Practice*, **5**, 115-121.

柏尾眞津子 (2007). 老年期 都筑 学・白井利明（編） 時間的展望研究ガイドブック ナカニシヤ出版 pp.60-68.

川﨑友嗣 (2005). 「時間的展望」から見たキャリアデザインとその支援 文部科学教育通信, **132**, 22-23.

川﨑友嗣 (2008). 時間的展望とキャリア自立―過去・現在・将来の結びつき― 白井利明（研究代表者） フリーターのキャリア自立に関する心理学的研究―時間的展望の視点によるキャリア発達理論の再構築― 平成17-19年度科学研究費補助金（基盤研究（B））研究成果報告書（研究課題番号 17330140） pp.85-96.

川﨑友嗣 (2009). フリーターの時間的展望―フリーターは未来をどのように捉えているのか― 白井利明・下村英雄・川﨑友嗣・若松養亮・安達智子 フリーターの心理学―大卒者のキャリア自立― 世界思想社 pp.54-76.

Konefal, J., Duncan, R., Meub, W., & Winfield, D. (2006). Time perspective as a potential tool for psychotherapeutic intervention. *Psychological Reports*, **99**, 111-120.

河野荘子 (2003a). 非行の語りと心理療法 ナカニシヤ出版

河野荘子 (2003b). 青年期事例における時間的展望の現れ方とその変化―不登校を主訴として来談した2事例をもとに― 心理臨床学研究, **21**, 374-385.

黒沢幸子 (2008). タイムマシン心理療法―未来・解決志向のブリーフセラピー― 日本評論社

黒川由起子 (2008). 高齢者の回想法―どのような記憶が残るのか？― 心理学ワールド, **42**, 13-16.

Lang, F, R., & Carstensen, L. (2002). Time counts: Future time perspective, goals, and social relationships. *Psychology and aging*, **17**, 125-139.

Lapierre, S., Dubé, M., Bouffard, L., & Alain, M. (2007). Addressing suicidal ideations through the realization of meaningful personal goals. *Crisis*, **28**, 16-25.

Lens, W., & Gailly, A. (1980). Extension of future time perspective in motivational goals of different age groups. *International Journal of Behavioral Development*, **3**, 1-17.

Lewin, K. (1951). *Field theory in social science*. New York: Harper and Brothers. （猪股佐登留（訳）(1979). 社会科学における場の理論（増補版） 誠信書房）

Meissner, W. W. (2007). *Time, self, and psychoanalysis*. Lanham, UK: Jason Aronson.

三宅俊治 (2005). 不安に及ぼす身体不調感と将来展望の影響―若年・中年・高齢者の比較― 心身医学, **45**, 924-932.

森岡正芳 (2008a). 今なぜナラティブ？―大きな物語・小さな物語― 森岡正芳（編） ナラティブと精神療法 金剛出版 pp.9-23.

森岡正芳 (2008b). 物語の構成力 森岡正芳（編） ナラティブと精神療法 金剛出版 pp.223-236.

Neugarten, B. L. (1968). The awareness of middle age. In B. L. Neugarten (Ed.), *Middle age and aging*. Chicago: University of Chicago Press. pp.93-98.

野村信威 (2008). 高齢者における回想と自伝的記憶 佐藤浩一・越智啓太・下島裕美（編） 自伝的記憶の心理

学　北大路書房　pp.163-174.
Nurmi, J. E.（1992）. Age differences in adult life goals, concerns, and their temporal extension: A life course approach to future-oriented motivation. *International Journal of Behavioral Development*, **15**, 487-508.
Nurmi, J. E.（2004）. Socialization and self-development: Channeling, selection, adjustment, and reflection. In R. M. Lerner, & L. Steinberg（Eds.）, *Handbook of adolescent psychology*. Hoboken, NJ: John Wiley & Sons. pp.85-124.
Nurmi, J. E., Pulliainen, H., & Salmela-Aro, K.（1992）. Age differences in adult's control beliefs related to life goals and concerns. *Psychology and Aging*, **7**, 194-196.
大橋靖史（2007）．カウンセリングに応用する　都筑　学・白井利明（編）　時間的展望研究ガイドブック　ナカニシヤ出版　pp.151-164.
岡本祐子（1985）．中年期の自我同一性に関する研究　教育心理学研究, **33**, 295-306.
岡本祐子（2007）．アイデンティティ生涯発達論の展開：中年期の危機と心の深化　ミネルヴァ書房
長田由紀子・長田久雄（1994）．高齢者の回想と適応に関する研究　発達心理学研究, **5**, 1-10.
尾野裕美・湯川進太郎（2008）．20代ホワイトカラーのキャリア焦燥感と離転職意思　カウンセリング研究, **41**, 1-11.
Pasupathi, M., & Mansour, E.（2006）. Adult age differences in autobiographical reasoning in narratives. *Developmental Psychology*, **42**, 798-808.
Pasupathi, M., Mansour, E., & Brubaker, J. R.（2007）. Developing a life story: Constructing relations between self and experience in autobiographical narratives. *Human Development*, **50**, 85-110.
Pollock, G. H.（1980）. Aging or aged: Development or pathology. In S. I. Greenspan., & G. H. Pollock（Eds）, *The course of life: Psychoanalytic contributions toward understanding personality development, Vol.III: Adulthood and the aging process*. Washington, D. C.: National Institute of Mental Health. pp.549-585.
Rakowski, W.（1979）. Future time perspective in later adulthood: Review and research directions. *Experimental Aging Research*, **5**, 43-88.
Rebecca, A. C., & Oliver, P. J.（2007）. Testing models of the structure and development of future time perspective: Maintaining a focus on opportunities in middle age. *Psychology and Aging*, **22**, 186-201.
Rubin, D. C., Wetzler, S. E., & Nebes, R. D.（1986）. Autobiographical memory across the lifespan. In D. C. Rubin（Ed.）, *Autobiographical memory*. Cambridge: Cambridge University Press. pp.202-221.
佐藤浩一（2008）．自伝的記憶の構造と機能　風間書房
志村ゆず（2006）．回想法とライフレヴューの実践の展開　堀　薫夫（編）　教育老年学の展開　学文社　pp.192-211.
白井利明（1995）．現代における"ポジティブな現在志向"の意義と検討課題　大阪教育大学教育研究所報, **30**, 61-68.
白井利明（1997）．時間的展望の生涯発達心理学　勁草書房
白井利明（2000）．大学から社会への移行における時間的展望の再編成に関する追跡的研究（Ⅱ）―大学卒業2年目における未来と過去の展望の変化に対する知覚―　大阪教育大学紀要（第Ⅳ部門）, **49**, 23-32.
白井利明（2001）．＜希望＞の心理学―時間的展望をどうもつか―　講談社
白井利明（2004）．時間的展望とアイデンティティにおける家族成員間の関連―青年期後期の子どもとその親である中年期夫婦を対象にして―　大阪教育大学紀要（第Ⅳ部門）, **52**, 241-251.
白井利明（2007a）．意欲を引きだす　都筑　学・白井利明（編）　時間的展望研究ガイドブック　ナカニシヤ出版　pp.135-139.
白井利明（2007b）．時間的展望の動向　都筑　学・白井利明（編）　時間的展望研究ガイドブック　ナカニシヤ出版　p.58.
白井利明（2008a）．時間的展望からみた自己の発達　榎本博明（編）　生涯発達心理学へのアプローチ　シリーズ自己心理学　第2巻　金子書房　pp.105-119.
白井利明（2008b）．時間的展望と自伝的記憶　佐藤浩一・越智啓太・下島裕美（編）　自伝的記憶の心理学　北大路書房　p.144.
白井利明（2008c）．自己と時間―時間はなぜ流れるのか―　心理学評論, **50**, 64-75.
白井利明（2008d）．青年期後期の子どものいる家族の時間的展望の共有　日本キャリア教育学会　第30回研究大会発表論文集, 136-137.
園田直子.（2007）．自分を知り，生きがいをつくる　都筑　学・白井利明（編）　時間的展望研究ガイドブック　ナカニシヤ出版　pp.140-151.
杉浦　健（2004）．転機の心理学　ナカニシヤ出版
都筑　学（1999）．大学生の時間的展望―構造モデルの心理学的検討―　中央大学出版部
都筑　学（2007a）．大学生の進路選択と時間的展望―縦断的な調査にもとづく検討―　ナカニシヤ出版

都筑　学（2007b）．青年の時間的展望　南　徹弘（編）発達心理学（朝倉心理学講座3）　朝倉書店　pp.202-215.
都筑　学（2008）．小学校から中学校への学校移行と時間的展望―縦断的調査にもとづく検討―　ナカニシヤ出版
都筑　学・白井利明（編）（2007）．時間的展望研究ガイドブック　ナカニシヤ出版
山本　奨（2008）．時間的展望の変化に見る不登校の経過・回復過程―高校生事例による検討―　心理臨床学研究, **26**, 290-301.
若本純子・無藤　隆（2006）．中高年期のwell-beingと危機―老いと自己評価の関連から―　心理学研究, **77**, 227-234.

■第3章 第1節

Archer, S. L.（1989）. Gender differences in identity development: Issues of process, domain and timing. *Journal of Adolescence*, **12**, 117-138.

Archer, S. L.（1993）. Identity in relational contexts: A methodological proposal. In J. Kroger（Ed.）, *Discussions on ego identity*. Hillsdale, NJ: Lawrence Erlbaum. pp.75-99.

Berzonsky, M. D.（1989）. Identity style: Conceptualization and measurement. *Journal of Adolescent Research*, **4**, 268-282.

Beyers, W., & Çok, F.（2008）. Adolescent self and identity development in context. *Journal of Adolescence*, **31**, 147-150.

Bosma, H. A., Graafsma, T. L. G., Grotevant, H. D., & de Levita, D. J.（Eds.）,（1994）. *Identity and development: An interdisciplinary approach*. Thousand Oaks, CA: Sage.

Bosma, H. A., & Kunnen, E. S.（2001）. Determinants and mechanisms in ego identity development: A review and synthesis. *Developmental Review*, **21**, 39-66.

Bosma, H. A., & Kunnen, E. S.（2008）. Identity-in-context is not yet identity development-in-context. *Journal of Adolescence*, **31**, 281-289.

Côté, J. E.（2002）. Commentary on "Feminist perspectives on Erikson's theory: Their relevance for contemporary identity development research." *Identity*, **2**, 277-280.

Erikson, E. H.（1959）. *Identity and the life cycle*. Selected papers. *In Psychological Issues*. Vol.1. New York: International Universities Press.（小此木啓吾（編訳）（1973）．自我同一性―アイデンティティとライフサイクル―　誠信書房）

Erikson, E. H.（1963）. *Childhood and society*（2nd ed.）New York: W. W. Norton.（仁科弥生（訳）（1977, 1980）．幼児期と社会1・2　みすず書房）

Erikson, E. H.（1968）. *Identity: Youth and crisis*. New York: W. W. Norton.（岩瀬庸理（訳）（1973）．（アイデンティティ―青年と危機―　金沢文庫）

Erikson, E. H.（1982）. *The life cycle completed: A review*. New York: W. W. Norton.（村瀬孝雄・近藤邦夫（訳）（1989）．ライフサイクル，その完結　みすず書房）

Fadjukoff, P., Pulkkinen, L., & Kokko, K.（2005）. Identity processes in adulthood: Diverging domains. *Identity*, **5**, 1-20.

Fischer, K. W.（1980）. A theory of cognitive development: The control and construction of hierarchies of skills. *Psychological Review*, **87**, 477-531.

Franz, C. E., & White, K. M.（1985）. Individuation and attachment in personality development: Extending Erikson's theory. *Journal of Personality*, **53**, 224-256.

Gilligan, C.（1982）. *In a different voice: Psychological theory and women's development*. Cambridge, MA: Harvard University Press.（岩男寿美子（監訳）（1986）．もうひとつの声―男女の道徳観のちがいと女性のアイデンティティ―　川島書店）

Grotevant, H. D., & Cooper, C. R.（1981）. Assessing adolescent identity in the areas of occupation, religion, politics, friendships, dating, and sex roles: Manual for administration and coding of the interview. *JSAS Catalog of Selected Documents in Psychology*, **11**, 52（ms. no. 2295）.

Grotevant, H. D., Thorbecke, W., & Meyer, M. L.（1982）. An extension of Marcia's Identity Status Interview into the interpersonal domain. *Journal of Youth and Adolescence*, **11**, 33-47.

Josselson, R.（1992）. *The space between us: Exploring the dimensions of human relationships*. San Francisco: Jossey-Bass.

Josselson, R.（1994）. Identity and relatedness in the life cycle. In H. A. Bosma, T. L. G. Graafsma, H. D. Grotevant, & D. J. de Levita（Eds.）, *Identity and development: An interdisciplinary approach*. Thousand Oaks, CA: Sage. pp.81-102.

亀井美弥子（2006）．職場参加におけるアイデンティティ変容と学びの組織化の関係：新人の視点から見た学びの手がかりをめぐって　発達心理学研究, **17**, 14-27.

Kerpelman, J. L., Pittman, J. F., & Lamke, L. K.（1997）. Toward a microprocess perspective on adolescent identity development: An identity control theory approach. *Journal of Adolescent Research*, **12**, 325-346.

Kroger, J.（Ed.）.（1993）. *Discussions on ego identity*. Hillsdale, NJ: Lawrence Erlbaum.

Kroger, J.（2002）. Commentary on "Feminist perspectives on Erikson's theory: Their relevance for contemporary identity development research." *Identity*, **2**, 257-266.

Kroger, J. (2004). *Identity in adolescence: The balance between self and other* (3rd ed.) London: Routledge.
Luyckx, K., Goossens, L., & Soenens, B. (2006). A developmental contextual perspective on identity construction in emerging adulthood: Change dynamics in commitment formation and commitment evaluation. *Developmental Psychology*, **42**, 366-380.
Marcia, J. E. (1966). Development and validation of ego-identity status. *Journal of Personality and Social Psychology*, **3**, 551-558.
Marcia, J. E., & Friedman, M. L. (1970). Ego identity status in college women. *Journal of Personality*, **38**, 249-263.
Marcia, J. E. (1993). The relational roots of identity. In J. Kroger (Ed.), *Discussions on ego identity*. Hillsdale, NJ: Lawrence Erlbaum. pp.101-120.
Marshall, S. K., Young, R. A., Domene, J. F., & Zaidman-Zait, A. (2008). Adolescent possible selves as jointly constructed in parent-adolescent career conversations and related activities. *Identity*, **8**, 185-204.
岡本祐子（1997）．中年からのアイデンティティ発達の心理学―成人期・老年期の心の発達と共に生きることの意味― ナカニシヤ出版
Phinney, J. S., & Goossens, L. (1996). Introduction: Identity development in context. *Journal of Adolescence*, **19**, 401-403.
Schachter, E. P. (2004). Identity configurations: A new perspective on identity formation in contemporary society. *Journal of Personality*, **72**, 167-199.
Schachter, E. P., & Ventura, J. J. (2008). Identity agents: Parents as active and reflective participants in their children's identity formation. *Journal of Research on Adolescence*, **18**, 449-476.
Selman, R. (1980). *The growth of the interpersonal understanding: Developmental and clinical analyses*. New York: Academic Press.
白井利明（2003）．大学から社会への移行における時間的展望の再編成に関する追跡的研究（Ⅴ）―卒業前後4年間のアイデンティティと時間的展望の規定関係― 大阪教育大学紀要（第Ⅳ部門 教育科学），**52**, 23-31.
Sorell, G. T., & Montgomery, M. J. (2001). Feminist perspectives on Erikson's theory: Their relevance for contemporary identity development research. *Identity*, **1**, 97-128.
杉村和美（2003）．アイデンティティ発達のメカニズムを検討する視点―岡本祐子氏による論文評へのリプライ― 学生相談研究，**24**, 213-217.
Sugimura, K. (2003). Changes in the levels of relatedness in identity exploration from late adolescence to early adulthood among Japanese females. *Poster presented at the Tenth Annual Conference of the Society for Research on Identity Formation*. Vancouver, Canada.
杉村和美（1998）．青年期におけるアイデンティティの形成：関係性の観点からのとらえ直し 発達心理学研究，**9**, 45-55.
杉村和美（2004）．エリクソンの理論 宮下一博・伊藤美奈子（編） シリーズ 荒れる青少年の心 傷つけ傷つく青少年の心―関係性の病理― 発達臨床心理学的考察 北大路書房 pp.21-29.
杉村和美（2005a）．関係性の観点から見たアイデンティティ形成における移行の問題 梶田叡一（編）自己意識研究の現在2 ナカニシヤ出版 pp.77-100.
杉村和美（2005b）．女子青年のアイデンティティ探求―関係性の観点から見た2年間の縦断研究― 風間書房
Sugimura, K. (2007). Transitions in the process of identity formation among Japanese female adolescents: A relational viewpoint. In R. Josselson, A. Lieblich, & D. P. McAdams (Eds.), *The meaning of others: Narrative studies of relationships*. Washington, D. C.: American Psychological Association. pp.117-142.
杉村和美（2008）．アイデンティティ 日本児童研究所（編） 児童心理学の進歩2008年版, Vol.47 金子書房 pp.112-137.

■ 第3章 第2節

Benson, M. J., Harris, P. B., & Rogers, C. S. (1992). Identity consequences of attachment to mothers and fathers among late adolescents. *Journal of Research on Adolescence*, **2**, 187-204.
Bush, N. F. (1993). Links among adolescent reconstruction of early family experiences and current identity development. *Dissertation Abstracts International*, **54**, 3358.
Erikson, E. H. (1950). *Childhood and society*. New York: W. W. Norton.（仁科弥生（訳）（1977, 1980）．幼児期と社会1・2 みすず書房）
Faber, A. J., Edwards, A. E., Bauer, K. S., & Wetchler, J. L. (2003). Family structure: Its effects on adolescent attachment and identity formation. *American Journal of Family Therapy*, **31**, 243-255.
Franz, C. E., & White, K. M. (1985). Individuation and attachment in personality development: Extending Erikson's theory. *Journal of Personality*, **53**, 224-256.
井上まり子・高橋恵子（2000）．小学生の対人関係の類型と適応―絵画愛情関係テスト（PART）による検討― 教

育心理学研究, **48**, 75-84.

井上輝子・江原由美子（1991）．女性のデータブック―性・からだから政治参加まで―　有斐閣

Johnson, P., Buboltz, W. C. J., & Seemann, E.（2003）. Ego identity status: A step in the differentiation process. *Journal of Counseling & Development*, **81**, 191-195.

Josselson, R.（1982）. Personality structure and identity status in women as viewed through early memories. *Journal of Youth and Adolescence*, **11**, 293-299.

Josselson, R.（1992）. *The space between us: Exploring the dimensions of human relationships*. San Francisco: Jossey-Bass.

加藤　厚（1983）．大学生における同一性の諸相とその構造　教育心理学研究, **31**, 292-302.

Kroger, J.（1990）. Ego structuralization in late adolescence as seen through early memories and ego identity status. *Journal of Adolescence*, **13**, 65-77.

Kroger, J.（2000）. *Identity development: Adolescence through adulthood*. Thousand Oaks, CA: Sage.

Kroger, J., & Green, K. E.（1996）. Events associated with identity status change. *Journal of Adolescence*, **19**, 477-490.

Mahler, M. S., Pine, F., & Bergman, A.（1975）. *The psychological birth of the human infant*. New York: Basic Books.（高橋雅士（訳）（1981）．乳幼児の心理的誕生　黎明書房）

Main, M., Kaplan, N., & Cassidy, J.（1985）. Security in infancy, childhood, and adulthood: A move to the level of representation. In I. Bretherton, & E. Waters（Eds.）, Growing points of attachment theory and research. *Monographs of the Society for Research in Child Development*, **50**, 66-104.

Marcia, J. E.（1964）. Determination and construct validity of ego identity status. Unpublished doctoral dissertation, The Ohio State University.

Marcia, J. E.（1976）. Identity six year after: A follow-up study. *Journal of Youth and Adolescence*, **5**, 145-160.

Marcia, J. E.（1983）. Some directions for investigation of ego development in early adolescence. *Journal of Early Adolescence*, **3**, 215-223.

永田彰子・岡本祐子（2005）．重要な他者との関係を通して構築される関係性発達の検討　教育心理学研究, **53**, 331-343.

永田彰子・岡本祐子（2008）．重要な他者との関係を通して構築された関係性様態の特徴―信頼感およびアイデンティティとの関連―　教育心理学研究, **56**, 149-159.

中西信男・佐方哲彦（1993）．EPSI　上里一郎（編）　心理アセスメントハンドブック　西村書店　pp.419-431.

岡本祐子（1985）．中年期の自我同一性に関する研究　教育心理学研究, **33**, 295-306.

岡本祐子（1994）．成人期における自我同一性の発達過程とその要因に関する研究　風間書房

岡本祐子（1997）．中年からのアイデンティティ発達の心理学―成人期・老年期の心の発達と共に生きることの意味　ナカニシヤ出版

岡本祐子（編著）（2002）．アイデンティティ生涯発達論の射程　ミネルヴァ書房

岡本祐子（2007）．アイデンティティ生涯発達論の展開：中年期の危機と心の深化　ミネルヴァ書房

Orlofsky, J., & Frank, M.（1986）. Personality structure as viewed through early memories and identity statues in college men and women. *Journal of Personality and Social Psychology*, **50**, 580-586.

宗田直子・岡本祐子（2005）．アイデンティティの発達をとらえる際の「個」と「関係性」の概念の検討―「個」尺度と「関係性」尺度作成の試み―　青年心理学研究, **17**, 27-42.

宗田直子・岡本祐子（2006）．「個」と「関係性」からアイデンティティをとらえる方法論に関する検討―TAT（Thematic Apperception Test）を導入する試み―　広島大学大学院心理臨床教育研究センター紀要, **5**, 68-83.

杉村和美（1998）．青年期におけるアイデンティティの形成：関係性の観点からのとらえ直し　発達心理学研究, **9**, 45-55.

杉村和美（1999）．現代女性の青年期から中年期までのアイデンティティ発達　岡本祐子（編著）女性の生涯発達とアイデンティティ　北大路書房　pp.55-86.

杉村和美（2001）．関係性の観点から見た女子青年のアイデンティティ探求：2年間の変化とその要因　発達心理学研究, **12**, 87-98.

杉村和美（2005）．女子青年のアイデンティティ探求―関係性の観点から見た2年間の縦断的研究―　風間書房

髙橋裕行（1993）．愛着の測度の開発と健康な自意識と愛着との関連の検討　福井大学教育学部紀要, **45**, 43-61.

上野千鶴子・NHK取材班（1991）．90年代のアダムとイヴ　日本放送出版協会

宇都宮博（2004）．高齢期の夫婦関係に関する発達心理学的研究　風間書房

Waterman, A. S.（1982）. Identity development from adolescence to adulthood: An extension of theory and a review of research. *Developmental Psychology*, **18**, 341-358.

Whitbourne, S. K., & Weinstock, C. S.（1979）. *Adult development: The differentiation of experience*. New York: Holt, Rinehart & Winston.

山田みき・岡本祐子（2007）．「個」と「関係性」からみた青年期のアイデンティティに関する研究の動向と展望

広島大学大学院教育学研究科紀要第三部, **56**, 199-206.

山田みき・岡本祐子（2008）.「個」と「関係性」からみた青年期におけるアイデンティティ：対人関係の特徴の分析　発達心理学研究, **19**, 108-120.

■ 第3章 第3節

秋山弘子（1997）. ジェンダーと文化　柏木惠子・北山　忍・東　洋（編）文化心理学　東京大学出版会　pp.220-233.

安藤清志（2002）. 航空機事故の遺族が直面する喪失（特集 対象喪失の研究）　*Psiko*（プシコ）, **3**(6), 30-35.

坂西友秀（1995）. いじめが被害者に及ぼす長期的な影響および被害者の自己認知と他の被害者認知の差　社会心理学研究, **11**(2), 105-115.

Calhoun, L. G., & Tedeschi, R. G.（1998）. Posttraumatic growth: future directions. In R. G. Tedeschi, C. L. Park, & L. G. Calhoun（Eds.）, *Posttraumatic growth: Positive changes in the aftermath of crisis*. Mahwah, NJ: Lawrence Erlbaum Associates. pp.215-238.

Calhoun, L. G., & Tedeschi, R. G.（2001）. Posttraumatic growth：The positive lessons of loss. In R. A. Neimeyer（Ed.）, *Meaning reconstruction and the experience of loss*. Washington, D. C.: American Psychological Association. pp.157-172.

Calhoun, L. G., & Tedeschi, R. G.（2006）. The foundations of posttraumatic growth: An expand framework. In L. G. Calhoun & R. G. Tedeschi（Eds.）, *The handbook of posttraumatic growth: Research and practice*. Mahwah, NJ: Lawrence Erlbaum Associates. pp.3-23.

Calhoun, L. G., & Tedeschi, R. G.（Eds.）（2006）. *The handbook of posttraumatic growth: Research and practice*. Mahwah, NJ : Lawrence Erlbaum Associates.

Collins, R. L., Taylor, S. E., & Skokan, L. A.（1990）. A better world or a shattered vision? Changes in life perspectives following victimization. *Social cognition*, **8**(3), 263-285.

Curbow, B., Legro, M. W., Baker, F., Wingard, J. R., & Somerfield, M. R.（1993）. *Journal of Behavioral Medicine*, **16**(5), 423-443.

Donnelly, G. F.（1993）. Chronicity: Concept and reality. *Holistic Nursing Practice*, **8**, 1-7.

Ebersole, P., & Flores, J.（1989）. Positive impact of life crises. *Journal of Social Behavior and Personality*, **4**(5), 463-469.

Harvey, J. H.（Ed.）,（1998）. *Perspectives on loss: A sourcebook*. Philadelphia: Brunner / Mazel.（和田　実・増田匡裕（編訳）（2003）. 喪失体験とトラウマ―喪失心理学入門―　北大路書房）

Harvey, J. H., & Fine, M. A.（2004）. *Children of divorce : Stories of loss and growth*. Mahwah, NJ: Lawrence Erlbaum Associates.

東村奈緒美・坂口幸弘・柏木哲夫・恒藤　暁（2001）.　死別経験による遺族の人間的成長　死の臨床, **24**, 69-74.

飯牟礼悦子（2005）. ネガティブな経験による心理的影響―PTG（posttraumatic growth）という観点からの検討―　日本心理学会第69回大会発表論文集, 1114.

飯牟礼悦子（2006）. ネガティブな経験による心理的影響（2）ネガティブな経験に関する諸変数とPTG（posttraumatic growth）の関連　日本発達心理学会第17回大会論文集, 743.

飯牟礼悦子（2007）　慢性疾患をもつことによるポジティブな心理的発達―1型糖尿病という経験がもたらすWisdomの検討―　博士論文（白百合女子大学）　未公刊

飯牟礼悦子・鈴木　忠（2003）. ネガティブな経験が共感に及ぼす影響　文部科学省科学研究費補助金・基盤研究（B）報告書　課題番号12410039（研究代表者：齋藤耕二）, 85-114.

池内裕美・中里直樹・藤原武弘（2001）. 大学生の対象喪失―喪失感情，対処行動，性格特性の関連性の検討―　関西学院大学社会学部紀要, **90**, 117-131.

今尾真弓（2004）. 慢性疾患患者におけるモーニング・ワークのプロセス：段階モデル・慢性的悲哀（chronic sorrow）への適合性についての検討　発達心理学研究, **15**(2), 150-161.

香取早苗（1999）. 過去のいじめ体験による心的影響と心の傷の回復方法に関する研究　カウンセリング研究, **32**, 1-13.

Kübler-Ross, E.（1969）. *On death and dying*. New York: The Macmilan Company.（鈴木　晶（訳）（1998）. 死ぬ瞬間：死とその過程について　読売新聞社）

Lehman, D. R., Davis, C. G., Delongis, A., Wortman, C. B., Bluck, S., Mandel, D. R., & Ellard, J. H.（1993）. Positive and negative life changes following bereavement and their relations to adjustment. *Journal of Social and Clinical Psychology*, **12**(1), 90-112.

松岡　緑・橋本惠美子（1994）. 慢性疾患者とその家族　教育と医学, **42**(5), 71-77.

McMillen, C., Zuravin, S., & Rideout, G.（1995）. Perceived benefits from child sexual abuse. *Journal of Consulting and Clinical Psychology*, **63**, 1037-1043.

Mendola, R., Tennen, H., Affleck, G., McCann, L., & Fitzgerald, T.（1990）. Appraisal and adaptation among women with impaired fertility. *Cognitive Therapy and Research*, **14**(1), 79-93.

守屋慶子（2006）．高齢期にもひとは発達する―経験知で拓かれる新しい道― 内田伸子（編著）誕生から死までのウェルビーイング―老いと死から人間の発達を考える― 金子書房 pp.107-127.

Murray, J. A.（2001）. Loss as a universal concept: A review of the literature to identify common aspects of loss in diverse situations. *Journal of Loss and Trauma*, **6**, 219-241.

小此木啓吾（1979）．対象喪失―悲しむということ― 中央公論社

小塩真司・中谷素之・金子一史・長峰伸治（2002）．ネガティブな出来事からの立ち直りを導く心理的特性―精神的回復力尺度の作成― カウンセリング研究, **35**, 57-65.

坂口幸弘（2002）．死別後の心理的プロセスにおける意味の役割―有益性発見に関する検討― 心理学研究, **73**, 275-280.

Schaefer, J. A., & Moos, R. H.（1992）. Life crises and personal growth. In B. N. Carpenter（Ed.）, *Personal coping: Theory, research, and application*. Westport, CT: Praeger. pp.149-170.

Seligman, M. E. P.（1999）. The President's Address. APA 1998 Annual Report. *American Psychologist*, **54**, 559-562.

島井哲志（編）（2006）．ポジティブ心理学 21世紀の心理学の可能性 ナカニシヤ出版

Siegel, K., & Schrimshaw, E. W.（2000）. Perceiving benefits in adversity : Stress-related growth in women living with HIV/AIDS. *Social Science & Medicine*, **51**, 1543-1554.

鈴木直人・島井哲志（2004）．ポジティブ心理学研究の最前線 日本心理学会第68回大会論文集, W23.

田口香代子・古川真人（2005）．外傷体験後のポジティブレガシーに関する研究―日本語版外傷体験後成長尺度（PTGI）作成の試み― 昭和女子大学生活心理研究所紀要, **8**, 45-50.

宅香菜子（2004）．高校生における「ストレス体験と自己成長感をつなぐ循環モデル」の構築―自我の発達プロセスのさらなる理解にむけて 心理臨床学研究, **22**(2), 181-186.

Taylor, S. E.（1983）. Adjustment to threatening events: A theory of cognitive adaptation. *American Psychologist*, **38**, 1161-1173.

Tedeschi, R. G., & Calhoun, L. G.（1995）. *Trauma & transformation: Growing in the aftermath of suffering*. Thousand Oaks, CA: Sage.

Tedeschi, R. G., & Calhoun, L. G.（1996）. The Postraumatic Growth Inventory: Measuring the positive legacy of trauma. *Journal of Traumatic Stress*, **9**(3), 455-471.

Tedeschi, R. G., Park, C. L., & Calhoun, L. G.（1998）. Posttraumatic growth: Conceptual issues. In R. G. Tedeschi, C. L. Park, & L. G. Calhoun（Eds.）, *Posttraumatic growth :Positive changes in the aftermath of crisis*. Mahwah, NJ: Lawrence Erlbaum Associates. pp.1-22.

Thompson, S. C.（1985）. Finding positive meaning in stressful event and coping. *Basic and Applied Social Psychology*, **6**(4), 279-295.

渡邉照美・岡本祐子（2005）．死別経験による人格的発達とケア体験との関連 発達心理学研究, **16**(3), 247-256.

渡邉照美・岡本祐子（2006）．身近な他者との死別を通した人格的発達――がんで近親者を亡くされた方への面接調査から 質的心理学研究, **5**, 99-120.

Yarom, N.（1983）. Facing death in war: An existential crisis. In S. Breznitz（Ed.）, *Stress in Israel*. New York: Van Norstrand Reinhold. pp.3-38.

余語真夫・藤原修治・余語暁子（2003）．トラウマティックな出来事に対する思考・感情反応 日本心理学会第67回大会発表論文集, 993.

■第4章 第1節

Boyett, J. H., & Boyett, J. T.（1998）. *The guru guide: The best ideas of the top management thinkers*. NewYork: Wiley.（金井壽宏・大川修二（訳）（1999）．経営革命大全 日本経済新聞社）

Bridges, W.（2004）. *Transitions: Making sense of life's change*. Cambridge, MA: Da Capo Press.（倉光 修・小林哲郎（訳）（1994）．トランジション―人生の転機 創元社）

Erikson, E. H.（1950）. *Childhood and society*. New York: W. W. Norton.（仁科弥生（訳）（1977, 1980）．幼児期と社会1・2 みすず書房）

Feldman, D. C.（1988）. *Managing careers in organizations*. Glenview, IL: Scott, Foresman and Company.

富士総合研究所（2000）．能力開発等の活動に取り組むための長期休暇制度の導入促進に向けた調査研究報告書

Gysbers, N. C., Heppner, M. J., & Johnston, J. A.（1998）. *Career counseling*. Boston: Allyn and Bacon.（ニホンドレーク・ビーム・モリン株式会社・ライフキャリア研究所（訳）（2002）．生産性出版）

Hall, D. T.（1976）. *Careers in organization*. Glenview, IL: Scott, Foresman and Company.

Holland, J. L.（1985）. *Making vocational choices*. Englewood Cliffs, NJ: Prentice-Hall.（渡辺三枝子・松本純平・館 暁夫（訳）（1990）．職業選択の理論 雇用問題研究会）

Holland, J. L.（1985）．　VPI 職業興味検査［第 3 版］（雇用職業総合研究所（1985）．　日本文化科学社）
本間啓二・金屋光彦・山本公子（2006）．キャリアデザイン概論　（社）雇用問題研究会
伊藤　守（2002）．　コーチングマネジメント　Discover
金井壽宏（2002）．　働くひとのためのキャリア・デザイン　PHP
小嶋秀夫・三宅和夫（1998）．　発達心理学　（財）放送大学教育振興会
Luft, J.（1984）．*Groups process: An introduction to group dynamics*（3rd ed.）Palo Alto, CA: Mayfield.
Marcia, J. E.（1966）．Development and validation of ego-identity status. *Journal of Personality and Social Psychology*, **3**, 551-558.
松田徳一朗（1999）．　リーダーズ英和辞典 第 2 版　研究社
McCall, M. W., Jr.（1998）．*High flyers: Developing the next generation of leaders.* Boston, MA: Harvard Business School Press.（金井壽宏（監訳）リクルートワークス研究所（訳）（2002）．　ハイ・フライヤー　プレジデント社）
Meijers, F.（1998）．The development of a career identitiy. *International Journal for Advancement of Counseling*, **20**, 191-207.
Morin, D. B.（2003）．　キャリアカウンセリング・マスタープログラム　知識編　pp.30-32.
Morin, D. B.（2003）．　キャリアカウンセリング・マスタープログラム　実戦編　pp.160-161.
Nevill, D. D., & Super, D. E.（1986）．*The values scale manual: Theory, application, and research*. Palo Alto, CA: Consulting Psychologists Press.
岡本祐子（1999）．　女性の生涯発達とアイデンティティ　北大路書房
大前研一（2008）．　サラリーマン「再起動」マニュアル　小学館
三和総合研究所（2000）．　職業能力に関する調査報告書
Schein, E. H.（1978）．*Career dynamics: Matching individual and organizational needs.* Reading, MA: Addison-Wesley.（二村敏子・三善勝代（訳）（1991）．　キャリア・ダイナミクス―キャリアとは，生涯を通しての人間の生き方・表現である　白桃書房）
総理府（1999）．　生涯学習に関する世論調査
Super, D. E.（1942）．*The dynamics of vocational adjustment*. New York: Harper Collins.
武村雪絵（2005）．　療養病床の看護職員・介護職員のキャリアアイデンティティの測定　医療と社会, **14**(4), 83-97.
田坂広志（2008）．　未来を予見する「5つの法則」　光文社
所　由紀（2005）．　偶キャリ。―「偶然」からキャリアをつくった10人　経済界
渡辺三枝子・大庭さよ・岡田昌毅・黒川雅之・中村　恵・藤原美智子（2003）．　キャリアの心理学　ナカニシヤ出版
吉津紀久子（2001）．　職業的アイデンティティの発達的研究II　教育学科研究年報（関西学院大学）, **27**, 23-29.

■ 第 4 章 第 2 節
飛鳥井望（1994）．　自殺の危険因子としての精神障害　精神神経学雑誌, **96**, 415-443.
Beehr, T. A., & Newman, J. E.（1979）．Job stress, employee health, and organizational effectiveness: A facet analysis, model, and literature review. *Personnel Psychology*, **31**, 665-699.
Caplan, R. D., Cobb, S., French, J. R. P., Harrison, R. V., & Pinneau, S. R.（1975）．*Job demands and worker health*. Cincinnati: National Institute for Occupational Safety and Health. Ann Arbor: University of Michigan.
警察庁（2008）．平成 19 年中における自殺の概要資料　（http://www.npa.go.jp/toukei/chiiki10/h19_zisatsu.pdf）（Accessed December 15, 2008）
Cooper, C. L., & Dewe, P.（2004）．*Stress: A brief history*. Oxford: Blackwell Publishing.（大塚泰正・岩崎健二・高橋　修・京谷美奈子・鈴木綾子（訳）（2006）．ストレスの心理学：その歴史と展望　北大路書房）
Cooper, C. L., & Marshall, J.（1976）．Occupational sources of stress: A review of the literature relating to coronary heart disease and mental ill health. *Journal of Occupational Psychology*, **49**, 11-28.
厚生労働省（2006）．　労働者の心の健康の保持増進のための指針
　　（http://www.mhlw.go.jp/topics/bukyoku/roudou/an-eihou/dl/060331-2.pdf）（Accessed December 15, 2008）
厚生労働省（2008）．　脳・心臓疾患及び精神障害等に係る労災補償状況（平成 19 年度）について
　　（http://www.mhlw.go.jp/houdou/2008/05/h0523-2.html）（Accessed December 15, 2008）
厚生労働省（2009）．　心の健康問題により休業した労働者の職場復帰支援の手引き
　　（http://www.mhlw.go.jp/bunya/roudoukijun/anzeneisei28/dl/01.pdf）（Accessed January 19, 2010）
チクセントミハイ，ミハイ・ナカムラ，ジーン（2003）．フロー理論のこれまで　今村浩明・浅川希洋志（編）フロー理論の展開　世界思想社　pp.1-39.
Hurrell, J. J., & Mclaney, M. A.（1988）．Exposure to job stress: A new psychometric instrument. *Scandinavian Journal of Work, Environment, and Health*, **14**(supplement 1), 27-28.
International Labor Organization（1992）．Preventing stress at work. *ILO Conditions of Work Digest,* **11**.

Kanazawa, H., Suzuki, M., Onoda, T., & Yokozawa, N.（2006）. Excess workload and sleep-related symptoms among commercial long-haul truck drivers. *Sleep and Biological Rhythms*, **4**, 121-128.

Kahn, R. L., Wolfe, D. M., Quinn, R. O., Snoek, J. D., & Rosenthal, R. A.（1964）. *Organizational stress: Studies in role conflict and ambiguity*. New York: John Wiley & Sons.

Karasek, R.（1979）. Job demands, job decision latitude, and mental strain: Implications for job redesign. *Administrative Science Quarterly*, **24**, 285-311.

Lazarus, R. S., & Folkman, S.（1984）. *Stress, appraisal, and coping*. New York: Springer.（本明　寛・春木　豊・織田正美（監訳）（1991）．ストレスの心理学：認知的評価と対処の研究　実務教育出版）

岡本祐子（2007）．アイデンティティ生涯発達論の展開：中年期の危機と心の深化　ミネルヴァ書房

Siegrist, J.（1996）. Adverse health effects of high effort/low reward conditions. *Journal of Occupational Health Psychology*, **1**, 27-41.

■第4章 第3節

Bridges, W.（1980）. *Trasitions*. Reanding, MA: Addison-Wesley.（倉光　修（訳）（1994）．トランジション—人生の転機　創元社）

Cochran, L.（1997）. *Career counseling. A narrative approach*. Thousand Oaks, CA: Sage Publications.

Erikson, E. H., & Erikson, J. M.（1982）. *The life cycle completed*. New York: W. W. Norton（村瀬孝雄・近藤邦夫（訳）（1989）．ライフサイクル その完結　みすず書房）

Gelatt, H. B.（1989）. Positive uncertainty:A new decision-making framework for counseling. *Journal of Counseling Psychology*, **36**（**2**）, 252-256.

Hall, D. T.（2002）. *Careers in and out of organizations*. Thousand Oaks, CA: Sage.

Hansen, L. S.（1997）. *Integrative life planning: Critical tasks for career development and changing life patterns*. San Francisco, CA: Jossey-Bass.

Harvey, J. H.（2000）. *Give sorrow words: Perspectives on loss and trauma*. New York: Brunner Mazel.（安藤清志（訳）（2002）．悲しみに言葉を　喪失とトラウマの心理学　誠信書房）

廣川　進（2006）．失業のキャリアカウンセリング：再就職支援の現場から　金剛出版

Krumboltz, J. D.（1996）. A learning theory of career counseling. In M. L. Savickas, & W. B. Walsh (Eds.), *Handbook of career counseling theory and practice*. Palo Alto, CA: Davis-Black. pp.55-80.

Krumboltz, J. D.（2001）．慶応義塾大学SFCキャリア・ラボ・シンポジウム基調講演資料

加藤一郎（2004）．語りとしてのキャリア：メタファーを通じたキャリアの構成　白桃書房

金井壽宏（2002）．働くひとのためのキャリア・デザイン　PHP研究所

村瀬嘉代子（2006）．心理臨床という営み：生きるということ病むということ　金剛出版

大久保幸夫（2006）．キャリアデザイン入門Ⅰ　日本経済新聞社

岡本祐子（2002）．アイデンティティ生涯発達論の射程　ミネルヴァ書房

小此木啓吾（1979）．対象喪失：悲しむということ　中央公論新社

杉浦　健（2004）．転機の心理学　ナカニシヤ出版

White, M.（1995）. *Re-authoring lives: Interviews & esseys by Michael White*. Adelaide, South Australia: Dulwich Centre Publications.（小森康永・土岐篤史（訳）（2000）．人生の再著述—マイケル，ナラティブセラピーを語る　ヘルスワーク協会）

■第4章 第4節

新井　肇（1999）．「教師」崩壊—バーンアウト症候群克服のために—　すずさわ書店

新井　肇（2008）．教師のメンタルヘルスについて考える（講演記録）　教職課程センター年報，**20**，101-138.

稲垣忠彦・寺崎昌男・松平信久（1988）．教師のライフコース　東京大学出版会

伊藤美奈子（2005）．教師のバーンアウト傾向を規定する諸要因—子どもの問題，サポート源，生活時間に注目して—　慶應義塾大学教職課程センター年報，**16**，5-20.

伊藤美奈子（2006）．教師のバーンアウト—燃え尽きる教師たち　発達，**106**，11-17.

Maslach, C., & Pine, A.（1979）. Burnout: The loss of human caring. In C. Maslach, & A. Pines. *Experiencing social psychology*. Random House. New York: Knopf. pp.245-252.

森川紘一・横山政夫（1996）．子どもの問題行動と教師の苦悩　大阪教育文化センター教師の多忙化調査研究会（編）　教師の多忙化とバーンアウト　法政出版　pp.129-145.

中島一憲（2006）．教師のうつ　発達，**106**，2-10.

中島一憲（編著）（2000）．教師のストレス総チェック　ぎょうせい

清水睦美・福島裕敏（1998）．教師の現状をデータから読む　教育，1998年9月号，33-40.

■ 第4章 第5節

柏木惠子（1995）． 親子関係の研究　柏木惠子・高橋惠子（編）発達心理学とフェミニズム　ミネルヴァ書房　pp.18-52.

岡本祐子（2002）． アイデンティティ生涯発達論の射程　ミネルヴァ書房

大井方子・松浦克己（2003）． 女性の就業形態選択に影響するものとしないもの―転職・退職理由と夫の年収・職業を中心として―　会計検査研究，**27**，213-226.

リクルートワークス研究所（2005～2006）．「こうして成功！子育てママの再就職」『とらばーゆ』『とらばーゆ*net』　リクルートワークス研究所

リクルートワークス研究所（2004）．「ワーキングパーソン調査2004」　リクルートワークス研究所

リクルートワークス研究所（2006）．「ワーキングパーソン調査2006」　リクルートワークス研究所

鈴木尚子（2004）．企業の子育て支援をめぐって―現状と課題―　レファレンス，国立国会図書館，平成16年8月号，7-30.

德永英子（2006）．女性のキャリアパスの類型化に関する研究　Works Review，創刊号，62-73.　リクルートワークス研究所

德永英子（2007）． 転職時の"年齢の壁"は乗り越えられるのか―求人の年齢制限の実態に迫る―　Works Review，**3**，20-31.　リクルートワークス研究所

■ 第4章 第6節

Baruch, G. K., & Barnett, R.（1986）. Role quality, multiple role involvement and psychological well-being in midlife woman. *Journal of Personality and Social Psychology*, **51**, 578-585.

土肥伊都子（1990）． 多重役割従事に関する研究―役割従事タイプ，達成感と男性性，女性性の効果―　社会心理学研究，**5**(2)，137-145.

土肥伊都子（1999）．"働く母親"，多重役割の心理学　東　洋・柏木惠子（編）流動する社会と家族I―社会と家族の心理学　ミネルヴァ書房　pp.113-136.

江原由美子（2004）． ジェンダー意識の変容と結婚回避　目黒依子・西岡八郎（編）少子化のジェンダー分析　勁草書房　pp.27-50.

Freedman, B. A.（1987）. Ego identity status and the family and career priorities of college women. *Dissertation Abstracts International*, **48**(5-B), 1528.

濱田知子（2001）． 高学歴女性の職学とライフコース　脇坂明・冨田安信（編）大卒女性の働き方―女性が仕事をつづけるとき，やめるとき　日本労働研究機構　pp.195-213.

Harter, S.（1993）. Causes and consequences of low self-esteem in children and adolescents. In R. F. Baumeister（Ed.）, *Self-esteem: The puzzle of low self-regard*. New York: Plenum Press. pp.87-116.

Kağıtçıbaşi, C.（Eds.）,（1989）. Family and socialization in cross-cultural perspective: A model of change. In J. W. Berry, J. G. Draguns, & M. Cole（Eds.）, *Nebraska symposium on motivation 1989: Cross-cultural perspectives*. Lincoln: University of Nebraska Press. pp.135-200.

金井篤子（1993）． 働く女性のキャリア・ストレスに関する研究　社会心理学研究，**8**(1)，21-32.

神原文子（2000）． 子育ての世代間分析　神原文子・高田洋子（編著）教育期の子育てと親子関係　ミネルヴァ書房　pp.45-73.

柏木惠子（2003）． 家族の起源・進化・発達　柏木惠子(著)家族心理学―社会変動・発達・ジェンダーの視点―　東京大学出版会　pp.21-56.

柏木惠子（2008）． 子どもが育つ条件―家族心理学から考える　岩波書店

柏木惠子・永久ひさ子（1999）． 女性における子どもの価値―今，なぜ子を産むか―　教育心理学研究，**47**，170-179.

経済企画庁（1997）． 国民生活白書　平成9年版　働く女性　新しい社会システムを求めて　大蔵省印刷局

小泉智恵・菅原ますみ・前川暁子・北村俊則（2003）． 働く母親における仕事から家庭へのネガティブ・スピルオーバーが抑うつ傾向に及ぼす影響　発達心理学研究，**14**(3)，272-283.

国立社会保障・人口問題研究所（2002）． わが国独身者の結婚観と家族観　第12回出生動向基本調査　厚生統計協会

国立社会保障・人口問題研究所（2006）． 第13回出生動向基本調査（結婚と出産に関する全国調査―独身者調査）　厚生統計協会

厚生省（1996）．「厚生白書　家族と社会保障―家族の社会的支援のために（平成8年版）」　ぎょうせい

厚生労働省（2005）． 平成16年度版女性労働白書　働く女性の実情　21世紀職業財団

前川あさ美・無藤清子・野村法子・園田雅代（1996）． 複数役割をもつ成人期女性の葛藤と統合のプロセス　東京女子大学女性学研究所

Marks, S. R.（1977）. Multiple roles and role strain: Some notes on human energy, time and commitment. *American Sociological*

Review, **41**, 921-936.
松浦素子（2006）．成人女性のライフスタイルと精神的健康との関連―役割達成感とパーソナリティの観点から　心理学研究, **77**(1), 48-55.
目黒依子（1987）．個人化する家族　勁草書房
永久ひさ子（2008a）．既婚女性における「能力への自己評価」―尺度作成の試み―　文京学院大学人間学部研究紀要, **10**（1）, 153-166.
永久ひさ子（2008b）．女性の高学歴化と「家族の個人化」　柏木惠子（監修）塘利枝子・福島朋子・永久ひさ子・大野祥子（編）発達家族心理学を拓く―家族と社会と個人をつなぐ視座　ナカニシヤ出版　pp.3-16.
永久ひさ子・柏木惠子（2000）．母親の個人化と子どもの価値―女性の高学歴化, 有職化の視点から―　家族心理学研究, **14**, 139-150.
難波淳子（2000）．中年期の日本人女性の自己の発達に関する一考察：語られたライフヒストリーの分析から　社会心理学研究, **15**(3), 164-177.
根ケ山光一（2002）．発達行動学の視座―＜個＞の自立発達の人間科学的探究　金子書房
西川真規子（2001）．高学歴女性と継続就労　脇坂　明・富田安信（編著）大卒女性の働き方―女性が仕事をつづけるとき・やめるとき　日本労働研究機構　pp.83-100.
岡本祐子（1991）．成人女性の自我同一性発達に関する研究　広島中央女子短期大学紀要, **28**, 7-26.
岡本祐子（1996）．育児期における女性のアイデンティティ様態と家族関係に関する研究　日本家政学会誌, **47**, 849-860.
岡本祐子（編著）（2002）．アイデンティティ生涯発達の射程　ミネルヴァ書房
労働省（2000）．平成11年度版女性労働白書　働く女性の実情　21世紀職業財団
Sirber, S. D.（1974）. Toward a theory of role accumulation. *American Sociological Review*, **39**, 567-578.
Thoits, P. A.（1986）. Multiple identities: Examining gender and marital status differences in distress. *American Sociological Review*, **51**, 259-272.

■第5章 第1節

Angier, N.（1999）. *Woman: An intimate geography.* Boston, MA: Houghton Mifflin.（中村桂子・桃井緑美子（訳）（2005）．Woman 女性のからだの不思議（上・下）綜合社）
Antonucci, T. C.（2001）. Social relations: An examination of social networks, social support and sense of control. In J. E. Birren, & K. W. Schaie（Eds.）, *Handbook of the psychology of aging*（5th ed.）San Diego, CA: Academic Press. pp.427-453.
青柳涼子（2008）．孤独死の社会的背景　中沢卓実・淑徳大学孤独死研究会（編）団地と孤独死　中央法規出版　pp.79-103.
Beck, U.（1986）. *Risikogesellschaft Auf dem Weg in eine andere Moderne.* Frankfurt am Main: Suhrkamp Verlag.（東　廉・伊藤美登里（訳）（1998）．危険社会　財団法人法政大学出版局）
Cheal, D.（2002）. *Sociology of family life.* Basingstoke: Palgrave.（野々山久也（監訳）（2006）．家族ライフスタイルの社会学　ミネルヴァ書房）
Chen, D., & Haviland-Jones, J.（1999）. Rapid mood change and human odors. *Physiology & Behavior*, **68**, 241-250.
Elder, G. H., Jr.（1974）. *Children of the great depression: Social change in life experience.* Chicago: The University of Chicago Press.（本田時雄他（訳）（1986）．大恐慌の子どもたち　明石書店）
NHKスペシャル取材班・佐々木とく子（2007）．ひとり誰にも看取られず―激増する孤独死とその防止策　阪急コミュニケーションズ
Erikson, E. H.（1950）. *Childhood and society.* New York: W. W. Norton.（仁科弥生（訳）（1977, 1980）．幼児期と社会1・2　みすず書房）
Erikson, E. H., & Erikson, J. M.（1997）. *The life cycle completed: A review*（expanded edition）. New York: W. W. Norton & Company.（村瀬孝雄・近藤邦夫（訳）（2001）．ライフサイクル，その完結＜増補版＞　みすず書房）
Fineman, M. A.（1995）. *The neutered mother, the sexual familiy and other twentieth century tragedies.* New York: Taylor & Francis Books.（上野千鶴子（監訳・解説）速水葉子・穐田信子（訳）（2003）．家族，積みすぎた方舟―ポスト平等主義のフェミニズムの法理論　学陽書房）
黄　順姫（2007）．同窓会の社会学―学校的身体文化・信頼・ネットワーク　世界思想社
藤村正之（2008）．生の社会学　東京大学出版会
藤崎宏子（2008）．ミドル期からのライフコース展開と危機的移行　藤崎宏子・平岡公一・美輪建二（編）お茶の水女子大学21世紀COEプログラム　誕生から死までの人間発達科学　第5巻　ミドル期の危機と発達―人生の最終章までのウェルビーイング―　金子書房　pp.3-22.
福原正弘（1998）．ニュータウンは今―40年目の夢と現実　東京新聞出版局

Giele, J. Z., & Elder, G. H. Jr.（Eds.）（1998）．*Methods of life course research: Qualitative and quantitative approaches.* Thousand Oaks, CA: Sage Publications.（正岡寛司・藤見純子（訳）（2003）．ライフコース研究の方法―質的ならびに量的アプローチ　明石書店）

Goffman, E.（1952）．On cooling the mark out. *Psychiatry*, **15**(4), 451-463.

浜口恵俊・徳岡秀雄・今津孝次郎（1976）．日本人における成人社会化の基本特性―社会的経歴の分析を通して―　日本教育社会学会（編）教育社会学研究　東洋館出版，**31**, 40-53.

Hall, C. M.（1999）．*The special mission of grandparents: Hearing, seeing, telling.* Westport, CT: Bergin & Garvey.（吉井　弘（訳）（2001）．祖父母の特別な役割―聞くこと・見ること・話すこと　誠信書房）

平木典子（2006）．家族とは何か　平木典子・中釜洋子（編）　家族の心理―家族への理解を深めるために　サイエンス社　pp.1-16.

今津孝次郎（2008）．人生時間割の社会学　世界思想社

石﨑淳一（2007）．回想法　下仲順子（編）高齢期の心理と臨床心理学　培風館　pp.257-270.

Kahn, R. L., & Antonucci, T. C.（1980）．Convoys over the life course: Attachment, roles, and social support. *Life-span Development and Behavior*, **3**, 253-286.

金井淑子（2006）．「家族問題」から「ファミリー・トラブル」の間―暴力性を帯びてしまった家族の暗部へ　金井淑子（編）ファミリー・トラブル―近代家族／ジェンダーのゆくえ　明石書房　pp.9-48.

神原文子（2000）．家族社会学からみた家族危機　清水新二（編）家族問題―危機と存続　ミネルヴァ書房　pp.193-217.

金子雅臣（2006）．壊れる男たち―セクハラはなぜ繰り返されるのか　岩波書店

春日井典子（2004）．介護ライフスタイルの社会学　世界思想社

岸　裕司（2005）．中高年パワーが学校とまちをつくる　岩波書店

駒宮淳子（2008）．シニア世代の『地域デビュー』に関する考察―地域活動インターシップの事例調査を通して　応用社会学研究　東京国際大学大学院社会学研究科，**18**, 49-67.

小松丈晃（2007）．リスク社会と信頼　今田高俊（編）リスク学入門4　社会生活から見たリスク　岩波書店　pp.109-126.

高齢者アンケートを読む会（編）（1995）．老いて都市に暮らす―町田市高齢者の肉声を生かす　亜紀書房

厚生労働省（2008）．平成19年度高齢者虐待の防止，高齢者の養護者に対する支援等に関する法律に基づく対応状況等に関する調査結果（www.mhlw.go.jp/houdou/2008/10/dvh/006-1a.pdf）

厚生労働省（2009a）．平成20年国民生活基礎調査の概況（www.mhlw.go.jp/toukei/saikin/hw/k-tyosa/k-tyosa08/index.html）

厚生労働省（2009b）．平成20年人口動態統計（厚生労働省統計表データベース，www.e-stat.go.jp/SG1/estat/list.do?）

前田信彦（1998）．家族のライフサイクルと女性の就業―同居親の有無とその年齢効果　日本労働研究雑誌，**459**, 25-38.

森岡清美（1973）．家族周期論　培風館

森岡清美（2005）．発展する家族社会学―継承と摂取と創造　有斐閣

望月　嵩（1980）．現代家族の生と死　望月　嵩・本村　汎（編）現代家族の危機　有斐閣　pp.1-22.

内閣府国民生活局（2007）．平成19年版国民生活白書―つながりが築く豊かな国民生活　時事画報社（www5.cao.go.jp/seikatsu/whitepaper/index.html）

内閣府男女共同参画局（2008）．高齢男女の自立した生活に関する実態調査

三宅貴夫（2003）．痴呆性高齢者の介護家族会の現状と課題：社団法人呆け老人をかかえる家族の会の場合　老年社会科学，**25**(3), 360-366.

目黒依子（1987）．個人化する家族　勁草書房

目黒依子（2007）．家族社会学のパラダイム　勁草書房

守屋慶子（2006）．高齢期にもひとは発達する　内田伸子（編）お茶の水女子大学21世紀COEプログラム　誕生から死までの人間発達科学　第1巻　誕生から死までのウェルビーイング―老いと死から人間の発達を考える　金子書房　pp.107-127.

中川　敦（2007）．実の娘による「遠距離介護」経験と《罪悪感》　三井さよ・鈴木智之（編）ケアとサポートの社会学　法政大学出版局　pp.37-71.

中村一茂（2008）．高齢者にとってのこころの「居場所」　園田恭一・西村昌記（編）ソーシャル・インクルージョンの社会福祉―あたらしい＜つながり＞を求めて　ミネルヴァ書房　pp.191-211.

日本労働研究機構（2001）．育児休業・介護休業制度に関する調査研究報告書―ケーススタディを中心に

小木曽宏（2008）．「孤独死」をめぐる新たな福祉問題　中沢卓実・淑徳大学孤独死研究会（編）団地と孤独死　中央法規出版　pp.121-143.

岡堂哲雄（1989）．発達し変貌する家族関係　岡堂哲雄（編）家族関係の発達と危機　同朋舎　pp.1-21.

岡林秀樹（2007）．高齢期の人間関係―対人関係，社会生活とソーシャルサポート　下仲順子（編）高齢期の心理と臨床心理学　培風館　pp.121-130.

岡本祐子（1997）．中年からのアイデンティティ発達の心理学―成人期・老年期の心の発達と共に生きることの意味―　ナカニシヤ出版

岡本祐子（2007）．アイデンティティ生涯発達論の展開：中年期の危機と心の深化　ミネルヴァ書房

岡村清子（2002）．ケアワーカーとジェンダー　女性学研究所年報, **12**, 10-11.

岡村清子（2004）．配偶者喪失とジェンダー―高齢期の死別が与える影響　袖井孝子（編）少子化社会の家族と福祉―女性と高齢者の視点から　ミネルヴァ書房　pp.182-194.

岡村清子（2005）．地域三世代統合ケア―小規模多機能ケアと居場所づくり　日本老年社会科学会（編）老年社会科学, **27**(3), 351-358.

岡村清子（2006）．定年退職と家族生活　日本労働研究雑誌, **550**（2006年5月号），67-82.

岡村清子（2007）．高齢期の人間関係―家族関係，家族の変化　下仲順子（編）高齢期の心理と臨床心理学　培風館　pp.110-121.

岡村清子・天沼理恵（2007）．家族員との死別体験とその意味　袖井孝子（編）死の人間学　お茶の水女子大学21世紀COEプログラム　誕生から死までの人間発達科学　第6巻　金子書房　pp.71-105.

岡村清子（2008a）．世代間交流が高齢者にもたらす生きがい　財団法人長寿社会開発センター（編）生きがい研究, **14**, 中央法規出版　pp.26-54.

岡村清子（2008b）．女性の職場進出と雇用の安定　手塚和彰・中窪裕也（編）変貌する労働と社会システム―手塚和彰先生退官記念論集　信山社　pp.69-97.

大村英昭（1993）．撤退の思想―続・鎮めの文化論　樺山紘一・上野千鶴子（編）長寿社会総合講座9　21世紀の高齢者文化　第一法規出版　pp.233-247.

大村英昭（1997）．日本人の心の習慣―鎮めの文化論　日本放送出版協会

Parsons, T., & Bales, R. F.（1955）．*Family: Socialization and interaction process*. Glencore: Free Press.（橋爪貞雄ほか（訳）（2001）．家族―核家族と子どもの社会化（新装版）黎明書房）

Perun, P. J., & D. D. Vento Bielby（1980）．Structure and dynamics of the individual life course. In K. W. Back（Ed.），*Life course: Integrative theories and exemplary populations*. Boalder, CO: Westview Press. pp.97-119.

Putnam, R. D.（2000）．*Bowling alone: The collapse and revival of American community*. New York: Simon & Schuster.（柴内康文（訳）（2006）．孤独なボーリング―米国コミュニティの崩壊と再生　柏書房）

阪本陽子（2005）．高齢期の社会化における「語り」の意義　文京大学付属研究所紀要, **14**, 73-78.

笹山尚人（2008）．人が壊れていく職場―自分を守るために何が必要か　光文社

Schaie, K. W., & Willis, S. L.（2002）．*Adult development and aging*（5th ed.）Upper Saddle River, NJ: Prentice-Hall.（岡林秀樹（訳）（2006）．成人発達とエイジング（第5版）　ブレーン出版）

嶋﨑尚子（2008）．ライフコースの社会学（早稲田社会学ブックレット社会学のポテンシャル2）学文社

園田恭一・西村昌記（編）（2008）．ソーシャル・インクルージョンの社会福祉―新しい＜つながり＞を求めて　ミネルヴァ書房

鈴木　忠（2008）．生涯発達のダイナミクス―知の多様性　生きかたの可塑性　東京大学出版会

筒井淳也（2008）．親密性の社会学―縮小する家族のゆくえ　世界思想社

山根常男（1963）．家族の本質―キヅツに家族は存在するか―　社会学評論, **13-4**(52), 37-55.

山根常男（1998）．家族と社会―社会生態学の理論をめざして　家政教育社

財団法人東京市町村自治調査会（1998）．多摩高齢者白書―ニューシルバーへの応援歌　けやき出版

財団法人長寿社会開発センター（1997）．中高年者の生活者を襲うライフパニック調査―パートⅢ・結果報告書　平成9年3月　pp.45-47.

■第5章 第2節

Adams, J. M., & Jones, W. H.（1997）．The conceptualization of marital commitment: An integrative analysis. *Journal of Personality and Social Psychology*, **72**, 1177-1196.

Adams, J. M., & Spain, J. S.（1999）．The dynamics of interpersonal commitment and the issue of salience. In J. M. Adams & W. H. Jones（Eds.），*Handbook of interpersonal commitment and relationship stability*. New York: Kluwer Academic/Plenum. pp.165-179

Baxter, L. A., & Erbert, L.（1999）．Perceptions of dialectical contradictions in turning points of development in heterosexual romantic relationships. *Journal of Social and Personal Relationships*, **16**, 547-569.

Baxter, L. A., & Montgomery, B. M.（1996）．*Relating: Dialogues and dialectics*. New York:Guilford.

Johnson, M. P.（1991）．Commitment to personal relationships. In W. H. Jones, & D. W. Perlman（Eds.），*Advances in personal relationships,* Vol.3. London: Jessica Kingsley. pp.117-143.

Johnson, M. P., Caughlin, J. P., & Huston, T. L.（1999）. The tripartite nature of marital commitment: Personal, moral, and structural reasons to stay married. *Journal of Marriage and the Family*, **61**, 160-177.

厚生労働省大臣官房統計情報部（2009）. 人口動態統計平成 19 年上巻　厚生統計協会

Marcia, J. E.（1966）. Development and validation of egoidentity status. *Journal of Personality and Social Psychology*, **3**, 551-558.

岡本祐子（2007）. アイデンティティ生涯発達論の展開：中年期の危機と心の深化　ミネルヴァ書房

Sahlstein, E., & Baxter, L. A.（2001）. Improvising commitment in close relationships: A relational dialectics perspective. In J. H. Harvey, & A. E. Wenzel（Eds.）, *Close romantic relationships: Maintenance and enhancement*. Mahwah, NJ: Erlbaum. pp.115-132.

宇都宮博（1999）. 夫婦関係の生涯発達―成人期を配偶者とともに生きることの意味―　岡本祐子（編）　女性の生涯発達とアイデンティティ　北大路書房　pp.179-208.

宇都宮博（2004）. 高齢期の夫婦関係に関する発達心理学的研究　風間書房

宇都宮博（2005）. 結婚生活の質が中高年者のアイデンティティに及ぼす影響―夫婦間のズレと相互性に着目して―　家族心理学研究, **19**, 47-58.

宇都宮博（2008）. 中高年女性の結婚生活の質と抑うつ―社会的活動，サポート・ネットワークとの関連から―　立命館人間科学研究, **17**, 25-33.

■第 5 章 第 3 節

穴井千鶴・園田直子・津田　彰（2003）. 首尾一貫感覚からみた育児期女性（1）―育児不安との関連について―久留米大学心理学研究, **2**, 71-75.

安藤智子・無藤　隆（2008）. 妊娠期から産後 1 年までの抑うつとその変化―縦断研究による関連要因の検討―　発達心理学研究, **19**, 283-293.

Belsky, J., & Kelly, J.（1994）. *The transition to parenthood*. New York: Delacorte Press.（安次嶺佳子（訳）（1995）. 子供をもつと夫婦に何が起こるか　草思社）

Goldberg, W. A.（1988）. Introduction: Perspectives on the transition to parenthood. In G. Michaels, & W. A. Goldberg（Eds.）, *The transition to parenthood: Current theory and research*. Cambridge: Cambridge University Press. pp.1-20.

Easterbrooks, M. A.（1988）. Effects of infant risk status on the transition to parenthood. In G. Michaels, & W. A. Goldberg（Eds.）, *The transition to parenthood: Current theory and research*. Cambridge: Cambridge University Press.

藤井東治（1996）.「望まない妊娠の結果生まれた児」への虐待をめぐる問題―児童虐待に関する調査と考察―　家族心理学研究, **10**, 105-117.

福丸由佳（2000）. 共働き世帯の夫婦における多重役割と抑うつ度との関連　家族心理学研究, **14**, 151-162.

原田正文（2006）. 子育ての変貌と次世代育成支援―兵庫レポートにみる子育て現場と子ども虐待予防―　名古屋大学出版会

柏木惠子（2001）. 子どもという価値―少子化時代の女性の心理―　中央公論新社

柏木惠子・高橋惠子（編）（2008）. 男性の心理学―もう 1 つのジェンダー問題―　有斐閣

柏木惠子・若松素子（1994）. 親となることによる人格発達―生涯発達的視点から親を研究する試み―　発達心理学研究, **5**, 72-83.

加藤道代（2005）. 子育て期の母親における「被援助性」とサポートシステムの変化（1）　東北大学大学院教育学研究科研究年報, **54**, 353-370.

加藤道代（2007）. 子育て期の母親における「被援助性」とサポートシステムの変化（2）　東北大学大学院教育学研究科研究年報, **55**, 243-270.

数井みゆき・無藤　隆・園田菜摘（1996）. 子どもの発達と母子関係・夫婦関係―幼児を持つ家族について　発達心理学研究, **7**, 31-40.

小坂千秋・柏木惠子（2007）. 育児期女性の就労継続・退職を規定する要因　発達心理学研究, **18**, 45-54.

牧野カツコ（1982）. 乳幼児を持つ母親の生活と＜育児不安＞　家庭教育研究所紀要, **3**, 34-56.

目良秋子（2001）. 父親と母親の子育てによる人格発達　発達研究, **16**, 87-98.

森下葉子（2006）. 父親になることによる発達とそれに関わる要因　発達心理学研究, **17**, 182-192.

Nicolson, P.（2001）. *Postnatal depression: Facing the paradox of loss, happiness and motherhood*. Chichester: John Wiley & Sons.

本島優子（2007）. 妊娠期における母親の子ども表象とその発達的規定因および帰結に関する文献展望　京都大学大学院教育学研究科紀要, **53**, 299-312.

Oberman, Y., & Josselson, R.（1996）. Matrix of mothering: A model of mothering. *Psychology of Women Quarterly*, **20**, 341-359.

岡本依子・菅野幸恵・根ヶ山光一（2003）. 胎動に対する語りにみられる妊娠期の主観的な母子関係―胎動日記に

おける胎児の意味づけ―　発達心理学研究, **14**, 64-76.
岡本祐子（1996）．　育児期における女性のアイデンティティ様態と家族関係に関する研究　日本家政学会誌, **47**, 849-860.
岡本祐子（2001）．　育児による親の発達とそれを支える家族要因に関する研究　広島大学大学院教育学研究科紀要　第二部, **50**, 333-339.
小野寺敦子（2003）．　親になることによる自己概念の変化　発達心理学研究, **14**, 180-190.
小野寺敦子・青木紀久代・小山真弓（1998）．　父親になる意識の形成過程　発達心理学研究, **9**, 121-130.
大日向雅美（1988）．　母性の研究　川島書店
大日向雅美（1991）．　親としての発達　日本児童学研究所（編）児童心理学の進歩　金子書房, **30**, 153-179.
Reder, P., & Duncan, S.（1999）. *Lost innocents: A follow-up study of fatal child abuse.* London: Routledge.（小林美智子・西澤哲（監訳）（2005）．　子どもが虐待で死ぬとき―虐待死亡事例の分析―　明石出版）
Rubin, R.（1984）. *Maternal identity and the maternal experience.* New York: Springer Publishing.（新道幸恵・後藤桂子（訳）（1997）．　母性論―母性の主観的経験―　医学書院）
坂上裕子（2003）．　歩行期開始期における母子の共発達―子どもの反抗・自己主張への母親の適応過程の検討―　発達心理学研究, **14**, 257-271.
坂上裕子（2005）．　子どもの反抗期における母親の発達―歩行期開始期の母子の共変化過程―　風間書房
佐藤達哉・菅原ますみ・戸田まり・島　哲・北村俊則（1994）．　育児に関連するストレスとその抑うつ重症度の関連　心理学研究, **64**, 409-416.
Stern, D. N.（1995）. *The motherhood constellation: A unified view of parent-infant psychology.* New York: Basic Books.（馬場禮子・青木紀久代（訳）（2000）．　親‐乳幼児心理療法―母性のコンステレーション―　岩崎学術出版）
高濱裕子・渡辺利子・坂上裕子・高辻千恵・野澤祥子（2008）．　歩行開始期における親子システムの変容プロセス―母親のもつ枠組みと子どもの反抗・自己主張との関係―　発達心理学研究, **19**, 121-131.
田丸尚美（2008）．　育児期の女性に見られるアイデンティティの危機と家族関係　心理科学, **29**, 1-9.
戸田まり（1996）．　発達心理学における成人期（1）―「親」はどう捉えられてきたか―　北海道教育大学紀要（第1部C）, **46**, 41-52.
徳田治子（2002）．　母親になることによる獲得と喪失―生涯発達の視点から―　家庭教育研究所紀要, **24**, 110-120.
徳田治子（2004）．　ナラティヴから捉える子育て期女性の意味づけ―生涯発達の視点から―　発達心理学研究, **15**, 13-26.
徳田治子（2007）．　子育て期を生きる母親への質的アプローチ　遠藤利彦・坂上裕子（編）よくわかる質的心理学―生涯発達―　東京図書出版　pp.261-279.
豊田史代・岡本祐子（2006）．　育児期の女性における「母親としての自己」「個人としての自己」の葛藤と統合―育児困難との関連―　広島大学心理学研究, **6**, 201-222.
氏家達夫（2006）．　親の成長と子育て　教育と医学, **639**, 801-809.
吉田敬子（2000）．　母子と家族への援助―妊娠と出産の精神医学　金剛出版
吉永茂美・眞鍋えみ子・瀬戸正弘・上里一郎（2006）．　育児ストレッサー尺度作成の試み　母子衛生, **47**, 386-396.

■ 第5章 第4節

Deykin, E. Y. et al.（1966）. The empty nest: Psychosocial aspects of conflicts between depressed women and their grown children. *American Journal of Psychiatry*, **122**, 1422-1426.
兼田祐美・岡本祐子（2007）．　ポスト子育て期女性のアイデンティティ再体制化に関する研究　広島大学心理学研究, **7**, 187-206.
川喜田二郎（2003）．　続・発想法〜KJ法の展開と応用　中央公論社
村本邦子（2005）．　子産み・子育てをめぐる成人期の危機と援助　岡本祐子（編）成人期の危機と心理臨床　ゆまに書房
岡本祐子（1997）．　中年からのアイデンティティ発達の心理学―青年期・老年期の心の発達と共に生きることの意味―　ナカニシヤ出版
大日向雅美（1988）．　母性の研究　川島書店
清水紀子（2004）．　中年期の女性における子の巣立ちとアイデンティティ　発達心理学研究, **15**(1), 52-64.
Thomas, S. P.（1997）. Psychosocial correlates of women's self-rated physical health in middle adulthood. In. M. E. Lachman, & J. B. James（Eds.）, *Multiple paths of midlife development.* Chicago: The University of Chicago Press. pp.257-291.
遠山尚久（2002）．　成長した子供と母親との関係が女性の心身に与える影響―空の巣症候群　日本女性心身医学会雑誌, **17**(2), 192-197.

■ 第5章 第5節

安藤清志・福岡欣治・松井　豊（2002）．近親者との死別による心理的反応（2）：死別によって得るもの，失うもの　日本社会心理学会第43回大会発表論文集, 530-531.

安藤清志・松井　豊・福岡欣治（2004）．近親者との死別による心理的反応：予備的検討　東洋大学社会学部紀要, **73**, 63-83.

Andreasen, N. J. C., & Norris, A. S.（1972）．Long-term adjustment and adaptation mechanisms in severely burned adults. *Journal of Nervous and Mental Disease*, **154**, 352-362.

Bowlby, J.（1969）．*Attachment and loss vol.1: Attachment*. London: The Hogarth Press.（黒田実郎・大羽　蓁・岡田洋子（訳）（1976）．母子関係の理論Ⅰ：愛着行動　岩崎学術出版社）

Bowlby, J.（1980）．*Attachment and loss vol.3: Loss: Sadness and depression*. London: The Hogarth Press.（黒田実郎・吉田恒子・横浜恵三子（訳）（1981）．母子関係の理論Ⅲ：愛情喪失　岩崎学術出版社）

Calhoun, L. G., & Tedeschi, R. G.（2006）．*Handbook of posttraumatic growth: Research and practice*. Mahwah, NJ: Lawrence Erlbaum Associates.

Collins, C., & Jones, R.（1997）．Emotional distress and morbidity in dementia carers: A matched comparison of husbands and wives. *International Journal of Geriatric Psychiatry*, **12**, 1168-1173.

Deeken, A.（1983）．悲嘆のプロセスを通じての人格成長　看護展望, **8**, 881-885.

Edmonds, S., & Hooker, K.（1992）．Perceived changes in life meaning following bereavement. *Omega*, **25**, 307-318.

Freud, S.（1917）．悲哀とメランコリー　（井村恒郎・小此木啓吾他（訳）（1970）．フロイト著作集第6巻：自我論・不安本能論　人文書院　pp.137-149.）

Fulton Picot, S. J., Youngblut, J., & Zeller, R.,（1997）．Development and testing of a measure of perceived caregiver rewords in adults. *Journal of Nursing Measurement*, **5**, 33-52.

Glick, I. O., Weiss, R. S., & Parkes, C. M.（1974）．*The first year of bereavement*. New York: John Wiley.

Greene, J. G., Smith, R., Gardiner, M., & Timbury, G. C.（1982）．Measuring behavioural disturbance of elderly demented patients in the community and its effects on relatives: A factor analytic study. *Age and Aging*, **11**, 121-126.

Helmrath, T. A., & Steinitz, E. M.（1978）．Death of an infant: Parental grieving and the failure of social support. *The Journal of Family Practice*, **6**, 785-790.

東村奈緒美・坂口幸弘・柏木哲夫・恒藤　暁（2001）．死別経験による遺族の人間的成長　死の臨床, **24**, 69-74.

広瀬美千代・岡田進一・白澤政和（2004）．家族介護者の介護に対する認知的評価と要介護高齢者のADLとの関係：介護に対する肯定・否定両側面からの検討　生活科学研究誌, **3**, 227-236.

広瀬美千代・岡田進一・白澤政和（2005）．家族介護者の介護に対する認知的評価を測定する尺度の構造：肯定・否定の両側面に焦点をあてて　日本在宅ケア学会誌, **9**, 52-60.

広瀬美千代・岡田進一・白澤政和（2006）．家族介護者の介護に対する認知的評価に関連する要因：介護に対する肯定・否定両側面からの検討　社会福祉学, **47**(3), 3-15.

石井京子（2003）．高齢者への家族介護に関する心理学的研究　風間書房

柏木惠子・若松素子（1994）．「親となる」ことによる人格発達：生涯発達的視点から親を研究する試み　発達心理学研究, **5**, 72-83.

Kessler, B. G.（1987）．Bereavement and personal growth. *Journal of Humanistic Psychology*, **27**, 228-247.

Kinney, J. M., & Stephens, M. A. P.（1989）．Hassles and uplifts of giving care to a family member with dementia. *Psychology and Aging*, **4**, 402-408.

Klein, M.（1940）．Mourning and its relation to manic-depressive states. *International Journal of Psychoanalysis*, **21**, 125-153.

小島洋子・鈴木恵理子（1990）．子どもを亡くした親の悲嘆のプロセスと反応　研究紀要：静岡県立大学短期大学, **4**, 165-171.

Kosberg, J. I., & Cairl, R. E.（1986）．The cost of care index: A case management tool for screening informal care providers. *The Gerontologist*, **26**, 273-278.

Kosberg, J. I., Cairl, R. E., & Keller, D. M.（1990）．Components of burden: Interventive implications. *The Gerontologist*, **30**, 236-242.

Lawton, M. P., Kleban, M. H., Moss, M., Rovine, M., & Glicksman, A.（1989）．Measuring caregiving appraisal. *Journal of Gerontology*, **44**, 61-71.

Lawton, M. P., Moss, M., Kleban, M. H., Glicksman, A., & Rovine, M.（1991）．A two-factor model of caregiving appraisal and psychological well-being. *Journal of Gerontology*, **46**, 181-189.

前田大作・冷水　豊（1984）．障害老人を介護する家族の主観的困難の要因分析　社会老年学, **19**, 3-17.

Malinak, D. P., Hoyt, M. F., & Patterson, V.（1979）．Adults' reactions to the death of a parent: A preliminary study. *American Journal of Psychiatry*, **136**, 1152-1156.

翠川純子（1993）．在宅障害老人の家族介護者の対処（コーピング）に関する研究　社会老年学, **37**, 16-26.

Miller, B., & Cafasso, L.（1992）. Gender differences in caregiving: Fact or artifact? *The Gerontologist*, **32**, 498-507.
Morris, L. W., Morris, R. G., & Britton, P. G.（1988）. The relationship between marital intimacy, perceived strain and depression in spouse caregivers of dementia sufferers. *British Journal of Medical Psychology*, **61**, 231-236.
Morycz, R. K.（1985）. Caregiving strain and the desire to institutionalize family members with Alzheimer's disease. *Research on Aging,* **7**, 329-361.
中谷陽明・東條光雅（1989）. 家族介護者の受ける負担：負担感の測定と要因分析　社会老年学, **29**, 27-36.
新名理恵・矢冨直美・本間　昭・坂田成輝（1989）. 痴呆老人の介護者のストレス負担感に関する心理学的研究　東京都老人総合研究所プロジェクト研究報告書：老年期痴呆の基礎と臨床　東京都老人総合研究所　pp.131-144.
緒方泰子・橋本廸生・乙坂佳代（2000）. 在宅要介護高齢者を介護する家族の主観的介護負担　日本公衆衛生雑誌, **47**, 307-319.
岡本祐子（1985）. 中年期の自我同一性に関する研究　教育心理学研究, **33**, 295-306.
岡本祐子（1994）. 成人期における自我同一性の発達過程とその要因に関する研究　風間書房
岡本祐子（1997a）. 中年からのアイデンティティ発達の心理学—成人期・老年期の心の発達と共に生きることの意味　ナカニシヤ出版
岡本祐子（1997b）. ケアすることによるアイデンティティ発達に関する研究Ⅰ：高齢者介護による成長・発達感とその関連要因の分析　広島大学教育学部紀要第二部, **46**, 111-117.
岡本祐子（編著）（2002）. アイデンティティ生涯発達論の射程　ミネルヴァ書房
岡本祐子（2007）. アイデンティティ生涯発達論の展開：中年期の危機と心の深化　ミネルヴァ書房
小此木啓吾（1979）. 対象喪失　中央公論社
小此木啓吾（1985）. 対象喪失と「悲哀の仕事」の観点からみた躁とうつ　精神分析研究, **29**, 9-17.
小此木啓吾（1990）. 喪の仕事とエディプス葛藤　精神分析研究, **34**, 104-110.
小此木啓吾（1991）. 対象喪失と悲哀の仕事　精神分析研究, **34**, 294-322.
小此木啓吾（1995）. 思春期・青年期におけるMourningとその病理　思春期青年期精神医学, **5**, 85-102.
Parkes, C. M.（1972）. *Bereavement: Studies of grief in adult life*. New York: International Universities Press.
Peterson, C., & Seligman, M. E. P.（2004）. *Character strengths and virtues: A handbook and classification*. Washington, D. C.: American Psychology Association. New York: Oxford University Press.
Pohl, J. M., Given, C. W., Collins, C. E., & Given, B. A.（1994）. Social vulnerability and reactions to caregiving in daughters and daughters-in-law caring for disabled aging parents. *Health Care for Women International*, **15**, 385-395.
Poulshock, S. W., & Deimling, G. T.（1984）. Families caring for elders in residence: Issues in the measurement of burden. *Journal of Gerontology*, **39**, 230-239.
Pruchno, R. A.（1990）. The effects of help patterns on the mental health of spouse caregivers. *Research on Aging*, **12**, 57-71.
Raphael, B.（1981）. Personal disaster. *Australian and New Zealand Journal of Psychiatry*, **15**, 183-198.
Raphael, B.（1983）. *The anatomy of bereavement*. New York: Basic Books.
Reed, B. R., Stone, A. A., & Neale, J. M.（1990）. Effects of caring for a demented relative on elders' life events and appraisals. *The Gerontologist*, **30**, 200-205.
戈木クレイグヒル滋子（1997）. 小児がん専門医に対する母親の評価と治療決定への関わり方　小児がん, **34**, 501-507.
戈木クレイグヒル滋子（1998）. 母親の語りから考えるターミナル期の家族への援助　小児看護, **21**, 1479-1483.
戈木クレイグヒル滋子（1999）. 闘いの軌跡：小児がんによる子どもの喪失と母親の成長　川島書店
戈木クレイグヒル滋子（2000）. 「闘い」を通しての母親の変化：小児がん医療に残された課題（焦点（1）喪失と悲嘆の行動科学）日本保健医療行動科学会年報, **15**, 38-46.
斎藤正彦（1994）. 東京都区部における在宅痴呆老人介護の実態と介護者の負担　老年精神医学雑誌, **5**, 187-196.
坂口幸弘（2002）. 死別後の心理的プロセスにおける意味の役割：有益性発見に関する検討　心理学研究, **73**, 275-280.
坂田周一（1989）. 在宅痴呆性老人の家族介護者の介護継続意志　社会老年学, **29**, 37-43.
櫻井成美（1999）. 介護肯定感がもつ負担軽減効果　心理学研究, **70**, 203-210.
Schofield, H., Bloch, S., Herrman, H., Murphy, B., Nankervis, J., & Singh, B.（1998）. *Family caregivers: Disability, illness and ageing*. St. Leonards, NSW: Allen & Unwin.
Silver, R. L., Boon, C., & Stones, M. H.（1983）. Searching for meaning in misfortune: Making sense of incest. *Journal of Social Issues*, **39**, 81-101.
Singh, B., & Raphael, B.（1981）. Postdisaster morbidity of the bereaved: A possible role for preventive psychiatry? *Journal of Nervous and Mental Disease*, **169**, 203-212.
杉原陽子・杉澤秀博・中谷陽明・柴田　博（1998）. 在宅要介護老人の主介護者のストレスに対する介護期間の影

響　日本公衆衛生雑誌, **45**, 320-335.
田尻文子（2007）．「あ」から始まって　土曜美術社出版販売
高橋ますみ（2008）．夫の母を介護した15年の経験から：「向老学会」の設立へ　上野千鶴子・大熊由紀子・大沢真理・神野直彦・副田義也（編）ケアその思想と実践3　ケアされること　岩波書店　pp.171-172.
渡邉照美・岡本祐子（2005）．死別経験による人格的発達とケア体験との関連　発達心理学研究, **16**, 247-256.
渡邉照美・岡本祐子（2006）．身近な他者との死別を通した人格的発達：がんで近親者を亡くされた方への面接調査から　質的心理学研究, **5**, 99-120.
Whittick, J. E.（1988）. Dementia and mental handicap: Emotional distress in carers. *British Journal of Clinical Psychology*, **27**, 167-172.
やまだようこ（2007）．やまだようこ著作集第8巻　喪失の語り：生成のライフストーリー　新曜社
やまだようこ・河原紀子・藤野友紀・小原佳代・田垣正晋・藤田志穂・堀川　学（1999）．人は身近な「死者」から何を学ぶか：阪神大震災における「友人の死の経験」の語りより　教育方法の探究, **2**, 61-78.
やまだようこ・田垣正晋・保坂裕子・近藤和美（2000）．阪神大震災における「友人の死の経験」の語りと語り直し　教育方法の探究, **3**, 63-81.
Yamamoto, J., Okonogi, K., Iwasaki, T., & Yoshimura, S.（1969）. Mourning in Japan. *American Journal of Psychiatry*, **125**, 1660-1665.
山本則子（1995）．痴呆老人の家族介護に関する研究：娘および嫁介護者の人生における介護経験の意味 1. 研究背景・文献検討・研究方法　看護研究, **28**, 178-199.
山本則子（2001）．家族介護とジェンダー　家族看護学研究, **6**, 158-163.
山本則子・石垣和子・国吉　緑・河原（前川）宣子・長谷川喜代美・林　邦彦・杉下知子（2002）．高齢者の家族における介護の肯定的認識と生活の質（QOL），生きがい感および介護継続意思との関連：続柄別の検討　日本公衆衛生雑誌, **49**, 660-671.
山本　力（1994）．展望　欧米における「喪失と分離，悲嘆」理論の展開：保健福祉領域における心理学的貢献の可能性　岡山県立大学保健福祉学部紀要, **1**, 1-10.
柳田邦男（1996）．「死の医学」への日記　新潮社
柳原清子・近藤博子（1999）．小児癌で子供を亡くした母親の社会化の研究　日本赤十字武蔵野短期大学紀要, **12**, 45-53.
Zarit, S. H., Orr, N. K., & Zarit, J. M.（1985）. *The hidden victims of Alzheimer's disease: Families under stress*. New York: New York University Press.
Zarit, S. H., Reever, K. E., & Bach-Peterson, J.（1980）. Relatives of the impaired elderly: Correlates of feeling of burden. *The Gerontologist*, **20**, 649-655.
Zarit, S. H., Todd, P. A., & Zarit, J. M.（1986）. Subjective burden of husbands and wives as caregivers: A longitudinal study. *The Gerontologist*, **26**, 260-266.

■ 第6章 第1節

川上憲人（2003）．平成14年度厚生労働科学特別研究事業「心の健康問題と対策基盤の実態に関する研究」報告書
警視庁（2009）．平成20年中における自殺の概要資料
　　（http://www.npa.go.jp/safetylife/seianki81/210514_H20jisatsunogaiyou.pdf）
警視庁（2009）．平成20年度版自殺対策白書（HTML）
　　（http://www8.cao.go.jp/jisatsutaisaku/whitepaper/w_2008/honpen/part1/s1_1_01.html）
厚生労働省大臣官房統計情報部（2000）．保健福祉動向調査　平成13年版　厚生労働白書
メノポーズを考える会（2000）．（http://www.meno-sg.net/meno/menogroup.html）
折茂　肇（編）（1992）．新老年学　東京大学出版会
高橋祥友（2003）．中高年自殺——その実態と予防のために——　筑摩書房

■ 第6章 第2節

Bowlby, J.（1969）. *Attachment and loss: Vol.1. Attachment*. London: The Hogarth Press.（黒田実郎・大羽　蓁・岡田洋子（訳）（1976）．母子関係の理論Ⅰ　愛着行動　岩崎学術出版社）
Bowlby, J.（1973）. *Attachment and loss: Vol. 2. Separation: Anxiety and anger*. London: The Hogarth Press.（黒田実郎・岡田洋子・吉田恒子（訳）（1977）．母子関係の理論Ⅱ　分離不安　岩崎学術出版社）
Deutsch, H.（1944）. *The psychology of women: A psychoanalytic interpretation. Vol.2*. Heinmann.（懸田克躬・原　百代（訳）（1964）．母親の心理　日本教文社）
花沢誠一（1992）．母性心理学　医学書院
今井小の実（2002）．『婦人新報』と母性保護論争　キリスト教社会問題研究, **51**, 64-84.

Jung, C. G. (1916). *Über die Psychologie des Unbewussten.* Zürich: Rascher. (高橋義孝（訳）(1977). 無意識の心理 人文書院)
木村 敏 (1982). 時間と自己 中央公論社
小嶋秀夫 (1990). 人間の発達と母性 こころの科学, **30**, 16-21.
久世恵美子・木村美加・松下姫歌 (2006). 初産婦の周産期における母性感情のプロセスとその個人差 第37回日本看護学会論文集—母性看護—, 173-175.
松下姫歌・村上智美 (2007). 母性理念の構造に関する検討 広島大学心理学研究, **7**, 315-323.
大日向雅美 (1990). 日本社会の変遷と母性 こころの科学, **30**, 85-91.

■ 第6章 第3節
石垣明美・本多公子 (2005). 更年期外来で訴えられる精神症状の実際と心理的背景 日本心理臨床学会 第24回大会論文集, 234.
Jung, C. G. (1933). The stages of life. In *The collected works of Carl G. Jung*, Vol.8. Princeton: Princeton University Press, 1960.
神田橋條治 (1990). 精神療法面接のコツ 岩崎学術出版社
兼田祐美・岡本祐子 (2007). ポスト子育て期女性のアイデンティティ再体制化に関する研究 広島大学心理学研究, **7**, 187-206.

■ 第7章 第1節
柏木惠子 (2001). 子どもという価値—少子化時代の女性の心理 中央公論新社
Menning, B. E. (1980). Psychological issues in infertility. In B. L. Blum (Ed.), *Psychological aspects of pregnancy, birthing and bonding.* An official publication of the National Institute for the Psychotherapies. New York: Human Science Press. pp.33-55.
宮田久枝 (2004). 高度生殖医療におけるクライエントの新たな心理—社会的困難の検討 (1)：先行研究の分析を通して 立命館産業社会論集, **39**, 91-103.
森 恵美 (1995). 体外受精を受けるクライエントの心理 看護研究, **28**, 25-33.
村本邦子 (2005). 子産み・子育てをめぐる成人の危機と援助 岡本祐子（編） 成人期の危機と心理臨床—壮年期に灯る危険信号とその援助 ゆまに書房 pp.135-185.
Olshansky, E. F. (1987). Identity of self as infertile: An example of theory-generation research. *Advanced Nursing Science*, **9**, 54-63.
大野虎之進・椎名正樹・高橋茂雄・山口 順・佐藤博久・小林俊文・飯塚理八 (1980). AID児の知的ならびに身体的発育のfollow-up 周産期医学, **10**, 21-25.
Sandelowski, M., & Pollock, C. (1986). Women's experiences of infertility: Ambiguity and infertility. *Journal of Nursing Scholarship*, **18**, 140-144.
清水哲也・千石一雄 (1991). 不妊症患者への心理的ケア 助産婦雑誌, **45**, 21-24.
白井千晶 (2004). 男性不妊の歴史と文化 青弓社（編） 不妊と男性 青弓社 pp.151-192.
柘植あづみ (1996). なぜ子どもが欲しいのか：不妊治療とジェンダー 保健婦雑誌, **52**, 578-581.
堤 治 (2002). 新版 生殖医療のすべて 丸善
堤 治 (2004). 授かる—不妊治療と子どもをもつこと 朝日出版社

■ 第7章 第2節
Boyd, D. (1951). The three stages in the growth of a parent of a mentally retarded child. *American Journal of Mental Deficiency*, **55**, 608-611.
Copley, M. F., & Bodensteiner, J. (1987). Chronic sorrow in families of disabled children. *Journal of Child Neurology*, **2**, 67-70.
Dembo, T., Leviton. G. L., & Wright, B. A. (1956). Adjustment to misfortune: A problem of social-psychological rehabilitation. *Artificial Limbs*, **3**, 4-62.
Droter, D., Baskiewicz, A., Irvin, N., Kennell, J. H., & Klaus, M. H. (1975). The adaptation of parents to the birth of an infant with a congenital malformation : A hypothetical model. *Pediatrics*, **56**, 710-719.
Erikson, E. H. (1950). *Childhood and society.* New York: W. W. Norton. (仁科弥生（訳）(1997, 1980). 幼児期と社会 1・2 みすず書房)
Grayson, M. (1951). Concepts of "acceptance" in physical rehabilitation. *The Journal of the American Medical Association*, **145**, 893-896.

前盛ひとみ・岡本祐子（2008）．重症心身障害児の母親における障害受容過程と子どもの死に対する捉え方との関連―母子分離の視点から　心理臨床学研究, **26**, 171-183.
前盛ひとみ（2009）．重症心身障害者の母親におけるアイデンティティ危機体験の様態の類型化および発達過程の分析　広島大学大学院教育学研究科紀要　第三部（教育人間科学関連領域）, **58**, 215-224.
松下真由美（2003）．軽度発達障害児をもつ母親の障害受容過程についての研究　応用社会学研究　東京国際大学大学院社会学研究科, **13**, 27-52.
Marcia, J. E. (1966). Development and validation of ego-identity status. *Journal of Personality and Social Psychology*, **3**, 551-558.
三木安正（1956）．親の理解について　精神薄弱児研究, **1**, 4-7.
中田洋二郎（1995）．親の障害の認識と受容に関する考察―受容の段階説と慢性的悲哀―　早稲田心理学年報, **27**, 83-92.
中田洋二郎（2002）．子どもの障害をどう受容するか―家族支援と援助者の役割　大月書店
Olshansky, S. (1962). Chronic sorrow: A response to having a mentally defective child. *Social Casework*, **43**, 190-193.
Rosen, L. (1955). Selected aspects in the development of the mother's understanding of her mentally retarded child. *American Journal of Mental Deficiency*, **59**, 522-528.
戈木クレイグヒル滋子（1999）．闘いの軌跡―小児がんによる子どもの喪失と母親の成長　川島書店
Solnit, A. J., & Stark, M. H. (1961). Mourning the birth of a defective child. *The Psychoanalytic Study of the Child*, **16**, 523-527.
鈴木健一（1999）．Duchenne 型筋ジストロフィー症患者の親の心理的側面に関する一研究　児童青年精神医学とその近接領域, **40**, 345-357.
鈴木健一（2003）．Duchenne 型筋ジストロフィー患者及びその親による病と死の受容過程に関する臨床心理学的研究　広島大学大学院教育学研究科博士論文（未公刊）
鑪幹八郎（1963）．精神薄弱児の親の子供受容に関する分析的研究　京都大学教育学部紀要, **9**, 145-172.
鑪幹八郎（2002）．鑪幹八郎著作集Ｉ　アイデンティティとライフサイクル論　ナカニシヤ出版
田中千穂子・丹羽淑子（1988）．ダウン症児の精神発達―母子相互作用の観点からの分析　心理臨床学研究, **5**, 51-59.
上田　敏（1980）．障害の受容―その本質と緒段階について　総合リハビリテーション, **8**, 515-520.
Wikler, L., Wasow, M., & Hatfield, E. (1981). Chronic sorrow revisited: Parents vs. professional depiction of the adjustment of parents of mentally retarded children. *American Journal of Orthopsychiatry*, **51**, 63-70.
Wright, B. A. (1960). *Physical disability: A psychological approach.* New York: Harper & Row.

■ 第7章 第3節

Attig, T. (1996). *How we grieve: Relearning the world.* New York: Oxford University Press.
Bowlby, J. (1980). *Attachment and loss. Vol.3.: Loss: Sadness and depression.* London: The Hogarth Press.（黒田実郎・吉田恒子・横浜恵三子（訳）（1981）．母子関係の理論Ⅲ　愛情喪失　岩崎学術出版社）
Erikson, E. H. (1950). *Childhood and society.* New York: W. W. Norton.（仁科弥生（訳）（1997, 1980）．幼児期と社会1・2　みすず書房）
江藤　淳（1999）．妻と私　文藝春秋
Freud, S. (1917). Mouring and melancholia. In *The standard edition of the complete psychological works of Sigmund Freud.* vol.14. London: The Hogarth Press.（井村恒郎（訳）フロイト著作集6　悲哀とメランコリー　人文書院）
Gaines, R. (1997). Detachment and continuity: The two tasks of mourning. *Contemporary Psychoanalysis*, **33**, 549-571.
Harvey, J. H. (2002). *Give sorrow words.* Philadelphia, PA: Brunner/Mazel.（安藤清志（監訳）（2002）．悲しみに言葉を　誠信書房）
秦　恒平（1992）．死なれて・死なせて　弘文堂
林　有加（2000）．お母さん！　日本短波放送
神谷美恵子（1966）．生きがいについて　みすず書房
Kübler-Ross, E. (1969). *On death and dying.* New York: Macmillan.（鈴木　晶（訳）（1998）．死ぬ瞬間―死とその過程について―　読売新聞社）
Laing, R. D. (1961). *The self and others.* London: Travistock.（志貴晴彦・笠原　嘉（訳）（1975）．自己と他者　みすず書房）
Lindemann, E. (1944). Symptomatology and management of acute grief. *American Journal of Psychiatry*, **101**, 141-148.
Neimeyer, R. A. (2001). *Meaning reconstruction and experience of loss.* Washington, D. C.: American Psychological Association.（富田拓郎・菊池安希子（監訳）（2007）．喪失と悲嘆の心理療法　金剛出版）
野田正彰（1992）．喪の途上にて　岩波書店
小此木啓吾（1979）．対象喪失―悲しむと言うこと　中央公論社

Parkes, C. M. (1996). *Bereavement: Studies of grief in adult life* (3rd ed.) New York: Routledge. （桑原治雄・三野善雄（訳）(2002). 改訂・死別：遺された人たちを支えるために　メディカ書房）
Stroebe, M. S., & Schut, H. (1999). The dual process model of coping with bereavement. *Death Studies*, **23**, 197-224.
津島佑子 (1986). 夜の光に追われて　講談社
山本　力 (1978). 対象喪失と喪のプロセス　広島大学教育学研究科博士課程論文集, **4**, 158-164.
山本　力 (1997). 喪失様態と悲哀の仕事　心理臨床学研究, **14**(4), 403-414.
山本　力 (2006). 死別と悲嘆夢の事例研究　亀口憲治（編）現代のエスプリ　別冊臨床心理行為研究セミナー　至文堂　pp.147-155.
山本　力 (2007). Niemeyer による喪失論のニューウエーブ　心理教育臨床の実践研究　岡山大学心理教育相談室紀要, **7**, 37-44.

■ 第7章 第4節

Cohn, N. (1961). Understanding the process of adjustment to disability. *Journal of Rehabilitation*, **18**, 15-17.
Dembo, T., Leviton, G. L., & Wright, B. A. (1956). Adjustment to misfortune: A problem of social-psychological rehabilitation. *Artificial Limbs*, **3**, 4-62.
Erikson, E. H. (1950). *Childhood and society*. New York: W. W. Norton.（仁科弥生（訳）(1977/1980). 幼児期と社会1・2　みすず書房）
Fink, S. L. (1967). Crisis and motivation: A theoretical model. *Archives of Physical Medicine and Rehabilitation*, **48**, 592-597.
藤城有美子・平部正樹 (2005). 面接法による「語り」研究　熊倉伸宏・矢野英雄（編）　障害ある人の語り　誠信書房　pp.179-223.
藤巴正和 (2002). 難聴者の障害受容過程に関する一考察　ろう教育科学, **44**, 13-23.
Grayson, M. (1951). Concepts of "acceptance" in physical rehabilitation. *Journal of The American Medical Association*, **145**, 893-896.
小嶋由香 (2004). 脊髄損傷者の障害受容過程―受傷時の発達段階との関連から―　心理臨床学研究, **22**(4), 417-428.
小嶋由香 (2005). 青年期・成人前期に受傷した脊髄損傷者の障害受容過程とアイデンティティ発達の関連性―障害受容過程にみられる心理社会的危機の分析―　広島大学大学院教育学研究科紀要, **54**, 309-318.
小嶋由香・岡本祐子 (2007). 脊髄損傷者への心理臨床的援助　心理臨床学研究, **25**(1), 72-83.
小嶋由香 (2008). リハビリテーション期における脊髄損傷者の心理臨床的援助　椙山女学園大学人間関係学研究, **6**, 19-28.
小山充道 (2002). 思いの理論と対話療法　誠信書房
南雲直二 (1998). 障害受容―意味論からの問い―　荘道社
南雲直二 (2002). 社会受容―障害受容の本質―　荘道社
中原睦美 (1998). 中高年脳卒中患者の障害受容と援助―リハビリ意欲と居場所との関係に着目して―　心理臨床学研究, **15**, 635-646.
上田　敏 (1980). 障害の受容　総合リハビリテーション, **8**, 512-521.
Wright, B. A. (1960). *Physical disability: A psychological approach*. New York: Harper & Row.
山口利勝 (2001). ろう者のアイデンティティ発達：ろう学校に長く在籍していた青年の場合　心理臨床学研究, **18**(6), 557-568.

■ 第7章 第5節

がんの統計編集委員会（編）(2008). がんの統計 2008 年版　財団法人がん研究振興財団
平野　瓦 (2006). あるべき医療の姿とセカンドオピニオン　医学のあゆみ, **218**(7・8), 681.
木原康樹・稲　恒子 (2006). わが国におけるセカンドオピニオンの現状と展望　医学のあゆみ, **218**(7・8), 683-686.
児玉哲郎 (2006). 医師と患者の信頼関係の中にセカンドオピニオンの未来はある　クリニックマガジン, **33**(6), 22-23.
厚生科学審議会 (2005). 今後の生活習慣病対策の推進について（中間とりまとめ）　厚生労働省
　　(http://www.mhlw.go.jp/shingi/2005/09/s0915-8.html) (2008 年 12 月 26 日)
厚生労働省大臣官房統計情報部 (2008). 平成 19 年簡易生命表　厚生労働省
　　(http://www.mhlw.go.jp/toukei/saikin/hw/life/life07/index.html) (2008 年 12 月 26 日)
毎日新聞社世論調査室 (2003). 「健康と高齢社会」全国世論調査報告書　毎日新聞社
松島英介 (2006). 癌患者への告知について　治療, **88**(10), 2599-2601.
日本ホスピス緩和ケア協会 (2008). ホスピス緩和ケアとは　日本ホスピス緩和ケア協会
　　(http://www.hpcj.org/index.html) (2008 年 12 月 26 日)

日本ホスピス・緩和ケア振興財団（2008）．「ホスピス・緩和ケアに関する意識調査」報告書　日本ホスピス・緩和ケア振興財団（http://www.hospat.org/research2.html）（2008年12月26日）

日本医師会第X次生命倫理懇談会（2008）．平成18・19年度生命倫理懇談会答申　終末期医療に関するガイドラインについて　日本医師会

西島英利（2002）．セカンドオピニオン　日医雑誌, **128**(6), 902-903.

Osborn, T.（2007）. The psychosocial impact of parental cancer on children and adolescents: A systematic review. *Psycho-Oncology*, **16**, 101-126.

Romer, G., Saha, R., Haagen, M., Pott, M., BaldusC., & Bergelt, C.（2007）. Lessons learned in the implementation of a innovative consultation and liaison service for children of cancer patients in various hospital settings. *Psycho-Oncology*, **16**, 138-148.

生命倫理と法編集委員会（編）（2003）．生命倫理と法　太陽出版　pp.86-98.

内富庸介・福江真由美・皆川英明（1997）．がんに対する通常反応　山脇成人（監修）内富庸介（編）サイコオンコロジー　診療新社　pp.8-19.

祢津加奈子（2008）．子供に親のがんをどう伝え，どう支えるか　がんサポート10月号, 68-73.

淀川キリスト教病院ホスピス（編）（1994）．全人的痛みの理解　柏木哲夫（監修）ターミナルケア・マニュアル　最新医学社　p.23.

■ 第8章 序

Erikson, E. H.（1950）. *Childhood and society*. New York: W. W. Norton.（仁科弥生（訳）（1977, 1980）．幼児期と社会1・2　みすず書房）

Marcia, J. E.（1964）. Determination and construct validity of ego identity status. Unpublished doctoral dissertation, Ohio State University.

Rasmussen, J. E.（1961）. An experimental approach to the concepts of ego identity as related to character disorder. Unpublished doctoral dissertation, The American University.

鑪幹八郎・宮下一博・岡本祐子（編）（1995a）．アイデンティティ研究の展望II　ナカニシヤ出版

鑪幹八郎・宮下一博・岡本祐子（編）（1995b）．アイデンティティ研究の展望III　ナカニシヤ出版

鑪幹八郎・宮下一博・岡本祐子（編）（1997）．アイデンティティ研究の展望IV　ナカニシヤ出版

鑪幹八郎・宮下一博・岡本祐子（編）（1998）．アイデンティティ研究の展望V-1　ナカニシヤ出版

鑪幹八郎・宮下一博・岡本祐子（編）（1999）．アイデンティティ研究の展望V-2　ナカニシヤ出版

鑪幹八郎・岡本祐子・宮下一博（編）（2002）．アイデンティティ研究の展望VI　ナカニシヤ出版

鑪幹八郎・山本力・宮下一博（編）（1984）．アイデンティティ研究の展望I　ナカニシヤ出版

■ 第8章 第1節

天貝由美子（1995）．高校生の自我同一性に及ぼす信頼感の影響　教育心理学研究, **43**, 364-371.

Erikson, E. H.（1950）. *Childhood and society*. New York: W. W. Norton.（仁科弥生（訳）（1997, 1980）．幼児期と社会1・2　みすず書房）

Erikson, E. H.（1967）. *Identity: Youth and crisis*. New York: W. W. Norton.（岩瀬庸理（訳）（1982）．アイデンティティ―青年と危機―　金沢文庫）

Franz, C. E., & White, K. M.（1985）. Individuation and attachment in personality development: Extending Erikson's theory. *Journal of Personality*, **53**, 224-256.

井梅由美子（2001）．青年期・成人期を対象とした対象関係尺度作成の試み　人間文化論叢（お茶の水女子大学大学院人間文化研究科）, **4**, 311-320.

伊藤美奈子（1993）．個人志向性・社会志向性尺度の作成及び信頼性・妥当性の検討　心理学研究, **64**, 115-122.

伊藤裕子（1986）．性役割特性語の意味構造―性役割測定尺度（ISRS）作成の試み―　教育心理学研究, **34**, 168-174.

Josselson, R.（1992）. *The space between us: Exploring the dimensions of human relationships*. San Francisco: Jossey-Bass Publishers.

Josselson, R.（1994）. Identity and relatedness in life cycle. In H. A. Bosma（Ed.）, *Identity and development: An interdisciplinary approach*. Thousand Oaks, CA: Sage. pp.81-102.

加藤厚（1989）．大学生における同一性次元の発達に関する縦断的研究　心理学研究, **60**, 184-187.

宮下一博（1987）．Rasmussenの自我同一性尺度の日本語版の検討　教育心理学研究, **35**, 253-258.

長沼恭子・落合良行（1998）．同性の友達とのつきあい方からみた青年期の友人関係　青年心理学研究, **10**, 35-47.

中西信男・佐方哲彦（1993）．EPSI―エリクソン心理社会的段階目録検査―　上里一郎（監修）　心理アセスメントハンドブック　西村書店　pp.419-431.

中西信男・佐方哲彦（2001）．EPSI―エリクソン心理社会的段階目録検査―　上里一郎（編）　心理アセスメント

ハンドブック　第2版　西村書店　pp.365-376.
中尾達馬・加藤和生（2004）．"一般他者"を想定した愛着スタイル尺度の信頼性と妥当性の検討　九州大学心理学研究, **5**, 19-27.
岡本祐子（1997）．中年からのアイデンティティ発達の心理学―成人期・老年期の心の発達と共に生きることの意味―　ナカニシヤ出版
岡本祐子（2007）．アイデンティティ生涯発達論の展開：中年期の危機と心の深化―　ミネルヴァ書房
大野　久（1984）．現代青年の充実感に関する一研究―現代日本青年の心情モデルについての検討―　教育心理学研究, **32**, 100-109.
大澄紋子（2008）．青年期のアイデンティティと家族機能・家族イメージとの関連性―「個」と「関係性」の視点から―　広島大学平成19年度卒業論文（未公刊）．
清水秀美・今栄国晴（1981）．STATE-TRAIT ANXIETY INVENTORY の日本語版（大学生用）の作成　教育心理学研究, **29**, 348-353.
下山晴彦（1992）．大学生のモラトリアム下位分類の研究―アイデンティティの発達との関連で　教育心理学研究, **40**, 121-129.
宗田直子・岡本祐子（2005）．アイデンティティの発達をとらえる際の「個」と「関係性」の概念の検討―「個」尺度と「関係性」尺度作成の試み―　青年心理学研究, **17**, 27-42.
宗田直子・岡本祐子（2007）．「個としてのアイデンティティ」と「関係性にもとづくアイデンティティ」尺度の作成　日本青年心理学会第15回大会発表論文集, 52.
宗田直子・岡本祐子（2008）．「個」と「関係性」からみた青年後期・成人期のアイデンティティに関する研究 I ―「関係性」の次元に着目して―　広島大学大学院教育学研究科紀要　第三部（教育人間科学関連領域）, **57**, 195-204.
杉村和美（2001）．関係性の観点から見た女子青年のアイデンティティ探求―2年間の変化とその要因―　発達心理学研究, **12**, 87-98.
砂田良一（1979）．自己像との関係からみた自我同一性　教育心理学研究, **27**, 215-220.
高井範子（1999）．対人関係性の視点による生き方態度の発達的研究　教育心理学研究, **47**, 317-327.
高田利武（1999）．日本文化における相互独立性・相互協調性の発達過程―比較文化的・横断的資料による実証的検討―　教育心理学研究, **47**, 480-489.
谷　冬彦（1996）．基本的信頼感尺度の作成　日本心理学会第60回大会発表論文集, 310.
谷　冬彦（2001）．青年期における同一性の感覚の構造―多次元自我同一性尺度（MEIS）の作成―　教育心理学研究, **49**, 265-273.
山田みき・岡本祐子（2008）．「個」と「関係性」からみた青年期におけるアイデンティティ―対人関係の特徴の分析―　発達心理学研究, **19**, 108-120.
山本真理子・松井　豊・山成由紀子（1982）．認知された自己の諸側面の構造　教育心理学研究, **30**, 64-68.
山本里花（1989）．「自己」の二面性に関する一研究―青年期から成人期にかけての発達傾向と性差の検討―　教育心理学研究, **37**, 302-311.

■ 第8章 第2節
岡本祐子（1994）．成人期における自我同一性の発達過程とその要因に関する研究　風間書房
岡本祐子（1997）．中年からのアイデンティティ発達の心理学―成人期・老年期の心の発達と共に生きることの意味―　ナカニシヤ出版
岡本祐子（1999）．女性の生涯発達とアイデンティティ　北大路書房
岡本祐子（2002）．アイデンティティ生涯発達の射程　ミネルヴァ書房
岡本祐子（2007）．アイデンティティ生涯発達の展開:中年期の危機と心の深化　ミネルヴァ書房
斎藤清二（2008）．NBMと臨床の知　京都大学大学院教育学研究科やまだ科研講演会（2008.8.29. 京都大学）

■ 第8章 第3節
Erikson, E. H.（1950）. *Childhood and society.* New York: W. W. Norton.（仁科弥生（訳）（1977, 1980）．幼児期と社会 1・2　みすず書房）
Erikson, E. H.（1958）. *Young man Luther: A study in psychoanalysis and history.* New York: W. W. Norton.（西平　直（訳）（2002）．青年ルター　みすず書房）
Erikson, E. H.（1964）. *Insight and responsibility.* New York: W. W. Norton.（鑢幹八郎（訳）（1971）．洞察と責任　誠信書房）
Erikson, E. H.（1969）. *Gandhi's truth.* New York: W. W. Norton.（星野美賀子（1973）．ガンディーの真理　みすず書房）
Erikson, E. H.（1974）. *Dimensions of a new identity.* New York: W. W. Norton.（五十嵐武士（訳）（1979）．歴史の中のアイデンティティ　みすず書房）

福島　章（1976）．甘えと反抗の心理　日本経済新聞社
栗原　彬（1982）．歴史とアイデンティティ　新曜社
三好昭子（2004）．伝記資料による人格形成過程の分析―谷崎潤一郎の否定的アイデンティティ形成について―　日本教育心理学会第46回総会発表論文集，640．
三好昭子（2006）．芥川龍之介の有能感の欠如についての伝記分析　日本教育心理学会第48回総会発表論文集，200．
三好昭子（2008）．谷崎潤一郎の否定的アイデンティティ選択についての分析　発達心理学研究，**19**(2)，98-107．
茂垣（若原）まどか（2004）．ミヒャエル・エンデにおける心理的離乳とアイデンティティ形成の関連についての伝記分析　日本教育心理学会第46回総会　発表論文集，637．
茂垣まどか（2006）．エーリッヒ・ケストナーのアイデンティティ形成と理想視の関連についての伝記分析　日本教育心理学会第48回総会発表論文集，210．
西平直喜（1975）．青年心理学に伝記分析的手法を導入する試み　そのⅠ　個別分析　山梨大学教育学部研究報告，**25**．
西平直喜（1981a）．伝記にみる人間形成物語1：幼い日々にきいた心の詩　有斐閣
西平直喜（1981b）．伝記にみる人間形成物語2：子どもが世界に出会う日　有斐閣
西平直喜（1983）．青年心理学方法論　有斐閣
西平直喜（1990）．成人になること　東京大学出版会
西平直喜（1996）．生育史心理学序説―伝記研究から自分史制作へ―　金子書房
西平直喜（2004）．偉い人とはどういう人か　北大路書房
大野　久（1995）．青年期の自己意識と生き方　講座生涯発達心理学4　自己への問い直し：青年期　金子書房　pp.89-123.
大野　久（1996）．ベートーヴェンのハイリゲンシュタットの遺書の「自我に内在する回復力」からの分析　青年心理学研究，**8**，17-26．
大野　久（1998）．伝記分析の意味と有効性　青年心理学研究，**10**，67-71．
大野　久（2008）．伝記研究により自己をとらえる　自己心理学1：自己心理学研究の歴史と方法　金子書房　pp.129-149.
大野　久・西平直喜・小沢理恵子・五味義夫・宮下一博（1995）．自主シンポジウム：教育心理学における伝記資料の使用法―生育史心理学的切り込み　日本教育心理学会第37回総会発表論文集，16-17．
大野　久・本田時雄・都筑　学・小沢理恵子・斉藤耕二（1997）．自主シンポジウム：発達心理学・教育心理学的観点から見た生涯発達におけるライフイベント研究の方法と意義　日本教育心理学会第39回総会発表論文集，S48-S49．
大野　久・宮下一博・岡田　努・松下美知子（1998）．自主シンポジウム：アイデンティティ研究の方法論的検討：それぞれの研究法の有効性と限界　日本教育心理学会第40回総会発表論文集，S32-S33．
大野　久・若原まどか・三好昭子・西平直喜・岡本祐子（2002）．自主シンポジウム：伝記分析（生育史心理学）から見たアイデンティティ形成　日本教育心理学会第44回総会発表論文集，S72-S73．
大野　久・西平直喜・斉藤耕二・井上知子・溝上慎一（2004）．自主シンポジウム：伝記資料による人格形成過程の分析の実際と有効性　日本教育心理学会第46回総会発表論文集，S22-S23．―
大野　久・茂垣まどか・三好昭子・西平直喜・佐藤有耕（2007）．伝記研究から見た「自我に内在する回復力」　日本教育心理学会第49回総会発表論文集，S38-S39．
大野　久・三好昭子・宮下一博・白井利明・田中健夫・西平直喜（2008）．伝記分析（エリクソンの心理-歴史的接近法）への期待と応用可能性　日本教育心理学会第50回総会発表論文集，S68-S69．

■ あとがき

岡本祐子（2007）．アイデンティティ生涯発達論の展開：中年期の危機と心の深化―　ミネルヴァ書房

事項索引

A-Z

Adult Attachment Interview, AAI　98　→　成人愛着面接
anticipatory grief　286　→　予期悲嘆
anticipatory socialization　178　→　予期的社会化
attachment　29　→　愛着
autobiographical memory　73　→　自伝的記憶
care　126　→　世話
career anchor　120　→　キャリア・アンカー
chronic sorrow　269　→　慢性的悲哀
commitment　13, 96, 99　→　積極的関与
contextualization　142　→　文脈化（喪失体験の）
convoy model　175　→　コンボイ・モデル
cyclical model　269　→　周期モデル
developmental tasks　173　→　発達課題
empty nest syndrome　204　→　空の巣症候群
foreclosure　13　→　早期完了
generativity　30, 288　→　ジェネラティビティ
generativity の危機　32
grief　279, 280　→　悲嘆
integrative life planning　140　→　統合的ライフプランニング
intimacy　65-68　→　親密性
life review　75　→　ライフレビュー
loss　279　→　喪失
MAMA プロセス・モデル　13
mourning　279, 280　→　喪
mutuality　29, 277　→　相互性
NIOSH 職業性ストレスモデル　133
non-normative life crisis　8　→　予測不能の危機
normative life crisis　8　→　予期される危機
object loss　279　→　対象喪失
planned happenstance　120, 139　→　計画された偶然性
Positive Uncertainty　129　→　積極的不確実性
posttraumatic growth, PTG　105, 106　→　トラウマ経験後の成長
process of mourning　280-281　→　喪の過程
Protean career　140　→　プロティアン（変幻自在）・キャリア
PTG 理論　105, 106, 215
PTSD (post traumatic stress disorder)　104, 215
QOL (Quality of Life)　184, 301　→　生活の質，生命の質
relational approach　140　→　関係性アプローチ
relational self　282　→　関係的自己
reminiscence therapy　183　→　回想法
resilience　279, 288　→　レジリエンス，心の復元力
resiliency　106　→　精神的回復力
sense of coherence　76　→　首尾一貫感覚
stage theory　268　→　段階理論
the mourning - liberation　78　→　喪 - 解放
time perspective　72-83　→　時間の展望
total care　307　→　全人的ケア
total pain　307　→　全人的痛み
transition　27　→　転換期
transition　138　→　転機
traumatic grief　283　→　外傷性悲嘆
two-path モデル　25, 307　→　エリクソン理論を応用した生涯発達に関する複線モデル
Vocational Preference Inventory, VPI（VPI 職業興味検査）　118
well-being の逆説　58
XYZ 三次元論　33
XYZ 理論　329

ア行

愛　66
愛着　25, 29, 97-98　→　アタッチメント（愛着）
　──形成　197
アイデンティティ　19, 20, 30, 61-65, 72, 73, 85
　──（の）葛藤　201, 235
　──（の）危機　9, 12, 219, 276, 277
　──・クライシス　178
　──・スタイル　87
　──拡散　13, 64, 96, 247
　──（の）再体制化　49, 72, 219
　──再体制化のプロセス　43, 49, 204
　──再編　200
　──尺度　307-316
　──（の）達成　13, 42, 43, 45, 75, 96
　──探求　89
　──の感覚　61
　──の再構築　183, 254
　──の障害　290
　──のための恋愛　69
　──の統合　70, 171
　親としての──　64
　関係性にもとづく──　5-7, 87, 145, 314
　キャリア・──　163, 164
　個としての──　5-7, 87, 145, 174, 201, 225, 226, 314
　職業──　121
　女性の──　234
　成人期女性の──　166
　母親──　163, 171, 204, 212
　母親としての──　7, 202, 234, 241, 242
　否定的──　33
　不妊──　257
　補完的──　282
アイデンティティ・ステイタス　13, 40-43, 96, 102, 103

──・パラダイム　13, 96-97
　　　──論　13, 275
アイデンティティ（の）発達　ii, 5, 85-95, 102, 276-278, 314
　　　──（の）プロセス　29, 90-95
　　　──研究　87-88
アタッチメント（愛着）　25, 29, 97, 98
　　　──経路　26
育児
　　　──支援システム　164
　　　──ストレス　195-197
　　　──不安　195-197
　　　──への負担感　195
インフォームド・コンセント　300, 301
内なる子ども　236, 239, 242
うつ病　227
エリクソン理論を応用した生涯発達に関する複線（two-path）モデル　25, 307
おばあさん仮説　185
親
　　　──（業）ストレス　196
　　　──としてのアイデンティティ　64
　　　──になることによる人格発達　199
　　　──の発達　199
　　　──への移行　200
　　　──への準備性　195
　　　──役割　103
親－乳幼児心理療法　200

カ行

介護
　　　──肯定感　213
　　　──ストレス　213, 246
　　　──負担感　213
回顧的社会化　183
外傷性悲嘆　283
回想法　76, 183
回復モデル　114
カウンセリング・マインド　322
抱え　253
　　　──環境　252
かかわりの質　3
獲得モデル　114
影　236
過去
　　　──化　79
　　　──展望　79
　　　──と未来の展望　199
　　　──の語り　296, 297
　　　──への社会化　183
家族
　　　──（の）ライフサイクル　173, 175, 181
　　　──危機　178
　　　──機能の外部化　176

　　　──キャリア　174
　　　──中心的危機論　178
　　　──の個人化過程　173
　　　──ライフサイクル論　173
　　　個人化した──　172
語り　257
　　　──の分析　318, 319, 321, 322, 324, 325
　　　過去の──　296, 297
　　　身体の──　295, 296
家庭役割　164-172
空の巣症候群　204
過労自殺　129
がん　298
　　　──対策　305
　　　──対策基本法　305
　　　──の臨床経過　301-304
関係性　85
　　　──アプローチ　140
　　　──ステイタス　99, 188
　　　──にもとづくアイデンティティ　5-7, 87, 145, 314
　　　──の生涯発達モデル　29
　　　──の発達プロセス　101
　　　──のレベル　88-90
　　　──発達　99
　　　──発達モデル　29
関係的自己　282
緩和ケア　305, 306
危機
　　　──的移行　178
　　　generativity の──　32
　　　アイデンティティ（の）──　9, 12, 219, 276, 277
　　　家族──　178
　　　キャリア──　117, 147
　　　状況的──　178
　　　女性のアイデンティティ──　102
　　　心理－社会的──　19
　　　中年期──　9, 40-43, 53, 60, 61, 75, 242-254
　　　発達的──　4, 7, 8, 19, 39, 40, 178
　　　非標準的な──　8
　　　標準的な──　8
　　　予期される──　8
　　　予測不能の──　8
基本的信頼感　308
虐待　237
　　　──不安　231
客体としての自己　54
逆転移　323
キャリア　74, 117, 156
　　　──・アイデンティティ　163, 164
　　　──・アンカー　120
　　　──・カウンセラー　127
　　　──・カウンセリング　142
　　　──・コンセプト　158

──・ストレッサー　168
　　　──・パス　127, 156, 157
　　　──意識　164
　　　──危機　117, 147
　　　──支援　76
　　　──の選択　118
　　　──の転換期（トランジション）　125
　　　──の転機　137
　　　──発達　74, 118, 139, 156
　　　──理論　117-121
　　　社会活動──　174
　　　職業──　174
　　　プロティアン（変幻自在）・──　140
キャリア開発　128
　　　──支援　121-128
キャリア形成　76
急性ストレス反応　134
教師としてのライフ・ステージ　152
クライエント中心療法　1
ケア（世話）　71, 223-226
　　　──の社会化　178
　　　──役割　47, 226
　　　心の──　223
　　　事業場外資源による──　132
　　　事業場内産業保険スタッフ等による──　131
　　　身体症状の緩和──　223
　　　セルフ──　131
　　　全人的──　307
　　　ターミナル期の──　223
　　　看取りの──　223
　　　ラインによる──　131
計画された偶然性　120, 138, 139
経験の探索　323
傾聴と共感　323
現実自己　55, 57
現代女性のライフサイクルの木　47, 48
高学歴化と有職化　165
構造-機能理論　173
更年期　230
　　　──障害　230
　　　──症状　147
コーチング　123, 124
コーピング　134, 287
告知　299
心のケア　223
心の健康問題により休業した労働者の職場復帰支援の手引き　135
個人化　171
　　　──した家族　172
子ストレス　196
個性化　14, 236
　　　──の過程　10
個体化　25
　　　──経路　26

個体内関係性　7, 30, 314
「個」と「関係性」から見たアイデンティティ生涯発達の試論　6, 30
個としてのアイデンティティ　5-7, 87, 145, 174, 201, 225, 226, 314
子ども
　　　──の価値　167
　　　──の死　274, 283, 284
　　　──をもつ選択　255
　　　内なる──　236, 239, 242
コミットメント　99, 187-195
　　　──志向性　189, 190, 191
コンボイ　175
　　　──・モデル　175

サ行

3歳児神話　166
サンドウィッチ・ジェネレーション　178, 181
ジェネラティビティ　288
自我　236
　　　──機能の成熟　12
　　　──機能の発達的変化　24
　　　──の適応機制　229
　　　──の統合性　40, 183
　　　──の防衛機制　24
　　　──発達論　1
時間的志向性　75
時間的展望　72-77
　　　──の再編成　77
　　　──のせばまり　40
　　　──の統合　76
事業場外資源によるケア　132
事業場内産業保険スタッフ等によるケア　131
自己　14, 51, 236
　　　──意識　51
　　　──感　51
　　　──若年視　59
　　　──受容　52
　　　──心理学　1
　　　──像　292
　　　──中心性　56
　　　関係的──　282
　　　客体としての──　54
　　　現実──　55, 57
　　　社会的──　111
　　　主体としての──　54
　　　身体的──　56
　　　理想──　55, 57
自己感覚　216, 219, 254
　　　──の獲得　254
自己効力感　105, 195
仕事役割　195
自己実現　14
　　　──の過程　10

自己評価　53, 55, 169, 170
　　　──的意識　52
自己目的的パーソナリティ　134
自殺　229
　　　──者　229
　　　──未遂　237
　　　過労──　129
鎮めの文化論　186
次世代育成力　73
自尊
　　　──感情　52
　　　──感情の変化　55, 56
　　　──心　63, 168
失業　141
質的改善研究　318
疾風怒濤モデル　56
自伝的記憶　73
自伝的推論　75
死
　　　──の受容　114
死別　9, 104, 106, 184, 187, 213, 216, 278, 280, 282
　　　──経験による人格的発達　216
　　　──体験　288
　　　子どもの──　274, 283, 284
社会化　176
社会活動キャリア　174
社会経済的状況の変化　165
社会的
　　　──学習理論　104
　　　──関係性　7, 30, 314
　　　──自己　111
　　　──認知発達理論　89
　　　──ネットワーク　78, 186
周期モデル　269
重症心身障害者　270
重要な他者　7, 47, 96-104
主観年齢　59
熟達化　151
主体としての自己　54
首尾一貫感覚　76
障害受容　267, 290
　　　──（の）過程　268, 269, 270-275, 290, 291
　　　──（理）論　290
状況的危機　178
少子化　166, 167
少子高齢化　176
将来展望　311
職業
　　　──アイデンティティ　121
　　　──キャリア　174
　　　──性ストレス　132-135
　　　──役割　164-172
職場復帰支援　135
女性のアイデンティティ　234

　　　──危機　102
　　　──発達　39, 164
　　　──発達プロセス　47
　　　成人期──　166
女性のライフサイクル　27
事例研究　319
人格のピラミッド　33
　　　──・モデル　34
神経症　229
心身症　230
人生
　　　──の完成への支援　223
　　　──の正午　14, 53, 242
　　　──の統合　310
身体
　　　──感覚　297
　　　──症状の緩和ケア　223
　　　──的自己　56
　　　──の語り　295, 296
　　　──変化の過程　51
　　　──症状の緩和ケア　223
心的現実　323
親密性　25, 65-68
心理学
　　　──的ストレスモデル　133, 134
　　　生育史──　328
　　　力動的臨床──　1
　　　分析──　1
　　　ポジティブ──　106, 215
　　　自己──　1
心理－社会的
　　　──課題　19
　　　──危機　19
　　　──発達　86
　　　──発達（理）論　10, 86
心理－性的
　　　──発達　10
　　　──発達論　1
心理－生物学的発達理論　65
心理力動論　104
心理－歴史的接近法　325
心理療法
　　　親－乳幼児──　200
　　　力動的──　318, 322, 324
スーパーヴィジョン　325
スクールカウンセラー　150, 155
ストレス　132, 227
　　　──の悪循環　149
　　　──反応　132
　　　育児──　195-197
　　　親（業）──　196
　　　介護──　213, 246
　　　子──　196
　　　職業性──　132-135

ストレスモデル
　　NIOSH 職業性——　　133
　　心理学的——　　133, 134
ストレッサー　　113
　　潜在的——　　133
　　キャリア・——　　168
生育史心理学　　33, 326　→ 伝記分析法
生活構造の発展　　12
生活者中心的危機論　　178
生殖補助医療技術　　257
成人愛着面接　　98
成人期
　　——女性のアイデンティティ　　166
　　——におけるアイデンティティ危機解決のステップ・モデル　　13
　　——におけるアイデンティティのラセン式発達モデル　　13, 44-47
精神的回復力　　106
精神的健康　　77
精神病理水準　　1
精神分析　　77
　　——・力動的心理療法　　1
　　——学　　85
　　——学・力動的臨床心理学　　1
　　——的個体発達分化の図式　　i, 18, 64
性別役割意識　　206
生命の質　　301
性役割分業　　171
セカンド・オピニオン　　301
脊髄損傷　　289, 290
世代間連鎖　　233
世代性　　25, 70-71
積極的関与　　13, 43, 96, 99, 219, 276
積極的不確実性理論　　129
セルフケア　　131
世話　　126　→ ケア
世話役割　　171
全人的痛み　　306
全人的ケア　　306
選択の多様性　　267
専門性　　154
早期完了　　13, 43, 45, 96
相互性　　29, 67, 277
喪失　　4, 104, 279, 290
　　——経験　　103-115, 213, 214, 216, 224, 226, 280
　　——体験　　8, 27, 102, 142, 210, 243
　　——体験の文脈化　　142
　　——論　　279-282
　　対象——　　104, 141, 215, 279
　　不妊の——　　265
ソーシャル・サポート　　174
ソーシャル・ネットワーク　　174

タ行

ターミナル期　　270
　　——のケア　　223
対象関係論　　1
対象喪失　　104, 141, 215, 279
対人関係論　　1
胎動　　197
タイプ論　　16
ダウン症　　20
　　——児　　278
多重役割　　167, 168
タレント・コーディネーター　　128
段階モデル　　270
段階理論　　268, 269, 290
男性のライフサイクル（論）　　i, 22, 23
父親の発達　　199
知的障害児　　268
知的能力　　59
中年期
　　——危機　　9, 40-43, 53, 60, 61, 75, 242-254
　　——危機の構造　　41
　　——のアイデンティティの再体制化（の）プロセス　　40-43
適応のメカニズム　　55
適性　　169
転移　　323
転換期　　27, 44
転機　　138
伝記
　　——研究　　325-329
　　——研究法　　327
　　——分析法　　33　→ 生育史心理学
転職　　161
投影　　238
統合的アプローチ　　146
統合的ライフプランニング　　140
洞察　　323
特性不安　　311
トラウマ経験　　107
　　——経験後の成長　　105, 106
トランジション　　125, 139

ナ行

内在化　　323
内在化された他者像　　7, 314, 323
内的空間説　　13
内的作業モデル　　233
内的ワーキング・モデル　　7
ナラティブ・アプローチ　　87, 201
ナラティブ・セラピー　　142
ナラティブ・モデル　　183
乳児の自己感の発達論　　3
人間関係　　154
認知・行動理論　　104

認知的評価　134
ネガティブ・スピルオーバー　167
呑み込まれ不安　238

ハ行
バーンアウト　147-151
発達
　　——課題　12, 173-186
　　——課題論　11
　　——促進環境論　1
　　——的危機　4, 7, 8, 19, 39, 40, 178
　　アイデンティティ（の）——　ii, 5, 85-95, 102, 276, 277, 278, 314
　　親になることによる人格——　199
　　関係性——　99
　　キャリア——　74, 118, 139, 156
　　死別経験による人格的——　216
　　女性のアイデンティティ——　39, 164
　　心理－社会的——　86
　　心理－性的——　10
　　父親の——　199
　　母親のアイデンティティ——　275
　　母親の——　199, 203
　　ポジティブな心理的——　107-115
発達プロセス
　　関係性の——　101
　　女性のアイデンティティ——　47
発達モデル
　　関係性の——　29
　　関係性の生涯——　29
　　成人期におけるアイデンティティのラセン式——　13, 44-47
発達理論
　　社会的認知——　89
　　心理－社会的——　86
　　心理－生物学的——　65
発達論
　　自我——　1
　　心理－社会的——　10
　　心理－性的——　1
　　乳児の自己感の——　3
母親
　　——アイデンティティ　163, 171, 204, 212
　　——としてのアイデンティティ　7, 202, 234, , 241, 242
　　——としてのつまずき　237
　　——になる葛藤　237
　　——のアイデンティティ発達　275
　　——の発達　199, 203
母親役割　166-168
　　——規範　165
晩婚化　164
バンプ現象　75
比較伝記的方法　35

非婚化　167
悲嘆　279
　　——の社会化　288
　　——のプロセス　215
　　——反応　104
　　外傷性——　283
　　予期的——　270, 286, 304
否定的アイデンティティ　33
非標準的な危機　8
標準的な危機　8
ファミリー・ライフサイクル　181
不安
　　育児——　195-197
　　虐待——　231
　　特性——　311
　　呑み込まれ——　238
　　分離——　238
　　見捨てられ——　311
不妊　256
　　——アイデンティティ　257
　　——の喪失　265
　　——の夫婦　256
不妊治療　255-257
　　——をやめる選択　257
プロティアン（変幻自在）・キャリア　140
分析心理学　14
分離－個体化　5, 13, 43, 210
分離不安　238
方法
　　アイデンティティ・ステイタス・パラダイム　13, 96-97
　　回想——　76, 183
　　伝記研究——　327
　　伝記分析——　33　→生育史心理学
　　比較伝記的——　35
　　面接——　317
補完的アイデンティティ　282
ポジティブ
　　——・スピルオーバー　167
　　——心理学　106, 215
　　——な現在指向　80
　　——な心理的発達　106-115
「母性」　232
母性神話　233
母性生得論　232, 233
母性的養育　233
「母性」の概念　232
母性剥奪　233
母性保護論争　234
ホランドの六角形モデル　118

マ行
慢性疾患　111
　　——をもつことによるポジティブな心理的発達

113
慢性ストレス反応　134
慢性的悲哀　269
未婚化社会　178
見捨てられ不安　311
看取りのケア　223
未来展望　72
面接
　　──構造　322, 323
　　──法　317
　　成人愛着──　98
喪　215 → モーニング
　　──（mourning）のプロセス　215
　　──の過程　280, 281, 285
　　──の作業　78
　　──の仕事　280, 284, 287
モーニング（喪）　279, 284
喪−解放　78
モデル
　　MAMA プロセス・──　13
　　NIOSH 職業性ストレス──　133
　　エリクソン理論を応用した生涯発達に関する複線
　　（two-path）──　25, 307
　　回復──　114
　　獲得──　114
　　関係性の生涯発達──　29
　　関係性発達──　29
　　コンボイ・──　175
　　疾風怒濤──　56
　　周期──　269
　　人格のピラミッド・──　34
　　心理学的ストレス──　133, 134
　　成人期におけるアイデンティティ危機解決のステッ
　　プ・──　13
　　成人期におけるアイデンティティのラセン式発達─
　　──　13, 44-47
　　精神分析的個体発達分化の図式　i, 18, 64
　　段階──　270
　　内的作業──　233
　　内的ワーキング・──　7
　　ナラティブ・──　183
　　ホランドの六角形──　118
　　問題行動──　56
　　レジリエンス（resilience, 心の復元力）・──　56
モラトリアム　96, 248
問題行動モデル　56

ヤ行

養子縁組　261
予期
　　──される危機　8
　　──せぬ危機　4
　　──的社会化　178, 183, 184
　　──的悲嘆　270, 286, 304
抑うつ　52
予測不能の危機　8

ラ行

ライフ
　　──・キャリア・レインボー　119
　　──イベント　60
　　──コース論　174
　　──パニック　178
　　──レヴュー　75
ライフサイクル　i, 3, 12, 19, 39, 40, 173, 177
　　──論　4, 22
ライフプランニング
　　統合的──　140
ラインによるケア　131
力動的心理療法　318, 322, 324
リスク社会　186
理想
　　──自己　55, 57
　　──調整型の対処　58
　　──追求型の対処　58
「理想化」と「幻滅」　254
リハビリ（テーション）　291, 295
療法
　　親-乳幼児心理──　200
　　クライエント中心──　1
　　精神分析・力動的心理──　1
　　力動的心理──　318, 322, 324
理論
　　PTG──　105, 106, 215
　　XYZ──　329
　　キャリア──　117-121
　　構造-機能──　173
　　社会的学習──　104
　　社会的認知発達──　89
　　障害受容──　290
　　心理−社会的発達──　10, 86
　　心理−生物学的発達──　65
　　積極的不確実性──　129
　　段階──　268, 269, 290
　　認知・行動──　104
臨床
　　──実践研究　317
　　──事例研究　318
レジリエンス（resilience, 心の復元力）　279, 288
　　──・モデル　56
労働者の心の健康の保持増進のための指針　130
労働の女性化（筋力が不要の労働）　171

ワ行

ワーク・ライフ・バランス　163
「私」の時間・「個」の時間　154

人名索引

A
Adams, J. M.   189
Alain, M.   76
Andreasen, N. J. C.   215
Angier, N.   185
Archer, S. L.   87
Arunkumar, R.   56

B
Bachman, J. G.   53
Bales, R. F.   176
Baltes, M. M.   58
Baltes, P. B.   28, 53, 58
Barnatt, R.   168
Baruch, G. K.   168
Bauer, K. S.   97
Baxter, L. A.   190
Beck, U.   186
Belsky, J.   200
Bergman, A.   98
Berzonsky, M. D.   87
Beyers, W.   87
Bielby, V. D. D.   174
Birren, J. E.   75
Block, J.   53
Bluck, S.   53
Boldt, J. S.   59
Bosma, H. A.   87, 88
Bouffard, L.   76
Brooks-Gunn, J.   52
Brubaker, J. R.   73, 75
Buboltz, W. C. J.   97

C
Cairl, R. E.   213
Caplan, R. D.   133
Cassidy, J.   98
Chen, D.   185
Chubb, N. H.   53
Cohen, L. H.   60
Çok, F.   87
Coleman, J. C.   56
Collins, C.   213
Conway, M. A.   75
Cooper, C. R.   89
Costa, P. T.   54
Côté, J. E.   86

D
Deimling, G. T.   213
Deutsch, H.   232
Dewe, P.   132
Deykin, E. Y.   204
Donnelly, G. F.   111
Dubé, M.   76
Duncan, R.   76
Duncan, S.   198

E
Easterbrooks, M. A.   198
Ebersole, P.   106, 109
Edmonds, S.   215
Edwards, A. E.   97
Erdwins, C. J.   54

F
Faber, A. J.   97
Fadjukoff, P.   93
Fertman, C. I.   53
Flores, J.   106, 109
Frank, M.   98
Franz, C. E.   308
Fulton Picot, S. J.   214

G
Gailly, A.   74
Gerhardt, C. A.   56
Giele, J. Z.   174
Glick, I. O.   215
Goffman, E.   186
Goldberg, W. A.   200
Goossens, L.   87
Gove, W. R.   54
Greene, J. G.   213
Grotevant, H. D.   89

H
Harter, S.   51, 52, 55
Haviland-Jones, J.   185
Helmrath, T. A.   215
Helson, R.   82
Hendry, L. B.   56
Hinden, B. R.   56
Hoge, D. R.   53
Holmes, A.   75
Hooker, K.   215
Hultsch, D. F.   60

Hurrell, J. J.   133

J
Jacques, E.   53
James, W.   54
Jessor, R.   56
Jessor, S. I.   56
Johnson, P.   97
Jones, R.   213
Josselson, R. L.   201

K
Kanazawa, H.   128
Kaplan, N.   98
Karasek, R.   133
Karp, D. A.   78
Keating, D.   55
Kelly, J.   200
Kerpelman, J. L.   88
Kessler, B. G.   215
Kinney, J. M.   214
Kokko, K.   93
Kolarz, C. M.   51, 58
Konefal, J.   76
Kosberg, J. I.   213
Kroger, J.   86, 87, 89, 97, 98
Kübler-Ross, E.   114
Kunnen, E. S.   87, 88

L
Lachman, M. E.   53
Lamke, L. K.   88
Lawton, M. P.   214
Lewin, K.   72
Lipsitt, L. P.   28
Luyckx, K.   87

M
Mahler, M. S.   2, 98
Malinak, D. P.   215
Mansour, E.   73, 75
Marcia, J. E.   188
Markides, K. S.   59
Marks, S. R.   167
Marsh, H. W.   53, 55
Mayeroff, M.   36
McCarthy, J. D.   53
McCrae, R. R.   54
Mclaney, M. A.   133
Meijers, F.   121

Menning, B. E.　265
Meub, W.　76
Meyer, M. L.　87
Monsour, A.　52, 55
Montgomery, B. M.　189, 190
Montgomery, M. J.　86
Morris, L. W.　213
Morycz, R. K.　213
Mroczek, D. K.　51, 58
Mullis, A. K.　53
Mullis, R. L.　53
Murray, J. A.　104, 110

N

Nebes, R. D.　76
Neugarten, B. L.　60, 77
Nevill, D. D.　119
Nicolson, P.　201
Normandin, D.　53
Norris, A. S.　215

O

Oberman, Y.　201
Offer, D.　56
Offer, J.　56
Olshansky, E. F.　257
O'Malley, P. M.　53
Orlofsky, J.　98
Osborn, T.　305
Overton, W.　55

P

Parkes, C. M.　215
Pasupathi, M.　73, 75
Perun, P. J.　174
Peterson, C.　215
Phinney, J. S.　87
Pine, F.　98
Pittman, J. F.　88
Plawecki, H. M.　59
Plemons, J. K.　60
Pohl, J. M.　213
Pollock, C.　257
Poulshock, S. W.　213
Pruchno, R. A.　214
Pulkkinen, L.　93
Pulliainen, H.　78
Putnam, R. D.　186

R

Rakowski, W.　79
Ranzijn, R.　54
Raphael, B.　215
Reder, P.　198

Reed, B. R.　213
Reese, H. W.　28
Robins, R. W.　53
Rogers, C. S.　97
Romer, G.　305
Rosenberg, M.　54
Ross, J. L.　53
Rubin, D. C.　76
Rubin, R.　197
Rutter, M.　56

S

Salmela-Aro, K.　78
Sandelowski, M.　257
Schaie, K. W.　184
Schofield, H.　213
Schroots, J. J. F.　75
Seemann, E.　97
Seligman, M. E. P.　215
Selman, R.　89
Siegler, R.　55
Siegrist, J.　133
Singh, B.　215
Sirber, S. D.　167
Soenens, B.　87
Sorell, G. T.　86
Spain, , J. S.　189
Spranger, E.　66
Staudinger, U. M.　53
Steinitz, E. M.　215
Stephens, M. A. P.　214
Streeter, J. S.　59

T

Taylor, S. E.　114
Terpstra, T. L.　59
Thoits, P. A.　167
Thomas, S. P.　204
Thorbecke, W.　87

W

Ward, R. A.　59
Ward, S.　55
Warren, M. P.　52
Wetchler, J. L.　97
Wetzler, S. E.　76
White, K. M.　308
Whittick, J. E.　213
Willis, S. L.　184
Winfield, D.　76
Wink, P.　82

Y

Yamamoto, J.　215

Z

Zarit, S. H.　213
Zimmerman, M. A.　53

ア行

アーチャー, S. L.（Archer, S. L.）　88
アウビン, E. S.（Aubin, E. S.）　i
アダムス, J. M.（Adams, J. M.）　188
アドラー, A.（Adler, A.）　16
アブラハム, K.（Abraham, K.）　214
アントヌッチ, T. C.（Antonucci, T. C.）　174, 175
アンドレオレッティ, C.（Andreoletti, C.）　i
青木紀久代　199
青柳涼子　185
上里一郎　196
秋山弘子　109
飛鳥井 望　129
穴井千鶴　195
新井　肇　152
安藤清志　106, 216
安藤智子　198

飯牟礼悦子　106, 108, 112
井梅由美子　308
五十嵐 敦　78
池内裕美　104
池田幸恭　73
石井京子　214
石垣明美　243
石崎淳一　183
伊藤美奈子　148, 150, 316
伊藤裕子　53, 317
稲垣忠彦　151
稲　恒子　301
井上輝子　103
井上まり子　103
今井小の実　235
今栄国晴　312
今尾真弓　111
今津孝次郎　178

ヴァイラント, G. E.（Vaillant, G. E.）　11, 12, 24, 54
ウイクラー, L.（Wikler, L.）　269
ウィットボーン, S. K.（Whitbourne, S. K.）　13, 53, 98, 99
ウィニコット, D. W.（Winnicott, D. W.）　1
ウェインストック, C. S.（Weinstock,

C. S.) 13, 98, 99
ウェリス, Y. V. (Welis, Y. V.) 57
ウォーターマン, A. S. (Waterman, A. S.) 13, 98, 99
上田 敏 268, 290
上野千鶴子 103
氏家達夫 78, 203
内富康介 302
宇都宮 博 99, 188-194

エヴァンス, R. I. 65
エリクソン, E. H. (Erikson, E. H.) i, 2, 4, 6, 8, 10-13, 18-21, 24, 25, 30-33, 38-40, 56, 61, 62, 64-68, 70, 71, 75, 85, 86, 88, 95, 126, 183, 185, 277, 288, 307, 308, 310, 311, 325, 326
エリクソン, J. M. (Erikson, J. M.) 39, 183, 185
エルカインド, D. (Elkind, D.) 56
エルダー, G. H., Jr. (Elder, G. H., Jr.) 174
江藤 淳 285, 286
江原由美子 103, 172
遠藤由美 52

オーシャンスキー, S. (Olshansky, S.) 269
オリバー, P. J. (Oliver, P. J.) 78
オルポート, G. W. (Allport, G. W.) 30, 32, 36, 71
大井方子 161
大久保幸夫 139
大澄紋子 315
大野虎之進 256
大野 久 63, 66-69, 315, 326-328
大橋靖史 76
大日向雅美 195, 197, 212, 233, 234
大村英昭 186
緒方泰子 213
岡堂哲雄 178
岡林秀樹 174, 175
岡村清子 181, 184-186
岡本祐子 5, 6, 13, 25, 26, 30, 39-44, 46-49, 54, 60, 72, 74, 77, 79, 80, 82, 87, 97-103, 107, 121, 135, 137, 145, 164, 168, 172, 174, 181, 191, 194, 196, 199, 202, 204, 212, 214, 216, 218, 219, 223, 243, 270, 294, 297, 307, 313-315, 318-321, 324
岡本依子 197
小木曽 宏 184
沖守 弘 67
小此木啓吾 104, 111, 141, 215, 279

長田久雄 79
長田由起子 79
小塩真司 106
落合幸子 73
落合良行 314
小野寺敦子 199
尾野裕美 74
折茂 肇 230, 231

カ行
カープ, D.A. (Karp, D. A.) 80, 82
カーン, R. L. (Kahn, R. L.) 132, 175
カギチバシ, C. (Kağiçibaşi, C.) 171
カステンバウム, R. (Kastenbaum, R.) 79
カッツ, P. (Katz, P.) 55
カトラー, N. E. (Cutler, N. E.) 59
カファッソ, L. (Cafasso, L.) 213
カルステンセン, L. (Carstensen, L.) 78
柏尾眞津子 75
梶田叡一 52
柏木恵子 165-167, 170-172, 195, 197, 199, 200, 214, 255
柏木恵子 164
柏木哲夫 215
数井みゆき 196
春日井典子 184
加藤 厚 102, 313
加藤一郎 137
加藤和生 308
加藤隆勝 52
加藤道代 197, 203
金井篤子 168
金井淑子 179
金子雅臣 181
兼田祐美 204, 212, 243
神谷俊次 73
神谷美恵子 35, 37, 281, 329
亀井美弥子 93
河内俊雄 17
川﨑友嗣 74, 76
川畑直人 1
神田橋條治 252
神原文子 166, 178

キヴニック, H. Q. (Kivnick, H. Q.) 39
キャットル, R. B. (Cattell, R. B.)

59
キャルホーン, L. G. (Calhoun, L. G.) 104-106, 110, 113, 214, 215
キューブラー=ロス, E. (Kübler-Ross, E.) 281
ギリガン, C. (Gilligan, C.) 13, 25, 85
岸 裕司 186
北村俊則 167, 196
木原康樹 301
木村 敏 236

クーパー, C. L. (Cooper, C. L.) 132
クライン, M. (Klein, M.) 1, 214, 288
グリーン, K. E. (Green, K. E.) 98, 103
グルド, R. L. (Gould, R. L.) 11, 12, 24, 54
クルンボルツ, J. D. (Krumboltz, J. D.) 118, 121, 139
グレイソン, M. (Grayson, M.) 267, 290
クローガー, J. (Kroger, J.) 98, 103
クロス, S. (Cross, S.) 57
グロテヴァント, H. D. (Grotevant, H. D.) 13, 87
久世恵美子 234
栗原 彬 328
黒川由起子 77
黒沢幸子 76
黒田 文 59

ゲインズ, R. (Gaines, R.) 287

コーン, N. (Cohn, N.) 290
コクラン, L. (Cochran, L.) 142
コトレー, J. (Kotre, J.) 31
コフート, H. (Kohut, H.) 1
コプレイ, M. F. (Copley, M. F.) 269
コラルッソ, C. A. (Colarusso, C. A.) i, 78
コンパス, B. E. (Compas, B. E.) 56
小泉智恵 167
河野荘子 77
小坂千秋 196
小嶋秀夫 233, 234
小嶋由香 290, 294, 295, 297
小島洋子 216

児玉哲郎　　　301
小松丈晃　　　186
駒宮淳子　　　181
小山真充道　　　296
小山真弓　　　199
権藤恭之　　　58
近藤博子　　　216

サ行
サールシュタイン，E.（Sahlstein, E.）　189
サリバン，H. S.（Sullivan, H. S.）　1
戈木クレイグヒル滋子　216, 278
斎藤誠一　52, 73
斎藤清二　318
斎藤正彦　213
坂上裕子　197, 203
坂口幸弘　107, 216
坂田周一　214
佐方哲彦　102, 308, 314
阪本陽子　183
櫻井成美　214
笹山尚人　181
佐藤浩一　73
佐藤眞一　54, 59, 61
佐藤達哉　196
沢崎達夫　53

シーヒィ，G.（Sheehy, G.）　11, 24, 54
シェイファー，J. A.（Schaefer, J. A.）　106
ジェラット，H. B.（Gelatt, H. B.）　139
シャイエ，K. W.（Schaie, K. W.）　59
シャイン，E. H.（Schein, E. H.）　117
シャクター，E. P.（Schachter, E. P.）　87, 95
シュロスバーグ，N. K.（Schlossberg, N. K.）　117
ジョアン，M. E.（Joan, M. Erikson）　20, 39
ジョーンズ，W. H.（Jones, W. H.）　188
ジョセルソン，R.（Josselson, R.）　6, 13, 14, 29, 30, 39, 87, 97, 98, 201, 314
ジョンソン，M. P.（Johnson, M. P.）　187
シルバー，R. L.（Silver, R. L.）　215

島井哲志　　　106
嶋崎尚子　　　174
島　哲　　　196
清水哲也　　　257
清水紀子　　　204
清水秀美　　　312
清水睦美　　　147
志村ゆず　　　76
下山晴彦　　　308, 315
白井千晶　　　256
白井利明　　　72-77, 79, 80, 93

スーパー，D. E.（Super, D. E.）　117, 119
スターク，M. H.（Stark, M. H.）　268
スターン，D. N.（Stern, D. N.）　200
スタンフォード，E. C.（Stanford, E. C.）　11
スタンレー・ホール，G（Hall, G. S.）　3, 11
ストラチー，J.（Strachey, J.）　279
ストローブ，M. S.（Strobe, M. S.）　287

菅野幸恵　　　197
菅原ますみ　　　167, 196
杉浦　健　　　73, 142
杉原陽子　　　213
杉村和美（Sugimura, K.）　85-93, 96-98, 314
鈴木恵理子　　　216
鈴木健一　　　270
鈴木　忠　　　108, 184
鈴木尚子　　　156
鈴木直人　　　106
砂田良一　　　312

瀬戸正弘　　　196
千石一雄　　　257

ソルニット，A. J.（Solnit, A. J.）　268
ソンダース，C.（Saunders, C.）　306

宗田直子　　　102, 314, 315
園田恭一　　　184
園田直子　　　76, 195
園田菜摘　　　196
園田雅代　　　171

タ行
高井範子　　　314
高木有子　　　73

高田利武　　　314
高辻千恵　　　203
高橋恵子　　　103, 200
高橋祥友　　　228
高橋ますみ　　　226
高橋裕行　　　97
高濱裕子　　　203
宅香菜子　　　107
田口香代子　　　107
武村雪絵　　　121
田尻文子　　　224, 226
鑪　幹八郎　　　1, 25, 26, 67, 268, 277, 307
田中千穂子　　　278
谷　冬彦　　　308, 314
田丸尚美　　　202

チール，D.（Cheal, D.）　175
チクセントミハイ　　　134
ツィグラー，E.（Zigler, E.）　55
ツィンメルマン，M. A.（Zimmerman, M. A.）　56
柘植あづみ　　　255
津島佑子　　　284
津田　彰　　　195
筒井淳也　　　185
都筑　学　　　72-74
堤　治　　　256

ディルタイ，W.（Dilthey, W.）　33
デーケン，A（Deeken, A.）　215
テデスキー，R. G.（Tedeschi, R. G.）　104-107, 110, 111, 214, 215
デミック，J.（Demick, J.）　i
デンボ，T.（Dembo, T.）　267, 290
寺崎昌男　　　151
天沼理恵　　　186

トイツ，R. A.（Thoits, R. A.）　60
ドイル，G. C.（Doyle, G. C.）　27
ドローター，D.（Droter, D.）　268
東條光雅　　　213, 214
遠山尚久　　　204
徳田治子　　　201
徳永英子　　　156, 158, 163
戸田まり　　　195, 196
土肥伊都子　　　167, 168, 170
豊田史代　　　202

ナ行
中尾達馬　　　310
中川　敦　　　181
中島一憲　　　148

永田彰子　　99, 100, 102, 103
中谷陽明　　213, 214
中田洋二郎　　269, 270, 278
中西信男　　102, 308, 314
長沼恭子　　314
中原睦美　　294
永久ひさ子　　167, 169, 170, 172
中間玲子　　61
中村一茂　　183
南雲直二　　290
難波淳子　　168

ニコル, E. G.（Nichols, E. G.）　27
ニコルス, J. G.（Nicholls, J. G.）　55
ニューマン, J. E.（Newman, J. E.）　133
新名理恵　　213
西島英利　　301
西田裕紀子　　58
西平直喜　　34, 39, 71, 326-329
西村昌記　　184
丹羽淑子　　278

ヌルミ, J. E.（Nurmi, J. E.）　74, 78

ネミロフ, R. A.（Nemiroff, R. A.）　i
根ヶ山光一　　167, 197
祢津加奈子　　305

野澤祥子　　203
野田正彰　　288
野村信威　　75, 77
野村法子　　171

ハ行
ハーヴェイ, J. H.（Harvey, J. H.）　104
パーソンズ, F.（Parsons, F.）　117
パーソンズ, T.（Parsons, T.）　176
ハーター, S.（Harter, S.）　169, 170
ハーベイ, J. H.（Harvey, J. H.）　141, 279
バイビー, J. A.（Bybee, J. A.）　57
ハヴィガースト, R. J.（Havighurst, R. J.）　11, 12
バクスター, L. A.（Baxter, L. A）　189
ハリス, D. B.（HARRIS, D. B.）　52
ハリス, P. B.（Harris, P. B.）　97
バルテス, P. B.（Bartes, B. T.）　60
ハンセン, L. S.（Hansen, L. S.）　140, 141, 146
橋本恵美子　　111
秦　恒平　　286
花沢誠一　　235
浜口恵俊　　183
浜田寿美男　　51
濱田知子　　169
原田正文　　195, 197
坂西友秀　　107

ビアー, T. A.（Beehr, T. A.）　133
ピアーズ, E. V.（Piers, E. V.）　52
ビューラー, C.（Bühler, C.）　11, 30
東村奈緒美　　106, 107, 216
日潟淳子　　73, 74, 79, 80, 82
菱谷純子　　73
冷水　豊　　213
平木典子　　176
平野　瓦　　301
平部正樹　　294
廣川　進　　141
広瀬美千代　　214

ファインマン, M. A.（Fineman, M. A.）　176
フィッシャー, J. L.（Fisher, J. L.）　70
フィッシャー, K. W.（Fischer, K. W.）　89
フィリップ, S. H.（Filipp, S. H.）　60
フィリップス, B. N.（Phillips, B. N.）　55
フィンク, S. L.（Fink, S. L.）　290
フェルドマン, D. C.（Feldman, D. C.）　117
フォークマン, S.（Folkman, S.）　133, 134
フォーケン, I.（Fooken, I.）　77
ブッシュ, N. F.（Bush, N. F.）　98
ブラッドショー, H. L.（Bradshaw, H. L.）　53
フランクル, V. E.（Frankl, V. E.）　37, 38, 281, 329
フランツ, C. E.（Franz, C. E.）　6, 13, 25, 39, 85, 97, 307
ブラント, D. E.（Brandt, D. E.）　44

ブランドステッター, J.（Brandstädter, J.）　58, 59
フリードマン, B. A.（Freedman, B. A.）　168
フリードマン, L. J.（Friedman, L. J.）　20, 21
フリードマン, M. L.（Friedman, M. J.）　87
ブリッジズ, W.（Briges, W.）　125, 138
ブリュンスヴィク, E. F.（Brünswik, E. F.）　11
フロイト, A.（Freud, A.）　1, 2, 21
フロイト, S.（Freud, S.）　1, 2, 10, 14, 16, 18, 20, 21, 24, 31, 65, 214, 233, 279, 280, 287, 318
ブロス, P.（Blos, P.）　44
フロム, E.（Fromm, E.）　66, 67
黄　順姫　　183
福島　章　　326
福島裕敏　　147
福原正弘　　176
福丸由佳　　196
藤井東治　　198
藤崎宏子　　181
藤城有美子　　294
藤村正之　　186
古川真人　　107

ヘス, A. L.（HESS, A. L.）　53
ベンソン, M. J.（Benson, M. J.）　97
ベンチュラ, J. J.（Ventura. J. J.）　95

ボイエット, J. H.　127, 128
ボイエット, J. T.　127, 128
ボイド, D.（Boyd, D.）　268
ボウルビィ, J.（Bowlby, J.）　7, 214, 233, 281
ボーデンステイナー, J.（Bodensteiner, J.）　269
ホーリングワース, H. L.（Hollingworth, H. L.）　11
ホール, C. M.（Hall, C. M.）　185
ホール, D. T.（Hall, D. T.）　117, 140, 146
ホール, G. S.（Hall, G. S.）　51
ホーン, J. L.（Horn, J. L.）　59
ホドソン, J. W.（Hodgson, J. W.）　70
ホランド, J. L.（Holland, J. L.）　117, 118
ポロック, G. H.（Pollock, G. H.）

78
ホワイト, K. M.（White, K. M.）
　　6, 13, 25, 39, 85, 97, 307
ホワイト, M.（White, M.） 142
本多公子　243
本田時雄　326

マ行

マーカス, H.（Markus, H.） 57
マーサー, R. T.（Mercer, R. T.）
　　27, 28
マーシャ, J. E.（Marcia, J. E.）
　　12, 13, 29, 43, 87, 96-99, 121, 275,
　　307
マーシャル, J.（Marshall, J.）
　　132
マーシャル, S. K.（Marshall, S. K.）
　　95
マーラー, M. S.（Mahler, M. S.）
　　43, 44
マスロー, A. H.（Maslow, A. H.）
　　30, 32, 67
マックアダムス, D. P.（McAdams, D.
　　P.）　i, 31
マッコール, M. W., Jr.（McCall, M.
　　W., Jr.）　125
前川暁子　167
前川あさ美　171
前川大作　213
前川信彦　183
前盛ひとみ　270, 275, 277
牧野カツコ　195
松井　豊　312
松浦克己　161
松浦素子　167
松岡　緑　111
松岡弥玲　53, 57, 58
松下姫歌　235
松下真由美　270
松島英介　301
松平信久　151
眞鍋えみ子　196

ミハイ・ナカムラ　134
ミラー, B.（Miller, B.） 213
三木安正　268
三宅貴夫　185
三宅俊治　75

宮下一博　25, 26, 307, 308, 326
宮田久枝　255
三好昭子　326

ムース, R. H.（Moos, R. H.） 106
ムンク, E.（Munch, E.） 282
向井隆代　52
無藤清子　171
無藤　隆　53, 82, 196, 198
村上智美　235
村瀬嘉代子　146
村本邦子　204, 255

メイスナー, W. W.（Meissner, W. W.）
　　77
メイン, M.（Main, M.） 98
目黒依子　171, 173, 174
目良秋子　199

茂垣まどか　326
本島優子　197, 198
森　恵美　255, 257
森岡清美　173
森岡正芳　61, 77
森川紘一　148
森下葉子　199
守屋慶子　105, 184

ヤ行

柳田邦男　223
柳原清子　216
山口利勝　294
山田みき　102, 307, 313
やまだようこ　216, 226
山成由紀子　312
山根常男　176
山本里花　314
山本　獎　77
山本多喜司　43
山本　力　214, 279, 307
山本則子　214
山本真理子　312
山本里花　5, 6

ユング, C. G.（Jung, C. G.）　10,
　　14-17, 24, 30, 53, 61, 236, 241, 242,
　　318, 319
湯川進太郎　74

余語真夫　106
横山政夫　148
吉田敬子　197
吉津紀久子　121
吉永敬子　196

ラ行

ライト, B. A.（Wright, B. A.）
　　267, 268, 290
ラザラス, R. S.（Lazarus, R. S.）
　　133, 134
ラスマッセン, J. E.（Rasmussen, J.
　　E.）　307
ラックマン, M. E.（Lachman, M. E.）
　　i
ラピエール, S.（Lapierre, S.） 76
ラング, F. R.（Lang, F. R.） 78
リフ, C. D.（Ryff, C. D.） 57
リンデマン, E.（Lindeman, E.）
　　279

レイン, R. D.（Laing, R. D.） 282
レヴィンソン, D. J.（Levinson, D. J.）
　　i, 11, 22-24, 31, 54
レベッカ, A. C.（Rebecca, A. C.）
　　78
レンズ, W.（Lens, W.） 74
レンナー, G.（Renner, G.） 58

ローゼン, L.（Rosen, L.） 268
ローゼンバーグ, M.（Rosenberg,
　　M.）　56
ロールシャッハ, H.（Rorschach, H.）
　　16
ロサームンド, K.（Rothermund, K.）
　　59
ロジャース, C. R.（Rogers, C. R.）
　　30, 32, 52, 61, 322
ロビンス, R. W.（Robins, R. W.）
　　54

ワ行

若松素子　197, 199, 214
若本純子　53, 82
渡邉照美　107, 216, 218, 223
渡辺利子　203

執筆者一覧（本書執筆順，＊は編者）

岡本祐子（おかもと・ゆうこ）＊
最終学歴：広島大学大学院教育学研究科博士課程後期修了，教育学博士，臨床心理士
現　　職：広島大学大学院教育学研究科教授
主　　著：アイデンティティ生涯発達論の展開　ミネルヴァ書房　2007
　　　　　アイデンティティ生涯発達論の射程　ミネルヴァ書房　2002
　　　　　女性の生涯発達とアイデンティティ──個としての発達・かかわりの中での成熟　北大路書房　1999
　　　　　　（編著）
　　　　　中年からのアイデンティティ発達の心理学──成人期・老年期の心の発達と共に生きることの意味　ナカニシヤ出版　1997
　　　　　アイデンティティ研究の展望Ⅰ-Ⅵ　ナカニシヤ出版　1995-2002（共編著）
本書執筆担当：第1章第1節，第2節1, 3, 4，コラム，第4節，第4章コラム，第6章第1節，第3節，第8章第2節

松下姫歌（まつした・ひめか）
最終学歴：京都大学大学院教育学研究科博士後期課程修了，博士（教育学），臨床心理士
現　　職：広島大学大学院教育学研究科准教授
主　　著：これから始める臨床心理学（共編著）　昭和堂　2004
　　　　　京大心理臨床シリーズ1　バウムの心理臨床（共著）　創元社　2005
　　　　　現代のエスプリ別冊　うつの時代シリーズ　中年の光と影──うつを生きる（共著）　至文堂　2006
本書執筆担当：第1章第2節2，第6章第2節

熊野みき［旧姓：山田］（くまの・みき）
最終学歴：広島大学大学院教育学研究科博士課程後期修了，博士（心理学），臨床心理士
現　　職：エリザベト音楽大学教養・教職科目担当講師，同学生相談室カウンセラー
主 論 文：「個」と「関係性」からみた青年期におけるアイデンティティ──対人関係の特徴の分析（共著）発達心理学研究　**19**　2008
　　　　　進路選択に関する語りにみられる「個」と「関係性」からみた青年期のアイデンティティ様態の特徴
　　　　　広島大学大学院教育学研究科紀要第三部（教育人間科学関連領域），**57**　2008
本書執筆担当：第1章第2節5，第8章第1節1

宇都宮博（うつのみや・ひろし）
最終学歴：広島大学大学院教育学研究科博士課程後期単位取得満期退学，博士（教育学）
現　　職：立命館大学文学部准教授
主　　著：高齢期の夫婦関係に関する発達心理学的研究　風間書店　2004
　　　　　アイデンティティ生涯発達論の射程（共著）　ミネルヴァ書房　2002
　　　　　日本の男性の心理学──もう1つのジェンダー問題（共著）　有斐閣　2008
本書執筆担当：第1章第2節6，第5章第2節

宗田直子（そうた・なおこ）
最終学歴：広島大学大学院教育学研究科博士課程前期修了
現　　職：広島大学大学院教育学研究科博士課程後期在学
主 論 文：アイデンティティの発達をとらえる際の「個」と「関係性」の概念の検討　青年心理学研究，**17**　2005
　　　　　　（共著）
　　　　　「個」と「関係性」から見た青年後期・成人期のアイデンティティに関する研究Ⅰ　広島大学大学院教育学研究科紀要，**57**　2008（共著）
本書執筆担当：第1章第2節7，第8章第1節2

西平直喜（にしひら・なおき）
最終学歴：東京文理科大学卒業，教育学博士
現　　職：創価大学名誉教授，日本青年心理学会名誉会員
主　　著：青年心理学研究方法論　有斐閣　1983
　　　　　生育史心理学序説──伝記研究から自分史制作へ　金子書房　1996
　　　　　シリーズ人間の発達　成人になること──生育史心理学から　東京大学出版会　1990
本書執筆担当：第1章第3節

中間玲子（なかま・れいこ）
最終学歴：京都大学大学院教育学研究科博士後期課程修了，博士（教育学），臨床心理士
現　　職：兵庫教育大学大学院学校教育研究科准教授
主　　著：自己形成の心理学　風間書房　2007
　　　　　あなたとわたしはどう違う？―パーソナリティ心理学入門講義（共著）　ナカニシヤ出版　2007
　　　　　自己意識研究の現在2（共著）　ナカニシヤ出版　2005
本書執筆担当：第2章第1節

大野　久（おおの・ひさし）
最終学歴：名古屋大学大学院教育学研究科博士後期課程単位取得満期退学
現　　職：立教大学現代心理学研究科教授
主　　著：自己心理学1―自己心理学研究の歴史と方法（共著）　金子書房　2008
　　　　　講座生涯発達心理学第4巻　自己への問い直し―青年期（共著）　金子書房　1995
本書執筆担当：第2章第2節，第8章第3節

白井利明（しらい・としあき）
最終学歴：東北大学大学院教育学研究科博士課程後期中退，博士（教育学）
現　　職：大阪教育大学教授
主　　著：フリーターの心理学―大卒者のキャリア自立（共著）　世界思想社　2009
　　　　　やわらかアカデミズム・「わかる」シリーズ　よくわかる卒論の書き方（共著）　ミネルヴァ書房　2008
　　　　　時間的展望研究ガイドブック（共編著）　ナカニシヤ出版　2007
本書執筆担当：第2章第3節1

日潟淳子（ひがた・あつこ）
最終学歴：広島大学大学院教育学研究科博士課程前期修了，臨床心理士
現　　職：神戸大学大学院人間発達環境学研究科博士課程後期在学
主 論 文：中年期の時間的展望と精神的健康との関連（共著）　発達心理学研究，19　2008
　　　　　青年期における時間的展望と出来事想起および精神的健康との関連（共著）発達心理学研究，18　2007
　　　　　高校生と大学生におけるサークル・テストの検討　神戸大学大学院人間発達環境学研究科紀要，1(2)
　　　　　2008
本書執筆担当：第2章第3節2

杉村和美（すぎむら・かずみ）
最終学歴：名古屋大学大学院教育学研究科博士後期課程中退，博士（教育心理学），臨床心理士
現　　職：名古屋大学発達心理精神科学教育研究センター・学生相談総合センター准教授
主　　著：女子青年のアイデンティティ探求―関係性の観点から見た2年間の縦断研究　風間書房　2005
　　　　　大学生の自己分析―いまだ見えぬアイデンティティに突然気づくために（共著）　ナカニシヤ出版
　　　　　2008
本書執筆担当：第3章第1節

永田彰子（ながた・あきこ）
最終学歴：広島大学大学院教育学研究科博士課程後期修了，博士（教育学）
現　　職：安田女子大学文学部児童教育学科講師
主 論 文：重要な他者との関係を通して構築される関係性発達の研究（共著）　教育心理学研究，53　2005
　　　　　重要な他者との関係を通して構築される関係性様態の特徴―信頼感およびアイデンティティとの関連
　　　　　（共著）　教育心理学研究，56　2008
本書執筆担当：第3章第2節

飯牟礼悦子（いいむれ・えつこ）
最終学歴：白百合女子大学大学院文学研究科博士後期課程単位取得満期退学，博士（心理学）
現　　職：白百合女子大学文学部児童文化学科助手
主　　著：あなたは当事者ではない―〈当事者〉をめぐる質的心理学研究（共著）　北大路書房　2007
　　　　　子どもの「おとな」を捉える視点に関する探索的研究（共著）　生涯発達心理学研究，1　2009
本書執筆担当：第3章第3節

奥村幸治（おくむら・こうじ）
最終学歴：ブリガムヤング大学教育心理学部博士課程修了，博士（カウンセリング心理学）
現　　職：パーソネル・ディシジョンズ・インターナショナル・ジャパン株式会社コンサルタント，立教大学ビジネスクリエイター創出センター研究員，さめじまボンディングクリニックカウンセラー
主 論 文：女性の職業意識への意欲，コミットメントの変化とライフイベント　（株）リクルートワークス研究所　Works Review, 1　2006
　　　　　Clients' locus of control and expectation of time duration of counseling in a university counseling setting. Doctoral dissertation. Brigham Young University, 1995
本書執筆担当：第 4 章第 1 節

大塚泰正（おおつか・やすまさ）
最終学歴：早稲田大学大学院文学研究科博士課程後期修了，博士（文学），臨床心理士
現　　職：広島大学大学院教育学研究科准教授
主　　著：朝倉心理学講座〈19〉ストレスと健康の心理学（共著）　朝倉書店　2006
　　　　　ストレス心理学―個人差のプロセスとコーピング（共著）　川島書店　2002
　　　　　ストレスの心理学―その歴史と展望（共訳）　北大路書房　2006
本書執筆担当：第 4 章第 2 節

廣川　進（ひろかわ・すすむ）
最終学歴：大正大学大学院文学研究科博士課程修了，博士（文学），臨床心理士
現　　職：大正大学人間学部臨床心理学科准教授
主　　著：失業のキャリアカウンセリング―再就職支援の現場から　金剛出版　2006
　　　　　統合的心理臨床への招待（共編著）　ミネルヴァ書房　2007
本書執筆担当：第 4 章第 3 節

伊藤美奈子（いとう・みなこ）
最終学歴：京都大学大学院教育学研究科博士後期課程修了，博士（教育学），臨床心理士
現　　職：慶應義塾大学教職課程センター教授
主　　著：不登校―その心もようと支援の実際　金子書房　2009
　　　　　スクールカウンセラーの仕事　岩波書店　2002
　　　　　思春期の心さがしと学びの現場―スクールカウンセラーの実践を通して　北樹出版　2000
本書執筆担当：第 4 章第 4 節

徳永英子（とくなが・ひでこ）
現　　職：株式会社リクルートワークス研究所研究員
主 論 文：女性のキャリアパスの類型化に関する研究　（株）リクルートワークス研究所　Works Review, 1　2006
　　　　　女性職種に何故男性が進出できないのか―7 つのサービス職種から現状と課題を探る―　Works Review, 2　2007
　　　　　転職時の「年齢の壁」は乗り越えられるのか―求人の年齢制限の実態に迫る―　Works Review, 3　2008
　　　　　日本人就業者と外国人就業者とのギャップは何か―仕事上での"抵抗感"から探る―　Works Review, 4　2009
本書執筆担当：第 4 章第 5 節

永久ひさ子（ながひさ・ひさこ）
最終学歴：白百合女子大学大学院文学研究科博士課程単位取得退学，臨床心理士
現　　職：文京学院大学人間学部教授
主　　著：よくわかる家族心理学（共著），ミネルヴァ書房，2010
　　　　　発達家族心理学を拓く―家族と社会と個人をつなぐ視座（共著）　ナカニシヤ出版　2008
　　　　　親子関係のゆくえ　勁草書房　2004
本書執筆担当：第 4 章第 6 節

岡村清子（おかむら・きよこ）
最終学歴：日本社会事業大学大学院社会福祉学研究科修士課程修了
現　　職：東京女子大学現代教養学部国際社会学科教授
主　　著：女性とライフキャリア（共編著）　勁草書房　2009
　　　　　変貌する労働と社会システム―手塚和彰先生退官記念論集（共著）　信山社出版　2008

定年退職と家族生活　日本労働研究雑誌，**550**　2006

本書執筆担当：第5章第1節

徳田治子（とくだ・はるこ）
最終学歴：お茶の水女子大学大学院人間文化研究科博士後期課程修了
現　職：高千穂大学人間科学部准教授
主　著：ナラティヴから捉える子育て期女子の意味づけ―生涯発達の視点から　発達心理学研究，**15**　2004
　　　　質的心理学の方法―語りをきく（共著）　新曜社　2007
　　　　よくわかる質的心理学―生涯発達（共著）　東京図書出版　2007

本書執筆担当：第5章第3節

村本邦子（むらもと・くにこ）
最終学歴：ユニオン・インスティチュート大学院，Ph.D（心理学＆女性学），臨床心理士
現　職：立命館大学大学院応用人間科学研究科教授，女性ライフサイクル研究所所長
主　著：大人びてきたわが子に戸惑ったとき読む本―プレ思春期をうまく乗り切る！　PHP研究所　2008
　　　　FLC　21援助者ナビ　援助者のための女性学入門　三学出版　2002
　　　　シリーズこころの健康を考える　暴力被害と女性―理解・脱出・回復　昭和堂　2001

本書執筆担当：第5章第4節

渡邉照美（わたなべ・てるみ）
最終学歴：広島大学大学院教育学研究科博士課程後期課程修了，博士（教育学）
現　職：くらしき作陽大学子ども教育学部講師
主　著：アイデンティティ研究の展望Ⅵ（共著）　ナカニシヤ出版　2002
　　　　死別経験による人格的発達とケア体験との関連（共著）　発達心理学研究，**16**　2005
　　　　身近な他者との死別を通した人格的発達―がんで近親者を亡くされた方への面接調査から（共著）　質的心理学研究，**5**　2006

本書執筆担当：第5章第5節

安田裕子（やすだ・ゆうこ）
最終学歴：立命館大学大学院応用人間科学研究科修士課程修了，博士（教育学），臨床心理士
現　職：京都大学大学院教育学研究科教務補佐
主　著：TEMではじめる質的研究―時間とプロセスを扱う研究をめざして（共著）　誠信書房　2009
　　　　血のつながりのない家族関係を築くということ―非配偶者間人工授精を試み，その後，養子縁組で子どもをもった女性の語りから　立命館人間科学研究，**11**　2006
　　　　不妊治療をやめる選択プロセスの語り―女性の生涯発達の観点から（共著）　パーソナリティ研究，**16**　2008

本書執筆担当：第7章第1節

前盛ひとみ（まえもり・ひとみ）
最終学歴：広島大学大学院教育学研究科博士課程後期課程修了，博士（心理学），臨床心理士
現　職：香川大学教育学部講師
主論文：重症心身障害児の母親における障害受容過程と子どもの死に対する捉え方との関連―母子分離の視点から（共著）　心理臨床学研究，**26**　2008
　　　　重症心身障害者の母親におけるアイデンティティ危機体験の様態の類型化および発達過程の分析　広島大学大学院教育学研究科紀要第三部（教育人間科学関連領域），**58**　2009

本書執筆担当：第7章第2節

山本　力（やまもと・つとむ）
最終学歴：広島大学大学院教育学研究科博士課程後期課程修了，博士（心理学），臨床心理士
現　職：岡山大学大学院教育学研究科教授
主　著：心理臨床家のための「事例研究」の進め方（共著）　北大路書房　2001
　　　　精神分析的心理療法の手引（共著）　誠信書房　1998
　　　　喪失様態と悲哀の仕事　心理臨床学研究，**14**（4）　1997

本書執筆担当：第7章第3節

小嶋由香（こじま・ゆか）
最終学歴：広島大学大学院教育学研究科博士課程後期修了，博士（心理学），臨床心理士
現　　職：安田女子大学文学部心理学科講師
主 論 文：脊髄損傷者の障害受容過程─受傷時の発達段階との関連から　心理臨床学研究, **22**　2004
　　　　　脊髄損傷者への心理臨床的援助（共著）　心理臨床学研究, **25**　2007
　　　　　リハビリテーション期における脊髄損傷者の心理臨床的援助　椙山女学園大学人間関係学研究, **6**　2008
本書執筆担当：第7章第4節

小池眞規子（こいけ・まきこ）
最終学歴：筑波大学大学院教育研究科修士課程修了，臨床心理士
現　　職：目白大学大学院心理学研究科教授
主　　著：病む子どもの傍らで　臨床心理学, **9**(3)　2009
　　　　　がん医療での見立てとアセスメント　臨床心理学, **8**(6)　2008
　　　　　詳解 子どもと思春期の精神医学（共著）　金剛出版　2008
本書執筆担当：第7章第5節

成人発達臨床心理学ハンドブック
個と関係性からライフサイクルを見る

2010 年 4 月 20 日　初版第 1 刷発行　（定価はカヴァーに表示してあります）

　　　　編著者　岡本祐子
　　　　発行者　中西健夫
　　　　発行所　株式会社ナカニシヤ出版
　　　〒606-8161　京都市左京区一乗寺木ノ本町 15 番地
　　　　　　　　　　　　Telephone　075-723-0111
　　　　　　　　　　　　Facsimile　075-723-0095
　　　　　　Website　http://www.nakanishiya.co.jp/
　　　　　　E-mail　iihon-ippai@nakanishiya.co.jp
　　　　　　　　　　郵便振替　01030-0-13128

印刷＝創栄図書印刷／製本＝兼文堂
Copyright © 2010 by Y. Okamoto
Printed in Japan.
ISBN978-4-7795-0391-7